실생활 예제로 배우는 정말 쉬운 통계 이야기

Head First

Head First Statistics : 실생활 예제로 배우는 정말 쉬운 통계 이야기

초판 1쇄 발행 2012년 4월 1일
초판 7쇄 발행 2019년 11월 2일

지은이 돈 그리피스 / **옮긴이** 임백준 / **펴낸이** 김태헌
펴낸곳 한빛미디어(주) / **주소** 서울시 서대문구 연희로2길 62 한빛미디어(주) IT출판부
전화 02-325-5544 / **팩스** 02-336-7124
등록 1999년 6월 24일 제25100-2017-000058호 / **ISBN** 978-89-7914-727-8 13560

총괄 전정아 / **기획** 조희진 / **편집** 김철수
디자인 강은영
영업 김형진, 김진불, 조유미 / **마케팅** 박상용, 송경석, 조수현, 이행은, 홍혜은 / **제작** 박성우, 김정우

이 책에 대한 의견이나 오탈자 및 잘못된 내용에 대한 수정 정보는 한빛미디어(주)의 홈페이지나 아래 이메일로 알려주십시오. 잘못된 책은 구입하신 서점에서 교환해 드립니다. 책값은 뒤표지에 표시되어 있습니다.

한빛미디어 홈페이지 www.hanbit.co.kr / 이메일 ask@hanbit.co.kr

Published by HANBIT Media, Inc. Printed in Korea

지금 하지 않으면 할 수 없는 일이 있습니다.
책으로 펴내고 싶은 아이디어나 원고를 메일(writer@hanbit.co.kr)로 보내주세요.
한빛미디어(주)는 여러분의 소중한 경험과 지식을 기다리고 있습니다.

Head First Statistics

돈 그리피스

O'REILLY®

한빛미디어 Hanbit Media, Inc.

Head First Statistics 저자

돈 그리피스는 영국의 최고대학에서 수학자로서 사회에 첫발을 내딛었습니다. 수학 분야에서는 퍼스트 클래스 상을 받았지만, 파티에서 그녀에게 말을 걸어올 사람이 아무도 없게 될 것이라는 점을 깨달았기 때문에 진기한 종류의 방정식을 공부하기 위한 박사과정 장학금을 거부했습니다. 대신 소프트웨어 개발 쪽으로 경력을 쌓기 시작했고, 지금은 IT 컨설팅과 글쓰기와 수학을 결합하고 있습니다.

돈이 헤드 퍼스트 책을 집필하지 않는 동안에는 태극권을 연마하거나, 보빈 레이스를 만들거나, 근사한 음식을 요리하고 있는 모습을 볼 수 있을 것입니다. 이 모든 것을 한꺼번에 하는 기술은 아직 익히지 못했습니다. 그녀는 또한 여행을 좋아하고, 그녀의 사랑스러운 남편 데이비드와 시간을 보내는 것을 즐깁니다.

돈은 **Head First Bobbin Lacemaking**이 컬트 독자들에게 대박을 낼 것이라는 이론을 주장하고 있지만, 브렛과 로리가 동의하지 않을 거라고 생각하고 있습니다.

데이비드, 엄마, 아빠, 그리고 칼에게. 나에 대한 지원과 믿음에 감사를 표합니다. 하지만 자동차와 관련해서는 좀 더 오래 기다려야 할 거예요.

역자서문

헤드 퍼스트 책의 장점을 살린 통계학 입문서

통계는 우리의 일상생활 모든 곳에 존재합니다. 선거일이 다가오면 후보들이 '오차범위' 내에서 경합을 벌이고 있다는 식의 표현이 사용되는 것이 대표적입니다. 전국의 고등학생들은 자신의 등수가 상위 몇 %에 속하는지 의식을 하면서 지내고, 주식투자를 하는 직장인들은 각종 지수의 등락폭이 몇 %인지 확인하면서 시간을 보냅니다. 수없이 이루어지는 설문조사, 마트나 백화점에서 펼치는 할인세일, 인터넷에서의 구글검색은 모두 통계를 근간으로 하고 있습니다. 무수히 많은 예를 일일이 언급할 것도 없습니다. 통계는 대학에서 통계학을 전공한 사람이나 공학도들의 전유물이 아니라 세상을 살아가는 모든 사람에게 필수과목이 된지 이미 오래인 것입니다. 간단합니다. 통계를 읽지 못하면 세상을 읽을 수 없습니다.

컴퓨터 프로그래밍을 본업으로 삼고 있는 나에게도 통계는 유용한 도구를 제공해 줍니다. 시스템의 성능을 분석해서 결과를 리포트로 작성할 때 평균이나 편차를 구하는 방법, 이상치를 제거하고 결과를 그래프로 나타내는 방법 등이 일상적으로 사용되기 때문입니다. 똑같은 데이터를 이용해서 똑같은 결과를 얻는다고 해도, 통계적 지식을 활용해서 결과를 일목요연하게 정리할 수 있는 사람과 그렇지 못한 사람의 차이는 큽니다. 반대로 어느 사람이 방대한 양의 데이터에 통계를 적용해서 어떤 감춰진 사실을 발견했을 때, 그런 사실이 담고 있는 의미를 제대로 이해하는 사람과 이해하지 못하는 사람의 차이도 큽니다. 그러한 차이는 직장에서의 성공여부에 무시할 수 없는 영향을 줄 것입니다. 특히 현대의 매스미디어는 통계를 이용해서 모종의 이미지를 만들어내는 작업에 능숙한데, 통계에 대한 기본적인 이해가 없는 사람은 그러한 이미지 조작의 주된 대상이 됩니다. 그러한 이미지는 그 자체로 거짓은 아니지만, 어떠한 목적을 위해서 의도적으로 왜곡되어 있기 때문에 진실과 거리가 먼 경우가 많습니다. 그렇지만 통계라는 무기를 제대로 갖추고 있는 사람은 그와 같은 왜곡된 조작을 어렵지 않게 간파할 수 있습니다.

통계가 이렇게 유용하고 필요한 것이긴 하지만, 불행하게도 말랑말랑하고 재미있는 대상은 아닙니다. 통계적 지식을 습득하는 과정은 돌로 만든 빵처럼 딱딱하고, 건조한 수학공식과 전문용어의 산을 넘는 과정을 포함합니다. 그렇기 때문에 통계에 대한 지식을 새로 습득하거나, 고등학교나 대학교 시절에 공부했던 통계학을 다시 한 번 복습하려는 사람은 많은데, 손에 잡은 통계학 책을 끝까지 읽는 사람은 거의 없습니다. 평균을 구하는 방법까지는 어떻게 참고 읽어나간다고 해도, 분산과 표준편차가 등장하고 깨알 같은 그리스 문자가 들어 있는 수식이 나타나면 급격하게 흥미를 잃어버립니다. 통계학 책을 읽는 것 말고도 달리 해야 할 일, 혹은 하고 싶은 일이 너무나 많은 현대인의 삶을 생각해 보면, 지루하고 무심한 통계학 책을 끝까지 읽지 못하는 것을 나무랄 수는 없습니다.

헤드 퍼스트는 이러한 문제를 단숨에 해결해 주고 있습니다. 굳이 설명할 필요는 없겠지만, 헤드퍼스트 시리즈는 다루고 있는 내용이 알찰 뿐만 아니라, 그 내용을 전달하는 형식이 무척 재미있어서 지루함을 느낄 틈을 주지 않습니다. 건조한 내용에 스토리를 부여해서 책을 읽는 것이 마치 누군가의 이야기를 듣는 것 같은 착각이 일어나도록 하고, 어려운 내용이 나오면 그것을 여러 번 반복해서 독자의 머리 속에 확실히 각인시킵니다. 더구나 이 책의 내용은 (통계를 전공하지 않는 일반인인) 우리가 통계에 대해서 알아야 하는 거의 모든 내용을 망라하고 있어서 일상생활에 많은 도움을 줍니다. 책이 두툼한데다가, 역자가 통계학을 전공한 사람이 아니라서 전문용어를 선택할 때 어려움을 겪긴 했지만, 책의 내용 자체가 재미있어서 번역하는 과정도 즐거웠습니다. 아마 이 책을 읽는 독자들도 틀림없이 즐거움을 맛볼 수 있으리라고 생각합니다. 다만 엉뚱하게 번역된 곳이 있어서 독자들의 즐거움을 방해하지 않았으면 하는 바람뿐입니다. 헤드 퍼스트가 마련한 통계의 잔치에 초대받은 여러분을 환영합니다.

2012년 3월 뉴저지에서
임백준

역자소개

서울대학교에서 수학을 전공하고, 인디애나 주립대학에서 컴퓨터 사이언스를 공부했습니다. 삼성SDS, 뉴저지 소재 루슨트테크놀로지스에서 근무했고, 지금은 월스트리트에 있는 투자은행에서 C#, 자바와 같은 언어를 사용하여 금융관련 소프트웨어를 개발하고 있습니다. 뉴저지에서 아내, 두 딸과 함께 살고 있습니다. 한빛미디어에서 『읽기 좋은 코드가 좋은 코드다』(2012), 『누워서 읽는 퍼즐북』(2010), 『프로그래밍은 상상이다』(2008), 『뉴욕의 프로그래머』(2007), 『소프트웨어 산책』(2005), 『나는 프로그래머다』(2004), 『누워서 읽는 알고리즘』(2003), 『행복한 프로그래밍』(2003)을 출간했고, 로드북에서 『프로그래머 그 다음 이야기』(2011)를 공저했습니다.

Baekjun.Lim@gmail.com

*Head First Statistics*에 쏟아진 찬사

“『Head First Statistics』는 시중에 나와 있는 책 중에서 가장 재미있고, 가장 시선을 잡아끄는 학습 안내서입니다. 책의 내용을 매력적인 방식으로 설명함으로써 학생들이 부담을 느끼기 쉬운 주제를 편안하게 배울 수 있다는 사실을 증명해냈습니다. 주제에 대한 설명은 모든 수준의 학생들이 쉽게 이해할 수 있는 방식으로 이루어졌습니다.”

–아리아나 앤더슨, UCLA 통계학과 조교/박사학위 후보자

“헤드 퍼스트는 통계를 실생활에서 볼 수 있는 간단한 예를 통해 재미있고 자연스럽게 이해하는 직관적인 방법입니다.”

–마이클 프레로우, 보스턴 대학 전산신경학과 통계학 강사

“헤드 퍼스트가 그저 컴퓨터광들만을 위한 거라고 생각했습니까? 통계에 대한 헤드 퍼스트의 두뇌 친화적인 방법을 살펴보고 나면 생각이 바뀔 것입니다. 진짜로 도움이 됩니다.”

–앤디 파커

“이 책은 학생들이 통계를 배우기 위한 매우 좋은 방법입니다 – 재미있고, 포괄적이고, 이해하기 쉽습니다. 완벽한 해결책입니다.”

–다니엘 레빗

“지루한 통계학 책은 이제 내려놓으세요. 이 책은 심지어 우리 집 고양이마저 좋아합니다.”

–캐리 컬릿

"케이시와 버트의『Head First Java』는 여러분들이 보아온 GUI에 가장 가까운 것들을 책으로 설명하고 있습니다. 비꼬는듯하면서도 근대적인 방식으로 '이 사람들이 다음엔 무엇을 할까?'라는 의문을 갖고 빠져들면서 자바를 공부하도록 합니다."

–워렌 큐플(Warren Keuffel), Software Development Magazine

"아무것도 모르는 상태에서 구루 자바 개발자의 지위까지 지치지 않도록 이끌어 주는 스타일 외에도『Head First Java』는 다른 책에서는 무시무시한 '독자를 위한 연습 문제...'로 남겨 두는 실제적인 문제들을 매우 많이 다루고 있습니다. 객체 직렬화 및 네트워크 론치 프로토콜(JNLP)까지 설명하는 책 중에서 '이 책은 똑똑하고, 멋지고, 실용적이다'라고 말할 수 있는 책은 많지 않을 것입니다."

–댄 러셀(Dan Russell) 박사, IBM 알마덴 연구소 사용자 과학 및 경험 연구부장 (스탠포드 대학교 인공지능 과목 강사 겸임)

"이 책은 빠르게 진행되며, 대범하고, 재미있고, 빠져들게 만듭니다. 조심하세요. 무언가를 배우게 될지도 모릅니다!"

**–켄 아놀드(Ken Arnold), 전직 썬마이크로시스템즈 선임 엔지니어
자바의 창시자인 제임스 고슬링과 함께『The Java Programming Language』공저**

"마치 수많은 책들이 머리를 스쳐 지나가는 느낌입니다."

–워드 커닝햄(Ward Cunningham), Wiki의 창시자이자 힐사이드 그룹의 설립자

"공부밖에 모르지만, 이따금씩 멋있어 보이는 구루 개발자가 읽기 좋게 쓰여 있습니다. 실전 개발에 유용한 참고서가 될 것입니다. 따분하고 고루한 교수님 같은 설명을 묵묵히 듣는 스타일이 아니라서 머리가 즐거워집니다."

**–트래비스 칼라닉(Travis Kalanick), Scourand Red Swoosh 설립자
MIT TR100 회원**

"책에는 세 가지 부류가 있는데, 사는 책, 보관하는 책, 책상 위에 늘 두고 보는 책이 바로 그것입니다. 그리고 오라일리 출판사와 직원 덕분에 궁극적인 부류가 하나 더 생겼으니, 바로 헤드 퍼스트 시리즈입니다. 이 시리즈의 책들은 어디든 들고 다니기 때문에 가장자리가 너덜너덜해집니다.『Head First SQL』은 언제나 내 책 더미 제일 위에 놓여 있습니다. 저런! 내가 검토한 PDF 버전의 책마저도 너덜너덜해졌습니다."

–빌 소여(Bill Sawyer), Oracle ATG 커리큘럼 매니저

다른 Head First 책에 쏟아진 찬사

"이 책의 뛰어난 명확함, 재치와 현명한 설명은 프로그래머가 아닌 사람들도 이 책을 통해 문제 해결 방법을 생각해낼 수 있게 만들 정도입니다."

–코리 닥터로우(Cory Doctorow), 『Boing Boing』 공저자
『Down and Out in the Magic Kingdom』과 『Someone Comes to Town, Someone Leaves Town』 저자

"어제 책을 받아서 읽기 시작했습니다... 그러나 멈출 수가 없었습니다. 이 책은 정말 대단합니다. 흥미롭게 쓰여 있지만, 매우 많은 주제를 정확히 다루고 있습니다. 깊이 감명 받은 책입니다."

–에릭 감마(Erich Gamma), IBM 수훈 엔지니어, 『디자인 패턴』 공저자

"내가 읽어본 책들 중에서 가장 재미있고 똑똑한 책 중 하나입니다."

–아론 라버지(Aaron LaBerge), ESPN.com 기술 부사장

"힘들게 시행착오를 겪으며 배워야 했던 것들이 이제는 재미있는 책 한 권에 쏙 들어가 버렸습니다."

–마이크 데이비슨(Mike Davidson), Newsview 사장

"명쾌한 그림들은 이 책의 각 장의 핵심이며, 각 개념은 실용성과 재치도 함께 보여주고 있습니다."

–켄 골드스타인(Ken Goldstein), 디즈니 온라인 수석 부사장

"『Head First HTML with CSS & XHTML』을 ♥합니다. 이 책은 배워야 할 모든 것을 가르쳐 주는 재미로 똘똘 뭉친 책입니다."

–샐리 애플린(Sally Applin), UI 디자이너 예술가

"일반적으로 디자인 패턴에 대한 책이나 기사를 읽을 때마다 나는 잠들지 않기 위해서 이따금씩 허벅지를 꼬집어야만 했었습니다. 그러나 이 책은 결코 그런 류의 책이 아닙니다. 이상하게 들릴지 모르겠지만 이 책은 디자인 패턴에 대해서 공부하는 것을 즐겁게 해 줍니다.

디자인 패턴에 대한 다른 책들이 '자장... 자장... 자장...'이라고 하는 반면, 이 책은 수영 튜브에 올라가서 '자기, 춤 좀 춰봐!'라고 외치고 있습니다."

–에릭 웰러(Eric Wuehler)

"말 그대로 이 책을 사랑합니다. 사실 와이프 앞에서 이 책에 키스했었습니다."

–사티시 쿠마(Satish Kumar)

목차(요약)

목차(진짜)

서문

통계학에 임하는 여러분의 두뇌. 우리는 두뇌가 방해를 받아서 학습이 잘 되지 않을 때에도 무언가 배우려고 노력합니다. 여러분의 두뇌는 '어떤 야생 동물을 피해야 할 것인지, 벌거벗고 스노보드를 타는 것이 나쁜 생각인지 아닌지와 같은 좀 더 중요한 일을 결정하기 위해 여유 공간이 있어야 한다'고 생각합니다. 그렇다면 여러분의 두뇌로 하여금 통계학을 이해하는 것이 살아가는 데 매우 중요한 일이라고 느끼게 하려면 어떻게 해야 할까요?

정보의 시각화

첫인상

숫자를 보는 것만으로는 뭐가 뭔지 모르겠다고요?

통계는 혼란스러운 데이터로부터 의미를 찾아내는 작업을 도와주며 **복잡한 것을 간단하게** 만듭니다. 통계를 이용해서 복잡한 데이터 안에서 실제로 무슨 일이 벌어지고 있는지 파악했으면 그것을 **시각화**해서 **다른 사람들에게 전달**할 필요가 있습니다. 회사업무를 위해 멋진 차트를 만들고 싶다면 옷을 챙겨 입고, 슬라이드 제작 도구를 챙기고, 통계마을을 향해 떠나는 우리의 여행에 동참하시기 바랍니다.

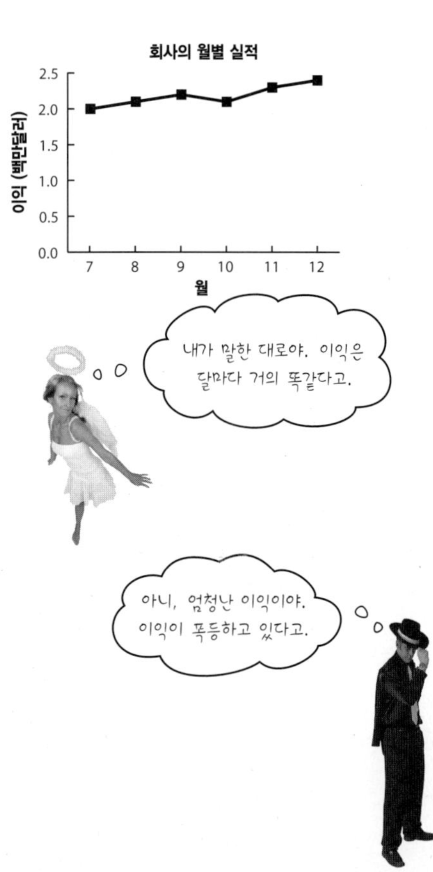

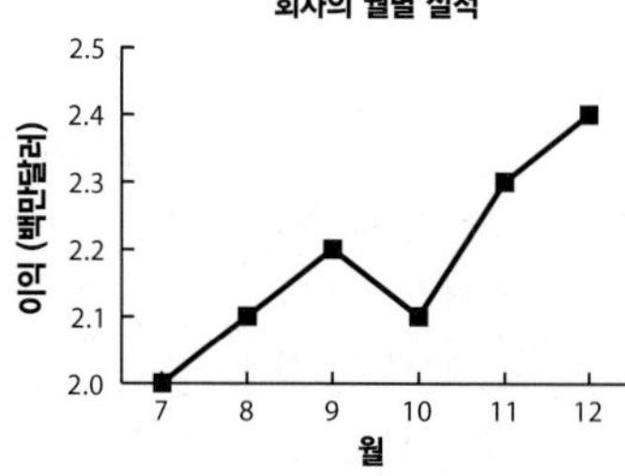

중심적 경향 측정하기

중도를 지키세요

때로는 어떤 사물의 핵심에 다가가는 것이 필요한 일의 전부입니다.

많은 수들이 쌓여 있으면 그 안에서 일정한 패턴이나 흐름을 파악하기 어렵습니다. 큰 그림을 파악하려고 할 때 **평균**을 구하는 것이 종종 해야 할 일의 첫 단계인 경우가 많습니다. 평균을 알면 데이터 안에서 가장 대표적인 값이 무엇인지 쉽게 파악할 수 있기 때문에 중요한 결정을 내릴 수 있습니다. 이 장에서는 통계에서 가장 중요한 값들인 평균값(mean), 중앙값(median), 최빈값(mode)을 구하는 다양한 방법을 살펴볼 것입니다. 그러고 나면 얼마나 최대한 효과적이고 **간결하게 데이터를 정리**할 수 있는지 알게 될 것입니다.

변이와 분포 측정하기

3 강력한 범위

아무거나 믿을 수 있는 건 아니라고, 하지만 그걸 어떻게 알지?

평균은 데이터 집합이 가지고 있는 전형적인 값을 알려 주는 데 있어 훌륭한 역할을 수행합니다. 하지만 그렇다고 해서 **모든 정보를 제공**해 주는 것은 아닙니다. 이제 당신은 데이터의 중심이 어딘지 알 수 있게 되었습니다. 하지만 평균값, 중앙값, 최빈값은 데이터 집합을 정리할 때 필요한 정보를 모두 알려 주지 않습니다. 이 장에서는 **범위**(range)와 **변화량**(variation)을 분석하기 시작함으로써 여러분의 데이터 기술을 한 단계 더 올려놓을 것입니다.

확률 계산하기

4 위험을 무릅쓰기

삶은 불확실성으로 가득 차 있습니다.
때로는 1분 후에 어떤 일이 일어날지 말하는 것이 불가능할 수도 있습니다. 그렇지만 어떤 사건은 다른 사건에 비해 일어날 가능성이 높습니다. 바로 이 지점에서 **확률이론**이 필요합니다. 확률은 어떤 일이 발생할 가능성을 측정함으로써 **미래를 예측**할 수 있도록 합니다. 그리고 어떤 일이 일어날 가능성이 있는지 미리 아는 것은 우리가 **정보에 기초한 결정**을 내릴 수 있도록 해 줍니다. 이 장에서는 확률에 대해 자세히 알아봄으로써 미래를 우리 마음대로 조종하는 방법을 배울 것입니다!

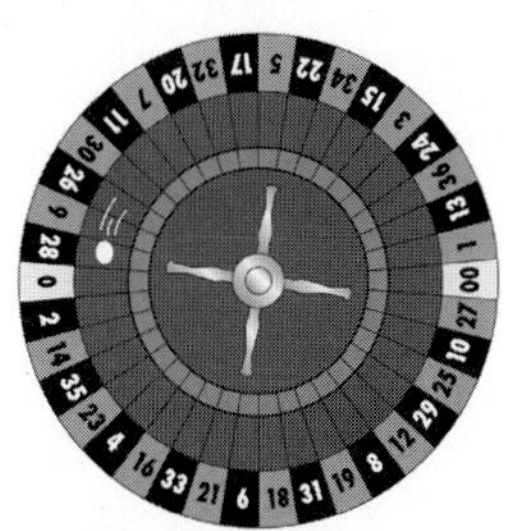

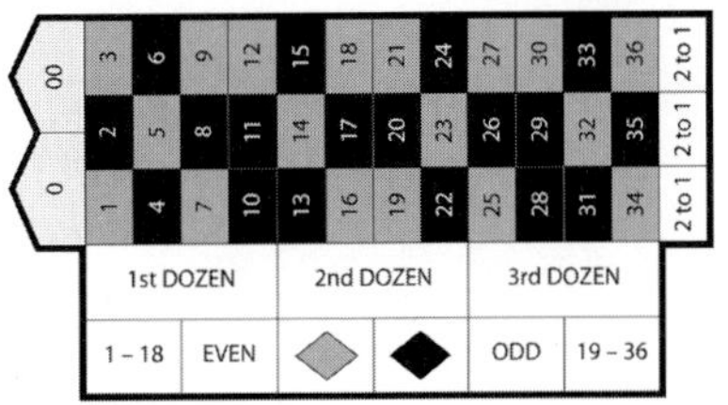

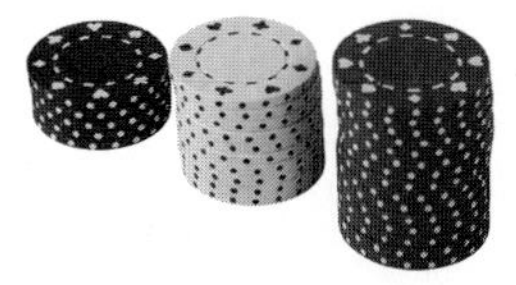

이산확률분포 사용하기

5 기대수준을 관리하세요

일어날 것 같지 않은 사건도 일어납니다. 하지만 그 결과는 무엇일까요?

지금까지 우리는 확률이 우리에게 어떤 사건들이 얼마나 일어날 가능성이 높은지 여부를 알려 주는 것을 살펴보았습니다. 확률이 말해 주지 않은 것은 이러한 사건들이 갖는 **전체적인 영향**과 그것이 당신에게 무엇을 의미하는지 등입니다. 물론 당신은 룰렛테이블에서 한판 크게 벌어들이기도 할 것입니다. 하지만 그때까지 꾸준히 잃는 돈을 생각해 보면 그것이 정말 가치가 있는 일일까요? 이 장에서 우리는 확률을 이용해서 **장기적인 산출물을 예측**하고, 이러한 예측 자체의 **확실성을 측정**하는 방법을 살펴보도록 할 것입니다.

순열과 조합

6 약속 정하기

때로는 순서가 중요합니다.

사물의 순서가 의미를 갖는 상황에서 **가능한 모든 경우**를 일일이 따져보는 것은 시간이 매우 오래 걸리는 일입니다. 하지만 이런 종류의 정보가 어떤 확률을 계산할 때에는 **결정적**이라는 것이 문제입니다. 이 장에서는 이와 같은 상황에서 가능한 결과값을 하나씩 따지지 않고 **빠르게** 필요한 정보를 얻는 방법을 공부할 것입니다. 우리와 함께 길을 가면서 **가능성을 세는 방법**을 익히기 바랍니다.

기하, 이항, 푸아송분포

사물을 분산시키세요

확률분포를 계산하면 시간이 걸립니다.

지금까지는 확률분포를 어떻게 계산하고 사용하는지 살펴보았습니다. 하지만 그보다 **더 사용하기 쉬운** 방법, 혹은 **계산을 빨리** 할 수 있는 방법이 있으면 좋지 않을까요? 이 장에서는 특정한 패턴을 가지고 있는 **특별한 확률분포**들을 보여 줄 것입니다. 이러한 패턴을 익히고 나면 그들을 **확률, 기대치, 분산을 기록적인 시간 내에 계산**할 때 사용할 수 있게 될 것입니다. 계속 읽어 나가세요. 기하(geometric), 이항(binomial), 그리고 푸아송분포(Poisson distribution)에 대해 배우게 될 것입니다.

아야! 바위네! 아야! 깃발! 아야! 나무!

정규분포 사용하기 i

정상적으로 되기

이산확률분포가 모든 상황을 다룰 수 있는 것은 아닙니다.

지금까지는 정확한 값을 정할 수 있는 상황에서의 확률분포를 살펴보았습니다. 하지만 그 상황이 모든 데이터 집합을 포괄하는 것은 아닙니다. 어떤 종류의 데이터는 지금까지 보았던 확률분포에 **부합하지 않습니다**. 이번 장에서는 **연속확률분포**(continuous probability distributions)가 동작하는 방식을 살펴보고, 확률분포에서 가장 중요한 존재인 **정규분포**(normal distribution)를 소개할 것입니다.

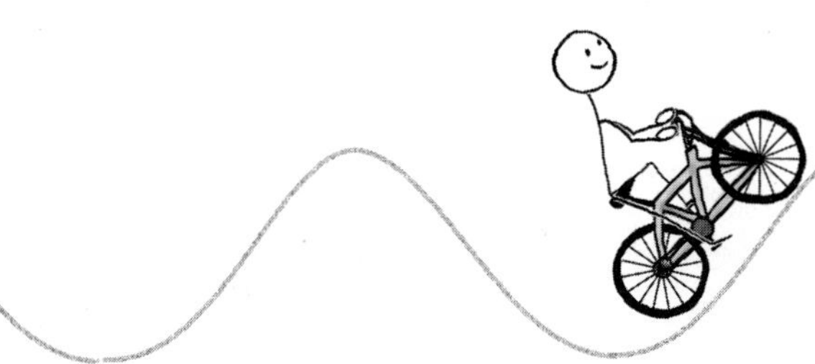

정규분포 사용하기 ii

9 정상을 넘어서

모든 확률분포가 정상이라면 좋았을 텐데.

정규분포와 함께라면 삶이 훨씬 **간단**해질 겁니다. 전체 범위를 한꺼번에 찾아보고 게임을 하면서 즐겨도 되는데 뭐 하러 개별적인 확률을 계산하느라 땀을 흘립니까? 이 장에서는 **복잡한 문제**를 눈 깜짝할 사이에 **푸는 방법**을 살펴보고, 이러한 정규분포의 장점을 **다른 확률분포**에 적용하는 방법에 대해서도 배우게 될 것입니다.

통계 표본 사용하기

10 표본 고르기

통계는 데이터를 다룹니다. 그런데 데이터는 어디에서 오는 걸까요?

헬스클럽에 나오는 사람들의 나이나 게임회사의 판매실적처럼 데이터를 확보하는 것이 어렵지 않은 경우가 있습니다. 하지만 데이터를 확보하는 것이 어려운 경우라면 어떻게 할까요? 경우에 따라서는 사람들이 원하는 데이터의 분량이 너무나 거대해서 어디서부터 시작해야 하는지조차 파악하기 힘든 때도 있습니다. 이 장에서 우리는 실제 세상에서 **데이터를 효과적으로 확보**하는 방법, 즉 효율적이고, 정확하고, 시간과 노력을 절약해 주는 방식으로 데이터를 모을 수 있는 방법을 살펴볼 것입니다. 데이터 추출의 세계에 온 것을 환영합니다.

모집단과 표본 추정하기

11 예측하기

표본 하나만 보고도 모집단이 어떨지 예측할 수 있다면 훌륭하지 않을까요?

자신이 **표본박사**라고 주장하기 전에, 일단 구성한 표본을 어떻게 최선으로 사용할 수 있는지에 대해 알 필요가 있습니다. 이것은 곧 표본을 이용해서 모집단의 모습을 **얼마나 정확하게 예측**할 수 있는지, 그리고 그러한 예측이 **얼마나 믿을만한지** 말할 수 있게 되는 것을 의미합니다. 이 장에서는 표본을 아는 것이 **어떻게 모집단을 아는 것으로 연결**되는지, 그리고 그 반대가 어떻게 성립하는지 살펴볼 것입니다.

12 신뢰구간 구성하기

신뢰를 갖고 추측하기

표본이 올바른 결과를 낳지 않을 때도 있습니다.

모집단의 평균값, 분산, 혹은 비율에 대한 **정확한 값**을 추정하기 위해 점추정을 이용하는 방법을 살펴보았습니다. 하지만 이러한 추정이 얼마나 정확한지 어떻게 확신할 수 있을까요? 결국 모집단에 대한 이러한 가정들은 하나의 표본에 의존하고 있을 뿐입니다. 이러한 예측이 잘못된 것이라면 어떻게 하겠습니까? 이 장에서는 **모집단의 통계를 추측하는 또 다른 방법**, 즉 **불확실성을 허용하는 방법**에 대해 살펴보게 될 것입니다. 확률테이블을 옆에 놓기 바랍니다. 우리는 **신뢰구간**의 겉과 속을 모두 설명해 줄 것입니다.

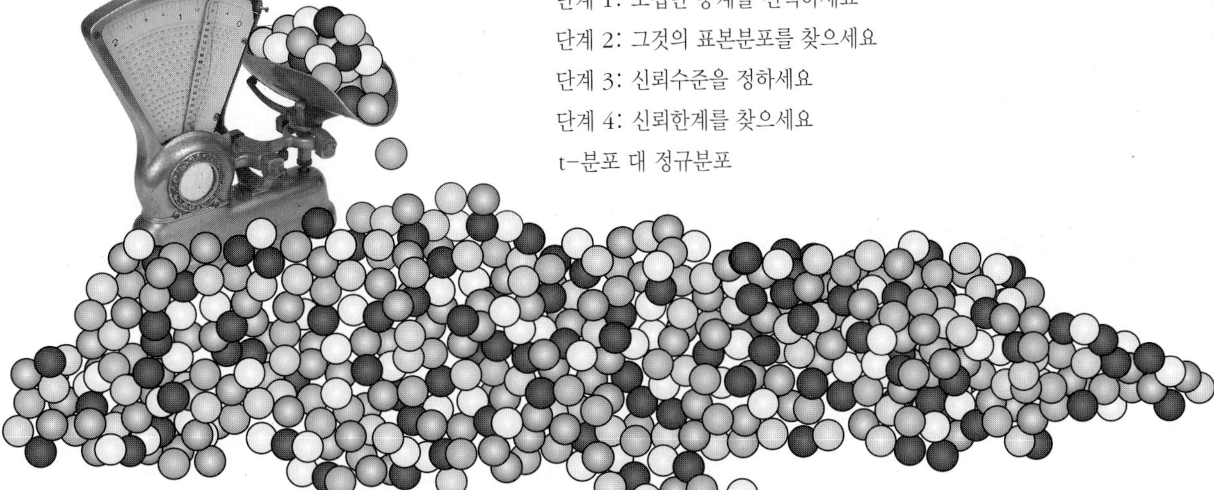

가설검정 이용하기

13 증거를 보세요

들은 것이 모두 절대적으로 확실한 것은 아닙니다. 문제는 언제 그것이 사실이고 언제 그것이 사실이 아닌지 어떻게 아느냐 하는 것입니다. **가설검정**은 어떤 통계적인 주장이 어느 정도 사실인지 여부를 판별하기 위해 표본을 이용하는 방법을 제공해 줍니다. 그들은 **증거가 어느 정도 유용한지** 판별하고, 어떤 극단적인 값이 **단순한 우연**으로 설명될 수 있는지, 아니면 뭔가 흑막이 있는 것인지 여부를 판단할 수 있는 방법을 제공합니다. 이 장을 살펴보는 여행에 동참하세요. 그러면 우리는 당신에게 가설검정을 이용해서 마음 속 깊은 곳에 존재하는 의심의 내용을 확인하거나 덜기 위해 가설검정을 이용하는 방법을 알려 줄 것입니다.

14 χ^2 분포

무슨 일이 일어나고 있습니다...

때로는 일들이 당신이 기대하는 것과 전혀 다르게 진행되기도 합니다. 어떤 특정한 확률분포를 이용해서 상황에 대한 모델링을 수행할 때 당신은 일들이 앞으로 어떻게 진행될지에 대해 어느 정도 예측하고 있는 것입니다. 하지만 **당신이 기대하는 것과 실제로 일어나는 일** 사이에 차이가 존재하면 어떻게 하겠습니까? 이러한 차이가 정상적인 움직임의 일부인지 아니면 확률모델이 가지고 있는 근본적인 문제를 의미하는지 어떻게 알 수 있을까요? 이 장에서 우리는 χ^2 분포를 이용해서 **결과를 분석**하고 **뭔가 의심스러운 결과**를 포착할 수 있는 방법에 대해 알아볼 것입니다.

15 상관과 회귀

내 라인은 무엇일까요?

두 가지 사물이 어떻게 연결되어 있는지 궁금한 적이 있었습니까?

지금까지는 남자의 키, 농구선수들의 점수, 혹은 풍선껌의 향이 얼마나 오래 가는가 하는 것처럼 한 가지 변수에 대해 설명해 주는 통계를 살펴보았습니다. 하지만 통계 중에는 **변수들 사이에 존재하는 연결**에 대해 말해 주는 것들도 존재합니다. 사물이 어떻게 서로 연결되어 있는지 아는 것은 실제 세상에 대한 많은 정보, 당신을 이롭게 해 주는 정보를 제공해 줍니다. 책을 계속 읽어나가면 이러한 **연결과 관련된 두 가지 핵심적인 내용**, 즉 상관(correlation)과 회귀(regression)에 대해 알게 될 것입니다.

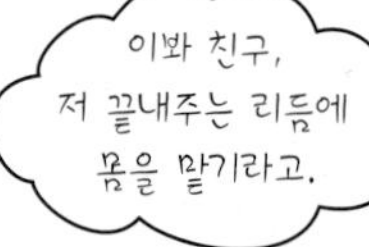

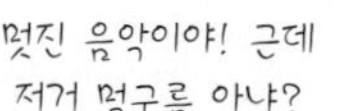

못다한 이야기들

i 10가지 중요한 이야기(지금까지 설명하지 않은)

이 모든 것에도 불구하고 공부해야 할 것이 아직도 남아 있습니다.

당신이 알아야 하는 내용이 좀 더 있습니다. **간략하게 언급하고 넘어갈 내용**들이긴 하지만 무시하고 넘어갈 수는 없습니다. 이 책을 덮기 전에 다음에 나와 있는 **짧지만 중요한 통계학 토막지식을 살펴보기 바랍니다**.

통계테이블

ii 확률 찾기

믿을 수 있는 확률테이블이 없다면 어떻게 될까요?

확률분포를 이해하는 것만으로는 아직 부족합니다. 경우에 따라서 표준**확률테이블**에서 원하는 **확률을 찾아봐야 하는** 때가 있기 때문입니다. 부록 ii에서는 **정규분포**, **t-분포**, **χ^2 분포**의 테이블을 설명할 것입니다. 이 테이블들을 이용해서 원하는 확률을 찾아볼 수 있습니다.

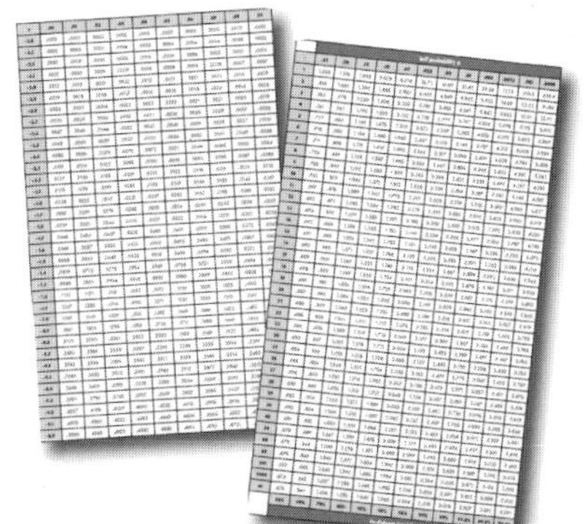

이 책의 활용 방법

서문

서문에서는 "왜 이런 내용이 통계학 책에 들어 있는지"에 대한 해답을 드립니다.

누구를 위한 책일까요?

다음 질문에 모두 "예"라고 대답할 수 있다면,

1. **수업**이나 **직장에서 일**을 위해, 아니면 그저 **표준편차가 뭘 의미하는지 또는 룰렛게임에서 이기는 확률이 얼마나 될지 등에 대해 한번쯤 알아보고 싶어서** 통계학을 이해할 필요가 있습니까?

2. **확률과 통계를 이용해서 항상 올바른 결과를 얻는 방법을 배우고, 이해하고, 기억하고** 싶습니까?

3. **딱딱하고, 지루하고, 학술적인 강의를 듣는 것보다 저녁식사 파티에서 뭔가 흥미 있는 대화**를 원합니까?

이 책은 바로 여러분을 위한 책입니다.

어떤 독자들에게 이 책이 맞지 않을까요?

다음 중 한 가지 질문에라도 "예"라고 대답한다면,

1. **기본적인 수학을 전혀 배워본 적이 없습니까?**

   (많이 알아야 할 필요는 없지만, 기본적인 덧셈, 뺄셈, 곱셈, 그리고 나눗셈 정도는 알아야 합니다.)

2. **참고할만한 책**을 찾고 있는 똑똑한 통계학자입니까?

3. **뭔가 다른 것을 시도하는 것을 두려워하는** 편입니까? 격자줄무늬 옷을 입기보다 차라리 충치를 안고 사는 것이 더 편합니까? 벤다이어그램이 의인화되는 통계학 책은 진지해질 수 없다고 믿습니까?

이 책은 여러분에게 적합하지 않습니다.

[마케팅 팀의 메모: 신용카드만 있다면 누구든지 구입하셔도 됩니다.]

지금 여러분은 이런 생각을 하고 있습니다

"어떻게 이런 걸 제대로 된 통계학 책이라고 할 수 있지?"

"이 그림들은 다 뭐야?"

"이런 방식으로 뭘 배울 수 있을까?"

그리고 여러분의 두뇌는 이런 식으로 돌아가고 있습니다

여러분의 두뇌는 항상 새로운 것을 갈망합니다. 항상 뭔가 특이한 것을 찾고, 기다립니다. 원래 두뇌란 그런 것입니다. 그리고 이런 특징은 생존을 위해 반드시 필요합니다.

그렇다면 일상적이고 흔하디흔한, 너무나도 평범한 것을 접할 때 두뇌에서는 어떤 일이 일어날까요? 두뇌에서는 정말 해야 하는 일(즉, 정말 중요한 것을 기억하는 일)을 방해하는 것들은 모두 거부하려고 합니다. 지루한 것들은 굳이 기억하려고 하지 않습니다. 결국 흔해빠진, 별로 중요할 것 같지 않은 내용들은 '중요하지 않은 것을 차단해 버리는' 필터에서 걸러지고 맙니다.

여러분의 두뇌는 무엇이 중요한지 어떻게 판단할까요? 하이킹을 위해 야외에 나갔는데, 갑자기 호랑이가 나타났다고 가정해 봅시다. 여러분의 머리와 몸에는 무슨 일이 일어날까요?

뉴런이 폭발하고, 감정이 북받치며, 화학물질이 쭉쭉 솟아나겠지요.

그리고 여러분의 두뇌는 다음과 같이 생각할 것입니다...

이건 정말 중요한 거야! 잊어버리면 안 돼!

그런데 여러분이 집이나 도서관에 있다고 생각해 봅시다. 이런 장소는 안전하고, 따뜻하고, 호랑이가 나타날 리도 없습니다. 여러분은 그곳에서 공부하고 있습니다. 시험 준비를 하고 있는 것이지요. 또는 직장 상사가 일주일, 길어도 열흘 안에 모두 마스터하라고 한 내용을 공부하는 경우를 생각해 보세요.

한 가지 문제가 있네요. 두뇌는 중요하지 않은 내용을 저장하느라 중요한 내용을 저장할 자리가 모자라게 되지 않도록 노력합니다. 호랑이나 화재의 위험, 페이스북 페이지에 '파티' 사진을 올리면 안 되는 것과 같은 정말로 중요한 것을 저장하려면 쓸데없는 내용은 무시하는 것이 낫지요.

게다가 두뇌에게 "날 위해 수고해 주는 것은 정말 고맙긴 한데, 이 책이 아무리 지루하고 재미없어도, 아무리 감정적으로 끌리지 않아도, 지금 이 내용은 정말 기억해야 한단 말이야."라고 말하는 것은 그리 간단하지 않습니다.

우리는 "헤드 퍼스트" 독자를 학생이라고 간주하겠습니다.

뭔가를 배우려면 어떻게 해야 할까요? 먼저 어떤 것을 이해해야 하고, 그 다음에 잊어버리지 말아야 되겠죠? 단순히 지식을 머리 속에 집어넣는다고 해서 무조건 배울 수 있는 것은 아닙니다. 인지과학, 신경생물학, 교육심리학 분야의 최신 연구 결과에 의하면 학습은 종이 위에 적혀있는 텍스트만으로는 부족하다고 합니다. 헤드 퍼스트는 여러분의 머리가 쌩쌩 돌아가게 하는 방법을 알고 있습니다.

헤드 퍼스트 학습 원리:

비주얼하게 만들자. 단어만 있는 것보다는 이미지를 사용하는 편이 훨씬 기억하기 좋고, 학습 효과를 향상시키는 데에도 도움이 됩니다(기억과 전이 분야 연구에 의하면 최대 89%까지 향상된다고 합니다). 그리고 단어 외의 것들을 기억하는 데에도 크게 도움이 됩니다. **단어를 관련된 그림 안에 또는 그 바로 옆에 집어넣으면**, 그림 아래 또는 그림과 동떨어진 위치에 집어넣는 경우에 비해 그 내용과 관련된 문제를 성공적으로 해결할 가능성이 두 배 이상 올라간다고 합니다.

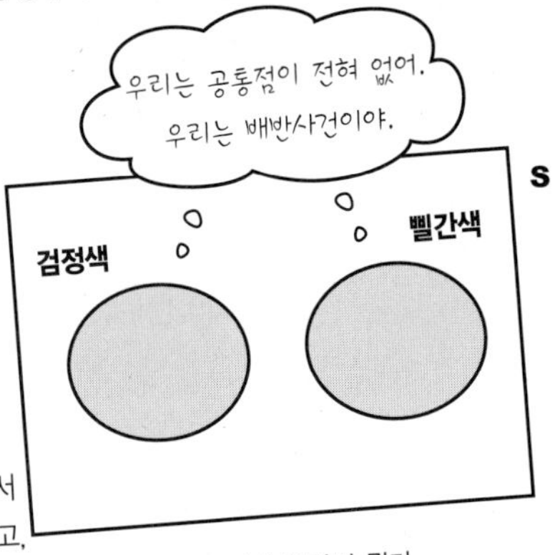

x1

우리는 공통점이 전혀 없어. 우리는 배반사건이야.

S

검정색

빨간색

개인적인 대화 형태의 문체를 사용하자. 최근 연구에 의하면, 내용을 딱딱하고 유형적인 말투로 설명하는 경우에 비해 개인적인 대화를 나누는듯한 문체로 설명하면 학습 후 테스트에서 40% 정도까지 더 나은 점수를 받을 수 있다고 합니다. 강의대신 이야기를 들려주세요. 편한 언어를 사용하세요. 심각한 말투는 별로 좋지 않습니다. 여러분은 재미있는 디너파티와 강의 중 어떤 것에 더 관심이 쏠리나요?

더 깊이 생각할 수 있게 만들자. 즉, 뉴런을 활발하게 사용하지 않으면 머리 속에서 그리 특별한 일이 일어나지 않습니다. 항상 독자에게 문제를 풀고, 결과를 유추하고, 새로운 지식을 만들어낼 수 있도록 동기·흥미·호기심·사기를 불어넣을 수 있어야 합니다. 그리고 그렇게 하려면 뭔가 도전 의식을 고취시킬 수 있을 만한 연습문제, 질문, 그리고 양쪽 두뇌를 모두 써야 하는 활동, 여러 감각을 활용할 수 있는 일을 제공해야 합니다.

FAT DAN'S CASINO

WIN BIG!

WIN BIG!

독자가 계속해서 주의를 기울일 수 있게 하자. 아마도 거의 모든 사람이 "아, 이거 꼭 해야 되는데, 한 페이지만 봐도 졸려 죽겠네."라는 생각을 해 본 경험이 있을 것입니다. 사람의 두뇌는 언제나 일상적이지 않은 것, 재미있는 것, 특이한 것, 눈길을 끄는 것, 예기치 못한 것에 주의를 기울이게 됩니다. 어려운 기술적인 내용을 새로 배우는 것이 반드시 지루해야 하는 것은 아닙니다. 지루하지만 않다면 두뇌에서 새로운 내용을 훨씬 빠르게 받아들일 수 있습니다.

독자의 감성을 자극하자. 뭔가를 기억하는 능력은 그 내용이 얼마나 감성을 자극하는지에 따라 크게 달라집니다. 자신이 좋아하는 것, 많은 관심을 가지고 있는 것은 매우 쉽게 기억할 수 있습니다. 뭔가를 느낄 수 있으면 수월하게 기억할 수 있습니다. 뭐 그렇다고 해서 한 소년과 강아지 사이의 가슴 뭉클한 사연 같은 것을 알아보려는 것은 아닙니다. 퍼즐을 풀어내거나 남들이 모두 어렵다고 생각하는 것을 알았을 때, 혹은 "나는 너희들보다 더 수학적이야"라고 말하는 같은 반 친구 밥조차 모르는 것을 알아냈을 때 느끼게 되는 놀라움, 호기심, 재미, "오, 이럴 수가!", 아니면 "내가 해냈어!"와 같은 감정을 느낄 수 있다면 배우는 과정에 크게 도움이 된다고 합니다.

1st

초인지: 생각하는 것에 대해 생각하는 것

정말 배우기를 원하고, 더 빠르고 더 자세히 배우고 싶다면, 자신이 어떤 식으로 주의를 기울이는지에 대해 주의를 기울일 필요가 있습니다. 생각하는 방법에 대해 생각해 보고, 배우는 방법을 배워야 합니다.

우리들 대부분은 학창시절에 초인지(metacognition)나 학습이론 등에 대해 배운 적이 없을 것입니다. 그냥 배워야 했을 뿐, 배우는 방법은 배우지 못했을 것입니다.

일단 이 책을 읽고 있는 독자라면, 정말 통계학에 대해 배우고 싶어서 읽고 있는 것일 겁니다. 그리고 가능하면 빠른 시간 안에 배우고 싶을 것입니다. 게다가 이 책에서 읽은 내용을 사용하려면 읽은 내용을 기억해야 하고, 그러기 위해선 먼저 이해해야 합니다. 이 책을 볼 때, 그리고 어떤 형태로든지 공부를 할 때 최대한 많은 것을 얻어내려면 두뇌를 자유자재로 쓸 수 있어야 합니다. 자신의 두뇌를 공부할 내용에만 집중시켜야 합니다.

그렇게 하려면 여러분의 두뇌에서 새로 배우는 내용을 아주 중요한 것, 생존에 필수적인 것이라고 느끼게 만들어야 합니다. 즉, 호랑이만큼이나 중요하다고 느끼게 만들어야 합니다. 그렇지 않으면 새로운 내용을 받아들이지 않으려고 하는 두뇌와 끊임없이 씨름할 수밖에 없습니다.

그러면 어떻게 해야 두뇌에서 통계학을 굶주린 호랑이만큼이나 중요한 것으로 인식하게 할 수 있을까요?

느리고 지루한 방법도 있고, 빠르고 효과적인 방법도 있습니다. 느린 방법은 반복에 의지하는 것입니다. 같은 내용을 계속 반복해서 주입하면 아무리 재미없는 내용이라도 배우고 기억할 수 있습니다. 여러 번 반복하다 보면 "사실 별로 중요한 것 같진 않지만, 똑같은 걸 계속해서 보고 또 보고 하니 중요한가 보구나."라고 생각하게 되는 것이죠.

빠른 방법은 두뇌 활동, 그 중에서도 서로 다른 유형의 **두뇌 활동을 증가시킬 수 있는 방법**을 활용하는 것입니다. 앞 페이지에 있는 내용은 모두 이렇게 두뇌 활동을 증가시키기 위한 것이며, 학습 과정에 도움이 된다고 밝혀진 방법들입니다. 예를 들어 어떤 단어를 설명하는 그림 안에 그 단어를 넣어두면 (그림 밑에 있는 그림 설명 부분 또는 본문에서 설명하는 경우에 비해) 그 단어와 그림 사이의 관계를 이해하기 위해 두뇌가 활발하게 움직이면서 더 많은 뉴런이 활성화됩니다. 더 많은 뉴런이 활성화되면 두뇌에서 그 내용을 집중해서 살펴볼 가치가 있는 것이라고 인식할 가능성이 높아지고, 결과적으로 기억할 수 있는 확률도 높아집니다.

대화하는 듯한 문체가 더 나은 이유는 보통 대화를 할 때에는 상대방이 하는 말을 들으면서 그것을 이해하고 내용을 따라잡기 위해 노력하기 때문입니다. 그리고 더 중요한 점은 그런 대화가 책과 독자 사이의 대화인 경우에도 우리의 두뇌에서는 별로 다르게 느끼지 않는다는 것입니다. 하지만 문체가 딱딱하고 재미없으면 수백 명의 학생이 대형 강의실에 앉아서 건성으로 수업을 들을 때와 마찬가지로 학습 효과가 떨어진다고 합니다.

하지만 그림과 대화형 문체가 전부는 아닙니다...

이 책에서는 이렇게 했습니다

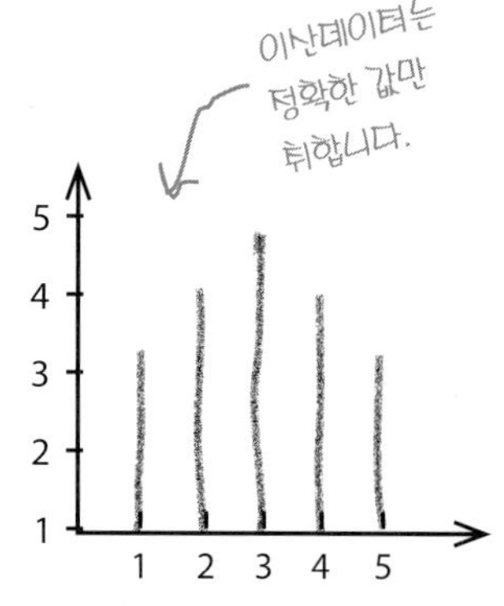

이 책에는 **그림**이 많습니다. 여러분의 두뇌는 문자 위주의 텍스트보다는 시각적인 쪽에 더 민감하게 반응하기 때문이지요. 두뇌에서 받아들이는 정도를 생각해 보면 그림 한 장이 1,000개의 단어와 비슷합니다. 텍스트와 그림을 함께 사용할 때 텍스트를 그림 안에 포함시켰습니다. 텍스트를 그림 밑에 설명하는 식으로 적어놓거나 다른 곳에 있는 텍스트에 적어놓기보다는 그림 안에 넣었을 때 교육 효과가 더 좋아지기 때문이죠.

이 책에서는 같은 내용을 서로 다른 방법으로, 서로 다른 매체를 통해서, 여러 감각을 거쳐서 전달하여 설명한 내용이 머리에 쏙쏙 잘 들어갈 수 있게 했습니다. 여러 번 **반복**하면 그만큼 효과가 좋아지니까요.

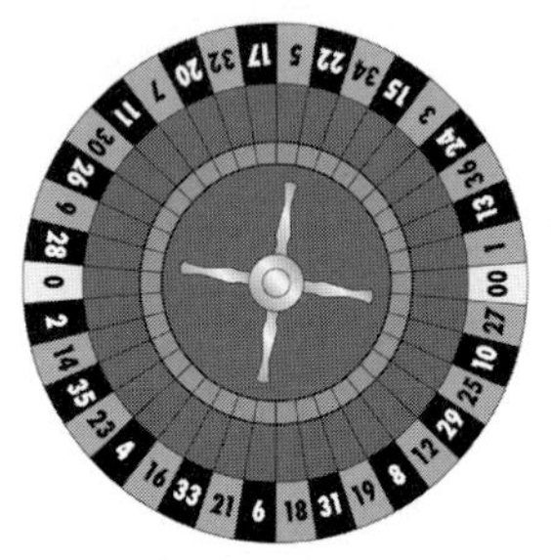

개념과 그림을 **의외의 방식**으로 활용했습니다. 여러분의 두뇌는 새로운 것을 더 잘 받아들이기 때문입니다. 그리고 그림과 개념을 통해 **감성**을 자극할 수 있게 했습니다. 두뇌에서는 어떤 감흥을 불러일으킬 만한 것을 더 빠르게 받아들이기 때문이지요. 독자가 뭔가를 느낄 수 있다면 그만큼 머리 속에 오래 남습니다. 그 감정이 사소한 **유머**, **놀라움**, **재미** 같은 것에 불과할지라도 말이죠.

이 책에서는 **개인적인 대화**를 하는 듯한 문체를 사용했습니다. 여러분의 두뇌는 앉아서 강의를 듣는다고 느낄 때보다는 상대방과 대화를 한다고 느낄 때 더 집중을 잘 하기 때문이지요. 책을 읽을 때도 마찬가지입니다.

이 책에는 80개 이상의 **실습**이 있습니다. 어떤 것에 대한 내용을 배우고 기억할 때, **직접 해 보는 것**이 그냥 읽는 것보다 훨씬 효과적이기 때문입니다. 그리고 약간 어렵다고 느낄만한 문제들을 수록했습니다. 많은 사람들이 이런 도전을 즐기기 때문이지요.

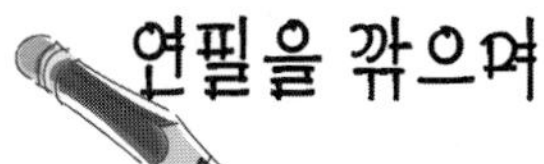

그리고 **여러 가지 학습 방식**을 섞어서 사용했습니다. 단계별로 공부하는 쪽을 선호하는 독자도 있지만 큰 그림을 먼저 파악하는 것을 좋아하는 독자도 있고 예제만 보면 된다고 생각하는 독자도 있기 때문입니다. 하지만 어느 것을 더 좋아하든 같은 내용을 여러 방법으로 표현하는 방식은 모든 독자에게 도움이 될 것입니다.

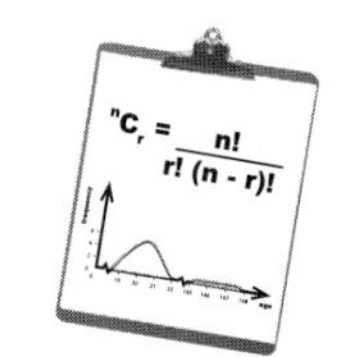

핵심 통계학

독자들의 **양쪽 두뇌를 모두 사용**할 수 있는 내용을 포함시켰습니다. 두뇌의 더 많은 부분을 사용할수록 더 많은 것을 배우고 기억할 수 있으며, 더 오랫동안 집중할 수 있기 때문이지요. 한쪽 두뇌를 사용하고 있을 때 나머지 한쪽 두뇌는 쉴 수 있기 때문에 더 오랜 시간 동안 공부할 때도 높은 효율을 유지할 수 있습니다.

두 가지 이상의 관점을 보여주는 **이야기**와 연습문제를 포함시켰습니다. 직접 어떤 것을 평가하거나 판단해야 하는 경우에 더 깊이 이해할 수 있기 때문이지요.

독자 여러분의 **도전 의식**을 고취시킬 수 있을 만한 연습문제와 뚜렷한 해답이 없는 **질문**을 포함시켰습니다. 여러분의 두뇌는 실제로 뭔가를 할 때 더 많은 것을 배우고 더 잘 기억할 수 있기 때문이지요(운동하는 사람을 쳐다보기만 하는 것으로는 운동이 될 턱이 없죠. 공부하는 것도 똑같습니다). 하지만 항상 열심히 할 가치가 있는 것만 열심히 할 수 있게 노력했습니다. 너무 이해하기 힘든 예제를 붙잡고 낑낑대거나 어려운 전문용어만 잔뜩 들어 있는 짤막한 문장을 해석하느라 **시간을 낭비하는 일은 없게 했습니다.**

이야기, 예제, 그림 등에서 **사람**을 사용했습니다. 여러분도 사람이기 때문이지요. 여러분의 두뇌는 물건보다는 사람에 더 주의를 기울일 것입니다.

두뇌를 정복하는 방법

우리의 설명은 끝났습니다. 나머지는 여러분께 달려 있습니다. 아래의 팁부터 시작해 보세요. 두뇌에서 어떤 반응을 보이는지 살펴보고, 어떤 것이 적절하고 어떤 것이 부적절한지 알아보세요. 항상 새로운 것을 시도해 보세요.

여길 잘라서 냉장고 문에 붙여 놓으세요.

---

1 천천히 하세요. 더 많이 이해하게 될수록 외울 내용은 줄어들게 마련입니다.

그냥 무작정 읽지 마세요. 잠깐씩 쉬면서 생각해 보세요. 책에 있는 질문을 보고 바로 정답으로 넘어가면 안 됩니다. 다른 사람이 정말로 질문을 하고 있다고 상상하세요. 더 깊고 신중하게 생각할수록 더 잘 배우고 기억할 수 있습니다.

2 연습문제는 꼭 풀어보세요. 간단하게 메모를 하는 것도 좋습니다.

연습문제는 독자를 위해 수록한 것입니다. 그냥 답만 보고 넘어가면 다른 사람이 대신 운동을 해 주는 것을 구경하는 것과 마찬가지입니다. 반드시 직접 **필기도구**를 들고 문제를 해결해 보세요. 실제로 배우는 과정에서 몸을 움직이는 것이 배우는 데 도움이 된다고 합니다.

3 뭔가를 느껴 보세요.

여러분의 두뇌에서 지금 공부하고 있는 것이 중요하다고 느낄 수 있어야 합니다. 책 속에 나와 있는 이야기에 몰입해 보세요. 그리고 책에 나와 있는 사진에 직접 제목을 붙여 보세요. 아무것도 느끼지 않는 것보다는 썰렁한 농담을 보고 비웃기라도 하는 쪽이 낫습니다.

4 잠자리에 들기 전에 마지막으로 이 책을 읽으세요.

학습 과정의 일부(특히 장기 기억으로의 전이 과정)는 책을 놓은 후에 일어납니다. 여러분의 두뇌에서 어떤 과정을 처리하는 데에는 시간이 필요하기 때문이죠. 처리 작업 중간에 다른 것이 끼어들면 새로 배운 것을 잊어버릴 가능성이 높아집니다.

5 소리 내어 말해 보세요.

소리 내어 말을 하면 읽기만 할 때와는 다른 두뇌 부분이 활성화됩니다. 뭔가를 이해하려고 하거나 나중에 더 잘 기억하고 싶다면 크게 소리 내어 말해 보세요. 다른 사람한테 설명하면 더 좋습니다. 더 빠르게 배울 수 있는데다가 몰랐던 것도 새삼 알게 되기 때문입니다.

6 물을 많이 드세요.

수분을 충분히 섭취하였을 때 여러분의 머리는 잘 굴러갑니다. 수분이 부족하면(목이 마르다는 느낌이 들면 수분이 부족한 것입니다) 인지 기능이 저하됩니다.

7 자신의 두뇌 반응에 귀를 기울여 보세요.

여러분의 두뇌가 너무 힘들어 하고 있지는 않은지 관심을 가져 보세요. 대강 훑어보고 있거나 방금 읽은 것을 바로 잊어버린다는 느낌이 들면 잠시 쉬는 것도 좋습니다. 일단 어느 정도 공부를 하고 나면 무조건 파고든다고 해서 더 빨리 배울 수 있는 것은 아닙니다. 오히려 공부하는 데 방해가 될 수도 있습니다.

8 "바보 같은 질문이란 없습니다" 부분은 반드시 읽어보세요.

반드시 모두 읽어보세요. 그냥 참고자료로 수록한 것이 아니라 **이 책의 핵심 내용의 일부입니다!**

9 문제를 푸는 방법을 연습하세요!

통계학을 익히는 진짜 방법은 '**질문에 답하는 방법을 연습하는 것**' 하나뿐입니다. 그것이야말로 여러분이 이 책을 통해 해나가게 될 일입니다. 통계를 사용하는 것은 기술이고, 그것을 익히는 유일한 방법은 연습하는 것뿐입니다. 우리는 여러분에게 수많은 연습을 시킬 것입니다. 각각의 장은 풀어야 하는 많은 연습문제를 포함하고 있습니다. 그들을 그냥 건너뛰지 마세요. 배움의 많은 부분은 그러한 연습문제를 푸는 과정에서 획득됩니다. 연습문제에는 정답이 포함되어 있습니다. 길이 완전히 막혔을 때 **정답을 슬쩍 보는 것**을 마다할 이유는 없습니다! (사소한 부분 때문에 길이 막히는 일은 흔하기 때문입니다.) 하지만 정답을 보기 전에 연습문제를 풀기 위해 노력을 기울어야 합니다. 그리고 책의 다음 부분으로 넘어가기 전에 반드시 지금 다루고 있는 내용을 충분히 이해하도록 해야 합니다.

알아두세요

이 책은 배우기 위한 용도이지, 참고서가 아닙니다. 책이 진행되면서, 연관된 것들이라고 하더라도 학습 흐름에 방해가 되는 것들은 신중하게 제거하였습니다. 이 책의 대부분의 내용은 앞에서 설명한 것들을 기반으로 전개되기 때문에, 앞에서부터 순서대로 읽어 나가는 편이 좋습니다.

우선 데이터를 표현하고 요약하는 기본적인 방법을 가르치고, 그 다음에는 확률분포를 다루고, 그 다음에는 가설검정과 같이 좀 더 어려운 기술을 설명했습니다.

뒤에 다루는 주제들이 중요하긴 하지만, 처음에 익혀야 하는 내용은 그래프, 평균, 변동에 대한 측정과 같은 기본적인 원칙들입니다. 그래서 맨 처음에는 여러분 스스로 해결해야 하는 기본적인 통계 문제들에서부터 출발했습니다. 그렇게 함으로써 통계를 이용해서 뭔가 스스로 작업을 수행하고, 통계에 대한 매력을 느낄 수 있게 될 것입니다. 책의 내용이 그렇게 조금 진행된 다음에는 확률과 확률분포를 다루는 방법을 보여 줍니다. 그 무렵에는 이미 통계의 기본적인 내용에 대해서는 완벽하게 이해를 하고 있을 것이며, 새로운 개념을 익히는 데 집중할 수 있을 것입니다. 그 후에는 그때까지 배운 내용을 가설검정을 어떻게 수행하는가와 같이 더욱 강력한 방법들에 적용하는 방법을 보여 줄 것입니다. 우리는 어떤 상황에서 최선의 가치를 가지고 있는 것, 즉 여러분이 꼭 알아야 하는 내용들을 가르쳐 줄 것입니다.

AP와 A 수준 커리큘럼에서 다루는 주제와 같은 일반적인 내용도 포함시켰습니다.

시험 준비를 위한 내용보다는 전반적으로 학습하는 경험 자체에 초점을 두었지만, AP와 A 수준 커리큘럼에 대한 내용도 어느 정도 포함시켰습니다. 즉, 이 책을 읽으면서 필요한 주제를 공부해 나가는 동안에 여러분이 필요로 하는 시험에서 좋은 성적을 얻기 위한 준비도 어느 정도 할 수 있도록 했다는 뜻입니다. 그렇게 하면 무엇이 언제, 어떻게 필요한지 확실히 알 수 있게 되기 때문에 이것은 단순히 공식을 암기하는 것보다 통계학을 배우기 위한 훨씬 더 나은 방법입니다.

온라인 자료의 도움도 얻을 수 있습니다.

독자들은 때로 약간의 추가적인 도움이 필요할 수도 있습니다. 그래서 여러분의 손가락 끝에 온라인 자료를 마련해 놓았습니다. 도움을 청할 수 있는 온라인 포럼, 온라인 논문, 그리고 다른 자료들이 존재합니다. 다음 주소가 시작점이 될 것입니다.

http://www.headfirstlabs.com/books/hfstats/

실습은 선택이 아닙니다.

연습문제와 실습은 선택이 아닙니다. 이 책의 핵심 내용 중 하나입니다. 어떤 것은 내용을 기억하는 데, 어떤 것은 내용을 잘 이해하는 데, 어떤 것은 여러분이 배운 것을 적용시키는 방법을 알려주는 데 큰 도움을 줄 것입니다. **절대로 건너뛰지 마세요.**

반복 학습은 의도된, 중요한 것입니다.

헤드 퍼스트 시리즈의 차별화 포인트 중 하나는 독자 스스로 무엇인가 얻어갈 수 있도록 유도하는 것입니다. 이 책을 모두 읽었을 때 배운 내용을 확실히 기억하도록 하는 것입니다. 많은 레퍼런스용 책이 학습과 기억을 목적으로 하고 있지 않지만, 이 책의 목적은 학습에 있습니다. 그렇기 때문에 개념에 대한 설명이 여러 번 반복될 것입니다.

브레인 파워 브레인 바벨은 정답을 제공하지 않습니다.

'브레인 파워' 와 '브레인 바벨' 중 어떤 것은 정답이라는 것이 존재하지 않고, 어떤 것은 학습의 일환으로 여러분 스스로 정답을 생각하게 만들기 위한 것이고, 어떤 것은 올바른 방향을 위한 힌트로 제공되었습니다.

테크니컬 리뷰 팀

아리아나 앤더슨

캐리 컬릿

드루 클레인펠트

다니엘 레빗

앤디 파커

마이클 프레로우

사진이 없는 사람 (하지만 다른 사람과 마찬가지로 훌륭한 사람):
제프리 메달리나와 맷 베이트번쿠어

키이스 필그렌과 부르스 프레이, 린 록하트의 기술적인 피드백에도 고마움을 전합니다.

테크니컬 리뷰어:

아리아나 앤더슨은 UCLA의 통계학과 박사학위 후보자이자 조교입니다. 그녀의 연구 관심분야는 데이터 마이닝과 패턴인식입니다.

드루 클레인펠트는 2007년에 코넬 대학 경제학과를 졸업했습니다. 드루는 현재 뉴욕에서 살면서 모건스탠리의 인사과에 근무하고 있습니다.

다니엘 레빗은 현재 이스라엘 텔아비브의 의과대학 1학년 학생입니다. 여가시간에 그녀는 음악을 듣고, 바다에서 수영을 하고, 그녀의 친구, 가족과 함께 시간을 보냅니다.

앤디 파커는 물리학연구원으로 경력을 시작했기 때문에 통계학에 대해 아는 바가 좀 있다고 생각했습니다. 그러나 슬프게도 이 책을 읽고 나자 그러한 생각이 사실이 아닌 것으로 드러났습니다. 앤디는 대부분의 시간을 혹시 잊어버린 것이 또 있는지 염려하면서 보내고 있습니다.

마이클 프레로우는 뉴런이 두뇌에 정보를 어떻게 입력하는지 분석하는 새로운 통계적인 방법을 연구하는 전산신경과학의 연구원입니다. 그는 보스턴 대학의 신경과학 프로그램에 속한 박사과정 학생이며, 매사추세츠 일반병원 신경마취과의 신경과학 통계연구소 연구원입니다.

맷 베이트번쿠어는 뉴햄프셔 대학의 복잡계연구센터에서 생태계 생태학을 연구하는 대학원생입니다.

감사의 글

편집자:

편집자인 **샌더스 클라인펠트**에게 진심으로 고마움을 전합니다. 샌더스는 함께 일하기에 즐거운 사람이었으며, 전화, 이메일, 채팅 등을 주고받는 과정에서 좋은 친구가 되었습니다. 엄청나게 열심히 일하는 사람이며, 그가 나에게 해 준 조언은 모두 최고 수준의 것이었습니다. 고마움을 전합니다, 샌더스! 당신은 정말 대단한 사람이며, 당신 없이는 이 책을 쓸 수 없었을 것입니다.

샌더스 클라인펠트

오라일리 팀:

헤드 퍼스트 부트 캠프를 위해서 나를 보스턴으로 불러주고, 일생일대의 기회를 마련해 준 **브렛 맥레프린**에게도 고마움을 전합니다. 헤드 퍼스트를 위한 브렛의 본능적인 감각은 탁월하며, 이 책을 쓰는 과정에서 그가 나에게 해 준 지원에 고마움을 표합니다. 브렛, 고마워요.

루 바가 없었다면 이 책은 상상조차 어려웠을 겁니다. 루는 훌륭한 그래픽 디자이너로서 이 책의 모든 페이지에서 마법을 부려 주었습니다. 뿐만 아니라 전반적인 학습 과정에도 많은 기여를 해 주었습니다. 어떤 어려움에도 굴하는 법이 없는 그녀에게 깊은 고마움을 느낍니다.

루 바

캐서린 놀란

헤드 퍼스트 팀의 나머지 사람들에게도 고마움을 전합니다. **캐서린 놀란**은 이 책의 처음 단계부터 많은 도움을 주었고, 내가 헤드 퍼스트 나라에서 편안함을 느끼도록 도와주었습니다. **브리타니 스미스**는 제작과정을 부드럽게 만들어 주었고, **로리 페트릭스키**는 너무나 나를 믿은 나머지 나로 하여금 이 책을 쓰도록 만들었고(또한 처음에 한동안 나에게 그녀의 사무실을 빌려주었습니다. 로리 고마워요!), **키이스 맥나마라**는 테크니컬 리뷰 팀을 훌륭하게 조직해 주었고, **캐이트린 맥컬러**는 모든 것을 웹사이트에 정리해 주었습니다. 모두에게 고마움을 전합니다!

이 놀라운 책 시리즈의 뒤에 존재하는 원래 입안자인 **케이시 시에라**와 **버트 베이츠**에게도 특별한 고마움을 전합니다. 그들의 계획에 일부가 되는 것은 영광스러운 일입니다.

브렛 맥레프린

나의 가족과 친구들:

나에게 도움을 주었던 사람들을 모두 언급할만한 공간이 있으면 좋겠지만, 아무튼 특별한 고마움을 데이비드, 엄마, 아빠, 스티브 하비, 길 체스터, 폴 버지스, 앤디 테틀러, 그리고 피터 워커에게 전합니다. 당신들은 나에게 전진할 힘을 주었고, 당신들이 나에게 준 지지와 격려에 어떻게 고마움을 전해야 할지 모르겠습니다. 고마워요.

1 정보의 시각화

첫인상을 좋게 하기 위해서는
깨끗하고 예쁘게 보여야겠지...

숫자를 보는 것만으로는 뭐가 뭔지 모르겠다고요?

통계는 혼란스러운 데이터로부터 의미를 찾아내는 작업을 도와주며 **복잡한 것을 간단하게** 만듭니다. 통계를 이용해서 복잡한 데이터 안에서 실제로 무슨 일이 벌어지고 있는지 파악했으면 그것을 **시각화**해서 **다른 사람들에게 전달**할 필요가 있습니다. 회사업무를 위해 멋진 차트를 만들고 싶다면 옷을 챙겨 입고, 슬라이드 제작 도구를 챙기고, 통계마을을 향해 떠나는 우리의 여행에 동참하시기 바랍니다.

통계는 어디에나 있습니다

인터넷 서핑을 하든, 운동을 하든, 제일 좋아하는 비디오게임의 점수를 살펴보든, 당신의 시선이 머무는 모든 장소에서 통계를 발견할 수 있습니다. 그런데 도대체 통계는 정확히 뭘 의미하는 걸까요?

통계는 날것 그대로의 사실과 숫자를 뭔가 의미 있는 방식으로 정리해 주는 수입니다. 통계는 날것 그대로의 데이터를 겉으로 보는 것만으로는 제대로 파악할 수 없는 핵심적인 내용을 볼 수 있도록 해 줍니다. 여기서 데이터란 어떤 결론을 도출하는 데 사용할 수 있는 사실이나 숫자를 의미합니다. 예를 들어 당신이 응원하는 축구팀이 현재 리그에서 몇 등을 하고 있는지 알기 위해 수많은 점수를 일일이 확인할 필요는 없습니다. 원하는 정보를 얻기 위한 간단한 통계만 있으면 됩니다.

통계를 학습하는 것은 통계의 시작이 어디에서 비롯되었는지, 통계를 어떻게 산출하는지, 그리고 그들을 어떻게 효과적으로 활용하는지에 대해 공부하는 것입니다.

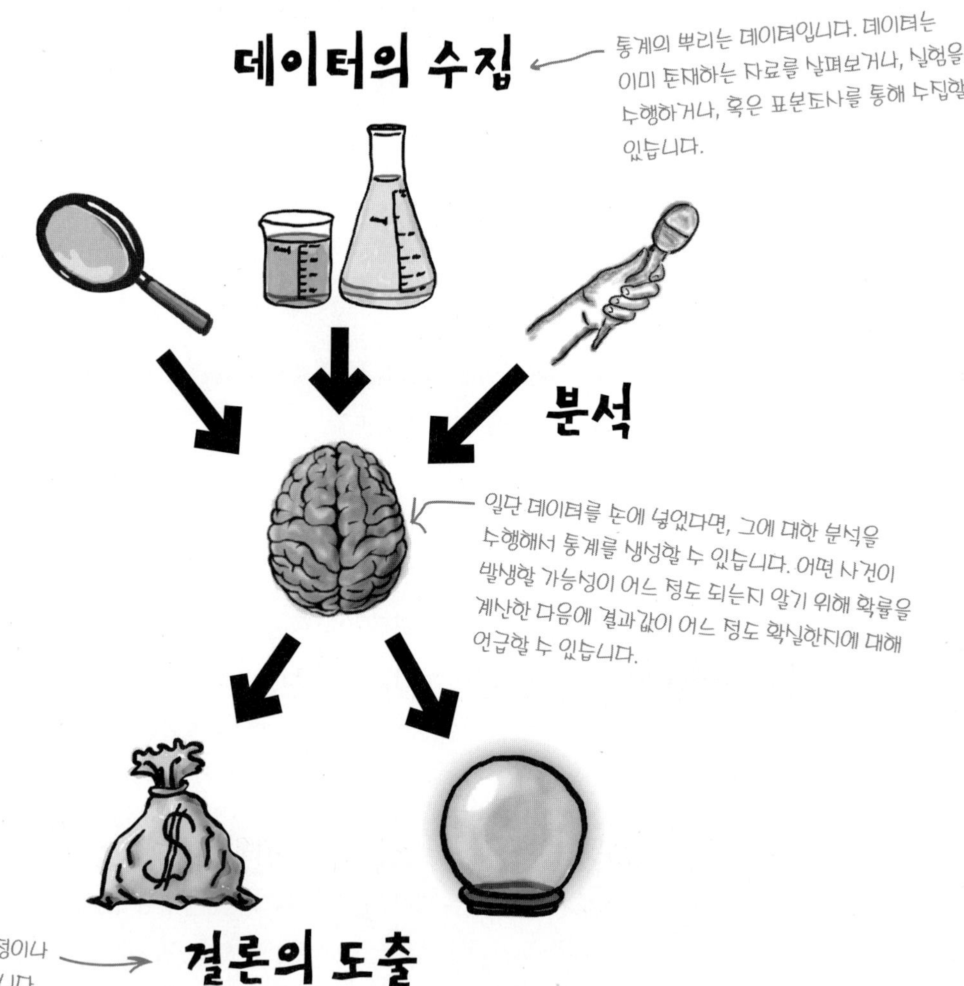

하지만 통계를 왜 배워야 하나요?

통계를 이용해서 정말로 어떤 일이 벌어지고 있는지 제대로 파악할 수 있다면 당신의 능력은 배가 됩니다. 통계를 제대로 배운다면 객관적인 결정을 내릴 수 있게 되고, 뛰어난 직관처럼 보이는 정확한 예측을 할 수 있게 되며, 원하는 메시지를 가장 효과적인 방식으로 전달할 수 있게 됩니다.

통계는 데이터가 품고 있는 핵심적인 진실을 깔끔하게 정리해 주기도 하지만, 어두운 측면을 가지고 있기도 합니다.

통계는 사실에 기초하긴 하지만 간혹 사실을 호도합니다. 통계는 진실을 전달하기 위해 사용되기도 하지만 거짓을 꾸며내는 데도 사용됩니다. 여기서 문제는 진실과 거짓을 어떻게 구별하는가 하는 것입니다.

통계에 대해 제대로 알면 유리한 입장에 설 수 있습니다. 이런 입장에 서면 어떤 통계가 부정확한 사실이나 거짓을 말할 때 그것을 쉽게 파악할 수 있습니다. 다시 말해, 통계를 배우는 것은 바보처럼 속아 넘어가는 일을 미연에 방지하는 좋은 방법입니다.

예를 들어 어떤 회사가 작년 하반기에 낸 이익실적을 정리한 도표를 봅시다

월	7	8	9	10	11	12
이익 (백만달러)	2.0	2.1	2.2	2.1	2.3	2.4

그저 꾸준히 조금씩 이익이 나고 있을 뿐 특별한 점은 없잖아.

우와, 이 회사의 주식은 지나치게 끝내주는군, 뭔가 수상해.

동일한 데이터를 보고 이렇게 상반된 견해가 도출되는 이유는 뭘까요? 좀 더 자세히 살펴보도록 합시다.

두 차트 이야기

동일한 데이터에 대한 상반된 견해를 어떻게 해석해야 할까요? 우선 데이터를 시각화해야 할 필요가 있습니다. 정보를 시각화하려면 차트나 그래프를 사용하는 것보다 좋은 방법은 없습니다. 그들은 날 것 그대로의 정보를 정리하는 방법을 제공하며 무엇이 어떻게 돌아가는지 한눈에 파악할 수 있도록 도와줍니다. 그렇지만 가장 간단한 차트조차 당신을 엉뚱한 방향으로 끌고 갈 수 있으므로 매우 주의해야 합니다.

다음은 이 회사가 6개월 동안 창출한 이익을 시간의 흐름에 따라 정리해 놓은 그래프입니다. 똑같은 정보에 기초하고 있지만 왜 이렇게 다르게 보이는 걸까요? 그들은 같은 정보에 대해 전적으로 다르게 보이는 그래프를 보여 주고 있습니다.

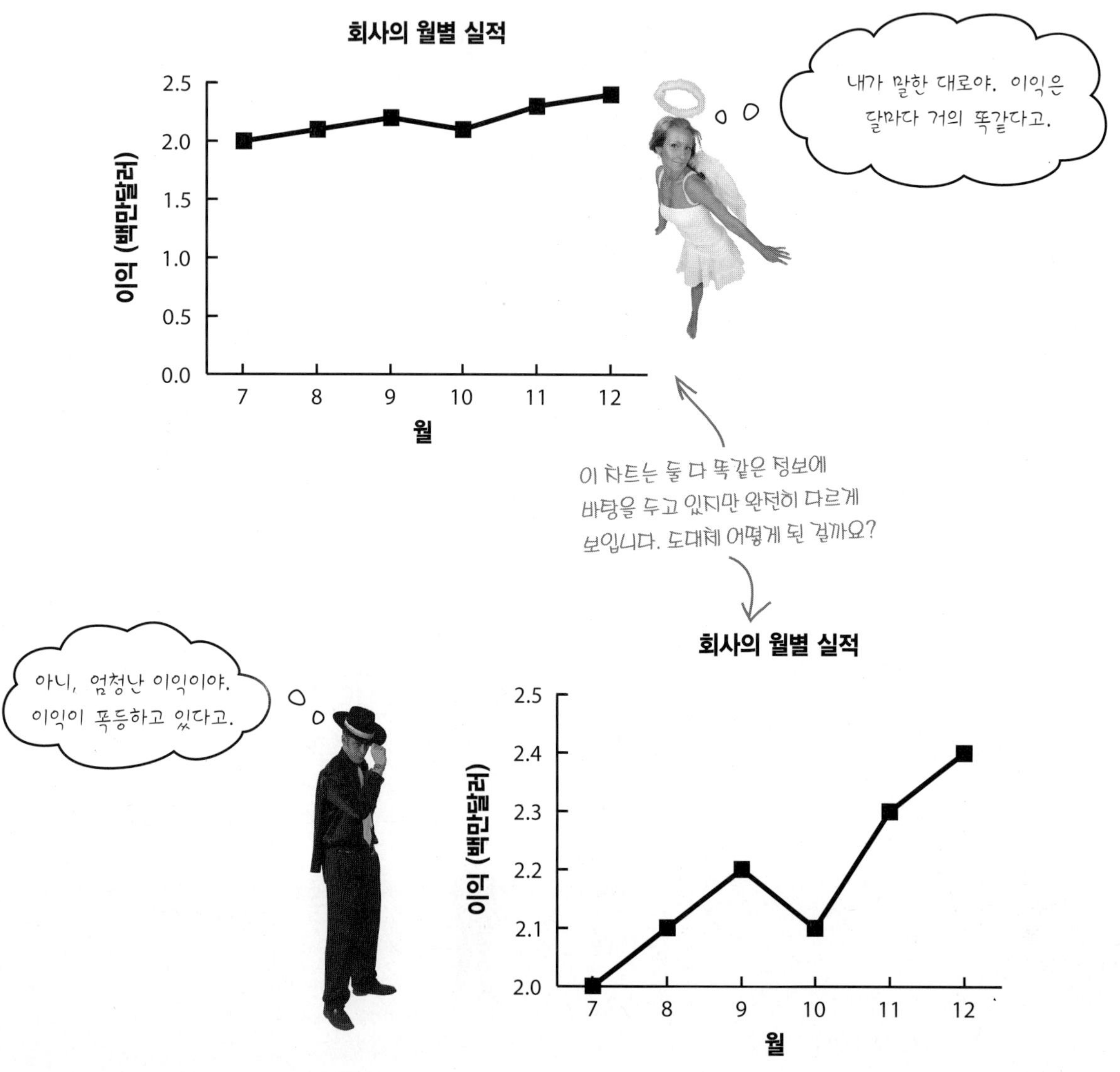

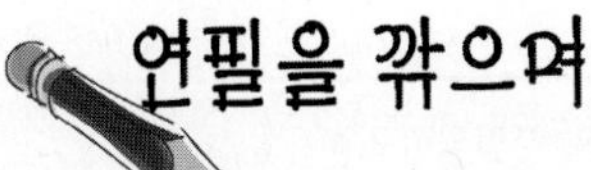

연필을 깎으며

앞 페이지에 있는 두 그래프를 잘 들여다보세요. 차이점이 무엇일까요?
두 그래프가 그렇게 다른 느낌을 주는 이유는 무엇일까요?

바보 같은 질문이란 없습니다

Q: 그냥 데이터를 보면 되지, 왜 그래프를 만드나요?

A: 날 것 그대로의 데이터(원시 데이터)를 보는 것만으로는 어떤 일이 진행되고 있는지 알기 어려운 경우가 있습니다. 데이터 안에 일정한 법칙이나 경향이 존재하는 경우 그냥 숫자들만 나열된 것으로는 그런 사실을 발견하기 매우 힘듭니다. 그래프는 데이터 안에 존재하는 법칙을 말 그대로 눈으로 볼 수 있게 해 줍니다. 데이터를 시각화할 수 있게 해 주고, 그냥 눈으로 보는 것만으로도 무슨 일이 벌어지는지 알 수 있게 해 줍니다.

Q: 정보와 데이터의 차이는 무엇인가요?

A: 데이터는 수집된 날 것 그대로의 사실과 숫자를 의미합니다. 정보는 약간의 의미가 부여된 데이터를 가리킵니다.

예를 들어 5, 6, 7이라는 숫자를 생각해 봅시다. 그 자체로는 숫자에 불과합니다. 그들이 무엇을 의미하거나 표상하는지 알 수 없습니다. 이때 이들은 데이터입니다. 그런데 이들이 세 아이의 나이를 의미한다는 설명을 듣게 되면 이제 이들은 일정한 의미를 갖는 정보가 되지요.

연필을 깎으며 정답

앞 페이지에 있는 두 그래프를 잘 들여다보세요. 차이점이 무엇일까요?
두 그래프가 그렇게 다른 느낌을 주는 이유는 무엇일까요?

두 그래프는 똑같은 데이터에 기초하고 있습니다. 하지만 그들은 각각 서로 다른 메시지를 전달합니다.

첫 번째 그래프는 이익이 상대적으로 변화가 없다는 느낌을 줍니다. 수직축의 값이 0에서부터 시작하도록 한 다음에 매월 발생하는 이익의 좌표를 0을 기준으로 매겨놓았기 때문입니다.

회사의 월별 실적

이익 (백만달러)

2.5
2.0
1.5
1.0
0.5
0.0

7 8 9 10 11 12

월

수직축의 값이 서로 다릅니다.

두 번째 그래프는 수직축의 값이 0이 아닌 다른 값에서 시작하도록 한 다음에 그에 따라서 눈금의 변화를 줌으로써 완전히 다른 느낌을 주도록 만들었습니다. 언뜻 보기에는 이익이 매월 엄청나게 증가하고 있는 것처럼 보입니다. 실제로 어떤 일이 벌어지고 있는지 파악하려면 그래프를 자세히 들여다보아야 합니다.

회사의 월별 실적

이익 (백만달러)

2.5
2.4
2.3
2.2
2.1
2.0

7 8 9 10 11 12

월

이 그래프의 축은 0이 아니라 2.0에서 시작합니다. 엄청난 이익이 발생하고 있는 것처럼 보이는 이유입니다.

내가 왜 그래프 따위에 신경 써야 하지? 그래프 만드는 소프트웨어가 다 알아서 해 줄 텐데 말이야.

소프트웨어는 당신을 배려해 주지 않습니다.

그래프 소프트웨어는 멋진 그래프를 만들어 줌으로써 시간을 절약해 줍니다. 하지만 실제로 어떤 일이 벌어지고 있는지는 당신 스스로 이해해야 합니다.

결국 그것은 여러분 자신의 데이터입니다. 자신의 업무에 맞는 그래프를 선택하고, 데이터가 가장 효율적인 방식으로 표현되도록 만들고, 자신이 원하는 메시지가 전달되도록 만드는 것은 소프트웨어가 아니라 **자기 자신**입니다.

미치광이 망고는 차트가 필요합니다

전 세계를 흥분의 도가니로 몰아넣고 있는 혁신적인 게임회사 미치광이 망고는 그래프 전문가가 필요합니다. CEO가 다음번 세계게임엑스포에서 기조연설을 하기로 되어 있습니다. 그는 데이터를 빠르고 멋지게 표현할 필요가 있기 때문에 당신에게 일을 맡겼습니다. 이것은 대박입니다. 기조연설이 멋지게 마무리되면 미치광이 망고는 추가적인 스폰서 수입을 얻게 될 것이고, 당신은 짭짤한 보너스를 받게 될 것입니다.

CEO가 첫 번째로 원하는 것은 각 게임 장르마다 회사의 서비스를 만족스럽게 생각하고 있는 게이머들의 퍼센트입니다. 그래서 그는 우선 자기가 확보하고 있는 데이터를 어떤 그래프 소프트웨어에 넣고 돌려서 다음과 같은 결과를 얻었습니다.

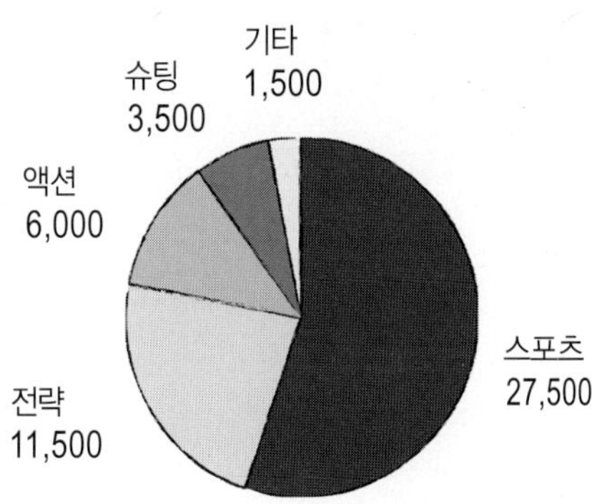

장르마다 팔린 게임의 수

브레인 파워

CEO가 만들어낸 파이차트를 잘 들여다보세요. 각 조각이 나타내고 있는 것은 무엇입니까? 서로 다른 비디오게임 장르의 상대적 인기도에 대해 무엇을 추론할 수 있습니까?

겸손한 파이차트

파이차트는 데이터를 각자 구별되는 그룹이나 범주에 포함시킴으로써 완성됩니다. 파이차트는 동그란 원을 파이조각처럼 생긴 부분으로 나누는 방식으로 구성됩니다. 각 조각은 하나의 그룹을 나타냅니다. 각 조각의 크기는 그 그룹이 다른 그룹에 비해서 상대적으로 얼마나 큰지 나타냅니다. 조각이 클수록 그 그룹의 상대적 인기도가 높다는 의미입니다. 여기에서 각 그룹이 담고 있는 항목의 수를 **도수**(度數, frequency)라고 합니다.

파이차트는 전체 데이터를 여러 그룹으로 분할합니다. 따라서 각 조각의 도수를 더하면 100%가 됩니다.

장르마다 팔려나간 게임의 수를 나타내고 있는 파이차트를 자세히 들여다봅시다.

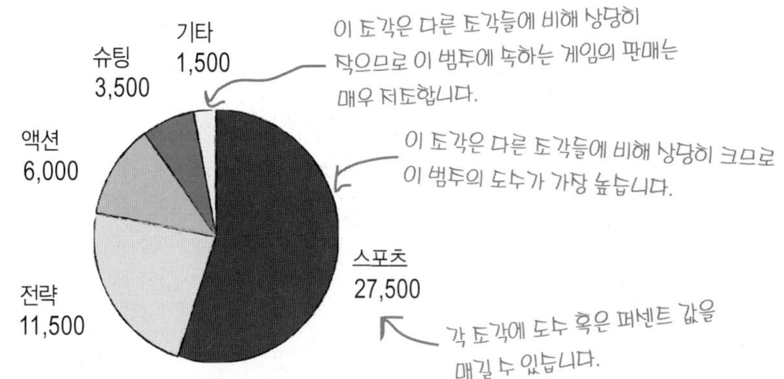

장르마다 팔린 게임의 수

장르	판매량
스포츠	27,500
전략	11,500
액션	6,000
슈팅	3,500
기타	1,500

파이차트는 언제 필요할까요?

각 조각의 크기는 각 데이터 그룹의 상대적인 도수를 나타내고 있습니다. 그러므로 파이차트는 기본적인 비율을 서로 비교하고자 할 때 유용합니다. 그래프를 언뜻 보는 것만으로도 어떤 그룹이 상대적으로 높은 도수를 갖는지 파악할 수 있습니다. 조각들이 서로 비슷한 크기를 가지고 있는 경우에는 미세한 차이를 구별하기 쉽지 않으므로 파이차트는 큰 도움이 되지 않습니다.

그렇다면 미치광이 망고의 CEO가 만들어낸 파이차트는 어떤가요?

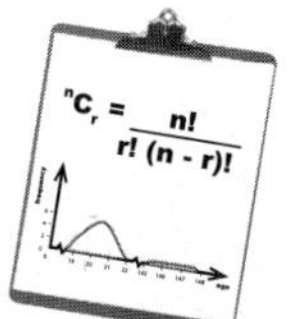

핵심 통계학

도수

도수는 어떤 특정한 그룹이나 범위 안에 얼마나 많은 항목이 들어 있는지 나타내는 값입니다. 항목의 수를 센 값이죠.

차트의 실패

장르마다 팔린 게임의 수를 나타내는 파이차트를 만드는 작업이 매우 잘 진행되었기 때문에 CEO는 미치광이 망고가 판매한 게임에 대한 소비자들의 만족도를 표현하는 차트도 만들기로 결정했습니다. 그는 각 장르의 게임에 대해 만족하고 있는 게이머들의 퍼센트를 서로 비교할 수 있는 차트를 필요로 합니다. 그는 그래프 소프트웨어에 데이터를 입력하고 실행을 했는데, 그 결과가 이번에는 별로 만족스럽지 못합니다.

기타
80%

스포츠
99%

슈팅
95%

전략
90%

액션
85%

장르마다 만족하고 있는 게이머들의 %

뭐가 어떻게 된 거야? 퍼센트 값이
다른데도 조각들의 크기가 모두 같고,
퍼센트와 조각의 크기가 일치하지도 않아.
이리 와서 차트 좀 고쳐줘. 지금 당장 말이야.

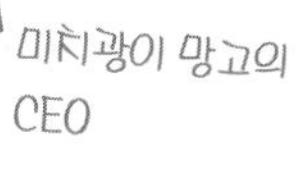

파이차트는 서로 다른 그룹이나 범주의 비율을 비교하는 데 사용되지만, 이 경우에는 각 그룹 사이에 존재하는 차이가 너무 미미합니다.

차트를 바라보는 것만으로는 게이머들의 만족도가 가장 높은 그룹을 확인하는 것이 쉽지 않습니다.

파이차트 조각에 퍼센트 값을 적어 넣는 것은 대개 혼란을 초래합니다. 예를 들어 스포츠 조각은 99%의 값을 가지고 있습니다. 하지만 그 조각 자체는 20% 정도의 크기만 차지하고 있습니다. 이 차트가 가지고 있는 또 하나의 문제점은 각 장르마다 응답을 한 사람의 수가 동일한지 여부를 확인할 수 없다는 것입니다. 그렇기 때문에 이런 방식으로 각 장르의 만족도를 비교하는 것이 공정한 일인지 여부를 알 수 없습니다.

파이차트는 비율을 보여 줍니다

브레인 파워

데이터를 들여다보고 이 차트가 가지고 있는 문제점이 무엇인지 생각해 보세요. 이러한 종류의 정보를 나타내기 위한 더 나은 그래프는 무엇일까요?

막대그래프는 값을 더 정확히 나타낼 수 있습니다

이러한 정보를 나타내기에 더 적합한 방법은 **막대그래프**(bar chart)입니다. 막대그래프는 파이차트와 마찬가지로 상대적인 값을 비교할 수 있도록 해 주는데, 좀 더 정밀한 수준의 값을 나타낼 수 있다는 장점을 갖고 있습니다. 특히 범주들의 값이 대충 비슷한 값을 가질 때 막대그래프는 정밀한 비교를 통해 어느 것이 가장 큰 값을 갖는지 쉽게 알 수 있도록 해 주기 때문에 유용합니다. 막대그래프는 작은 차이를 파악하고자 할 때 도움이 됩니다.

막대그래프에서는 각각의 막대가 하나의 범주를 나타냅니다. 그리고 막대의 길이는 값을 의미합니다. 막대가 길수록 값이 큽니다. 모든 막대는 동일한 폭을 갖기 때문에 그들을 서로 비교하는 것이 용이합니다.

막대그래프는 옆으로 그릴 수도 있고, 위아래로 그릴 수도 있습니다.

수직막대그래프

수직막대그래프는 범주를 수평축에 표시하고, 도수나 퍼센트 값을 수직축에 표현합니다. 각 막대의 높이는 해당 범주의 값을 나타낸다. 다음은 A, B, C, D, E라는 다섯 개 영역의 판매실적을 나타내는 막대그래프의 예입니다.

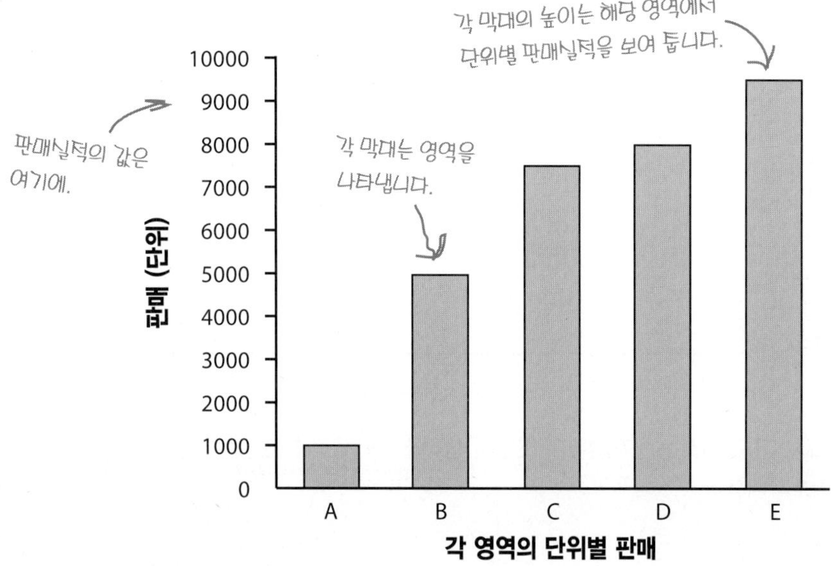

영역	판매 (단위)
A	1,000
B	5,000
C	7,500
D	8,000
E	9,500

수평막대그래프

수평막대그래프는 축의 위치가 서로 바뀐다는 점 말고는 수직막대그래프와 동일합니다. 수평막대그래프에서는 범주를 수직축에 나타내고 도수나 퍼센트 값을 수평축에 나타냅니다.

49페이지에 나왔던 CEO의 장르별 만족도 데이터를 표현하는 수평막대그래프는 아래와 같습니다. 보는 바와 같이 어느 범주가 가장 높은 값을 갖고 어느 범주가 가장 낮은 값을 갖는지 한눈에 파악됩니다.

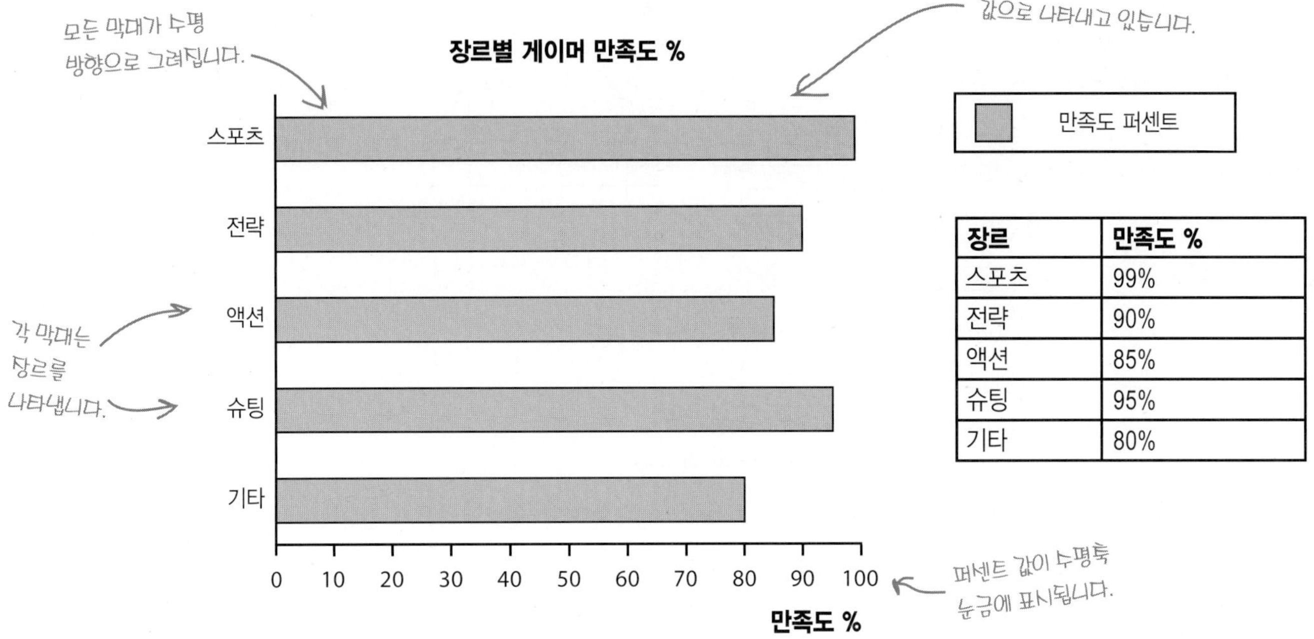

장르	만족도 %
스포츠	99%
전략	90%
액션	85%
슈팅	95%
기타	80%

수직막대그래프가 좀 더 일반적이지만, 범주의 이름이 매우 긴 경우에는 수평막대그래프가 더 유용합니다. 수평막대그래프는 범주의 이름을 옆으로 돌리지 않고도 긴 이름을 적어 넣을 수 있는 충분한 공간을 제공하기 때문입니다.

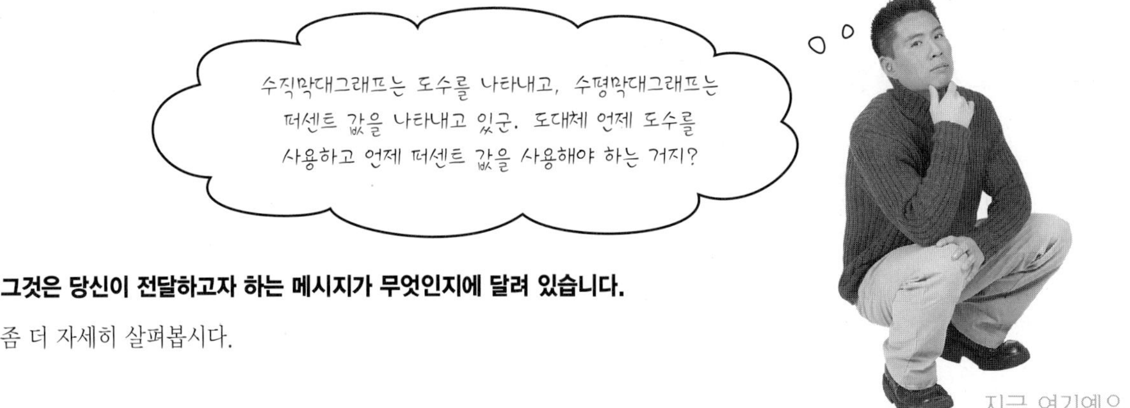

그것은 당신이 전달하고자 하는 메시지가 무엇인지에 달려 있습니다.

좀 더 자세히 살펴봅시다.

문제는 눈금입니다

눈금을 잘 이해하면 드러내고자 하는 핵심 내용을 잘 나타내는 강력한 막대그래프를 만들 수 있습니다. 하지만 주의해야 합니다. 눈금은 때로 당신의 데이터가 품고 있는 핵심 내용을 감출 수도 있기 때문입니다. 자세히 살펴봅시다.

퍼센트 눈금 사용하기

게임 장르마다 게이머들의 만족도를 나타내는 막대그래프를 자세히 살펴봅시다. 수평막대그래프는 사용자 만족도를 100명 중 몇 명이 만족을 표시했는가를 의미하는 숫자인 **퍼센트**로 나타내고 있습니다.

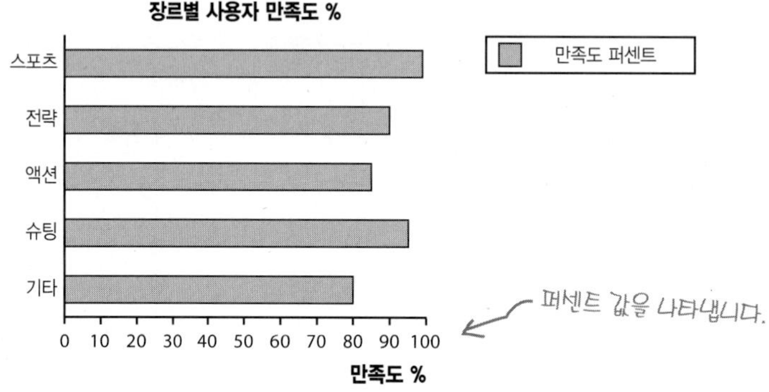

이 그래프의 목적은 서로 다른 퍼센트 값을 비교하고 각 장르의 퍼센트 값을 읽을 수 있도록 하는 데 있습니다.

그런데 한 가지 문제가 있습니다. 각 장르마다 몇 명의 게이머가 존재하는지 알려 주지 않는다는 거죠. 이것은 별로 중요하지 않은 것처럼 들릴 수도 있으나, 그 정보를 모른다는 사실은 곧 우리가 이러한 퍼센트 값이 모든 게이머의 의견을 반영한 것인지, 아니면 일부 게이머들의 의견인지, 그것도 아니면 소수 게이머들의 의견을 나타내고 있는 것인지 알 수 없음을 뜻합니다. 다시 말해, 이 차트의 정보가 게이머 전체의 의견을 얼마나 반영하고 있는지 알 수 없다는 뜻입니다. 그렇기 때문에 퍼센트 값을 나타내는 그래프를 설계할 때 가장 중요한 규칙은 그래프의 내부나 아니면 그 옆에 항상 도수의 값을 동시에 나타내는 것입니다.

퍼센트 값을 도수 없이 제공하거나 도수를 퍼센트 값 없이 제공하는 경우에는 매우 주의를 기울여야 합니다.

그렇게 하는 것이 때로는 데이터가 담고 있는 핵심적인 사실을 감추는 데 이용되는 전술로 사용되기도 합니다. 그냥 그래프만 바라보는 것으로는 그 안에 담긴 데이터가 사실을 얼마나 충분히 반영하고 있는지 알 길이 없습니다. 그래프를 보고 높은 퍼센트의 사람이 어느 특정한 장르의 게임을 선호한다는 사실을 발견할 수도 있습니다. 하지만 그저 10명 정도가 질문에 참여한 경우라면 이야기가 다릅니다. 혹은 10,000명의 사람이 스포츠 장르의 게임을 좋아한다는 사실을 확인할 수도 있습니다. 하지만 그 자체로는 그것이 모든 다른 장르의 게임에 비해 높은 비율인지 아닌지 알 수 없습니다.

도수 눈금 사용하기

퍼센트 값 대신 도수를 나타내는 눈금을 사용할 수도 있습니다. 이러한 눈금은 정확히 얼마나 많은 도수가 담겨 있는지 확인하고 서로 다른 값들과 비교하는 것을 용이하게 만들어 줍니다.

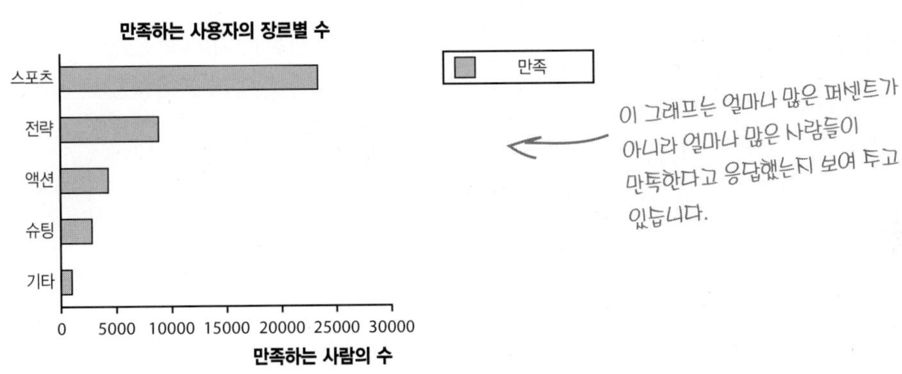

보통의 경우 눈금은 0부터 시작해야 합니다! 하지만 모든 차트가 그렇게 하는 것은 아닙니다. 46페이지에서 보았던 바와 같이 0에서 시작하지 않는 눈금을 사용하는 것은 데이터의 내용에 대해 완전히 다른 느낌을 줄 수 있습니다. 다른 사람이 작성한 그래프를 볼 때 이런 점에 유의할 필요가 있습니다. 이런 점에 현혹되면 중요한 사실을 놓치거나 잘못 파악할 수 있기 때문입니다.

그래서 지금 나한테 도수 아니면 퍼센트 둘 중 하나를 선택하라는 건가? 둘 다 필요한 경우에는 어떻게 하지?

좀 더 유연한 막대그래프를 그리는 방법도 존재합니다.

지금까지 살펴본 막대그래프가 가지고 있는 한계는 게이머의 수 아니면 퍼센트 중에서 하나만 사용하고 있으며, 게임에 대해 만족하는 게이머만 나타내고 있다는 사실입니다.

이러한 한계를 극복하는 방법을 살펴보도록 합시다.

복수의 데이터 집합을 다루는 방법

막대그래프를 사용할 때 동일한 차트 위에서 하나 이상의 데이터 집합을 표현하는 것은 사실 매우 쉽습니다. 예를 들어 동일한 막대그래프 위에 게임에 대해 만족을 하는 게이머의 퍼센트와 만족하지 않는 게이머의 퍼센트를 동시에 표현할 수 있습니다.

분할된 범주의 막대그래프

그렇게 하는 방법 중 하나는 각각의 장르에 대해 하나의 막대는 만족하는 게이머의 도수를 나타내도록 하고 또 다른 막대는 만족하지 않는 게이머의 도수를 나타내도록 하는 것입니다. 이런 방법은 **도수를 서로 비교**하고자 할 때 유용합니다. 하지만 전체에 대한 비율이나 퍼센트 값을 나타내기에는 불편합니다.

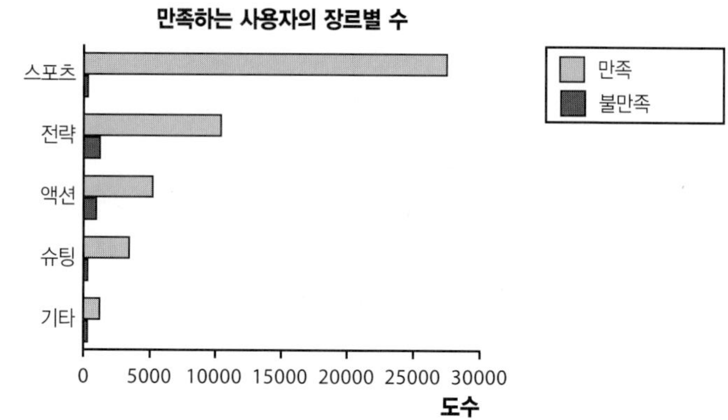

조각으로 나누어진 막대그래프

도수와 퍼센트를 동시에 나타내고자 한다면 조각으로 나누어진 막대그래프를 사용할 수 있습니다. 이 경우에는 한 개의 범주에 대해 하나의 막대를 사용하며, 각 막대를 비율에 따라서 두 개의 조각으로 나눕니다. 조각을 합친 전체 막대의 길이는 그 범주의 전체 도수를 나타냅니다.

이런 종류의 차트는 각 범주의 전체 도수(이 경우에는 각 장르에 속한 게이머의 전체 수)를 한눈에 파악할 수 있도록 해 주고, 그 범주 안에서 게임에 대한 만족감을 표시한 게이머의 도수도 쉽게 확인할 수 있도록 해 줍니다. 만족과 불만족 사이에 존재하는 비율도 쉽게 볼 수 있습니다.

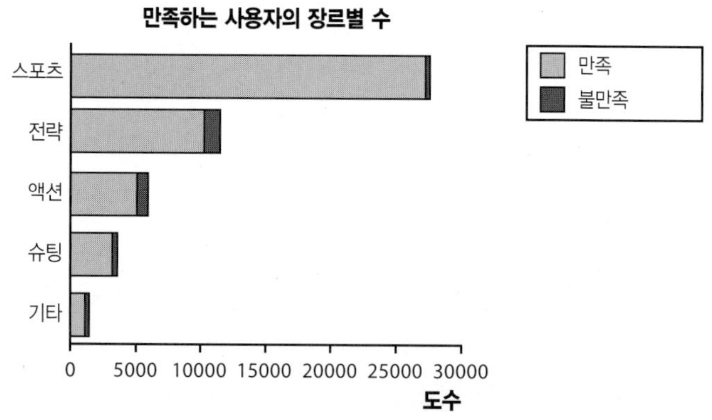

CEO는 또 다른 기조연설을 위한 그래프가 필요합니다. 데이터는 다음과 같습니다.
막대그래프를 손으로 대충 그려 보세요.

대륙	판매 (단위)
북아메리카	1,500
남아메리카	500
유럽	1,500
아시아	2,000
오세아니아	1,000
아프리카	500
남극	1

연필을 깎으며

소프트웨어로 작성한 그래프가 있습니다. 여기서 2011년에 가장 많이 팔린 장르는 무엇일까요? 그 장르의 2010년 실적은 어떤가요?

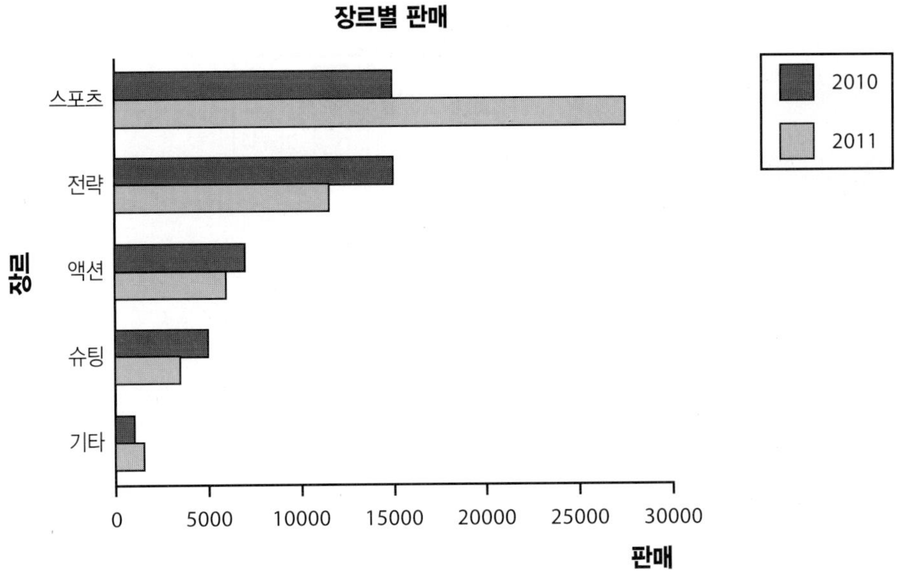

장르별 판매

연습문제 정답

CEO는 또 다른 기조연설을 위한 그래프가 필요합니다. 데이터는 다음과 같습니다. 막대그래프를 손으로 대충 그려 보세요.

대륙	판매 (단위)
북아메리카	1,500
남아메리카	500
유럽	1,500
아시아	2,000
오세아니아	1,000
아프리카	500
남극	1

대륙별 판매

판매 (단위)

대륙: 북아메리카, 남아메리카, 유럽, 아시아, 오세아니아, 아프리카, 남극

0 200 400 600 800 1000 1200 1400 1600 1800 2000

판매

연필을 깎으며 정답

소프트웨어로 작성한 그래프가 있습니다. 여기서 2011년에 가장 많이 팔린 장르는 무엇일까요? 그 장르의 2010년 실적은 어떤가요?

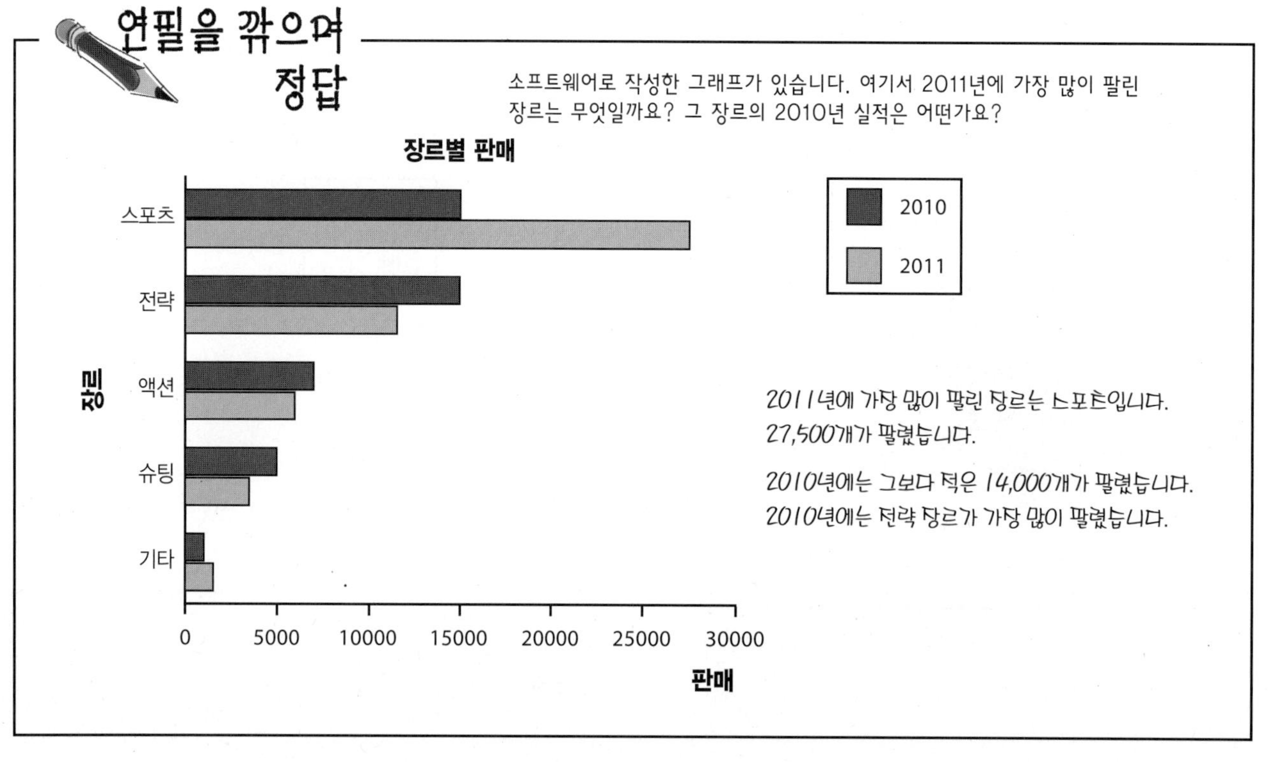

2011년에 가장 많이 팔린 장르는 스포츠입니다. 27,500개가 팔렸습니다.

2010년에는 그보다 적은 14,000개가 팔렸습니다. 2010년에는 전략 장르가 가장 많이 팔렸습니다.

당신이 그린 막대그래프는 정말 멋지군요

CEO는 당신이 제작한 막대그래프를 보고 탄복했습니다. 하지만 그가 기조연설에서 사용해야 하는 데이터는 아직 더 있습니다.

잘했어! 이 그래프들은 엑스포에서 크게 히트칠거야. 자, 여기 다른 업무가 있네. 지금까지 우리는 새로운 게임을 자발적인 참여자들과 함께 테스트하고 있었지. 그들이 실행한 게임별로 점수가 어떻게 분포되어 있는지 보여 주는 그래프가 필요해. 여기에 데이터가 있네.

점수는 0에서 999까지 받을 수 있으며, 데이터는 점수에 따라서 여러 개의 그룹으로 나뉘어져 있습니다. 예를 들어 0에서 199 사이의 점수를 받은 사람은 5명입니다.

점수	도수
0-199	5
200-399	29
400-599	56
600-799	17
800-999	3

도수는 그 범위 안의 점수가 기록된 횟수를 의미합니다.

이 데이터는 지금까지 우리가 다뤘던 데이터와 다르게 보이는군. 그렇다면 이전과 다르게 다룰 필요가 있는 걸까?

브레인 파워

이 장의 내용을 다시 한 번 보세요. 이러한 종류의 데이터가 앞에서 본 것들과 어떻게 다를까요? 그러한 차이점이 그래프에 미치는 영향은 무엇일까요?

범주 대 수치

그래프를 만들 때 우선 이해해야 하는 핵심적인 내용은 자기가 다루는 데이터가 정확히 무엇인지 파악하는 것입니다. 그 점을 파악하고 나면 데이터를 표현하기 위해 가장 적합한 그래프가 무엇인지 떠올리는 것은 어렵지 않습니다.

범주적 혹은 정성적 데이터

지금까지 우리가 보아온 데이터는 거의 대부분 **범주적**(categorical) 데이터였습니다. 그러한 데이터는 일정한 범주로 나누어진 다음에 각 범주의 성질이나 특성을 묘사합니다. 그렇기 때문에 이러한 데이터는 한편으로 **정성적**(qualitative) 데이터라 하기도 합니다. 정성적 데이터의 예로는 게임 장르가 있습니다. 각 장르는 하나의 독자적인 범주를 구성합니다.

정성적 데이터와 관련해서 꼭 기억해 두어야 하는 것은 그러한 데이터 값들은 숫자로 해석될 수 없다는 사실입니다.

수치적 혹은 정량적 데이터

반면 **수치적**(numerical) 데이터는 **숫자**(number)를 다룹니다. 이러한 데이터가 포함하는 값은 측정(measurement)이나 개수(count)처럼 어떤 숫자로서의 의미를 갖습니다. 수치적 데이터는 양을 묘사하고 있기 때문에 한편으로 **정량적**(quantitative) 데이터라고도 합니다.

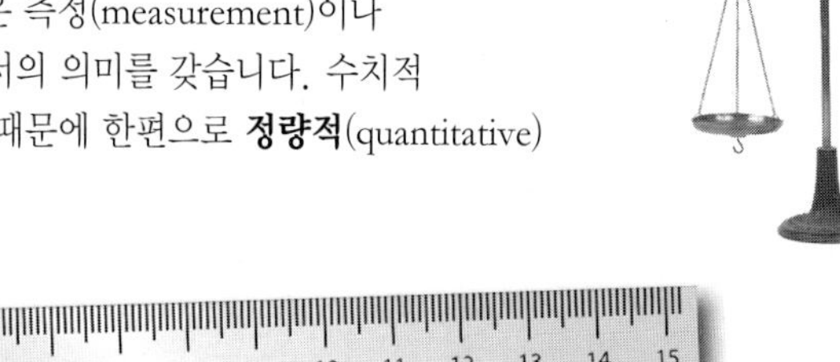

그렇다면 이들이 미치광이 망고의 차트에 대해서 갖는 의미는 무엇일까요?

그룹으로 묶인 데이터 다루기

미치광이 망고 CEO가 이번에 제공한 데이터는 수치적인데, 게이머들이 기록한 점수들이 일정한 범위에 따라서 그룹으로 나뉘어져 있습니다. 그렇다면 이러한 데이터를 그래프로 만드는 최선의 방법은 무엇일까요?

점수들은 수치적이며 범위에 따라서 그룹으로 나뉘어져 있습니다.

점수	도수
0-199	5
200-399	29
400-599	56
600-799	17
800-999	3

그거야 쉽지. 전에 했던 것처럼 그냥 막대그래프를 사용하면 되지 않아? 각각의 그룹을 하나의 독립적인 범주로 생각하면 되지.

물론 그럴 수도 있습니다. 하지만 더 좋은 방법이 있습니다.

점수의 범위를 각각 하나의 범주로 취급하는 대신에 데이터 자체가 수치적이라는 사실을 활용해서 그들을 연속적인 수치적 눈금으로 표현하는 방법이 있습니다. 이것은 각각의 막대가 하나의 범주를 의미하도록 만드는 대신에 점수의 범위를 표현하도록 만드는 것입니다.

이렇게 하기 위해 **히스토그램**(histogram)을 이용할 수 있습니다.

히스토그램은 막대그래프와 거의 비슷하지만 두 가지 중요한 차이점을 갖습니다. 첫 번째 차이점은 막대의 면적이 도수에 비례하다는 것이고, 두 번째 차이점은 그래프에 존재하는 막대 사이에 공간이 없다는 것입니다. 다음은 통계마을의 주민들이 매달 구매한 게임의 평균적인 수를 나타내는 히스토그램의 예입니다.

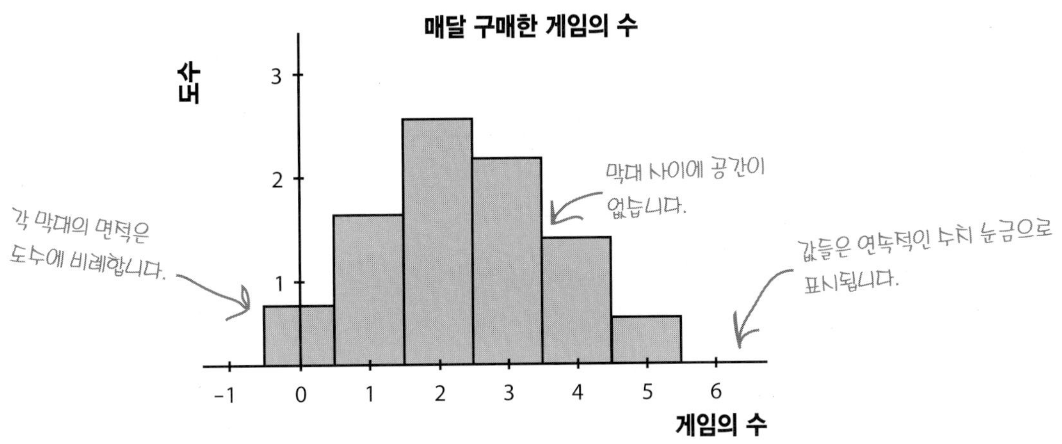

히스토그램을 만들기 위해서는 우선 막대의 폭부터 구합니다

점수	도수
0-199	5
200-399	29
400-599	56
600-799	17
800-999	3

히스토그램을 만드는 첫 번째 단계는 각 구간이 얼마나 큰 폭을 가져야 하는지 파악하여 각 값의 범위가 어떤 값에서 어떤 값에 이르러야 하는지 정하는 것입니다. 이때 히스토그램의 막대 사이에 빈 공간이 생기지 않도록 주의해야 할 필요가 있습니다.

우선 0-199와 200-399라는 두 개의 구간을 생각해 봅시다. 첫 번째 구간은 값이 199에서 끝나고, 두 번째 구간은 200에서 시작합니다. 구간을 이런 식으로 설정하면 아래에서 보는 바와 같이 두 구간 사이에, 즉 199와 200 사이에 빈 공간이 존재하게 됩니다.

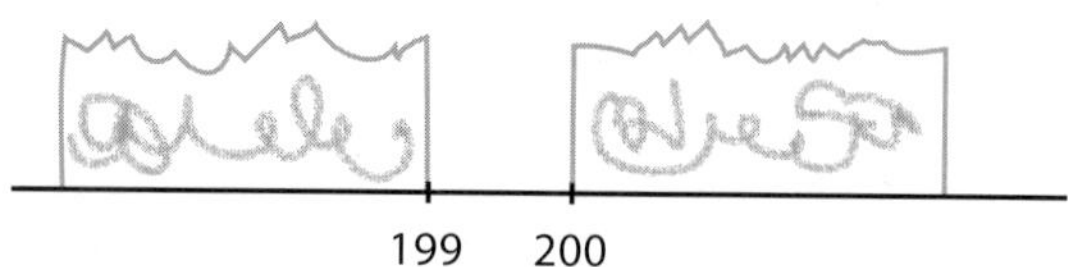

히스토그램은 막대 사이에 공간을 허용하지 않으므로 구간을 약간 수정할 필요가 있습니다. 첫 번째 막대가 199에서 끝나고 두 번째 막대가 200에서 시작하도록 만드는 대신 두 막대가 그림처럼 199.5에서 만나도록 수정합니다.

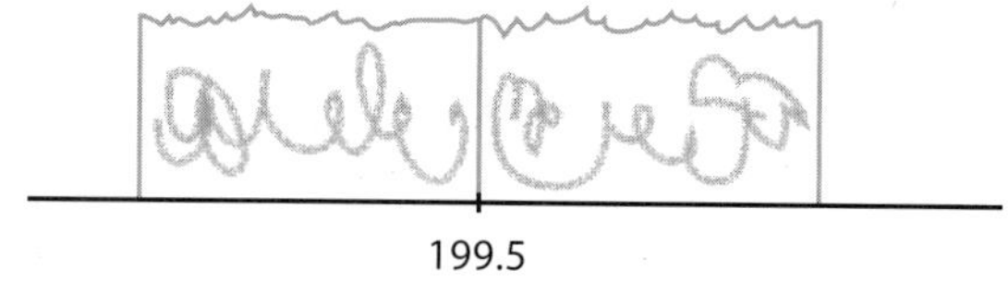

이렇게 하면 두 막대 사이에 단일한 경계가 존재하기 때문에 공간이 생기지 않습니다. 나머지 막대에 대해서도 비슷한 작업을 수행하면 아래와 같이 경계에 공간이 없는 그래프를 얻게 됩니다.

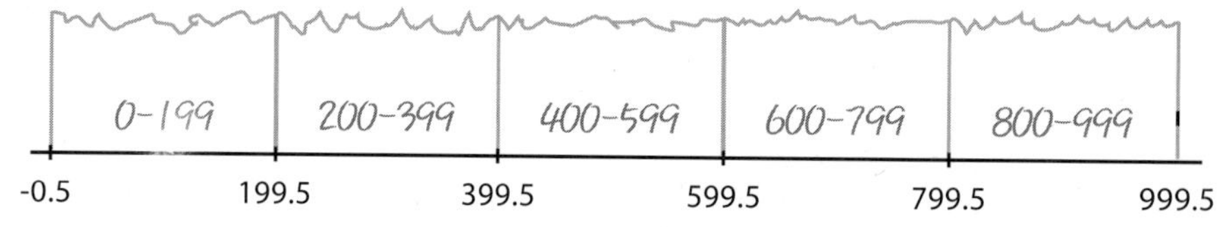

각 구간은 200개의 점수를 포함하므로 각 구간의 폭은 200입니다. 모든 구간이 동일한 폭을 갖습니다.

모든 구간이 동일한 폭을 가지므로 각 점수의 범위를 수직막대로 표현하는 히스토그램을 작성할 수 있습니다. 막대 사이의 경계가 각 구간의 시작과 끝을 의미합니다. 각 막대의 높이는 도수를 나타냅니다.

여기에 미치광이 망고의 데이터를 다시 적어 놓았습니다.

점수	도수
0-199	5
200-399	29
400-599	56
600-799	17
800-999	3

각 구간의 경계에 유의하면서 이 데이터를 표현하는 히스토그램을 그려 보세요. 도수는 수직축으로 표시되어 있습니다.

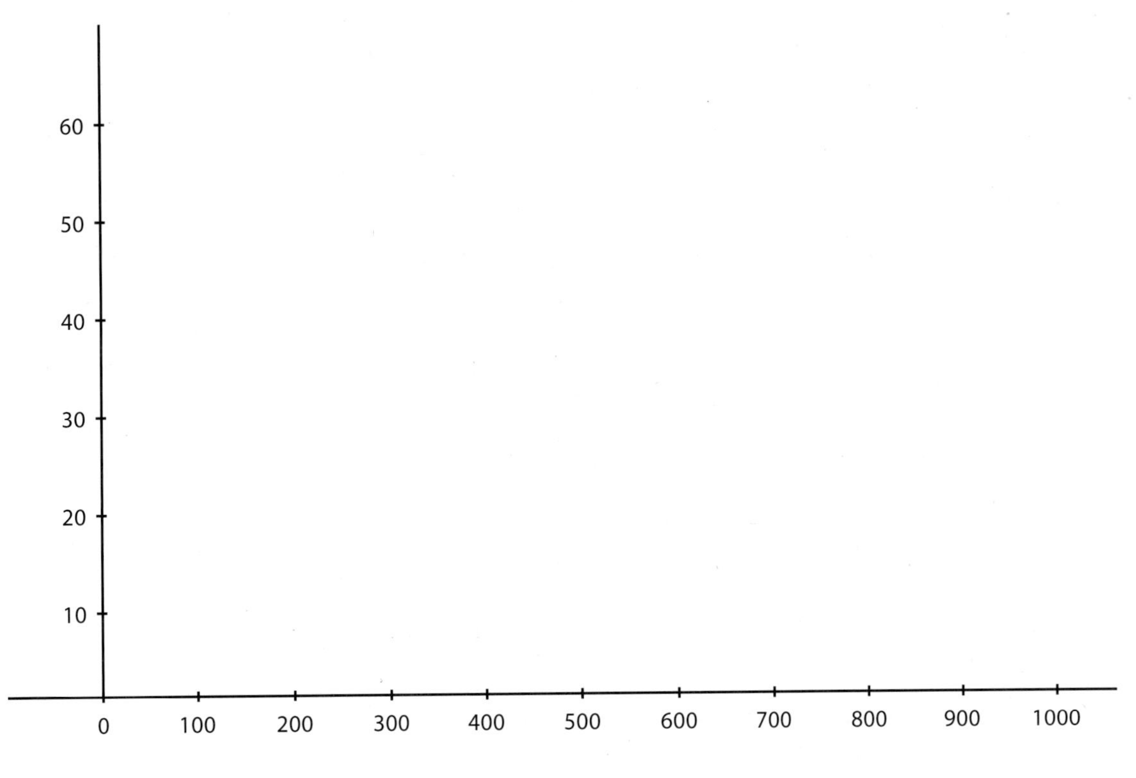

여기에 미치광이 망고의 데이터를 다시 적어 놓았습니다.

점수	도수
0-199	5
200-399	29
400-599	56
600-799	17
800-999	3

각 구간의 경계에 유의하면서 이 데이터를 표현하는 히스토그램을 그려 보세요. 도수는 수직축으로 표시되어 있습니다.

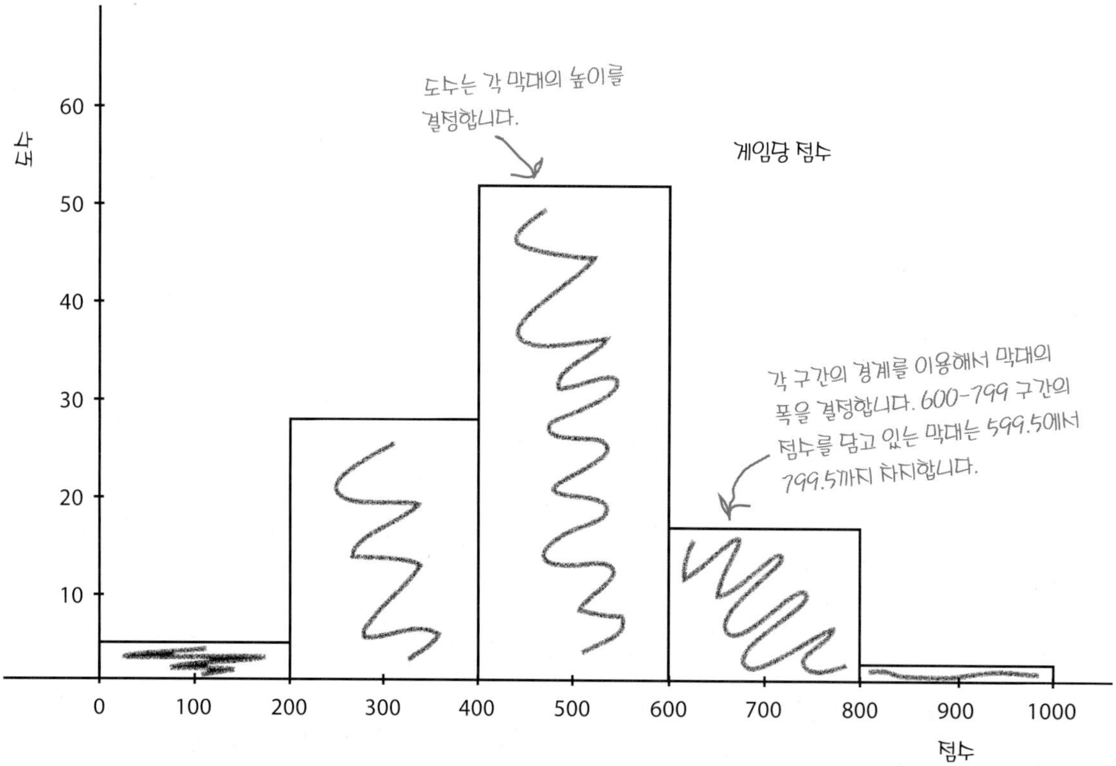

게임당 점수

도수

60
50
40
30
20
10

0 100 200 300 400 500 600 700 800 900 1000

점수

도수는 각 막대의 높이를 결정합니다.

각 구간의 경계를 이용해서 막대의 폭을 결정합니다. 600-799 구간의 점수를 담고 있는 막대는 599.5에서 799.5까지 차지합니다.

바보 같은 질문이란 없습니다

Q: 결국 히스토그램은 그룹으로 묶여진 수치 데이터를 위한 건가요?

A: 그렇습니다. 히스토그램의 장점은 그것이 수치적이기 때문에 도수만이 아니라 각 구간의 폭을 보여 주고자 할 때도 사용할 수 있습니다.

Q: 구간의 폭이 서로 다를 때는 어떻게 합니까? 그때에도 히스토그램을 사용할 수 있나요?

A: 물론이죠. 히스토그램에서는 막대의 폭이 모두 같은 경우가 일반적이기는 하지만 꼭 그래야 한다는 법은 없습니다. 막대의 폭이 다양한 히스토그램을 그리기 위해서는 밟아야 하는 단계가 더 있는데 잠시 뒤에 설명하도록 하겠습니다.

Q: 히스토그램에서 막대 사이에 공간이 있으면 안 되는 이유는 무엇입니까?

A: 최소한 두 가지 좋은 이유가 있습니다. 첫 번째 이유는 누락되는 값이 하나도 없이 모두 포함되도록 하기 위해서입니다. 두 번째 이유는 구간의 폭 자체가 값이 분포되어 있는 범위를 나타낼 수 있도록 만들어야 하기 때문입니다. 예를 들어 우리가 앞의 차트에서 0–199에 해당하는 막대가 정확히 0에서 199까지의 값을 갖도록 만들면 그 막대의 폭은 199−0=199가 됩니다.

Q: 그런데 왜 막대가 두 값의 중간에서 만나도록 만드는 거죠?

A: 두 막대는 항상 만나야 합니다. 그리고 그 지점은 대개 두 값의 중간지역입니다. 하지만 만나는 지점이 정확히 어디가 되는지는 값을 반올림하는 방식에 달려 있습니다. 가장 가까운 곳에 있는 정수로 올리거나 내리는 것이 일반적입니다. 그와 같은 일반적인 방식을 채택하면 −0.5에서 0.5 사이에 존재하는 값은 모두 0으로 반올림되므로 히스토그램에 존재하는 0이라는 값은 −0.5에서 0.5 사이의 구간을 의미하게 됩니다.

Q: 이러한 법칙에 예외가 있습니까?

A: 그렇습니다. 사람의 나이 같은 경우에는 예외입니다. 히스토그램에서 18세와 19세라는 나이의 구간을 나타내는 경우에는 그 구간을 보통 18에서 20에 이르는 영역으로 설정합니다. 그렇게 하는 이유는 보통 19번째 생일은 지났지만 아직 20번째 생일에 이르지 않은 사람을 모두 19세라고 간주하기 때문입니다. 나이의 경우에는 소수점 이하의 값을 버리는 셈입니다.

핵심정리

- **도수**(frequency)는 하나의 범주 안에 얼마나 많은 항목이 들어 있는지 나타내는 통계적 방법입니다.
- **파이차트**는 기본적인 속성을 나타내는 데 적합합니다.
- **막대그래프**는 좀 더 유연하고 정확한 표현을 가능하게 해 줍니다.
- **수치적 데이터**는 숫자(number)와 정량(quantity)을 다룹니다. 범주적 데이터는 단어(word)와 정성(quality)을 다룹니다.
- **수평막대그래프**는 **범주적 데이터**를 위해 사용됩니다. 특히 범주의 이름이 길 때 사용합니다.
- **수직막대그래프**는 **수치적 데이터** 혹은 범주의 이름이 짧을 때 범주적 데이터를 나타내기 위해 사용됩니다.
- **막대그래프에 복수의 데이터 집합**을 표현하는 것이 가능합니다. 그렇게 하는 방법에는 여러 가지가 있습니다. 분할된 범주의 막대그래프를 사용해서 서로 연관된 막대를 나란히 놓음으로써 도수를 비교할 수 있습니다. 조각으로 나누어진 막대그래프에서 막대를 차곡차곡 위로 쌓음으로써 비율과 전체 도수를 한꺼번에 나타낼 수도 있습니다.
- **막대그래프 눈금**은 퍼센트나 도수를 나타냅니다.
- 각각의 차트는 여러 가지 다양한 변화를 가질 수 있습니다.

미치광이 망고는 또 다른 차트가 필요합니다

CEO는 당신이 제작한 히스토그램에 대해 대단히 만족스러워 합니다. 너무나 만족스러운 나머지 당신에게 또 다른 히스토그램을 만들어 달라고 부탁했습니다. 이번에는 미치광이 망고의 게이머들이 24시간 동안 얼마나 오래 게임을 하는지 나타내는 차트를 만드는 일입니다. 데이터는 아래와 같습니다.

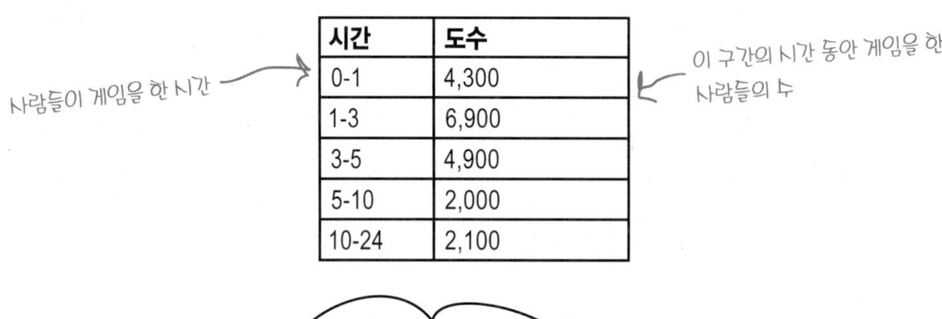

시간	도수
0-1	4,300
1-3	6,900
3-5	4,900
5-10	2,000
10-24	2,100

이 데이터는 뭔가 이상하군. 앞에서 보았던 것과 비슷한 방식으로 그룹이 만들어져 있지만 구간이 일정하지 않네.

맞습니다. 구간의 폭이 동일하지 않습니다.

구간의 폭을 살펴보면 그들이 서로 다르다는 사실을 알 수 있습니다. 예를 들어 10-24 구간은 0-1 구간에 비해 훨씬 더 넓은 범위를 포함하고 있습니다.

만약 날 것 그대로의 데이터를 볼 수 있다면 구간의 폭을 일정하게 만드는 방법을 찾을 수 있겠지만, 불행하게도 우리가 가진 데이터는 CEO가 준 것이 전부입니다. 따라서 서로 다른 폭을 갖는 데이터를 허용하는 히스토그램을 작성하는 방법을 연구할 필요가 있습니다.

히스토그램에서 도수는 각 막대의 면적에 비례합니다. 주어진 데이터에 대한 히스토그램에 이 사실을 이용할 수 있나요? 이때 고려해야 하는 사항으로는 무엇이 있나요?

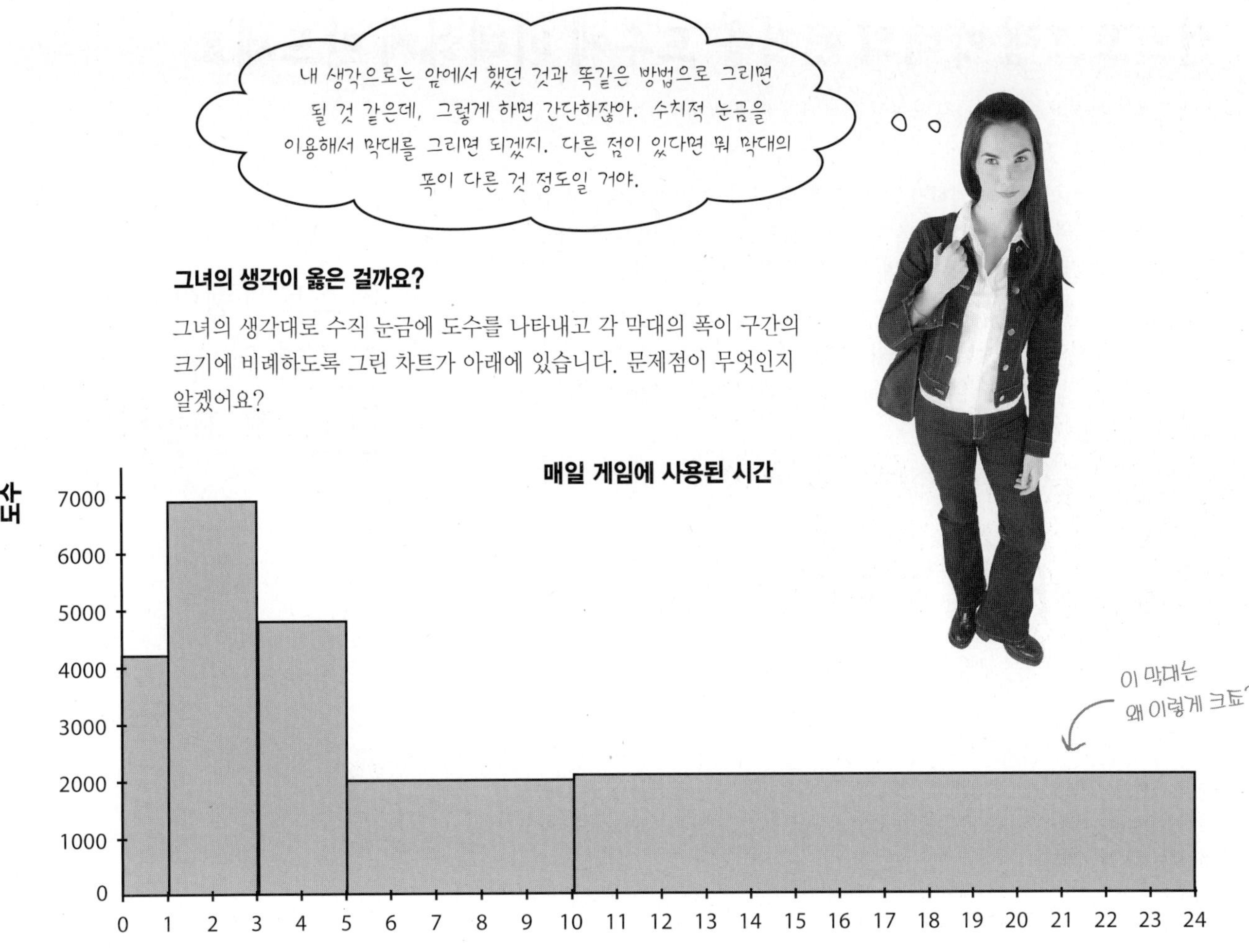

그녀의 생각이 옳은 걸까요?

그녀의 생각대로 수직 눈금에 도수를 나타내고 각 막대의 폭이 구간의 크기에 비례하도록 그린 차트가 아래에 있습니다. 문제점이 무엇인지 알겠어요?

히스토그램의 막대가 차지하는 면적은 도수에 비례해야 합니다

이 그래프가 가진 문제는 각 막대의 폭이 각 구간의 폭을 반영하도록 만들었기 때문에 몇몇 막대가 균형이 맞지 않을 정도로 크게 나타나고 있다는 겁니다. 이 그래프를 얼핏 보면 사람들이 하루 동안 게임에 사용하는 진짜 시간을 잘못 이해하기 쉽습니다. 예를 들어 이 차트에서 가장 큰 면적을 차지하고 있는 것은 10–24시간을 나타내는 막대입니다. 하지만 실제로 그렇게 많은 시간을 게임에 사용하는 사람은 별로 없습니다.

이것은 히스토그램이므로 막대의 면적을 그것이 나타내는 도수의 값에 비례하도록 만들어야 합니다. 막대의 폭이 동일하지 않다면, 막대의 높이를 가지고 뭔가 해야 하지 않을까요?

히스토그램 막대의 면적을 도수에 비례하게 만드세요

지금까지는 특정한 수나 범주의 도수를 나타내기 위해 막대의 길이를 이용했습니다.

이제는 구간의 폭이 서로 동일하지 않은, 그룹으로 묶인 수치 데이터를 다루어야 합니다. 각 막대의 폭이 구간의 폭을 반영하도록 만들 수도 있지만, 문제는 막대들이 갖는 다양한 폭이 각 막대의 전체 면적에도 영향을 준다는 것입니다.

우리는 막대의 면적이 도수에 비례하도록 만들어야 합니다. 이 말은 막대의 폭을 조정해야 한다면 높이도 함께 조정해야 한다는 뜻입니다. 그렇게 함으로써 막대의 폭이 해당 그룹의 폭과 일치하도록 만들면서도 전체 면적이 도수에 비례하도록 만들 수 있습니다.

이러한 새로운 히스토그램을 어떻게 만드는지 살펴봅시다.

히스토그램에서는 도수가 막대의 면적으로 표현됩니다.

단계 1: 막대의 폭을 찾으세요

우리는 막대가 포함하는 값의 범위를 살펴봄으로써 막대의 폭이 어느 정도 되어야 하는지 정할 수 있습니다. 다시 말해, 각 그룹이 얼마나 많은 시간 단위를 포함해야 하는지 파악해야 한다는 것입니다.

1-3 그룹을 보세요. 이 그룹은 1-2와 2-3이라는 2개의 완전한 시간 단위를 포함합니다. 이 말은 이 그룹의 폭이 2가 되어야 하고, 경계는 1과 3에 놓여야 한다는 사실을 의미합니다.

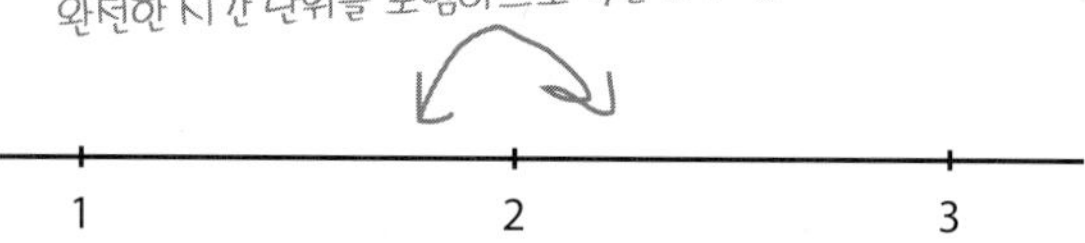

나머지 폭도 이런 식으로 계산하면 다음과 같은 결과를 얻게 됩니다.

시간	도수	폭
0-1	4,300	1
1-3	6,900	2
3-5	4,900	2
5-10	2,000	5
10-24	2,100	14

막대의 폭을 모두 파악했으니, 이제 높이를 계산하는 단계로 넘어갈 수 있습니다.

단계 2: 막대의 높이를 찾으세요

모든 그룹의 폭을 알게 되었으니, 이제 각 막대의 높이가 얼마가 되어야 하는지 알 수 있습니다. 막대의 전체 면적이 그룹의 도수에 비례하도록 높이를 조정해야 한다는 사실을 기억하세요.

우선 각 막대를 살펴봅시다. 도수와 면적이 일치해야 한다고 말했습니다. 이미 각 그룹의 도수가 얼마인지 알고 있으므로 면적을 구하는 것은 어렵지 않습니다.

막대의 면적 = 그룹의 도수

이 공식을 보면 어떤 면적을 구해야 하는지 쉽게 알 수 있습니다.

각 막대는 기본적으로 사각형입니다. 따라서 막대의 면적은 폭 곱하기 높이입니다. 면적은 도수이므로 다음과 같은 공식을 얻을 수 있습니다.

도수 = 막대의 폭 × 막대의 높이

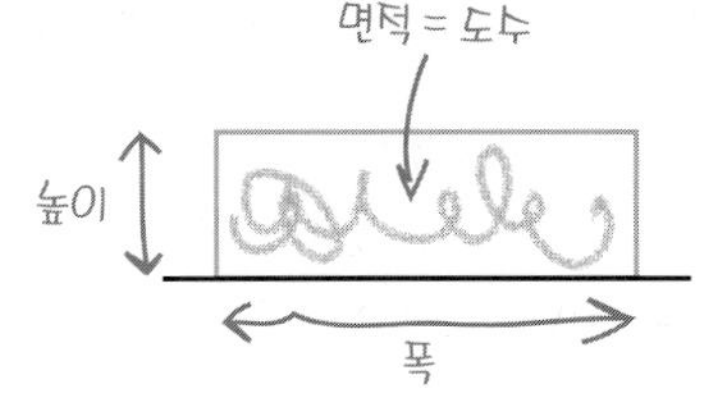

앞에서 각 막대의 폭을 이미 구했으므로 다음 공식을 통해 원하는 값을 얻을 수 있습니다.

$$\text{막대의 높이} = \frac{\text{도수}}{\text{막대의 폭}}$$

막대의 높이는 특정한 그룹의 도수가 얼마나 **밀도 있게 모여 있는지** 측정하는 방법입니다. 즉, 도수의 밀도를 재는 방법임과 동시에, 수로 표현되는 막대그래프의 넓이가 굵은지 아니면 얇은지를 이야기하는 방법이기도 합니다. 그래서 막대의 높이를 **도수밀도**(frequency density)라고 합니다.

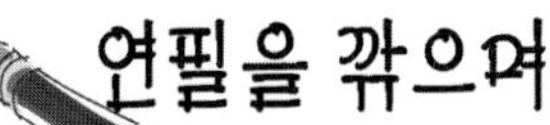

각 막대의 높이를 구해서 테이블의 빈 칸을 채우세요.

시간	도수	폭	높이 (도수밀도)
0-1	4,300	1	4,300 ÷ 1 = 4,300
1-3	6,900	2	
3-5	4,900	2	
5-10	2,000	5	
10-24	2,100	14	

연필을 깎으며 정답

각 막대의 높이를 구해서 테이블의 빈 칸을 채우세요.

시간	도수	폭	높이 (도수밀도)
0-1	4,300	1	4,300 ÷ 1 = 4,300
1-3	6,900	2	6,900 ÷ 2 = 3,450
3-5	4,900	2	4,900 ÷ 2 = 2,450
5-10	2,000	5	2,000 ÷ 5 = 400
10-24	2100	14	2,100 ÷ 14 = 150

단계 3: 히스토그램을 그리세요

이제 각 막대의 폭과 높이를 모두 알게 되었으므로 히스토그램을 그릴 수 있습니다. 그리는 방법은 앞에서와 동일한데, 다만 이제는 수직축에 단순히 도수가 아니라 도수밀도를 사용합니다.

다음은 다시 그릴 히스토그램입니다.

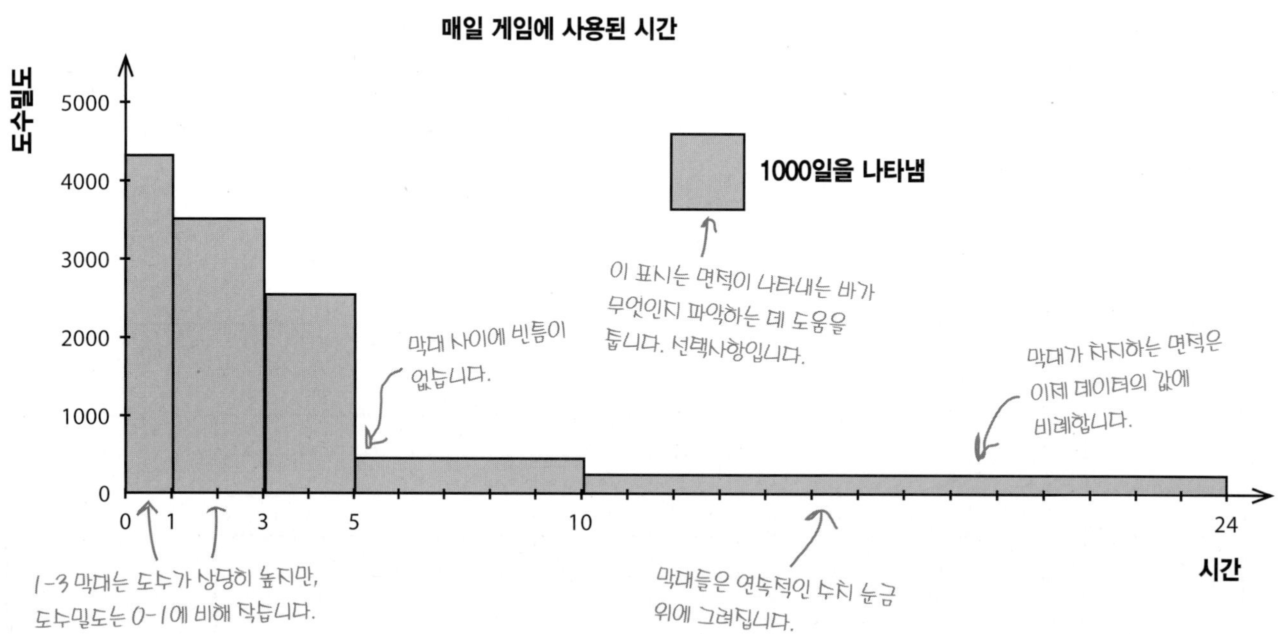

도수밀도 자세히 보기

도수밀도는 데이터 안에 있는 값들이 얼마나 집중되어 있는지 나타냅니다. 도수와 관련은 있지만 동일한 것은 아닙니다. 다음은 둘 사이의 관계를 설명하기 위한 예입니다.

주스를 컵에 따른다고 생각해 보세요.

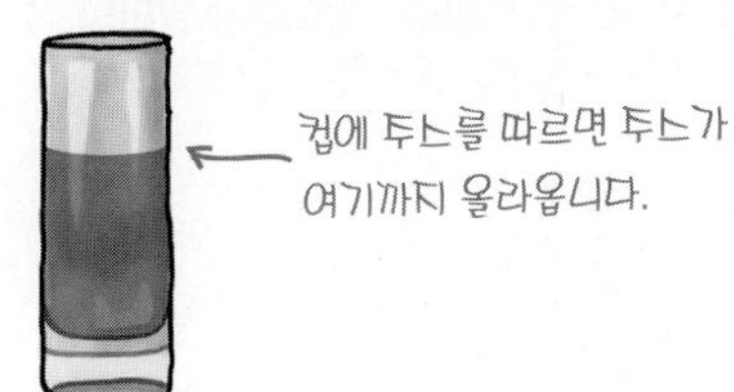

동일한 양의 주스를 크기가 다른 두 개의 컵에, 즉 하나는 넓고 하나는 좁은 컵에 따른다고 생각해 보세요. 주스의 높이가 어떻게 달라질까요? 폭이 넓은 컵에 주스를 따르면 높이가 낮아집니다.

주스의 높이는 컵의 넓이에 따라 달라집니다. 컵이 넓을수록 높이가 낮아지고, 좁을수록 높이가 높아집니다.

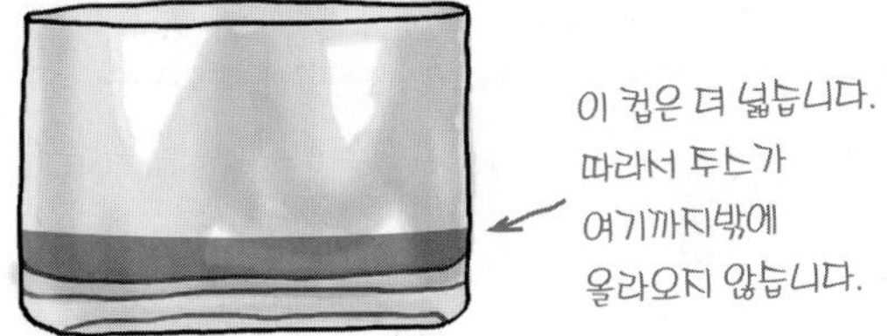

그런데 주스와 도수밀도가 무슨 상관이 있다는 거죠?

주스 = 도수

주스를 컵에 따르는 것이 아니라 도수를 차트에 있는 막대에 '따른다고' 생각해 보세요. 우리는 컵의 넓이를 알고 있는 것처럼 막대의 폭도 알고 있습니다. 그리고 컵에서 주스가 차지하는 공간(넓이×높이)이 주스의 양을 말해 주는 것처럼, 막대의 면적은 도수를 말해 줍니다.

도수밀도는 막대의 높이와 같습니다. 그것은 각각의 컵에서 주스의 높이가 올라오는 정도에 해당합니다. 컵이 넓으면 주스가 아래로 내려왔던 것처럼, 막대가 넓어지면 도수밀도가 낮아집니다.

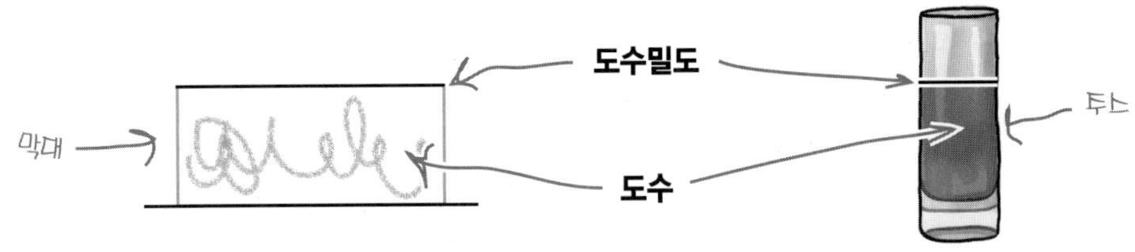

핵심정리

- **도수밀도**는 그룹으로 묶인 데이터의 도수가 얼마나 집중되어 있는지 나타냅니다. 공식은 아래와 같습니다.

$$도수밀도 = \frac{도수}{그룹의\ 폭}$$

- **히스토그램**은 그룹으로 묶인 데이터를 위한 차트입니다. 각 막대의 높이는 도수가 아니라 도수밀도의 값을 나타냅니다.
- 히스토그램을 그릴 때 막대의 폭은 그 그룹의 폭과 비례합니다. 막대들은 연속된 수치 눈금 위에 그려집니다.
- 히스토그램에서 그룹의 도수는 막대의 면적입니다.
- 히스토그램은 막대 사이에 빈 공간이 없습니다.

바보 같은 질문이란 없습니다

Q: 히스토그램에서 도수를 나타내기 위해 막대의 면적을 사용하는 이유는 무엇입니까?

A: 각 그룹의 상대적인 크기가 데이터의 실제 값과 비례하도록 만들기 위해서입니다. 그룹으로 묶인 데이터를 다루는 경우 각 그룹의 폭과 도수를 표현할 방법이 필요합니다. 어떤 그룹의 범위를 반영하기 위해 막대의 폭을 변경하는 것이 직관적인 방법이긴 하지만, 그렇게 하면 막대의 크기가 과장되거나 축소되도록 만드는 부작용이 있습니다.

따라서 막대의 높이를 조정해서 면적이 도수를 나타내도록 만드는 것이 이러한 부작용을 극복하는 방법입니다. 이렇게 하면 어떤 막대도 실제보다 지나치게 크거나 작게 보이지 않습니다.

Q: 도수밀도에 대해 다시 한 번 설명해 주세요.

A: 도수밀도는 특정한 구간에 속한 값들이 얼마나 집중되어 있는지 나타냅니다. 서로 다른 폭을 가지고 있는 구간들을 비교할 수 있도록 해 주지요. 또한 막대의 높이가 아니라 면적이 도수에 비례하도록 만들어 주기도 합니다.

도수밀도를 구하려면 우선 구간의 도수를 구한 다음에 그 값을 폭으로 나누면 됩니다.

Q: 그룹으로 묶인 수치 데이터를 가지고 있는데, 모든 구간의 폭이 동일합니다. 이 경우에는 그냥 보통의 막대그래프를 사용해도 될까요?

A: 그룹으로 묶인 데이터를 사용하는 경우이므로 여전히 히스토그램을 사용하는 것이 낫습니다. 막대의 높이가 아니라 면적이 도수에 비례하도록 만들 필요가 있기 때문이죠.

Q: 히스토그램은 반드시 그룹으로 묶인 데이터를 나타내야 합니까? 그룹으로 묶인 데이터 말고 그냥 개별적인 수를 나타내기 위해 사용하면 안 되나요?

A: 상관없습니다. 기억해야 할 점은 막대 사이에 빈 공간이 없어야 한다는 것과 각 막대의 폭을 1로 고정시켜야 한다는 것입니다. 일반적으로 수를 막대의 중앙에 위치시키면 이렇게 할 수 있습니다.

예를 들어 숫자 1을 표현하는 막대를 그리는 경우라면, 그 막대가 0.5에서 1.5라는 구간을 포함하도록 하고 숫자 1을 막대의 중앙에 위치시킵니다.

다음은 어떤 게이머가 사나운 황소라는 게임을 한 번 실행할 때마다 완성한 단계의 수를 나타내는 히스토그램입니다. 이 게이머는 게임을 전체적으로 몇 번이나 실행했을까요? 각 단계는 정수로 표현된다고 가정하세요.

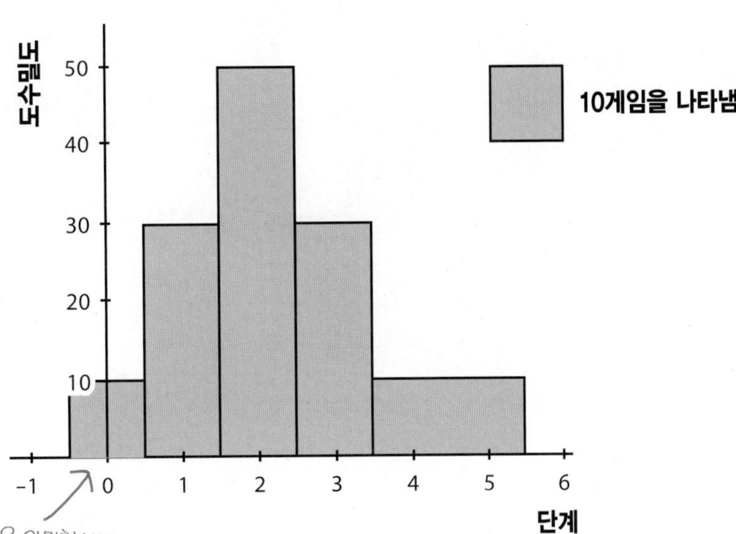

다음은 어떤 게이머가 사나운 황소라는 게임을 한 번 실행할 때마다 완성한 단계의 수를 나타내는 히스토그램입니다. 이 게이머는 게임을 전체적으로 몇 번이나 실행했을까요? 각 단계는 정수로 표현된다고 가정하세요.

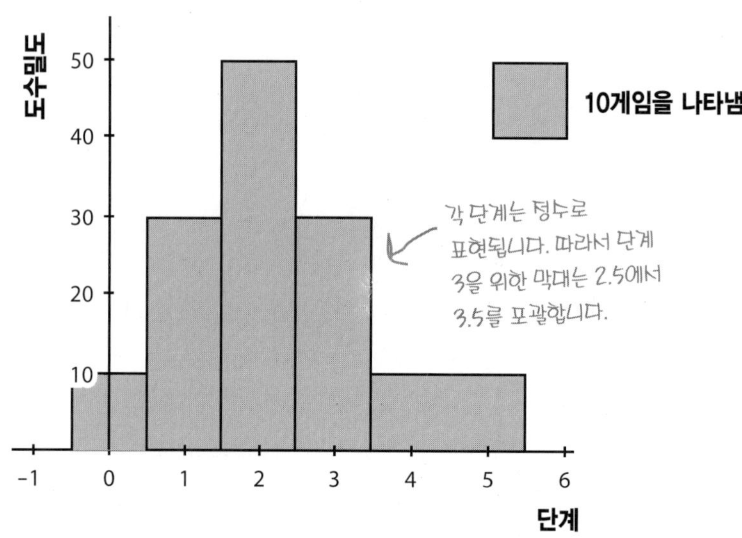

우리는 게임이 실행된 전체 횟수, 즉 전체 도수를 찾아야 합니다.

전체 도수는 각 막대의 면적을 모두 더한 값과 동일합니다. 다시 말해, 각 막대의 폭에 그 막대의 도수밀도를 곱해서 도수를 구하고, 그 값을 모두 더하면 원하는 값을 찾을 수 있습니다.

단계	폭	도수밀도	도수
0	1	10	1x10 = 10
1	1	30	1x30 = 30
2	1	50	1x50 = 50
3	1	30	1x30 = 30
4-5	2	10	2x10 = 20

전체 도수 = 10 + 30 + 50 + 30 + 20

= 140

히스토그램이 모든 것을 다 할 수는 없습니다

히스토그램이 그룹으로 나누어진 데이터를 표현하는 데 매우 훌륭한 도구인 것은 사실이지만, 누적합계처럼 히스토그램으로 표현하는 것이 적합하지 않은 데이터가 여전히 존재합니다.

미치지 않을 정도로 적은 시간 동안만 게임을 하는 사람들이 몇 명인지 한눈에 볼 수 있었으면 좋겠어. 그러니까 3시간에서 5시간 동안 게임을 한 사람이 몇 명이다, 이런 것이 아니라 그냥 5시간 **미만**으로 게임을 한 사람이 몇 명인지 한눈에 보여 주는 그래프 같은 거 말이야.

자, 우리가 CEO를 도와줄 수 있는지 살펴보기로 합시다. 아래 히스토그램은 앞에서 그렸던 것입니다.

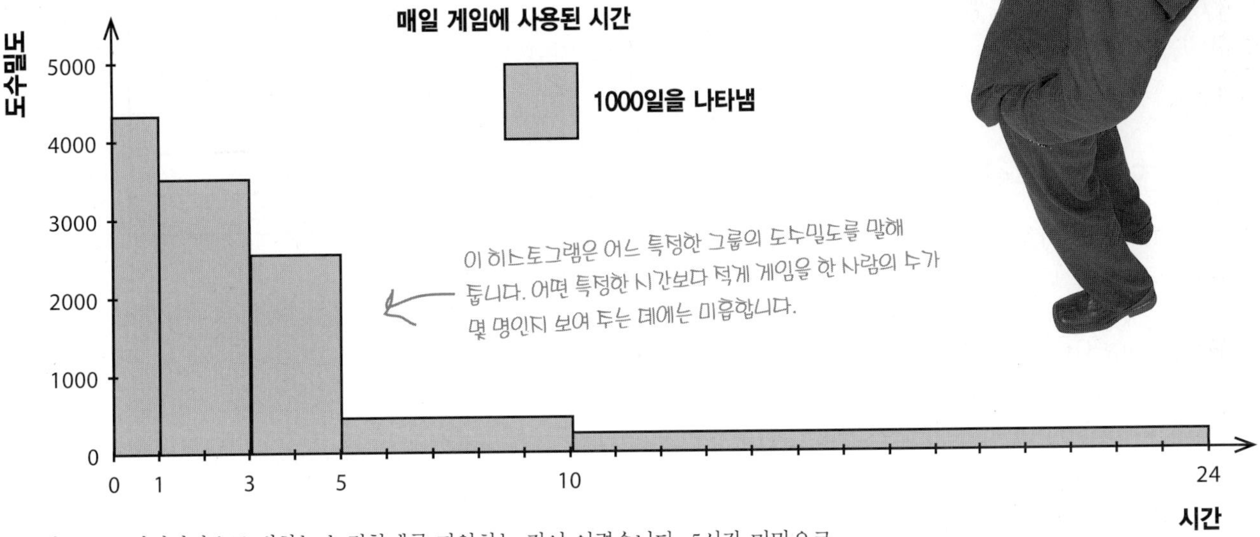

이 그래프로는 시시각각으로 변하는 누적합계를 파악하는 것이 어렵습니다. 5시간 미만으로 게임을 한 게이머들의 누적합계를 구하려면 서로 다른 도수를 일일이 더해야 합니다. 누적합계를 한눈에 보여 주려면 다른 종류의 그래프가 필요합니다. 그게 무엇일까요?

브레인 파워

그래프에 어떤 종류의 정보를 보여 주어야 한다고 생각합니까? 어떤 종류의 정보를 설계해야 할까요? 아래에 대답을 적어 보세요.

누적도수 소개

CEO가 필요로 하는 것은 특정한 값 이하의 값을 갖는 항목들의 총합을 보여 주는 차트입니다. 이러한 총합을 **누적도수**(cumulative frequency)라고 합니다. 누적도수는 누적합계를 의미합니다.

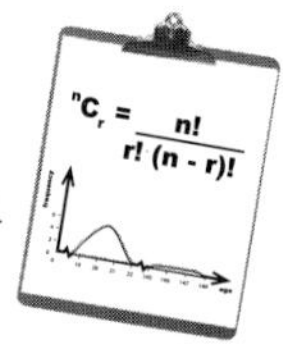

핵심 통계학

누적도수

특정한 값에 이르기까지의 도수의 총합. 이것은 기본적으로 도수의 누적합계를 의미합니다.

우리가 만들어야 하는 것은 x축에 시간을 나타내고 y축에 누적도수를 나타내는 그래프입니다. 이런 그래프를 만들면 CEO는 특정한 값 아래에 해당하는 항목의 빈도를 모두 더한 값을 한눈에 볼 수 있습니다. 5시간이든, 6시간이든, 아니면 그가 원하는 시간이면 어느 것이든 그 시간 아래로 게임을 수행한 사람들의 총합을 쉽게 확인할 수 있습니다.

그래프를 그리기 전에 그래프에 나열해야 하는 데이터가 어떤 것인지 이해해야 할 필요가 있습니다. 또한 각 구간에 대해 누적도수를 계산하고, 상한을 정해야 할 필요가 있습니다.

우선 데이터를 살펴보도록 합시다.

시간	도수
0–1	4,300
1–3	6,900
3–5	4,900
5–10	2,000
10–24	2,100

데이터입니다.

누적도수란 무엇인가요?

우선 CEO가 최대 1시간까지의 시간에 대한 누적도수, 혹은 도수의 총합을 보기를 원한다고 가정합시다. 데이터를 살펴보면 0–1 그룹의 빈도는 4300이고 1이 이 그룹의 상한값임을 알 수 있습니다. 이것은 1시간까지의 시간에 대한 누적도수가 4300이라는 사실을 의미합니다.

다음으로 도수의 총합을 3시간까지에 대해 구해 봅시다. 우리는 0–1 그룹과 1–3 그룹의 빈도를 알고 있습니다. 그리고 이 두 그룹의 상한은 3입니다. 3시간까지의 도수 총합을 구하려면 0–1 그룹의 도수와 1–3 그룹의 도수를 더하면 됩니다.

패턴을 발견했습니까? 각 구간이 가지고 있는 상한을 알면 그 상한 아래에 존재하는 구간의 빈도를 더함으로써 그 시간까지의 도수 총합을 계산할 수 있습니다. 이러한 패턴을 모든 구간에 대해 적용하면 다음과 같은 결과를 얻게 됩니다.

시간	도수	상한	누적도수
0	0	0	0
0–1	4,300	1	4,300
1–3	6,900	3	4,300+6,900 = 11,200
3–5	4,900	5	4,300+6,900+4,900 = 16,100
5–10	2,000	10	4,300+6,900+4,900+2,000 = 18,100
10–24	2,100	24	4,300+6,900+4,900+2,000+2,100 = 20,200

0보다 적은 시간 동안에는 게임을 할 수 없으므로 여기에는 0 값이 들어갑니다.

누적도수 그래프 그리기

이제 상한과 누적도수를 구했으므로 그 값들을 그래프에 그릴 수 있습니다. 두 개의 축을 그린 뒤 y축에는 누적도수를 표시하고 x축에는 시간을 표시합니다. 그 다음에는 각각의 상한에 대한 누적도수를 표시하고, 그 점들을 다음 그림처럼 연결합니다.

누적도수는 절대로 줄어들지 않습니다.

만약 어느 시점에서 누적도수가 줄어든다면 계산을 정확히 했는지 확인할 필요가 있습니다.

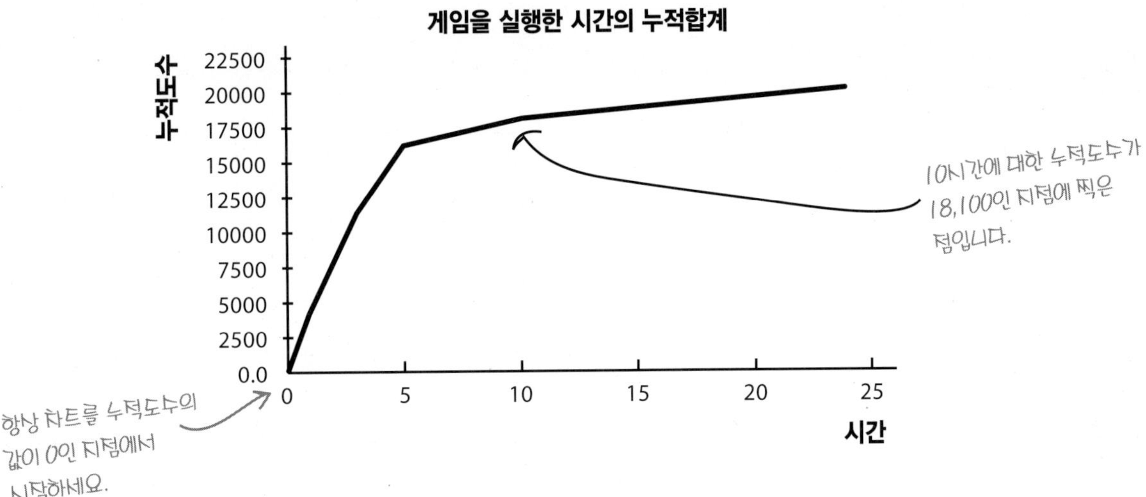

연필을 깎으며

CEO는 온라인에서 4시간 이하를 보낸 사람의 수를 알기 원합니다. 누적도수 다이어그램을 이용해서 이 값을 구해 보세요.

연필을 깎으며 정답

CEO는 온라인에서 4시간 이하를 보낸 사람의 수를 알기 원합니다. 누적도수 다이어그램을 이용해서 이 값을 구해 보세요.

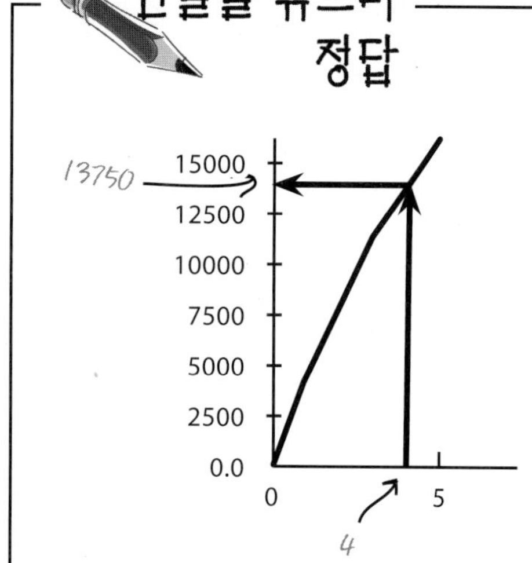

값을 구하려면 x축에서 4를 찾은 다음에 위로 선을 그어 그래프와 만나는 지점을 확인합니다. 그 지점에 상응하는 y축의 값이 누적도수의 값입니다.

이렇게 하면 정답이 대략 13,750이라는 사실을 확인할 수 있습니다. 다시 말해, 온라인에서 4시간 이하로 게임을 한 사람의 수가 13,750명이라는 것입니다.

바보 같은 질문이란 없습니다

Q: 누적도수가 뭐예요?

A: 누적도수란 어떤 값에 대해서 그 값을 포함하는 지점까지의 빈도를 모두 더한 것을 의미합니다. 그 지점까지의 총 빈도수를 나타내는 값이지요.

예를 들어 사람들의 나이에 대한 데이터가 있다고 합시다. 이때 27이라는 값에 대한 누적도수는 27세 이하인 사람이 몇 명인지 알려 주는 값입니다.

Q: 누적도수 그래프는 그룹으로 나누어지는 데이터만을 위한 건가요?

A: 전혀 그렇지 않습니다. 누적도수 그래프는 수치 데이터를 위해서도 사용될 수 있습니다. 어느 특정한 값에 이르기까지의 도수의 총합을 알고 싶은지, 아니면 어느 특정한 값의 도수 자체에 관심이 있는지 여부가 핵심입니다.

Q: 어떤 그래프에서는 여러 종류의 데이터를 한꺼번에 나타낼 수 있습니다. 누적도수 그래프도 마찬가지인가요?

A: 각각의 데이터 집합에 대해 별도의 그래프 선을 그으면 여러 종류의 데이터를 나타낼 수 있습니다. 예를 들어 성별에 따른 누적도수를 비교하고 싶다면 남성에 대한 그래프와 여성에 대한 그래프를 별도로 그릴 수 있습니다. 두 종류의 데이터를 서로 비교하고자 할 때 이렇게 두 가지 그래프를 하나의 차트에 그리는 것은 별도의 차트에 그리는 것에 비해 훨씬 효과적입니다.

Q: 차트에 몇 개의 선까지 그릴 수 있나요?

A: 특별한 제한은 없으며 데이터에 따라 선의 개수가 달라집니다. 하지만 너무 많은 선을 하나의 그래프에 그리면 누적도수를 읽거나 값을 서로 비교하기 어려우므로 조절할 필요가 있습니다.

Q: 어떤 값에 대한 누적도수는 어떻게 구하나요?

A: 그래프에서 읽어서 구할 수 있습니다. 누적도수를 알고 싶은 값을 x축에서 찾은 다음에 그 지점에서 x축을 수직으로 통과하는 직선이 그래프와 만나는 점을 찾습니다. 그 다음에 그 점에 상응하는 y축 상의 값을 확인하면 그것이 바로 누적도수의 값입니다.

Q: 누적도수의 값을 알고 있다면, 거기에 상응하는 x축 상의 값도 구할 수 있나요?

A: 당연합니다. y축에서 누적도수의 값을 찾은 다음에 그 값이 그래프와 만나는 지점에서 x축을 향해 직선을 그었을 때 x축과 만나는 점이 그 값의 위치입니다.

미치광이 망고의 기조연설에서 CEO는 특정한 나이 그룹을 어떻게 목표로 삼을 것인지 설명하고자 합니다. 그는 각 나이 그룹에 대한 누적도수를 보여 주는 그래프를 가지고 있습니다. 그래프 위에 도수의 값을 동시에 나타낼 필요가 있는데 도수를 적어 놓은 종이를 강아지가 먹어버렸습니다. 아래의 누적도수 그래프를 이용해서 각 나이 그룹의 도수가 얼마인지 찾아보세요.

17번째 생일이 지난 사람은 18번째 생일이 될 때까지 17세로 간주되므로 이 구간의 상한은 18이 됩니다. 일반적으로 나이는 올림이 아니라 내림으로 결정됩니다.

나이 그룹	상한	누적도수	도수
<0	0	0	0
0–17	18		
18–24			
25–39			
40–54			
55–79			
80–99			

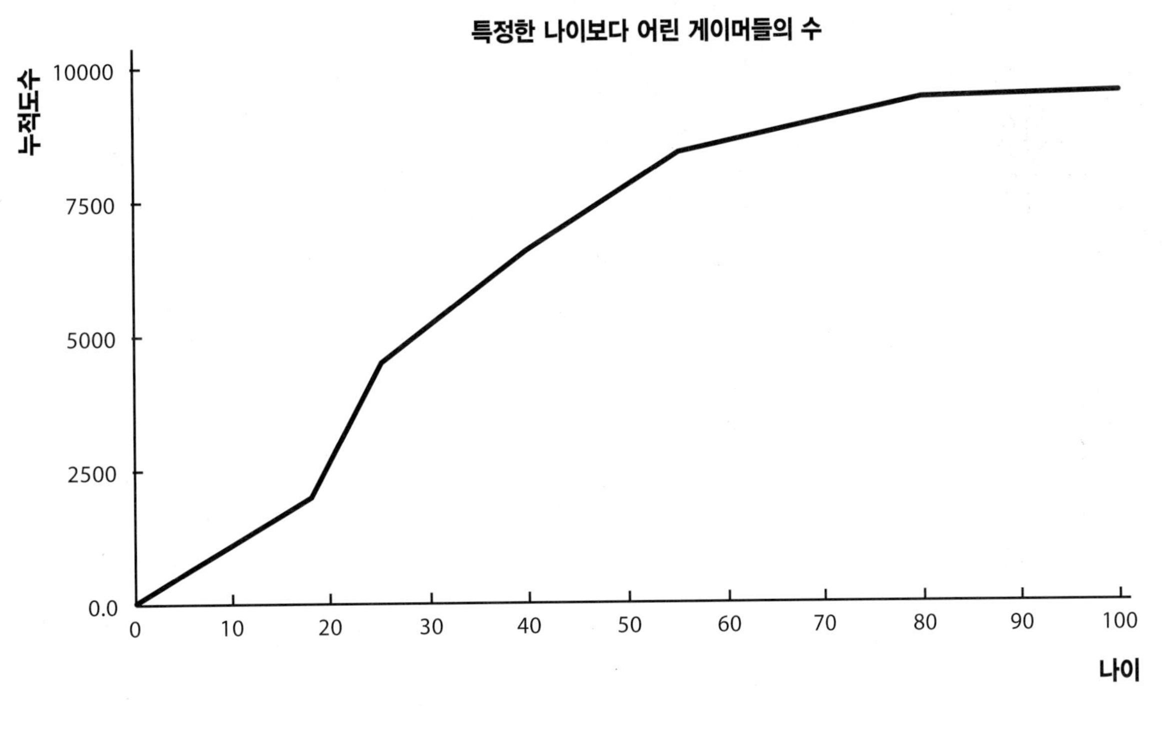

미치광이 망고의 기조연설에서 CEO는 특정한 나이 그룹을 어떻게 목표로 삼을 것인지 설명하고자 합니다. 그는 각 나이 그룹에 대한 누적도수를 보여 주는 그래프를 가지고 있습니다. 그래프 위에 도수의 값을 동시에 나타낼 필요가 있는데 도수를 적어 놓은 종이를 강아지가 먹어버렸습니다. 아래의 누적도수 그래프를 이용해서 각 나이 그룹의 도수가 얼마인지 찾아보세요.

나이 그룹	상한	누적도수	도수
<0	0	0	0
0–17	18	2,000	2,000
18–24	25	4,500	4,500 - 2,000 = 2,500
25–39	40	6,500	6,500 - 4,500 = 2,000
40–54	55	8,500	8,500 - 6,500 = 2,000
55–79	80	9,400	9,400 - 8,500 = 900
80–99	100	9,500	9,500 - 9,400 = 100

그래프를 이용해서 누적도수를 찾으세요.

약간 다른 값을 얻었다고 해도 걱정할 필요는 없습니다. 이 값은 대략적인 값일 뿐입니다.

현재의 누적도수에서 바로 앞의 누적도수를 빼면 현재 구간의 도수를 구할 수 있습니다.

특정한 나이보다 어린 게이머들의 수

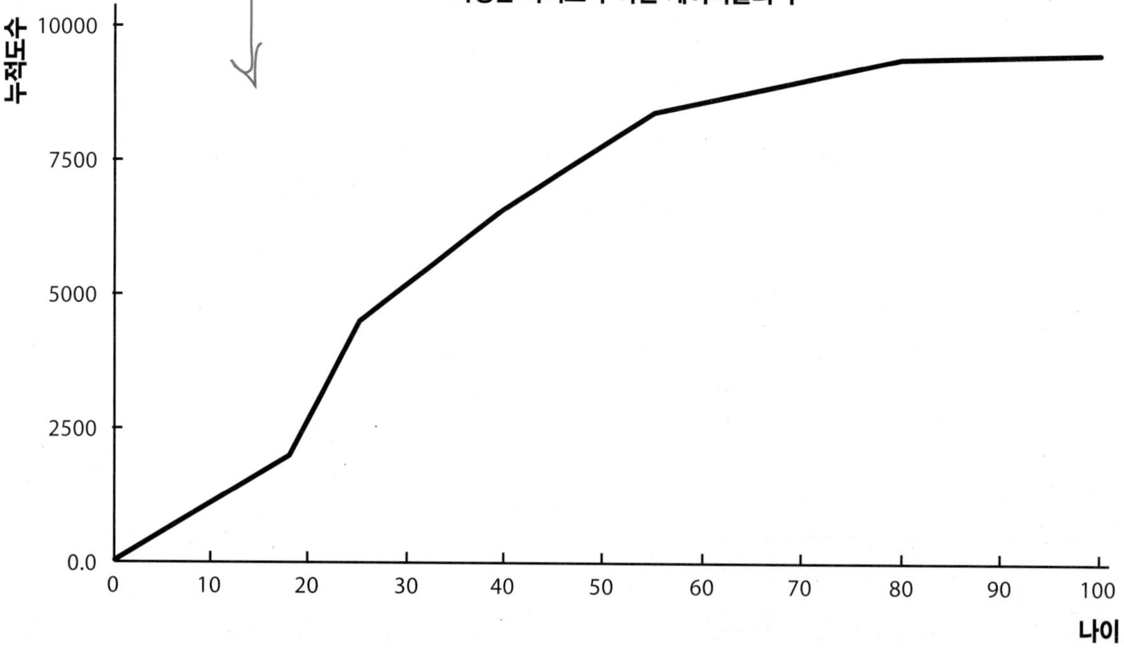

누적도수: 10000, 7500, 5000, 2500, 0.0

나이: 0, 10, 20, 30, 40, 50, 60, 70, 80, 90, 100

적합한 차트 고르기

CEO는 당신이 만든 누적도수 그래프에 대해 아주 만족스러워 하며, 두둑한 보너스가 결재되기 일보직전입니다. 그는 기조연설 준비를 거의 완성했습니다. 그런데 그가 필요로 하는 것이 아직 하나 남아 있습니다. 미치광이 망고의 이익을 주요 경쟁사들의 실적과 비교하는 그래프가 필요합니다. 그가 사용해야 하는 그래프는 무엇일까요?

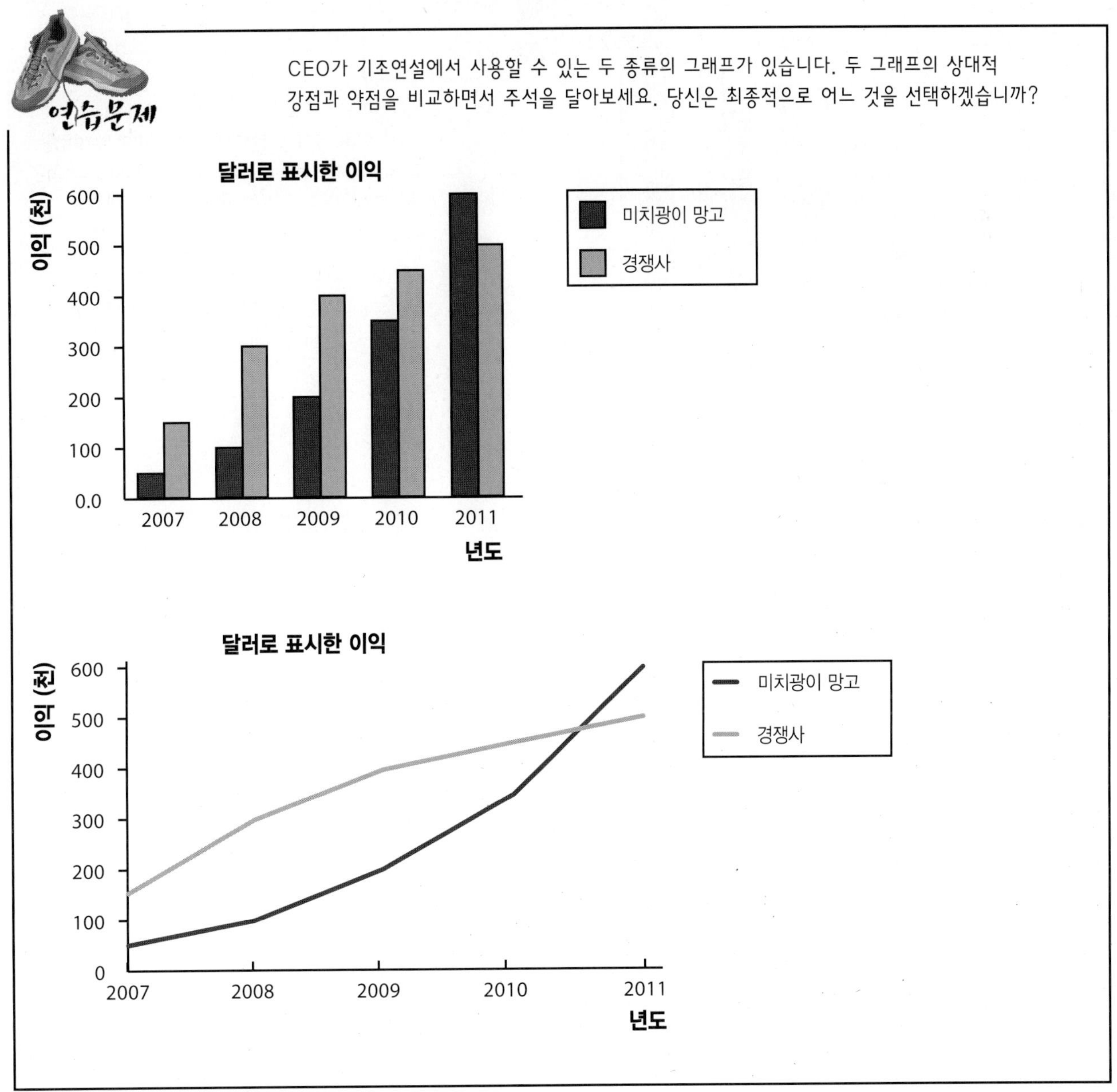

CEO가 기조연설에서 사용할 수 있는 두 종류의 그래프가 있습니다. 두 그래프의 상대적 강점과 약점을 비교하면서 주석을 달아보세요. 당신은 최종적으로 어느 것을 선택하겠습니까?

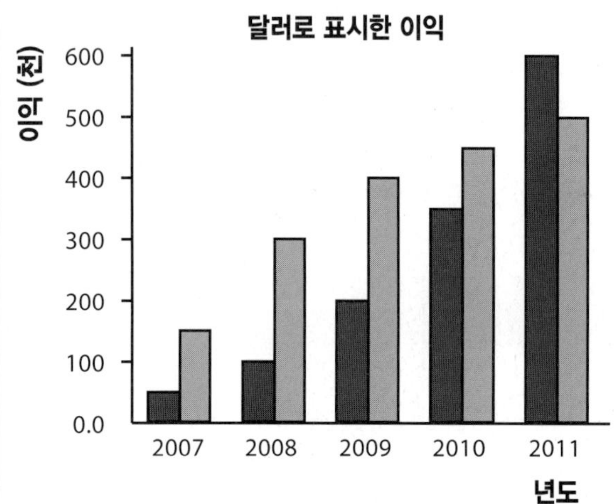

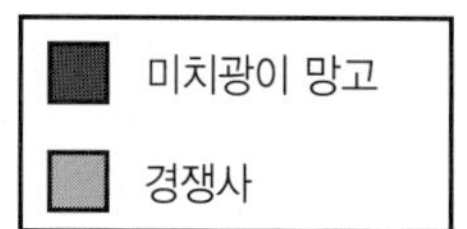

막대그래프는 년도별 이익을 비교하고자 할 때 효과적이며, 특히 개별적인 년도를 비교할 때 강점을 갖습니다. 예를 들어 2011년까지는 경쟁사가 더 많은 이익을 남겼는데, 2011년에는 미치광이 망고가 더 많은 이익을 남겼다는 것을 알 수 있습니다.

이 그래프의 약점은 CEO가 차트에 또 다른 경쟁사의 데이터를 더하는 경우에는 그래프를 한눈에 파악하기 힘들어진다는 사실입니다.

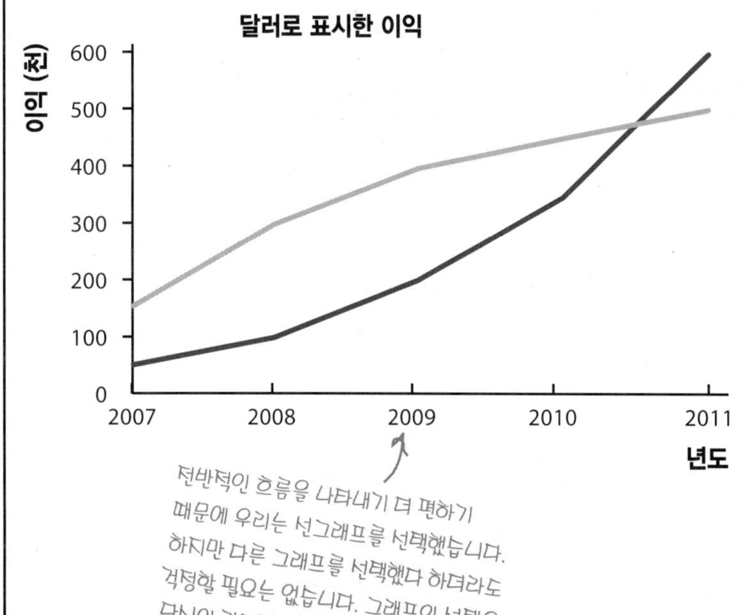

전반적인 흐름을 나타내기 더 편하기 때문에 우리는 선그래프를 선택했습니다. 하지만 다른 그래프를 선택했다 하더라도 걱정할 필요는 없습니다. 그래프의 선택은 당신이 강조하고자 하는 데이터의 성격에 달려 있기 때문입니다.

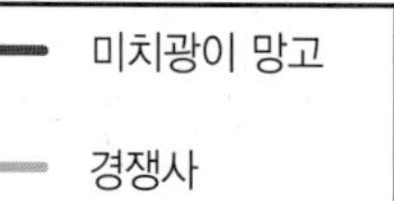

선그래프는 매해 올린 실적에 대한 전체적인 흐름을 더 잘 나타냅니다. 각각의 회사에 대한 경향이 명확하게 표현되기 때문에 이익의 패턴을 금방 파악할 수 있습니다. 미치광이 망고의 이익은 경쟁사의 이익이 줄어드는 시점에 눈에 띄게 상승하고 있습니다. 다른 경쟁사의 데이터를 더해도 그래프 전체가 그다지 번잡해지지 않는다는 장점도 가지고 있습니다.

약점은 개별적인 한 해의 실적을 비교하려 할 때, 그것이 가능하긴 하지만 막대그래프의 경우처럼 뚜렷하지 않다는 사실입니다.

선그래프 자세히 보기

선그래프는 데이터의 일반적인 경향을 나타내기에 편리합니다. 각각의 데이터 집합에 대해 일정한 위치에 점을 찍은 다음에 선으로 연결하면 선그래프가 완성됩니다. 그래프가 지나치게 복잡해지지 않게 하면서도 여러 개의 데이터 집합을 한꺼번에 표현할 수 있습니다. 다만 어느 선이 어느 선인지만 분명하게 나타내면 됩니다.

다른 종류의 그래프와 마찬가지로 y축에는 도수나 퍼센트 값 중에서 하나를 선택해서 나타낼 수 있습니다. 눈금의 크기는 나타내고자 하는 데이터의 성격에 따라 다릅니다.

선그래프는 종종 시간의 흐름을 나타낼 때 사용됩니다. 시간은 항상 x축을 따라 흐르고, 도수는 y축에 나타납니다. x축에서 원하는 시간 구간을 선택하고 선 위의 점에서 그에 상응하는 도수를 읽음으로써 임의의 시간 구간에 대한 도수를 읽어낼 수 있습니다.

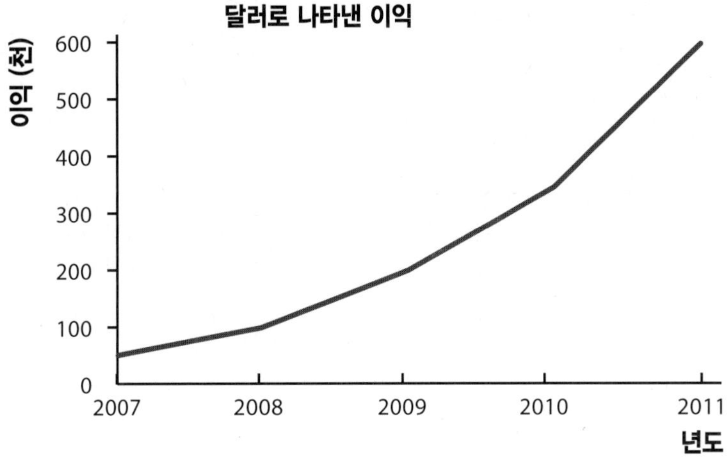

선그래프는 범주적 데이터가 아니라 수치적 데이터를 위해서만 사용되어야 합니다. 범주적 데이터는 값을 비교하고자 할 때 의미가 있지만 시간에 따른 경향이나 흐름을 나타내는 데는 적절하지 않기 때문입니다. 서로 다른 범주를 시간과 같은 하나의 수치적 단위를 이용해서 비교하고자 할 때에만 선그래프를 사용합니다. 그리고 그런 경우에는 각각의 범주를 별도의 선으로 타나낼 필요가 있습니다.

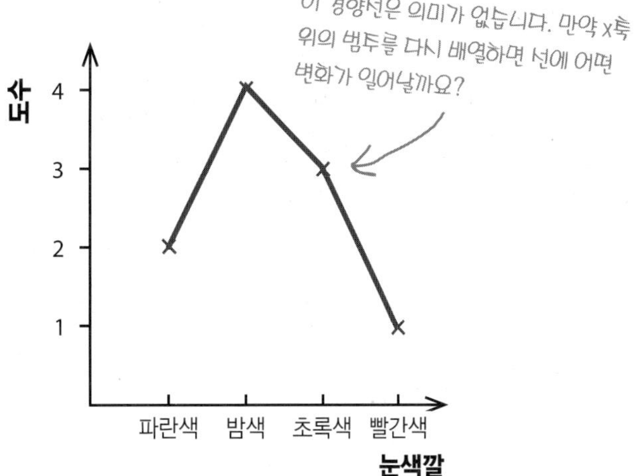

핵심정리

- **누적도수**는 특정 값에 이르기까지의 도수의 합을 의미합니다. 즉, 누적도수는 도수의 누적합계입니다.
- 각 그룹 데이터의 상한을 누적도수에 맞춰서 정할 필요가 있을 때는 누적도수 그래프를 이용하세요.
- 시간의 흐름에 따른 경향을 보이고자 할 때는 선그래프를 이용하세요.
- 선그래프에서는 하나 이상의 데이터 집합을 쉽게 나타낼 수 있습니다. 하나의 데이터 집합에 대해 하나의 선을 이용하고, 선이 혼동되지 않도록 만들면 됩니다.
- 선그래프는 전체적인 흐름을 파악하기 쉬우므로 간단한 예측도 가능합니다. 예측을 할 때는 기존의 모양을 유지하면서 선을 좀 더 연장하기만 하면 됩니다.
- **범주적 데이터를 나타낼 때는 선그래프를 사용하지 말아야 합니다.** 하지만 예를 들어 시간에 따른 각 범주의 경향을 나타내고자 할 때에는 예외입니다. 그런 경우에는 각각의 범주를 각각 하나의 선으로 나타내면 됩니다.

바보 같은 질문이란 없습니다

Q: 선그래프는 시계열 그래프(time series charts)와 같은 건가요? 그런 그래프를 전에 들어본 적이 있는 것 같은데요.

A: 시계열 그래프는 시간의 구간에 초점을 둔 선그래프입니다. 그렇지만 일반적으로 선그래프가 항상 시간의 구간에만 초점을 두어야 한다는 법은 없습니다.

Q: 선그래프에는 특별한 종류들이 있습니까?

A: 그렇습니다. 사실 그 중 하나를 앞에서 보았습니다. **누적도수 그래프**는 특정한 값에 이르기까지의 누적도수를 보여 주는 선그래프입니다.

Q: 선그래프는 수치적 데이터만이 아니라 범주적 데이터도 보여 줍니까?

A: 선그래프가 범주적 데이터를 위해 사용되는 경우는 각 범주의 경향을 나타내려는 경우로 제한되어야 합니다. 그 경우에는 각 범주가 독자적인 선으로 표현되어야 합니다.

서로 다른 범주와 범주를 선으로 잇는 방식으로 선그래프를 그리는 것은 틀린 방법입니다.

Q: 그렇다면 선그래프는 어떤 흐름에 따라 발생하는 경향을 표현하는 데 유용하고, 막대그래프는 값이나 범주를 서로 비교할 때 유용합니까?

A: 그렇습니다. 어느 그래프를 사용할 것인지는 실제로 드러내고자 하는 메시지가 무엇인지, 최소한으로 나타낼 사실이 무엇인지에 따라 결정됩니다.

Q: 이제 차트를 어떻게 만드는지 다 알았으므로, 지금부터 엄청난 업무를 소화하기 위해 차트 소프트웨어를 사용해도 될까요?

A: 당연하지요! 차트 소프트웨어는 많은 노력과 시간을 절약해 주기 때문에 훌륭한 결과를 얻을 수 있습니다.

차트를 만들기 위해 소프트웨어를 사용할 때 주의할 점은 소프트웨어는 당신을 위해 사고하지 않는다는 점을 분명히 기억하는 것입니다. 핵심 내용을 표현하기에 가장 적합한 차트가 무엇인지 결정하는 것은 당신 자신이라는 점을 잊지 말아야 하며, 소프트웨어가 만들어낸 결과가 자신이 실제로 원하는 것과 일치하는지 여부도 확인해야 합니다.

미치광이 망고가 게임 시장을 석권했습니다!

당신은 미치광이 망고를 위해 죽이는 그래프를 만들어 주었고, 그 덕분에 기조연설은 대성공을 거두었습니다. 미치광이 망고의 게임이 수많은 대중에게 알려지게 되었고, 새로운 스폰서와 광고계약으로 인한 돈이 흘러 들어왔습니다. 이제 당신이 할 일은 두둑한 보너스를 가지고 어디로 가서 무엇을 할지 정하는 일뿐입니다.

지금까지는 통계가 어떻게 업무를 도울 수 있으며, 진짜로 벌어지고 있는 일이 무엇인지 정확하게 파악함으로써 무엇을 할 수 있는지 살펴보았습니다. 책을 계속 읽으면서 통계가 어떤 다른 일을 할 수 있는지 알아나감으로써 통계학적 근육을 부풀려 나가기 바란다.

2 중심적 경향 측정하기

사람들은 내가 그저 평균적인(average) 골퍼라고 말하지. 하지만 그들에게 내가 얼마나 잘하는지(mean) 보여 주겠어.

역자 주: mean은 평균이라는 뜻 외에 '솜씨가 기막힌, 훌륭한'이란 뜻도 있습니다.

때로는 어떤 사물의 핵심에 다가가는 것이 필요한 일의 전부입니다.

많은 수들이 쌓여 있으면 그 안에서 일정한 패턴이나 흐름을 파악하기 어렵습니다. 큰 그림을 파악하려고 할 때 **평균**을 구하는 것이 종종 해야 할 일의 첫 단계인 경우가 많습니다. 평균을 알면 데이터 안에서 가장 대표적인 값이 무엇인지 쉽게 파악할 수 있기 때문에 중요한 결정을 내릴 수 있습니다. 이 장에서는 통계에서 가장 중요한 값들인 평균값(mean), 중앙값(median), 최빈값(mode)을 구하는 다양한 방법을 살펴볼 것입니다. 그러고 나면 얼마나 최대한 효과적이고 **간결하게 데이터를 정리**할 수 있는지 알게 될 것입니다.

헬스클럽에 오신 것을 환영합니다

통계마을 헬스클럽은 모든 사람에게 완벽한 교실을 제공해 줄 수 있다는 사실을 자랑스럽게 생각합니다. 수영을 배우고자 하든, 무술을 배우고자 하든, 아니면 몸매를 가다듬고자 하든, 그들은 어떤 경우에도 그에 맞는 교실을 제공합니다.

헬스클럽에서 일하는 직원들은 사람들이 자기와 비슷한 연령의 사람들과 같은 교실에 있을 때 가장 행복해 한다는 사실을 발견했습니다. 그리고 행복한 고객은 언제나 헬스클럽을 다시 찾기 마련입니다. 결국 각각의 교실에 대해 그 교실의 가장 전형적인 나이대가 어디쯤인지 파악하는 것이 헬스클럽 성공의 열쇠인 것입니다. 그렇게 하기 위한 방법 중 하나는 **평균값을 계산**하는 것입니다. 평균은 각 교실의 대표적인 연령이 어떻게 되는지 알게 해 주므로 헬스클럽은 새로운 고객이 어느 교실에 배치되는 것이 적당한지 파악할 수 있습니다.

파워워크아웃교실에 참석하고 있는 사람들은 다음과 같습니다.

파워워크아웃교실의 평균 나이를 어떻게 계산할까요?

평균(average)을 구하는 일반적인 방법은 평균값(mean)을 계산하는 것입니다

평균을 구해야 하는 상황은 전에도 있었을 것입니다. 여러 개의 숫자에 대한 평균을 계산하는 방법은 그들을 모두 더한 다음에 숫자의 전체 개수로 나누는 것입니다.

통계학에서는 이것을 **평균값**(mean)이라고 합니다.

그냥 평균(average)이라고 부르는 것이 어때? 그 말이 더 익숙한데 말이야.

평균을 구하는 데에는 여러 가지 방법이 있기 때문입니다.

각각의 평균을 뭐라고 불러야 할지 정확하게 알아야 합니다. 그래야만 자기가 의미하는 바를 정확하게 전달할 수 있습니다. 그냥 평균이라고 말하는 것은 마치 빵집에 가서 '빵 한 덩어리만 주세요.'라고 말하는 것과 비슷합니다. 그렇게 말하면 '어떤 빵을 찾으세요? 밀가루 식빵을 드릴까요, 통밀 식빵을 드릴까요?'라는 질문을 받게 될 것입니다. 따라서 당신이 어떤 사실을 설명하는 사회학 논문을 작성한다고 하면, 사람들은 당신이 주장하는 평균을 정확히 어떤 방식으로 구했는지 물을 것입니다.

마찬가지로 만약 누군가 당신에게 데이터들의 평균이 얼마라고 말한다면, 그가 말하는 평균이 정확히 무엇인지 이해하는 것이 실제로 진행되고 있는 내용을 파악하는 데 도움을 줍니다. 그것은 어떤 정보가 전달되고 있는지(혹은 경우에 따라 어떤 정보가 감추어지고 있는지)에 대한 결정적인 단서를 제공하기 때문입니다.

우리는 이 장의 뒤에서 평균값 이외에 다른 평균을 구하는 방법에 대해 살펴보도록 할 것입니다.

평균값 수학

통계학에서 뛰어난 실력을 갖추고 싶다면 일반적으로 사용되는 통계학 표기법에 대해 익숙해질 필요가 있습니다. 처음에는 조금 이상하게 보일지도 모르지만 금방 익숙해질 것입니다.

문자와 숫자

거의 모든 통계 계산은 무리의 수를 더하는 과정을 포함합니다. 예를 들어 파워워크아웃교실의 평균값을 구하고자 한다면 그 교실에 참가하는 사람들의 나이를 모두 더해야 합니다.

통계학이 가지고 있는 문제 중의 하나는 이러한 과정을 어떻게 일반화하는가 하는 것입니다. 몇 개의 수를 더해야 하는지, 혹은 그들이 어떤 수인지 항상 미리 알 수 있는 것은 아닙니다. 지금의 경우에는 파워워크아웃교실에 참석하고 있는 사람의 수가 몇 명인지, 그들의 나이가 몇인지 모두 알고 있습니다. 하지만 새로운 누군가가 나오기 시작하면 어떻게 해야 합니까? 이러한 계산을 일반화할 수 있다면 상황이 바뀔 때마다 계산을 다시 해야 하는 번거로움을 피할 수 있을 겁니다.

통계학자들은 문자를 사용해서 수를 표현함으로써 이러한 문제를 극복했습니다. 예를 들어 다음과 같이 문자 **x**를 사용해서 파워워크아웃교실의 나이를 표현할 수 있습니다.

교실 참가자들의 구체적인 나이

19 20 20 20 21

→

교실 참가자들의 일반화된 나이

$$x_1 \quad x_2 \quad x_3 \quad x_4 \quad x_5$$

각 x는 나이를 표현합니다.

각각의 x는 교실에 참가하는 사람들의 나이를 표현합니다. 이것은 마치 숫자 x를 이용해서 사람들에게 이름표를 붙이는 것과 같습니다.

이 특정한 여자의 나이를 일반적인 방식으로 나타내기 위해 x를 사용합니다. 그녀는 현재 19세이지만 나중에 20세가 되었을 때에도 그녀의 나이를 여전히 x_1이라고 기억할 것입니다. 나이가 변한다고 해도 계산을 다시 작성해야 하는 경우는 없습니다.

이제 나이를 표현하는 일반적인 방식을 알게 되었으므로 계산에서 x를 사용할 수 있습니다. 교실에 참석하는 5명의 나이를 다 더하는 계산을 아래와 같이 적을 수 있습니다.

$$\text{합계} = x_1 + x_2 + x_3 + x_4 + x_5$$

하지만 얼마나 많은 수를 더해야 하는지 알 수 없는 경우에는 어떻게 해야 하나요? 교실에 참석하는 사람들이 정확히 몇 명인지 알지 못하는 경우에는 어떻게 해야 하나요?

모르는 사실을 다루는 방법

통계학자들은 모르는 수를 나타내기 위해 문자를 사용합니다. 하지만 서로 더해야 하는 수들이 전부 몇 개인지 알지 못하는 경우에는 어떻게 해야 할까요? 이 경우에도 아무런 문제가 없습니다. 값들의 숫자를 그냥 n이라고 부르면 됩니다. 만약 파워워크아웃교실에 출석하는 사람이 모두 몇 명인지 알지 못한다면 그냥 n명이 참석하고 있다고 생각하고 나이를 더하는 공식을 다음과 같이 적으면 됩니다.

$$\text{합계} = x_1 + x_2 + x_3 + x_4 + x_5 + \ldots + x_n$$

'...'은 '기타 등등'을 의미합니다. 다시 말해, x를 계속 더해 나간다는 의미입니다.

이 경우 x_n은 교실에서 n번째 사람의 나이를 의미합니다. 만약 교실에 참석하는 사람이 18명이라면 18번째 사람의 나이는 x_{18}이 됩니다.

x를 그렇게 모두 적는 건 너무 힘들 것 같은데...

간단한 방법이 있습니다.

$x_1 + x_2 + x_3 + x_4 + \ldots + x_n$이라고 적는 것은 '나이 1과 나이 2를 더하고, 거기에 나이 3을 더하고, 거기에 나이 4를 더하고, 그런 식으로 나이 n에 이를 때까지 더하라'고 말하는 것과 똑같습니다. 일상적인 대화를 나눌 때에는 이런 식으로 말할 리 없습니다. 아마도 우리는 '나이를 모두 더하라'고 간단하게 말할 것입니다. 그렇게 말하는 것이 더 빠르고, 간단하고, 핵심에 가깝습니다.

모든 수를 더하라는 의미를 갖는 기호인 $\sum$를 이용하면 수학 표기에서도 그렇게 할 수 있습니다($\sum$는 그리스 문자 시그마를 의미합니다). 우리는 $\sum x$(시그마 x라고 읽습니다)를 이용해서 'x의 값을 모두 더하라'고 간단하게 말할 수 있습니다.

이제 모두 더하는 거야...

$$x_1 + x_2 + x_3 + x_4 + x_5 + \ldots + x_n = \sum x$$

이렇게 하는 것이 얼마나 빠르고 간단한지 알겠지요? 이것은 구체적인 값에 대해서는 걱정하지 않은 채 '값을 모두 더하라'는 말을 수학적으로 표현한 것입니다.

이제 간편한 수학적 지름길을 알게 되었으니, 평균값을 구할 때 이것을 어떻게 사용하는지 살펴보기로 합시다.

다시 평균값으로

평균값을 나타내기 위해 수학적 표기를 사용할 수 있습니다.

수의 그룹에서 평균값을 찾으려면 그들을 모두 더한 다음에 그 값을 총 개수로 나누어야 합니다. 수를 더하는 과정을 표기하는 방법은 앞에서 보았고, 수들의 총 개수를 n으로 표기한다는 것도 앞에서 보았습니다.

이러한 사실을 하나로 모으면 평균값을 구하는 다음 공식을 얻게 됩니다.

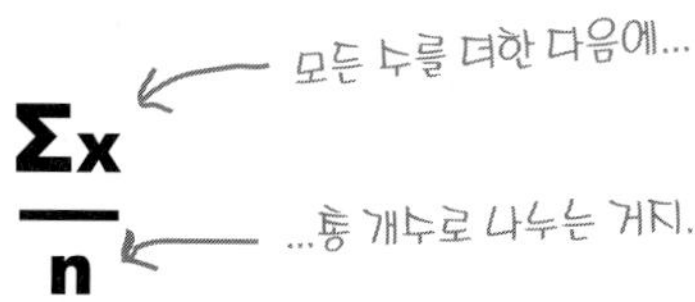

이것은 '모든 수를 더한 다음에 그들의 개수로 나누라'는 말을 수학적으로 표현한 것입니다.

평균값은 자신만의 고유한 기호를 가지고 있습니다

평균값은 통계학에서 가장 흔히 사용되는 값 중에 하나이기 때문에 통계학자들은 그 값에 μ라는 기호를 부여했습니다. 이것은 그리스 문자로, '뮤'라고 읽습니다. 이것은 평균값을 나타내기 위한 짧은 기호라는 사실을 기억하기 바랍니다.

평균값은 통계학에서 가장 흔히 사용되는 값 중에 하나입니다. 그것은 μ라는 기호를 이용해서 표기할 수 있습니다.

난 정말 훌륭해. 사람들은 나를 평균적이라고 말하지만, 난 정말 훌륭하다고.

$$\mu = \frac{\Sigma x}{n}$$

역자 주: 앞에서와 마찬가지로 mean은 평균이라는 뜻 외에 '솜씨가 기막힌, 훌륭한'이란 뜻도 있습니다.

연필을 깎으며

이제 파워워크아웃교실의 나이 평균값을 계산해 보세요. 그들의 나이는 다음과 같습니다.

각 나이에 해당하는 사람의 수 →

나이	19	20	21
도수	1	3	1

5분 미스터리

모호한 평균 사건

동네에 있는 어떤 회사의 직원들은 낮은 급여 때문에 불만이 가득합니다. 그들의 대부분은 일주일에 500불씩 받고, 매니저들 중 몇 명은 그보다 더 많은 급여를 받고, CEO는 주마다 49,000불을 집으로 가져갑니다.

직원들은 이렇게 말했습니다. "회사의 주당 평균급여는 2,500불인데 우린 500불밖에 받지 않는다고, 이건 불공평해. 더 많은 돈을 요구해야겠어."

매니저 중 한 명이 이 말을 듣고 그들에게 동참하며 이렇게 말했습니다. "이곳의 평균급여는 10,000불이야, 그런데 나는 4,000불밖에 못 받는다고. 임금인상이 필요해."

CEO는 이런 요구를 모두 살펴보았습니다. 그리고 이렇게 말했습니다. "자네들 모두 틀렸어. 주당 평균급여는 500불이야. 그보다 적게 받는 사람은 아무도 없을 거야. 가서 일이나 해."

도대체 평균이 왜 이렇게 저마다 다른 것일까요? 누가 옳다고 생각하세요?

연필을 깎으며 정답

이제 파워워크아웃교실의 나이 평균값을 계산해 보세요. 그들의 나이는 다음과 같습니다.

나이	19	20	21
도수	1	3	1

μ를 찾으려면 모든 사람의 나이를 더하고, 그 값을 사람의 수로 나누면 됩니다. 결과는 다음과 같습니다.

$$\mu = \frac{19+20+20+20+21}{5}$$

나이가 20세인 사람이 3명 있다는 사실을 기억하세요.

$$= \frac{100}{5}$$

$$= 20$$

이 교실의 나이 평균값은 20입니다.

도수 다루기

숫자들의 집합을 위한 평균값을 구할 때 똑같은 값이 반복되는 경우가 있을 겁니다. 파워워크아웃교실의 나이를 보면 20세인 사람이 3명입니다.

평균값을 계산할 때 각 값의 도수를 포함시키는 것은 매우 중요합니다. 그것을 간과하지 않기 위해 도수를 공식에 포함시킬 수도 있습니다.

도수를 문자 **f**로 표현하면, 평균값은 다음과 같이 구할 수 있습니다.

$$\mu = \frac{\Sigma fx}{\Sigma f}$$

각 수를 도수로 곱한 다음에 그 결과를 모두 더합니다.

도수의 합

이것은 평균값을 나타내는 또 하나의 방법인데, 이 경우에는 도수를 명확하게 표시하고 있습니다. 이 공식을 이용해서 파워워크아웃교실의 평균을 구하면 다음과 같습니다.

$$\mu = \frac{1 \times 19 + 3 \times 20 + 1 \times 21}{5}$$

$$= 20$$

이것은 앞에서 보았던 것과 약간 다르게 표현되었지만 결국 동일한 계산입니다.

다시 헬스클럽으로

자신에게 맞는 교실을 찾는 새로운 고객이 있습니다. 그를 도와줍시다.

나는 내 또래 사람들을 만날 수 있는 화요일 저녁의 조용한 교실을 원하네, 그런 교실 있나?

클리브는 50대 후반입니다. 다른 동년의 사람들과 함께 운동할 교실을 찾고 있습니다.

간단해 보입니다. 안내책자에 의하면 헬스클럽은 화요일 저녁에 3개의 교실이 열립니다. 첫 번째 교실의 평균연령은 17세이고, 두 번째 교실은 25세이며, 세 번째 교실은 38세입니다. 클리브는 학생들의 평균연령이 자신의 나이와 가장 근접해 있는 교실을 찾을 필요가 있습니다.

브레인 바벨

각 교실의 평균연령을 보고 클리브가 등록해야 하는 교실은 어느 것인지 말해 보세요.

모두 쿵푸 전문가들이야

클리브는 평균연령이 38세인 교실에 다니기 시작했습니다. 그는 뭔가 지나치게 격렬하지 않은 운동을 하는 자기 또래의 사람들을 만나게 될 것을 기대했습니다. 하지만 불행하게도...

뭐가 잘못되었을까요?

클리브가 전혀 예상하지 (혹은 원하지) 않았던 것은 바로 10대들로 이루어진 교실이었습니다. 그렇다면 왜 이런 일이 일어난 걸까요?

원인을 알기 위해 데이터를 조사해 볼 필요가 있습니다. 문제의 원인을 파악하기 위해 데이터를 개략적으로 그려 보는 것도 도움이 될 것입니다.

핵심 통계학

평균값

$$\mu = \frac{\sum x}{n}$$

$$\mu = \frac{\sum fx}{\sum f}$$

쿵푸교실과 파워워크아웃교실의 히스토그램을 개략적으로 그려 보세요. (히스토그램이 기억나지 않으면 1장을 참조하세요.) 값이 분포되는 모습이 어떻게 다른가요? 클리브가 엉뚱한 교실로 가게 된 원인은 무엇일까요?

파워워크아웃교실 학생들의 나이

나이	19	20	21
도수	1	3	1

쿵푸교실 학생들의 나이

나이	19	20	21	145	147
도수	3	6	3	1	1

쿵푸교실과 파워워크아웃교실의 히스토그램을 개략적으로 그려 보세요. (히스토그램이 기억나지 않으면 1장을 참조하세요.) 값이 분포되는 모습이 어떻게 다른가요? 클리브가 엉뚱한 교실로 가게 된 원인은 무엇일까요?

파워워크아웃교실 학생들의 나이

나이	19	20	21
도수	1	3	1

쿵푸교실 학생들의 나이

나이	19	20	21	145	147
도수	3	6	3	1	1

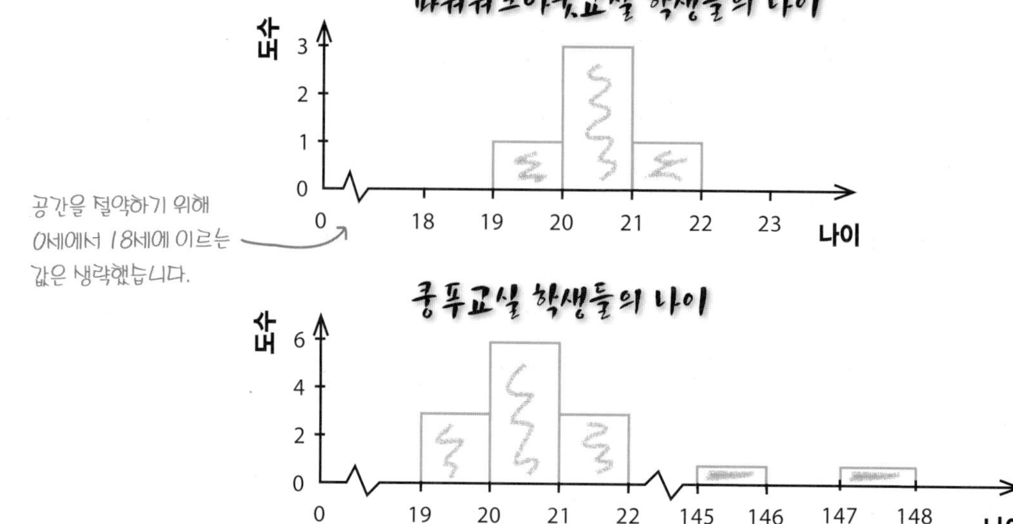

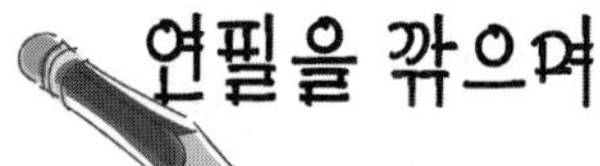

연필을 깎으며

어떤 수의 집합에서 평균값이 집합에서 가장 큰 수와 동일한 경우가 있을까요?
만약 있다면 그건 어떤 상황일까요?

쿵푸교실의 데이터는 이상치를 가지고 있습니다

파워워크아웃교실과 쿵푸교실의 차트가 서로 다른 모양을 가지고 있음을 눈치 챘습니까? 파워워크아웃교실의 나이는 부드럽고 좌우대칭인 모양을 가지고 있습니다. 그 교실에서 전형적인 나이가 몇 살인지 파악하는 것은 어렵지 않습니다.

쿵푸교실의 나이가 형성하는 모양은 간단하지 않습니다. 대부분의 나이는 20세 근처에 있는데, 두 명의 고수는 그보다 나이가 훨씬 더 많습니다. 이렇게 극단적인 값을 보통 **이상치**(outlier)라고 합니다.

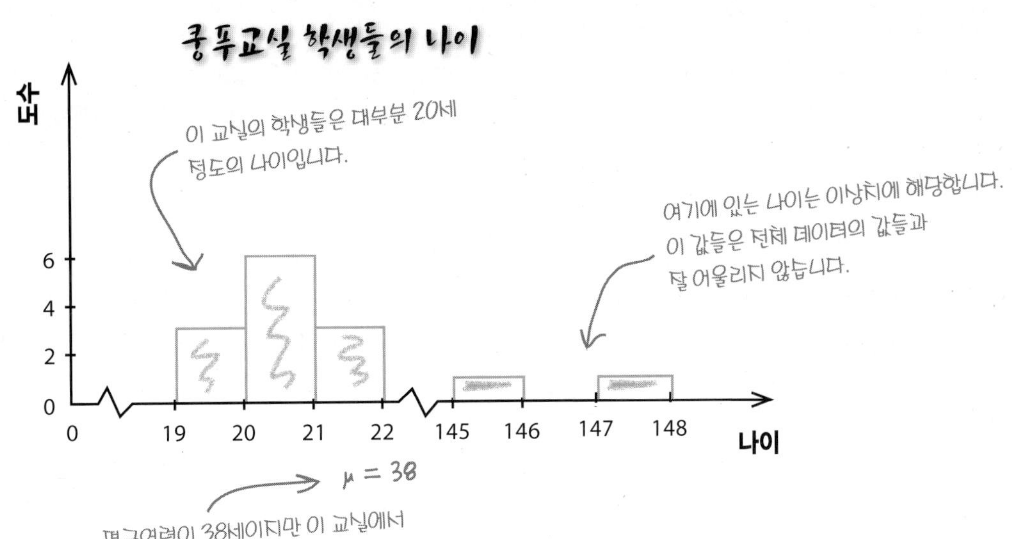

나이 많은 고수들이 포함되어 있지 않다면 쿵푸교실의 평균연령은 어떻게 변할까요? 그 값을 원래 평균값과 비교해 보세요. 이상치가 수반하는 효과가 어떤 것인지 설명해 보세요.

~~범인이~~ 이상치가 그렇게 만들었습니다

쿵푸교실의 데이터와 차트를 잘 들여다보면 대부분 사람들의 나이가 20세 근처라는 사실을 쉽게 알 수 있습니다. 나이 많은 고수들이 없었다면 사실 이 값이 평균값이 되었을 것입니다.

하지만 나이 많은 고수들은 엄연히 그 학급에 포함된 사람들이므로 무시할 수 없습니다. '전형적인' 나이에 비해 지나치게 나이가 많은 사람들이 존재하면 불행하게도 평균값이 대폭 상승하면서 왜곡됩니다.

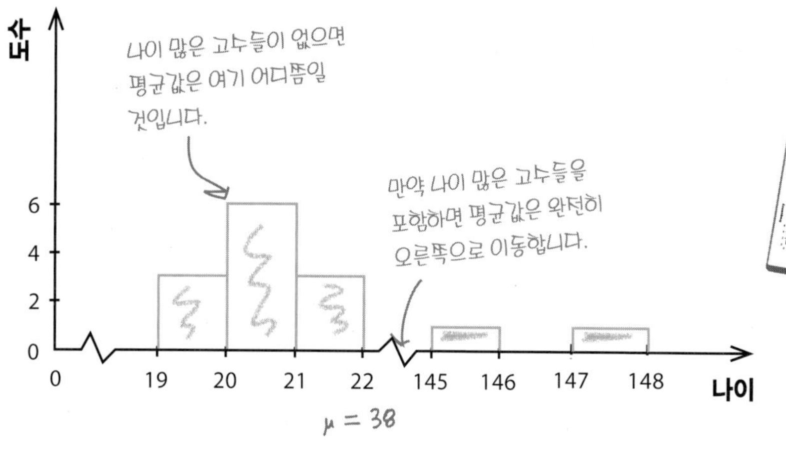

데이터에 포함된 이상치 때문에 평균값이 상승된 것을 확인하였습니까? 이런 현상을 보이면 데이터가 **편향**(skewed)되었다고 말합니다.

쿵푸교실의 데이터는 오름차순으로 정렬하면 이상치가 오른쪽에 존재하게 되므로 데이터가 **오른쪽으로 편향**되어 있습니다.

이것에 대해 좀 더 자세히 알아 봅시다.

핵심 통계학

이상치

다른 데이터에 비해 눈에 뜨일 정도로 지나치게 높거나 낮은 값

핵심 통계학

편향된 데이터

이상치가 데이터를 오른쪽이나 왼쪽으로 '잡아끄는' 경우

연필을 깎으며 정답

어떤 수의 집합에서 평균값이 집합에서 가장 큰 수와 동일한 경우가 있을까요? 만약 있다면 그건 어떤 상황일까요?

물론 그럴 수 있습니다. 만약 데이터 집합에 존재하는 수가 모두 동일하다면 평균값은 가장 큰 수와 일치할 것입니다.

편향된 데이터 자세히 보기

오른쪽으로 편향

오른쪽으로 편향된 데이터는 높은 이상치들이 형성하는 '꼬리'가 오른쪽에 나타납니다. 오른쪽으로 편향된 차트를 보면 이러한 꼬리를 확인할 수 있습니다. 쿵푸교실 데이터의 높은 이상치들은 평균값을 왜곡하여 높게, 즉 오른쪽으로 끌어올립니다.

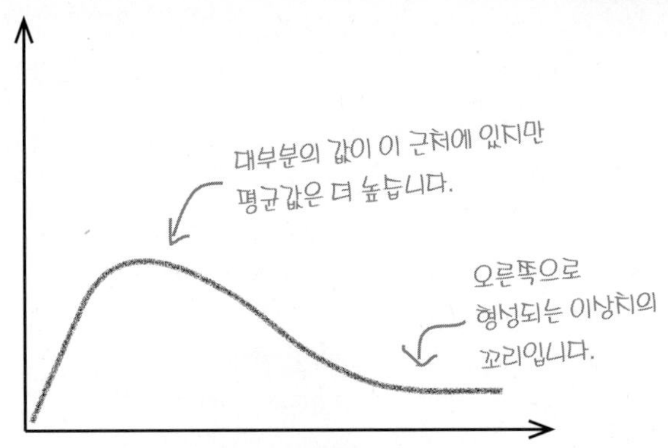

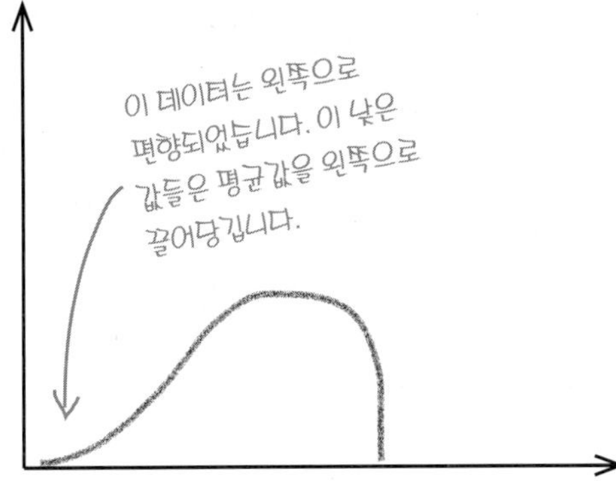

왼쪽으로 편향

왼쪽으로 편향된 데이터를 보여 주는 차트입니다. 이상치들의 꼬리가 왼쪽에 나타나는 것을 알 수 있습니다. 이번에는 이상치들의 값이 매우 낮기 때문에 평균값을 왼쪽으로 잡아끕니다. 이런 상황에서는 평균값이 대부분의 값보다 낮습니다.

좌우대칭 데이터

이상적인 경우는 데이터가 좌우대칭을 형성하는 것입니다. 데이터가 좌우대칭이면 평균값은 가운데에 위치합니다. 평균값을 한쪽 방향으로 잡아끄는 이상치가 없으며, 좌우에 형성되는 차트의 모양이 중앙을 중심으로 했을 때 동일합니다.

잡담시간

클리브: 그 교실의 평균연령이 38세라고 하기에 나한테 맞는 교실인줄 알았지. 그 교실에 한 5분 앉아있자니 내 다리가 후들거리더군.

쭉쭉소녀: 그 교실에 그렇게 나이 많은 사람들은 없는 것 같던데, 뭔가 잘못 계산한 거겠죠. 사무실에 이야기해 봤어요?

클리브: 잘못 계산한 건 아닌 것 같아. 내가 물어본 것을 잘못 이해한 것 같지만 말이야. 나는 그 교실에 있는 학생들의 일반적인 나이에 대해 물어봤는데, 그들은 그냥 평균값을 알려 준 것뿐이야.

쭉쭉소녀: 그런데 그 평균값이 전형적인 나이와 다르다 이거죠? 그냥 그 교실을 슬쩍 둘러보기만 해도 학생들의 전형적인 나이가 38세보다 훨씬 젊다는 걸 알 수 있는데 말이죠.

클리브: 그들이 나이 많은 고수들을 계산에 포함시키지 않았더라면 내가 그 교실에 등록하는 일은 없었을 텐데. 그들은 고수들도 포함시켰어. 분명히 그랬을 거야. 고수들의 나이가 전체 계산을 왜곡시킨 거지.

쭉쭉소녀: 고수들의 나이가 문제를 일으킨다면 그들을 무시하면 되지 않을까요? 그렇게 하면 더 정확한 전형적인 나이를 구할 수 있을 텐데 말이에요...

중앙값 찾기

평균값이 편향된 데이터와 이상치 때문에 그릇된 정보를 제공한다면, 전형적인 값이 무엇인지 파악하기 위한 다른 방법이 필요합니다. 우리는 중앙에 있는 값을 취함으로써 그렇게 할 수 있습니다. 이것은 **중앙값**(median)이라고 불리는 또 다른 종류의 평균입니다.

다음과 같은 나이 데이터에서 중앙값을 찾으려면 모든 나이를 오름차순으로 나열한 다음에 가운데에 있는 값을 고르면 됩니다.

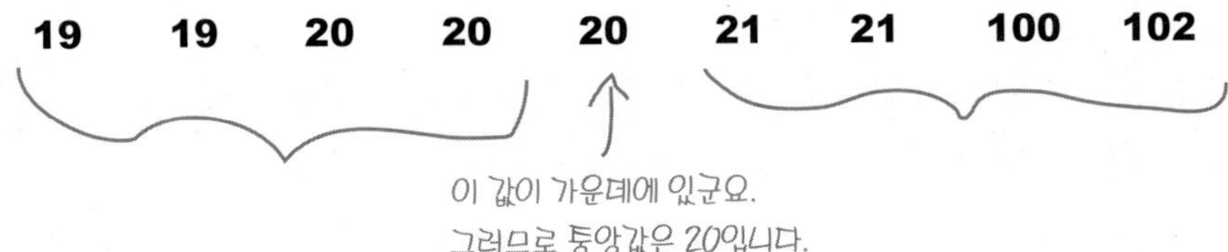

나이를 오름차순으로 나열하면 20이라는 값이 정중앙에 위치하는 것을 알 수 있습니다. 따라서 위 나이 데이터의 중앙값은 20입니다.

만일 데이터의 개수가 짝수면 중앙값은 무엇일까요?

중앙값은 가운데에 있는 값입니다.

19 20 20 20 21 21 100 102

만약 데이터의 개수가 짝수면
가운데에 있는 수가 하나가 아닙니다.

데이터의 개수가 짝수면 **가운데에 있는 두 수의 평균값**(둘을 더한 다음에 2로 나눈 값)을 취하면 됩니다. 이 경우에는 20.5가 중앙값입니다.

수가 9개 있으면 다섯 번째 자리에 위치한 수가 중앙값이라는 사실을 확인했습니다. 수가 8개 있으면 4.5번째(4번째 위치와 5번째 위치의 사이) 자리에 위치한 수가 중앙값이 됩니다. 그러면 n개의 수가 있을 때의 중앙값의 위치를 구해 보세요.

중앙값을 구하는 3단계

1. 작은 수에서 큰 수 순으로 나열합니다.

2. 홀수 개의 수가 있으면 중앙값은 한가운데 있는 수입니다. 만약 n개의 수가 있다고 하면 중앙값의 위치는 (n + 1) / 2입니다.

3. 짝수 개의 수가 있으면 가운데에 있는 두 수를 서로 더한 다음에 2로 나눕니다. 가운데 위치는 (n + 1) / 2를 계산하면 찾을 수 있습니다. 가운데에 있는 두 수는 이 값의 좌우측에 있는 수입니다.

바보 같은 질문이란 없습니다

Q: 내가 원하는 경우에는 평균값에 편향된 데이터를 사용해도 상관없나요?

A: 상관없어요. 사실 많은 사람들이 그렇게 하고 있습니다. 하지만 그 경우에는 평균값이 전형적인 값을 나타내지 않습니다. 중앙값을 사용해야 합니다.

Q: 그렇지만 평균값이 바로 전형적인 값을 나타내는 거 아니에요? 평균값이 곧 평균이잖아요.

A: 하지만 평균값이 갖는 위험은 그것이 데이터 집합에 실제로 존재하는 수를 나타내는 것이 아니라는 데 있습니다. 쿵푸교실을 예로 들어 봅시다. 그 교실에서 임의의 학생을 선택해 보면 그 사람의 나이가 20세 근처일 가능성이 높습니다. 실제로 대부분 학생들의 나이가 그 정도이기 때문이지요. 하지만 평균값을 보면 그런 인상을 받지 않습니다. 이 경우 중앙값을 이용하면 데이터에 대한 더 정확한 시각을 얻을 수 있습니다.

하지만 앞 페이지에서 보았던 것처럼 때로는 중앙값조차 데이터 집합에 존재하지 않는 값을 나타냅니다. 바로 그렇기 때문에 평균을 찾는 방법에 여러 가지 다른 방법이 있는 것입니다. 전형적인 값이 무엇인지 정확하게 말하기 위해 서로 다른 방법을 사용할 필요가 있습니다.

Q: 그럼 중앙값이 평균값보다 더 좋은 거네요?

A: 경우에 따라서 중앙값이 평균값보다 더 적절한 때가 있습니다. 하지만 그렇다고 해서 그것이 더 좋은 거라는 뜻은 아닙니다. 대부분의 경우에는 평균값이 중앙값보다 더 많은 장점을 갖기 때문에 평균값을 사용하는 것이 낫습니다. 데이터 표본추출을 할 때는 평균값이 더 안정적입니다. 이것에 대해서는 이 책 뒷부분에서 다시 설명하겠습니다.

Q: 범주적 데이터를 가지고 있을 때는 평균값이나 중앙값을 어떻게 사용해야 합니까? 49페이지에 있는 데이터를 예로 들어 보세요.

A: 평균값이나 중앙값은 수치적 데이터에만 사용할 수 있습니다. 하지만 걱정하지 마세요. 바로 그런 경우에 평균을 구할 수 있는 방법이 존재합니다. 나중에 살펴보도록 할게요.

Q: 오른쪽으로 편향된 데이터와 왼쪽으로 편향된 데이터가 너무 헷갈리네요. 뭐가 뭔지 잘 기억할 수 있는 방법은 없을까요?

A: 편향된 데이터는 이상치들의 '꼬리'를 가지고 있습니다. 데이터의 편향이 어느 쪽으로 일어나고 있는지 보려면 꼬리가 가리키는 방향을 보면 됩니다. 예를 들어 오른쪽으로 편향된 데이터는 오른쪽을 가리키는 꼬리를 가지고 있습니다.

데이터가 되어 봅시다

당신의 일은 자신이 직접 데이터가 되어서 각각의 데이터 집합에 대해 중앙값이 무엇인지, 데이터가 편향되었는지 아닌지, 평균값이 중앙값보다 높은지 아니면 낮은지 말하는 것입니다. 답에 대한 이유도 설명하세요.

값	1	2	3	4	5	6	7	8
도수	4	6	4	4	3	2	1	1

값	1	4	6	8	9	10	11	12
도수	1	1	2	3	4	4	5	5

데이터가 되어 봅시다 정답

당신의 일은 자신이 직접 데이터가 되어서 각각의 데이터 집합에 대해 중앙값이 무엇인지, 데이터가 편향되었는지 아닌지, 평균값이 중앙값보다 높은지 아니면 낮은지 말하는 것입니다. 답에 대한 이유도 설명하세요.

값	1	2	3	4	5	6	7	8
도수	4	6	4	4	3	2	1	1

전부 한 줄로 나열하면 모두 25개의 수가 있습니다. 따라서 한가운데인 13번째의 값 3이 중앙값입니다. 데이터는 평균값을 상승시키면서 오른쪽으로 편향되었습니다. 따라서 평균값은 중앙값보다 큽니다.

값	1	4	6	8	9	10	11	12
도수	1	1	2	3	4	4	5	5

이 경우 중앙값은 10입니다. 데이터는 왼쪽으로 편향되었고, 따라서 평균값은 왼쪽으로 당겨져 있습니다. 그러므로 평균값은 중앙값보다 작습니다.

만약 데이터가 오른쪽으로 편향되면 평균값은 중앙값의 오른쪽(높음)에 위치합니다.

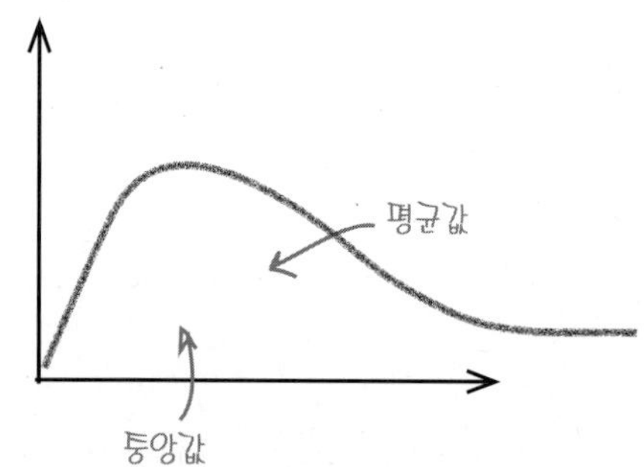

만약 데이터가 왼쪽으로 편향되면 평균값은 중앙값의 왼쪽(낮음)에 위치합니다.

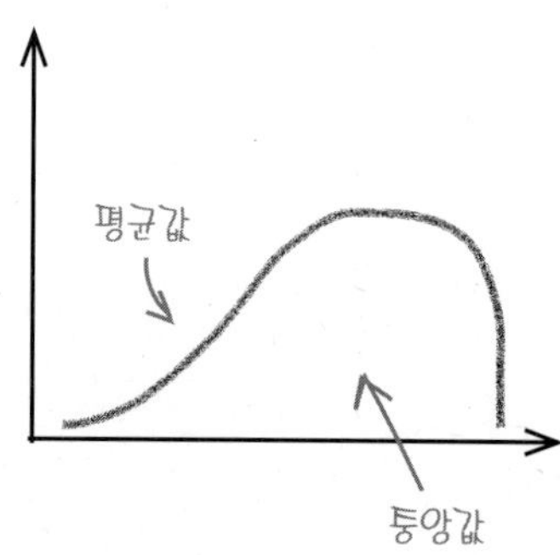

비즈니스가 완전 호황입니다

평균에 대한 작업이 제대로 빛을 발하였습니다. 헬스클럽에 더 많은 사람들이 모여들기 시작했고, 직원들은 고객들에게 알맞은 교실을 더 잘 찾아 줄 수 있게 되었습니다.

10대 소년이 자기 또래의 친구들을 사귈 수 있는 수영교실을 원하고 있습니다.

수영교실 학생들의 나이 평균값은 17세이고, 우연히도 그것은 중앙값과 일치합니다. 이 교실은 그에게 완벽히 맞을 것 같습니다.

수영교실

나이의 중앙값: 17

어떤 일이 벌어질지 보도록 합시다...

아이들을 위한 수영교실

아이들을 위한 수영교실은 일주일에 두 번 수영장에서 열립니다. 이 교실에서는 부모들이 어린 아이들을 데리고 와서 수영을 가르치기도 하고 물장구를 치며 신나게 놀기도 합니다.

수업시간에 누가 나타나는지 봅시다...

이번에는 무엇이 잘못된 것일까요?

도수 자석

아이들을 위한 수영교실에 참석하는 사람들의 나이는 다음과 같습니다. 그런데 도수를 나타내는 자석 조각이 테이블 아래에 떨어져 있습니다. 당신의 일은 그들을 알맞은 빈 칸에 채워 넣는 것입니다. 9명의 아이들과 그들의 부모가 교실에 참석하고 있고, 평균값과 중앙값은 모두 17입니다.

나이	1	2	3	31	32	33
도수	3		2	2		

3 4 4

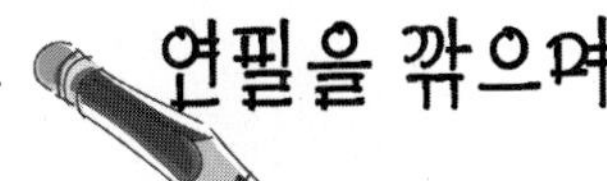

연필을 깎으며

아이들을 위한 수영교실의 도수를 모두 찾았으면 그에 따른 히스토그램을 그려 보세요. 뭔가 눈치 챘습니까?

도수 자석 정답

아이들을 위한 수영교실에 참석하는 사람들의 나이는 다음과 같습니다. 그런데 도수를 나타내는 자석 조각이 테이블 아래에 떨어져 있습니다. 당신의 일은 그들을 알맞은 빈 칸에 채워 넣는 것입니다. 9명의 아이들과 그들의 부모가 교실에 참석하고 있고, 평균값과 중앙값은 모두 17입니다.

나이	1	2	3	31	32	33
도수	3	4	2	2	4	3

9명의 아이들이 있다고 했으므로 아이들의 도수를 모두 더하면 9가 되어야 합니다. 따라서 2세 아이들의 수는 4가 되어야 합니다.

평균값은 17입니다. 만약 사라진 도수를 a와 b로 나타내면 다음과 같은 공식을 얻습니다.

$$\frac{1 \times 3 + 2 \times 4 + 3 \times 2 + 31 \times 2 + 32a + 33b}{18} = 17$$

양변을 18로 곱합니다.

$$3 + 8 + 6 + 62 + 32a + 33b = 17 \times 18 = 306$$

$$32a + 33b = 306 - (3 + 8 + 6 + 62) = 306 - 79$$

$$32a + 33b = 227$$

32a + 33b가 홀수이므로, 그것은 곧 b가 3이라는 뜻입니다. 그렇다면 a는 4가 되어야 합니다.

연필을 깎으며 정답

아이들을 위한 수영교실의 도수를 모두 찾았으면 그에 따른 히스토그램을 그려 보세요. 뭔가 눈치 챘습니까?

아이들을 위한 수영교실의 나이

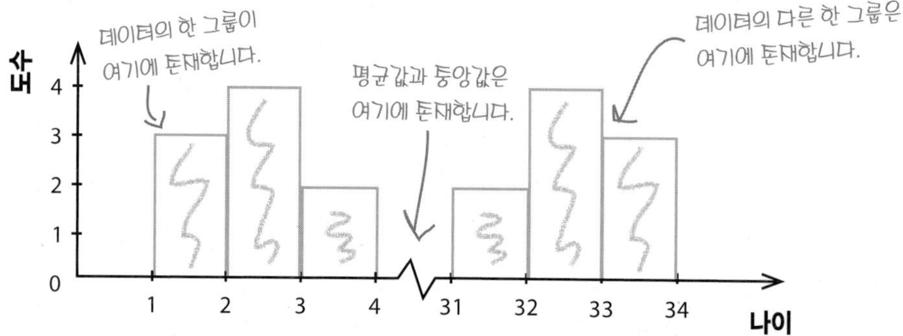

이것은 한 개의 데이터 집합처럼 보이지 않습니다. 부모들을 위한 데이터 집합과 아이들을 위한 데이터 집합, 이렇게 두 개의 데이터 집합처럼 보입니다.

평균값과 중앙값에 뭐가 잘못된 걸까요?

무슨 일이 일어나고 있는 건지 자세히 보도록 합시다.

다음은 아이들을 위한 수영교실에 참석하고 있는 사람들의 나이입니다.

1 1 1 2 2 2 2 3 3 | 31 31 32 32 32 32 33 33 33

짝수 개의 수가 존재하므로 중앙값은 3과 31 사이에 위치합니다. 두 수의 평균값을 계산하면 (3 + 31) / 2이므로 17을 얻게 됩니다.

이 교실의 평균값과 중앙값은 교실에 17세인 사람이 없음에도 불구하고 모두 17입니다!

만약 교실에 참석하는 사람의 수가 홀수면 어떻게 될까요? 평균값과 중앙값은 여전히 잘못된 정보를 제공합니다. 다음을 봅시다.

1 1 1 2 2 2 2 2 3 (3) 31 31 32 32 32 32 33 33 33

2살짜리 아이가 교실에 들어오면 중앙값은 3이 됩니다. 그럼 어른을 추가하면 어떻게 될까요?

위에서 보는 바와 같이 2살짜리 아이가 교실에 들어오면 중앙값은 3이 될 것입니다. 이 값은 아이들의 나이는 반영하지만 어른들의 나이는 고려하지 않는 것처럼 보입니다.

1 1 1 2 2 2 2 2 3 (31) 31 31 32 32 32 32 33 33 33

31세 어른이 교실에 들어오면 이번에는 중앙값이 31이 됩니다. 이 경우에는 아이들이 무시되는 것입니다!

31세 어른이 교실에 들어오면 이번에는 중앙값이 31이 됩니다. 하지만 이 값은 교실에 있는 아이들의 나이는 반영하지 않습니다.

평균을 나타내는 값을 무엇으로 선택하든지 그 값은 그릇된 정보를 주고 있습니다.

이런 데이터의 경우에는 어떻게 해야 할까요?

연필을 깎으며

아이들을 위한 수영교실을 나타내는 전형적인 나이(들)를 어떻게 찾을 수 있을지 진지하게 고민해 봅시다. 다음은 데이터를 다시 한 번 정리해 놓은 것입니다.

나이	1	2	3	31	32	33
도수	3	4	2	2	4	3

1. 이 데이터의 경우에는 왜 평균값과 중앙값이 모두 실패했다고 생각합니까? 그들이 그릇된 정보를 제공하는 이유는 무엇일까요?

2. 이 교실을 대표하는 나이를 하나만 골라야 한다면 몇 살일까요? 이유는요?

3. 이 교실을 대표하는 나이를 **두 개** 고른다면 몇 살과 몇 살일까요? 이유는요?

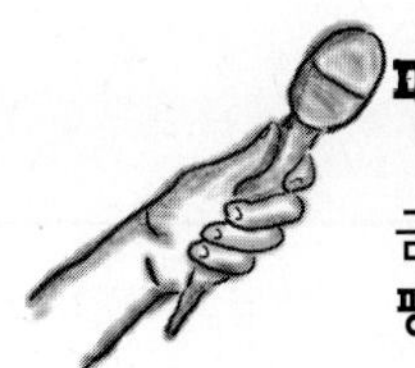

평균값을 파헤치다

금주의 인터뷰:
평균의 수많은 종류

헤드 퍼스트: 이봐요, 평균 씨, 이번 주 쇼에 초대하게 되어 영광입니다…

평균값: 음, 저를 평균값이라고 불러 주세요.

헤드 퍼스트: 평균값? 이름이 평균 아니에요? 초대 손님 명단이 잘못된 건가?

평균값: 그런 건 아닙니다. 하지만 통계마을에는 여러 종류의 평균이 살고 있어요. 저는 그 중에 한 명인 평균값입니다.

헤드 퍼스트: 여러 명의 평균이 살고 있다고요? 뭐가 그렇게 복잡하죠.

평균값: 복잡하지 않아요. 일단 제대로 이해를 한다면 말이죠. 그러니까 우리는 수의 집합을 놓고 무엇이 가장 전형적인 값인지 말하곤 하죠. 하지만 사람들은 그 값이 무엇이 되어야 하는지에 대해서는 생각이 다르단 거예요.

헤드 퍼스트: 그렇다면 당신들 중에서 누가 진짜 평균입니까? 그러니까 그거 있잖아요. 수를 모두 더한 다음에 수가 모두 몇 개인지 세서 합을 그 수로 나누는 그런 거 말이에요.

평균값: 그게 바로 저예요. 하지만 저를 '진짜' 평균이라고 부르지는 말아 주세요. 다른 평균들이 화를 낼지도 모른다고요. 사실 통계마을에 새로 온 사람들은 대개 저를 미스터 평균이라고 잘못 부르곤 하죠. 그들이 기초적인 산수를 공부할 때 처음으로 만나는 평균이 대개 저이기 때문입니다. 그렇지만 통계마을에서는 저를 다른 종류의 평균들과 구분하기 위해 평균값이라고 부른답니다.

헤드 퍼스트: 그럼 당신은 다른 이름도 가지고 있나요?

평균값: 아니 뭐 그러니까 저는 μ라는 기호도 가지고 있어요. 대중스타들은 대개 그런 걸 가지고 있어요. 없는 사람도 있지만요. 아무튼 저는 가지고 있어요. 그리스 문자이기 때문에 뭔가 저를 이국적으로 만들어 주지요.

헤드 퍼스트: 그런데 도대체 왜 다른 종류의 평균이 필요한 겁니까?

평균값: 이렇게 말하고 싶지는 않지만, 저에게 약점이 있기 때문입니다. 이상치가 존재하는 데이터를 다룰 때면 제 머리가 좀 이상해지는 경우가 있거든요. 이상치가 없으면 괜찮은데, 이상치가 나타나면 최면에 걸린 것처럼 그들에게 다가가게 되요. 그게 문제를 일으킵니다. 대부분의 값이 존재하는 곳으로부터 완전히 멀어지기도 하죠. 그래서 중앙값이 나타난 거예요.

헤드 퍼스트: 중앙값이라고요?

평균값: 그는 이상치를 만나도 정말 침착하답니다. 그에게 어떤 데이터를 들이밀어도 그는 언제나 데이터의 한가운데에 있는 값을 취하죠. 그의 약점은 그를 계산을 통해 산출할 수 없다는 것입니다. 그는 언제나 그가 있어야 하는 위치에서 찾아야 해요. 그렇기 때문에 유용성이 떨어지는 경우가 자주 있습니다.

헤드 퍼스트: 그럼 당신들은 둘 다 동일한 값을 갖습니까?

평균값: 데이터가 좌우대칭이면 그렇죠. 그렇지 않은 경우에는 서로 다른 값을 갖습니다. 예컨대 이상치가 있는 경우 저는 그들을 향해 나아가지만 중앙값은 제자리를 지키고 있어요.

헤드 퍼스트: 시간이 얼마 남지 않았으니까 마지막 질문을 드리겠습니다. 당신과 중앙값이 전형적인 값을 나타내는 데 어려움을 겪게 되는 경우도 있습니까?

평균값: 그런 경우도 있지요. 우리는 가끔 다른 종류의 평균에게 도움을 얻어야 합니다. 그는 자주 등장하는 편은 아니지만 알아두면 괜찮은 친굽니다. 채널 돌리지 마세요. 그에 대해 설명할게요.

헤드 퍼스트: 기대되는군요!

정답

아이들을 위한 수영교실을 나타내는 전형적인 나이(들)를 어떻게 찾을 수 있을지 진지하게 고민해 봅시다. 다음은 데이터를 다시 한 번 정리해 놓은 것입니다.

나이	1	2	3	31	32	33
도수	3	4	2	2	4	3

1. 이 데이터의 경우에는 왜 평균값과 중앙값이 모두 실패했다고 생각합니까? 그들이 그릇된 정보를 제공하는 이유는 무엇일까요?

    평균값과 중앙값은 모두 이 교실의 전형적인 나이를 나타내지 않으므로 그들은 둘 다 왜곡된 정보를 제공합니다. 평균값은 마치 교실에 10대가 있는 것처럼 말하지만 실제로 10대는 없습니다. 중앙값 역시 이와 비슷한 문제를 가지고 있는데, 더구나 그 값은 다른 사람이 교실에 등록할 때마다 심하게 요동을 칩니다.

2. 이 교실을 대표하는 나이를 하나만 골라야 한다면 몇 살일까요? 이유는요?

    이 교실을 대표하는 나이를 하나만 고르는 것은 불가능합니다. 교실의 나이는 아이들의 나이와 부모들의 나이를 나타내는 두 종류의 데이터로 이루어져 있기 때문입니다. 두 그룹의 데이터를 하나의 값으로 대표하는 것은 가능하지 않아요.

3. 이 교실을 대표하는 나이를 **두 개** 고른다면 몇 살과 몇 살일까요? 이유는요?

    아이들의 나이와 부모들의 나이를 나타내는 두 종류의 데이터가 존재하므로 두 개의 값을 고르는 것은 일리가 있습니다. 각각의 그룹에서 가장 많은 사람들이 속한 나이인 2와 32를 고르겠습니다.

최빈값 소개

평균값과 중앙값 이외에 **최빈값**(mode)이라고 하는 세 번째 종류의 평균이 존재합니다. 어느 데이터 집합에서의 최빈값은 가장 많이 나타나서 도수가 가장 높은 값을 의미합니다. 평균값이나 중앙값과 달리 최빈값은 어떤 경우에도 데이터 집합 안에 존재하는 실제 값, 그리고 가장 흔히 나타나는 값입니다.

데이터가 하나 이상의 최빈값을 갖는 경우도 있습니다. 도수가 가장 높은 값이 하나 이상 존재하는 경우에는 그 값들이 모두 최빈값입니다. 만약 데이터가 하나 이상의 데이터 집합을 포함하고 있는 것처럼 보인다면, 각 집합에 대해 별도의 최빈값을 정할 수 있습니다. 어느 집합이 두 개의 최빈값을 가지고 있으면 그 데이터를 **이봉**(bimodal)이라고 합니다.

이것은 아이들을 위한 수영교실의 경우와 정확히 들어맞습니다. 그 안에는 아이들을 위한 데이터와 부모들을 위한 데이터 두 개가 존재하기 때문에 전체 데이터를 대표할 수 있는 하나의 값은 존재하지 않습니다. 대신 각 종류의 데이터 집합에 대해 최빈값이 무엇인지 말할 수 있습니다. 아이들을 위한 수영교실의 경우에는 2세와 32세가 가장 높은 도수를 가지고 있으므로 이 값들이 최빈값입니다. 차트에서도 도수가 가장 높은 값들이 최빈값입니다.

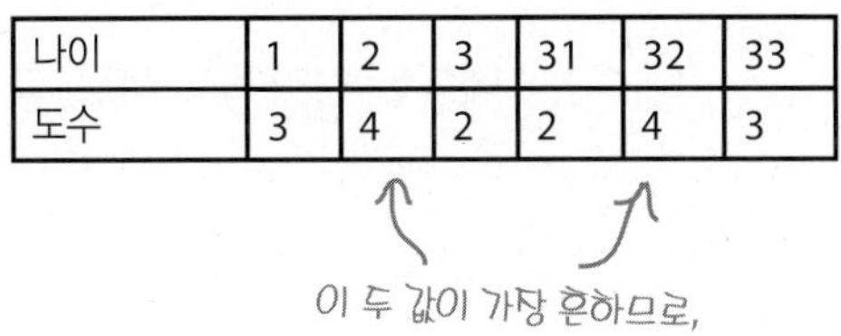

나이	1	2	3	31	32	33
도수	3	4	2	2	4	3

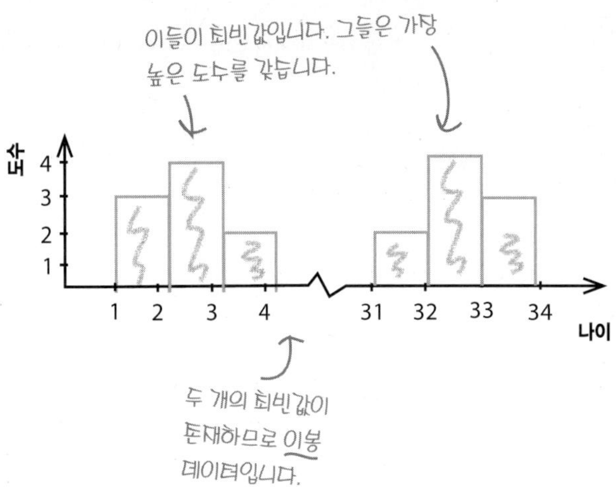

최빈값은 범주적 데이터를 위해서도 사용될 수 있습니다

최빈값은 수치적 데이터만을 위해 사용되는 것은 아닙니다. 범주적 데이터를 위해서도 사용될 수 있습니다. 사실 최빈값은 범주적 데이터를 위해 사용할 수 있는 유일한 평균입니다. 범주적 데이터를 다룰 때 최빈값은 가장 흔히 발생하는 범주 중 하나입니다.

최빈값은 가장 도수가 높은 값들의 그룹을 위해서도 사용할 수 있습니다. 가장 높은 도수를 갖는 값들의 범주나 그룹을 **최빈계급**(modal class)이라고 합니다.

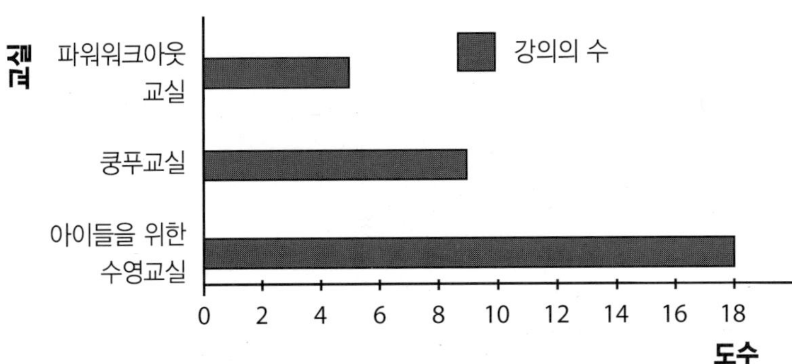

최빈값을 구하는 3단계

1. 데이터 집합에서 서로 구별되는 범주나 값을 모두 찾습니다.
2. 각 값이나 범주의 도수를 적습니다.
3. 최빈값을 얻기 위해 가장 도수가 높은 값을 고릅니다.

연필을 깎으며

아래 데이터 집합에서 최빈값을 찾으세요.

값	1	2	3	4	5	6	7	8
도수	4	6	4	4	3	2	1	1

범주	파란색	빨간색	초록색	분홍색	노란색
도수	4	5	8	1	3

값	1	2	3	4	5
도수	2	3	3	3	3

최빈값이 가장 유용한 경우는 언제입니까?

최빈값이 유용하지 않은 경우는 언제입니까?

축하합니다!

헬스클럽에서 당신의 노력은 대단한 성공을 거두었습니다. 수업들에 대한 수요가 엄청나게 늘어났습니다.

연필을 깎으며 정답

아래 데이터 집합에서 최빈값을 찾으세요.

값	1	2	3	4	5	6	7	8
도수	4	6	4	4	3	2	1	1

최빈값은 가장 도수가 높은 2입니다.

범주	파란색	빨간색	초록색	분홍색	노란색
도수	4	5	8	1	3

이번에는 최빈값이 초록색입니다.

값	1	2	3	4	5
도수	2	3	3	3	3

이 데이터의 최빈값은 2, 3, 4, 5 이렇게 여러 개입니다.

최빈값이 가장 유용한 경우는 언제입니까?

데이터가 적은 수의 최빈값을 가질 때 혹은 데이터가 수치적이 아니라 범주적일 때 등입니다. 평균값이나 중앙값은 범주적 데이터를 위해 사용할 수 없습니다.

최빈값이 유용하지 않은 경우는 언제입니까?

너무나 많은 수의 최빈값이 존재할 때입니다.

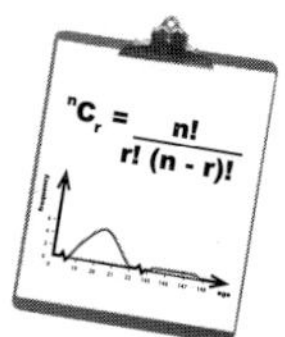

핵심 통계학

최빈값

최빈값은 반드시 데이터 안에 존재하는 값입니다. 그리고 이것은 범주적 데이터에 사용할 수 있는 유일한 평균입니다.

아래 테이블을 완성하세요. 이 장에서 학습한 여러 종류의 평균에 대해 각각 어떻게 계산할지 설명하세요. 그리고 각각의 평균에 대한 사용환경을 설명하세요. 앞의 내용을 보지 말고 최대한 스스로 풀도록 노력하세요.

평균	계산방법	사용환경
평균값(μ)		데이터가 비교적 좌우대칭이고 하나의 경향만 포함하고 있을 때.
중앙값		
최빈값		

아래 테이블을 완성하세요. 이 장에서 학습한 여러 종류의 평균에 대해 각각 어떻게 계산할지 설명하세요. 그리고 각각의 평균에 대한 사용환경을 설명하세요. 앞의 내용을 보지 말고 최대한 스스로 풀도록 노력하세요.

평균	계산방법	사용환경
평균값(μ)	$\frac{\sum x}{n}$ ← x는 각각의 값, n은 값들의 개수 또는 $\frac{\sum fx}{\sum f}$ ← f는 각 x의 도수 사용	데이터가 비교적 좌우대칭이고 하나의 경향만 포함하고 있을 때.
중앙값	모든 값을 값이 증가하는 순서로 나열합니다. 만약 값의 개수가 홀수면 중앙값은 가운데에 있는 값입니다. 만약 값의 개수가 짝수면 가운데에 있는 두 값을 더한 다음에 2로 나눕니다.	데이터가 이상치 때문에 편향되었을 때.
최빈값	도수가 가장 높은 값을 선택합니다. 만약 데이터가 두 종류의 데이터를 포함하고 있으면 각 그룹에 대해 개별적인 최빈값을 선택합니다.	범주적 데이터를 다룰 때. 데이터가 하나 이상의 데이터 그룹을 포함하고 있을 때. 범주적 데이터를 계산할 수 있는 유일한 종류의 평균은 최빈값입니다.

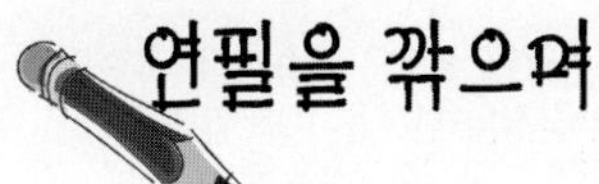

연필을 깎으며

스타벅즈 커피전문점의 관대한 CEO는 직원들의 연봉을 인상해 주기로 했습니다. 그런데 모두의 연봉을 동일하게 2,000불씩 올려야 할지 아니면 각자의 연봉을 10%씩 올려야 할지 알 수 없었습니다. 직원들 연봉의 평균값은 50,000불이고, 중앙값은 20,000불이며, 최빈값은 10,000불입니다.

a) 스타버즈 커피전문점 직원들의 연봉이 모두 2,000불씩 오르면 평균값, 중앙값, 최빈값은 어떻게 변할까요?

b) 스타버즈 커피전문점 직원들의 연봉이 10%씩 오르면 평균값, 중앙값, 최빈값은 어떻게 변할까요?

c) 만일 평균값과 일치하는 급여를 받고 있다면 어느 쪽 인상을 선호할까요? 또한 최빈값과 동일한 급여를 받고 있다면 어느 쪽 인상을 선호할까요?

연필을 깎으며 정답

스타버즈 커피전문점의 관대한 CEO는 직원들의 연봉을 인상해 주기로 했습니다. 그런데 모두의 연봉을 동일하게 2,000불씩 올려야 할지 아니면 각자의 연봉을 10%씩 올려야 할지 알 수 없었습니다. 직원들 연봉의 평균값은 50,000불이고, 중앙값은 20,000불이며, 최빈값은 10,000불입니다.

a) 스타버즈 커피전문점 직원들의 연봉이 모두 2,000불씩 오르면 평균값, 중앙값, 최빈값은 어떻게 변할까요?

평균값: x가 원래의 급여이고, n이 직원 수일 때

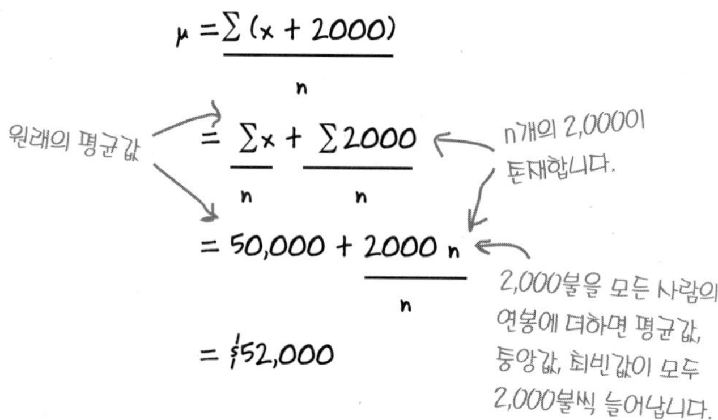

중앙값: 모든 월급에 2,000불씩이 더해졌습니다. 여기에는 가운데에 있는 값, 즉 중앙값도 포함됩니다. 따라서 새로운 중앙값은 \$20,000 + \$2,000 = \$22,000입니다.

최빈값: 가장 많은 수의 급여 혹은 최빈값은 10,000불입니다. 여기에 2,000불의 인상분이 더해지면 \$10,000 + \$2,000 = \$12,000이 됩니다.

b) 스타버즈 커피전문점 직원들의 연봉이 10%씩 오르면 평균값, 중앙값, 최빈값은 어떻게 변할까요?

이번에는 모든 연봉에 1.1을 곱합니다. (100% + 10%)

중앙값: $\mu = \frac{\sum(1.1x)}{n}$

$$= \frac{1.1\sum x}{n}$$

$$= 1.1 \times 50,000$$

$$= \$55,000$$

모든 연봉을 10%씩 증가시키면 평균값, 중앙값, 최빈값이 모두 10%씩 증가합니다.

중앙값: 모든 임금에 1.1을 곱합니다. 여기에는 가운데에 있는 임금, 즉 중앙값도 포함됩니다. 따라서 새로운 중앙값은 \$20,000 x 1.1 = \$22,000이 됩니다.

최빈값: 가장 많은 수의 급여 혹은 최빈값은 \$10,000입니다. 여기에 1.1을 곱하면 \$10,000 x 1.1 = \$11,000이 됩니다.

c) 만일 평균값과 일치하는 급여를 받고 있다면 어느 쪽 인상을 선호할까요? 또한 최빈값과 동일한 급여를 받고 있다면 어느 쪽 인상을 선호할까요?

만일 평균값과 일치하는 급여를 받고 있다면 10% 임금인상이 이루어질 때 더 많은 급여를 받게 됩니다. 또한 최빈값 급여를 받고 있다면 그냥 2,000불씩 인상될 때 더 많은 급여를 받게 됩니다.

모호한 평균 사건: 해결되었음

도대체 평균이 왜 이렇게 저마다 다른 것일까요? 누가 옳다고 생각하세요?

5분 미스터리 해결

직원, 매니저, 그리고 CEO는 제각각 서로 다른 종류의 평균을 사용했습니다.

직원들은 CEO의 급여에 별로 영향을 미치지 않는 중앙값을 사용했습니다.

매니저들은 평균값을 사용했습니다. CEO의 엄청난 급여가 데이터를 오른쪽으로 편향시켜서 평균값이 인위적으로 높아지도록 만들었습니다.

CEO는 최빈값을 사용했습니다. 대부분의 직원들은 매주 500불씩 받으므로 이 값이 월급의 최빈값에 해당합니다.

그렇다면 도대체 누가 옳은 걸까요? 어떤 의미에서는 그들 모두 옳습니다. 그렇지만 그들은 모두 자기가 원하는 바를 달성하기 위해 자기한테 유리한 평균을 사용하고 있습니다. 통계는 정보를 제공할 수 있지만, 그와 동시에 그릇된 정보를 제공할 수 있음을 기억하기 바랍니다. 아무튼 데이터에 이상치가 포함되어 있으므로 이 경우에는 중앙값을 사용하는 것이 가장 적절할 것입니다.

3 변이와 분포 측정하기

아무거나 믿을 수 있는 건 아니라고, 하지만 그걸 어떻게 알지?

평균은 데이터 집합이 가지고 있는 전형적인 값을 알려 주는 데 있어 훌륭한 역할을 수행합니다. 하지만 그렇다고 해서 **모든 정보를 제공**해 주는 것은 아닙니다. 이제 당신은 데이터의 중심이 어딘지 알 수 있게 되었습니다. 하지만 평균값, 중앙값, 최빈값은 데이터 집합을 정리할 때 필요한 정보를 모두 알려 주지 않습니다. 이 장에서는 **범위**(range)와 **변화량**(variation)을 분석하기 시작함으로써 여러분의 데이터 기술을 한 단계 더 올려놓을 것입니다.

선수 한 명이 필요합니다

통계마을 올스타는 인근에서 가장 인기 있는 농구팀이고, 올해 리그에서 가장 강력한 우승후보입니다. 그런데 문제가 하나 있습니다. 사고가 일어나서 선수가 한 명 부족하게 되었습니다. 그래서 새로운 선수가 한 명 당장 필요합니다.

새로운 선수는 여러 포지션을 소화할 수 있는 사람이어야 하는데, 감독이 정말로 필요로 하는 것은 안정적인 슈터입니다. 바구니 안에 공을 집어넣는 능력을 가지고 있다면 바로 시합에 투입될 것입니다.

감독은 이번 주 내내 사람들을 테스트했고, 마침내 후보가 세 사람으로 압축되었습니다. 이제 문제는 그들 중 누구를 선택하는가 하는 것입니다.

선수들의 점수를 비교할 필요가 있습니다

세 선수의 점수는 아래와 같습니다.

게임당 점수	7	8	9	10	11	12	13
도수	1	1	2	2	2	1	1

여기서 도수는 해당 선수가 각각의 점수를 받았던 게임의 수를 알려 줍니다. 이 선수는 2번의 시합에서 9점을 올렸고, 1번의 시합에서 12점을 올렸습니다.

게임당 점수	7	9	10	11	13
도수	1	2	4	2	1

게임당 점수	3	6	7	10	11	13	30
도수	2	1	2	3	1	1	1

각 선수는 모두 평균값, 중앙값, 그리고 최빈값이 10점입니다. 하지만 그들의 점수를 들여다보면 동일한 평균에 도달한 방식이 다르다는 것을 알 수 있습니다. 각 선수가 얼마나 일관성 있는지 차이가 있는데, 평균으로는 그런 사실을 평가할 수 없습니다.

누가 팀에 가장 알맞은지 정하기 위해 세 개의 점수 집합을 구별할 필요가 있습니다. 데이터 집합을 서로 비교할 수 있는 평균 이외에 다른 방법이 필요한 것입니다. 하지만 그 방법은 무엇일까요?

평균 이외에 어떤 다른 정보가 감독의 결정을 도울 수 있을까요?

데이터 집합을 구별하기 위해 범위를 사용하세요

농구선수의 점수

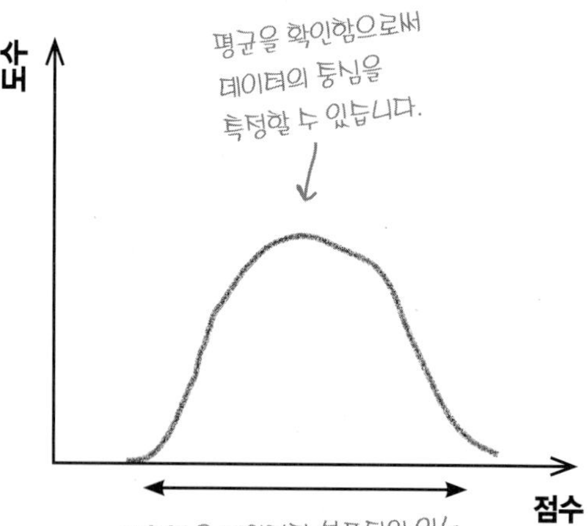

평균값은 데이터가 분포되어 있는 방식에 대해 아무런 정보도 제공해 주지 않습니다. 따라서 우리는 뭔가 다른 방법이 필요합니다.

지금까지는 주어진 데이터 집합에 대한 평균을 구하는 방법을 살펴보았습니다. 하지만 평균은 종종 전체 그림의 일부만 보여 줍니다. 평균은 데이터의 중심이 어디쯤에 있는지 알려 주지만, 데이터가 어떤 식으로 변화하는지에 대해서는 알려 주지 않습니다. 모든 선수가 동일한 평균점수를 가지고 있지만, 그들의 데이터는 확실히 다릅니다. 이러한 차이를 측정할 수 있는 방법이 필요합니다.

점수가 평균을 중심으로 어떻게 분포되어 있는지 살펴봄으로써 데이터들을 구분할 수 있습니다. 각 선수의 점수는 서로 다른 방식으로 분포되어 있기 때문에 점수가 분포되어 있는 방식을 측정할 수 있으면 감독이 결정을 내리는 데 도움이 될 것입니다.

범위 측정하기

이것은 범위를 계산하면 간단히 해결할 수 있습니다. **범위**(range)는 데이터가 얼마나 많은 숫자 값을 포함하고 있는지 알려 줍니다. 이것은 폭을 계산하는 것과 비슷합니다. 범위를 찾으려면 데이터 집합에 있는 가장 큰 수에서 가장 작은 수를 뺍니다.

가장 작은 값은 **하한**(lower bound), 가장 큰 값은 **상한**(upper bound)이라고 합니다.

한 선수의 점수가 분포되어 있는 것을 보고 이러한 값들을 어떻게 계산하는지 살펴봅시다.

7 8 9 9 10 10 11 12 13

하한 범위 상한

범위를 계산하려면 상한에서 하한을 뺍니다. 이 데이터에서 가장 왼쪽에 있는 수는 7이며, 그것이 하한입니다. 마찬가지로 가장 큰 값이 상한이므로 13이 상한입니다. 상한에서 하한을 빼면 다음과 같은 결과를 얻습니다.

범위 = 상한 − 하한

= 13 − 7

= 6

따라서 이 데이터 집합의 범위는 6입니다.

범위는 값들이 어떤 식으로 퍼져 있는지 측정하기 위한 간편한 방법으로, 데이터 집합을 서로 비교할 수 있도록 해 주는 또 하나의 방법입니다.

핵심 통계학

$^{n}C_{r} = \frac{n!}{r!\,(n-r)!}$

범위

범위는 값들이 분포되어 있는 방식을 측정하는 방법으로, 다음과 같이 계산합니다.

상한 − 하한

상한은 가장 큰 값이고 하한은 가장 작은 값입니다.

다음 데이터 집합에 대해 평균값, 하한, 상한, 그리고 범위를 구한 다음에 차트를 그려 보세요. 값들이 동일한 방식으로 분포되어 있습니까? 범위가 두 데이터 집합의 차이를 확인하는 데 도움을 줍니까?

점수	8	9	10	11	12
도수	1	2	3	2	1

점수	8	9	10	11	12
도수	1	0	8	0	1

다음 데이터 집합에 대해 평균값, 하한, 상한, 그리고 범위를 구한 다음에 차트를 그려 보세요. 값들이 동일한 방식으로 분포되어 있습니까? 범위가 두 데이터 집합의 차이를 확인하는 데 도움을 줍니까?

점수	8	9	10	11	12
도수	1	2	3	2	1

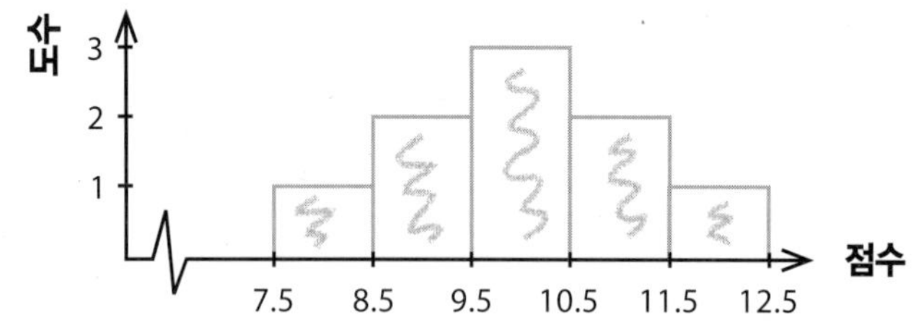

μ = 10

하한 = 8

상한 = 12

범위 = 12 - 8

= 4

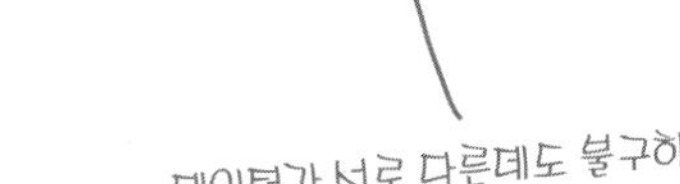

점수	8	9	10	11	12
도수	1	0	8	0	1

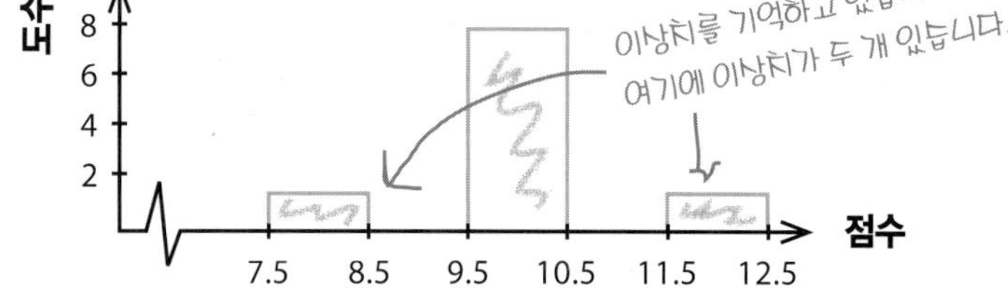

μ = 10

하한 = 8

상한 = 12

범위 = 12 - 8

= 4

위에 있는 두 개의 데이터 집합은 동일한 범위를 가지고 있어. 하지만 값이 분포되어 있는 방식은 서로 다르지. 범위가 진짜 우리한테 분포를 측정하는 데 필요한 정보를 모두 알려 주는 게 맞을까?

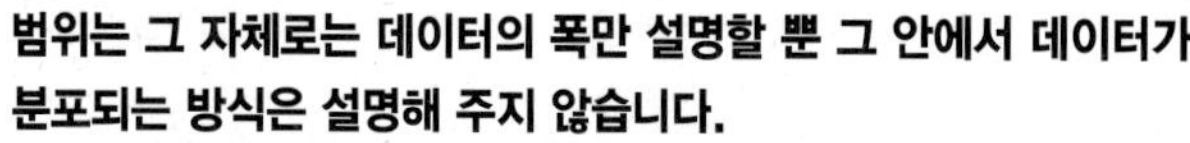

범위는 그 자체로는 데이터의 폭만 설명할 뿐 그 안에서 데이터가 분포되는 방식은 설명해 주지 않습니다.

위 두 데이터 집합은 동일한 범위를 갖지만 두 번째 데이터는 두 개의 이상치(매우 높은 값과 낮은 값)를 포함하고 있습니다. 범위는 값들이 얼마나 넓게 분포되어 있는지에 대해서만 설명해 줄 뿐 실제로 분포되는 방식에 대해서는 설명해 주지 못하는 것처럼 보입니다.

이상치의 문제점

범위는 데이터 집합의 분포를 간단하게 측정하는 방법이지만, 그 범위 안에서 값들이 분포된 방식을 측정하는 가장 좋은 방법이라고 할 수는 없습니다. 만약 데이터가 이상치를 가지고 있다면 범위를 이용해서 값들이 분포된 방식을 이야기하는 것은 완전히 그릇된 정보를 제공해 줄 수도 있습니다. 그런 경우를 살펴봅시다.

다음과 같은 수의 집합이 있다고 합시다.

하한 1

상한 5

1 1 1 2 2 2 2 3 3 3 3 3 4 4 4 4 5 5 5

주어진 데이터에 대한 (막대 대신 선을 이용하는) 수직선그래프입니다. 각각의 선은 데이터 집합 안에서 각 수의 도수를 나타냅니다.

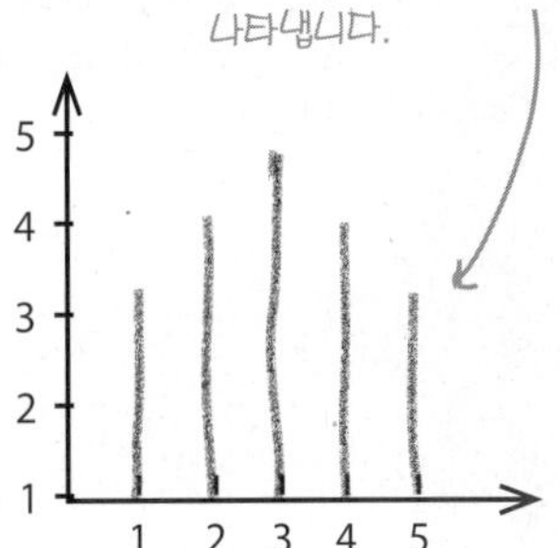

수들은 하한과 상한 사이에서 상당히 균등하게 분포되어 있고, 특별한 이상치도 없습니다. 이 집합의 범위는 4입니다.

하지만 만일 10과 같은 이상치가 존재하면 어떻게 될까요?

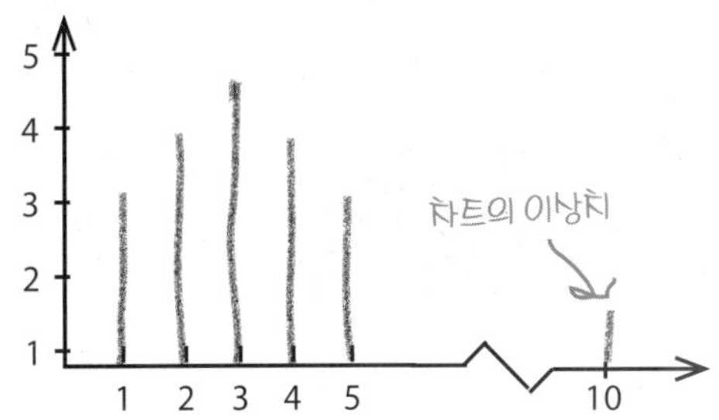

하한은 동일하지만 상한이 10으로 커졌기 때문에 범위는 9가 됩니다. 범위 밖의 수, 즉 이상치를 추가했기 때문에 범위가 5만큼 커졌습니다.

이상치가 없으면 두 개의 수의 집합은 동일합니다. 단지 한 개의 수를 더했다고 해서 값이 분포된 방식에 대한 설명이 이렇게 크게 달라질 수 있는 것일까요?

이상치에 대해 이렇게 민감하지 않는 범위를 만들 수 있을까요?

그럼 범위를 사용하는 게 좋은 건 아니란 말인가?

범위는 값들이 분포되어 있는 방식을 빠르고 거칠게 살펴보고자 할 때 사용하는 훌륭한 도구입니다. 하지만 약간의 제한이 있습니다.

범위는 상한과 하한이 얼마나 멀리 떨어져 있는지 알려 주지만, 그게 전부입니다. 값들이 분포되어 있는 방식에 대해 매우 기본적인 사실만 알려 줍니다.

범위가 가진 결정적인 문제는 그것이 데이터의 폭에 대해서만 말한다는 사실입니다. 범위는 데이터에서 가장 극단적인 값들을 이용해서 계산되기 때문에 데이터가 실제로 어떤 모습을 가지고 있는지, 예컨대 이상치가 있는지 등을 말해 주기 어렵습니다. 동일한 범위를 구성하기 위한 방법은 여러 가지가 있는데, 이러한 추가적인 정보는 때로 대단히 중요합니다.

범위가 그렇게 제한되어 있으면, 그걸 왜 사용하는 거지?

너무 간단하기 때문입니다.

범위는 너무 간단해서 많은 사람들이, 심지어 통계학을 거의 모르는 사람들조차 쉽게 이해할 수 있습니다. 예를 들어 나이의 범위에 대해 이야기하면 사람들은 당신이 의미하는 바를 쉽게 이해할 것입니다.

그렇지만 주의해야 합니다. 바로 그 단순함 속에 위험이 도사리고 있습니다. 범위는 상한과 하한 사이의 값들에 무슨 일이 일어나고 있는지 말하지 않기 때문에 실제 데이터에 대해 그릇된 인상을 심어주기 쉽습니다.

이상치로부터 멀어질 필요가 있습니다

범위의 문제점은 범위 정의 자체가 이상치를 포함한다는 것입니다. 만약 데이터가 이상치를 가지고 있으면, 비록 한두 개의 값에 불과하다고 해도 범위는 그들을 포함할 것입니다. 우리는 값들이 분포되어 있는 방식을 최선으로 설명하기 위해 이러한 이상치들의 효과를 상쇄할 수 있는 방법이 필요합니다.

이렇게 하는 방법 중 하나는 이상치를 무시하는 미니범위(mini range)를 살펴보는 것입니다. 데이터 전체의 범위를 측정하는 대신 이상치를 포함하지 않는 부분적인 범위를 측정할 수 있습니다.

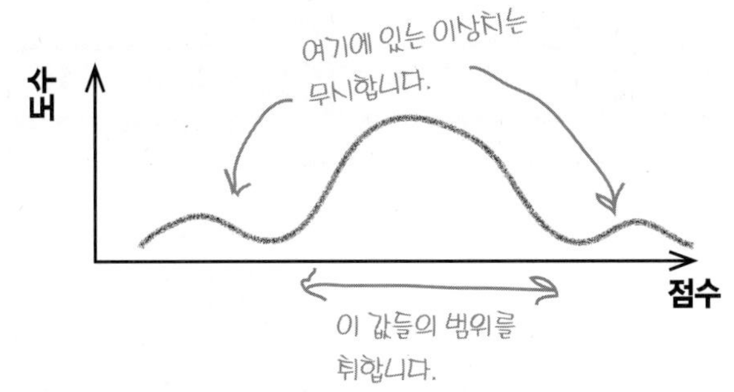

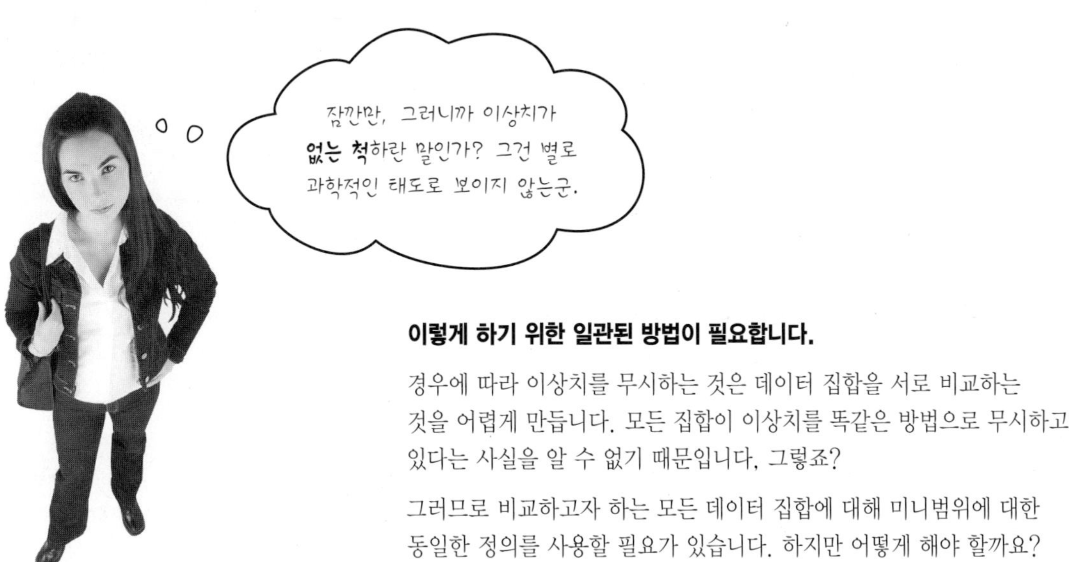

이렇게 하기 위한 일관된 방법이 필요합니다.

경우에 따라 이상치를 무시하는 것은 데이터 집합을 서로 비교하는 것을 어렵게 만듭니다. 모든 집합이 이상치를 똑같은 방법으로 무시하고 있다는 사실을 알 수 없기 때문입니다, 그렇죠?

그러므로 비교하고자 하는 모든 데이터 집합에 대해 미니범위에 대한 동일한 정의를 사용할 필요가 있습니다. 하지만 어떻게 해야 할까요?

사분위수로 해결할 수 있습니다

미니범위를 구성하는 방법 중 하나는 데이터 중심 근처에 있는 값들을 이용하는 것입니다. 이렇게 하기 위해서는 우선 값들을 값이 증가하는 방향으로 나열하고, 그들을 크기가 같은 네 개의 조각으로 나눕니다. 이때 각 조각은 데이터의 1/4을 포함합니다.

앞에서 본 것과 같은 데이터인데, 4개의 조각으로 나뉘어져 있습니다.

1 1 1 2 2 | 2 2 3 3 3 | 3 3 4 4 4 | 4 5 5 5 10

그 다음에는 두 개의 바깥쪽 조각 사이에 존재하는 값들을 이용해서 범위를 만들 수 있습니다.

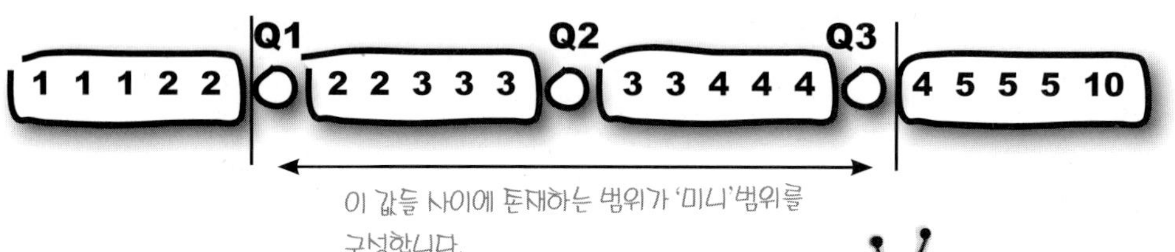

데이터를 동일한 크기의 조각으로 나누는 값들을 **사분위수**(quartile)라고 합니다. 데이터를 보통 4개의 조각으로 나누기 때문입니다. 사분위수를 찾는 것은 중앙값을 찾는 것과 비슷합니다. 데이터를 절반으로 나누는 값을 찾는 대신 네 조각으로 나누는 값들을 찾으면 되기 때문입니다.

값이 가장 작은 사분위수는 **하한 사분위수**(lower quartile) 혹은 일사분위수(Q1)라고 하고, 값이 가장 큰 사분위수는 **상한 사분위수**(upper quartile) 혹은 삼사분위수(Q3)라고 합니다. 가운데에 있는 사분위수(Q2)는 데이터를 절반으로 나누므로 중앙값에 해당합니다. 이러한 사분위수 두 개 사이에 존재하는 범위를 **사분범위**(interquartile range, IQR)라고 합니다.

조심하세요!

어떤 통계 교과서에서는 사분위수를 각 데이터 조각 내부에 포함된 값들을 지칭하는 데 사용하기도 합니다.

그렇지만 이 책에서는 사분위수라는 개념을 데이터를 1/4씩 네 조각으로 나누는 지점을 지칭하기 위해 사용하고 있습니다.

사분범위 = 상한 사분위수 − 하한 사분위수

사분범위는 값들이 분포되어 있는 방식을 측정할 때 하나의 표준적인 그리고 반복할 수 있는 방법을 제공해 줍니다. 이것은 서로 다른 데이터 집합을 비교할 때 사용할 수 있는 또 하나의 방법입니다. 그렇다면 사분범위가 우리의 문제를 해결하는 데에도 도움을 줄 수 있을까요? 한 번 살펴보도록 합시다.

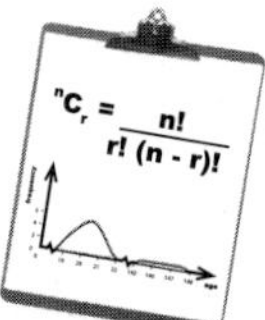

핵심 통계학

사분위수

사분위수는 데이터를 네 조각으로 나누는 값입니다. 값이 가장 작은 사분위수는 하한 사분위수이고, 값이 가장 큰 사분위수는 상한 사분위수입니다.

가운데에 있는 사분위수는 중앙값입니다.

사분범위는 이상치를 포함하지 않습니다

사분범위의 장점은 그것이 범위와 달리 이상치에 대해 민감하지 않다는 것입니다.

하한 사분범위는 그 아래로 25%의 데이터를 가지고 있고, 상한 사분범위는 그 위로 25%의 데이터를 가지고 있도록 설정됩니다. 이것은 곧 사분범위가 데이터의 중심에 분포하는 50%의 데이터만을 포함하기 때문에 이상치가 무시됨을 의미합니다. 앞서 말한 바와 같이 이상치는 데이터 안에 존재하는 지나치게 큰 값이나 작은 값입니다. 따라서 중앙에 분포된 데이터를 취하는 것은 그 자체로 이상치를 제외하는 결과를 낳습니다.

우리의 데이터를 다시 봅시다. 사분범위가 실질적으로 이상치를 무시하고 있음을 확인할 수 있습니까?

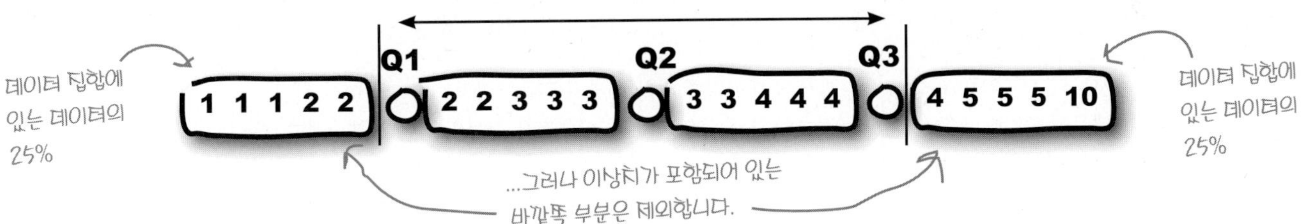

사분범위가 가운데 50%의 데이터만을 사용하므로 이상치는 그들의 값이 높든 낮든 상관없이 제외됩니다. 그들은 가운데에 있을 수 없기 때문입니다. 이것은 곧 데이터에 존재하는 이상치가 실질적으로 제거되는 것을 의미합니다.

이상치는 언제나 극단적으로 높거나 낮은 값을 갖습니다. 하지만 사분범위는 그들을 잘라냅니다.

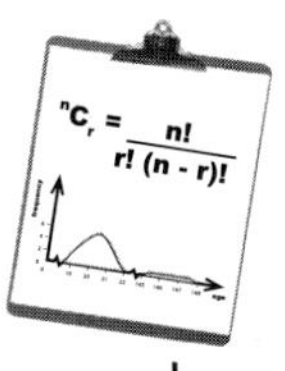

핵심 통계학

사분범위

이상치에 덜 민감한 '미니'범위를 의미합니다.

상한 사분위수 – 하한 사분위수

를 계산해서 찾습니다.

사분범위를 이용해서 이상치를 제외하는 것은 이상치에 의해 데이터가 왜곡되는 현상을 걱정할 필요 없이 서로 다른 데이터 집합을 비교할 수 있게 되었음을 의미합니다. 그렇지만 사분범위를 정하기 전에 사분위수가 무엇인지 찾아야 합니다. 페이지를 넘기면 그 방법이 설명되어 있습니다.

사분위수 분석

데이터 집합에서 사분위수를 찾는 과정은 중앙값을 찾는 과정과 거의 비슷합니다. 값들을 오름차순으로 나열하면 중앙값은 가장 중앙에 위치하는 값입니다. 만약 n개의 수가 있다고 하면 중앙값의 위치는 (n + 1) ÷ 2가 됩니다. 만약 그 위치가 두 수 사이에 존재하면 두 수의 평균값을 취하면 됩니다.

데이터를 잘게 쪼개서 네 조각을 만들었을 때 사분위수는 이러한 조각들 사이에 존재하는 값입니다. 값이 가장 작은 것이 하한 사분위수이고, 값이 가장 큰 것이 상한 사분위수입니다.

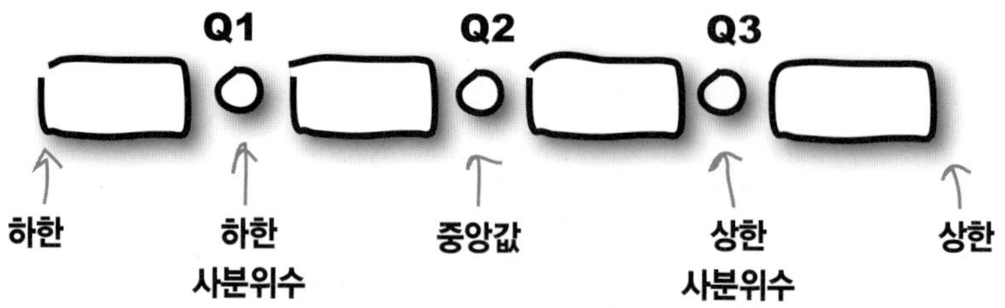

사분위수의 위치를 찾는 것은 그들이 데이터를 정확한 위치에서 분할하도록 만들어야 하기 때문에 중앙값의 위치를 찾는 것보다 조금 복잡합니다. 그렇지만 찾는 방법은 존재합니다. 우선 하한 사분위수부터 시작해 봅시다.

하한 사분위수 위치 찾기

1. 우선 n ÷ 4를 계산합니다.
2. 만약 결과가 정수면 하한 사분위수의 위치는 이 정수 위치의 값과 그 다음에 오는 값 사이가 됩니다. 두 값의 평균값을 구하면 하한 사분위수를 얻을 수 있습니다.
3. 만약 결과가 정수가 아니면 올림을 합니다. 그러면 하한 사분위수의 위치를 얻을 수 있습니다.

예를 들어 만약 6개의 수가 있다면 우선 6 ÷ 4를 계산해서 1.5를 얻습니다. 이것을 올림하면 2가 됩니다. 하한 사분위수의 위치는 2가 됩니다.

상한 사분위수 위치 찾기

1. 우선 3n ÷ 4를 계산합니다.
2. 만약 결과가 정수면 상한 사분위수의 위치는 이 정수 위치의 값과 그 다음에 오는 값 사이가 됩니다. 두 값의 평균값을 구하면 상한 사분위수를 얻을 수 있습니다.
3. 만약 결과가 정수가 아니면 올림을 합니다. 그러면 상한 사분위수의 위치를 얻을 수 있습니다.

사분위수 기술로 실전연습을 해 봅시다. 선수들 중 한 명의 점수는 다음과 같습니다.

시합 당 올린 점수	3	6	7	10	11	13	30
도수	2	1	2	3	1	1	1

1. 이 데이터 집합의 범위를 구하세요.

2. 상한 사분위수와 하한 사분위수를 구하세요.

3. 사분범위를 구하세요.

선수들 중 한 명의 점수는 다음과 같습니다.

시합 당 올린 점수	3	6	7	10	11	13	30
도수	2	1	2	3	1	1	1

1. 이 데이터 집합의 범위를 구하세요.

이 데이터 집합의 하한은 가장 낮은 점수인 3입니다. 상한은 가장 높은 점수인 30입니다. 그러므로

범위 = 상한 - 하한

= 30 - 3

= 27

2. 상한 사분위수와 하한 사분위수를 구하세요.

하한 사분위수부터 구합니다. 모두 11개의 수가 있으므로 11 ÷ 4는 2.75입니다. 올림을 하면 하한 사분위수의 위치를 얻을 수 있습니다. 따라서 하한 사분위수의 위치는 3입니다. 그리고 하한 사분위수의 값은 6입니다.

이제 상한 사분위수를 구합니다. 3 x 11 ÷ 4는 8.25입니다. 올림을 하면 9가 되므로 상한 사분위수의 위치는 9입니다. 그리고 상한 사분위수의 값은 11입니다.

3. 사분범위를 구하세요.

사분범위는 상한 사분위수에서 하한 사분위수를 빼면 됩니다.

사분범위 = 상한 사분위수 - 하한 사분위수

= 11 - 6

= 5

이 값은 이상치를 배제하므로 범위에 비해서 훨씬 적습니다.

바보 같은 질문이란 없습니다

Q: 평균값, 중앙값, 최빈값이 유용한 이유는 알겠는데, 데이터가 분포되어 있는 방식은 왜 알아야 하는 거죠?

A: 평균은 데이터를 바라보는 일차원적인 시각을 제공합니다. 데이터의 중심이 어디에 있는지 알려 주지만, 그게 전부입니다. 이 정보는 유용하지만 충분하지 않습니다. 평균 이외에도 데이터를 요약할 수 있는 정보가 있어야 합니다.

Q: 그럼 중앙값은 사분범위와 같은 것인가요?

A: 아닙니다. 중앙값은 데이터의 한가운데에 있는 값이고, 사분범위는 가운데 50%의 값들을 포함하는 범위입니다.

Q: 사분위수 어쩌고저쩌고 하는 것들의 요점이 무엇입니까? 그들을 계산하는 과정은 매우 귀찮은 것처럼 보입니다.

A: 데이터가 분포되어 있는 방식을 설명하기 위해 그냥 범위만 이용하면 이상치에 대해 민감하다는 약점을 갖게 됩니다. 그것은 단지 상한과 하한의 차이를 의미하기 때문에 이상치가 결과를 완전히 다르게 만들 수도 있습니다.

이러한 이상치를 제거하기 위해 가운데 50%의 데이터에만 집중함으로써 문제를 우회할 수 있습니다. 이것은 사분위수를 찾아서 사분범위를 이용하는 것을 의미합니다. 따라서 사분위수를 찾는 것은 단순히 상한과 하한을 찾는 것보다 조금 복잡하지만 충분히 그럴만한 가치가 있습니다.

Q: 데이터의 분포를 측정하기 위해 항상 사분범위를 사용해야 하나요?

A: 많은 경우에 사분범위는 단순한 범위보다 풍부한 의미를 갖습니다. 하지만 필요한 정보가 무엇인가에 따라 다릅니다. 값들이 분포되어 있는 방식을 측정하는 여러 방법이 있습니다. 그들에 대해서는 뒤에서 설명하겠습니다.

Q: 범위나 사분범위 대신에 하나의 사분위수만 사용하는 경우도 있나요?

A: 그렇습니다. 예를 들어 높은 값에 어떤 것들이 있는지 알고 싶은 경우가 있을 수 있습니다. 이때 상한 사분위수를 경계로 정한 다음에 그 위의 값들을 살펴볼 수 있습니다.

Q: 데이터를 4개의 조각보다 더 잘게 쪼개야 하는 경우도 있나요? 예를 들어 4개 대신 10개로 쪼개는 건 어떻습니까?

A: 예, 그렇게 해야 하는 경우도 있을 수 있습니다. 책장을 넘기면 그런 경우를 볼 수 있습니다...

핵심정리

- 데이터의 **상한**과 **하한**은 데이터 집합에서 가장 높은 값과 가장 낮은 값입니다.
- **범위**는 값들이 분포되어 있는 방식을 측정하는 손쉬운 방법입니다. 아래 공식으로 구합니다.

  범위 = 상한 – 하한

- 범위는 이상치에 매우 민감합니다.
- 사분범위는 범위에 비해 이상치에게 덜 민감합니다.
- **사분위수**는 데이터를 4개의 조각으로 분할하는 값들입니다. 값이 가장 큰 사분위수를 상한 사분위수라고 하고, 값이 가장 작은 사분위수를 하한 사분위수라고 합니다. 가운데에 있는 사분위수는 중앙값입니다.
- **사분범위**는 가운데에 위치한 50% 데이터의 범위입니다. 다음 공식으로 계산합니다.

  상한 사분위수 – 하한 사분위수

사분위수만 쓸 수 있는 것은 아닙니다

지금까지는 범위와 사분범위가 데이터 집합 안에 존재하는 값들이 어떻게 분포되어 있는지 알려 준다는 사실을 살펴보았습니다. 범위는 가장 큰 값과 가장 작은 값 사이의 차이이고, 사분범위는 데이터의 가운데 50%에 초점을 맞추고 있습니다.

범위와 사분범위 외에 다른 종류의 범위들도 존재합니다.

범위가 가진 원래 문제는 그것이 이상치에 대해 지나치게 민감하다는 것입니다. 이러한 단점을 극복하기 위해 데이터를 네 개의 조각으로 나누었고, 알맞게 선택된 사분범위를 사용했습니다.

사분범위가 흔히 사용되기는 하지만, 그렇다고 해서 그것이 미니범위를 만들 수 있는 유일한 방법은 아닙니다. 데이터를 네 개의 조각으로 나누는 대신 퍼센트를 이용하는 방식으로 나누고 그 안에서 범위를 선택해서 사용할 수도 있습니다.

예를 들어 데이터 집합을 4개의 조각이 아니라 각 조각이 10%의 데이터를 담고 있도록 10개의 조각으로 나눌 수도 있습니다. 다음 그림을 보세요.

동일한 데이터 집합이지만 이제 이것을 동일한 크기를 갖는 10개의 조각으로 분할합니다. 각 조각은 10%의 데이터를 담고 있습니다.

1 1	1 2	2 2	2 3	3 3	3 3	4 4	4 4	5 5	5 10

새로운 미니범위를 만들기 위해 이러한 분할방식을 사용할 수도 있습니다.

데이터 집합을 퍼센트를 이용해서 분할하는 경우, 데이터를 분할하는 값을 **백분위수**(percentiles)라고 합니다. 위 경우에는 조각을 열 개로 나누었으므로 데이터를 분할하는 값을 **십분위수**(deciles)라고 합니다.

백분범위(interpercentile range)라는 새로운 범위를 만들기 위해 백분위수를 이용할 수 있습니다.

그래서 백분위수가 뭔데요?

백분위수는 사분위수가 데이터를 4개의 조각으로 나누는 것처럼 데이터를 퍼센트로 나누는 값입니다. 각 백분위수는 데이터를 나누는 퍼센트 값으로 참조됩니다. 따라서 10번째 백분위수는 데이터를 10% 지점에서 분할하는 값입니다. 일반적으로 k번째 백분위수는 데이터를 k% 지점에서 분할합니다. 그것을 P_k라고 표기합니다.

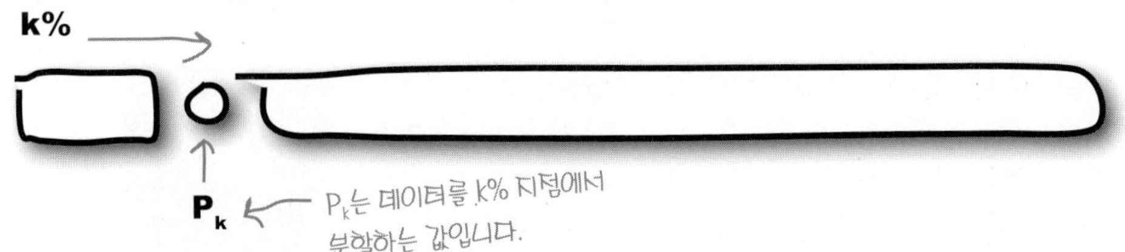

사분위수도 사실은 백분위수의 한 종류입니다. 하한 사분위수는 P_{25}이고, 상한 사분위수는 P_{75}입니다. 중앙값은 P_{50}입니다.

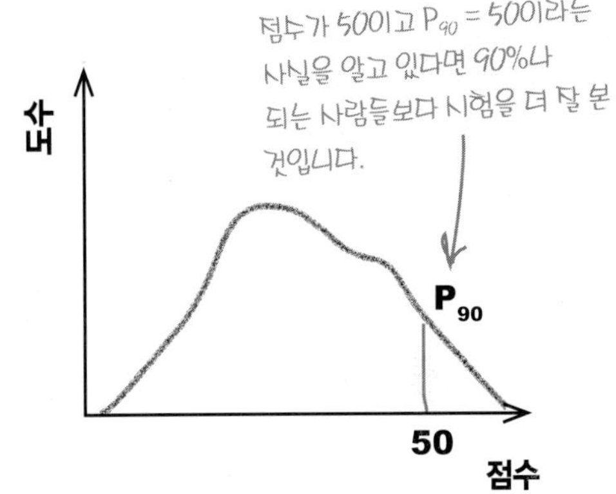

백분위수 사용

백분범위가 흔히 사용되지는 않지만, 백분위수 자체는 벤치마킹을 하거나 등수(rank)나 위치를 정할 때 유용합니다. 백분위수는 어떤 값이 다른 값들에 비해 얼마나 높은지 결정할 때 사용됩니다. 예를 들어 통계학 시험에서 50점을 맞았다고 해 봅시다. 그 말만 들어서는 다른 사람들에 비해 얼마나 잘했는지 알 수 없습니다. 하지만 그 시험에서 90번째 백분위수의 값이 50이라는 말을 들으면 자신보다 시험을 못 본 사람이 90%나 존재한다는 사실을 알 수 있게 됩니다.

백분위수 찾기

백분위수는 사분위수와 비슷한 방법으로 찾을 수 있습니다.

1. 우선 모든 값을 오름차순으로 나열합니다.
2. n개의 숫자 중에서 k번째 백분위수의 위치를 찾으려면 우선 $k\left(\frac{n}{100}\right)$을 계산합니다.
3. 만약 결과가 정수면 백분위수의 위치는 이 정수 위치의 값과 그 다음에 오는 값 사이가 됩니다. 두 수의 평균값을 구하면 백분위수의 위치를 얻을 수 있습니다.
4. 만약 결과가 정수가 아니면 올림을 합니다. 그러면 백분위수의 위치를 얻을 수 있습니다.

예를 들어 125개의 숫자가 있는데 10번째 백분위수를 찾는다고 해 봅시다. 우선 10 × 125 ÷ 100을 계산하면 12.5라는 결과를 얻습니다. 이것을 올림하면 13이므로 10번째 백분위수의 위치는 13이 됩니다.

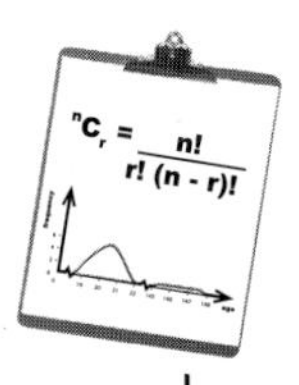

핵심 통계학

백분위수

k번째 백분위수는 데이터를 k% 지점에서 분할하는 값입니다. 다음과 같이 표기합니다.

P_k

상자수염 다이어그램은 범위를 시각화합니다

지금까지는 여러 가지 다른 범위에 대해 살펴보았습니다. 만약 서로 다른 데이터 집합의 범위를 비교할 수 있다면 유용할 것입니다. 다른 종류의 범위를 서로 비교할 수 있도록 시각적으로 표현해 주는 차트가 존재합니다. **상자수염 다이어그램**(box and whisker diagram) 혹은 그냥 **상자그림**(box plot)이라고 불리는 것이 그것입니다.

상자수염 다이어그램은 데이터 집합의 범위, 사분범위, 중앙값을 보여 줍니다. 동일한 차트 위에 하나 이상의 데이터 집합을 표현할 수 있기 때문에 데이터를 서로 비교하는 데 매우 뛰어난 방법입니다.

상자수염 다이어그램을 만들려면 우선 차트의 눈금에 맞춰서 상자를 그립니다. 이때 상자의 왼쪽 면과 오른쪽 면이 표현하고자 하는 데이터의 하한 사분위수와 상한 사분위수에 일치해야 합니다. 그 다음에는 중앙값을 표시하기 위한 선을 상자 내부에 그립니다. 그럼 이 상자는 사분범위를 나타내게 됩니다. 그 다음에는 데이터의 하한과 상한을 나타내기 위해 상자 양쪽에 '수염'을 그립니다. 다음 그림은 135페이지에서 보았던 농구선수의 점수를 상자수염 다이어그램으로 표현한 것입니다.

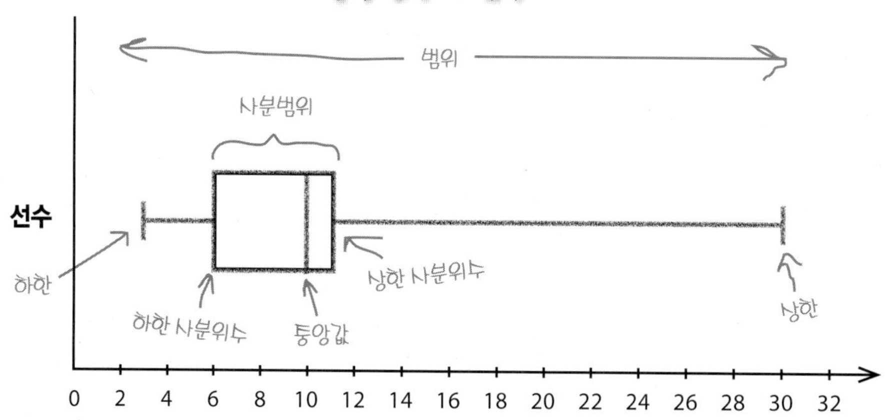

데이터가 이상치를 포함하고 있으면 범위는 넓어집니다. 상자수염 다이어그램에서 수염의 길이는 상한과 하한에 따라 증가합니다. 상자수염 다이어그램에서 수염이 얼마나 긴지 살펴보면 데이터가 얼마나 편향되었는지 알 수 있습니다.

만약 상자수염 다이어그램이 좌우대칭이면 데이터 역시 좌우대칭이라는 사실을 의미합니다.

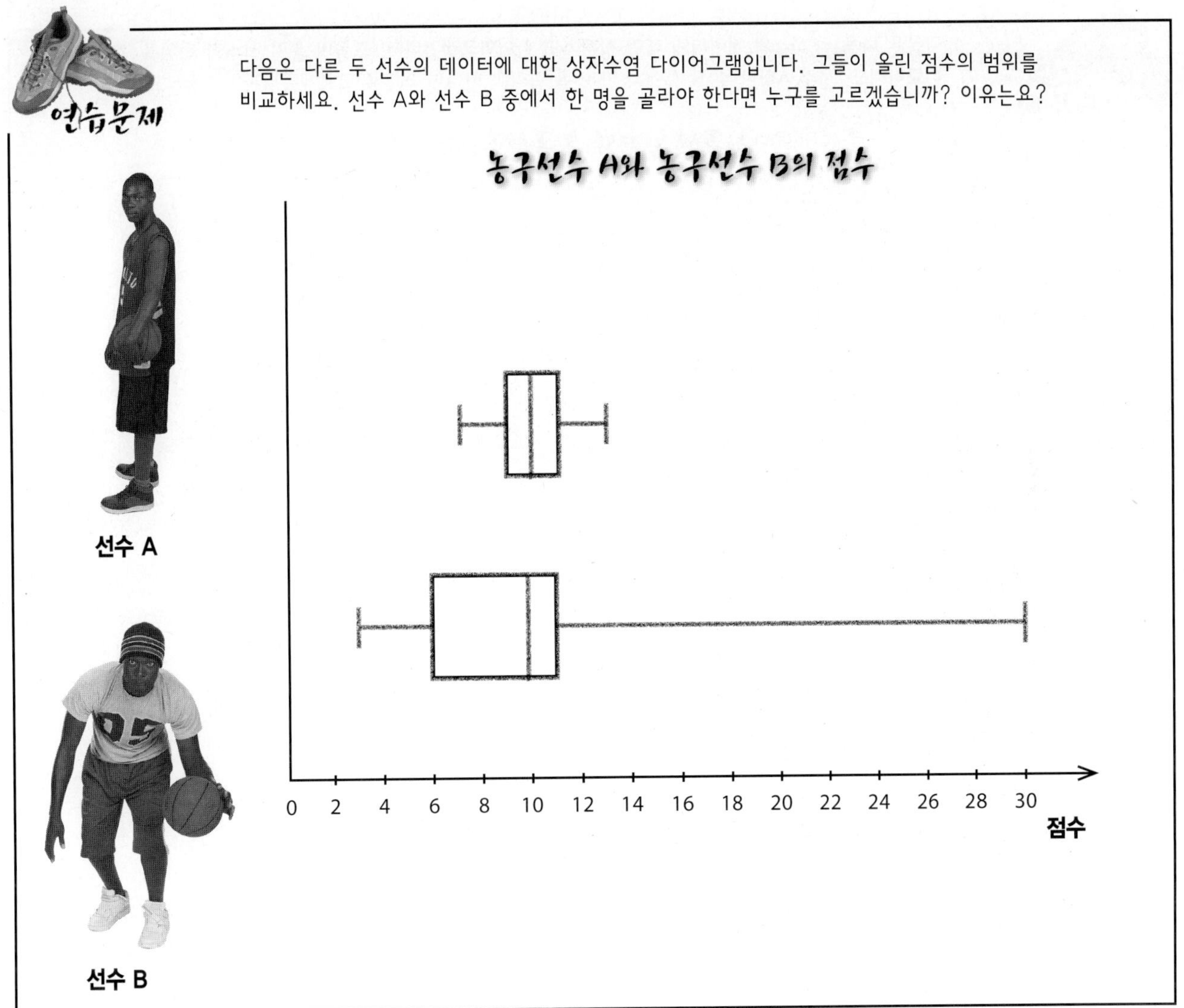

바보 같은 질문이란 없습니다

Q: 전에 분명히 상자수염 다이어그램을 본 적이 있는데, 여기에서 나온 것과 조금 달라 보였던 것 같습니다.

A: 상자수염 다이어그램의 종류는 사실 여러 가지가 있습니다. 어떤 것은 일부러 수염을 짧게 그리기도 하고, 수염을 확장해서 이상치를 점이나 별로 나타내기도 합니다. 이렇게 하면 이상치가 얼마나 많은지, 그들의 값이 얼마나 어긋나 있는지 쉽게 나타낼 수 있습니다. 또한 어떤 다이어그램은 평균값을 점으로 나타내서 그것이 중앙값에 비해 어디에 있는지 보여 주기도 합니다. 통계학 수업을 받게 된다면 수업에서 어떤 종류의 상자수염 다이어그램을 사용하는지 알아둘 필요가 있습니다.

Q: 평균값을 점으로 표시할 때 중앙값보다 왼쪽에 찍습니까 아니면 오른쪽에 찍습니까?

A: 데이터가 오른쪽으로 편향되어 있으면 평균값은 중앙값의 오른쪽에 존재할 것입니다. 따라서 오른쪽 수염이 왼쪽 수염보다 더 깁니다. 만약 데이터가 왼쪽으로 편향되었으면 평균값은 중앙값의 왼쪽에 나타나고 왼쪽 수염이 더 깁니다.

연습문제 정답

다음은 다른 두 선수의 데이터에 대한 상자수염 다이어그램입니다. 그들이 올린 점수의 범위를 비교하세요. 선수 A와 선수 B 중에서 한 명을 골라야 한다면 누구를 고르겠습니까? 이유는요?

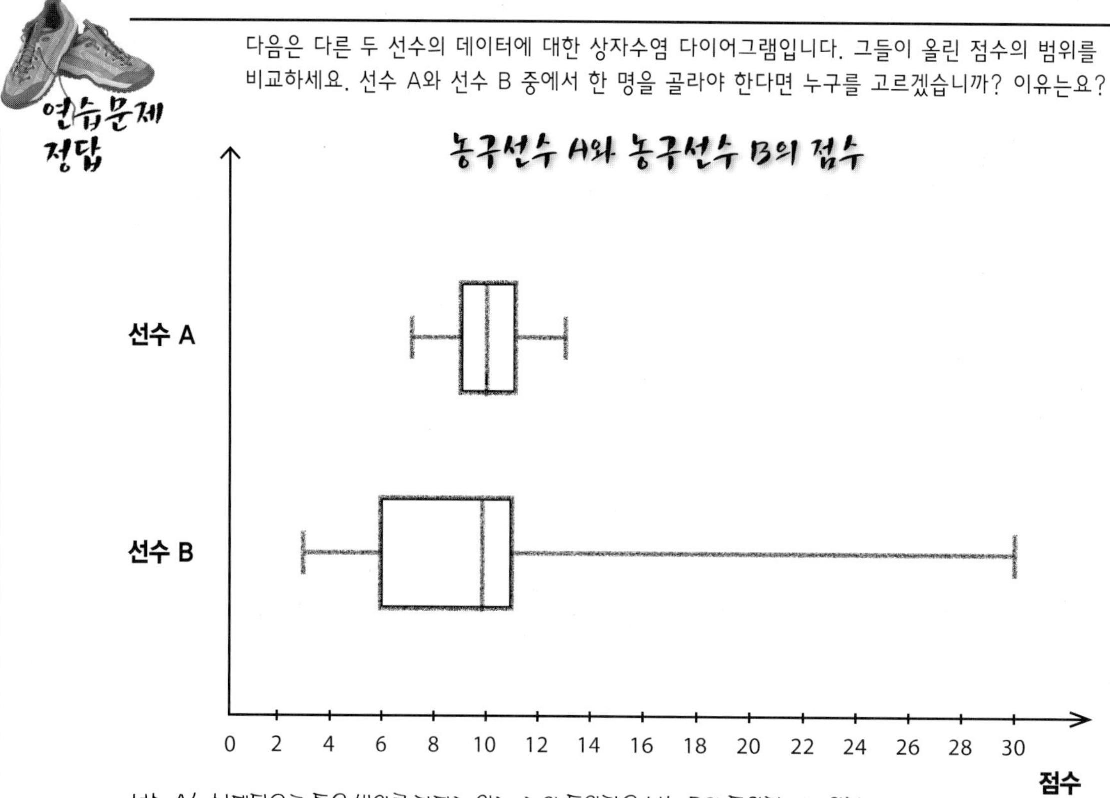

선수 A는 상대적으로 좁은 범위를 가지고 있고, 그의 중앙값은 선수 B의 중앙값보다 약간 높습니다.

선수 B는 넓은 범위를 가지고 있습니다. 이 선수는 선수 A에 비해 때로는 훨씬 높은 점수를 득점했지만, 다른 경우에는 훨씬 낮은 점수를 기록했습니다.

선수 A가 더 일관성 있고, 대부분의 경우에 (중앙값과 사분범위를 비교해 보면) 선수 B보다 더 높은 점수를 기록했습니다. 따라서 선수 A를 고를 것입니다.

핵심정리

- **백분위수**는 데이터를 퍼센트로 나눕니다. 벤치마킹을 할 때 유용합니다.
- k번째 백분위수는 데이터를 k% 위치에서 분할합니다. P_k로 표기합니다.
- **백분범위**는 사분범위와 비슷한데, 두 개의 백분위수 사이에 존재하는 범위입니다.
- **상자수염 다이어그램** 혹은 박스그림은 차트 위에서 범위나 사분범위를 나타내는 유용한 방법입니다. 상자는 사분위수와 사분범위의 위치를 나타내고, 수염은 상한과 하한을 나타냅니다. 동일한 차트 위에 하나 이상의 데이터 집합이 나타날 수 있기 때문에 비교를 할 때 매우 유용합니다.

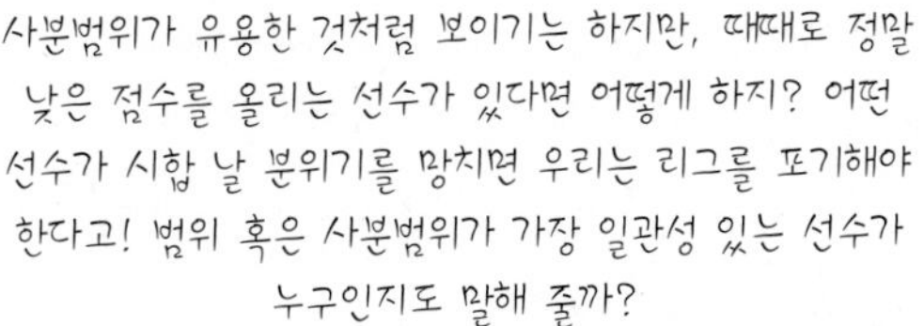

감독은 단순히 선수들 점수의 범위를 비교하는 것만으로는 충분하지 않습니다. 시합 날 진짜 믿을 수 있는 선수를 판별하기 위해서는 값들이 놓여 있는 모습을 더 정확하게 측정할 수 있는 방법이 필요합니다. 다시 말해, 점수가 가장 적게 변화하는 선수를 찾아낼 필요가 있는 것입니다.

범위와 사분범위가 가진 문제점은 그들이 높은 값과 낮은 값에 대해서만 이야기해 준다는 것입니다. 그들이 말해 주지 않는 것은 바로 선수가 얼마나 자주 그러한 높은 점수나 낮은 점수를 올리는지, 아니면 가운데에 있는 값에 가까운 점수를 올리는지 여부입니다. 감독에게는 그런 사실이 중요합니다.

감독은 그가 믿을 수 있는 선수들로 이루어진 팀이 필요합니다. 어느 날은 잘하고 어느 날은 못하는 선수는 필요 없습니다.

감독이 필요한 결정을 내릴 수 있도록 하기 위해 어떻게 그를 도울 수 있을까요?

어떻게 하면 변이를 좀 더 정확하게 측정할 수 있을까요?

변이는 단순한 분포 그 이상입니다

우리는 단순히 점수가 분포되어 있는 양상을 알려고 하는 것이 아닙니다. 어느 선수가 얼마나 안정적인지 파악할 수 있는 방법이 필요합니다. 다시 말해, 선수가 올린 점수의 변이를 측정할 수 있기를 원하는 것입니다.

그렇게 하는 방법 중 하나는 각각의 값이 평균값으로부터 얼마나 멀리 떨어져 있는지 확인하는 것입니다. 만약 값들이 평균값으로부터 떨어져 있는 거리의 평균을 계산할 수 있다면, 변이와 분포를 측정할 수 있습니다. 결과값이 작을수록 값들은 평균값에 근접해 있는 것입니다. 다음을 보세요.

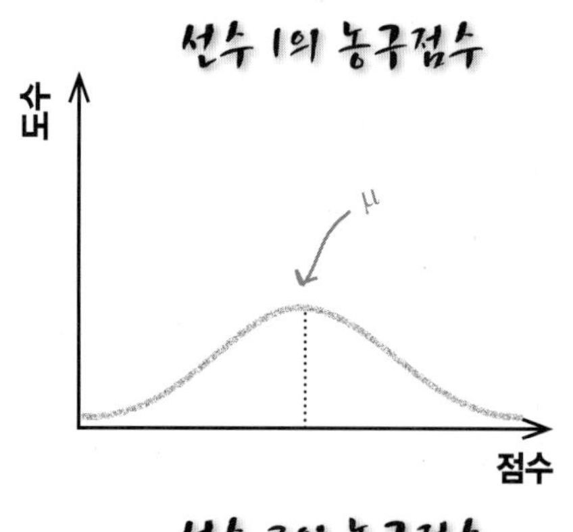

여기에 있는 값들은 평균값으로부터 상당히 멀리 떨어져서 분포되어 있습니다. 만약 감독이 이 선수를 선발한다면 시합 당일에 어떤 모습을 보여 줄지 예상하기 어렵습니다. 컨디션이 좋으면 아주 훌륭한 모습을 보일 것이고, 그렇지 않으면 형편없는 점수를 기록해서 시합을 지게 만들 것입니다.

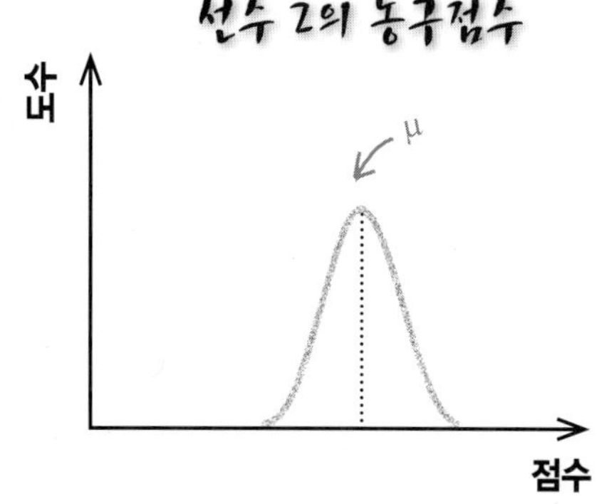

두 번째 데이터 집합의 값들은 평균값에 훨씬 더 가깝고 변화가 적습니다. 만약 감독이 이 선수를 기용하면 시합에서 어떤 모습을 보여줄지 어느 정도 예측할 수 있습니다.

그럼 평균값으로부터의 평균거리만 구하면 되는 건가?

자세히 살펴보도록 합시다.

평균거리 계산하기

1, 2, 9라는 세 개의 숫자가 있다고 합시다. 평균값은 4입니다. 이 값들이 평균값으로부터 떨어져 있는 거리의 평균을 구하려면 어떻게 해야 할까요?

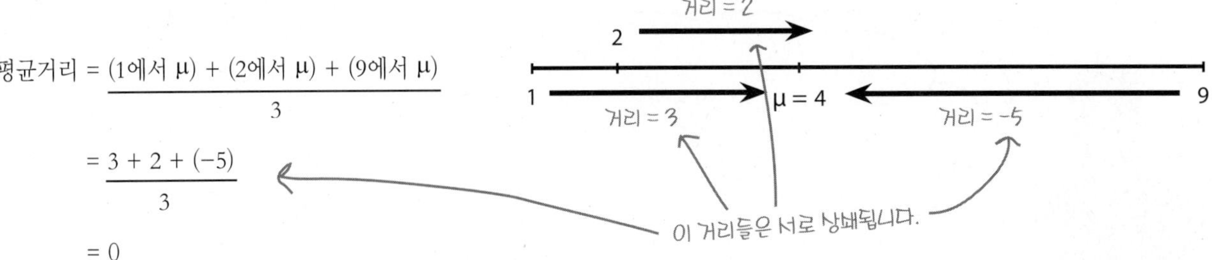

$$평균거리 = \frac{(1에서\ \mu) + (2에서\ \mu) + (9에서\ \mu)}{3}$$

$$= \frac{3 + 2 + (-5)}{3}$$

$$= 0$$

평균값으로부터 떨어져 있는 값들의 평균거리는 언제나 0입니다. 양수와 음수가 서로 상쇄하기 때문이죠. 그럼 어떻게 해야 할까요?

바보 같은 질문이란 없습니다

Q: 위 공식에서 왜 −5라는 값을 사용하죠? 거리는 그냥 5일 거라고 생각했는데 말이죠. 왜 음수를 쓰는 겁니까?

A: 9에서 μ에 이르는 거리는 μ가 9보다 작기 때문에 음수입니다. 1과 2는 모두 μ보다 작으므로 이 경우에는 거리가 양수입니다. 그렇기 때문에 거리가 서로 상쇄됩니다.

Q: 그냥 양수로 거리를 따진 다음에 그들의 평균을 구하면 되지 않을까요?

A: 그럴 듯하지만 실제로 통계학자들은 그렇게 하지 않습니다. 그렇게 하는 방법 말고도 거리가 서로 상쇄되지 않도록 만드는 방법도 있는데, 뒤에서 곧 보게 될 것입니다. 이 방법도 대표적인 값들이 평균값에 얼마나 가까운지 결정하는 데 사용되는 방법이며 통계학에서 매우 많이 사용되므로 이 책의 나머지 내용에서 자주 보게 될 것입니다.

Q: 모든 값에 대한 거리가 서로 상쇄하지는 않을 것 같아요. 운이 나빴던 것 같아요.

A: 어떤 값들을 선택하더라도 평균값으로부터의 거리를 모두 계산하면 전부 상쇄됩니다.

수의 그룹을 선택하고, 그들의 평균값을 구하고, 평균값과 값들 사이의 거리를 모두 더하면, 결과는 언제나 0이 됩니다.

Q: 점수가 얼마나 안정적인지 살펴보기 위해서는 그냥 사분범위를 사용하면 되지 않나요?

A: 사분범위는 데이터의 분포를 측정하기 위해 데이터의 일부를 사용하는 방법입니다. 만약 어느 선수가 매우 나쁜 점수를 기록했다면 점수는 사분범위에 포함되지 않습니다. 안정성과 일관성을 측정하려면 모든 점수를 고려해야 합니다.

Q: 범위는 모든 점수를 고려하잖아요. 그럼 범위를 사용하면 되겠네요?

A: 범위는 단지 최상위 값과 최하위 값의 차이를 설명하는 데만 유용합니다. 앞에서 보았듯이 값들이 실제로 분포되어 있는 방식을 설명해 주지는 않습니다. 이러한 설명은 뭔가 다른 방법을 요구합니다.

평균값으로부터의 양수 거리와 음수 거리는 서로 상쇄됩니다.

분산을 이용하면 변동을 계산할 수 있습니다...

평균값으로부터 떨어져 있는 값들의 평균거리를 구하되, 거리가 서로 상쇄되지 않도록 하는 방법이 필요합니다.

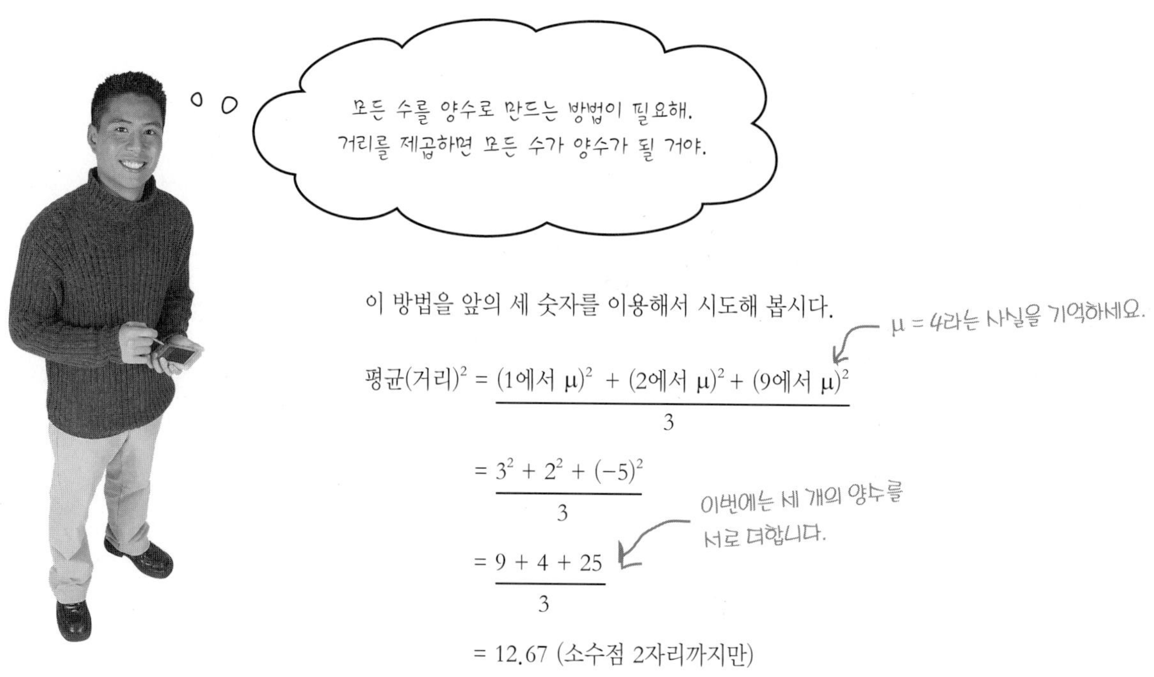

이 방법을 앞의 세 숫자를 이용해서 시도해 봅시다.

$$\text{평균(거리)}^2 = \frac{(1\text{에서 } \mu)^2 + (2\text{에서 } \mu)^2 + (9\text{에서 } \mu)^2}{3}$$

$$= \frac{3^2 + 2^2 + (-5)^2}{3}$$

$$= \frac{9 + 4 + 25}{3}$$

= 12.67 (소수점 2자리까지만)

이번에는 거리가 서로 상쇄되지 않기 때문에 뭔가 의미 있는 수를 얻었습니다. 평균값으로부터의 거리를 제곱해서 음수가 없도록 만들었기 때문입니다. 이 수들을 모두 더하면 언제나 음수가 아닌 값을 얻게 됩니다.

분포를 이렇게 측정하는 방법을 **분산**(variance)이라고 하는데, 어떤 데이터 집합의 분포를 설명할 때 매우 흔히 사용되는 방법입니다. 일반적인 공식은 다음과 같습니다.

분산은 평균값으로부터의 거리를 제곱해서 평균을 구한 값입니다.

$$\text{분산} = \frac{\sum(x - \mu)^2}{n}$$

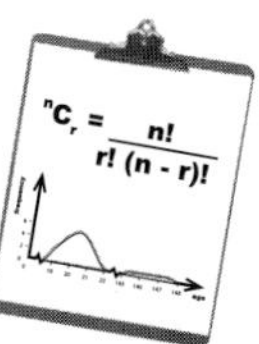

핵심 통계학

분산

분산은 분포를 측정하는 방법입니다. 분산은 평균값으로부터의 거리를 제곱해서 평균을 구한 값입니다.

$$\frac{\sum(x - \mu)^2}{n}$$

...하지만 표준편차가 더 직관적인 측정방법입니다

통계학자들은 데이터의 분포를 측정하기 위해 분산을 자주 이용합니다. 분산은 모든 데이터 값을 이용해서 계산하므로 유용하며, 값들과 평균값 사이의 거리를 제곱해서 구한 평균으로 생각될 수 있습니다.

하지만 내가 왜 거리를 제곱해야 한다는 사실을 알아야 하지? 그건 별로 직관적이지 않아. 다른 방법은 없을까?

우리가 정말 필요한 것은 평균값으로부터의 거리를 제곱한 것이 아니라 그냥 거리 자체가 분포되어 있는 양상을 알려 주는 수입니다.

분산이 가진 문제점은 거리를 제곱한 값들이 분포되어 있는 모습을 머리 속에 생각하기가 쉽지 않다는 것입니다.

이러한 문제를 해결하기 위한 쉬운 방법이 있습니다. 분산에 제곱근을 씌우기만 하면 됩니다. 이것을 **표준편차**라고 합니다.

앞에서 다루었던 수들을 가지고 표준편차를 구해 봅시다. 분산이 12.67이었으므로

$$\text{표준편차} = \sqrt{12.67}$$
$$= 3.56 \text{ (소수점 2자리까지)}$$

다시 말해, 일반적인 값들은 평균값으로부터 3.56만큼 떨어져 있습니다.

표준편차 요령

표준편차가 값들이 평균값으로부터 떨어져 있는 정도를 나타내고 있음을 살펴보았습니다. 표준편차가 작을수록 값들은 평균값에 더 가깝습니다. 표준편차의 가장 작은 값은 0입니다.

평균값과 마찬가지로 표준편차는 σ라는 특별한 기호를 가지고 있습니다. 이것은 그리스 문자 시그마의 소문자 표기입니다. (우리는 2장에서 총합을 의미하는 대문자 시그마 Σ를 이미 보았습니다.)

σ를 구하려면 우선 분산을 계산합니다. 그 다음에 제곱근을 씌웁니다.

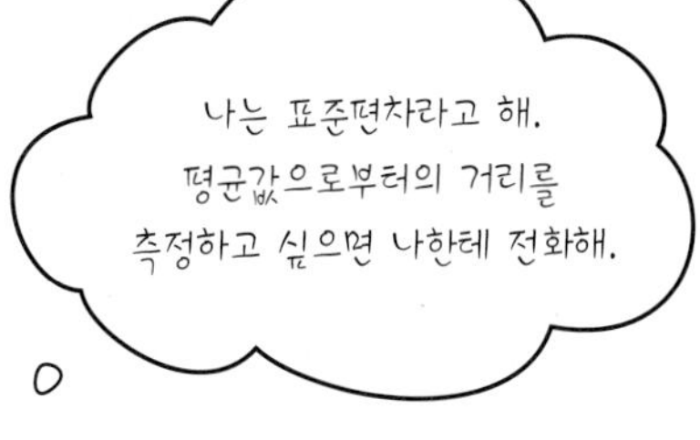

$$\sigma = \sqrt{\text{분산}}$$

$$\updownarrow$$

$$\sigma^2 = \text{분산}$$

표준편차를 파헤치다

금주의 인터뷰: 표준편차 측정하기

헤드 퍼스트: 이봐요, 표준편차 씨, 만나서 반갑습니다.

표준편차: 반가워요, 헤드 퍼스트 씨.

헤드 퍼스트: 우선 당신이 누구인지, 무엇을 하는지 설명해 주시겠어요?

표준편차: 나는 데이터의 분포를 측정하지요. 평균값은 데이터의 중심에 어느 값이 있는지 설명해 주는 데 있어 뛰어난 실력을 가지고 있지만, 그것만으로는 부족하죠. 그래서 평균값은 전체 그림을 설명하기 위해 도움을 필요로 합니다. 바로 그 지점에서 내가 나서죠. 평균값은 평균적인 값에 대해서 말하고, 나는 값들이 어떻게 변동하는지 말하죠.

헤드 퍼스트: 무례한 질문일지 모르지만, 우리가 왜 값들이 변동하는 방식에 대해 염려를 해야 하죠? 그게 중요한 건가요? 그냥 평균값만 알면 충분하지 않나요?

표준편차: 질문 하나 할게요. 식당에서 스테이크를 주문했는데 반은 탔고 반은 익지도 않았다면 어떤 기분이 듭니까?

헤드 퍼스트: 아마 기분이 나쁘겠죠, 배도 고프고, 어쩌면 식당을 고소할지도 몰라요. 그런데 왜 그런 걸 묻죠?

표준편차: 평균값에 따르면 당신의 스테이크는 완벽한 온도에서 조리되었다고 봐야 할 겁니다. 하지만 그건 사태를 제대로 짚은 것이 아니란 것이죠. 당신이 알아야 할 것은 변동입니다. 바로 거기에서 내가 도울 수 있어요. 평균값이 생각하는 전형적인 값을 본 다음에 다른 값들이 그 값에 비해 어떻게 변하고 있는지 말해 주는 것이죠.

헤드 퍼스트: 알겠어요. 평균값은 평균을 제공하고, 당신은 분포를 담당한다 이거죠. 그렇지만 어떻게 그렇게 하죠?

표준편차: 아주 쉬워요. 나는 그저 값들이 평균값으로부터 떨어져 있는 거리에 대한 평균을 말해 줄 뿐입니다. 어떤 값들의 집합에서 표준편차가 3cm였다고 합시다. 그것은 곧 값들이 평균적으로 평균값으로부터 3cm 정도 떨어져 있다고 말하는 것과 같아요. 이것보다는 좀 더 복잡하지만 아무튼 이런 식으로 생각하면 크게 틀린 건 아니죠.

헤드 퍼스트: 숫자에 대해 말하자면, 표준편차 씨, 당신의 값이 클 때와 작을 때 언제가 좋은 겁니까?

표준편차: 그거야 당신이 나를 어떻게 사용하느냐에 달려 있죠. 기계의 부품을 제작하는 경우라면 모든 부품의 크기가 같아야 할 테니 내 값이 작기를 바라겠죠. 하지만 어느 커다란 회사의 월급을 다루는 경우라면 내 값은 자연스럽게 커지게 될 겁니다.

헤드 퍼스트: 그렇군요. 그런데 당신은 분산하고 무슨 관련이 있습니까?

표준편차: 나한테 그걸 묻다니 재미있군요. 분산은 나의 또 다른 자아예요. 나를 제곱해 보세요. 그럼 내가 곧 분산이 됩니다. 분산에 제곱근을 씌워 보세요. 그럼 다시 내가 됩니다. 그와 나는 클락 켄트와 슈퍼맨으로 보면 됩니다. 하지만 망토는 없어요.

헤드 퍼스트: 하나만 더 묻겠습니다. 당신은 평균값보다 뒤처진다는 느낌을 받지 않나요? 당신보다 그가 더 많은 주목을 받는 것이 사실이잖아요.

표준편차: 그런 느낌은 전혀 없어요. 그와 나는 좋은 친구이고, 우리는 서로를 지지합니다. 게다가 그런 식의 느낌은 나를 부정적(negative)으로 만듭니다. 하지만 나는 절대로 음수(negative)가 되지 않는다는 사실을 잊지 마세요.

헤드 퍼스트: 표준편차 씨, 시간을 내주셔서 감사합니다.

표준편차: 고맙습니다.

표준편차를 연습해 볼 시간입니다. 아래와 같은 수의 집합에 대해 평균값과 표준편차를 구하세요.

1 2 3 4 5 6 7

1 2 3 4 5 6

표준편차를 연습해 볼 시간입니다. 아래와 같은 수의 집합에 대해 평균값과 표준편차를 구하세요.

1 2 3 4 5 6 7

평균값부터 구해 보도록 합시다.

$$\mu = \frac{1+2+3+4+5+6+7}{7} = \frac{28}{7} = 4$$

$$분산 = \frac{(1-4)^2+(2-4)^2+(3-4)^2+(4-4)^2+(5-4)^2+(6-4)^2+(7-4)^2}{7}$$

$$= \frac{3^2+2^2+1^2+0^2+(-1)^2+(-2)^2+(-3)^2}{7}$$

$$= \frac{9+4+1+0+1+4+9}{7}$$

$$= \frac{28}{7}$$

$$= 4 \qquad \sigma = \sqrt{4} = 2$$

1 2 3 4 5 6

$$\mu = \frac{1+2+3+4+5+6}{6} = \frac{21}{6} = 3.5$$

$$분산 = \frac{(1-3.5)^2+(2-3.5)^2+(3-3.5)^2+(4-3.5)^2+(5-3.5)^2+(6-3.5)^2}{6}$$

$$= \frac{2.5^2+1.5^2+0.5^2+(-0.5)^2+(-1.5)^2+(-2.5)^2}{6}$$

$$= \frac{6.25+2.25+0.25+0.25+2.25+6.25}{6}$$

$$= \frac{17.5}{6}$$

$= 2.92$ (소수점 2자리까지) $\qquad \sigma = \sqrt{2.92}$

$= 1.71$ (소수점 2자리까지)

표준편차 계산은 매우 복잡해지기 쉽습니다.

표준편차를 찾으려면 우선 분산을 계산하고, 모든 값 x에 대해 $(x - \mu)^2$을 계산해야 합니다.

하지만 분산을 계산하는 훨씬 더 간단한 공식이 있습니다. 결과는 동일합니다. 공식은 다음 페이지에 있지만, 수영장에 빠진 편차(deviation)를 구조할 필요가 있습니다.

수영장 퍼즐

분산을 편리하게 계산하는 방법이 있습니다. 그게 뭘까요? 당신이 **할 일**은 수영장에 빠진 공식의 조각들을 구조해서 아래 공식에서 전개 과정의 빈 칸에 넣는 것입니다. 각각의 조각은 **단 한 번**만 사용할 수 있으며, 구조한 조각을 모두 사용할 필요는 없습니다. **목표**는 빈 칸을 모두 채워서 전개 과정을 완성하는 것입니다.

팁 - 힌트입니다. 이 공식을 기억하세요. $\frac{\Sigma x}{n} = \mu$.

$$\frac{\Sigma(x-\mu)^2}{n} = \frac{\Sigma(x-\mu)(x-\mu)}{n}$$

$$= \frac{\Sigma(x^2 \;\ldots\ldots\ldots\ldots\; + \mu^2)}{n}$$

$$= \frac{\Sigma x^2}{n} - \frac{2\mu\,\Sigma x}{n} + \frac{\ldots\ldots}{n}$$

$$= \frac{\ldots\ldots}{\ldots\ldots} - 2\mu\,\ldots\ldots + \frac{n\mu^2}{n}$$

$$= \frac{\Sigma x^2}{n} - \mu^2$$

여기서 시작해서...

여기에 도달할 수 있는지 봅니다.

주의: 물에 빠진 조각들은 단 한 번만 사용할 수 있습니다!

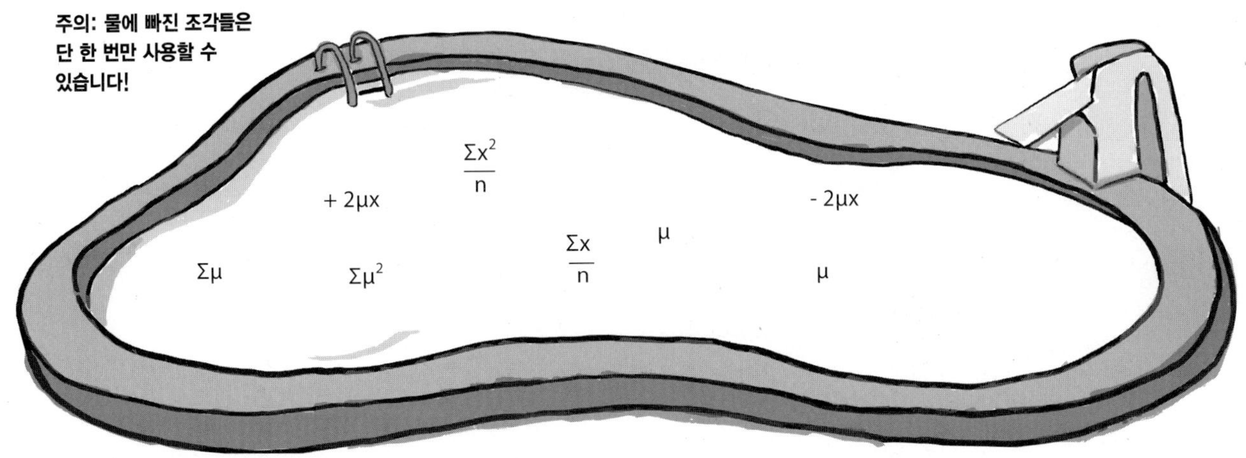

수영장 퍼즐 정답

분산을 편리하게 계산하는 방법이 있습니다. 그게 뭘까요? 당신이 **할 일**은 수영장에 빠진 공식의 조각들을 구조해서 아래 공식에서 전개 과정의 빈 칸에 넣는 것입니다. 각각의 조각은 **단 한 번**만 사용할 수 있으며, 구조한 조각을 모두 사용할 필요는 없습니다. **목표**는 빈 칸을 모두 채워서 전개 과정을 완성하는 것입니다.

$$\frac{\Sigma(x-\mu)^2}{n} = \frac{\Sigma(x-\mu)(x-\mu)}{n}$$

$$= \frac{\Sigma(x^2 - 2\mu x + \mu^2)}{n}$$

$$= \frac{\Sigma x^2}{n} - \frac{2\mu\,\Sigma x}{n} + \frac{\Sigma\mu^2}{n}$$

이런 것이 n개 있습니다.

$$= \frac{\Sigma x^2}{n} - 2\mu\,\mu + \frac{n\mu^2}{n}$$

여기에 있는 n들은 서로를 상쇄합니다.

$$= \frac{\Sigma x^2}{n} - \mu^2$$

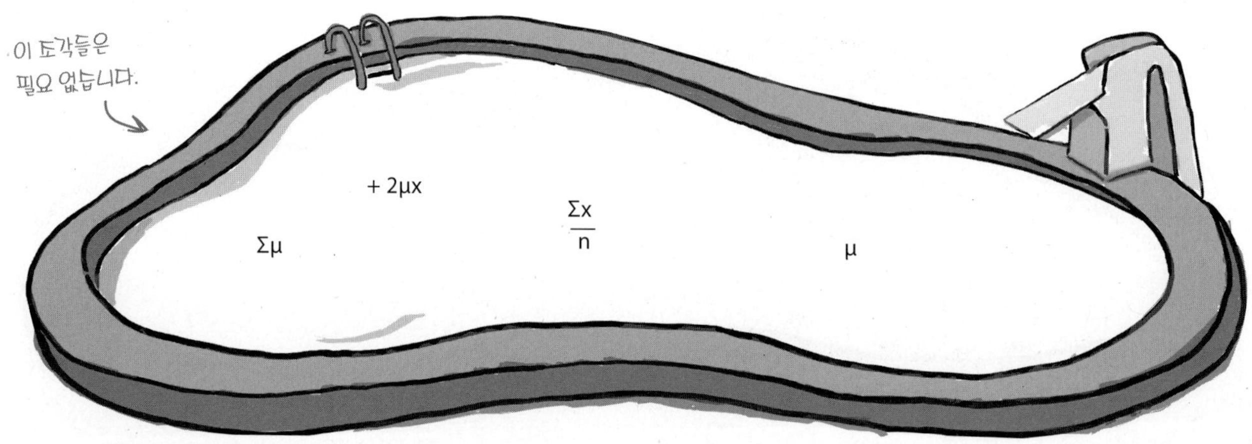

분산을 빠르게 계산하는 방법

지금까지 본 것과 같이 표준편차는 분포를 측정하는 좋은 방법입니다. 하지만 계산에 필요한 분산을 빨리 계산하는 것은 쉽지 않습니다. 각각의 x에 대해 $(x - \mu)^2$을 계산하는 것은 어렵습니다. 다뤄야 하는 값이 많아질수록 실수를 저지를 가능성은 높아집니다. 특히 μ가 소수점 아래로 긴 수일 경우에는 더 그렇습니다.

분산을 더 빠르게 계산하는 방법은 다음과 같습니다.

$$\text{분산} = \frac{\sum x^2}{n} - \mu^2$$

이 방법의 장점은 더 이상 $(x - \mu)^2$을 계산하지 않아도 된다는 것입니다. 이 말은 곧 실전에서 계산을 수행하는 것이 더 간편해진다는 것이고, 따라서 실수를 저지를 가능성도 줄어듭니다.

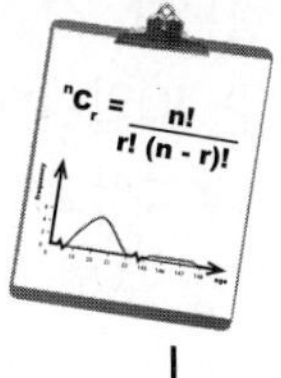

핵심 통계학

분산

다음은 분산을 더 빠르게 계산하는 공식입니다.

$$\frac{\sum x^2}{n} - \mu^2$$

바보 같은 질문이란 없습니다

Q: 그럼 분산을 구하는 공식 중에서 어느 것을 사용해야 하나요?

A: 계산을 직접 수행하는 경우에는 두 번째 공식을 사용하는 것이 더 빠릅니다.

$$\frac{\sum x^2}{n} - \mu^2$$

특히 소수점 아래 수가 길 경우에는 이 공식이 더 중요합니다.

Q: 이 공식을 사용하는 경우에는 표준편차를 어떻게 구해야 하나요?

A: 앞서의 방법과 완전히 동일합니다. 분산에 제곱근을 씌우면 표준편차를 얻을 수 있습니다.

Q: 표준편차를 알면 분산을 구할 수 있나요?

A: 그렇습니다. 표준편차는 분산의 제곱근이므로 표준편차를 제곱하면 분산을 얻을 수 있습니다. 표준편차로부터 분산을 구하려면 그냥 표준편차를 제곱하면 됩니다.

Q: 표준편차는 정말 헷갈리는군요. 다시 한 번 말씀해 주세요.

A: 표준편차는 분포를 측정하는 방법의 하나입니다. 값들이 평균값으로부터 떨어져 있는 정도를 설명해 줍니다.

표준편차가 높으면 값들이 평균값으로부터 멀리 떨어져 있다는 뜻이고, 표준편차가 낮으면 가깝다는 뜻입니다.

Q: 표준편차가 0이 될 수도 있나요?

A: 물론입니다. 만약 모든 값이 동일하다면 표준편차는 0이 됩니다. 다시 말해, 각각의 값이 평균값으로부터 0만큼 떨어져 있으면 표준편차는 0입니다.

Q: 표준편차가 측정되는 단위는 뭐지요?

A: 주어진 데이터와 동일한 단위를 이용해서 측정됩니다. 데이터의 측정단위가 센티미터이고 표준편차가 1이면, 값들이 평균값으로부터 대개 1센티미터만큼 떨어져 있다는 뜻이 됩니다.

Q: 분산을 구할 때 n으로 나누는 대신 (n – 1)로 나누는 공식을 본 적이 있는 것 같아요. 그 공식은 틀린 건가요?

A: 틀리지 않았습니다. 하지만 그런 공식은 데이터의 표본을 이용할 때 사용하는 공식입니다. 이 책의 뒤에서 표본에 대해 이야기할 때 자세히 설명하도록 하겠습니다.

감독이 되어 봅시다

다음은 세 선수의 점수입니다. 각 선수가 올린 평균값은 10입니다. 당신이 감독이라고 생각하고, 각 선수의 표준편차를 구해 보세요. 세 선수 중에서 누가 팀을 위해 가장 안정적인 실력을 가지고 있을까요?

선수 1

점수	7	9	10	11	13
도수	1	2	4	2	1

선수 2

점수	7	8	9	10	11	12	13
도수	1	1	2	2	2	1	1

선수 3

점수	3	6	7	10	11	13	30
도수	2	1	2	3	1	1	1

스타버즈 커피전문점의 관대한 CEO는 모든 직원의 연봉을 인상해 주려고 합니다. 그는 아직 연봉을 2,000불씩 올려 주어야 할지 아니면 연봉의 10%씩을 올려 주어야 할지 결정하지 않았습니다.

a) 만약 스타버즈 커피전문점 모든 직원의 연봉을 2,000불씩 올려 주면 표준편차는 어떻게 변할까요?

b) 만약 스타버즈 커피전문점 모든 직원의 연봉을 10%씩 올려주면 표준편차는 어떻게 변할까요?

감독이 되어 봅시다 정답

다음은 세 선수의 점수입니다. 각 선수가 올린 평균값은 10입니다. 당신이 감독이라고 생각하고, 각 선수의 표준편차를 구해 보세요. 세 선수 중에서 누가 팀을 위해 가장 안정적인 실력을 가지고 있을까요?

선수 1

점수	7	9	10	11	13
도수	1	2	4	2	1

$$\text{분산} = \frac{7^2 + 2(9^2) + 4(10^2) + 2(11^2) + 13^2}{10} - 100$$

$$= \frac{49 + 162 + 400 + 242 + 169}{10} - 100$$

$$= 2.2$$

$$\text{표준편차} = \sqrt{2.2} = 1.48$$

선수 2

점수	7	8	9	10	11	12	13
도수	1	1	2	2	2	1	1

$$\text{분산} = \frac{7^2 + 8^2 + 2(9^2) + 2(10^2) + 2(11^2) + 12^2 + 13^2}{10} - 100$$

$$= \frac{49 + 64 + 162 + 200 + 242 + 144 + 169}{10} - 100$$

$$= 3$$

$$\text{표준편차} = \sqrt{3} = 1.73$$

선수 3

점수	3	6	7	10	11	13	30
도수	2	1	2	3	1	1	1

$$\text{분산} = \frac{2(3^2) + 6^2 + 2(7^2) + 3(10^2) + 11^2 + 13^2 + 30^2}{11} - 100$$

$$= \frac{18 + 36 + 98 + 300 + 121 + 169 + 900}{11} - 100$$

$$= 49.27$$

$$\text{표준편차} = \sqrt{49.27} = 7.02$$

선수 1과 선수 2는 둘 다 표준편차가 작습니다. 따라서 그들의 점수는 평균값 근처에 몰려 있습니다. 하지만 선수 3의 표준편차는 7.02로 대부분의 점수가 평균값으로부터 그만큼 떨어져 있습니다. 따라서 선수 1이 가장 안정적이고 선수 3이 제일 불안정합니다.

스타버즈 커피전문점의 관대한 CEO는 모든 직원의 연봉을 인상해 주려고 합니다. 그는 아직 연봉을 2,000불씩 올려 주어야 할지 아니면 연봉의 10%씩을 올려 주어야 할지 결정하지 않았습니다.

a) 만약 스타버즈 커피전문점 모든 직원의 연봉을 2,000불씩 올려 주면 표준편차는 어떻게 변할까요?

모든 값이 실질적으로 똑같이 상승하고 옆으로 움직이므로 표준편차는 변하지 않습니다

$$\text{표준편차} = \sqrt{\frac{\sum((x+2000)-(\mu+2000))^2}{n}}$$

$$= \sqrt{\frac{\sum(x+2000-\mu-2000)^2}{n}}$$

$$= \sqrt{\frac{\sum(x-\mu)^2}{n}}$$

= 원래 표준편차

b) 만약 스타버즈 커피전문점 모든 직원의 연봉을 10%씩 올려주면 표준편차는 어떻게 변할까요?

값이 110%, 즉 1.1배 늘어나므로 표준편차도 그만큼 증가합니다.

$$\text{표준편차} = \sqrt{\frac{\sum((1.1x)-(1.1\mu))^2}{n}}$$

$$= \sqrt{\frac{\sum 1.1^2(x-\mu)^2}{n}}$$

$$= 1.1\sqrt{\frac{\sum(x-\mu)^2}{n}}$$

= 원래 표준편차의 1.1배

비교를 하기 위한 기준이 필요하면 어떻게 하죠?

우리는 데이터 집합의 값들이 어떻게 변화하는지 측정하기 위해 표준편차를 사용하는 방법을 살펴보았습니다. 그리고 통계마을 올스타 팀을 위해 가장 안정적인 선수가 누구인지 확인해 보았습니다. 표준편차는 이것 말고도 다른 효용이 있습니다.

서로 능력이 다른 두 명의 농구선수가 있다고 해 봅시다. 첫 번째 선수는 슛을 하면 70% 정도 공을 네트에 집어넣고, 표준편차는 20%입니다. 두 번째 선수는 평균값이 40%이고, 표준편차는 10%입니다.

어느 날 연습시합을 가졌는데 첫 번째 선수는 슛의 75%를 네트에 넣었고, 두 번째 선수는 55%를 성공시켰습니다. 그들의 평상시 기록에 비추어 보았을 때 누가 평소보다 더 잘한 것일까요?

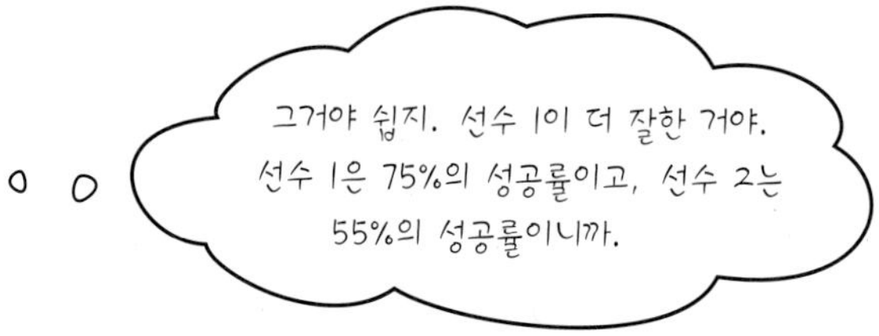

그거야 쉽지. 선수 1이 더 잘한 거야. 선수 1은 75%의 성공률이고, 선수 2는 55%의 성공률이니까.

단순히 퍼센트 값만 가지고는 전체 그림을 파악할 수 없습니다.

75%는 높은 퍼센트인 것처럼 들리지만 그것만으로는 각 선수의 평균값과 표준편차가 고려되지 않았기 때문에 불충분합니다. 두 선수 모두 자신의 개인적인 평균값보다 더 높은 득점을 올렸는데, 문제는 누가 평상시에 비해 더 잘했는지 판단하는 것입니다. 두 선수를 어떻게 비교할 수 있을까요?

두 선수는 서로 다른 평균값과 표준편차를 가지고 있습니다. 그렇다면 서로 다른 개인적인 성과를 어떻게 비교할 수 있을까요?

선수 1

$\mu = 70$, 75, $\sigma = 20$, 퍼센트

선수 2

$\mu = 40$, 55, $\sigma = 10$, 퍼센트

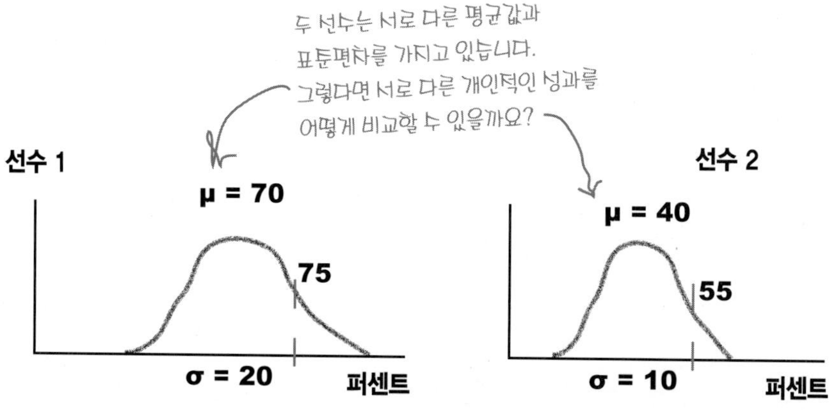

이런 비교는 불가능할까요? 이런 비교는 **표준점수**(standard score), 혹은 **z점수**(z-score)를 이용해서 수행할 수 있습니다.

데이터 집합 사이에서 비교를 수행할 때는 표준점수를 이용합니다

표준점수는 서로 다른 평균값과 표준편차를 가지고 있는 별도의 데이터 집합을 비교할 수 있는 방법을 제공합니다. 서로 다른 환경에 속해 있지만 일정한 관련성이 있는 데이터를 비교할 수 있도록 합니다. 예를 들어 표준점수를 이용하면 각 선수의 성과를 자신의 평상시 기록에 대비해서 비교할 수 있습니다. 이것은 마치 개인트레이너가 사용하는 방법과 비슷합니다.

특정한 값의 표준점수를 전체 데이터 집합이 갖는 평균값과 표준편차를 이용해서 구합니다. 표준점수는 대개 소문자 z를 이용해서 표기합니다. 특정한 값 x에 대한 표준점수를 구하는 공식은 다음과 같습니다.

$$z = \frac{x - \mu}{\sigma}$$

값 x를 포함하고 있는 데이터의 평균값과 표준편차입니다.

각 선수의 표준점수를 구한 다음에 그것이 우리에게 어떤 정보를 알려 주는지 살펴보도록 합시다.

표준점수 계산하기

선수 1의 표준점수인 z_1부터 계산해 봅시다.

$$z_1 = \frac{75 - 70}{20}$$

$$= \frac{5}{20}$$

$$= 0.25$$

따라서 평균값과 표준편차를 이용해서 구한 선수 1의 표준점수는 0.25입니다. 선수 2의 표준점수는 몇 점일까요?

$$z_2 = \frac{55 - 40}{10}$$

$$= \frac{15}{10}$$

$$= 1.5$$

선수 2의 표준점수는 1.5입니다. 선수 1의 표준점수는 0.25였습니다. 이런 점수가 우리에게 말해 주는 것은 무엇일까요?

표준점수 해석하기

표준점수는 서로 다른 평균값과 표준편차를 가지고 있는 개별적인 데이터 집합을 서로 비교할 수 있는 방법을 제공해 줍니다. 그것은 **마치 이러한 데이터 집합이 동일한 데이터 집합이나 분포에서 비롯된 것처럼** 서로 비교할 수 있도록 합니다.

그럼 이것은 농구선수들에게 어떤 의미일까요?

각 선수의 슈팅성공률은 각자 다른 평균값과 표준편차를 가지고 있습니다. 그렇기 때문에 각 선수가 자신의 평상시 기록에 비해 얼마나 잘했는지 서로 비교하는 것은 쉬운 일이 아닙니다. 특정 연습경기에서 한 선수가 다른 선수에 비해 더 높은 득점률을 기록하는 것을 관찰할 수 있습니다. 두 명의 선수 모두 평상시보다 더 높은 득점을 기록하는 것도 관찰할 수 있습니다. 그렇지만 선수 각자의 평상시 기록과 비교해서 그날 얼마나 더 좋은 모습을 보였는지 관찰하는 것은 어렵습니다.

표준점수는 각각의 데이터 집합을 좀 더 일반적인 분포로 변환함으로써 비교를 가능하게 만듭니다. 연습경기에서 각 선수가 기록한 표준점수를 찾아낸 다음에 변환해서 비교할 수 있습니다.

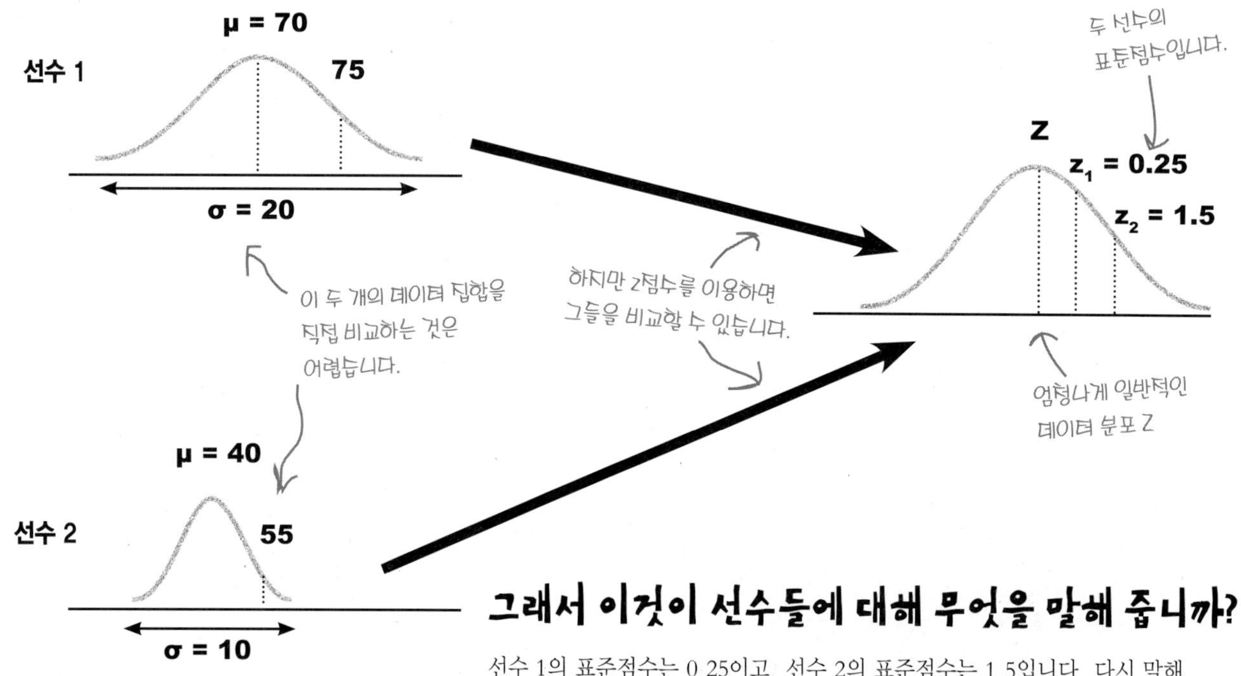

그래서 이것이 선수들에 대해 무엇을 말해 줍니까?

선수 1의 표준점수는 0.25이고, 선수 2의 표준점수는 1.5입니다. 다시 말해, 점수를 표준화하면 선수 2의 점수가 더 높음을 알 수 있습니다.

이것은 비록 선수 1이 선수 2에 비해 일반적으로 더 높은 득점을 올리는 좋은 슈터임에도 불구하고, 그날의 연습시합에서는 선수 2가 자신의 평상시 기록과 비교를 했을 때 선수 1보다 더 나은 성과를 올렸음을 의미합니다. 선수 2가 더 나은 모습을 보여 준 것입니다.

표준점수 자세히 보기

표준점수는 데이터 집합을 평균값이 0이고 표준편차가 1인 이론적인 분포를 갖는 데이터로 변환함으로써 작동합니다. 이러한 데이터는 일반화되었기 때문에 다른 데이터와 비교할 수 있습니다. 표준점수는 데이터를 공통적인 동일한 형태를 갖는 모델로 변환시키는 것입니다.

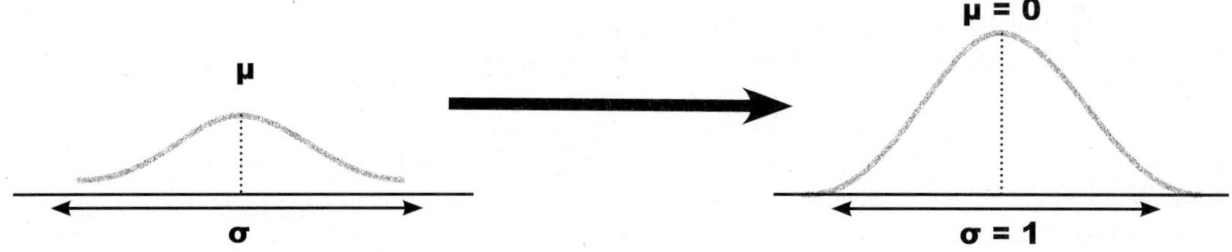

표준점수는 어느 값도 취할 수 있으며, 평균값에 대한 상대적인 위치를 나타냅니다. 양수 z점수는 값이 평균값보다 위에 있다는 의미이고, 음수 z점수는 값이 평균값보다 아래에 있다는 의미입니다. 만약 z점수가 0이면 그 값이 평균값 자신이라는 의미입니다. 수의 크기는 값이 평균값으로부터 얼마나 멀리 떨어져 있는지 나타냅니다.

평균값으로부터의 표준편차

통계학자들은 때로 특정한 값의 상대적인 위치를 **평균값으로부터의 표준편차**로 표현합니다. 예를 들어 통계학자는 특정한 값이 평균값으로부터 1 표준편차 이내에 존재한다고 말할 수 있습니다. 이것은 그 값이 평균값에 얼마나 가까운지 이야기하는 방식의 하나입니다. 그런데 실제로 그것이 의미하는 바는 무엇일까요?

z점수가 데이터를 평균값이 0이고 표준편차가 1인 일반적인 분포로 변환시킨다는 사실을 앞에서 보았습니다. 만약 값이 평균값으로부터 1 표준편차 이내에 존재한다면 그것은 그 값의 표준점수가 −1과 1 사이에 존재함을 의미합니다. 마찬가지로 만약 값이 평균값으로부터 2 표준편차 이내에 존재한다면 그 값의 표준점수는 −2와 2 사이에 존재합니다.

표준점수 = 평균값으로부터의 표준편차의 수

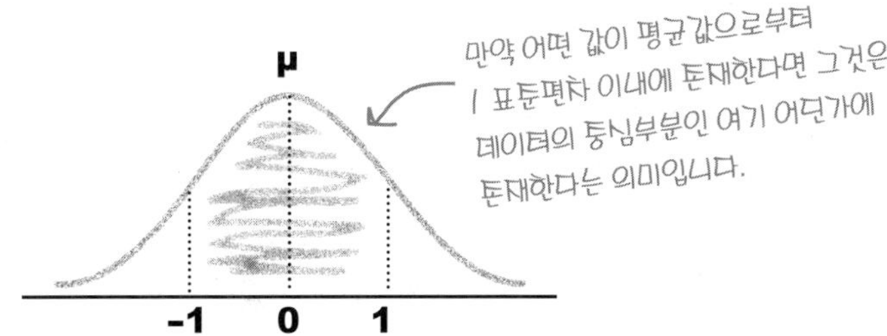

만약 어떤 값이 평균값으로부터 1 표준편차 이내에 존재한다면 그것은 데이터의 중심부분인 여기 어딘가에 존재한다는 의미입니다.

바보 같은 질문이란 없습니다

Q: 그러면 분산과 표준편차는 데이터의 분포를 측정하는 데 사용되는 것이로군요. 그들은 범위와 어떻게 다른 거죠?

A: 범위는 데이터의 분포를 측정하기 위한 매우 단순한 방법입니다. 그것은 가장 높은 값과 가장 낮은 값 사이의 차이를 말해 줄 뿐입니다. 그 범위 안에서 데이터가 어떤 식으로 모여 있는지에 대해서는 아무런 말도 해 주지 않습니다.

분산과 표준편차는 데이터가 모여 있는 방식을 측정하기 때문에 데이터가 어떻게 변하는지, 데이터가 어떻게 퍼져 있는지에 대해 말해 주는 더 좋은 방법입니다. 그들은 값들이 데이터의 중심으로부터 얼마나 멀리 떨어져 있는지 관찰합니다.

Q: 분산과 표준편차의 차이가 뭐라고요? 둘 중 어느 것을 사용해야 하나요?

A: 표준편차는 분산의 제곱근입니다. 따라서 하나를 알면 다른 하나를 계산할 수 있지요.

표준편차는 값들이 평균값으로부터 얼마나 멀리 떨어져 있는지 말해 주므로, 아마도 가장 직관적인 방법일 겁니다.

Q: 표준점수는 또 뭐예요?

A: 표준점수는 평균값과 표준편차를 이용해서 데이터 안에 있는 값들을 일반적인 분포 형태로 변환합니다. 모든 데이터가 동일한 기본적인 모습을 갖도록 하는 거지요.

Q: 표준점수는 이상치를 검출하는 것과 무슨 상관이 있나요?

A: 좋은 질문이군요! 이상치를 판단하는 것은 주관적이지만, 대개 이상치는 평균값으로부터의 표준편차가 3 이상인 값들로 정의됩니다. 통계학자들의 의견이 일치하는 것은 아니므로 주의할 필요가 있습니다.

핵심정리

- **분산**과 **표준편차**는 값들이 평균값으로부터 얼마나 멀리 떨어져 있는지 관찰함으로써 값들이 분포되어 있는 모습을 측정합니다.
- 분산은 다음 공식으로 계산됩니다.

$$\frac{\sum (x-\mu)^2}{n}$$

- 또 다른 공식은 다음과 같습니다.

$$\frac{\sum x^2}{n} - \mu^2$$

- 표준편차는 분산의 제곱근입니다. 분산은 표준편차를 제곱한 것입니다.
- **표준점수** 혹은 **z점수**는 평균값과 표준편차가 서로 다른 데이터 집합을 비교하는 방법입니다. 값 x에 대한 표준점수를 구하려면 다음 공식을 사용합니다.

$$z = \frac{x-\mu}{\sigma}$$

아래 테이블을 완성하세요. 이 장에서 우리가 만났던 데이터가 분포된 양상을 측정하는 방법들을 나열하고, 그들을 계산하는 방법을 적어 보세요. 본문을 보지 않고 풀도록 최선을 다해 보세요.

통계	계산방법
범위	
	상위 사분위수 − 하위 사분위수
표준편차 (σ)	
표준점수	

아래 테이블을 완성하세요. 이 장에서 우리가 만났던 데이터가 분포된 양상을 측정하는 방법들을 나열하고, 그들을 계산하는 방법을 적어 보세요. 본문을 보지 않고 풀도록 최선을 다해 보세요.

통계	**계산방법**
범위	상한 - 하한
사분범위	상위 사분위수 – 하위 사분위수
표준편차 (σ)	$\sqrt{\frac{\sum(x-\mu)^2}{n}}$ $\sqrt{\frac{\sum x^2}{n} - \mu^2}$ 둘 다 동일한 결과를 낳습니다.
표준점수	$z = \frac{x-\mu}{\sigma}$

통계마을 올스타 팀은 리그를 석권했습니다!

이번 시즌을 위한 모든 시합이 치러졌습니다. 그리고 통계마을 올스타 팀은 리그 챔피언을 차지했습니다. 당신은 감독이 최고의 선수들을 선발할 수 있도록 제대로 도와 준 셈입니다.

당신의 성공은 이웃의 친절한 표준편차 덕분이라는 사실을 명심하세요.

4 확률 계산하기

삶은 불확실성으로 가득 차 있습니다.

때로는 1분 후에 어떤 일이 일어날지 말하는 것이 불가능할 수도 있습니다. 그렇지만 어떤 사건은 다른 사건에 비해 일어날 가능성이 높습니다. 바로 이 지점에서 **확률이론**이 필요합니다. 확률은 어떤 일이 발생할 가능성을 측정함으로써 **미래를 예측**할 수 있도록 합니다. 그리고 어떤 일이 일어날 가능성이 있는지 미리 아는 것은 우리가 **정보에 기초한 결정**을 내릴 수 있도록 해 줍니다. 이 장에서는 확률에 대해 자세히 알아봄으로써 미래를 우리 마음대로 조종하는 방법을 배울 것입니다!

뚱보 댄의 그랜드슬램

뚱보 댄의 카지노는 그 지역에서 가장 유명한 카지노입니다. 룰렛에서 슬롯머신까지, 포커에서 블랙잭까지 모든 종류의 게임이 제공됩니다.

공교롭게도 오늘은 당신의 운이 트인 날입니다. 헤드 퍼스트 연구소는 뚱보 댄에 가서 마음껏 쓰라고 당신에게 칩을 한 박스 주었고, 당신은 계속 이기기만 하면 됩니다. 한 번 시도해 보고 싶죠? 가서 그렇게 해 보세요.

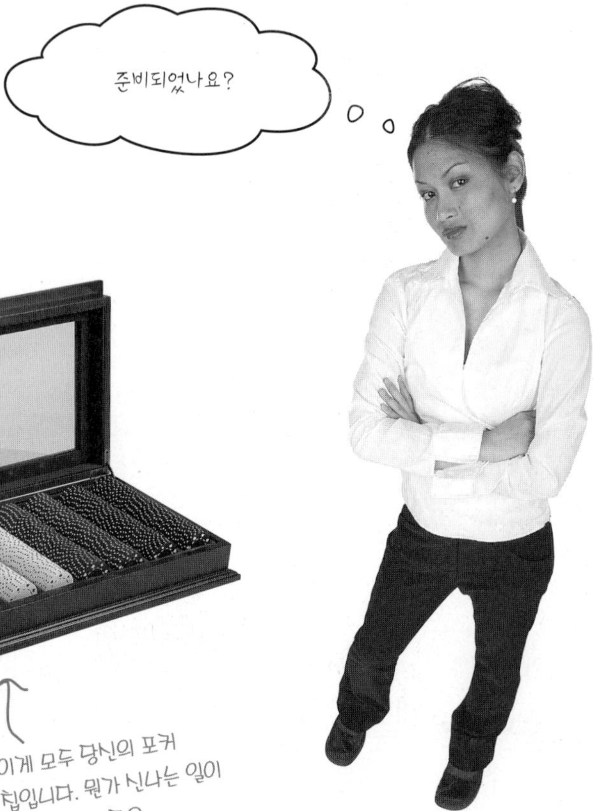

준비되었나요?

뚱보 댄의 쿠르피에 중 한 명

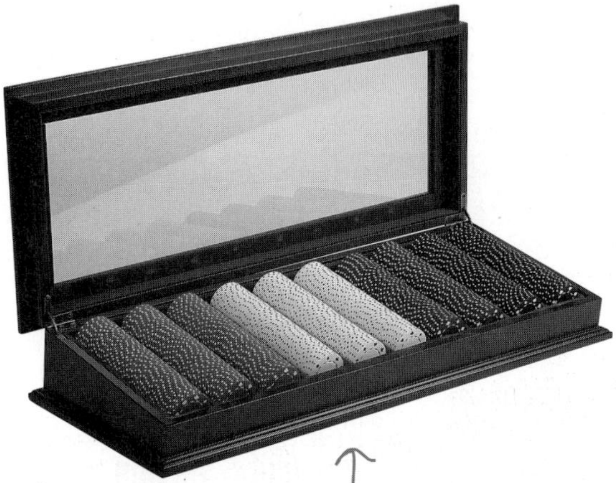

이게 모두 당신의 포커 칩입니다. 뭔가 신나는 일이 벌어질 것 같군요.

룰렛휠 위에서는 여러 가지 일이 벌어질 수 있는데, 이제 막 새 게임이 시작되려고 합니다. 가서 당신의 운을 시험해 보세요.

룰렛에 오신 걸 환영합니다!

룰렛을 직접 해 본 적이 없다 해도 룰렛을 돌리는 모습을 영화 같은 데서 한 번쯤은 보았을 것입니다. 쿠르피에가 룰렛휠을 돌리고 공을 반대 방향으로 던지면, 당신은 재빨리 공이 멈춰 설 것 같은 자리에 돈을 겁니다.

뚱보 댄 카지노에서 사용하는 룰렛휠은 공이 굴러 들어갈 수 있는 38개의 주머니를 가지고 있습니다. 주머니에는 1에서 36까지의 번호가 매겨져 있고, 각 주머니는 빨강 혹은 검정색입니다. 그리고 0과 00이라고 번호가 붙은 두 개의 추가적인 주머니가 있습니다. 이 주머니는 둘 다 초록색입니다.

룰렛휠

밝은 회색 = 초록색

검정색 = 검정색

중간 회색 = 빨간색,

룰렛에서는 모든 종류의 베팅이 가능합니다. 예를 들어 특정한 숫자에 베팅할 수도 있고, 수가 짝수인지 홀수인지에 대해 베팅할 수도 있고, 공이 들어가는 포켓의 색에 대해 베팅을 할 수도 있습니다. 한 가지 기억할 점은 공이 초록색 포켓에 들어가면 당신이 지는 것입니다.

룰렛보드를 이용하면 어느 숫자와 어느 색깔이 서로 연관되어 있는지 더 쉽게 파악할 수 있습니다.

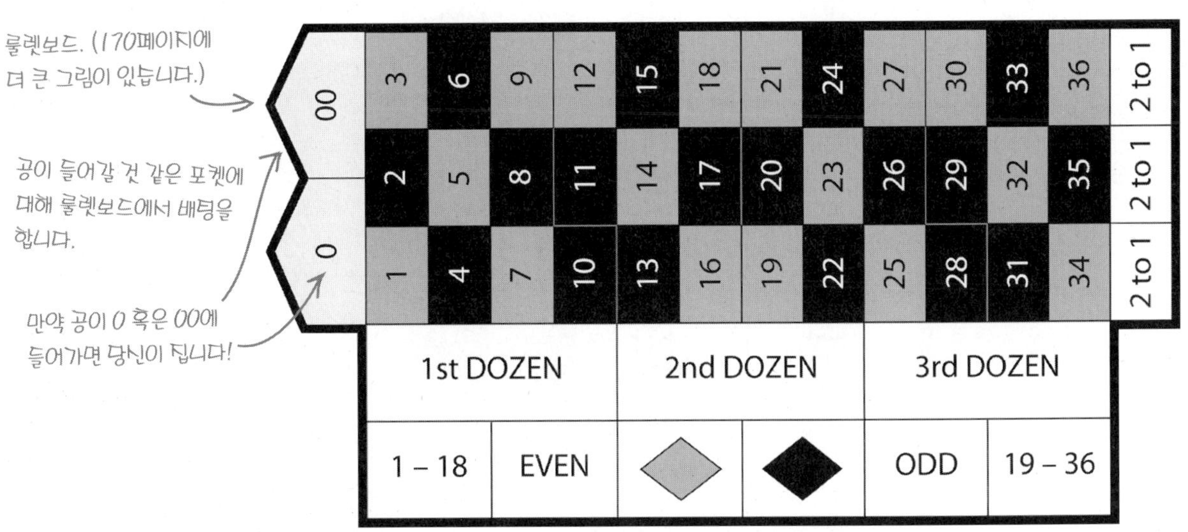

0		00	
3	2	1	
6	5	4	
9	8	7	
12	11	10	
15	14	13	
18	17	16	
21	20	19	
24	23	22	
27	26	25	
30	29	28	
33	32	31	
36	35	34	
2 to 1	2 to 1	2 to 1	

1st DOZEN		2nd DOZEN		3rd DOZEN	
1 – 18	EVEN	◆ (gray)	◆ (black)	ODD	19 – 36

자신만의 룰렛보드

이 장에서 당신은 상당히 많은 룰렛 베팅을 하게 될 것입니다. 잘라서 보관할 수 있는 룰렛보드가 여기 있습니다. 이 장에서 확률을 공부할 때 이 보드를 사용하면 좋을 것입니다.

가위질 할 때 조심하세요.

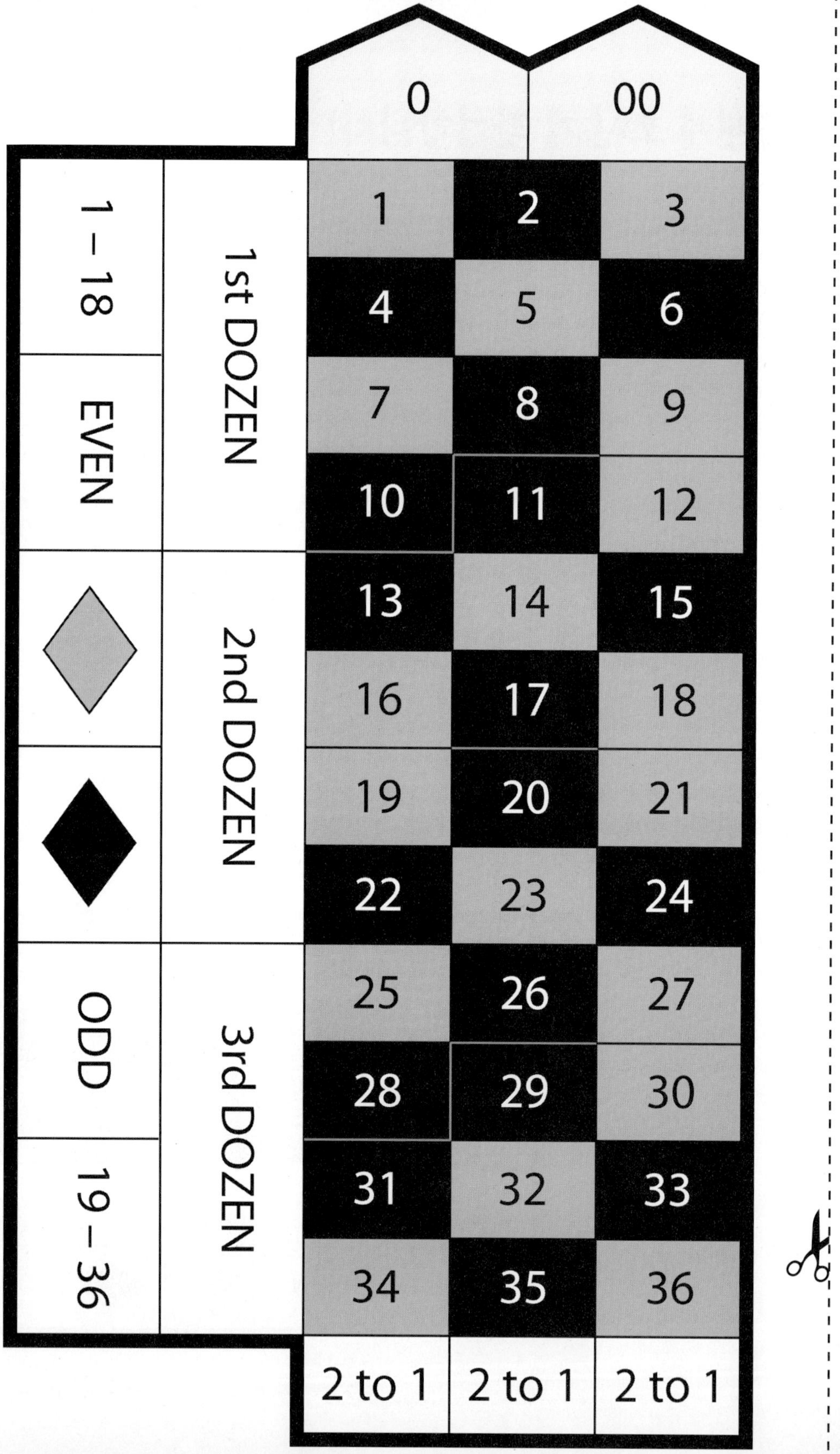

베팅을 해 봅시다!

룰렛보드를 잘라냈습니까? 게임이 방금 시작되었습니다. 공이 어디에서 멈출 거라고 생각하세요? 룰렛보드에서 숫자를 선택한 다음에 베팅을 하세요.

잠깐만! 나더러 그냥 추측을 하라는 거야? 그런 식이면 내가 이길 가능성은 전혀 없다고.

맞습니다, 베팅을 하기 전에 이길 가능성이 얼마나 되는지 살펴보는 것은 일리가 있습니다.

아마도 어떤 베팅은 다른 베팅에 비해 가능성이 더 높을 것입니다. 뭔가 확률을 계산해 봐야 할 것처럼 보입니다...

룰렛 베팅을 하기 전에 생각해 봐야 할 것은 무엇일까요? 주어진 선택 가운데서 어떤 베팅을 할 것입니까? 이유는요?

가능성이 얼마나 될까요?

'도대체 그 일이 일어날 확률은 얼마였던 거지?'라는 생각이 든 상황이 있었습니까? 예를 들어 당신이 어떤 친구에 대한 생각을 하고 있는 바로 그 순간 그 친구가 전화를 걸어온다든지, 아니면 어떤 추첨이나 복권에 당첨되는 일 같은 상황 말입니다.

확률은 어떤 일이 일어날 가능성을 측정하는 방법입니다. 확률을 이용하면 어떤 발생(occurrence)이 일어날 가능성(예를 들면 이번 주에 당신이 잠을 자게 될 확률)이 얼마나 되는지 말할 수도 있고, 그 반대의 경우, 즉 어떤 발생이 일어나지 않을 가능성(예를 들면 사막을 걷고 있는 동안에 코요테 한 마리가 다가와서 카메라 받침대로 당신을 한 대 후려칠 확률)을 말할 수도 있습니다. 통계학적으로 말하자면 **사건**(event)은 확률을 가지고 있는 어떤 발생을 의미합니다. 다시 말해, 사건은 그것이 일어날 가능성이 어느 정도라고 말할 수 있는 것을 모두 포함합니다.

확률은 0과 1 사이의 값으로 측정됩니다. 만약 어느 사건이 불가능하면 그것은 0의 확률을 갖습니다. 만약 어떤 사건이 절대적으로 확실하면 1의 확률을 갖습니다. 대부분의 경우에는 그 사이 어딘가에 놓인 확률을 다루게 될 것입니다.

다음은 확률 눈금에 대한 간단한 예입니다.

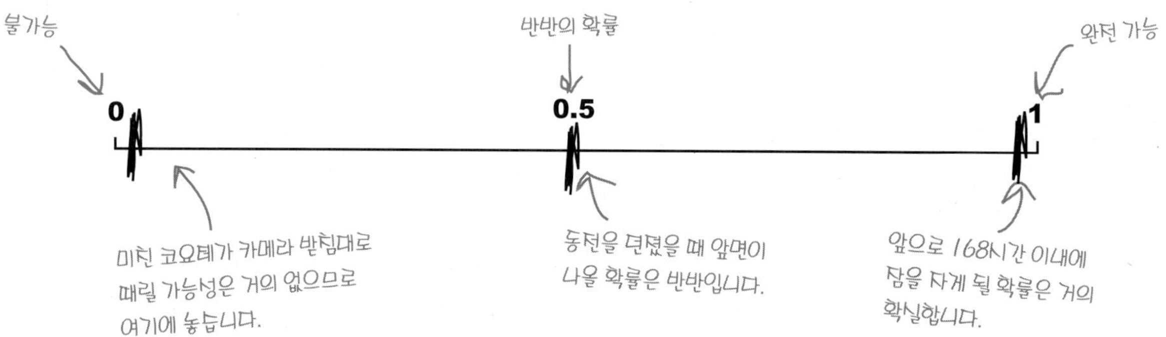

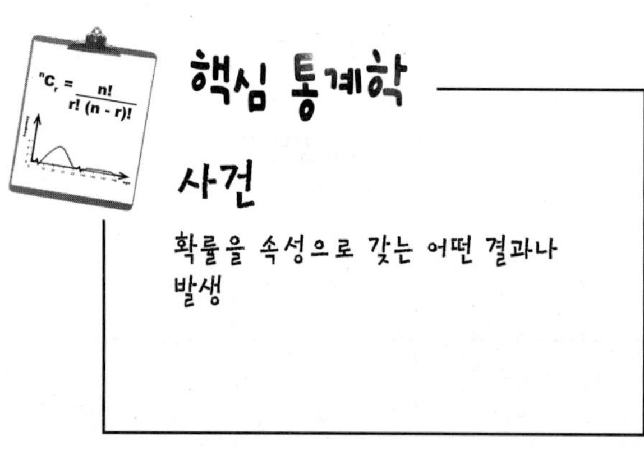

핵심 통계학

사건

확률을 속성으로 갖는 어떤 결과나 발생

확률이 룰렛과 어떤 관련이 있는지 알고 있습니까?

만약 공이 어느 특정한 숫자나 색깔 위에서 멈추게 될 가능성이 얼마나 되는지 안다면 베팅을 어디에 해야 할지 판단할 수 있는 방법을 가진 셈입니다. 이 방법을 알고 있다면 룰렛에서 충분히 이길 수 있습니다.

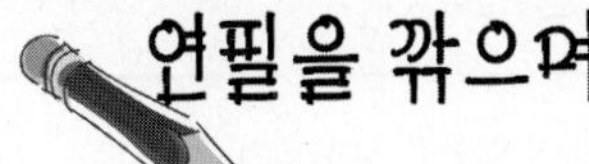

룰렛에서 공이 7 위에서 멈출 확률을 구해 봅시다. 아래에 확률을 구하는 방법을 단계별로 나타냈습니다.

1. 룰렛보드를 보세요. 공이 멈출 수 있는 포켓은 모두 몇 개입니까?

2. 숫자 7을 위한 포켓이 모두 몇 개입니까?

3. 2번 항목의 대답을 1번 항목의 대답으로 나누어 보세요. 계산한 값이 얼마입니까?

4. 아래에 있는 확률 눈금 위에 표시해 보세요. 이제 공이 7 위에서 멈출 확률에 대해 말해 보세요.

0 0.5 1

룰렛에서 공이 7 위에서 멈출 확률을 구해 봅시다. 아래에 확률을 구하는 방법을 단계별로 나타냈습니다.

1. 룰렛보드를 보세요. 공이 멈출 수 있는 포켓은 모두 몇 개입니까?

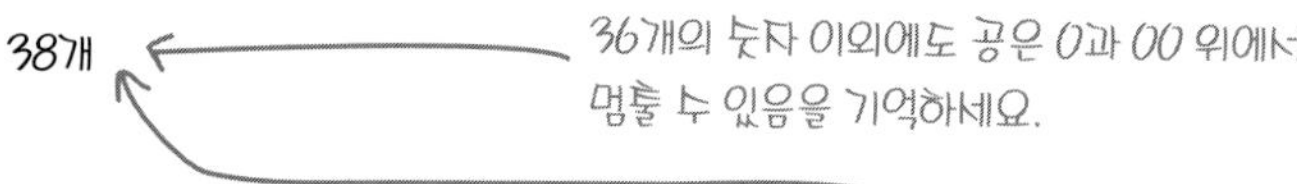

2. 숫자 7을 위한 포켓이 모두 몇 개입니까?

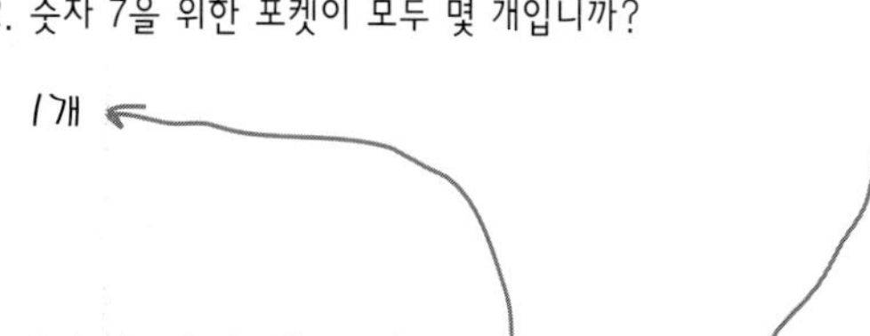

3. 2번 항목의 대답을 1번 항목의 대답으로 나누어 보세요. 계산한 값이 얼마입니까?

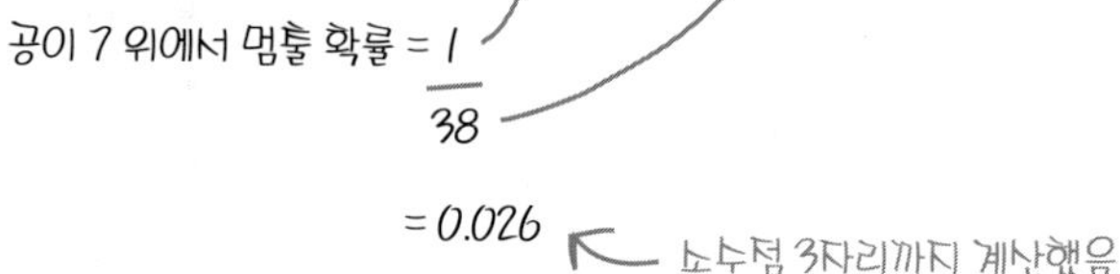

4. 아래에 있는 확률 눈금 위에 표시해 보세요. 이제 공이 7 위에서 멈출 확률에 대해 말해 보세요.

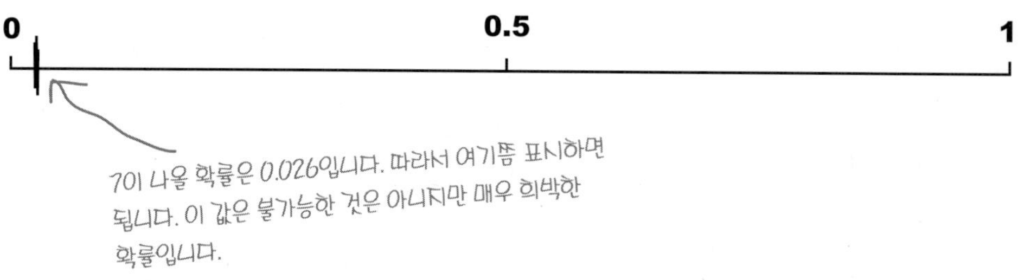

룰렛 확률 구하기

확률을 구하는 방법을 더 자세히 살펴봅시다.

다음은 룰렛휠을 돌렸을 때 나올 수 있는 값들입니다. 우리가 관심 있는 것은 베팅에서 이기는 것입니다. 즉, 공이 7 위에서 멈추는 것입니다.

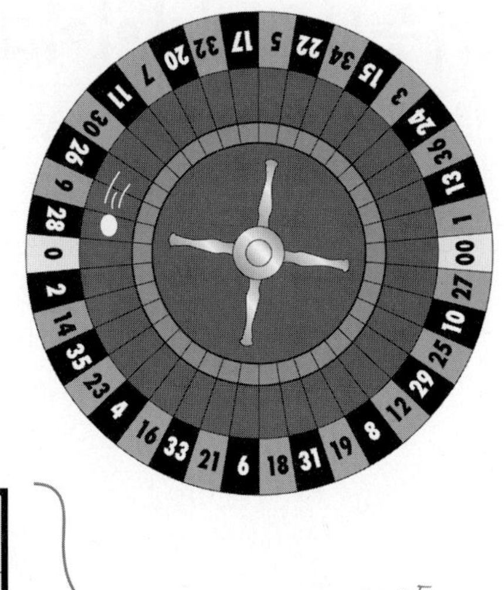

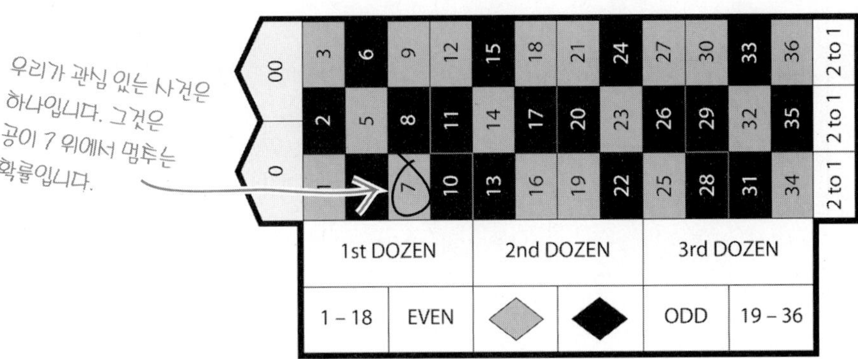

이것들이 가능한 모든 값입니다. 공은 이러한 포켓들 중 어디에서도 멈출 수 있습니다.

이길 확률을 구하려면 다음과 같이 베팅에서 이길 수 있는 경우의 수를 전체 경우의 수로 나눕니다.

$$\text{확률} = \frac{\text{이길 수 있는 경우의 수}}{\text{전체 경우의 수}}$$

7이 나오는 경우는 1이고, 전체 포켓 수는 38입니다.

이것을 좀 더 일반적인 방식으로 적을 수도 있습니다. 어떤 사건 A가 일어날 확률은 다음과 같습니다.

$$P(A) = \frac{n(A)}{n(S)}$$

사건 A가 일어날 확률 → $P(A)$

사건 A가 일어날 수 있는 경우의 수 → $n(A)$

전체 경우의 수 → $n(S)$

S는 **가능성 공간**(possibility space) 혹은 **표본 공간**(sample space)입니다. 그것은 일어날 수 있는 모든 경우의 수를 짧게 표현한 것입니다. 모든 사건은 S의 부분집합입니다.

가능성을 벤다이어그램으로 시각화할 수 있습니다

가능성은 쉽게 복잡해집니다. 따라서 그들을 시각화하는 것은 매우 유용합니다. 그렇게 하는 방법 중 하나는 가능성 공간 **S**를 나타내는 상자를 그리고, 각각의 사건집합을 원으로 표시하는 것입니다. 이러한 그림은 **벤다이어그램**(Venn Diagram)이라고 알려져 있습니다. 다음은 우리의 룰렛 문제를 위한 벤다이어그램입니다. 사건 **A**는 공이 7 위에서 멈추는 경우를 나타냅니다.

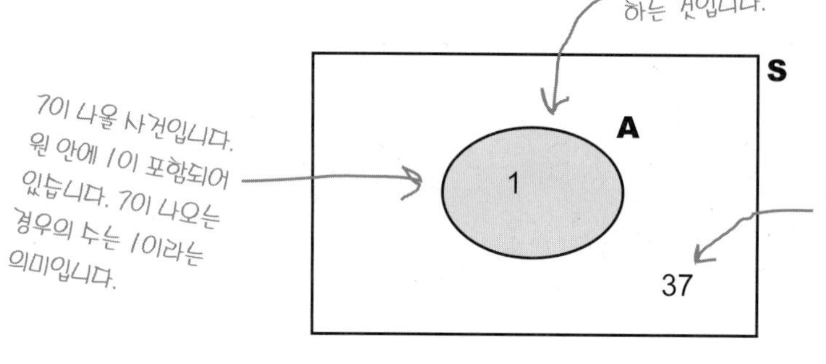

벤다이어그램은 종종 숫자 자체를 포함하지 않습니다. 숫자 대신 각 사건의 실제 확률을 나타내는 다른 방법을 사용합니다. 그러한 방법은 문제를 해결하기 위해 어떤 정보를 나타내야 하는가에 달려 있습니다.

여사건

A가 발생하지 않는 사건을 짧게 나타내는 A'라는 방법이 존재합니다. A'는 사건 A에 대한 **여사건**(complementary event)이라고 알려져 있습니다.

P(A')를 계산하는 기발한 방법이 있습니다. A'는 사건 A에 속하지 않는 모든 가능성을 포함합니다. 따라서 A와 A'를 합치면 모든 가능한 사건을 포함해야 합니다. 만약 어떤 것이 A에 속하면 그것은 A'에 속할 수 없습니다. 만약 어떤 것이 A에 속하지 않으면 그것은 반드시 A'에 속해야 합니다. 이것은 P(A)와 P(A')를 합치면 1이라는 값을 얻게 된다는 뜻입니다. 다시 말해, 어떤 사건이 A 혹은 A'에 속할 확률은 100%입니다. 따라서

$$P(A) + P(A') = 1$$

혹은

$$\mathbf{P(A') = 1 - P(A)}$$

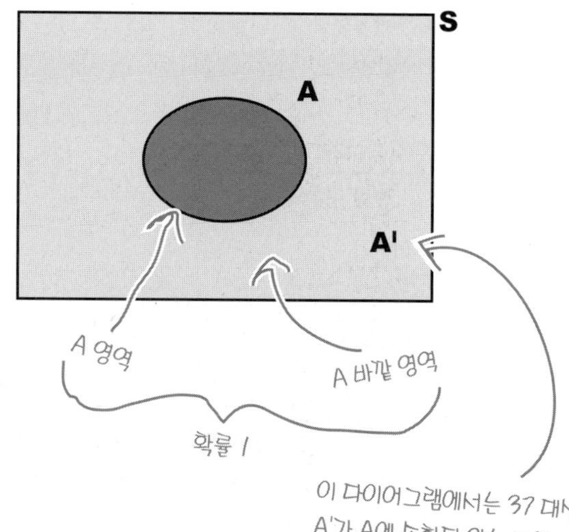

쿠르피에가 되어 봅시다

당신이 할 일은 당신이 쿠르피에라고 가정하고 다양한 사건의 확률을 구하는 것입니다. 아래와 같은 각각의 사건에 대해 성공적인 결과를 위한 확률을 적어 보세요.

P(9)

P(초록색)

P(검정색)

P(38)

쿠르피에가 되어 봅시다 정답

당신이 할 일은 당신이 쿠르피에라고 가정하고 다양한 사건의 확률을 구하는 것입니다. 아래와 같은 각각의 사건에 대해 성공적인 결과를 위한 확률을 적어 보세요.

P(9)

9가 나올 확률은 7이 나올 확률과 정확히 같습니다. 공이 각각의 포켓에 들어갈 가능성이 동일하기 때문입니다.

확률 = $\frac{1}{38}$

= 0.026 (소수점 3자리까지)

P(초록색)

포켓 2개가 초록색입니다. 그리고 전체 포켓 수는 38입니다. 따라서

확률 = $\frac{2}{38}$

= 0.053 (소수점 3자리까지)

P(검정색)

포켓 18개가 검정색입니다. 그리고 전체 포켓 수는 38입니다. 따라서

확률 = $\frac{18}{38}$

= 0.474 (소수점 3자리까지)

P(38)

38이라고 적힌 포켓은 없으므로 이 사건은 불가능합니다. 따라서 확률은 0입니다.

이 통에서 가장 일어날 가능성이 높은 사건은 공이 검정색 포켓으로 들어가는 것입니다.

바보 같은 질문이란 없습니다

Q: 확률을 알아야 하는 이유가 무엇입니까? 그저 통계학을 배우는 것으로 알고 있었는데요.

A: 확률과 통계 사이에는 밀접한 관련이 있습니다. 통계의 많은 부분이 확률이론으로부터 나온 것이지요. 따라서 확률을 익히는 것은 통계지식을 다음 단계로 향상시킵니다. 확률이론은 데이터에 대한 예측을 가능하게 하고 패턴을 발견하도록 해 줍니다. 그것은 명백히 무질서한 데이터 안에서 무언가를 볼 수 있게 도와줍니다. 그런 부분에 대해서는 이 장의 뒤에서 보게 될 것입니다.

Q: 확률은 분수, 소수, 퍼센트 중 어느 것으로 표시되죠?

A: 어느 것으로도 표시될 수 있습니다. 확률이 0과 1 사이에 있는 값으로 표현되기만 하면 어떻게 표현되든 상관없습니다.

Q: 집합론에서 벤다이어그램을 본 적이 있어요. 그것도 상관이 있는 겁니까?

A: 물론이죠. 집합론에서 가능성 공간은 모든 가능한 사건들로 이루어져 있고, 일어날 수 있는 어떤 사건은 이 공간의 부분집합입니다. 확률을 구하기 위해 벤다이어그램을 이용할 때 집합론을 미리 알고 있어야 할 이유는 없습니다. 당신이 알아야 하는 내용은 전부 이 장에서 알려 줄 것입니다.

Q: 벤다이어그램을 항상 그려야 하나요? 방금 본 연습문제에서 당신도 그리지 않았잖아요.

A: 항상 그럴 필요는 없습니다. 하지만 그것은 확률과 관련해서 어떤 일이 벌어지고 있는지 알기 위해 시각화할 때 매우 유용한 도구입니다. 그런 상황들에 대해서는 이 장의 뒤에서 계속 알아보도록 할 것입니다.

Q: 사건 A와 사건 A'에 동시에 속하는 것이 뭔가 있지 않을까요?

A: 아닙니다. A'는 A에 속하지 않은 모든 것을 총칭합니다. 만약 어떤 것이 A에 있으면 그것은 A'에 속할 수 없습니다. 마찬가지로 어떤 것이 A'에 있으면 그것은 A에 속할 수 없습니다. 두 개의 사건은 상호배반합니다. 따라서 어떤 것도 둘 사이에 공존할 수 없습니다.

게임을 할 시간입니다!

룰렛게임을 시작하려 합니다.

앞 페이지에서 설명한 사건을 보세요. 우리는 일어날 **가능성이 가장 높은** 것에 베팅하려 합니다. 그것은 바로 공이 검정색 포켓에 들어가는 경우입니다.

무슨 일이 일어날지 봅시다.

승리의 숫자는...

이런! 가장 일어날 가능성이 높은 확률은 공이 검정색 포켓에 들어가는 것이었는데, 공은 초록색 0 포켓 안으로 들어가 버렸습니다. 그 덕분에 당신은 약간의 칩을 잃었습니다.

공이 포켓 0에 들어갔으므로 당신은 약간의 칩을 잃었습니다.

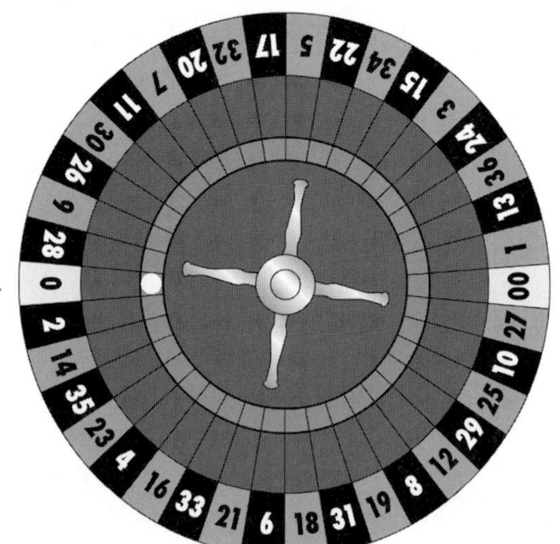

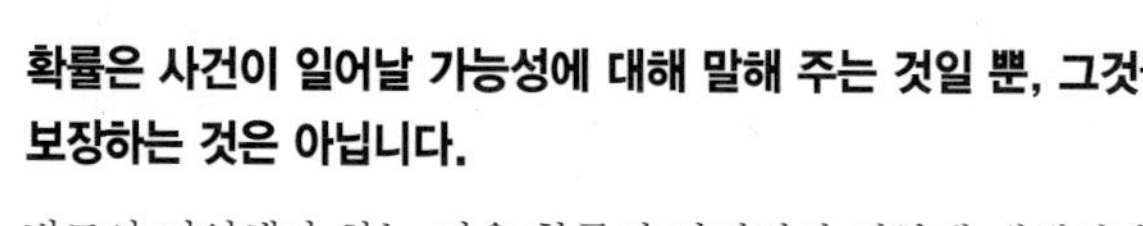

확률은 사건이 일어날 가능성에 대해 말해 주는 것일 뿐, 그것을 보장하는 것은 아닙니다.

반드시 기억해야 하는 것은 확률이 장기적인 경향에 대해서만 얘기해 준다는 사실입니다. 만약 룰렛을 1,000번 정도 수행한다면 공이 검정색 포켓에는 18/38, 약 47% 정도 들어가고, 초록색 포켓에는 2/38 혹은 5% 정도 들어가는 것을 보게 될 것입니다. 공이 초록색 포켓에 들어가는 것이 상대적으로 적게 일어나기는 하지만, 그렇다고 해서 그것이 일어날 수 없다는 뜻은 아닙니다.

어떤 사건이 아무리 일어날 가능성이 낮아도 그것이 불가능한 것이 아니라면 여전히 일어날 수 있습니다.

뭔가 일어날 가능성이 더 높은 사건에 베팅을 해 봅시다

뭔가 일어날 가능성이 더 높은 확률을 가지고 있는 사건을 살펴보도록 합시다. 공이 검정색 포켓에 들어가는 사건에 베팅하는 대신, 공이 검정색 혹은 빨간색 포켓에 들어가는 사건에 베팅을 합시다. 확률을 구하기 위해 해야 하는 일은 빨간색 혹은 검정색 포켓이 모두 몇 개인지 센 다음에 그것을 전체 포켓 수로 나누는 것뿐입니다. 너무 쉬운 것 같다고요?

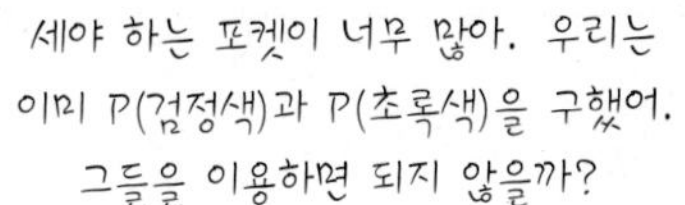

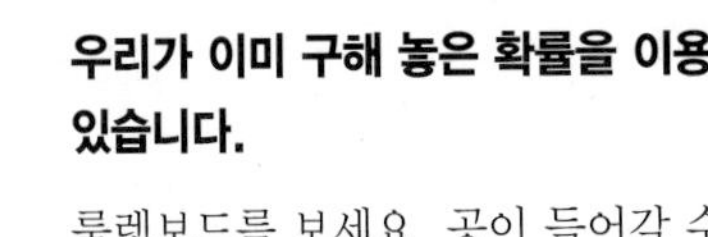

우리가 이미 구해 놓은 확률을 이용해서 원하는 확률을 구할 수 있습니다.

룰렛보드를 보세요. 공이 들어갈 수 있는 포켓의 색은 빨간색, 검정색, 초록색 모두 세 가지입니다. 앞에서 P(초록색)을 이미 구했으므로 검정색과 빨간색 포켓의 수를 일일이 세지 않고도 원하는 확률을 구할 수 있습니다.

P(검정색 혹은 빨간색) = P(초록색')

= 1 − P(초록색)

= 1 − 0.053

= 0.947 (소수점 3자리까지)

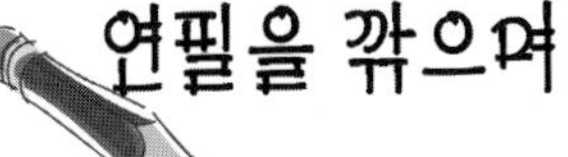

연필을 깎으며

위 계산방식을 그대로 받아들이지는 마세요. 검정색 혹은 빨간색 포켓이 모두 몇 개인지 실제로 세어보고 그 수를 전체 포켓의 수로 나누어서 확률을 계산해 보세요.

정답

위 계산방식을 그대로 받아들이지는 마세요. 검정색 혹은 빨간색 포켓이 모두 몇 개인지 실제로 세어보고 그 수를 전체 포켓의 수로 나누어서 확률을 계산해 보세요.

$$P(\text{검정색 혹은 빨간색}) = \frac{36}{38}$$

$$= 0.947 \text{ (소수점 3자리까지)}$$

따라서 P(검정색 혹은 빨간색) = 1 - P(초록색)

확률을 더할 수도 있습니다

이러한 종류의 확률을 구하는 방법이 또 있습니다. 만약 P(검정색)과 P(빨간색)을 알고 있다면 이 두 개의 확률을 서로 더해서 우리가 찾는 확률을 얻을 수 있습니다. 다음을 보세요.

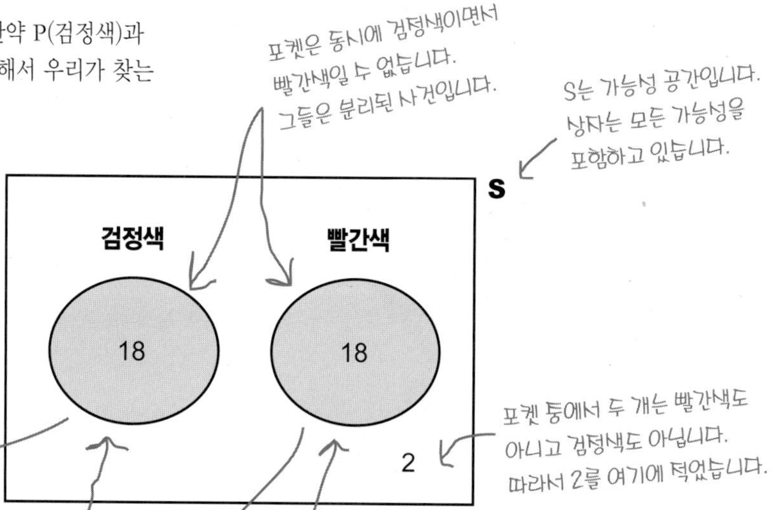

포켓은 동시에 검정색이면서 빨간색일 수 없습니다. 그들은 분리된 사건입니다.

S는 가능성 공간입니다. 상자는 모든 가능성을 포함하고 있습니다.

S

검정색 18

빨간색 18

2

포켓 중에서 두 개는 빨간색도 아니고 검정색도 아닙니다. 따라서 2를 여기에 적었습니다.

$$P(\text{검정색 혹은 빨간색}) = \frac{18 + 18}{38}$$

$$= \frac{18}{38} + \frac{18}{38}$$

$$= P(\text{검정색}) + P(\text{빨간색})$$

확률을 더하는 것은 검정색과 빨간색 포켓을 모두 세서 38로 나눈 값과 동일한 결과를 낳습니다.

이 경우 확률을 더하는 것은 검정색과 빨간색 포켓을 모두 세서 38로 나눈 값과 정확하게 동일한 결과를 낳습니다.

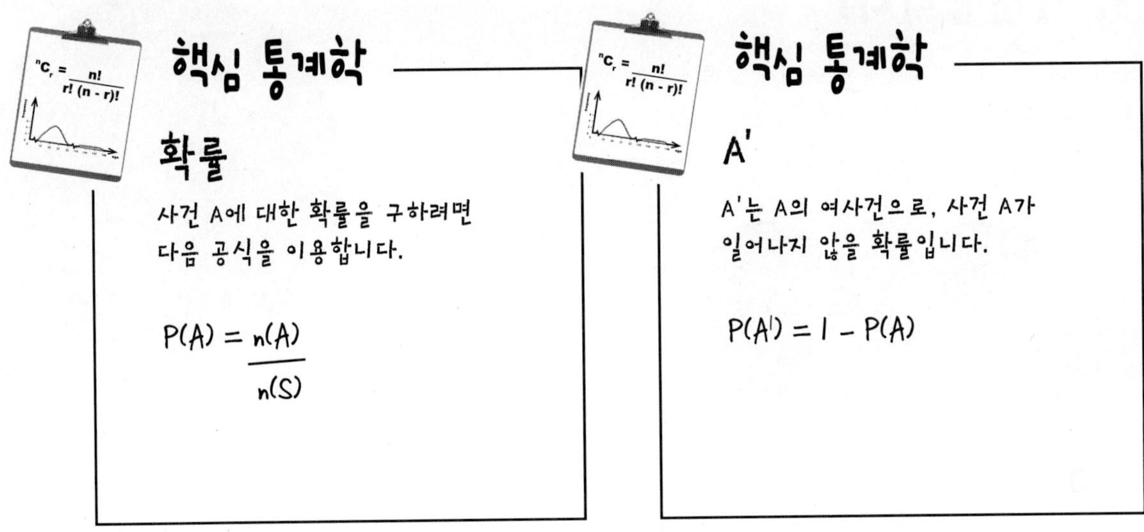

바보 같은 질문이란 없습니다

Q: 앞의 내용을 보면 확률을 구하는 데 세 가지 방법이 있는 것 같군요. 어느 것이 최선인가요?

A: 특정한 상황과 주어진 정보에 따라서 다릅니다.

룰렛휠에 관한 유일한 정보가 초록색에 대한 확률뿐이라고 해 봅시다. 이 상황에서 초록색이 아닌 다른 색에 대한 확률은 다음과 같이 구할 수 있습니다.

1 – P(초록색)

한편 P(검정색)과 P(빨간색)은 알고 있지만 전체 색깔의 수가 몇 개인지 알지 못하는 상황이라면 P(검정색)과 P(빨간색)을 더해서 확률을 구해야 합니다.

Q: 그럼 일일이 세어서 확률을 구하지 않아도 된다는 말인가요?

A: 그렇게 하지 않아도 되는 경우가 많지만 상황에 따라 다릅니다. 세어서 결과를 한 번 더 확인하면 도움이 될 것입니다.

Q: 어떤 사건은 일어날 가능성이 별로 없는데도 왜 사람들은 거기에 베팅을 하는 겁니까?

A: 베팅에서 이겼을 때 받는 결과가 어느 정도인가에 달려있죠. 일반적으로 어떤 사건이 일어날 가능성이 적으면 그 사건이 일어났을 때 얻는 결과는 더 높습니다. 확률이 높은 사건에 베팅을 해서 이긴 경우에는 큰돈을 받을 가능성이 별로 없습니다. 사람들은 일어날 확률이 거의 없어도 배당이 높은 곳에 베팅을 하려는 유혹을 받습니다.

Q: 앞에서와 같이 확률을 더하는 것이 항상 성립하나요?

A: 이 경우는 특별한 경우로 취급해야 합니다. 걱정 마세요. 뒤에서 이런 내용에 대해 더 자세히 알아볼 것입니다.

당신이 이겼습니다!

이번에는 공이 숫자 7 빨간색 포켓에 들어갔습니다. 그래서 약간의 칩을 얻었습니다.

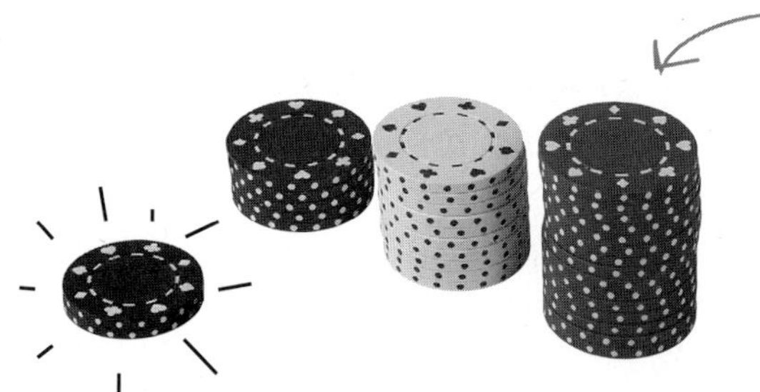

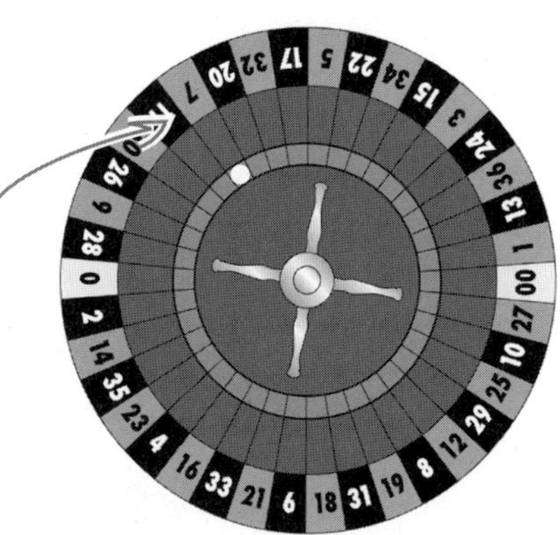

다음 베팅을 위한 시간입니다

확률을 계산하는 데 차츰 익숙해지고 있으니까, 이번에는 조금 다른 것을 시도해 봅시다. 공이 검정색 혹은 짝수 포켓에 들어갈 확률은 얼마일까요?

두 개의 확률을 더할 수는 있지만, 항상 그럴 수 있는 것은 아닙니다.

이번 확률은 앞에서 보았던 것과 마찬가지 방식으로 구할 수 없습니다. 다음 페이지에 있는 연습문제를 풀어보고, 무슨 일이 일어나는지 살펴보세요.

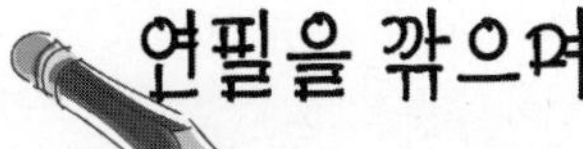

연필을 깎으며

검정색 혹은 짝수가 나올 확률을 구해 봅시다(0과 00은 짝수가 아니라고 가정합니다).

1. 검정색이 나올 확률은 얼마인가요?

2. 짝수가 나올 확률은 얼마인가요?

3. 두 개의 확률을 서로 더하면 어떤 값을 얻게 되나요?

4. 룰렛보드를 이용해서 검정색 혹은 짝수인 포켓의 수가 몇 개인지 세고, 그 값을 전체 포켓 수로 나누어 보세요. 어떤 값을 얻게 되나요?

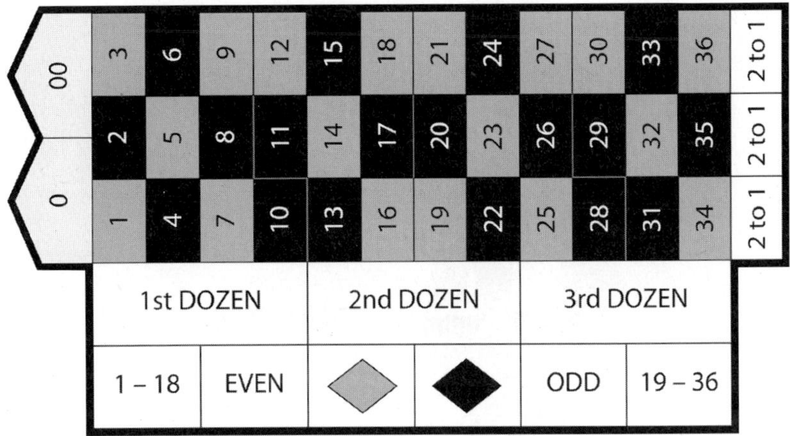

연필을 깎으며 정답

검정색 혹은 짝수가 나올 확률을 구해 봅시다(0과 00은 짝수가 아니라고 가정합니다).

1. 검정색이 나올 확률은 얼마인가요?

   18 / 38 = 0.474

2. 짝수가 나올 확률은 얼마인가요?

   18 / 38 = 0.474

3. 두 개의 확률을 서로 더하면 어떤 값을 얻게 되나요?

   0.947

4. 룰렛보드를 이용해서 검정색 혹은 짝수인 포켓의 수가 몇 개인지 세고, 그 값을 전체 포켓 수로 나누어 보세요. 어떤 값을 얻게 되나요?

   26 / 38 = 0.684

이런! 값이 서로 다르네.

이해할 수 없어! 앞에서는 확률을 더하면 됐는데, 뭐가 잘못된 거지?

자세히 살펴보도록 합시다...

배반사건과 교사건

앞에서 공이 검정색 혹은 빨간색 포켓에 들어가는 확률을 구할 때 우리는 두 개의 독립적인 사건, 즉 공이 검정색 포켓에 들어가는 것과 빨간색 포켓에 들어가는 것을 다루었습니다. 공이 검정색 포켓과 빨간색 포켓에 동시에 들어갈 수 없기 때문에 두 사건은 **상호배반**(mutually exclusive)합니다.

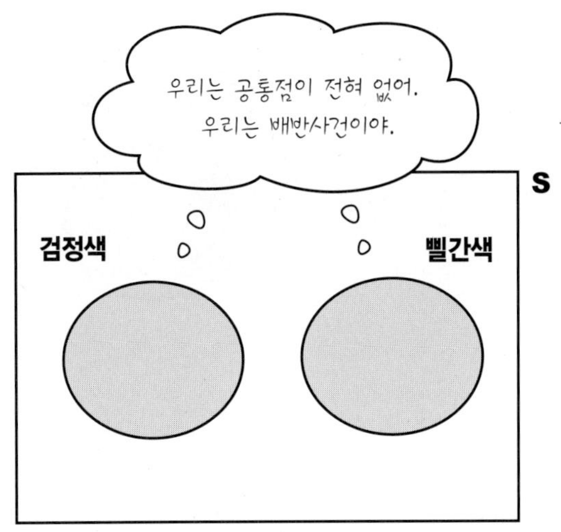

만약 두 사건이 상호배반하면 둘 중 하나만 발생할 수 있습니다.

그럼 검정색 사건과 짝수 사건은 어떤가요? 이번에는 두 사건이 서로 배반사건이 아닙니다. 공이 검정색이면서 동시에 짝수인 포켓에 들어갈 수 있기 때문입니다. 두 사건은 **교차**(intersect)합니다.

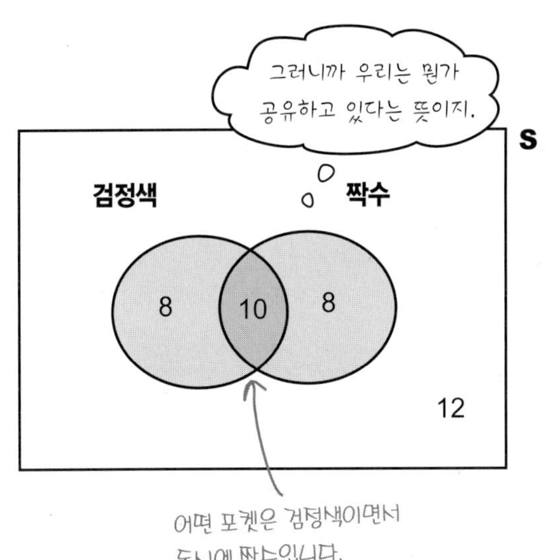

만약 두 사건이 교차하면 동시에 발생할 수 있습니다.

이러한 교집합이 확률에 대해 갖는 의미가 무엇이라고 생각합니까?

교집합에서 발생하는 문제

검정색 혹은 짝수 포켓에 들어갈 확률계산이 잘못되었습니다. 검정색이면서 짝수인 포켓을 두 번 포함시켰기 때문입니다.

우선 우리는 검정색 포켓에 들어갈 확률과 짝수 포켓에 들어갈 확률을 각각 구했습니다.

두 확률을 서로 더할 때 검정색이면서 짝수인 포켓에 들어갈 확률을 두 번 계산했습니다.

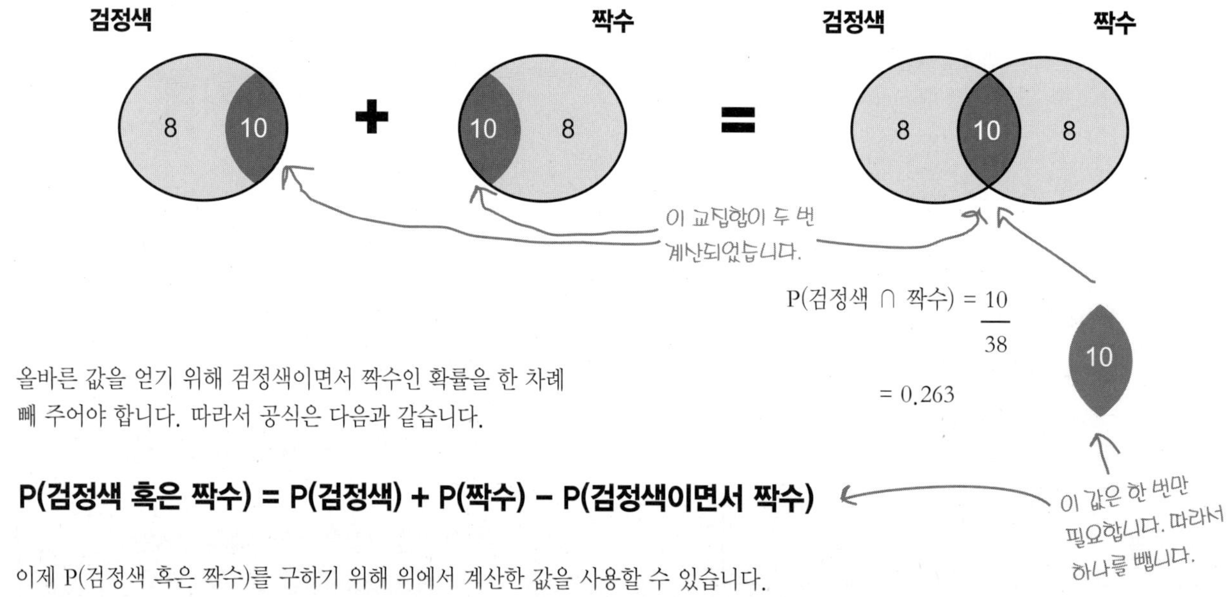

올바른 값을 얻기 위해 검정색이면서 짝수인 확률을 한 차례 빼 주어야 합니다. 따라서 공식은 다음과 같습니다.

P(검정색 혹은 짝수) = P(검정색) + P(짝수) – P(검정색이면서 짝수)

이제 P(검정색 혹은 짝수)를 구하기 위해 위에서 계산한 값을 사용할 수 있습니다.

P(검정색 혹은 짝수) = 18/38 + 18/38 – 10/38 = 26/38 = 0.684

추가적인 표기방법

이러한 공식을 수학적인 방법을 동원해서 더 짧게 표기할 수 있습니다.

우선 A와 B의 교집합을 나타내기 위해 A ∩ B라는 표기를 사용할 수 있습니다. 이 기호는 '캡'이라고 읽으며 '그리고'라는 의미입니다. 이것은 사건의 공통 원소를 취합니다.

i∩tersection

∪nion

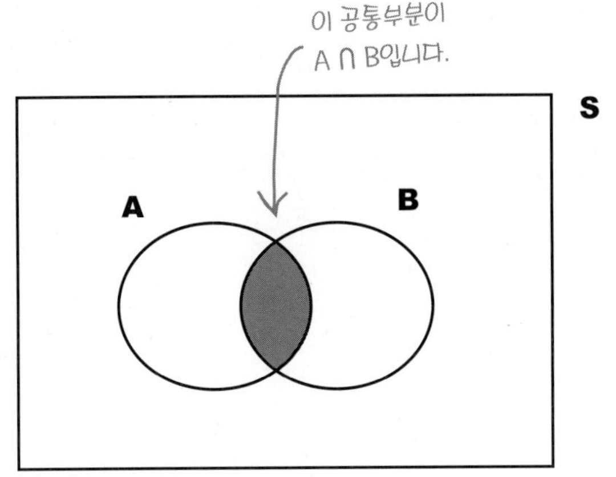

한편 A ∪ B는 A와 B의 합집합을 의미합니다. 이것은 A와 B에 속하는 모든 원소들을 포함합니다. 이 기호는 '컵'이라고 읽으며 '혹은'이라는 의미입니다.

만약 A ∪ B = 1이면 A와 B는 **전체**(exhaustive)입니다. 그들이 S 전체를 이루기 때문입니다. 그들은 모든 가능성을 포함합니다.

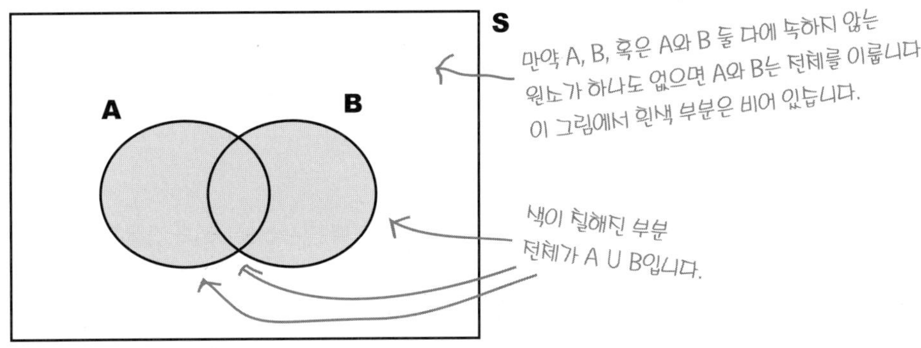

연필을 깎으며

앞 페이지에서 우리는

P(검정색 혹은 짝수) = P(검정색) + P(짝수) − P(검정색이면서 짝수)

라는 사실을 확인했습니다. 이 공식을 A와 B, 그리고 ∩과 ∪을 이용해서 적어 보세요.

연필을 깎으며 정답

앞 페이지에서 우리는

P(검정색 혹은 짝수) = P(검정색) + P(짝수) − P(검정색이면서 짝수)

라는 사실을 확인했습니다. 이 공식을 A와 B, 그리고 ∩과 ∪을 이용해서 적어 보세요.

P(A 혹은 B)

$$P(A \cup B) = P(A) + P(B) - P(A \cap B)$$

P(A이면서 B)

배반사건을 위한 공식은 왜 다른 거지? 내가 뭔가를 더 기억하게 만들려고 하는 거 아냐?

사실 그렇게 다르지 않습니다.

상호배반사건은 서로 공통된 원소를 하나도 갖지 않은 사건입니다. 만약 두 개의 상호배반사건이 있다고 하면 A와 B를 동시에 얻을 확률은 사실 0입니다. 따라서 P(A ∩ B) = 0입니다. 검정색 혹은 빨간색의 경우를 다시 봅시다. 이 베팅에서 공이 룰렛휠의 빨간색 포켓에서 멈추거나 검정색 포켓에서 멈추는 경우는 상호배반사건입니다. 포켓이 빨간색이면서 동시에 검정색일 수는 없기 때문입니다. 이것은 P(검정색 ∩ 빨간색) = 0이라는 의미이므로 공식에서 이 부분에 해당하는 것이 나타나지 않은 것뿐입니다.

조심하세요!

배반(exclusive)과 전체(exhaustive)는 서로 다릅니다.

만약 사건 A와 B가 서로 배반하면

P(A ∩ B) = 0입니다.

만약 사건 A와 B가 전체를 이루면

P(A ∪ B) = 1입니다.

확률이 되어 봅시다

당신이 할 일은 이제 확률이 된 것으로 상상하고 다음 벤다이어그램에서 필요한 부분을 색칠하는 것입니다.

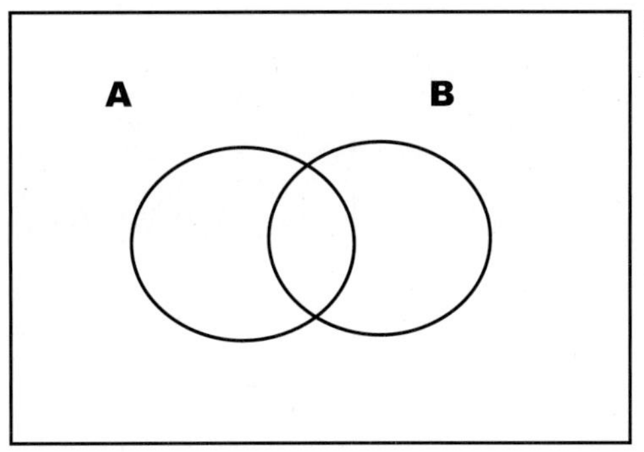

$P(A \cap B) + P(A \cap B')$

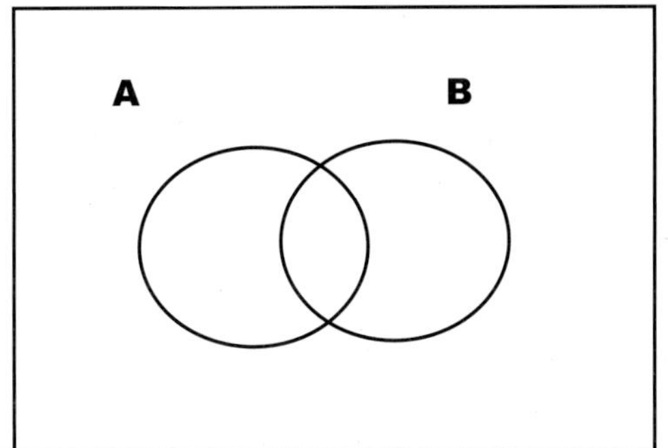

$P(A' \cap B')$

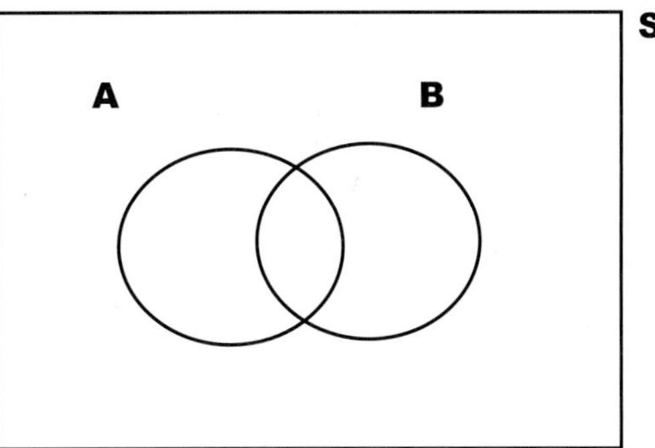

$P(A \cup B) - P(B)$

확률이 되어 봅시다 정답

당신이 할 일은 이제 확률이 된 것으로 상상하고 다음 벤다이어그램에서 필요한 부분을 색칠하는 것입니다.

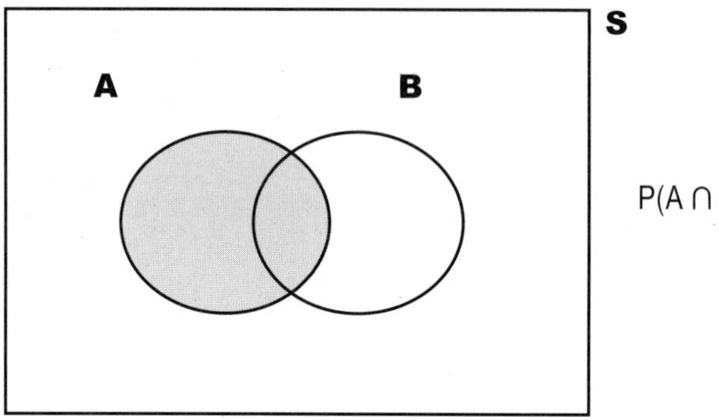

$P(A \cap B) + P(A \cap B')$

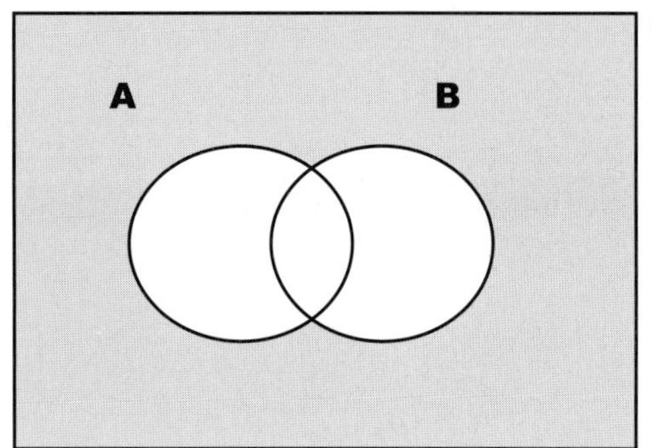

$P(A' \cap B')$

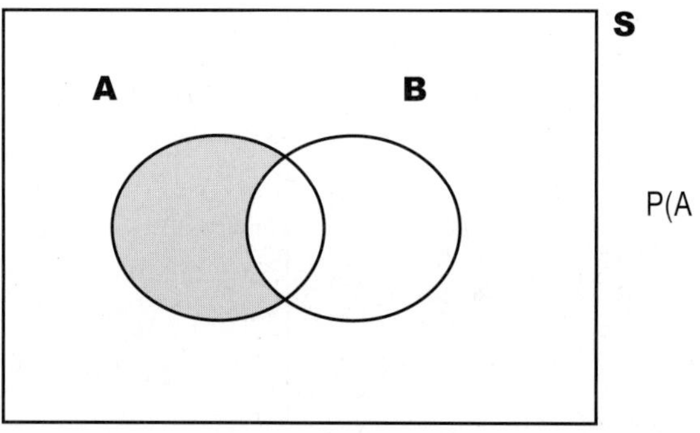

$P(A \cup B) - P(B)$

헤드 퍼스트 헬스클럽에 다니는 50명의 사람들에게 그들이 각각 야구, 축구, 농구 중에서 무엇을 하는지 질문했습니다. 12명은 축구만 합니다. 18명은 농구만 합니다. 6명은 야구와 농구를 하지만 축구는 하지 않습니다. 4명은 축구와 농구를 하지만 야구는 하지 않습니다.

이러한 가능성 공간을 나타내는 벤다이어그램을 그려 보세요. 농구를 하는 사람은 모두 몇 명일까요? 야구를 하는 사람은 모두 몇 명일까요? 축구를 하는 사람은 모두 몇 명일까요?

상호배반하는 스포츠 종목이 있습니까? 어느 종목이 (가능성 공간을 완전히 채우면서) 전체를 이루고 있습니까?

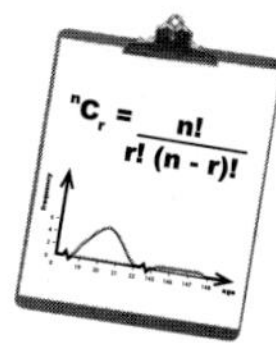

핵심 통계학

A 혹은 B

사건 A 혹은 B를 얻을 확률을 계산하려면 다음 공식을 사용하세요.

$$P(A \cup B) = P(A) + P(B) - P(A \cap B)$$

$\cup$는 '혹은'을 의미합니다.

$\cap$은 '그리고'를 의미합니다.

헤드 퍼스트 헬스클럽에 다니는 50명의 사람들에게 그들이 각각 야구, 축구, 농구 중에서 무엇을 하는지 질문했습니다. 12명은 축구만 합니다. 18명은 농구만 합니다. 6명은 야구와 농구를 하지만 축구는 하지 않습니다. 4명은 축구와 농구를 하지만 야구는 하지 않습니다.

이러한 가능성 공간을 나타내는 벤다이어그램을 그려 보세요. 농구를 하는 사람은 모두 몇 명일까요? 야구를 하는 사람은 모두 몇 명일까요? 축구를 하는 사람은 모두 몇 명일까요?

상호배반하는 스포츠 종목이 있습니까? 어느 종목이 (가능성 공간을 완전히 채우면서) 전체를 이루고 있습니까?

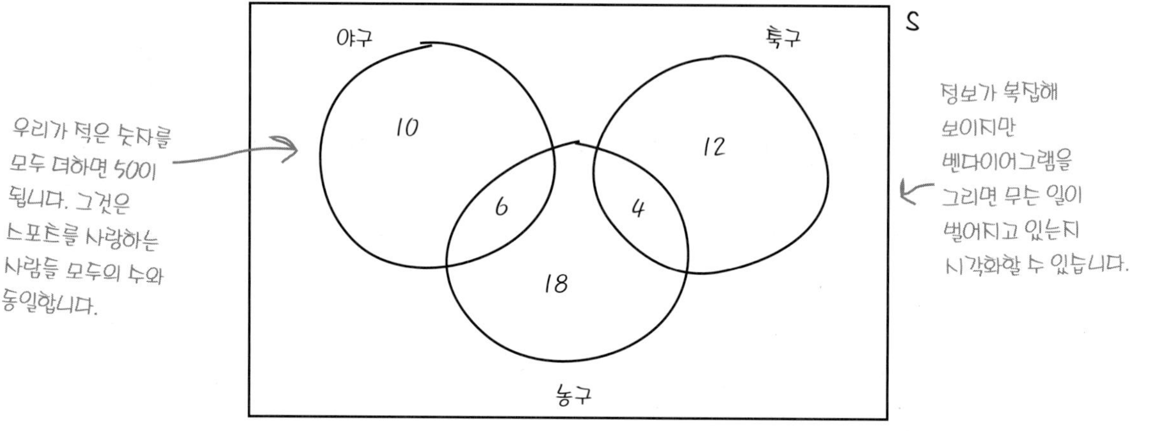

벤다이어그램에 있는 원 안에 적힌 수를 더해 보면 16명의 야구선수, 28명의 농구선수, 그리고 16명의 축구선수가 있음을 알 수 있습니다.

야구와 축구 사건은 상호배반합니다. 야구와 축구를 동시에 하는 사람이 한 명도 없으므로 P(야구 ∩ 축구) = 0입니다.

야구, 축구, 농구 사건은 전체를 이룹니다. 모두 더하면 가능성 공간 전체가 채워집니다. 따라서 P(야구 ∪ 축구 ∪ 농구) = 1입니다.

바보 같은 질문이란 없습니다

Q: A와 A'는 상호배반합니까 아니면 전체를 이룹니까?

A: 사실은 둘 다입니다. A와 A'는 아무런 공통 원소를 갖지 않으므로 그들은 상호배반합니다. 그리고 둘을 합치면 가능성 공간 전체를 형성하므로 전체를 이루기도 합니다.

Q: P(A ∩ B) + P(A ∩ B')는 그냥 P(A)를 복잡하게 말한 것 아닌가요?

A: 그렇습니다. 동일한 확률을 다른 각도에서 바라보는 것이 때로는 도움이 되기도 합니다. 필요한 모든 정보를 가지고 있는 경우가 아닐 수도 있기 때문에 확률을 여러 각도에서 바라볼 수 있는 능력은 결정적인 이점으로 작용합니다.

Q: 교차할 수 있는 사건의 수에는 제한이 있나요?

A: 없습니다. 여러 사건 사이에 존재하는 교집합을 나타낼 때는 ∩을 더 많이 사용하면 됩니다. 예를 들어 A, B, C 사이에 존재하는 교집합은 A ∩ B ∩ C로 나타냅니다.

여러 개가 교차하는 교집합의 확률을 구하는 것은 때로 어렵습니다. 만약 의심쩍은 상황이라면 벤다이어그램을 그려놓고 어느 확률을 서로 더하고 어느 부분을 빼야 하는지 치열하게 고민해야 합니다.

또 한 번의 불운한 판...

공이 검정색이나 짝수 포켓에 들어갈 확률이 0.684라는 사실을 알고 있지만, 불행하게도 공은 빨간색이며 홀수인 23에 들어가고 말았습니다.

...하지만 한 번 더 베팅을 해 봅시다

우리에게 유리한 판이었음에도 불구하고 룰렛테이블에서의 결과는 우리를 실망시켰습니다. 쿠르피에는 우리를 불쌍하게 여겨서 내부 정보를 제공해 주었습니다. 그녀는 룰렛휠을 돌린 다음에 공이 어디에서 멈출지에 대한 힌트를 줄 것입니다. 그러면 우리는 그녀가 말하는 내용을 토대로 해서 확률을 구해야 합니다.

우리는 이 베팅을 해야 할 것인가?

공이 검정색 포켓에 들어갔다는 정보를 이미 알고 있는 상태에서 공이 짝수 포켓에 들어갈 확률을 계산하는 것은 앞에서 우리가 공이 검정색 아니면 짝수 포켓에 들어갈 것이라고 베팅했을 때의 확률과 어떻게 달라질까요? 계산을 해 보세요.

조건이 적용됩니다

쿠르피에가 공이 검정색 포켓에 들어갔다고 말했습니다. 그렇다면 그 포켓이 짝수일 확률은 얼마나 될까요?

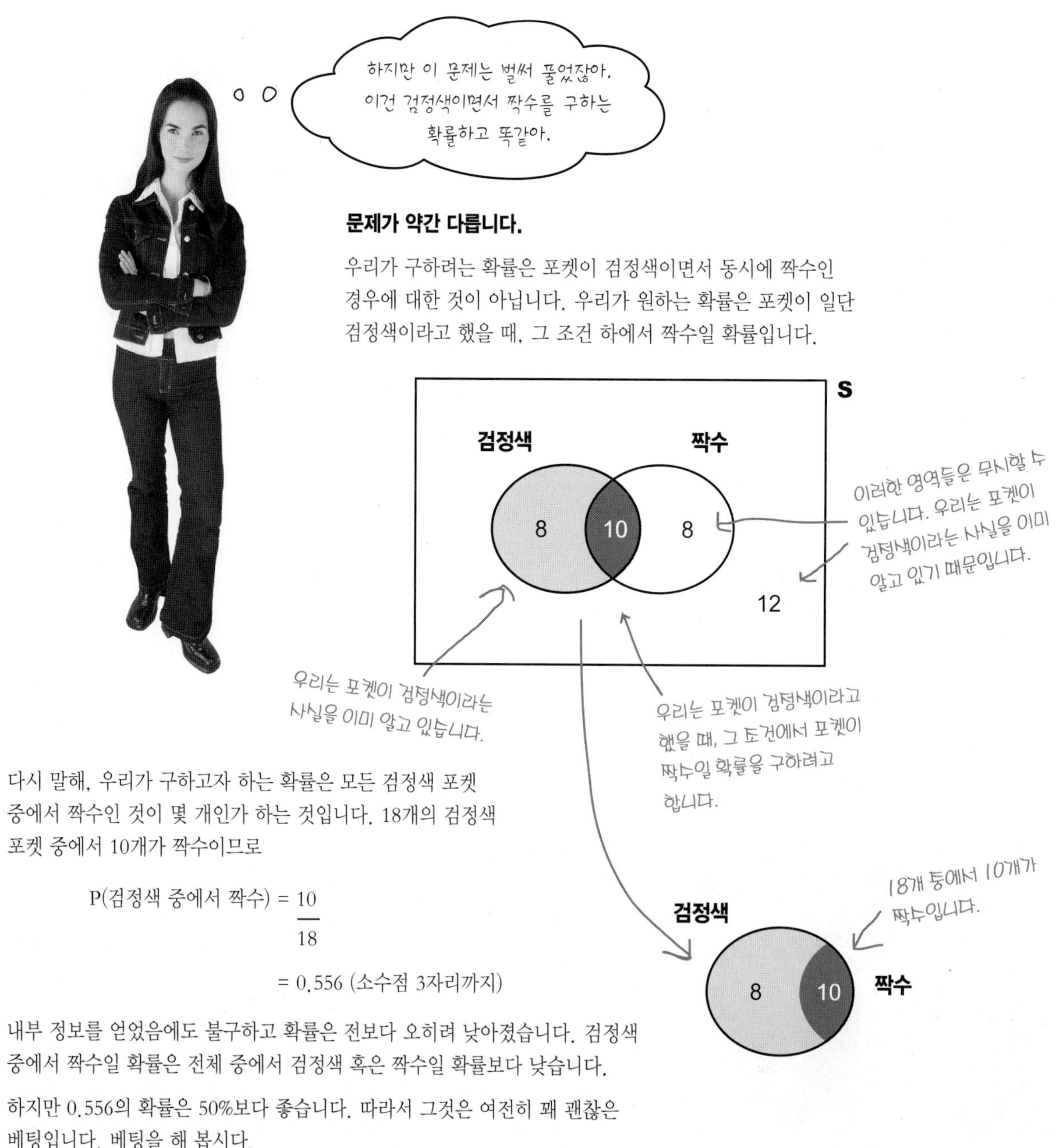

문제가 약간 다릅니다.

우리가 구하려는 확률은 포켓이 검정색이면서 동시에 짝수인 경우에 대한 것이 아닙니다. 우리가 원하는 확률은 포켓이 일단 검정색이라고 했을 때, 그 조건 하에서 짝수일 확률입니다.

다시 말해, 우리가 구하고자 하는 확률은 모든 검정색 포켓 중에서 짝수인 것이 몇 개인가 하는 것입니다. 18개의 검정색 포켓 중에서 10개가 짝수이므로

$$P(\text{검정색 중에서 짝수}) = \frac{10}{18}$$

$$= 0.556 \text{ (소수점 3자리까지)}$$

내부 정보를 얻었음에도 불구하고 확률은 전보다 오히려 낮아졌습니다. 검정색 중에서 짝수일 확률은 전체 중에서 검정색 혹은 짝수일 확률보다 낮습니다.

하지만 0.556의 확률은 50%보다 좋습니다. 따라서 그것은 여전히 꽤 괜찮은 베팅입니다. 베팅을 해 봅시다.

조건부확률 찾기

이러한 문제를 일반화하는 방법은 무엇일까요? 우선 어떤 사건이 다른 사건의 발생을 조건으로 일어나는 확률을 의미하는 **조건부확률**(conditional probabilities)을 나타낼 표기법이 필요합니다.

어떤 사건이 이미 발생한 것을 전제로 다른 사건이 일어날 확률을 표현하기 위해서는 '주어진'이라는 의미를 갖는 '|' 기호를 사용합니다. '사건 B가 주어졌을 때 사건 A가 일어날 확률'이라고 말하는 대신 다음과 같이 할 수 있습니다.

$P(A \mid B)$ ← B가 발생했다는 것을 알 때 A가 발생할 확률

우리는 B가 주어졌을 때 A의 확률을 구하려고 하므로 B가 발생한 사건의 집합에 대해서만 관심이 있습니다.

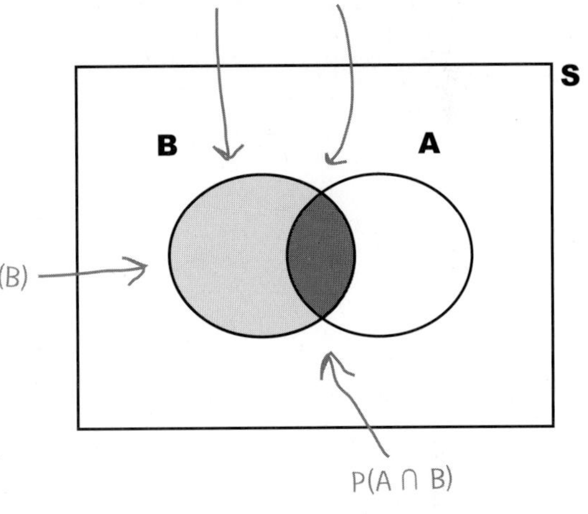

따라서 P(A | B)를 계산하는 일반적인 방법이 필요합니다. 우리가 관심 있는 것은 A와 B가 동시에 발생하는 경우의 수를 B가 일어날 수 있는 경우의 수로 나눈 값입니다. 벤다이어그램을 관찰하면 다음 공식을 얻을 수 있습니다.

$$P(A \mid B) = \frac{P(A \cap B)}{P(B)}$$

우리는 P(A ∩ B)를 계산하기 위해 공식을 다음과 같이 바꿀 수 있습니다.

$$P(A \cap B) = P(A \mid B) \times P(B)$$

여기서 끝나는 것이 아닙니다. P(A ∩ B)를 적는 또 다른 방법은 P(B ∩ A)입니다. 이것은 곧 공식을 다음과 같이 적을 수도 있음을 뜻합니다.

$$P(B \cap A) = P(B \mid A) \times P(A)$$

다시 말해, 그냥 A와 B를 바꾸는 것입니다.

벤다이어그램에서 조건부확률을 나타내는 것은 어려운 것 같아. 뭔가 다른 방법이 있지 않을까?

조건부확률을 나타내기 위한 최선의 방법이 항상 벤다이어그램은 아닙니다.

걱정하지 않아도 됩니다. 이 경우를 위해 사용할 수 있는 또 다른 다이어그램이 있습니다. 그것은 바로 확률트리(probability tree)입니다.

조건부확률을 확률트리를 이용해서 시각화할 수 있습니다

조건부확률을 벤다이어그램으로 시각화하는 것이 어려울 때가 있습니다. 하지만 이러한 상황에서 유용하게 사용할 수 있는 다이어그램인 **확률트리**가 있습니다. 다음은 우리의 룰렛휠 문제를 위한 확률트리로서, 여러 가지 색깔과 짝수 또는 홀수 포켓을 얻는 확률을 보여 주고 있습니다.

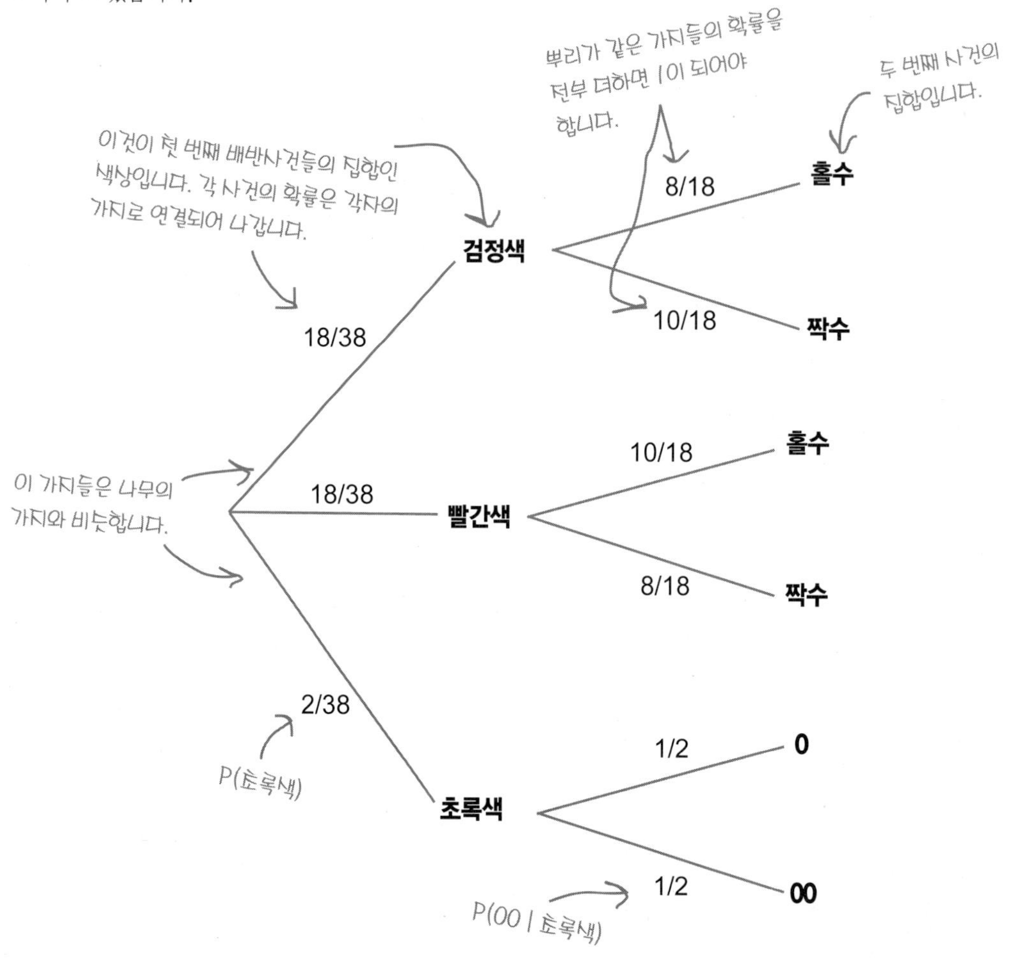

첫 번째 가지의 집합은 각각의 경우에 대한 확률을 나타내고 있으므로, 검정색일 확률은 18/38 혹은 0.474입니다. 두 번째 가지의 집합은 **그것이 연결되어 있는 가지의 사건이 일어났을 때** 해당 사건이 일어날 확률을 보여 줍니다. 일단 검정색이 나왔다고 했을 때 홀수 포켓일 확률은 8/18 혹은 0.444입니다.

트리는 조건부확률을 계산하는 것을 도와줍니다

확률트리는 확률을 시각화하는 것만이 아니라 계산을 도와주기도 합니다.

그렇게 하는 일반적인 방법을 살펴봅시다. 다음은 또 하나의 확률트리입니다. 이번에는 가지의 숫자가 다릅니다. 트리는 두 단계의 사건을 보여 줍니다. A와 A' 그리고 B와 B'를 가지고 있습니다. A'는 A에 속하지 않는 다른 모든 사건을 의미하고, B'는 B에 속하지 않는 다른 모든 사건을 의미합니다.

연결되어 있는 가지의 확률을 서로 곱하면 교집합과 관련된 확률을 계산할 수 있습니다. 예를 들어 $P(A \cap B)$를 계산한다고 합시다. 이 값은 $P(B)$와 $P(A \mid B)$를 곱하면 얻을 수 있습니다. 다시 말해, 첫 단계인 B 가지의 확률과 두 번째 단계인 A 가지의 확률을 서로 곱하는 것입니다.

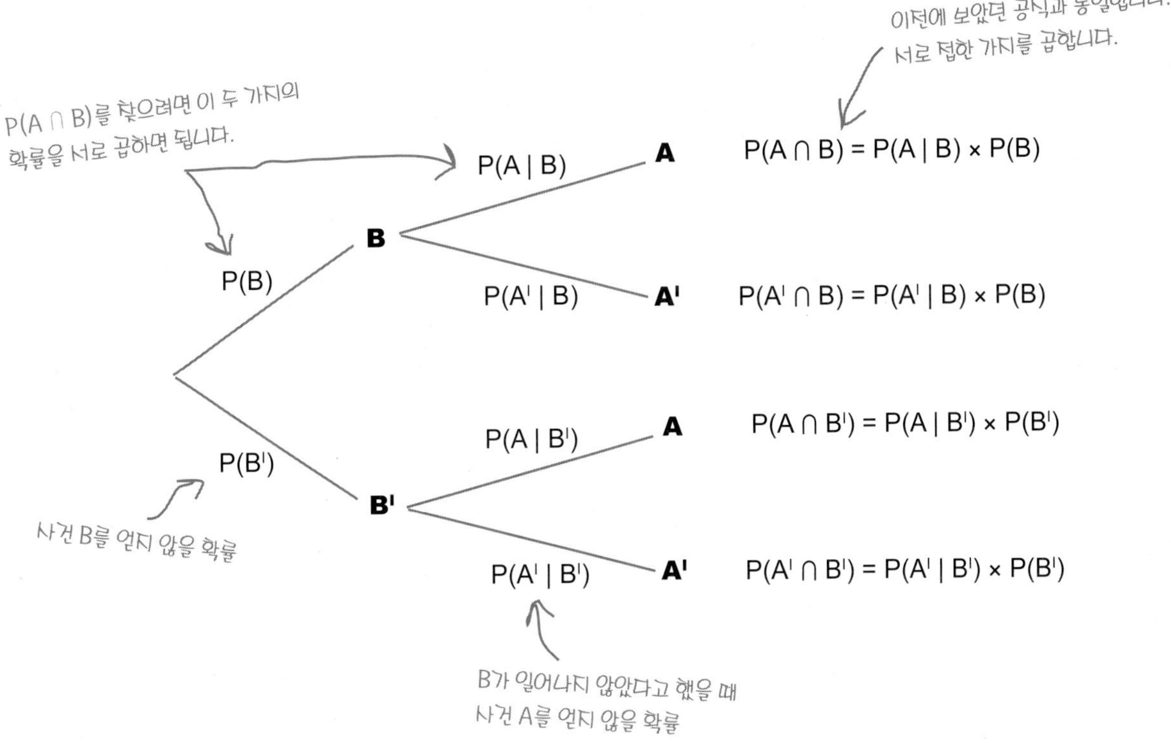

확률트리를 사용해도 이전에 보았던 것과 동일한 결과를 얻습니다. 이들을 사용할 것인지 여부는 당신에게 달려 있습니다. 확률트리를 그리면 시간이 걸리기는 하지만 조건부확률을 시각화하는 방법을 제공합니다.

확률 자석

던칸도넛에서는 고객들이 도넛과 커피를 동시에 구매하는 확률을 조사하고 있습니다. 그들은 확률트리를 그려서 확률을 나타내고 있었는데 갑자기 강풍이 불면서 자석이 모두 떨어졌습니다. 당신이 할 일은 떨어져 나간 자석 조각을 다시 제자리에 맞춰 놓는 것입니다. 다음은 힌트입니다.

P(도넛) = 3/4 P(커피| 도넛') = 1/3 P(도넛 ∩ 커피) = 9/20

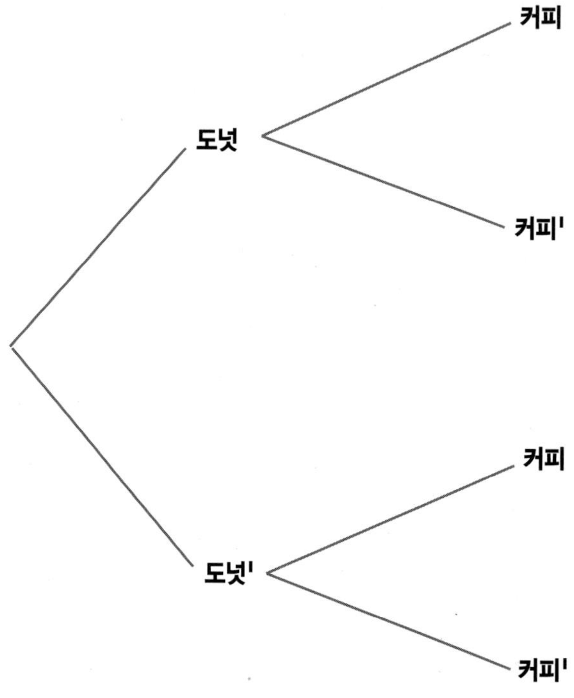

2/3 3/5 2/5 1/4 3/4 1/3

트리를 사용하는 방법에 대한 유익한 힌트

1. 단계를 결정하세요

필요로 하는 확률의 서로 다른 단계를 결정하세요. 예를 들어 P(A | B)에 대한 확률이 주어졌다면 아마도 첫 번째 단계가 B를 포함하고, 두 번째 단계가 A를 포함하도록 하는 것이 일반적일 것입니다.

2. 이미 알고 있는 내용을 채워 넣으세요

일련의 확률을 알고 있으면, 그들을 트리의 알맞은 곳에 적어 넣습니다.

3. 각 가지의 집합을 모두 더하면 1이 된다는 사실을 기억하세요

동일한 뿌리에서 나온 가지의 확률을 모두 더하면 1이 되어야 합니다.
$P(A) = 1 - P(A')$임을 기억하세요.

4. 공식을 기억하세요

다음 공식을 이용하면 대부분의 확률을 계산할 수 있습니다.

$$P(A \mid B) = \frac{P(A \cap B)}{P(B)}$$

확률 자석 정답

던칸도넛에서는 고객들이 도넛과 커피를 동시에 구매하는 확률을 조사하고 있습니다. 그들은 확률트리를 그려서 확률을 나타내고 있었는데 갑자기 강풍이 불면서 자석이 모두 떨어졌습니다. 당신이 할 일은 떨어져 나간 자석 조각을 다시 제자리에 맞춰 놓는 것입니다. 다음은 힌트입니다.

P(도넛) = 3/4　　　P(커피| 도넛') = 1/3　　　P(도넛 ∩ 커피) = 9/20

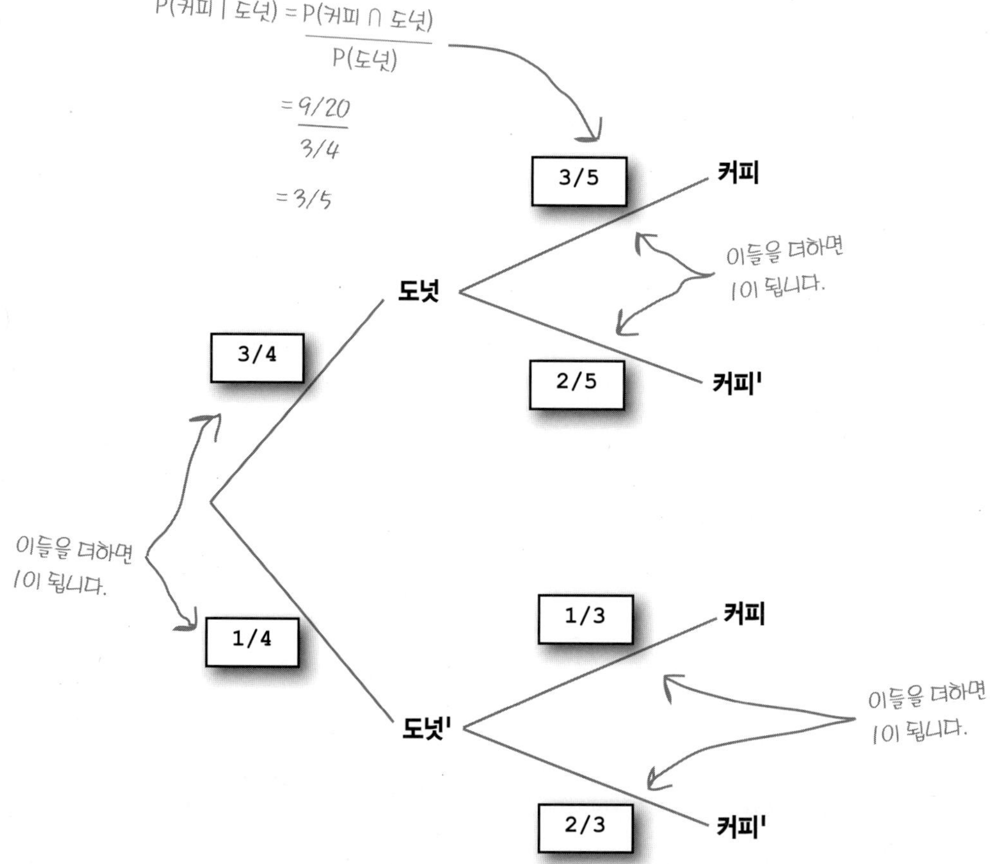

던칸도넛 문제가 아직 끝나지 않았습니다! 확률트리를 완성했으니까 이제 몇몇 확률을 구하기 위해 그것을 활용할 필요가 있습니다.

1. P(도넛')

2. P(도넛' ∩ 커피)

3. P(커피' | 도넛)

4. P(커피)

힌트: 커피를 얻는 방법은 몇 가지일까요? (커피는 도넛과 함께 혹은 도넛 없이 얻을 수 있습니다.)

5. P(도넛 | 커피)

힌트: 앞의 대답이 도움이 될 수도 있습니다.

던칸도넛 문제가 아직 끝나지 않았습니다! 확률트리를 완성했으니까 이제 몇몇 확률을 구하기 위해 그것을 활용할 필요가 있습니다.

1. P(도넛')

1/4

이 값은 트리에서 바로 읽을 수 있습니다. P(도넛) = 3/4이 주어져 있으므로 P(도넛')은 1/4이 되어야 합니다.

2. P(도넛' ∩ 커피)

1/12

이 값은 P(도넛')과 P(커피 | 도넛')을 곱해서 얻을 수 있습니다. 앞에서 방금 P(도넛') = 1/4을 구했으므로 그 다음으로 P(커피 | 도넛') = 1/3을 트리에서 읽으면 됩니다. 둘을 곱하면 1/12를 얻습니다.

3. P(커피' | 도넛)

2/5

이 값은 트리에서 바로 읽을 수 있습니다.

4. P(커피)

8/15

이 확률은 조금 어렵습니다. 혹시 틀렸다고 해도 걱정할 필요는 없습니다. P(커피)를 구하려면 P(커피 ∩ 도넛)과 P(커피 ∩ 도넛')을 더해야 합니다. 따라서 1/12 + 9/20 = 8/15.

5. P(도넛 | 커피)

27/32

이것은 P(커피)를 구했을 경우에 한해서 계산할 수 있습니다.
P(도넛 | 커피) = P(도넛 ∩ 커피) / P(커피)
따라서 (9/20) / (8/15) = 27/32

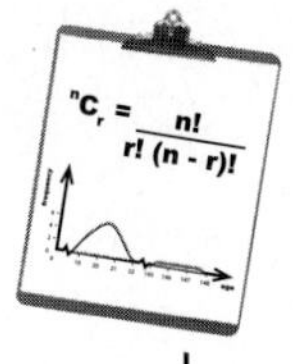

핵심 통계학

조건

$$P(A \mid B) = \frac{P(A \cap B)}{P(B)}$$

바보 같은 질문이란 없습니다

Q: 저는 아직도 P(A ∩ B)와 P(A | B)가 뭐가 다른 건지 모르겠어요.

A: P(A ∩ B)는 A와 B가 동시에 일어나는 확률입니다. 이 경우에는 어느 한 사건이 이미 발생했는지 여부를 가정하지 않습니다. 따라서 어떤 가정도 하지 않고 A와 B가 동시에 발생하는 확률을 찾아야 합니다.

P(A | B)는 B가 일어났을 때 A가 일어날 확률입니다. 다시 말해, B가 이미 일어난 것으로 가정하고 그 전제 하에서 A가 일어나는 확률을 계산합니다.

Q: 그럼 P(A | B)는 P(A)와 같지 않나요?

A: 아닙니다. 그들을 서로 다른 확률입니다. P(A | B)를 계산할 때는 B가 이미 일어난 것으로 가정해야 합니다. 하지만 P(A)를 계산할 때는 어떤 가정도 하지 않습니다.

Q: 그럼 P(A | B)는 P(B | A)와 같은 것인가요? 둘이 비슷하게 보이네요.

A: 흔히 저지르는 실수인데, 그 둘은 전혀 다른 확률입니다. P(A | B)는 B가 이미 일어났다고 가정했을 때 A가 일어날 확률입니다. P(B | A)는 A가 이미 일어났다고 가정했을 때 B가 일어날 확률입니다. 그들은 사실 완전히 다른 가정을 전제로 다른 확률을 나타내고 있습니다.

Q: 확률트리는 벤다이어그램보다 좋은 건가요?

A: 두 다이어그램은 모두 확률을 시각화하는 방법을 제공하는데, 각각 쓰임새가 다릅니다. 벤다이어그램은 기본적인 확률과 관계를 나타내는 데 편리하고, 확률트리는 조건부확률을 다룰 때 편리합니다. 어느 것을 사용하는가 하는 것은 당신이 풀어야 하는 문제에 달려 있습니다.

Q: 확률트리에서 얼마나 많은 가지의 집합을 나타낼 수 있는지 제한이 있나요?

A: 이론적으로는 제한이 없습니다. 하지만 너무 거대한 확률트리는 다루기 어렵습니다. 그렇긴 해도 거대한 확률트리를 그리는 것이 복잡한 확률을 트리 없이 다루는 것보다 쉬울 것입니다.

Q: A와 B가 상호배반하는 경우에는 P(A | B)가 어떤 의미를 갖습니까?

A: A와 B가 상호배반하면 P(A ∩ B) = 0이고 P(A | B) = 0입니다. A와 B가 상호배반하는 경우에는 두 사건이 동시에 일어나는 것이 불가능하므로 이것은 당연합니다. 만약 B가 이미 일어났다고 가정을 하면, 그 전제 하에서 사건 A가 일어나는 것은 불가능하므로 P(A | B) = 0입니다.

운이 나빴어!

공이 이미 검정색 포켓에 들어갔다는 사실을 듣고 나서 공이 짝수 포켓에 들어갈 것이라고 베팅을 했습니다. 하지만 공은 17 포켓으로 들어갔고, 약간의 칩을 잃었습니다.

다음 베팅을 통해서 잃은 칩을 만회할 수 있을지도 모릅니다. 쿠르피에가 이번에는 공이 짝수 포켓 들어갔다고 말했습니다. 그렇다면 이번에 공이 검정색 포켓에 들어갈 확률은 얼마일까요?

이것은 이전 베팅과 정반대의 베팅입니다.

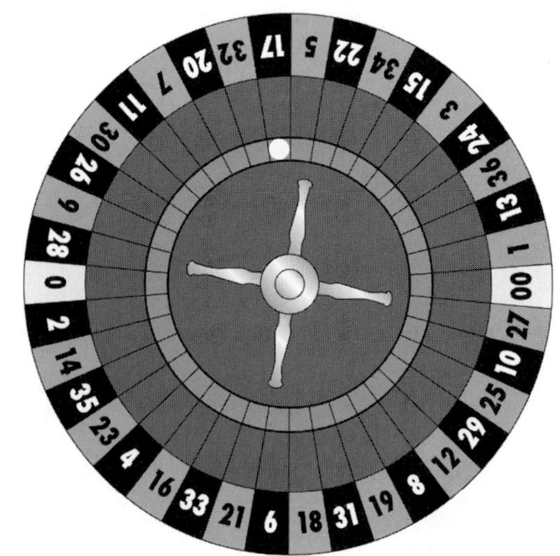

하지만 이건 앞에서 본 문제와 비슷하잖아. 지금 확률트리를 다시 그리고 각각의 확률을 적어 넣으라는 거야? 앞에서 사용했던 트리를 다시 사용하면 안 될까?

앞에서 사용했던 확률 계산을 다시 사용할 수 있습니다.

앞에서 우리가 해야 했던 일은 P(짝수 | 검정색)을 계산하는 것이었습니다. 이번에 P(검정색 | 짝수)를 계산할 때 앞에서 구했던 확률을 사용할 수 있습니다. 다음은 앞에서 사용했던 확률트리입니다.

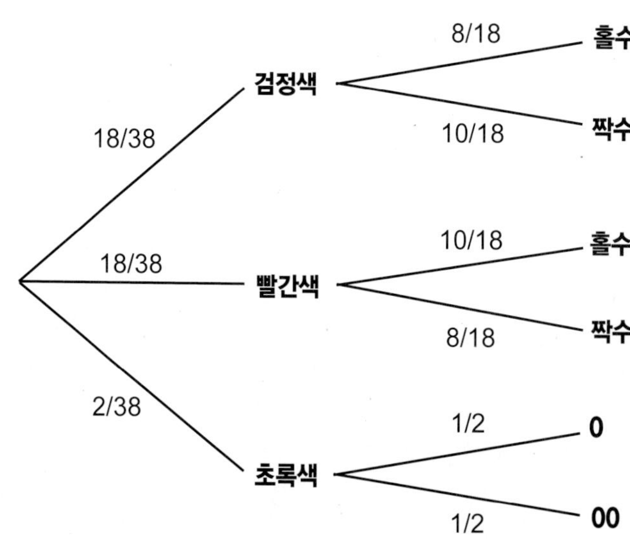

앞에서 구한 확률을 사용해서 P(검정색 | 짝수)를 구할 수 있습니다

그럼 P(검정색 | 짝수)를 어떻게 구할 수 있을까요? 비록 확률트리를 보는 것만으로는 확실하지 않지만 이 값을 계산하기 위해 앞에서 구한 확률을 사용할 수 있습니다. 우리가 할 일은 앞에서 구한 확률을 잘 들여다보고 아직 알지 못하는 확률을 계산하는 것뿐입니다.

우선 우리가 구해야 하는 최종 확률 P(검정색 | 짝수)에 대해 살펴봅시다.

조건부확률을 구하는 공식을 이용하면 다음을 얻습니다.

$$P(\text{검정색} \mid \text{짝수}) = \frac{P(\text{검정색} \cap \text{짝수})}{P(\text{짝수})}$$

만약 P(검정색 ∩ 짝수)와 P(짝수)의 확률을 구하면 그 값을 공식에 대입함으로써 P(검정색 | 짝수)를 계산할 수 있습니다. 우리가 할 일은 이 두 값을 구하는 것입니다.

어렵게 들린다고요? 걱정할 필요 없습니다. 우리가 한 단계씩 계산을 도와줄 것입니다.

필요한 확률을 구하기 위해 이미 가지고 있는 확률을 사용하세요.

단계 1: P(검정색 ∩ 짝수) 찾기

공식의 처음 부분인 P(검정색 ∩ 짝수)를 찾는 것부터 시작해 봅시다.

연필을 깎으며

앞 페이지에 있는 확률트리를 보세요. P(검정색 ∩ 짝수)를 찾기 위해 그것을 어떻게 이용할까요?

힌트: P(검정색 ∩ 짝수) = P(짝수 ∩ 검정색)

앞 페이지에 있는 확률트리를 보세요. P(검정색 ∩ 짝수)를 찾기 위해 그것을 어떻게 이용할까요?

P(검정색)과 P(짝수 | 검정색)을 서로 곱해서 P(검정색 ∩ 짝수)를 구할 수 있습니다.
그러므로 P(검정색 ∩ 짝수) = P(검정색) x P(짝수 | 검정색)

$$= \frac{18}{38} \times \frac{10}{18}$$

$$= \frac{10}{38}$$

$$= \frac{5}{19}$$

이러한 계산 다음에 해야 할 일은 무엇일까요?

우리는 P(검정색 | 짝수)를 구하려고 합니다. 이 값은 다음과 같이 계산합니다.

$$P(검정색 \mid 짝수) = \frac{P(검정색 \cap 짝수)}{P(짝수)}$$

이 두 값은 동일합니다...

지금까지는 공식의 첫 번째 부분인 P(검정색 ∩ 짝수)만 살펴보았습니다. 그리고 그것은 다음과 같이 계산할 수 있다는 사실도 확인했습니다.

$$P(검정색 \cap 짝수) = P(검정색) \times P(짝수 \mid 검정색)$$

따라서 공식을 다음과 같이 바꿀 수 있습니다.

$$P(검정색 \mid 짝수) = \frac{P(검정색) \times P(짝수 \mid 검정색)}{P(짝수)}$$

...따라서 우리는 원래 공식에서 P(검정색 ∩ 짝수)를 P(검정색) × P(짝수 | 검정색)으로 바꿔 쓸 수 있습니다.

그럼 공식의 두 번째 부분인 P(짝수)는 어떻게 구할 수 있나요?

206페이지에 있는 확률트리를 다시 자세히 보세요. P(짝수)를 구하기 위해 그것을 어떻게 활용할 수 있을까요?

단계 2: P(짝수) 찾기

다음 단계는 P(짝수), 즉 공이 짝수 포켓에 들어갈 확률을 찾는 것입니다. 우리는 이 사건이 일어나는 방법을 모두 고려함으로써 확률을 구할 수 있습니다.

공이 짝수 포켓에 들어가는 방법은 짝수이면서 검정색 포켓에 들어가거나 짝수이면서 빨간색 포켓에 들어가는 것입니다. 공이 짝수에 들어갈 수 있는 방법은 이게 전부입니다.

이것은 P(검정색 ∩ 짝수)와 P(빨간색 ∩ 짝수)를 더하면 P(짝수)를 얻을 수 있음을 뜻합니다. 다시 말해, 검정색이면서 짝수인 경우의 확률과 빨강색이면서 짝수인 경우의 확률을 더하는 것입니다. 다음 확률트리를 보면 이 계산과 관련된 가지가 강조되어 있습니다.

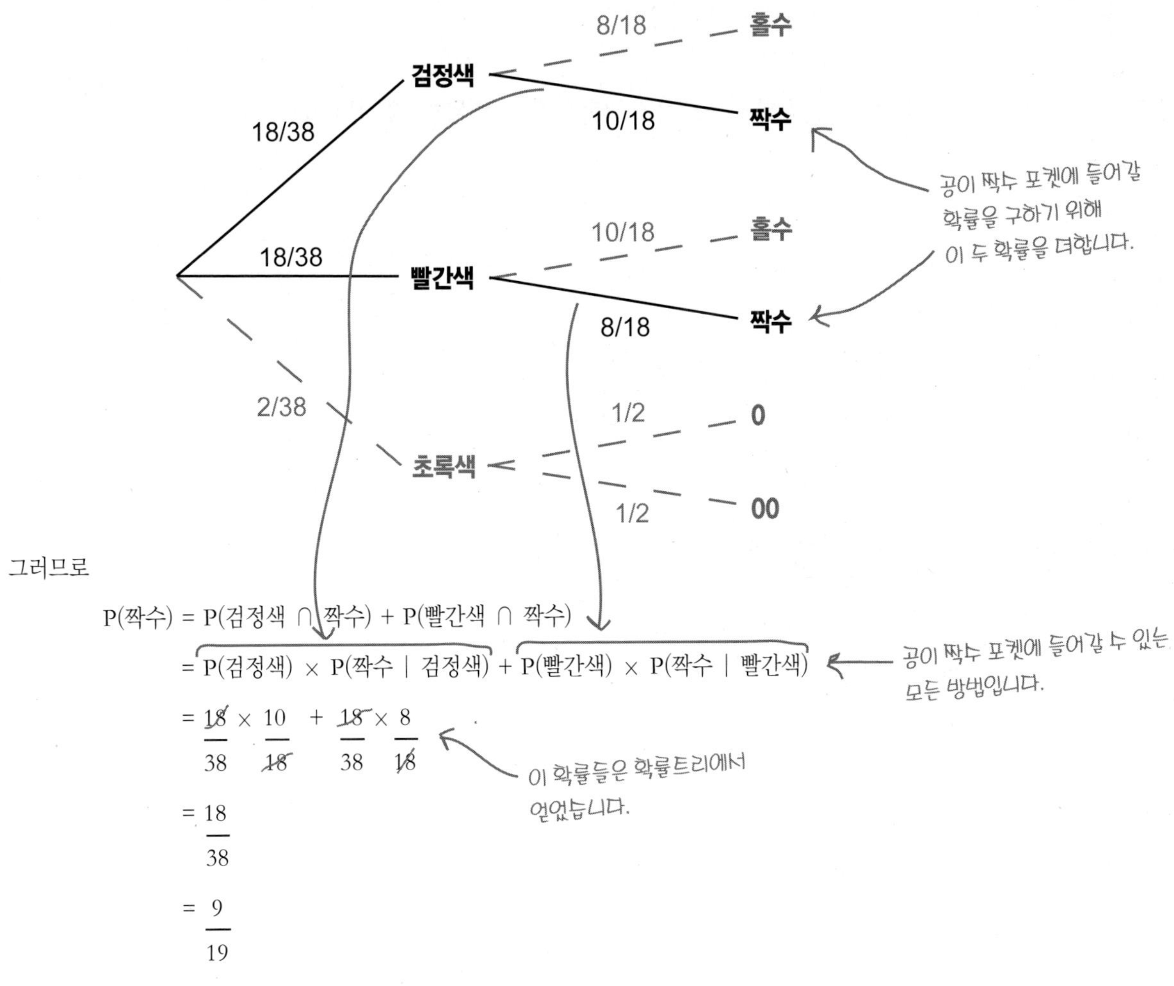

그러므로

$$
\begin{aligned}
P(\text{짝수}) &= P(\text{검정색} \cap \text{짝수}) + P(\text{빨간색} \cap \text{짝수}) \\
&= P(\text{검정색}) \times P(\text{짝수} \mid \text{검정색}) + P(\text{빨간색}) \times P(\text{짝수} \mid \text{빨간색}) \\
&= \frac{18}{38} \times \frac{10}{18} + \frac{18}{38} \times \frac{8}{18} \\
&= \frac{18}{38} \\
&= \frac{9}{19}
\end{aligned}
$$

단계 3: P(검정색 | 짝수) 찾기

우리의 원래 문제가 무엇인지 알고 있습니까? P(검정색 | 짝수)를 찾는 것입니다.

$$P(검정색 \mid 짝수) = \frac{P(검정색 \cap 짝수)}{P(짝수)}$$

우리는 P(검정색 ∩ 짝수)를 찾는 것부터 시작했습니다.

$$P(검정색 \cap 짝수) = P(검정색) \times P(짝수 \mid 검정색)$$

그 다음에는 P(짝수)를 찾는 것으로 넘어가서 다음을 구했습니다.

$$P(짝수) = P(검정색) \times P(짝수 \mid 검정색) + P(빨간색) \times P(짝수 \mid 빨간색)$$

이것은 방금 전에 확률트리를 이용해서 계산한 것입니다.

이들을 모두 결합하면 확률트리 위의 확률을 이용해서 P(검정색 | 짝수)를 계산할 수 있습니다.

$$P(검정색 \mid 짝수) = \frac{P(검정색 \cap 짝수)}{P(짝수)}$$

$$= \frac{P(검정색) \times P(짝수 \mid 검정색)}{P(검정색) \times P(짝수 \mid 검정색) + P(빨간색) \times P(짝수 \mid 빨간색)}$$

$$= \frac{5}{19} \div \frac{9}{19}$$

앞에서 이것을 계산했습니다. 따라서 결과에 대입할 수 있습니다.

$$= \frac{5}{\cancel{19}} \times \frac{\cancel{19}}{9}$$

$$= \frac{5}{9}$$

이것은 이미 알고 있는 확률을 이용해서 새로운 조건부확률의 값을 계산할 수 있음을 의미합니다. 그리고 보다 복잡한 확률문제를 풀 때 도움을 줄 수 있습니다.

이것이 일반적으로 어떻게 동작하는지 알아봅시다.

이러한 결과는 다른 문제로 일반화될 수 있습니다

아래와 같이 사건 A와 B를 나타내는 확률트리가 있다고 합시다. 그리고 각 가지의 확률을 알고 있다고 가정합시다.

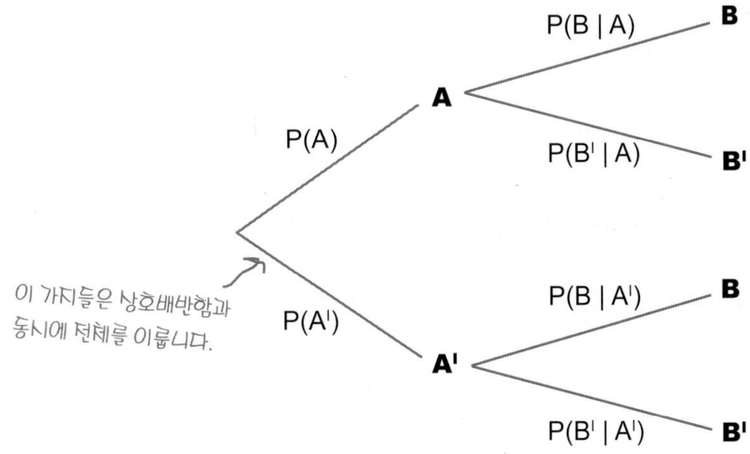

이제 P(A | B)를 구하려 한다 하고, 위 확률트리에 적힌 확률이 이미 알고 있는 정보의 모든 것이라고 합시다. P(A | B)를 계산하기 위해 그 값들을 어떻게 이용할 건가요?

앞에서 보았던 공식에서부터 시작합시다.

$$P(A \mid B) = \frac{P(A \cap B)}{P(B)}$$

P(A | B)를 얻기 위해서는 이 두 개의 확률을 구해야 합니다.

확률트리에 있는 확률을 이용해서 P(A ∩ B)를 찾을 수 있습니다. 즉, 다음을 이용해서 P(A ∩ B)를 구할 수 있습니다.

$$P(A \cap B) = P(A) \times P(B \mid A)$$

하지만 P(B)는 어떻게 구할까요?

확률트리를 자세히 보세요. P(B)를 구하기 위해 그것을 어떻게 이용할까요?

P(B)를 구하려면 전확률의 법칙을 이용하세요

P(B)를 구하려면 앞에서 P(짝수)를 구할 때와 동일한 방법을 사용합니다. 즉, 원하는 사건이 일어날 수 있는 모든 경우에 대한 확률을 더합니다.

사건 B가 일어날 수 있는 두 가지 방법이 있습니다. A와 함께 일어나거나 아니면 A 없이 일어나는 것입니다. 그러므로 다음과 같이 P(B)를 구할 수 있습니다.

$$P(B) = P(A \cap B) + P(A' \cap B)$$

P(B)를 구하기 위해 교집합 두 개를 서로 더합니다.

이것을 확률트리로부터 이미 알고 있는 확률을 이용해서 다시 적을 수 있습니다. 확률트리로부터 다음을 구할 수 있습니다.

$$P(A \cap B) = P(A) \times P(B \mid A)$$

$$P(A' \cap B) = P(A') \times P(B \mid A')$$

그러므로 다음 공식이 얻어집니다.

$$\mathbf{P(B) = P(A) \times P(B \mid A) + P(A') \times P(B \mid A')}$$

이것은 어떤 특정한 사건이 조건부확률을 전제로 일어날 수 있는 전체 확률을 구하는 방법을 제공하기 때문에 때로 **전확률의 법칙**(Law of Total Probability)이라고 합니다.

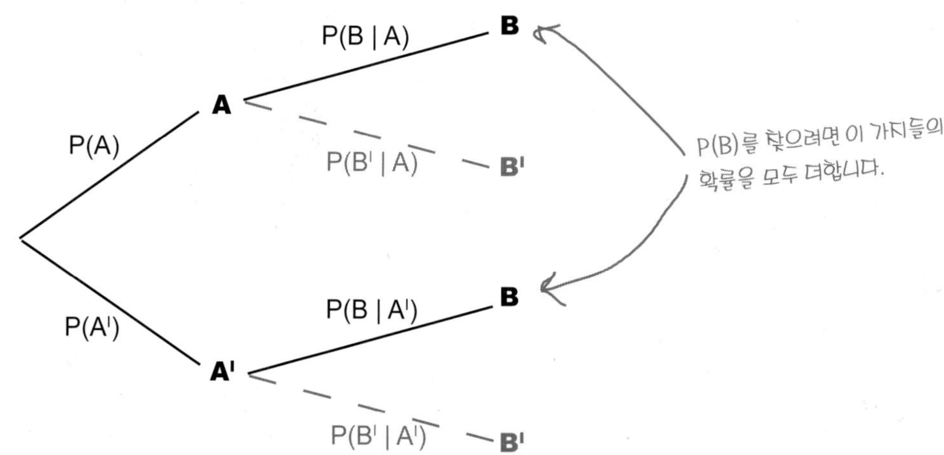

이제 P(A ∩ B)와 P(B)에 대한 공식을 갖게 되었으므로 P(A | B)를 위한 공식에 그들을 대입할 수 있습니다.

베이즈 정리 소개

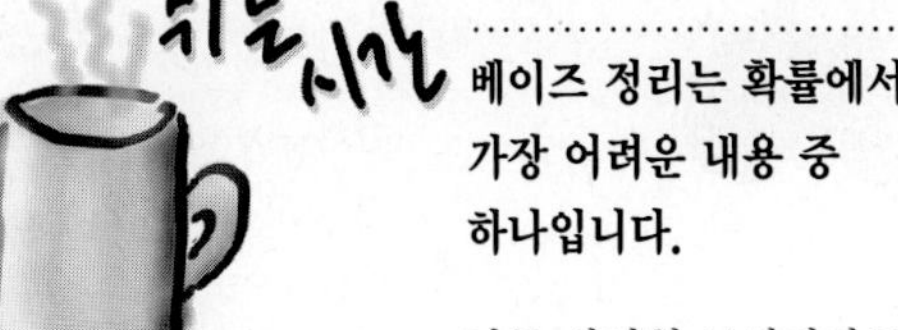

베이즈 정리는 확률에서 가장 어려운 내용 중 하나입니다.

너무 어려워 보이더라고 걱정할 필요 없습니다. 이 정도가 가장 어려운 내용에 해당하기 때문입니다. 공식 자체는 복잡해 보이지만, 문제를 시각화해서 보면 도움이 될 것입니다.

우리는 확률트리에 있는 확률을 이용해서 P(A | B)를 구했습니다. 이미 P(A)를 알고 있었고, P(B | A)와 P(B | A')도 알고 있었습니다. 이제 필요한 것은 이미 알고 있는 값이 뒤집힌 조건부확률, 즉 P(A | B)를 구하기 위한 일반적인 공식입니다.

우리는 다음 공식에서 출발했습니다.

$$P(A \mid B) = \frac{P(A \cap B)}{P(B)}$$

아래 내용을 이 공식에 대입하면...

211페이지에서는 $P(A \cap B) = P(A) \times P(B \mid A)$라는 사실을 발견했습니다. 212페이지에서는 $P(B) = P(A) \times P(B \mid A) + P(A') \times P(B \mid A')$라는 사실도 확인했습니다.

이러한 내용을 원래 공식에 대입하면 다음을 얻습니다.

$$P(A \mid B) = \frac{P(A) \times P(B \mid A)}{P(A) \times P(B \mid A) + P(A') \times P(B \mid A')}$$

...이 공식이 됩니다.

이것을 **베이즈 정리**(Bayes's Theorem)라고 합니다. 이것은 뒤집힌 조건부확률을 구하는 방법을 제공해 줍니다. 모든 확률을 미리 알고 있지 못한 경우 이 공식은 매우 유용합니다.

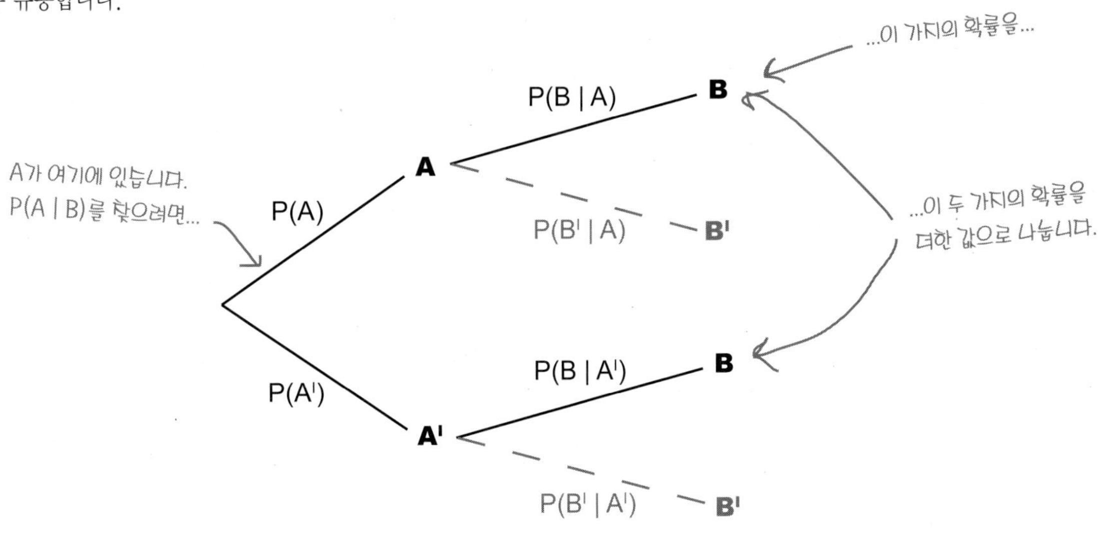

긴 연습문제

미치광이 망고 게임 회사는 새로운 게임 두 개를 테스트하고 있습니다. 그들은 자원자 그룹에게 가장 해 보고 싶은 게임을 선택하도록 한 다음에 게임이 끝나고 나서 얼마나 만족했는지 여부를 밝히도록 했습니다.

80퍼센트가 게임 1을 선택했고, 20퍼센트가 게임 2를 선택했습니다. 게임 1을 실행한 사람 중에서 60퍼센트가 게임을 즐겼고, 40퍼센트는 그렇지 않았습니다. 게임 2의 경우에는 70퍼센트가 게임을 즐겼고, 30퍼센트는 그렇지 않았습니다.

첫 번째 해야 할 일은 이 시나리오를 위한 확률트리를 그리는 것입니다.

미치광이 망고는 임의로 한 사람을 선택한 다음에 게임을 즐겼는지 여부를 물어보았고, 그 사람은 그렇다고 대답했습니다. 이 자원자가 게임을 즐겼다고 했을 때, 그가 게임 2를 선택했을 확률은 얼마나 될까요? 베이즈 정리를 이용하세요.

힌트: *어떤 사람이 게임 2를 선택한 다음에 게임에 대해 만족할 확률은 얼마나 될까요? 전반적으로 누군가 게임에 대해 만족할 확률은 얼마나 될까요? 이러한 값들을 구하고 나면 올바른 답을 얻기 위해 베이즈 정리를 이용할 수 있습니다.*

미치광이 망고 게임 회사는 새로운 게임 두 개를 테스트하고 있습니다. 그들은 자원자 그룹에게 가장 해 보고 싶은 게임을 선택하도록 한 다음에 게임이 끝나고 나서 얼마나 만족했는지 여부를 밝히도록 했습니다.

80퍼센트가 게임 1을 선택했고, 20퍼센트가 게임 2를 선택했습니다. 게임 1을 실행한 사람 중에서 60퍼센트가 게임을 즐겼고, 40퍼센트는 그렇지 않았습니다. 게임 2의 경우에는 70퍼센트가 게임을 즐겼고, 30퍼센트는 그렇지 않았습니다.

첫 번째 해야 할 일은 이 시나리오를 위한 확률트리를 그리는 것입니다.

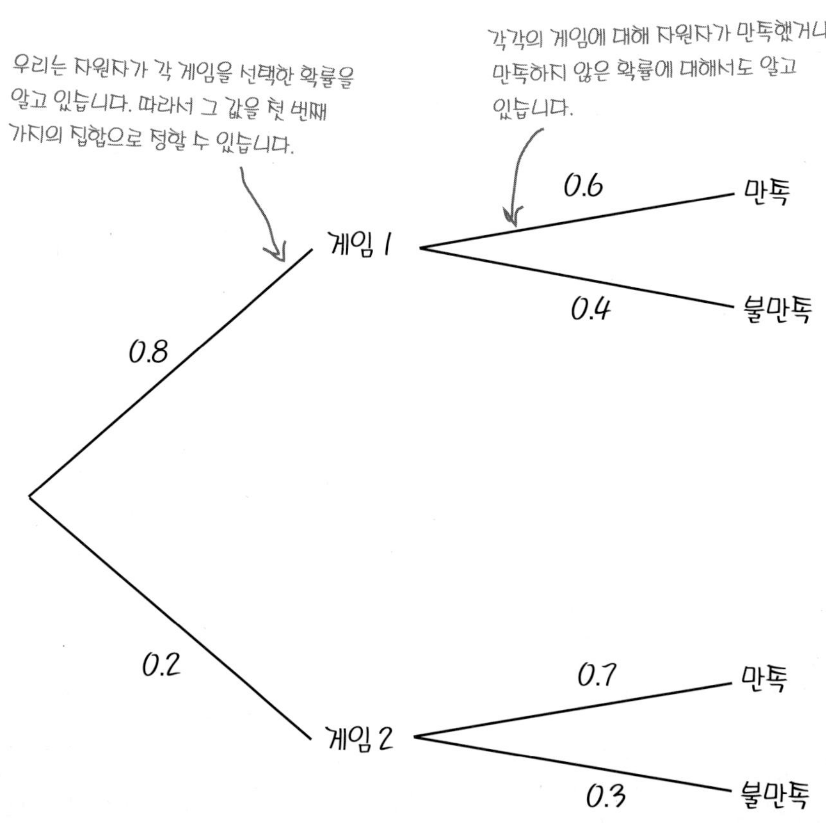

미치광이 망고는 임의로 한 사람을 선택한 다음에 게임을 즐겼는지 여부를 물어보았고, 그 사람은 그렇다고 대답했습니다. 이 자원자가 게임을 즐겼다고 했을 때, 그가 게임 2를 선택했을 확률은 얼마나 될까요? 베이즈 정리를 이용하세요.

우리는 P(게임 2 | 만족)을 구하기 위해 베이즈 정리를 이용할 필요가 있습니다. 이 말은 다음을 이용해야 한다는 의미입니다.

$$P(\text{게임 } 2 \mid \text{만족}) = \frac{P(\text{게임 } 2)\,P(\text{만족} \mid \text{게임 } 2)}{P(\text{게임 } 2)\,P(\text{만족} \mid \text{게임 } 2) + P(\text{게임 } 1)\,P(\text{만족} \mid \text{게임 } 1)}$$

우선 P(게임 2)P(만족 | 게임 2)부터 시작합니다.

우리는 P(게임 2) = 0.2이고, P(만족 | 게임 2) = 0.7이라는 사실을 알고 있습니다. 이것은 곧 다음을 의미합니다.

$$\begin{aligned} P(\text{게임 } 2)\,P(\text{만족} \mid \text{게임 } 2) &= 0.2 \times 0.7 \\ &= 0.14 \end{aligned}$$

다음으로 할 일은 P(게임 1)P(만족 | 게임 1)를 구하는 것입니다. 우리는 P(만족 | 게임 1) = 0.6이고, P(게임 1) = 0.8이라는 사실을 알고 있습니다. 따라서 다음이 성립한다.

$$\begin{aligned} P(\text{게임 } 1)\,P(\text{만족} \mid \text{게임 } 1) &= 0.8 \times 0.6 \\ &= 0.48 \end{aligned}$$

이러한 내용을 베이즈 정리에 대입하면 다음을 얻습니다.

$$\begin{aligned} P(\text{게임 } 2 \mid \text{만족}) &= \frac{P(\text{게임 } 2)\,P(\text{만족} \mid \text{게임 } 2)}{P(\text{게임 } 2)\,P(\text{만족} \mid \text{게임 } 2) + P(\text{게임 } 1)\,P(\text{만족} \mid \text{게임 } 1)} \\ &= \frac{0.14}{0.14 + 0.48} \\ &= \frac{0.14}{0.62} \\ &= 0.226 \end{aligned}$$

핵심 통계학

전확률의 법칙

두 개의 사건 A와 B가 있을 때 다음이 성립합니다.

$$P(B) = P(B \cap A) + P(B \cap A')$$
$$= P(A)\,P(B \mid A) + P(A')\,P(B \mid A')$$

전확률의 법칙을 나타내는 공식은 베이즈 정리에서 분모에 해당합니다.

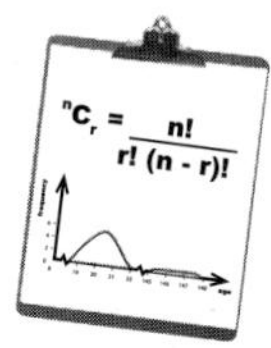

핵심 통계학

베이즈 정리

서로 배반하고 전체를 이루는 n개의 사건, 즉 A_1에서 A_n까지의 사건이 있고 B가 또 다른 사건이라고 하면 다음이 성립합니다.

$$P(A \mid B) = \frac{P(A)\,P(B \mid A)}{P(A)\,P(B \mid A) + P(A')\,P(B \mid A')}$$

바보 같은 질문이란 없습니다

Q: 베이즈 정리는 언제 이용합니까?

A: 주어진 조건부확률의 순서를 뒤바꾼 조건부확률의 값을 구하고자 할 때 이용하면 됩니다. 예를 들어 P(B | A)의 값이 알려져 있을 때 P(A | B)의 값을 구하고자 할 때 사용합니다.

Q: 확률트리를 그려야 하나요?

A: 베이즈 정리를 곧바로 이용해도 되고, 확률트리를 그려서 도움을 얻어도 됩니다. 베이즈 정리를 이용하는 것이 빠르지만 필요한 확률값을 파악하고 있어야 합니다. 베이즈 정리를 기억하지 못하는 경우에는 확률트리를 그리는 것이 도움이 됩니다. 어느 쪽이든 동일한 결과를 얻게 될 것이고, 어느 확률이 어느 사건에 속하는지 혼동하지 않도록 도움을 받을 수 있을 것입니다.

Q: 룰렛휠 문제에서 P(검정색 | 짝수)를 계산했을 때 공이 초록색 포켓에 들어가는 확률은 포함시키지 않았습니다. 이건 실수인가요?

A: 아닙니다. 룰렛보드에서 초록색을 가지고 있는 포켓은 0과 00뿐입니다. 그리고 우리는 이 숫자들을 짝수에 포함시키지 않았습니다. 그래서 P(짝수 | 초록색)은 0입니다. 결국 이것을 계산에 포함시킬 이유가 없는 것입니다.

Q: P(검정색 | 짝수)와 P(짝수 | 검정색)는 모두 5/9로 드러났습니다. 항상 그런가요?

A: 여기에서는 P(검정색 | 짝수)와 P(짝수 | 검정색)이 동일한 값을 갖습니다. 하지만 다른 시나리오에서도 그럴 것이라고는 생각할 수 없습니다. 사건 A와 B가 있을 때 P(A | B)와 P(B | A)가 언제나 같은 값을 갖는다고 말할 수 없습니다. 그들은 두 개의 독립적인 확률이기 때문에 그들이 언제나 같은 값을 가진다고 잘못 이해하는 것은 통계학 시험에 영향을 줄 수 있습니다. 올바른 결과를 얻기 위해서는 베이즈 정리를 이용할 필요가 있습니다.

Q: 실생활에서 베이즈 정리는 얼마나 유용합니까?

A: 실제로 상당히 유용합니다. 예를 들어 컴퓨터에서는 이메일을 필터링하여 스팸메일을 감지할 때 사용할 수 있습니다. 의학검진에서 사용하는 경우도 있습니다.

우리가 이겼습니다!

축하합니다. 이번에는 공이 검정색이면서 짝수인 10에서 멈췄습니다. 약간의 칩을 다시 벌어들였습니다.

최후의 베팅을 위한 순간이 되었습니다

룰렛테이블을 떠나기 전에 쿠르피에는 마지막 베팅을 위해 뿌리치기 어려운 제안을 했습니다. 세 배로 따거나 아니면 다 잃는 베팅입니다. 만약 공이 검정색 포켓에 두 번 연속 들어갈 것이라고 베팅을 해서 맞추면 당신은 잃었던 칩을 모두 회복할 수 있을 것입니다.

다음은 확률트리입니다. 공이 검정색 포켓에 두 번 연속 들어가는 확률은 206페이지에서 보았던 확률과 약간 다르다는 점에 유의해야 합니다. 거기에서 보았던 확률은 공이 검정색 포켓에 들어간 사실을 이미 알고 있을 때 공이 짝수 포켓에 들어갈 확률이었습니다.

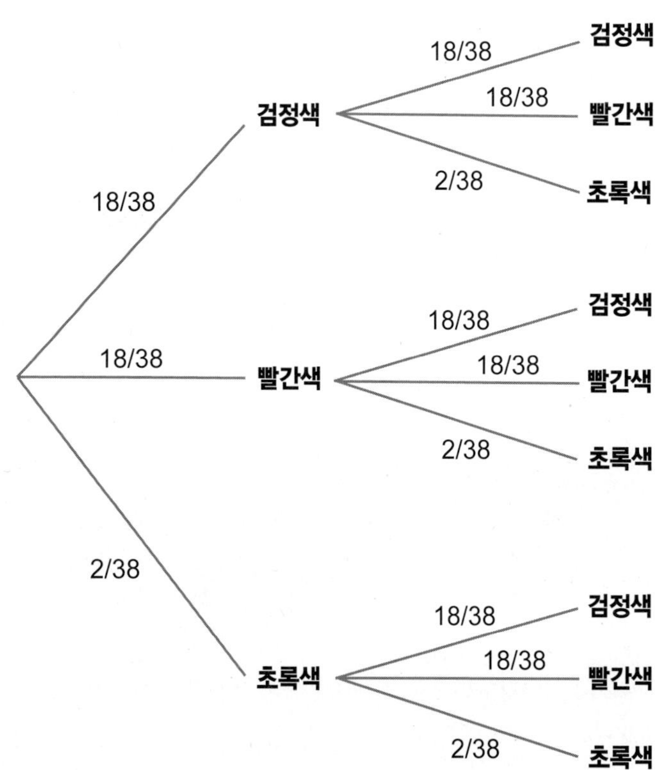

사건이 서로에게 영향을 미치면 그들은 종속입니다

검정색 다음에 다시 검정색이 나오는 확률은 공이 검정색에 들어갔음을 아는 상태에서 그것이 짝수 포켓에 들어갈 확률을 구하는 것과 조금 다른 문제입니다. 이 확률을 구하는 공식을 봅시다.

P(짝수 | 검정색) = 10/18 = 0.556

P(짝수 | 검정색)에서 짝수 포켓을 구하는 확률은 검정색을 구하는 사건에 의해 영향을 받습니다. 우리는 공이 이미 검정색 포켓에 들어갔다는 사실을 알고 있으므로 확률을 구할 때 이 지식을 이용합니다. 검정색 포켓 중에서 짝수인 포켓이 몇 개인지 세는 것입니다.

만약 공이 검정색 포켓에 들어갔다는 사실을 알지 못했다면 확률이 달라질 것입니다. 그냥 P(짝수)를 계산하기 위해서는 전체 포켓 중에서 짝수인 것이 몇 개인지 셉니다.

P(짝수) = 18/38 = 0.474

이 두 확률은 서로 다릅니다.

P(짝수 | 검정색)은 P(짝수)와 다른 확률값을 나타냅니다. 다시 말해, 공이 검정색 포켓에 들어갔음을 알고 있다는 사실이 확률을 다르게 만듭니다. 이때 이 두 사건은 **종속**(dependent)입니다.

일반적인 용어로 표현하자면, 만약 P(A | B)가 P(A)와 다르면 사건 A와 B는 종속입니다. 이것은 A와 B가 서로에게 영향을 미친다는 사실을 달리 표현하는 것입니다.

너 때문에 모든 게 변한다고. 너와 있으면 나도 달라져.

A

B

앞 페이지에 있는 확률트리를 다시 보세요. 가지의 집합에 대해 뭔가 눈치 채셨나요? 첫 번째 게임에서 검정색을 얻는 사건과 두 번째 게임에서 검정색을 얻는 사건은 서로 종속인가요? 그렇다면 이유는요?

사건이 서로에게 영향을 미치지 않으면 그들은 독립입니다

모든 사건이 종속인 것은 아닙니다. 때로는 사건들이 서로 전혀 영향을 미치지 않아서 어떤 사건이 일어나는 확률이 다른 사건이 일어났는지 여부와 상관없이 동일한 경우도 있습니다. 예를 들어 P(검정색)과 P(검정색 | 검정색)의 경우를 생각해 봅시다. 뭔가 눈치 챘습니까?

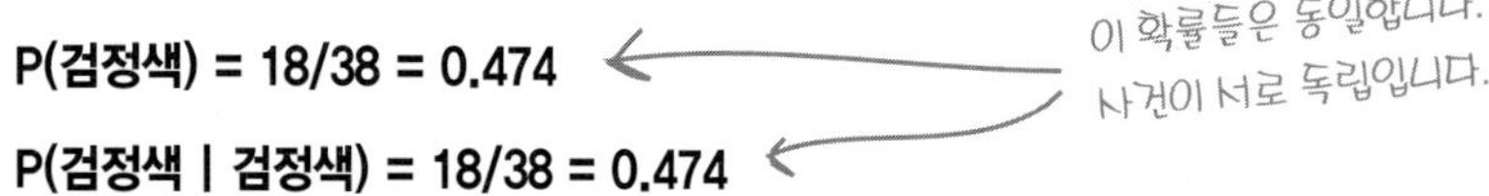

두 개의 확률은 동일한 값을 갖습니다. 다시 말해, 이번 게임에서 공이 검정색에 들어갈 확률은 다음 게임에서 공이 검정색에 들어갈 확률과 아무 상관이 없습니다. 이러한 사건은 서로 **독립**입니다.

독립사건은 서로 침범하지 않습니다. 어떤 방식으로도 서로의 확률에 영향을 주지 않습니다. 만약 어떤 사건이 발생하더라도 다른 사건이 발생할 확률은 여전히 동일합니다.

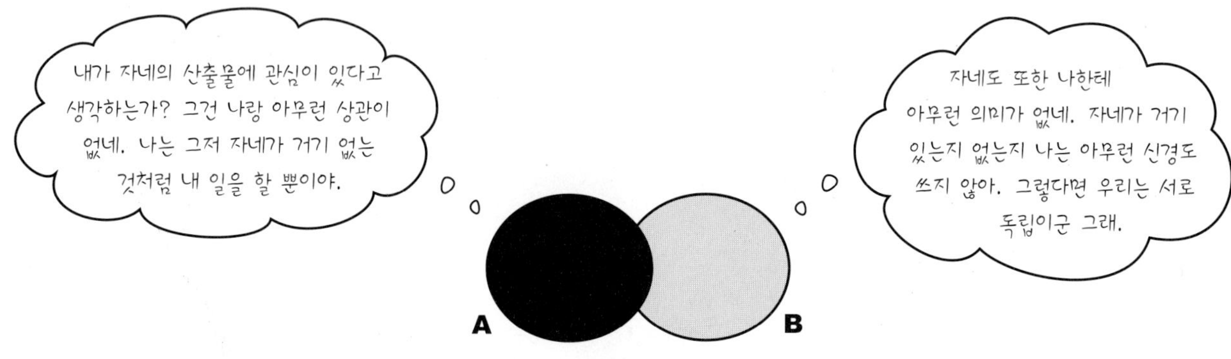

만약 사건 A와 B가 독립이면, 사건 A의 확률은 사건 B에 의해 영향을 받지 않습니다. 다시 말해, 독립사건은 다음이 성립합니다.

$$P(A \mid B) = P(A)$$

이 공식을 이용해서 사건이 독립인지 여부를 판별할 수 있습니다. 만약 두 사건 사이에 P(A | B) = P(A)가 성립하면 사건 A와 B는 반드시 독립입니다.

독립사건의 확률을 좀 더 계산하기

독립사건을 이용해서 다른 확률을 계산하는 것은 쉽습니다. 예를 들어 $P(A \cap B)$가 그렇습니다.

우리는 다음을 이미 알고 있습니다.

$$P(A \mid B) = \frac{P(A \cap B)}{P(B)}$$

만약 A와 B가 독립이면 $P(A \mid B)$는 $P(A)$와 동일합니다. 따라서 다음이 성립합니다.

$$P(A) = \frac{P(A \cap B)}{P(B)}$$

혹은

$$\mathbf{P(A \cap B) = P(A) \times P(B)}$$

다시 말해, 만약 두 사건이 독립일 경우 A와 B 둘 다 일어나는 경우의 확률을 계산하려면 A와 B의 확률을 서로 곱하면 됩니다.

만약 A와 B가 상호배반이면 서로 독립일 수 없고, A와 B가 독립이면 상호배반할 수 없습니다.

만약 A와 B가 상호배반일 경우 사건 A가 발생하면 사건 B는 일어날 수 없습니다. 이것은 A의 결과가 B의 결과에 영향을 미친다는 의미가 됩니다. 따라서 그들은 종속입니다.

마찬가지로 만약 A와 B가 독립이면 상호배반일 수 없습니다.

또 다른 확률을 계산할 차례입니다. 공이 두 번 연속으로 검정색 포켓에 들어갈 확률은 얼마일까요?

또 다른 확률을 계산할 차례입니다. 공이 두 번 연속으로 검정색 포켓에 들어갈 확률은 얼마일까요?

우리는 P(게임 1에서의 검정색 ∩ 게임 2에서의 검정색)을 구해야 합니다. 두 사건이 서로 독립이므로 결과는 다음과 같습니다.

$$18/38 \times 18/38 = 324/1444$$

$$= 0.224 \text{ (소수점 3자리까지)}$$

바보 같은 질문이란 없습니다

Q: 서로 독립인 것과 상호배반하는 것은 어떻게 다릅니까?

A: 두 사건 A와 B가 있다고 합시다.

만약 A와 B가 상호배반일 경우 사건 A가 일어나면 사건 B는 일어날 수 없습니다. 또한 사건 B가 일어나면 사건 A는 일어날 수 없습니다. 다시 말해, 두 사건이 동시에 일어나는 것은 불가능합니다.

그렇지만 A와 B가 서로 독립이라면 A가 일어나는지 여부는 B가 일어나는지 여부에 아무런 영향을 주지 않습니다. 반대의 경우도 마찬가지입니다. 그들 각각의 결과는 서로에게 아무런 영향을 미치지 않습니다.

Q: 두 사건이 동시에 독립이어야 하나요? 한 사건은 독립이고 다른 사건은 종속일 수도 있나요?

A: 그럴 수 없습니다. 두 사건은 서로에 대해 독립입니다. 따라서 한 사건이 독립이면서 다른 사건은 종속인 사건은 존재할 수 없습니다.

Q: 룰렛휠에서 모든 게임은 서로 독립인가요? 이유는요?

A: 그렇습니다. 룰렛휠을 돌리는 행위는 서로에게 영향을 주지 않습니다. 각 게임에서 공이 빨간색, 검정색, 혹은 초록색 포켓에 들어가게 될 확률은 언제나 동일합니다.

Q: 앞에서 확률트리가 독립사건을 나타내는 방식을 보여 주었습니다. 사건이 독립일 때 그들의 관계를 나타내기 위해 벤다이어그램은 어떻게 사용하면 되나요?

A: 벤다이어그램은 종속관계를 표현하기 위한 좋은 도구가 아닙니다. 만약 교집합을 조사하고 배반사건들을 나타내고자 할 때는 벤다이어그램이 매우 유용합니다. 하지만 독립을 표현하고자 할 때는 별로 도움이 되지 않습니다.

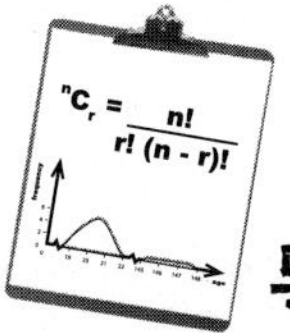

핵심 통계학

독립

만약 두 사건 A와 B가 독립이면 다음이 성립합니다.

$$P(A \mid B) = P(A)$$

만약 이 공식이 어떤 두 사건에 대해 성립하면 두 사건은 독립이며 또한 다음도 성립합니다.

$$P(A \cap B) = P(A) \times P(B)$$

5분 미스터리

두 교실 사건

헤드 퍼스트 헬스클럽은 모든 사람에게 최선의 교실을 찾아 주는 능력에 대해 자부심을 느끼고 있습니다. 그 결과 클럽은 젊은 사람은 물론 나이가 많은 사람에게도 인기가 높습니다.

헬스클럽은 새로 개설한 요가교실을 어떻게 광고할 것인지 고민하고 있으며, 마케팅부서의 부장은 수영에 다니는 사람이 요가도 다닐 가능성이 높은지 여부를 놓고 고민을 하고 있습니다. "수영에 다니는 사람들이 요가도 다니도록 만들기 위해 뭔가 할인을 제공해야 할 것 같아."

CEO는 그의 생각에 반대합니다. "내 생각에 자네가 틀렸네. 내가 보기에는 수영에 다니는 사람과 요가에 다니는 사람은 서로 독립일세. 수영에 다니는 사람들이 요가에 나올 가능성은 다른 사람들과 비교해도 별반 차이가 없네."

그들은 수영 혹은 요가에 다니는 사람 96명에게 질문을 했습니다. 이 96명 중에서 32명은 요가에 다니고 72명은 수영에 다닙니다. 24명은 열정이 넘쳐서 둘 다 다니고 있습니다.

그렇다면 누가 옳은가요? 요가교실과 수영교실은 서로 종속일까요 독립일까요?

오늘 밤의 대화: **독립과 종속이 서로의 차이점에 대해 논의하다**

종속: 이봐 독립, 와줘서 고마워. 자네와 이야기하고 싶어서 오래 기다렸다고.

독립: 정말이야, 종속? 어째서?

종속: 글쎄, 자네가 독립적인 통계학자들을 궁지에 빠뜨리고 있다는 소식을 들었거든. 그들은 자네가 나타나기 전까지는 잘하고 있었는데 말이야, 어휴, 이제는 엉터리 확률이 사방에 널려 있어. 특히 ∩ 녀석은 자네를 아주 좋게 않게 평가하고 있지.

독립: ∩ 녀석이 내 험담을 하고 다닌다니 마음이 아프군. 나는 녀석에게 잘 대해 주었다고 생각했는데 말이야. 두 독립사건을 얻을 확률을 구하고 싶다며? 쉽지! 두 개의 사건이 각각 일어날 확률을 구해서 서로 곱하기만 하면 된다네.

종속: 그렇게 간단하게 말하니까 다른 사람들을 곤경에 빠뜨리는 걸세. 사람들은 "와! 독립 저 친구는 정말 쉽게 보이는군. 확률을 구하기 위해 저 친구를 이용해야겠어." 이렇게 생각하지. 그 다음에는 뭔지 아나? ∩ 이 친구가 확률을 온통 엉망으로 만들어 버리는 거야. 그건 정말이지 종속사건을 다룰 때는 아무 쓸모가 없는 거라고.

독립: 자네는 정말 부풀려서 말하는군. 사람들이 자네 대신 나를 사용한다고 해도 내가 보기에는 그렇게 큰 차이가 있을 것 같지는 않은데 말이야.

종속: 상황이 얼마나 심각한지 이해를 못하는군. 사람들이 ∩의 확률을 구하는데 만약 사건이 서로 종속이라면 그렇게 구한 확률은 틀림없이 엉터리가 될 수밖에 없어. ∩만으로는 충분하지가 않아. 종속사건을 위한 올바른 답을 구하려면 | 친구를 염두에 두어야만 해. 그 친구는 주어진 친구지.

독립: 내가 그 친구에게 충분히 관심을 기울였다고는 말할 수 없어. 독립사건에서는 그 친구와 상관없이 확률이 동일하거든.

종속:

또 그러는군. 지나치게 단순화하고 있어. 더 이상 이야기할 필요가 없어. 내 생각으로는 사람들이 자네보다 나를 우선적으로 생각해야 할 것 같아. 그렇게 하면 이 모든 문제가 해결되지.

독립:

정말? 어떻게?

종속:

사건이 종속인지 여부를 우선 집중적으로 사색해 보는 거지. 예를 들어 보도록 하지. 52장의 카드가 있다고 하고, 그 중 13장은 다이아몬드지. 자네가 카드를 임의로 뽑았는데 그게 다이아몬드였다고 해 보세. 그런 일이 일어날 수 있는 확률은 얼마나 될 것 같은가?

독립:

쉽지. 13/52이니까 1/4이지.

종속:

그럼 두 번째 카드를 뽑으면? 그것도 두 번째 다이아몬드를 뽑을 확률은 얼마나 되지?

독립:

이번에도 똑같이 1/4이 아닐까?

종속:

아니야! 두 사건은 종속이란 말일세. 이제는 더 이상 52장의 카드와 13장의 다이아몬드가 있다고 말할 수 없지. 다이아몬드 하나를 방금 제거했으니까 이제는 12장의 다이아몬드와 전체 51장의 카드가 남았지. 그래서 확률은 12/51 혹은 4/17로 줄어드는 거야.

독립:

공평하지 않군. 나는 자네가 카드를 제자리에 되돌려 놓았을 거라고 생각했네! 그렇게 하면 다시 다이아몬드를 뽑을 확률은 전과 동일할 것이고, 내 대답이 맞았겠지. 두 사건은 서로 독립이었을 거야.

종속:

하지만 그렇게 하지 않았어. 사람들이 자네를 먼저 생각하는 경우에는 온갖 부적절한 가정을 내리는 경향이 있어. ∩ 친구가 그렇게 엉망인 것도 놀라운 일은 아니지. 마음 쓰지 않아도 돼. 앞으로는 그저 좀 더 신중하게 생각하려고 노력하길 바라네.

독립:

아무튼 이야기 즐거웠네. 오해를 풀 수 있어서 기쁘다네.

두 교실 사건: 해결되었음

요가교실과 수영교실은 서로 종속일까요 독립일까요?

5분 미스터리 해결

CEO가 옳았습니다. 두 교실은 서로 독립입니다. 그가 알게 된 경위는 다음과 같습니다.

96명 중에서 32명이 요가교실에 다니므로

P(요가) = 1/3

72명이 수영교실에 다니므로

P(수영) = 3/4

24명이 두 교실에 모두 다니므로

P(요가 ∩ 수영) = 1/4

그럼 두 교실이 독립이라는 사실은 어떻게 알 수 있을까요? P(요가)와 P(수영)을 서로 곱해 봅시다. 그러면

$$P(\text{요가}) \times P(\text{수영}) = 1/3 \times 3/4$$
$$= 1/4$$

이 값이 P(요가 ∩ 수영)과 같으므로 두 교실이 독립이라는 사실을 알 수 있습니다.

종속일까 독립일까?

여러 가지 상황과 사건이 있습니다. 당신이 할 일은 이 중에서 어느 것이 종속이고 어느 것이 독립인지 말하는 것입니다.

	종속	독립
동전을 던져서 앞면이 두 번 연속으로 나오는 경우.	☐	☐
맞는 짝을 찾을 때까지 서랍에서 양말을 한 짝씩 꺼내는 경우.	☐	☐
초콜릿상자에서 임의로 하나씩 꺼낼 때 다크초콜릿이 두 번 연속으로 나오는 경우.	☐	☐
카드 한 벌에서 카드를 한 장 꺼내고, 다시 한 장을 꺼내는 경우.	☐	☐
카드 한 벌에서 카드를 한 장 꺼내고, 그 카드를 집어넣고, 다시 한 장을 꺼내는 경우.	☐	☐
오늘이 목요일이라고 했을 때 비가 오는 경우.	☐	☐

종속일까 독립일까? 해결

여러 가지 상황과 사건이 있습니다. 당신이 할 일은 이 중에서 어느 것이 종속이고 어느 것이 독립인지 말하는 것입니다.

두 번째 던지는 동전의 결과는 첫 번째 시도에 의해 영향을 받지 않습니다.

양말을 한 짝 꺼냈다면 다음번에 양말을 꺼낼 때는 서랍 안에 전보다 적은 수의 양말이 들어 있게 됩니다. 따라서 이것은 확률에 영향을 미칩니다.

목요일이라고 해서 비가 올 가능성이 높아지거나 낮아지는 것은 아니므로 두 사건은 서로 독립입니다.

	종속	독립
동전을 던져서 앞면이 두 번 연속으로 나오는 경우.	☐	☑
맞는 짝을 찾을 때까지 서랍에서 양말을 한 짝씩 꺼내는 경우.	☑	☐
초콜릿상자에서 임의로 하나씩 꺼낼 때 다크초콜릿이 두 번 연속으로 나오는 경우.	☑	☐
카드 한 벌에서 카드를 한 장 꺼내고, 다시 한 장을 꺼내는 경우.	☑	☐
카드 한 벌에서 카드를 한 장 꺼내고, 그 카드를 집어넣고, 다시 한 장을 꺼내는 경우.	☐	☑
오늘이 목요일이라고 했을 때 비가 오는 경우.	☐	☑

베팅에 성공했습니다!

휠을 두 번 돌린 결과, 공은 모두 30이 적혀 있는 빨간색 네모 안에 들어갔습니다. 그리고 당신은 베팅의 두 배를 벌어들였습니다.

당신은 뚱보 댄의 룰렛테이블에서 확률에 대해 많이 배웠습니다. 이제 이러한 지식이 카지노에서 다른 게임을 할 때 유용하게 활용될 수 있음을 알게 될 것입니다. 하지만 집에 가져갈 수 있을 만큼 충분한 칩을 따지 못한 것은 유감입니다.

뚱보 댄의 노트: 그건 다행이야.

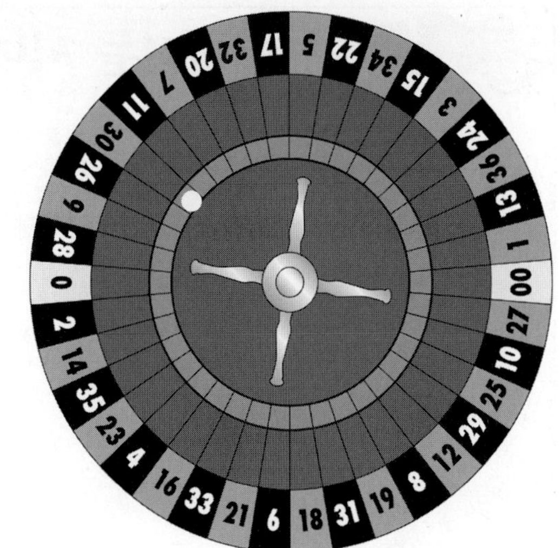

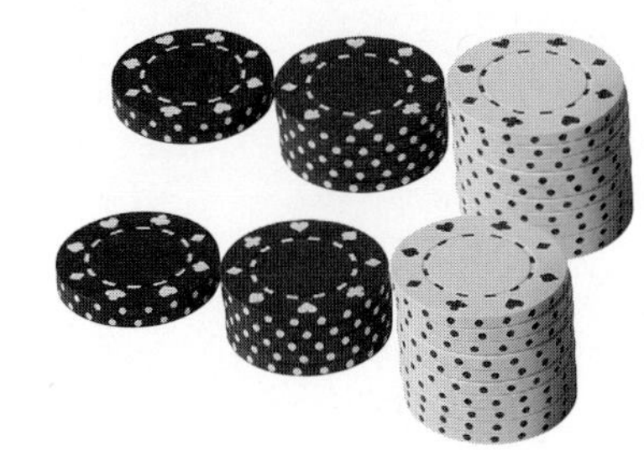

이런 모든 다양한 베팅에 이길 확률에 대해 알게 된 것은 좋은 일이야. 하지만 현명한 베팅을 하려면 확률 말고 뭔가 더 알아야 하는 것 같은데...

베팅에 따르는 위험을 감수할 가치가 있는지 여부를 판단하려면 이길 가능성 외에도 버틸 수 있는 정도를 알아야 합니다.

매우 낮은 확률을 가진 사건에 베팅을 하는 것은 이겼을 때 받는 상금의 크기가 위험부담을 상쇄할 만큼 충분하다면 가치 있을 것입니다. 다음 장에서 우리는 보다 세련된 베팅을 할 수 있도록 하기 위해 확률을 계산할 때 이러한 상금을 포함시키는 방법을 알아볼 것입니다.

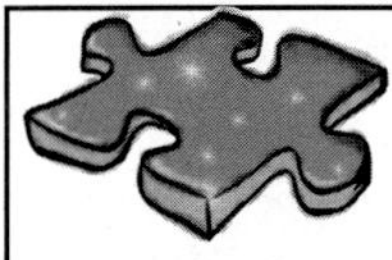

멍때리는 저녁식사

세 명의 멍한 친구들이 밥을 먹으러 가기로 했습니다. 하지만 그들은 어디에서 만나기로 했는지 잊어버렸습니다. 프레드는 동전을 던지기로 했습니다. 앞면이 나오면 그는 분식점에 갈 것이고, 뒷면이 나오면 이탈리안 레스토랑에 갈 것입니다. 조지도 동전을 던지기로 했습니다. 앞면이 나오면 이탈리안 레스토랑에 갈 것이고, 뒷면이 나오면 분식점에 갈 것입니다. 론은 이탈리안 음식을 좋아하므로 그냥 이탈리안 레스토랑에 가기로 했습니다.

세 친구가 한 장소에서 만날 확률은 얼마일까요? 혼자 밥 먹을 확률은 얼마일까요?

다음은 스스로 풀어보는 룰렛 관련 확률문제입니다.

1. 포켓이 검정색이라고 했을 때 공이 17번 포켓에 들어갈 확률.

2. 공이 두 번 연속으로 22번 포켓에 들어갈 확률.

3. 포켓이 빨간색이라고 했을 때 공이 4보다 큰 숫자가 적힌 포켓에 들어갈 확률.

4. 공이 1, 2, 3, 혹은 4번 포켓에 들어갈 확률.

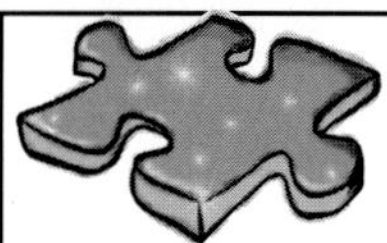

멍때리는 저녁식사 정답

세 명의 멍한 친구들이 밥을 먹으러 가기로 했습니다. 하지만 그들은 어디에서 만나기로 했는지 잊어버렸습니다. 프레드는 동전을 던지기로 했습니다. 앞면이 나오면 그는 분식점에 갈 것이고, 뒷면이 나오면 이탈리안 레스토랑에 갈 것입니다. 조지도 동전을 던지기로 했습니다. 앞면이 나오면 이탈리안 레스토랑에 갈 것이고, 뒷면이 나오면 분식점에 갈 것입니다. 론은 이탈리안 음식을 좋아하므로 그냥 이탈리안 레스토랑에 가기로 했습니다.

세 친구가 한 장소에서 만날 확률은 얼마일까요? 혼자 밥 먹을 확률은 얼마일까요?

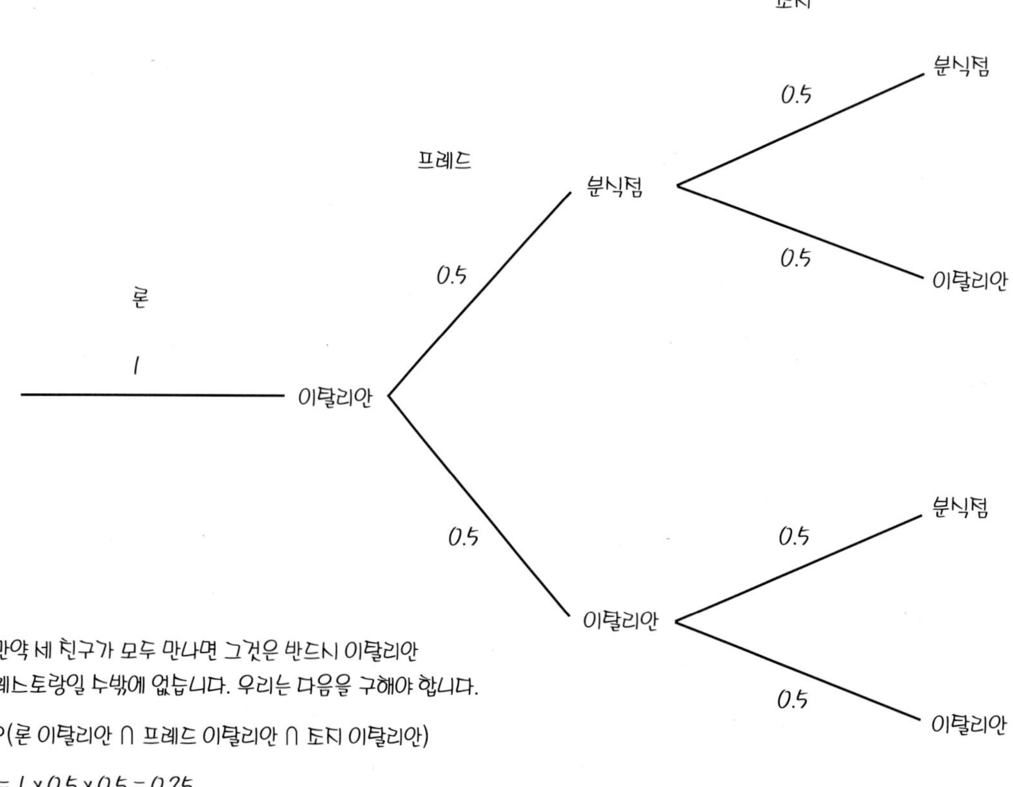

만약 세 친구가 모두 만나면 그것은 반드시 이탈리안 레스토랑일 수밖에 없습니다. 우리는 다음을 구해야 합니다.

P(론 이탈리안 ∩ 프레드 이탈리안 ∩ 조지 이탈리안)

$= 1 \times 0.5 \times 0.5 = 0.25$

프레드와 조지가 분식점으로 가는 경우, 프레드가 분식점에 가고 조지가 이탈리안 레스토랑에 가는 경우, 조지가 분식점에 가고 프레드가 이탈리안 레스토랑에 가는 경우에는 나머지 한 사람이 혼자 밥을 먹게 됩니다.

$(0.5 \times 0.5) + (0.5 \times 0.5) + (0.5 \times 0.5) = 0.75$

다음은 스스로 풀어보는 룰렛 관련 확률문제입니다.

1. 포켓이 검정색이라고 했을 때 공이 17번 포켓에 들어갈 확률.

18개의 검정색 포켓이 있고, 그 중 하나가 17번입니다.

P(17 | 검정색) = 1/18 = 0.0556 (소수점 3자리까지)

2. 공이 두 번 연속으로 22번 포켓에 들어갈 확률.

$P(22 \cap 22)$를 구해야 합니다. 이러한 사건은 서로 독립이므로 P(22) x P(22)와 동일합니다.
22를 얻는 확률은 1/38이므로 다음이 성립합니다.

$P(22 \cap 22)$ = 1/38 x 1/38 = 1/1444 = 0.00069 (소수점 5자리까지)

3. 포켓이 빨간색이라고 했을 때 공이 4보다 큰 숫자가 적힌 포켓에 들어갈 확률.

P(4보다 큰 수 | 빨간색) = 1 - P(4 이하 | 빨간색)

4 이하의 포켓 중에는 2개의 빨간색 포켓이 있으므로

1 - (1/18 + 1/18) = 8/9 = 0.889 (소수점 3자리까지)

4. 공이 1, 2, 3, 혹은 4번 포켓에 들어갈 확률.

각 포켓이 갖는 확률은 1/38이므로 이 사건의 확률은

4 x 1/38 = 4/38 = 0.105입니다(소수점 3자리까지)

5 이산확률분포 사용하기

기대수준을 관리하세요

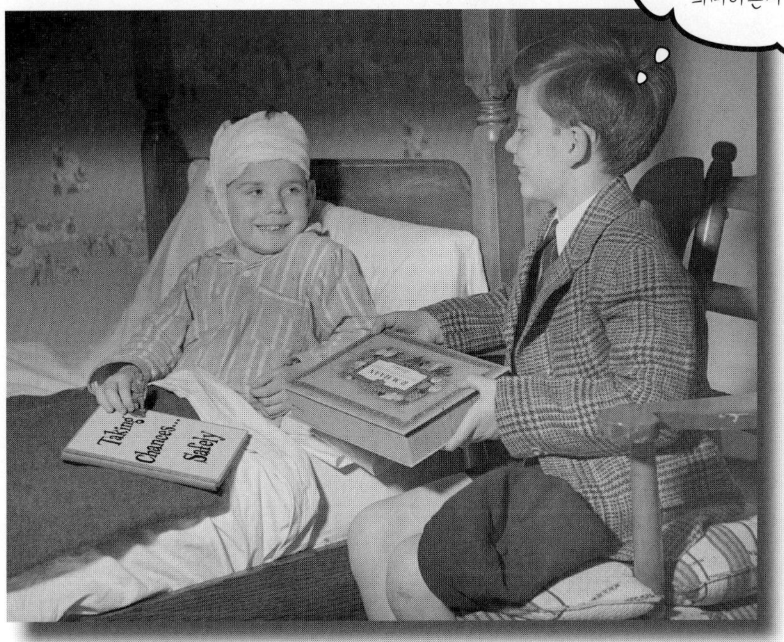

일어날 것 같지 않은 사건도 일어납니다. 하지만 그 결과는 무엇일까요?

지금까지 우리는 확률이 우리에게 어떤 사건들이 얼마나 일어날 가능성이 높은지 여부를 알려 주는 것을 살펴보았습니다. 확률이 말해 주지 않은 것은 이러한 사건들이 갖는 **전체적인 영향**과 그것이 당신에게 무엇을 의미하는지 등입니다. 물론 당신은 룰렛테이블에서 한판 크게 벌어들이기도 할 것입니다. 하지만 그때까지 꾸준히 잃는 돈을 생각해 보면 그것이 정말 가치가 있는 일일까요? 이 장에서 우리는 확률을 이용해서 **장기적인 산출물을 예측**하고, 이러한 예측 자체의 **확실성을 측정**하는 방법을 살펴보도록 할 것입니다.

뚱보 댄의 카지노로 돌아가기

슬롯머신의 현란한 불빛에 매혹당한 적이 있습니까? 당신은 운이 좋은 사람입니다. 뚱보 댄의 카지노에는 번쩍거리는 슬롯머신이 사람들의 손길을 기다리고 있습니다. **게임**당 1불씩 하는 슬롯머신으로 한 번 시도해 봅시다. (레버를 당기기만 하면 됩니다.) 누가 알겠어요? 당신이 잭팟을 터뜨릴지도 모르는 일입니다!

슬롯머신에는 세 개의 창이 있는데, 그들이 오른쪽 그림과 같이 나열되기만 하면 돈이 쏟아져 나올 것입니다.

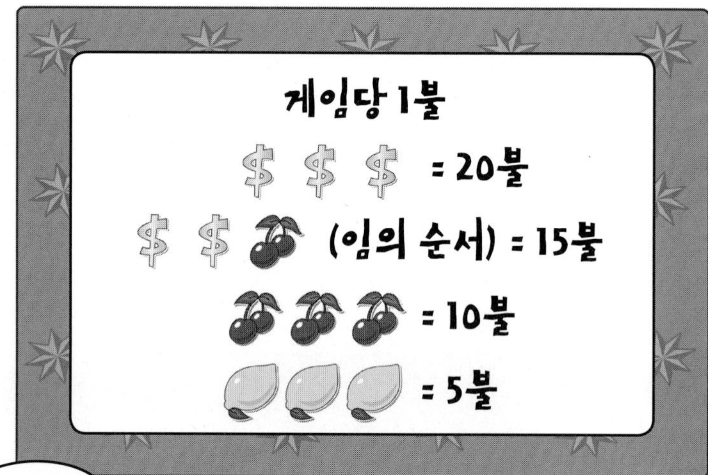

벌 수 있는 돈은 유혹적이지만, 게임을 시작하기 전에 이러한 조합들을 얻을 수 있는 확률을 알고 싶어.

그거라면 우리가 계산할 수 있을 것처럼 들립니다. 특정한 그림이 특정한 창에 나타날 확률은 다음과 같습니다.

$	체리	레몬	기타
0.1	0.2	0.2	0.5

이 세 개의 창은 서로 독립입니다. 즉, 어느 하나의 창에 나타나는 그림이 다른 창에 나타나는 그림에 아무런 영향도 미치지 않습니다.

이 창에 체리가 나타날 확률은 0.2입니다.

도박사가 되어 봅시다

이 페이지에 있는 슬롯머신의 포스터 그림을 보세요. 당신이 할 일은 도박사가 되었다고 생각하고 포스터 위에 있는 각각의 조합을 얻는 확률을 계산하는 것입니다. 아무 것도 따지 못할 확률은 얼마일까요?

아무 것도 따지 못할 확률

도박사가 되어 봅시다 정답

이 페이지에 있는 슬롯머신의 포스터 그림을 보세요. 당신이 할 일은 도박사가 되었다고 생각하고 포스터 위에 있는 각각의 조합을 얻는 확률을 계산하는 것입니다. 아무 것도 따지 못할 확률은 얼마일까요?

 의 확률

P($, $, $) = P($) x P($) x P($)

= 0.1 x 0.1 x 0.1

= 0.001

← 창 안에 전부 달러 사인이 나타날 확률은 0.1입니다.

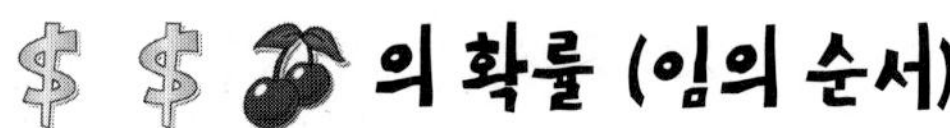

이것을 얻는 방법은 세 가지입니다.

P($, $, 체리) + P($, 체리, $) + P(체리, $, $)

= $(0.1^2 \times 0.2) + (0.1^2 \times 0.2) + (0.1^2 \times 0.2)$

= 0.006

 의 확률

P(레몬, 레몬, 레몬) = P(레몬) x P(레몬) x P(레몬)

= 0.2 x 0.2 x 0.2

= 0.008

창에 레몬이 나타나는 것은 다른 창에 나타나는 것들과 독립입니다. 따라서 세 개의 확률을 서로 곱합니다.

의 확률

P(체리, 체리, 체리) = P(체리) x P(체리) x P(체리)

= 0.2 x 0.2 x 0.2

= 0.008

아무 것도 따지 못할 확률

이것은 우리가 이기는 조합을 하나도 얻지 못하는 경우입니다.

돈을 잃는 모든 경우를 따져보는 대신 P(꽝) = 1 - P(승리)를 계산하면 됩니다.

P(꽝) = 1 - P($, $, $) - P($, $, 체리 (임의 순서)) - P(체리, 체리, 체리) - P(레몬, 레몬, 레몬)

= 1 - 0.001 - 0.006 - 0.008 - 0.008 ← 이들은 우리가 위에서 계산한 네 개의 확률입니다.

= 0.977

슬롯머신에 대한 확률분포를 구성할 수 있습니다

슬롯머신에서 이길 수 있는 서로 다른 조합의 확률은 다음과 같습니다.

우리가 계산한 확률을 정리해 놓은 것뿐입니다.

조합	꽝	레몬	체리	달러/체리	달러
확률	0.977	0.008	0.008	0.006	0.001

이건 유용한 것처럼 보이지만, 뭔가 앞으로 더 나아가야 하지 않을까? 승리하는 조합 각각에 대한 확률은 계산했지만 우리가 **진짜** 관심 있는 것은 돈을 얼마나 따거나 잃는가 하는 것이거든.

우리가 알고 싶은 것은 그냥 승리하는 확률이 아닙니다. 우리가 원하는 것은 승리를 할 때까지 버티기 위해 얼마나 많은 돈이 필요한가 하는 것입니다.

지금 확률은 기호들의 조합으로 작성되고 있습니다. 이것은 우리가 따는 것이 얼마인지 한눈에 파악하는 것을 어렵게 만듭니다.

하지만 확률을 그런 식으로 적으라는 법은 없습니다. 확률을 슬롯머신의 이미지로 적는 대신, 우리가 각 시합에서 얼마를 따는지 혹은 잃는지 하는 관점에서 적을 수도 있습니다. 각 조합마다 우리가 따는 금액을 계산한 다음에 거기에서 우리가 게임을 하기 위해 지불한 돈을 빼면 그렇게 할 수 있습니다.

조합	꽝	레몬	체리	달러/체리	달러
따는 금액	-$1	$4	$9	$14	$19
확률	0.977	0.008	0.008	0.006	0.001

이기는 조합을 맞추지 못하면 1불을 잃습니다.

이들은 우리가 얼마를 버는가 하는 관점에서 적은 것이며, 확률은 전과 동일합니다.

각각의 승리하는 조합을 맞추면 벌게 되는 금액. 상금에서 게임비 1불을 뺀 값입니다.

이 테이블은 우리가 돈을 따는 경우에 대한 **확률분포**(probability distribution)를 나타냅니다. 이것은 슬롯머신을 통해서 따거나 잃을 수 있는 모든 가능성의 확률을 모아놓은 집합입니다.

확률분포 자세히 보기

슬롯머신의 확률을 따질 때 각 게임에서 따거나 잃을 확률을 계산했습니다. 다시 말해, **확률변수**(random variable)의 확률분포를 계산한 것입니다. 확률변수는 어떤 집합에 속한 값을 가질 수 있는데, 각 값이 특정한 확률과 연관되어 있는 경우의 변수를 의미합니다. 뚱보 댄의 슬롯머신의 경우 확률변수는 각 게임에서 따는 금액의 정도를 나타냅니다.

확률변수를 나타내고자 할 때는 X나 Y처럼 대문자로 표기하는 것이 보통입니다. 이러한 변수가 가질 수 있는 특정한 값은 x나 y처럼 소문자로 나타냅니다. 이러한 표기법을 사용한다면 $P(X = x)$는 '변수 X가 특정한 값 x를 가질 확률'을 말하는 방법이 됩니다.

다음은 이 표기법을 사용해서 우리의 슬롯머신 확률분포를 적어본 것입니다.

각 도합이 이길 때 딸 수 있는 금액은 x로 표기했습니다.

여기서 x는 19입니다.

조합	꽝	레몬	체리	달러/체리	달러
x	-1	4	9	14	19
P(X = x)	0.977	0.008	0.008	0.006	0.001

X는 변수입니다.

변수 X가 9라는 값을 가질 확률. 다시 말해, 딸 수 있는 금액이 9불인 경우의 확률.

변수는 **이산**(discrete)입니다. 이것은 변수가 반드시 정확한 값을 가져야 한다는 의미입니다.

확률분포테이블 외에도 확률을 시각화하기 위해 그것을 차트로 그릴 수도 있습니다. 다음은 슬롯머신 확률을 보여 주는 막대그래프입니다.

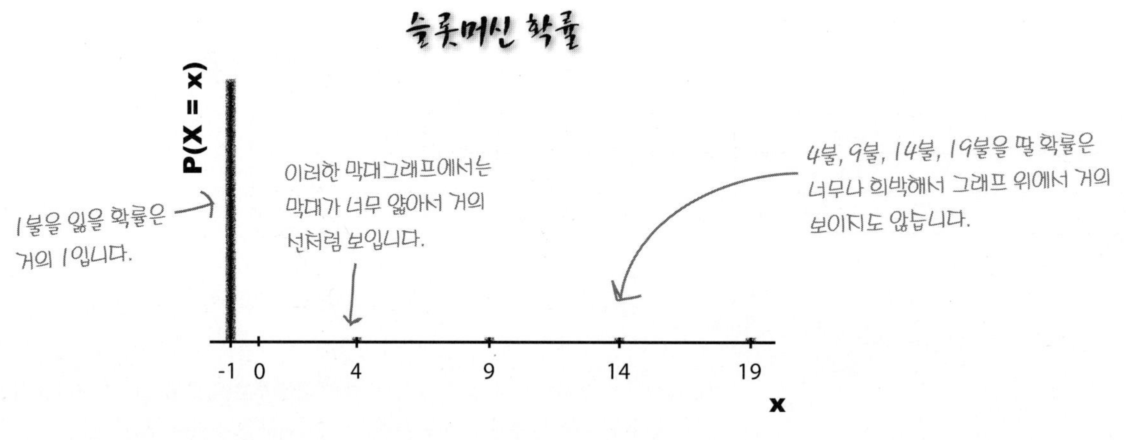

확률분포를 알아야 하는 이유가 뭐지? 내가 알고 싶은 것은 슬롯머신을 해서 얼마를 딸 수 있는가 하는 것뿐이야. 그건 그냥 계산할 수 있잖아?

확률분포를 계산하면 그 정보를 이용해서 기대되는 결과를 정할 수 있습니다.

뚱보 댄의 슬롯머신의 경우는 확률분포를 이용해서 장기적으로 얼마를 따거나 잃을 것인지 예측할 수 있습니다.

바보 같은 질문이란 없습니다

Q: 따는 금액을 숫자로 나타내는 대신 처음부터 기호를 이용해서 표시하지 않은 이유는 뭐죠? 숫자를 이용하는 것이 어떤 의미가 있는지 모르겠군요.

A: 그렇게 할 수도 있죠. 하지만 숫자로 표시된 데이터를 가지고 있으면 그것을 계산할 때 직접 사용할 수 있으므로 도움이 됩니다. 뒤에서는 수치적 데이터를 이용해서 각 게임에서 딸 수 있는 금액을 예측하는 방법을 알아보게 될 것입니다. 처음부터 기호를 이용하면 이러한 계산을 수행할 수 없을 겁니다.

Q: 확률분포를 벤다이어그램에 나타내고 싶을 때는 어떻게 합니까?

A: 확률분포를 그런 식으로 그리는 것은 적절치 않습니다. 벤다이어그램과 확률트리는 확률을 계산하고자 할 때 유용합니다. 확률분포에는 확률이 이미 계산되어 있습니다.

Q: 변수를 나타내기 위해 아무 문자나 사용할 수 있나요?

A: 그렇습니다. 다른 것과 혼동되지 않으면 말입니다. 하지만 X나 Y처럼 알파벳 끝부분에 있는 문자를 이용하는 것이 일반적입니다.

Q: 변수와 값에 똑같은 문자를 사용해야 합니까? 변수에 X를 쓰고 값으로 y를 쓰면 안 되나요?

A: 이론적으로는 그렇게 하지 말란 법이 없습니다. 하지만 실제로 그렇게 하면 매우 혼란스러울 것입니다. 동일한 문자를 사용하는 것이 최선입니다.

Q: 이산확률변수는 어떤 값들을 정확하게 나타내는 것이라고 말했습니다. 모든 변수가 항상 그런 건가요?

A: 아닙니다. 슬롯머신에서 따는 값들의 경우에는 각각의 조합에 대해 값들이 잘 알려져 있습니다. 이러한 값들은 더 이상 명확할 수 없고, 게임을 여러 번 수행한다고 해서 변하는 것도 아닙니다. 각 게임에서 가능한 값들은 언제나 일정하게 유지됩니다.

경우에 따라서는 어떤 값의 범위가 주어지고, 값은 그 범위 내에서 아무거나 될 수도 있습니다. 예를 들어 10인치와 11인치 사이의 길이를 가진 끈을 측정하는 경우가 있습니다. 끈의 길이는 그 범위 내에서 어떤 값이라도 될 수 있습니다.

이러한 차이에 대해 지금은 너무 신경 쓰지 않아도 됩니다. 이런 것들은 뒤에서 더 자세히 보게 될 것입니다. 일단 지금 우리가 다루는 확률변수는 모두 이산일 것입니다.

기대치는 결과에 대한 예측을 가능하게 만들고...

이제 당신은 슬롯머신에서 딸 수 있는 금액에 대한 확률분포를 가지고 있습니다. 하지만 장기적으로 얼마를 따거나 잃을 것인지 알아야 합니다. 각 게임에서 따거나 잃을 수 있는 전형적인 값을 계산함으로써 이러한 사실을 알아낼 수 있습니다. 다시 말해, **기대치**를 찾아내는 것입니다.

$$E(X) = \mu$$

변수 X의 기대치는 확률분포를 위한 것이긴 하지만 평균값과 약간 비슷합니다. 계산하는 방법도 거의 비슷합니다. 기대치를 찾으려면 각 값 x를 그 값을 얻기 위한 확률과 곱한 다음에 모두 더합니다.

변수 X를 위한 기대치는 보통 E(X)로 표기합니다. 하지만 때에 따라서 그것이 평균값을 의미하는 기호였던 μ로 표시되는 경우도 만나게 될 것입니다. 기대치와 평균값은 같은 날 태어난 쌍둥이라고 생각하면 됩니다.

다음은 E(X)를 구하기 위한 공식입니다.

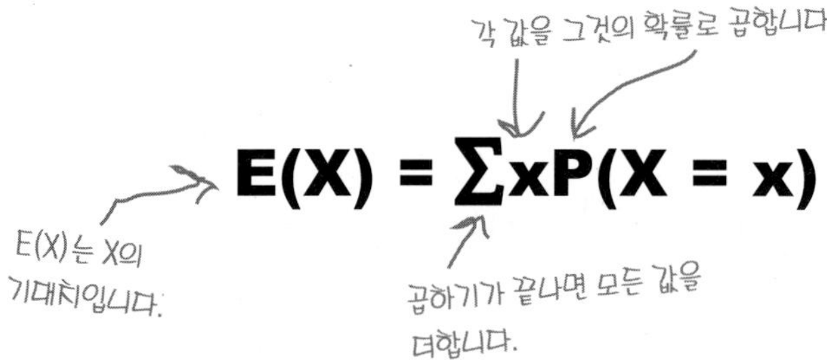

$$E(X) = \sum xP(X = x)$$

이 공식을 슬롯머신의 이기는 금액에 대한 기대치를 계산하는 데 사용해 봅시다. 다음은 확률분포입니다.

x	−1	4	9	14	19
P(X = x)	0.977	0.008	0.008	0.006	0.001

$$\begin{aligned} E(X) &= (-1 \times 0.977) + (4 \times 0.008) + (9 \times 0.008) + (14 \times 0.006) + (19 \times 0.001) \\ &= -0.977 + 0.032 + 0.072 + 0.084 + 0.019 \\ &= -0.77 \end{aligned}$$

슬롯머신의 레버를 한 번 당길 때마다 기대할 수 있는 기대치를 달러로 표시한 것입니다. 음수네요!

다시 말해, 게임을 오랫동안 계속한다면 각 게임마다 0.77불을 잃을 수 있음을 뜻합니다. 만약 슬롯머신 게임을 100번 하면 77불을 잃을 수 있다는 말입니다.

...분산은 결과가 분포되는 방식에 대해 알려 줍니다

기대치는 각 게임마다 평균 얼마를 따거나 잃을 것인지에 대해 말해 줍니다. 하지만 게임을 할 때마다 돈을 잃는 것으로 되어 있다면 무슨 재미가 있을까요? 그런 게임을 누가 하려고 할까요?

각 게임에서 평균적으로 돈을 잃도록 되어 있다는 사실이 당신이 대박 날 기회가 전혀 없다는 뜻은 아닙니다. 평균값과 마찬가지로 기대치는 전체 그림을 보여 주지 않습니다. 각 게임마다 당신이 따거나 잃는 금액은 크게 달라질 수 있기 때문입니다. 그럼 이러한 변화를 어떻게 측정할 수 있을까요?

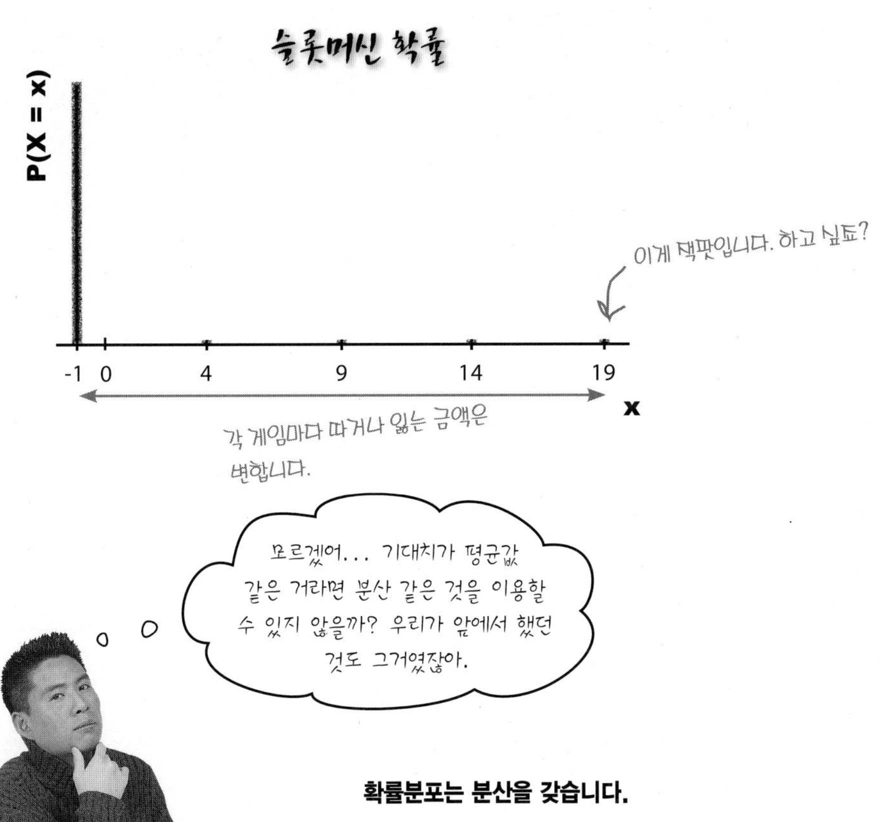

확률분포는 분산을 갖습니다.

기대치는 변수의 전형적인 혹은 평균적인 값을 말해 주지만, 값들이 분포되어 있는 방식에 대해서는 말해 주지 않습니다. 슬롯머신의 경우 그런 방식에 대해서 알면 잠재적으로 딸 수 있는 금액이 어떻게 변하는지 알 수 있을 것입니다.

3장에서 했던 바와 같이 이러한 분포의 방식을 측정하기 위해 **분산**을 이용할 수 있습니다. 어떻게 할 수 있는지 보도록 합시다.

분산과 확률분포

3장에서는 숫자의 집합에 대한 분산을 계산했습니다. 우리는 각 수에 대해 $(x - \mu)^2$을 계산하고 그 값들의 평균을 구했습니다.

변수 X의 분산을 구하기 위해 그와 비슷한 계산을 수행할 수 있습니다. $(X - \mu)^2$의 **평균**을 구하는 대신 **기대치**를 구하는 것입니다. 다음 공식을 사용합니다.

μ는 E(X)를 표기하는 또 하나의 방법입니다.

이것이 분산입니다. X의 분산을 짧게 줄여서 표기하는 방법이 Var(X)입니다.

$$\mathbf{Var(X) = E(X - \mu)^2}$$

우리는 $(X - \mu)^2$의 기대치를 구해야 합니다. 그런데 어떻게 구할까요?

여기서 문제는 $(X - \mu)^2$의 기대치를 어떻게 구할까 하는 것입니다.

$(X - \mu)^2$을 어떻게 계산할까요?

$E(X - \mu)^2$을 찾는 것은 E(X)를 찾는 것과 매우 비슷합니다.

E(X)를 계산할 때 우리는 확률분포에 있는 각 값을 취해서, 그것의 확률로 곱하고, 결과를 모두 더했습니다. 즉, 다음 공식을 사용했습니다.

$$E(X) = \sum xP(X = x)$$

변수 X를 계산할 때에는 모든 값 x에 대해 $(x - \mu)^2$을 계산하고, 그것을 값 x를 얻는 확률로 곱한 다음에 결과를 모두 더합니다.

각 x에 대해 $(x - \mu)^2$을 계산합니다. 그 다음에 x를 구하는 확률을 곱하고...

$$\mathbf{E(X - \mu)^2 = \sum(x - \mu)^2P(X = x)}$$

...그 다음에 이 값들을 모두 더합니다.

다시 말해, 확률에 x를 곱하는 대신 $(x - \mu)^2$과 값 x를 구하는 확률을 곱합니다.

슬롯머신의 분산을 계산해 봅시다

슬롯머신의 확률분포입니다.

x	−1	4	9	14	19
P(X = x)	0.977	0.008	0.008	0.006	0.001

앞 장에서 얻은 지식을 이용해서 슬롯머신의 분산을 구할 수 있는지 살펴봅시다. 계산을 하려면 각 값으로부터 μ를 빼고, 결과를 제곱한 다음에 그 값에 확률을 곱합니다. 여기서 E(X) 혹은 μ는 −0.77입니다.

244페이지에서 E(X) = −0.77이라는 사실을 계산했습니다.

$$\begin{aligned}
Var(X) &= E(X - \mu)^2 \\
&= (-1+0.77)^2 \times 0.977 + (4+0.77)^2 \times 0.008 + (9+0.77)^2 \times 0.008 + (14+0.77)^2 \times 0.006 + (19+0.77)^2 \times 0.001 \\
&= (-0.23)^2 \times 0.977 + 4.77^2 \times 0.008 + 9.77^2 \times 0.008 + 14.77^2 \times 0.006 + 19.77^2 \times 0.001 \\
&= 0.0516833 + 0.1820232 + 0.7636232 + 1.3089174 + 0.3908529 \\
&= 2.6971
\end{aligned}$$

$(X-\mu)^2 \times P(X=x)$

이것은 각 게임에 대한 기대치가 −0.77이지만 분산은 2.6971임을 뜻합니다.

그럼 표준편차는? 그것도 계산할 수 있어?

확률분포는 분산만이 아니라 표준편차도 가질 수 있습니다.

분산은 값의 집합에서 표준편차가 수행했던 것과 비슷한 기능을 수행합니다. 즉, 어느 값이 중앙에서 얼마나 멀리 떨어져 있는가에 대한 측정방법을 제공합니다.

전과 마찬가지로 표준편차는 다음과 같이 분산에 제곱근을 씌우면 됩니다.

$$\sigma = \sqrt{Var(X)}$$

앞에서와 동일한 기호로 표준편차를 나타낼 수 있습니다.

이것은 슬롯머신의 표준편차가 $\sqrt{2.6971}$ 혹은 1.642임을 뜻합니다. 이것은 각 게임에서 우리가 이기는 값은 평균적으로 −0.77이라는 기대치에서 1.642만큼 떨어져 있음을 의미합니다.

브레인 파워

분산이 높은 슬롯머신과 낮은 슬롯머신 중에서 어느 것을 더 선호합니까? 이유는요?

바보 같은 질문이란 없습니다

Q: 기대치는 평균값과 매우 비슷하군요. 확률분포를 위한 값 중에서 중앙값이나 최빈값과 닮은 것이 있나요?

A: 최빈값을 닮은 것으로, 가장 가능성이 높은 확률을 이용하는 경우가 있긴 하지만, 대개의 경우 그럴 필요는 없습니다. 통계학자들이 확률분포에서 가장 관심을 갖는 부분은 기대치입니다.

Q: 기대치는 X가 취할 수 있는 값 중에서 하나이어야 하지 않나요?

A: 꼭 그럴 필요는 없습니다. 평균값이 반드시 집합 내부에 존재하는 어느 수와 일치해야 하는 것이 아닌 것과 마찬가지입니다. 확률분포의 기대치는 X가 취할 수 있는 값 중 어느 하나와 반드시 일치할 필요는 없습니다.

Q: 여기에서 나오는 분산과 표준편차는 앞에서 다루었던 것들과 같은 건가요?

A: 확률분포를 다루고 있다는 점만 빼면 똑같습니다. 값들의 집합에서 나온 분산과 표준편차는 값들이 평균값에서 얼마나 멀리 떨어져 있는지 측정하는 방법이었습니다. 확률분포에서 나오는 분산과 표준편차는 특정한 값의 확률이 얼마나 흩어져 있는지 측정합니다.

Q: $E(X - \mu)^2$이라는 개념이 너무 어렵습니다. 이것은 $E(X - \mu)$를 찾은 다음에 그것을 제곱한 것과 같은 건가요?

A: 아닙니다. 그것은 서로 다른 계산입니다. $E(X - \mu)^2$은 각 X에 대해 $X - \mu$의 제곱을 구한 다음에 모든 값의 기대치를 구한 것입니다. 만약 단순히 $E(X - \mu)$를 구한 다음에 그 값을 제곱하면 완전히 다른 값을 얻게 됩니다.

엄밀히 말해 $E((X - \mu)^2$을 계산하는 것이지만 대개 추가적인 괄호는 쓰지 않습니다.

Q: 그럼 낮은 분산을 가진 슬롯머신과 높은 분산을 가진 슬롯머신은 뭐가 다른 거죠?

A: 높은 분산을 가진 슬롯머신은 따는 금액이 크게 변한다는 뜻입니다. 당신이 딸 수 있는 금액의 크기는 상대적으로 예측하기 어렵습니다.

일반적으로 분산이 적을수록, 게임 당 따는 금액의 평균은 기대치에 가까워집니다. 높은 분산을 가진 슬롯머신을 가지고 게임을 하면 따는 금액의 전반적인 수준은 안정적이지 않습니다.

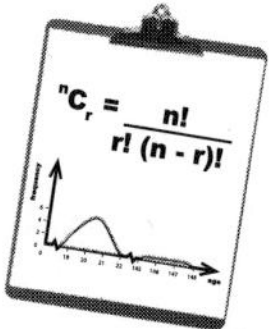

핵심 통계학

기대치

다음 공식을 이용해서 변수 X의 기대치를 찾습니다.

$$E(X) = \sum xP(X = x)$$

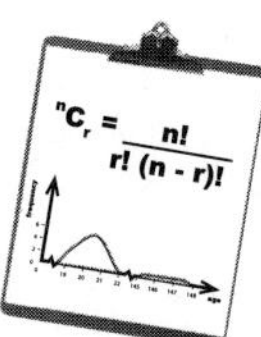

핵심 통계학

분산

다음 공식을 이용해서 분산을 계산합니다.

$$Var(X) = E(X - \mu)^2$$

다음은 확률변수 X에 대한 확률분포입니다.

x	1	2	3	4	5
P(X = x)	0.1	0.25	0.35	0.2	0.1

1. E(X)의 값은 얼마인가요?

2. Var(X)의 값은 얼마인가요?

다음은 확률변수 X에 대한 확률분포입니다.

x	1	2	3	4	5
P(X = x)	0.1	0.25	0.35	0.2	0.1

1. E(X)의 값은 얼마인가요?

각 값에 그 값을 얻을 확률을 곱한 다음에 모든 값을 더합니다.

$E(X) = \sum xP(X=x)$

$= 1 \times 0.1 + 2 \times 0.25 + 3 \times 0.35 + 4 \times 0.2 + 5 \times 0.1$

$= 0.1 + 0.5 + 1.05 + 0.8 + 0.5$

$= 2.95$

2. Var(X)의 값은 얼마인가요?

각 값 x에 대한 $(x - \mu)^2$을 구합니다. 그 다음에 거기에 x를 얻을 확률을 곱합니다. 그 다음에는 전부 더합니다.

$Var(X)^2 = E(X - \mu)^2$

$= \sum (x - \mu)^2 P(X=x)$

$= (1-2.95)^2 \times 0.1 + (2-2.95)^2 \times 0.25 + (3-2.95)^2 \times 0.35 + (4-2.95)^2 \times 0.2 + (5-2.95)^2 \times 0.1$

$= (-1.95)^2 \times 0.1 + (-0.95)^2 \times 0.25 + (0.05)^2 \times 0.35 + (1.05)^2 \times 0.2 + (2.05)^2 \times 0.1$

$= 3.8025 \times 0.1 + 0.9025 \times 0.25 + 0.0025 \times 0.35 + 1.1025 \times 0.2 + 4.2025 \times 0.1$

$= 0.38025 + 0.225625 + 0.000875 + 0.2205 + 0.42025$

$= 1.2475$

5분 미스터리

움직이는 기대치 사건

통계마을에서는 여러 개의 유명한 퀴즈쇼를 방송하는데, 그 중에 서명을 할래 말래라는 쇼가 있습니다. 이 쇼에서 참여자는 서로 다른 금액의 돈을 담고 있는 상자 앞에 서서 안을 들여다보지 않은 채 하나를 선택해야 합니다. 선택되지 않은 상자가 하나씩 열릴 때마다 참여자는 진행자가 선택한 상자에 담긴 돈을 받고 중단을 할 것인지 아니면 아직 열리지 않은 상자에 담긴 돈을 위해 계속 진행할 것인지 결정합니다. 통계마을의 물개보호국은 참여자가 상금을 받을 때마다 일부를 기부금으로 받습니다.

가장 최근에 참가한 사람은 아마추어 통계학자입니다. 그는 만약 모든 상자 안에 담긴 금액에 대한 기대치가 무엇인지 알면 자기가 승리를 거둘 유리한 위치에 올라설 것이라고 생각했습니다. 그는 프로듀서가 자기에게 다가왔을 때 기대치에 대한 계산을 막 끝낸 순간이었습니다.

프로듀서가 말했습니다. “3분 남았습니다. 우리는 상자에 담긴 금액을 모두 바꾸었습니다. 그들은 전보다 2배에서 10불을 뺀 금액을 담고 있습니다.”

참여자는 공포에 질린 얼굴로 프로듀서를 바라보았습니다. 그렇다면 그가 미리 계산해 두었던 것은 모두 소용이 없게 되었다는 말인가? 처음부터 다시 계산을 해야 한다면 3분은 너무나 부족했습니다. 그는 어떻게 해야 할까요?

참여자는 어떻게 새로운 기대치를 기록적인 시간 내에 계산할 수 있을까요?

뚱보 댄은 가격을 변경하였습니다

몇 분 전에 뚱보 댄은 슬롯머신의 비용과 상금을 모두 바꾸었습니다. 다음은 새로운 구성입니다.

이전에는 게임 당 1불을 지불했었는데, 이제 2불로 올랐습니다.

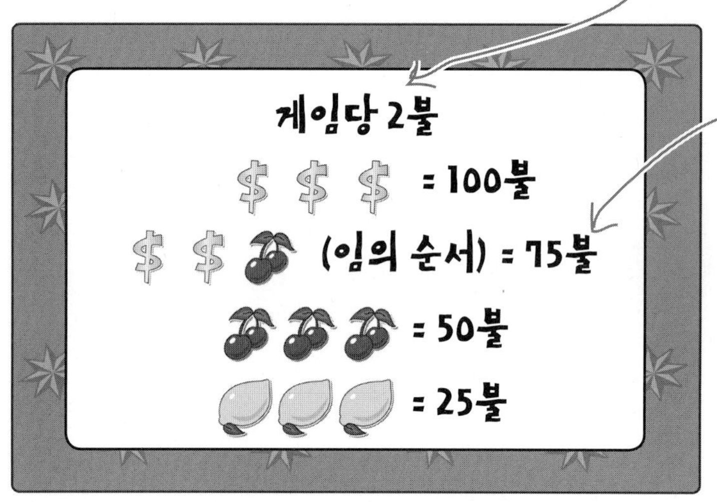

상금이 전에 비해서 5배 뛰었습니다.

슬롯머신에서 (레버를 당기는) 게임을 하는 비용이 1불에서 2불로 올랐습니다. 하지만 상금은 이제 5배 커졌습니다. 만약 이기기만 하면 전에 비해 훨씬 더 많은 돈을 벌 수 있습니다.

다음은 새로운 확률분포입니다.

y	−2	23	48	73	98
P(Y = y)	0.977	0.008	0.008	0.006	0.001

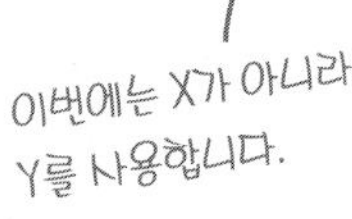

기대치와 분산이 얼마인지 알면 장기적으로 얼마나 벌지 알 수 있을 텐데.

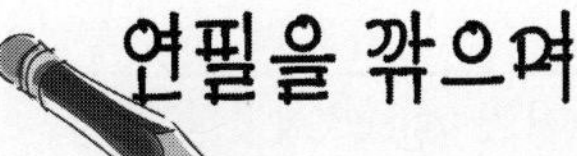

연필을 깎으며

새로운 확률분포의 기대치와 분산은 얼마일까요? 앞에서 보았던 분포의 기대치인 −0.77과 분산인 2.6971에 비해 어떤 값을 얻게 될까요?

y	**−2**	**23**	**48**	**73**	**98**
P(Y = y)	0.977	0.008	0.008	0.006	0.001

새로운 확률분포의 기대치와 분산은 얼마일까요? 앞에서 보았던 분포의 기대치인 −0.77과 분산인 2.6971에 비해 어떤 값을 얻게 될까요?

y	−2	23	48	73	98
P(Y = y)	0.977	0.008	0.008	0.006	0.001

$$E(Y) = (-2) \times 0.977 + 23 \times 0.008 + 48 \times 0.008 + 73 \times 0.006 + 98 \times 0.001$$
$$= -1.954 + 0.184 + 0.384 + 0.438 + 0.098$$
$$= -0.85$$

$$Var(Y) = E(Y - \mu)^2$$
$$= \sum (y - \mu)^2 P(Y=y)$$
$$= (-2+0.85)^2 \times 0.977 + (23+0.85)^2 \times 0.008 + (48+0.85)^2 \times 0.008 + (73+0.85)^2 \times 0.006 + (98+0.85)^2 \times 0.001$$
$$= (-1.15)^2 \times 0.977 + (23.85)^2 \times 0.008 + (48.85)^2 \times 0.008 + (73.85)^2 \times 0.006 + (98.85)^2 \times 0.001$$
$$= 1.3225 \times 0.977 + 568.8225 \times 0.008 + 2386.3225 \times 0.008 + 5453.8225 \times 0.006 + 9771.3225 \times 0.001$$
$$= 1.2920825 + 4.55058 + 19.09058 + 32.722935 + 9.7713225$$
$$= 67.4275$$

기대치가 약간 낮아집니다. 따라서 장기적으로 봤을 때 우리는 게임 당 0.85불을 잃을 것입니다. 분산은 훨씬 높아집니다. 이것은 이 기계에서 장기적으로 게임을 하면 더 많은 돈을 잃을 것임을 뜻하며, 예측에 대한 확실성은 전보다 떨어집니다.

뚱보 댄이 가격정책을 바꿀 때마다 나더러 이렇게 복잡한 계산을 하라는 거야?

이전과 지금의 수익은 서로 관련이 있습니다.

게임을 치르는 비용은 2불로 올라갔고, 상금은 전에 비해 5배가 되었습니다. 이전의 수익과 지금의 수익이 서로 관련을 맺고 있으므로 그들의 기대치와 분산 사이에도 뭔가 관련이 있을 것입니다.

그러한 관계에 대해 알아보도록 합시다.

수영장 퍼즐

약간의 대수(algebra)를 즐길 시간입니다. 당신이 **할 일**은 수영장에서 숫자를 골라서 계산 과정의 빈 칸에 채워 넣는 것입니다. 똑같은 수를 한 번 이상 사용할 수 **없으며**, 모든 수를 사용해야 하는 것은 아닙니다. 당신의 **목표**는 슬롯머신의 새로운 수익을 이전의 수익으로 표현하는 것입니다. X는 이전의 수익을 나타내고, Y는 새로운 수익을 나타냅니다.

X = (원래 당첨금) − (원래 게임비)

= (원래 당첨금) − ....

(원래 당첨금) = ... + ...

Y = 5 (원래 당첨금) − (새로운 게임비)

= 5(.............. + ...) − ....

= 5 .... + ... − ....

= .... + ...

주의: 수영장에서 꺼낸 것은 각각 한 번만 사용할 수 있습니다!

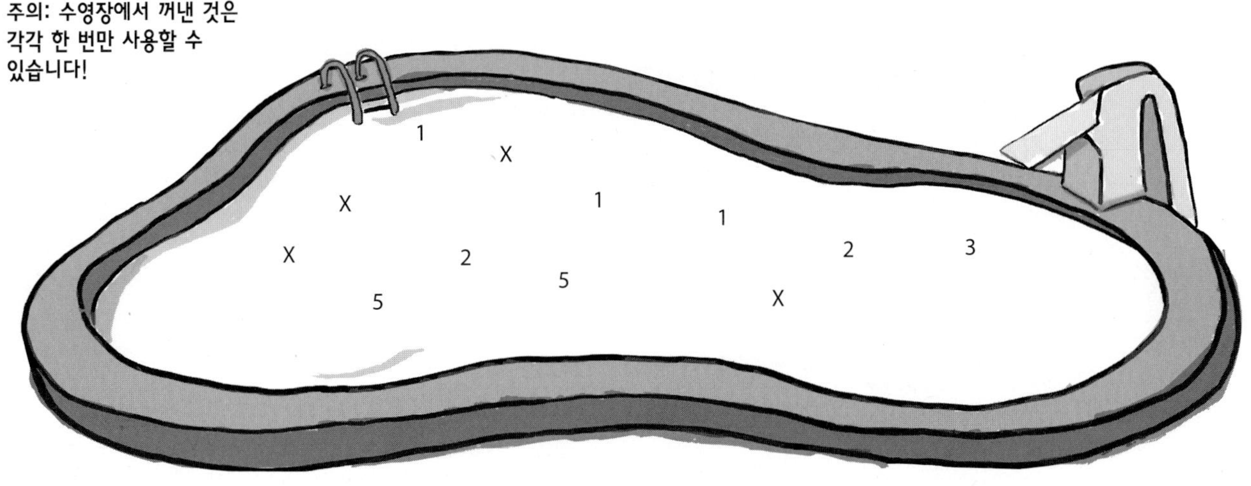

수영장 퍼즐 정답

약간의 대수(algebra)를 즐길 시간입니다. 당신이 **할 일**은 수영장에서 숫자를 골라서 계산 과정의 빈 칸에 채워 넣는 것입니다. 똑같은 수를 한 번 이상 사용할 수 **없으며**, 모든 수를 사용해야 하는 것은 아닙니다. 당신의 **목표**는 슬롯머신의 새로운 수익을 이전의 수익으로 표현하는 것입니다. X는 이전의 수익을 나타내고, Y는 새로운 수익을 나타냅니다.

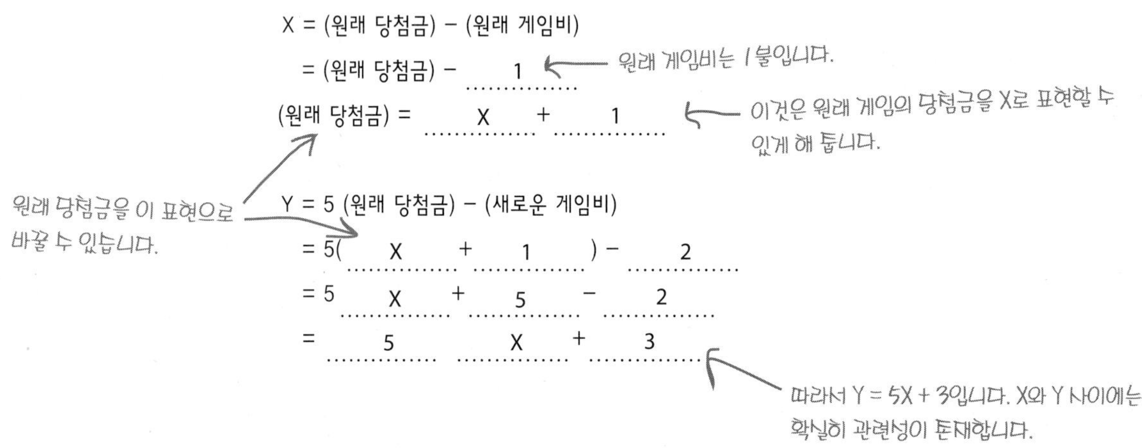

주의: 수영장에서 꺼낸 것은 각각 한 번만 사용할 수 있습니다!

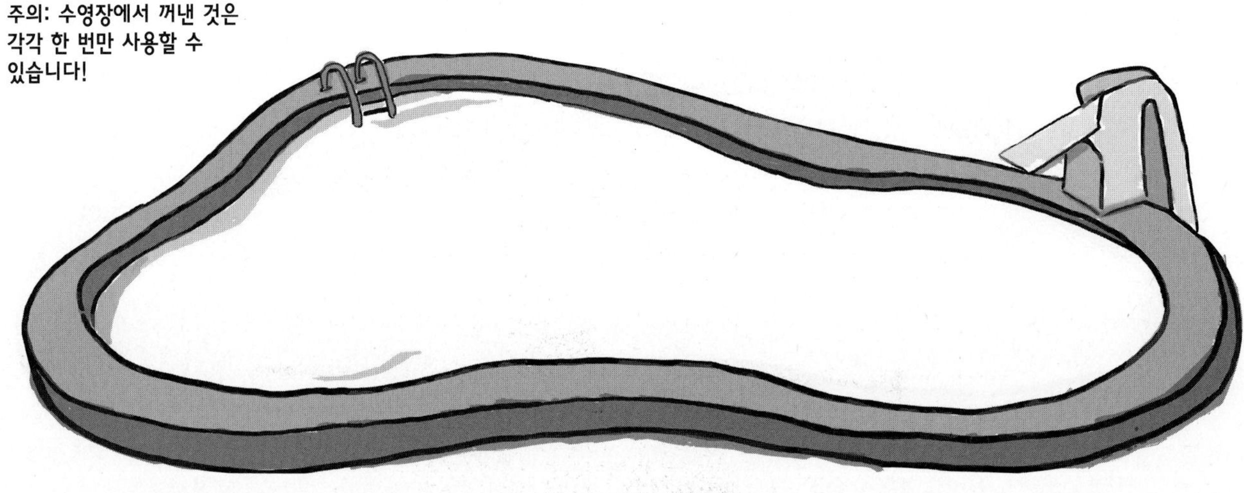

E(X)와 E(Y) 사이에는 선형 관계가 성립합니다

Y = 5X + 3이라는 수식을 이용해서 이전 수익으로 새로운 수익을 구할 수 있음을 보았습니다. Y는 새로운 수익을, X는 이전 수익을 나타냅니다. 이제 우리가 알고 싶은 것은 E(X)와 E(Y), 그리고 Var(X)와 Var(Y)의 관계입니다.

만약 그들 사이에 어떤 관계가 성립한다면 이것은 뚱보 댄이 가격정책을 또 바꾸었을 때 큰 도움이 될 겁니다. 과거와 현재 사이의 관계를 알면 새로운 기대치와 분산을 빠르게 계산할 수 있기 때문입니다.

E(X)와 E(Y), 그리고 Var(X)와 Var(Y) 사이에 어떤 관계가 성립하는지 살펴봅시다.

1. E(X)는 −0.77이고 E(Y) = −0.85입니다. 그러면 5 x E(X)는 얼마일까요? 5 x E(X) + 3은 얼마일까요? 이것은 E(Y)와 어떤 관련이 있을까요?

2. Var(X) = 2.6971이고 Var(Y) = 67.4275입니다. 5 x Var(X)는 얼마일까요? 5^2 x Var(X)는 얼마일까요? 이것은 Var(Y)와 어떤 관련이 있을까요?

3. 이것을 Y = aX + b의 확률분포로 어떻게 일반화할 수 있을까요?

E(X)와 E(Y), 그리고 Var(X)와 Var(Y) 사이에 어떤 관계가 성립하는지 살펴봅시다.

1. E(X)는 −0.77이고 E(Y) = −0.85입니다. 그러면 5 x E(X)는 얼마일까요? 5 x E(X) + 3은 얼마일까요? 이것은 E(Y)와 어떤 관련이 있을까요?

$5 \times E(X) = -3.85$

$5 \times E(X) + 3 = -0.85$

$E(Y) = 5 \times E(X) + 3$

2. Var(X) = 2.6971이고 Var(Y) = 67.4275입니다. 5 x Var(X)는 얼마일까요? 5^2 x Var(X)는 얼마일까요? 이것은 Var(Y)와 어떤 관련이 있을까요?

$5 \times Var(X) = 13.4855$

$5^2 \times Var(X) = 67.4275$

$Var(Y) = 5^2 \times Var(X)$

3. 이것을 Y = aX + b의 확률분포로 어떻게 일반화할 수 있을까요?

$E(aX + b) = a\,E(X) + b$

$Var(aX + b) = a^2\,Var(X)$

슬롯머신 변형

지난 몇 페이지에서 배운 것은 무엇입니까?

우선 X가 각 게임에서 따거나 잃을 수 있는 돈을 나타낸다고 했을 때 X의 기대치와 분산을 찾아보았습니다.

그 다음에는 뚱보 댄이 가격정책을 변경했을 때 처음부터 다시 계산하지 않고 새로운 기대치와 분산을 찾는 방법을 알아보았습니다. 새로운 수익과 이전의 수익 사이에 존재하는 관계를 파악한 다음에 그 관계를 이용해서 새로운 기대치와 수익을 계산한 것입니다. 우리가 발견한 공식은 다음과 같습니다.

$$E(5X + 3) = 5E(X) + 3$$

$$Var(5X + 3) = 5^2 Var(X)$$

선형변환에 대한 일반적인 공식

우리는 이러한 변환을 확률변수에 대한 것으로 일반화할 수 있습니다. 확률변수 X에 대해 다음이 성립합니다.

$$E(aX + b) = aE(X) + b$$

기대치에 a를 곱한 다음에 b를 더합니다.

$$Var(aX + b) = a^2Var(X)$$

a를 제곱해서 X의 분산과 곱합니다(b는 생략).

이것은 X를 선형으로 변환시키기 때문에 선형변환이라고 합니다. 다시 말해, 기본적인 확률은 동일하지만 값들은 aX +b라는 형태를 빌려서 새로운 값으로 변합니다.

바보 같은 질문이란 없습니다

Q: a와 b는 상수이어야 하나요?

A: 그렇습니다. 만약 a와 b가 상수가 아니고 변수면 다른 결과를 얻게 됩니다.

Q: 분산에서 b가 어디로 사라졌나요?

A: 상수값을 분산에 더하는 것은 전반적인 분산에 영향을 미치지 않습니다. 그것은 기대치에만 영향을 줍니다.

변수에 상수를 더하면 그것은 분포의 동일한 형태를 유지하면서 옆으로만 이동하게 만듭니다. 기대치는 b만큼 변하지만 형태가 그대로이므로 분산은 변하지 않습니다.

Q: 분산에 a^2을 곱하는 것을 보고 깜짝 놀랐습니다. 왜 그렇게 하는 겁니까?

A: 변수에 상수를 곱하면 기저에 깔린 값들을 모두 상수로 곱하는 것입니다.

분산을 계산할 때에는 기저에 깔린 값들을 제곱해서 계산합니다. 이러한 값들에 a가 곱해졌으므로 최종결과는 분산에 a^2을 곱하는 것이 됩니다.

Q: 이 선형변환 공식을 외워야 하나요? 이것은 중요한 겁니까?

A: 그렇습니다. 이 공식을 외우면 앞으로 값들이 달라질 때마다 확률분포의 기대치와 분산을 새로 계산해야 할 필요가 없으므로 많은 시간을 절약할 수 있습니다. 새로운 확률분포를 구하고 거기에 맞는 기대치와 분산을 처음부터 계산하는 대신에 이미 알고 있는 값을 이 공식에 대입해서 기대치와 분산을 구할 수 있습니다.

이러한 선형변환 공식을 알고 있으면 시험을 볼 때도 유리합니다. 우선 이와 같은 지름길을 알면 시험을 볼 때 귀중한 시간을 절약할 수 있습니다. 더욱이 시험지는 기저에 깔린 확률분포를 항상 제공하는 것은 아닙니다. 어느 변수의 기대치와 간단한 기본 정보만 가지고 변환을 수행해야 하는 경우도 있을 것입니다.

Q: 기대치와 분산을 직접 계산해 보았는데, 공식으로 구한 것과 다른 결과를 얻었습니다. 이유가 뭘까요?

A: 기대치와 분산을 직접 계산하다보면 실수를 저지르기 쉽다는 사실을 알게 될 것입니다. 이러한 계산을 손으로 수행하다보면 어디에선가 실수를 저지르기 쉽습니다. 가능하면 이와 같은 통계학적 지름길을 사용하는 것이 바람직합니다.

움직이는 기대치 사건: 해결되었음

참여자는 어떻게 새로운 기대치를 기록적인 시간 내에 계산할 수 있을까요?

참여자는 잠시 하얗게 질린 얼굴로 주위를 둘러보다가 이내 평온을 되찾았습니다. 값들이 변했다는 사실이 그리 큰 문제는 아니었기 때문입니다.

5분 미스터리 해결

참여자는 모든 상자에 담긴 원래 값들에 대해 기대치와 분산을 이미 계산했습니다. 그것은 그가 어느 정도의 돈을 딸 수 있는지에 대한 정보를 제공해 주었습니다.

프로듀서는 그에게 새로운 상금이 2배에서 10불을 뺀 값이라고 말했습니다. 다시 말해, 만약 X가 원래 상금을 의미하고 Y가 새로운 상금을 의미한다면 값들은 $Y = 2X - 10$이라는 공식에 의해 변환되는 것입니다.

참여자는 $E(2X - 10) = 2E(X) - 10$이라는 공식을 이용해서 $E(Y)$를 찾았습니다. 따라서 그가 한 일은 원래 구했던 기대치를 두 배 한 다음에 거기에서 10을 빼서 새로운 기대치를 구하는 것뿐입니다.

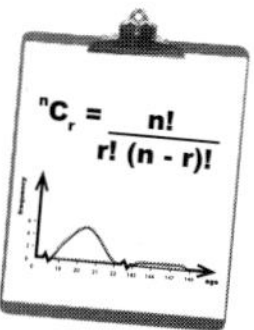

핵심 통계학

선형변환

변수 X 그리고 수 a와 b가 있다면 다음이 성립합니다.

$$E(aX + b) = aE(X) + b$$

$$Var(aX + b) = a^2Var(X)$$

핵심정리

- **확률분포**는 특정 변수가 가질 수 있는 모든 가능한 값들의 확률을 나타냅니다.
- **기대치**는 장기적으로 보았을 때 평균적인 결과입니다. 이것은 $E(X)$ 혹은 μ로 표시하며, $E(X) = \sum xP(X = x)$로 계산합니다.
- **X 함수의 기대치**는 $E(f(X)) = \sum f(x)P(X = x)$로 구합니다.
- **확률분포의 분산**은 $Var(X) = E(X - \mu)^2$으로 구합니다.
- **확률분포의 표준편차**는 $\sigma = \sqrt{Var(X)}$로 구합니다.
- **선형변환**은 a와 b가 상수라고 했을 때 X가 $aX + b$로 변환되는 것을 의미합니다. 기대치와 분산은 다음과 같이 주어집니다.

  $E(aX + b) = aE(X) + b$

  $Var(aX + b) = a^2Var(X)$

그럼 선형변환은 내가 여러 차례 게임을 수행하려고 할 때 기대치와 분산을 계산할 수 있는 손쉬운 방법을 제공해 주는 건가?

선형변환을 사용하는 것과 게임을 여러 번 수행하는 것 사이에는 차이가 있습니다.

선형변환에서는 모든 확률이 전과 동일합니다. 하지만 얻을 수 있는 값들은 달라집니다. 값들은 변환되지만 확률은 변환되지 않습니다. 나올 수 있는 값들의 개수도 전과 동일합니다.

게임을 여러 차례 수행하면 값과 확률이 모두 달라지고 나올 수 있는 값들의 개수마저 달라집니다. 이 경우에는 단순히 값들을 변환시킬 수 없으며, 확률을 계산하는 것도 매우 복잡해집니다.

간단한 예를 봅시다. X라는 확률분포를 갖는 아주 간단한 슬롯머신을 가지고 게임을 한다고 생각합시다.

x	−1	5
P(X = x)	0.9	0.1

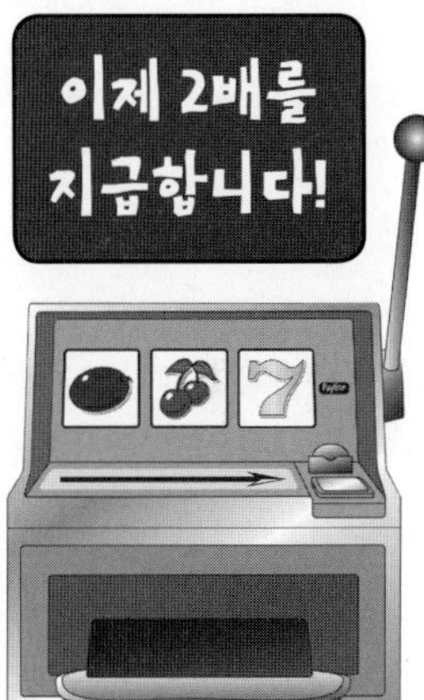

2X의 확률분포를 찾으려면 x 값에 2를 곱하면 됩니다. 잠재적으로 얻을 수 있는 값이 두 배가 되었으므로 기저에 깔린 값이 달라졌습니다.

여기 있는 금액이 2로 곱해졌습니다. 확률은 전과 동일합니다.

2x	−2	10
P(2X = 2x)	0.9	0.1

이 슬롯머신에서 두 번의 게임을 수행하면 어떻게 될까요? 두 게임에서 나올 수 있는 값들의 모든 가능한 경우를 고려하면서 확률분포를 새롭게 작성해야 할 것입니다.

이것은 손잡이를 두 번 당기는 것과 비슷합니다. 가능한 수익과 확률이 달라집니다.

두 게임을 모두 지면 y = −2입니다.

w	−2	4	10
P(W = w)	0.81	0.18	0.01

W는 두 게임에서 나온 결과를 의미합니다.

두 게임을 모두 이기면 y = 10입니다.

한 게임에서 −1을 얻고 다른 게임에서 5를 얻으면 y = 4가 됩니다.

이번에는 확률과 값이 모두 달라졌습니다. 이 상황에서는 기대치와 분산을 어떻게 찾을 수 있을까요?

매번 손잡이를 당기는 것은 독립관측입니다

슬롯머신에서 여러 번 게임을 할 때 각 게임은 사건이라고 하며, 각 게임에서 나오는 결과값은 **관측**(observation)이라고 합니다. 각 관측은 동일한 기대치와 분산을 갖지만 결과값은 다를 수 있습니다. 각 게임에서 언제나 같은 수익을 올리는 것은 아니기 때문입니다.

서로 다른 게임 혹은 관측을 구분할 수 있는 방법이 필요합니다. 슬롯머신에서 올리는 수익에 대한 확률분포가 X로 표현된다면 첫 번째 관측은 X_1, 두 번째 관측은 X_2로 표시할 수 있습니다.

각 게임은 사건이라고 하고, 각 게임의 결과값은 관측이라고 합니다.

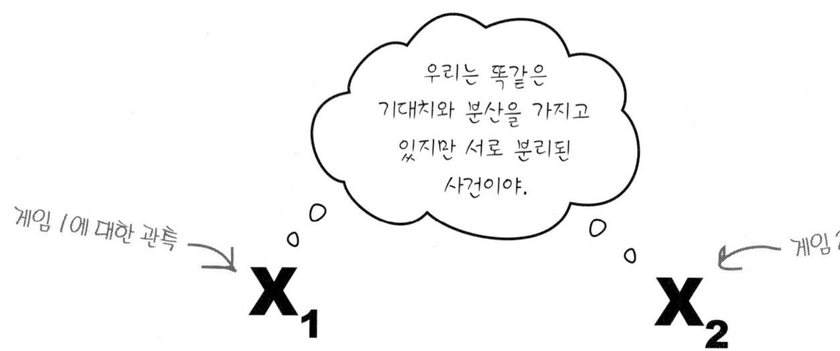

X_1과 X_2는 모두 X와 동일한 확률, 가능한 값, 기대치, 그리고 분산을 가지고 있습니다. 다시 말해, 그들은 서로 분리된 관측이며 서로 다른 결과값을 가질 수 있지만 동일한 확률분포를 가지고 있는 것입니다.

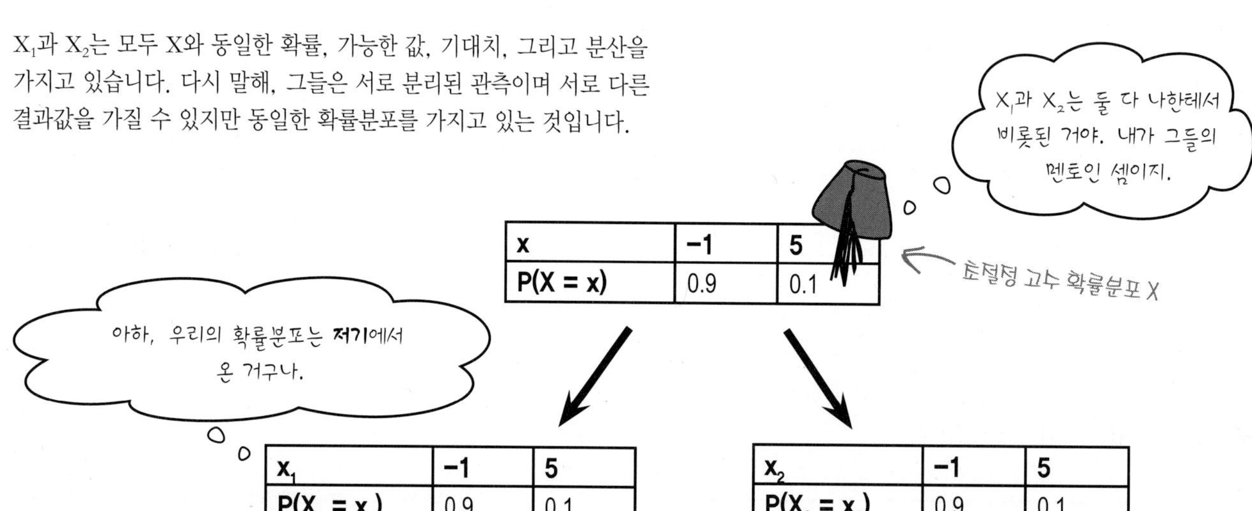

x	−1	5
P(X = x)	0.9	0.1

x_1	−1	5
$P(X_1 = x_1)$	0.9	0.1

x_2	−1	5
$P(X_2 = x_2)$	0.9	0.1

슬롯머신에서 수행하는 두 게임에 대한 기대치와 분산을 찾고 싶을 때 우리가 진짜 알아야 하는 것은 $X_1 + X_2$의 기대치와 분산입니다. 이것을 구하기 위한 빠른 방법을 알아봅시다.

관측 지름길

$X_1 + X_2$의 기대치와 분산을 찾아봅시다.

조심하세요!

$X_1 + X_2$는 2X와 같지 않습니다.

$X_1 + X_2$는 X에 대한 두 개의 관측을 고려하고 있음을 의미하고, 2X는 하나의 관측을 가지고 있으며 가능한 값을 두 배로 만든 것을 의미합니다.

기대치

우선 $E(X_1 + X_2)$를 계산합니다.

$$\begin{aligned} E(X_1 + X_2) &= E(X_1) + E(X_2) \\ &= E(X) + E(X) \\ &= 2E(X) \end{aligned}$$

X_1과 X_2는 X와 동일한 확률분포를 가지므로 $E(X_1)$과 $E(X_2)$는 둘 다 E(X)와 동일합니다.

다시 말해, 두 관측의 기대치를 계산하려면 E(X)에 2를 곱하면 됩니다. E(X) = −0.77인 슬롯머신에서 게임을 하는 것이므로 기대치는 −0.77×2 = −1.54가 됩니다.

우리는 이러한 사실을 여러 개의 관측으로 확장할 수 있습니다. 만약 n개의 관측에 대한 기대치를 구하려면 다음 공식을 사용합니다.

n개의 관측이 있으면 E(X)에 n을 곱하면 됩니다.

$$E(X_1 + X_2 + \ldots + X_n) = nE(X)$$

분산

그럼 $Var(X_1 + X_2)$는 어떤가요? 계산 방법은 다음과 같습니다.

$$\begin{aligned} Var(X_1 + X_2) &= Var(X_1) + Var(X_2) \\ &= Var(X) + Var(X) \\ &= 2Var(X) \end{aligned}$$

X_1과 X_2는 X와 동일한 확률분포를 가지므로 $Var(X_1)$과 $Var(X_2)$는 Var(X)와 동일합니다.

이것은 Var(X) = 2.6871인 슬롯머신에서 두 게임을 수행하면 분산이 2.6971×2, 즉 5.3942가 될 것이라는 의미입니다.

우리는 이러한 사실을 임의 개수의 독립관측으로 확장할 수 있습니다. X에 대한 n개의 독립관측이 있다면 다음 공식이 성립합니다.

Var(X)에 관측의 수인 n을 곱합니다.

$$Var(X_1 + X_2 + \ldots + X_n) = nVar(X)$$

다시 말해, 여러 개의 관측에 대한 기대치와 분산을 구하려면 E(X)와 Var(X)에 관측의 수를 곱하면 됩니다.

바보 같은 질문이란 없습니다

Q: $E(X_1 + X_2)$는 $E(2X)$와 같은 것 아닌가요?

A: 비슷하게 보이기는 하지만 그들은 서로 다른 개념입니다.

$E(2X)$는 기저에 깔린 값이 두 배로 커진 상황에서 기대치를 계산하는 것입니다. 다시 말해, 변수는 하나만 존재하며, 값의 크기가 두 배로 달라진 것입니다.

$E(X_1 + X_2)$는 X라는 변수의 두 개의 분리된 개체를 가지고, 그들의 결합된 기대치를 구하는 것입니다. 예를 들어 X가 어떤 게임의 확률분포를 나타낸다면, $X_1 + X_2$는 게임을 두 번 했을 경우에 해당하는 기대치를 의미합니다.

Q: 그럼 X_1하고 X_2는 같은 건가요?

A: 그들은 동일한 확률분포를 따르지만 서로 다른 개체 혹은 관측입니다. 예를 들어 X_1은 게임 1을 나타내고, X_2는 게임 2를 나타낼 수 있습니다. 그들은 똑같은 확률분포를 가지지만, 각각의 실제 결과값은 다를 수 있습니다.

Q: 새로운 분산이 선형변환에서 보았던 것처럼 $n^2Var(X)$가 아니고 그냥 $nVar(X)$이군요. 왜 그렇습니까?

A: 여기에서 우리는 일련의 독립관측을 가지고 있으며, 그들은 모두 동일한 방식으로 분포되어 있습니다. 따라서 우리는 전체 분산을 단순히 각각의 분산을 더해서 얻을 수 있는 것입니다. 만약 독립관측이 n개 존재하면 전체 분산은 $nVar(X)$가 됩니다.

우리가 $Var(nX)$를 계산할 때는 기저에 깔린 값에 n을 곱했습니다. 분산은 기저에 깔린 값을 제곱해서 구하는 것이므로 이것은 곧 분산이 $n^2Var(X)$가 되는 것을 뜻합니다.

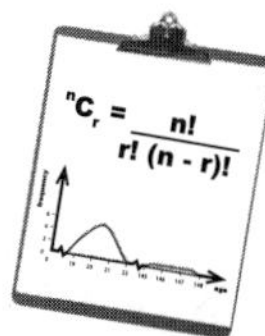

핵심 통계학

독립관측

분산을 계산하기 위해 다음 공식을 사용합니다.

$$E(X_1 + X_2 + \ldots + X_n) = nE(X)$$

$$Var(X_1 + X_2 + \ldots + X_n) = nVar(X)$$

핵심정리

- 확률분포는 주어진 확률변수가 가질 수 있는 모든 가능한 값들의 확률을 나타냅니다.
- 확률변수 X의 기대치는 장기적으로 보았을 때 평균적인 결과입니다. 이것은 $E(X)$ 혹은 μ로 표시하며, 다음과 같이 계산합니다.

  $E(X) = \sum xP(X = x)$

- 확률변수 X에 대한 분산은 다음과 같습니다.

  $Var(X) = E(X - \mu)^2$

- 표준편차 σ는 분산의 제곱근입니다.
- 선형변환은 a와 b가 상수라고 했을 때 X가 $aX + b$로 변환되는 것을 의미합니다. 기대치와 분산은 다음과 같이 주어집니다.

  $E(aX + b) = aE(X) + b$

  $Var(aX + b) = a^2Var(X)$

선형변환일까 독립관측일까?

아래에 일련의 시나리오가 있습니다. 각 X의 분산을 알고 있다고 가정하고, 각 문제를 선형변환으로 풀 수 있는지 아니면 독립관측으로 풀 수 있는지 정해 보세요.

	선형변환	독립관측
특대 컵에 들어 있는 커피의 양. X는 보통 크기의 컵에 들어 있는 커피의 양.	☐	☐
매일 추가적으로 커피 마시기. X는 컵 하나에 들어 있는 커피의 양.	☐	☐
10개의 로또복권을 샀을 때의 순수익. X는 1개의 로또복권을 샀을 때의 순수익.	☐	☐
로또복권의 값이 상승한 다음에 복권 한 장이 갖는 순수익. X는 1장의 복권을 샀을 때의 순수익.	☐	☐
아침에 먹을 계란을 낳게 하기 위한 암탉을 추가로 구입하기. X는 암탉 한 마리가 한 주 동안 낳는 계란의 수.	☐	☐

선형변환일까 독립관측일까? 해결

아래에 일련의 시나리오가 있습니다. 각 X의 분산을 알고 있다고 가정하고, 각 문제를 선형변환으로 풀 수 있는지 아니면 독립관측으로 풀 수 있는지 정해 보세요.

	선형변환	독립관측
특대 컵에 들어 있는 커피의 양. X는 보통 크기의 컵에 들어 있는 커피의 양.	☑	☐
매일 추가적으로 커피 마시기. X는 컵 하나에 들어 있는 커피의 양.	☐	☑
10개의 로또복권을 샀을 때의 순수익. X는 1개의 로또복권을 샀을 때의 순수익.	☐	☑
로또복권의 값이 상승한 다음에 복권 한 장이 갖는 순수익. X는 1장의 복권을 샀을 때의 순수익.	☑	☐
아침에 먹을 계란을 낳게 하기 위한 암탉을 추가로 구입하기. X는 암탉 한 마리가 한 주 동안 낳는 계란의 수.	☐	☑

각 복권으로부터 당첨금은 서로 독립입니다.

복권의 가격이 달라지면 기대되는 수익도 변합니다. 하지만 당첨되는 확률은 달라지지 않습니다. 따라서 이것은 선형변환으로 해결할 수 있습니다.

동네 분식점에서 행운의 쿠키를 하나에 0.5불씩 팔기 시작했습니다. 각 쿠키 속에는 비밀 메시지가 들어 있습니다. 대부분의 메시지는 구매자의 행운을 비는 내용이지만, 어떤 것은 식사 값을 할인해 주는 것입니다. 2불짜리 할인권을 얻을 확률은 0.1이고, 5불짜리 할인권을 얻을 확률은 0.07이고, 10불짜리 할인권을 얻을 확률은 0.03입니다.

만약 X가 순수익을 나타낸다면 X의 확률분포는 어떻게 될까요? E(X)와 Var(X)의 값은 어떻게 될까요?

분식점 주인은 쿠키의 가격을 1불로 올렸습니다. 새로운 기대치와 분산은 어떻게 될까요?

동네 분식점에서 행운의 쿠키를 하나에 0.5불씩 팔기 시작했습니다. 각 쿠키 속에는 비밀 메시지가 들어 있습니다. 대부분의 메시지는 구매자의 행운을 비는 내용이지만, 어떤 것은 식사 값을 할인해 주는 것입니다. 2불짜리 할인권을 얻을 확률은 0.1이고, 5불짜리 할인권을 얻을 확률은 0.07이고, 10불짜리 할인권을 얻을 확률은 0.03입니다.

만약 X가 순수익을 나타낸다면 X의 확률분포는 어떻게 될까요? E(X)와 Var(X)의 값은 어떻게 될까요?

X의 확률분포는 다음과 같습니다.

x	-0.5	1.5	4.5	9.5
P(X = x)	0.8	0.1	0.07	0.03

$$E(X) = (-0.5)\times 0.8 + 1.5\times 0.1 + 4.5\times 0.07 + 9.5\times 0.03$$
$$= -0.4 + 0.15 + 0.315 + 0.285$$
$$= 0.35$$

$$Var(X) = E(X - \mu)^2$$
$$= \sum(x - \mu)^2 P(X = x)$$
$$= (-0.5-0.35)^2\times 0.8 + (1.5-0.35)^2\times 0.1 + (4.5-0.35)^2\times 0.07 + (9.5-0.35)^2\times 0.03$$
$$= (-0.85)^2\times 0.8 + (1.15)^2\times 0.1 + (4.15)^2\times 0.07 + (9.15)^2\times 0.03$$
$$= 0.7225\times 0.8 + 1.3225\times 0.1 + 17.2225\times 0.07 + 83.7225\times 0.03$$
$$= 0.578 + 0.13225 + 1.205575 + 2.511675$$
$$= 4.4275$$

분식점 주인은 쿠키의 가격을 1불로 올렸습니다. 새로운 기대치와 분산은 어떻게 될까요?

쿠키의 가격이 0.5불씩 올랐습니다. 따라서 새로운 순수익은 X - 0.5로 표현됩니다.

$$E(X - 0.5) = E(X) - 0.5$$
$$= 0.35 - 0.5$$
$$= -0.15$$

$$Var(X - 0.5) = Var(X)$$
$$= 4.4275$$

새로운 슬롯머신의 등장

뚱보 댄은 새로운 모델의 슬롯머신을 가져왔습니다. 각 게임은 비용이 더 많이 들지만 당첨되면 큰돈을 받을 수 있습니다. 새로운 확률분포는 다음과 같습니다.

각 게임 당 비용은 전보다 큽니다. 하지만 잭팟이 얼마인지 보세요!

x	−5	395
P(X = x)	0.99	0.01

우리는 지금까지 하나의 기계를 가지고 게임을 한 번 하거나 여러 번 할 때 나오는 기대치와 분산에 대해 살펴보았습니다. 그러면 이와 같이 서로 다른 두 기계로 게임을 하는 경우에는 어떻게 될까요?

이런 상황에서는 두 개의 서로 다른 독립확률분포를 갖게 됩니다.

x	−5	395
P(X = x)	0.99	0.01

뚱보 댄이 새로 들여 놓은 슬롯머신의 수익입니다.

y	−2	23	48	73	98
P(Y = y)	0.977	0.008	0.008	0.006	0.001

원래 슬롯머신의 수익입니다.

그럼 두 개의 기계로 각각 한 번씩 게임을 할 때의 기대치와 분산은 어떻게 계산할 수 있을까요?

X + Y로 확률분포를 구할 수도 있지만 그렇게 하면 시간이 너무 오래 걸릴 것 같아. 실수를 할 가능성도 높고. 뭔가 빠른 방법은 없을까?

E(X + Y)를 구하려면 E(X)와 E(Y)를 더하고...

우리는 두 개의 슬롯머신에서 각각 한 번씩 게임을 했을 때의 기대치와 분산을 찾으려고 합니다. 다시 말해, X와 Y가 슬롯머신의 확률변수라고 했을 때 E(X + Y)와 Var(E + Y)를 구하려고 하는 것입니다. X와 Y는 서로 독립입니다.

이렇게 하는 방법 중 하나는 X + Y의 확률분포를 계산한 다음에 거기에 따라서 기대치와 분산을 계산하는 것입니다.

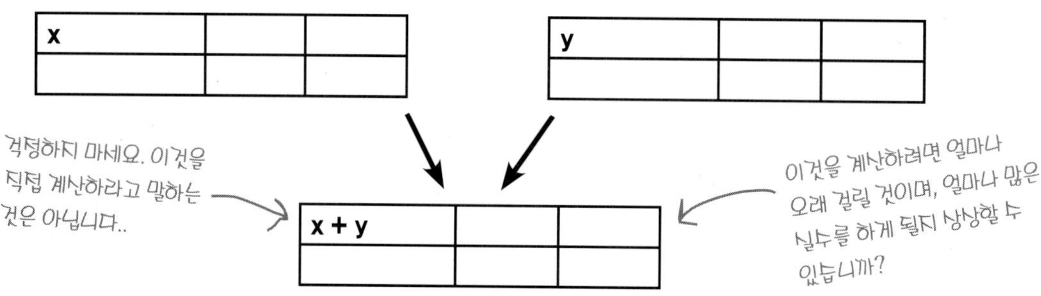

다행히도 이러한 계산을 할 필요는 없습니다. E(X + Y)를 찾으려면 그냥 E(X)와 E(Y)를 더하기만 하면 됩니다.

$$E(X + Y) = E(X) + E(Y)$$

직관적으로 봤을 때 이것은 일리가 있습니다. 예를 들어 5불을 딸 수 있는 어느 게임과 10불 딸 수 있는 다른 게임을 한다면 전체적으로는 5불 + 10불인 15불을 딸 수 있을 거라고 기대할 겁니다.

분산도 비슷하게 구할 수 있습니다. Var(X + Y)를 구하려면 각각의 분산을 서로 더합니다. 이것은 모든 독립확률변수에 대해 성립합니다.

$$Var(X + Y) = Var(X) + Var(Y)$$

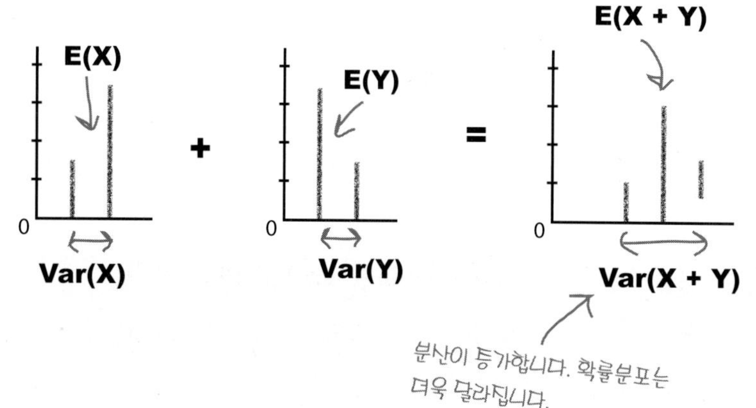

분산을 직접 더하는 것은 독립확률변수에 대해서만 성립합니다.

만약 X와 Y가 서로 독립이 아니면 Var(X + Y)는 Var(X) + Var(Y)라고 말할 수 없습니다.

...E(X - Y)를 구하려면 E(X)에서 E(Y)를 빼세요

확률변수를 더할 수만 있는 것은 아닙니다. 그들을 서로 뺄 수도 있습니다. X + Y라는 확률분포 대신에 X − Y라는 확률분포를 사용하면 됩니다.

두 개의 확률변수 사이에 존재하는 차이를 다루는 상황에서도 기대치를 쉽게 구할 수 있습니다. E(X − Y)를 구하려면 E(X)에서 E(Y)를 빼면 됩니다.

X − Y의 분산을 구하는 것은 덜 직관적입니다. Var(X − Y)를 구하기 위해서는 두 분산을 더합니다.

$$E(X - Y) = E(X) - E(Y)$$

$$Var(X - Y) = Var(X) + Var(Y)$$

분산을 더합니다. 주의하세요!

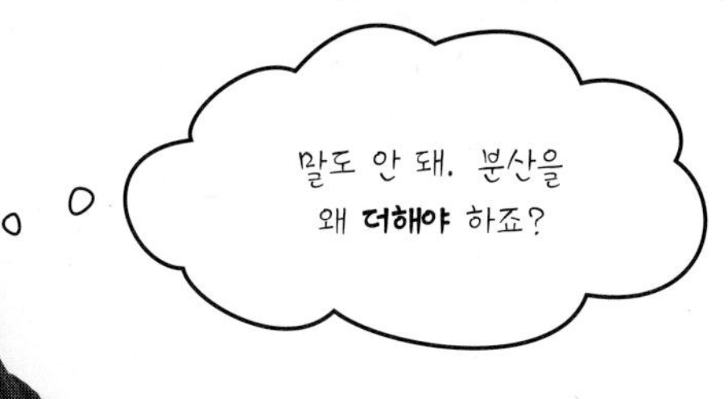

변동성(variability)이 증가하기 때문입니다.

하나의 변수를 다른 변수에서 빼더라고 확률분포의 분산은 여전히 증가합니다.

조심하세요!

두 확률변수를 뺄 때에도 분산은 더합니다.

처음에는 말이 되지 않는 것 같아서 실수를 저지르기 쉽습니다. 일단 두 변수가 서로 독립이면 다음 공식이 성립한다는 사실을 기억해 두기 바랍니다.

$Var(X - Y) = Var(X) + Var(Y)$

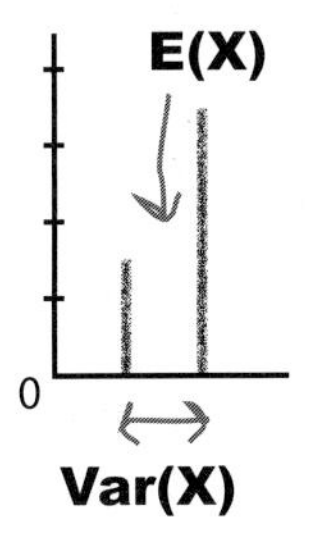

−

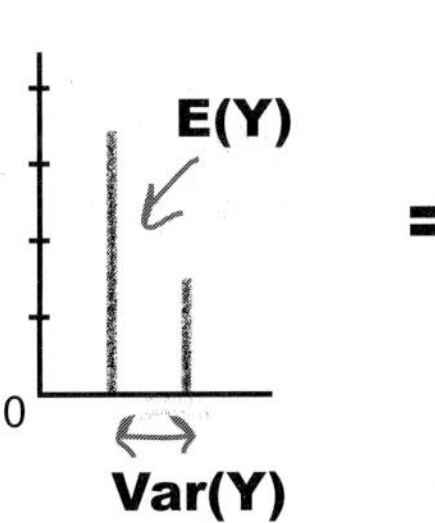

=

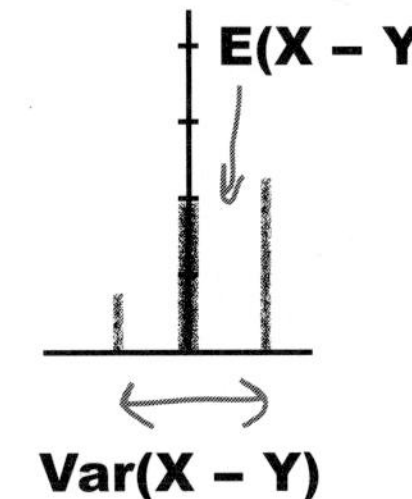

변수를 서로 빼더라도 분산은 증가합니다.

독립확률변수를 빼더라고 그들을 서로 더할 때와 동일한 방식으로 분산을 증가시킵니다. 변동성의 양은 언제나 증가할 뿐입니다.

독립확률변수를 빼더라도 분산은 여전히 증가합니다.

선형변환도 더하거나 뺄 수 있습니다

확률변수를 서로 더하거나 뺄 수 있는 것처럼 선형변환도 서로 더하거나 뺄 수 있습니다.

뚱보 댄이 두 기계 모두에 대한 혹은 그 중 하나에 대한 가격정책을 변경하는 경우를 생각해 봅시다. 그러나 새로운 기대치와 분산을 찾기 위해 전체 확률분포를 다시 계산하고 싶은 생각은 없습니다.

다행히도 간단한 방법이 있습니다.

X와 Y 슬롯머신의 수익이 달라져서 X는 aX가 되고, Y는 bY가 되었다고 합시다. a와 b는 임의의 숫자입니다.

aX와 bY의 결합된 기대치와 분산을 찾기 위해 다음 공식을 사용할 수 있습니다.

$$X \longrightarrow aX$$

$$Y \longrightarrow bY$$

a와 b는 어떤 수도 될 수 있습니다.

aX와 bY 더하기

aX + bY의 기대치와 분산을 구하려면 다음 공식을 이용합니다.

$$E(aX + bY) = aE(X) + bE(Y)$$

$$Var(aX + bY) = a^2Var(X) + b^2Var(Y)$$

선형변환이므로 숫자를 제곱합니다.

이것은 선형변환이므로 앞에서와 마찬가지로 수를 제곱합니다.

aX에서 bY 빼기

만약 확률변수를 서로 빼고 E(aX − bY)와 Var(aX − bY)를 구하려면 다음 공식을 이용합니다.

$$E(aX - bY) = aE(X) - bE(Y)$$

$$Var(aX - bY) = a^2Var(X) + b^2Var(Y)$$

분산을 더한다는 사실을 기억하세요.

앞에서와 마찬가지로 확률변수를 서로 빼는 상황에서도 분산은 더하고 있습니다.

바보 같은 질문이란 없습니다

Q: 만약 X와 Y가 게임이라면 aX + bY는 X를 a번 하고 Y를 b번 하는 것을 의미하나요?

A: aX + bY는 두 개의 선형변환을 서로 더하는 것을 의미합니다. 다시 말해, X와 Y의 기저에 깔린 값들이 변합니다. 각각의 게임이 독립관측이더라도 이것은 독립관측이 아닙니다.

Q: X − Y를 언제 사용해야 할지 모르겠군요. 이 공식의 목적은 무엇입니까?

A: X − Y는 두 변수 사이에 존재하는 차이를 알고자 할 때 매우 유용합니다. E(X − Y)는 'X와 Y의 차이가 얼마가 될 것이라고 기대하는가?'라고 말하는 것과 비슷합니다. 그리고 Var(X − Y)는 분산을 알려 줍니다.

Q: X − Y의 분산을 계산할 때 왜 분산을 서로 더하는 겁니까? 빼야 하는 것 아니나요?

A: 처음에는 이것이 직관에 어긋나는 것처럼 보일 것입니다. 하지만 어느 변수에서 다른 변수를 빼면 결국 변동성이 증가하므로 분산을 증가시킵니다. 변수를 뺄 때 달라지는 변동성의 양은 변수를 더할 때와 동일합니다.

이것을 이해하는 또 하나의 방법은 분산을 계산하는 것이 기저에 깔린 값을 제곱한다는 사실을 기억하는 것입니다. Var(X + bY)는 $Var(X) + b^2Var(Y)$와 같습니다. 이때 만약 b가 −1이라면 이것은 Var(X − Y)를 의미합니다. $(-1)^2 = 1$이므로 Var(X − Y) = Var(X) + Var(Y)이 성립합니다.

Q: X와 Y가 서로 독립이 아닐 때에도 이렇게 할 수 있나요?

A: 아닙니다. 이러한 규칙은 X와 Y가 서로 독립일 때에 한해서 성립합니다. 그들이 서로 종속일 때 X + Y를 계산하려면 확률분포를 처음부터 일일이 계산해야 합니다.

Q: X + Y에 $X_1 + X_2$와 동일한 규칙을 적용할 수 있는 것처럼 보이는군요. 그렇죠?

A: 그렇습니다. X, Y, X_1, X_2가 모두 서로 독립이라면 말입니다.

핵심정리

- **X의 독립관측**은 X의 개별적인 개체를 의미합니다. 각 관측은 동일한 확률분포를 갖지만 결과값은 다를 수 있습니다.
- $X_1, X_2, ..., X_n$이 X의 독립관측이라면 다음 공식이 성립합니다.

$$E(X_1 + X_2 + ... + X_n) = nE(X)$$
$$Var(X_1 + X_2 + ... X_n) = nVar(X)$$

- X와 Y가 독립확률변수라고 하면 다음 공식이 성립합니다.

$$E(X + Y) = E(X) + E(Y)$$
$$E(X - Y) = E(X) - E(Y)$$
$$Var(X + Y) = Var(X) + Var(Y)$$
$$Var(X - Y) = Var(X) + Var(Y)$$

- X와 Y의 선형변환이 갖는 기대치와 분산에 대해 다음 공식이 성립합니다.

$$E(aX + bY) = aE(X) + bE(Y)$$
$$E(aX - bY) = aE(X) - bE(Y)$$
$$Var(aX + bY) = a^2Var(X) + b^2Var(Y)$$
$$Var(aX - bY) = a^2Var(X) + b^2Var(Y)$$

아래 테이블은 기대치와 분산을 담고 있습니다. 각각의 항목에 대한 공식이나 간단한 방법을 적어 보세요. 필요하면 변수들은 서로 독립이라고 가정하세요.

통계	간단한 방법 혹은 공식
E(aX + b)	
Var(aX + b)	
E(X)	
E(f(X))	
Var(aX – bY)	
Var(X)	
E(aX - bY)	
$E(X_1 + X_2 + X_3)$	
$Var(X_1 + X_2 + X_3)$	
$E(X^2)$	
Var(aX – b)	

두 개의 메뉴를 제공하는 레스토랑이 있습니다. 하나는 주중에 사용하고, 다른 하나는 주말에 사용합니다. 각 메뉴는 네 개의 가격을 포함하고 있습니다. 아래는 어떤 사람이 레스토랑에 지불하는 금액에 대한 확률분포입니다.

주중:

x	10	15	20	25
P(X = x)	0.2	0.5	0.2	0.1

주말:

y	15	20	25	30
P(Y = y)	0.15	0.6	0.2	0.05

주말에 식사를 하는 20명의 사람들과 주중에 식사를 하는 25명의 사람들 중에서 어느 쪽이 레스토랑에 더 많은 돈을 지불할까요?

아래 테이블은 기대치와 분산을 담고 있습니다. 각각의 항목에 대한 공식이나 간단한 방법을 적어 보세요. 필요하면 변수들은 서로 독립이라고 가정하세요.

통계	간단한 방법 혹은 공식
$E(aX + b)$	$aE(X) + b$
$Var(aX + b)$	$a^2Var(X)$
$E(X)$	$\sum xP(X = x)$
$E(f(X))$	$\sum f(x)P(X = x)$
$Var(aX - bY)$	$a^2Var(X) + b^2Var(Y)$
$Var(X)$	$E(X - \mu)^2 = E(X^2) - \mu^2$
$E(aX - bY)$	$aE(X) - bE(Y)$
$E(X_1 + X_2 + X_3)$	$3E(X)$
$Var(X_1 + X_2 + X_3)$	$3Var(X)$
$E(X^2)$	$\sum x^2P(X = x)$
$Var(aX - b)$	$a^2Var(X)$

두 개의 메뉴를 제공하는 레스토랑이 있습니다. 하나는 주중에 사용하고, 다른 하나는 주말에 사용합니다. 각 메뉴는 네 개의 가격을 포함하고 있습니다. 아래는 어떤 사람이 레스토랑에 지불하는 금액에 대한 확률분포입니다.

주중:

x	10	15	20	25
P(X = x)	0.2	0.5	0.2	0.1

주말:

y	15	20	25	30
P(Y = y)	0.15	0.6	0.2	0.05

주말에 식사를 하는 20명의 사람들과 주중에 식사를 하는 25명의 사람들 중에서 어느 쪽이 레스토랑에 더 많은 돈을 지불할까요?

주중과 주말이 갖는 기대치부터 구해 봅시다. X는 누군가 주중에 지불하는 금액을 나타내고, Y는 주말에 지불하는 금액을 나타냅니다.

$$E(X) = 10 \times 0.2 + 15 \times 0.5 + 20 \times 0.2 + 25 \times 0.1$$
$$= 2 + 7.5 + 4 + 2.5$$
$$= 16$$

$$E(Y) = 15 \times 0.15 + 20 \times 0.6 + 25 \times 0.2 + 30 \times 0.05$$
$$= 2.25 + 12 + 5 + 1.5$$
$$= 20.75$$

레스토랑에서 식사를 하는 사람들은 서로 독립관측입니다. 따라서 각 그룹이 지불하는 금액을 계산하려면 기대치에 각 그룹에 속한 사람들의 수를 곱해야 합니다.

주중에 식사를 하는 25명의 경우는 $25 \times E(X) = 25 \times 16 = 400$

주말에 식사를 하는 20명의 경우는 $20 \times E(Y) = 20 \times 20.75 = 415$

주말에 식사를 하는 20명이 주중에 식사를 하는 25명보다 더 많은 돈을 지불한다는 사실을 알 수 있습니다.

잭팟!

이 장에서는 많은 것을 배웠습니다. 특정한 슬롯머신에서 얼마나 많은 돈을 벌 수 있는지 예측하기 위해 확률분포, 기대치, 분산 등을 활용하는 방법을 공부했습니다.

그리고 지불정책이 변경되거나 한 기계에서 여러 차례 게임을 하는 경우 얼마나 많은 돈을 딸 수 있는지 예측하기 위해 선형변환과 독립관측을 활용하는 방법도 배웠습니다.

샘은 두 레스토랑을 즐겨 찾습니다. 레스토랑 A는 B보다 좀 더 비싸지만 음식수준은 훨씬 뛰어납니다.

아래의 두 테이블은 샘이 각각의 레스토랑에서 얼마나 많은 돈을 지출하는지에 대한 확률분포를 나타내고 있습니다. 두 레스토랑의 가격은 대략 어느 정도 차이가 나는 걸까요? 그리고 그에 대한 분산은 얼마일까요?

레스토랑 A:

x	**20**	**30**	**40**	**45**
P(X = x)	0.3	0.4	0.2	0.1

레스토랑 B:

y	**10**	**15**	**18**
P(Y = y)	0.2	0.6	0.2

샘은 두 레스토랑을 즐겨 찾습니다. 레스토랑 A는 B보다 좀 더 비싸지만 음식수준은 훨씬 뛰어납니다.

아래의 두 테이블은 샘이 각각의 레스토랑에서 얼마나 많은 돈을 지출하는지에 대한 확률분포를 나타내고 있습니다. 두 레스토랑의 가격은 대략 어느 정도 차이가 나는 걸까요? 그리고 그에 대한 분산은 얼마일까요?

레스토랑 A:

x	20	30	40	45
P(X = x)	0.3	0.4	0.2	0.1

레스토랑 B:

y	10	15	18
P(Y = y)	0.2	0.6	0.2

우선 X와 Y의 기대치와 분산을 구해 봅시다.

$$E(X) = 20 \times 0.3 + 30 \times 0.4 + 40 \times 0.2 + 45 \times 0.1$$
$$= 6 + 12 + 8 + 4.5$$
$$= 30.5$$

$$Var(X) = (20-30.5)^2 \times 0.3 + (30-30.5)^2 \times 0.4 + (40-30.5)^2 \times 0.2 + (45-30.5)^2 \times 0.1$$
$$= (-10.5)^2 \times 0.3 + (-0.5)^2 \times 0.4 + 9.5^2 \times 0.2 + 14.5^2 \times 0.1$$
$$= 110.25 \times 0.3 + 0.25 \times 0.4 + 90.25 \times 0.2 + 210.25 \times 0.1$$
$$= 33.075 + 0.1 + 18.05 + 21.025$$
$$= 72.25$$

$$E(Y) = 10 \times 0.2 + 15 \times 0.6 + 18 \times 0.2$$
$$= 2 + 9 + 3.6$$
$$= 14.6$$

$$Var(Y) = (10-14.6)^2 \times 0.2 + (15-14.6)^2 \times 0.6 + (18-14.6)^2 \times 0.2$$
$$= (-4.6)^2 \times 0.2 + 0.4^2 \times 0.6 + 3.4^2 \times 0.2$$
$$= 21.16 \times 0.2 + 0.16 \times 0.6 + 11.56 \times 0.2$$
$$= 4.232 + 0.096 + 2.312$$
$$= 6.64$$

X와 Y의 차이는 X - Y라는 공식으로 표현됩니다.

$$E(X - Y) = E(X) - E(Y)$$
$$= 30.5 - 14.6$$
$$= 15.9$$

$$Var(X - Y) = Var(X) + Var(Y)$$
$$= 72.25 + 6.64$$
$$= 78.89$$

6 순열과 조합

약속 정하기

때로는 순서가 중요합니다.

사물의 순서가 의미를 갖는 상황에서 **가능한 모든 경우**를 일일이 따져보는 것은 시간이 매우 오래 걸리는 일입니다. 하지만 이런 종류의 정보가 어떤 확률을 계산할 때에는 **결정적**이라는 것이 문제입니다. 이 장에서는 이와 같은 상황에서 가능한 결과값을 하나씩 따지지 않고 **빠르게** 필요한 정보를 얻는 방법을 공부할 것입니다. 우리와 함께 길을 가면서 **가능성을 세는 방법**을 익히기 바랍니다.

통계마을 더비경마

통계마을에서 열리는 가장 큰 스포츠 이벤트 중 하나는 바로 통계마을 더비경마입니다. 말과 기수가 함께 넓고 기다란 트랙을 달리면서 누가 가장 짧은 시간 내에 완주를 하는가를 따지는 것인데, 당신은 각 경주의 결과에 대해 베팅을 할 수 있습니다. 각 경기에서 1, 2, 3위를 제대로 맞추면 엄청난 돈을 딸 수도 있습니다.

맨 처음 경주는 전에 한 번도 완주를 한 적이 없는 루키들을 위한 시합입니다. 이 시합에서는 당신의 예측을 돕기 위한 통계가 아무 것도 없습니다. 따라서 각각의 말이 승리할 수 있는 동일한 확률을 가지고 있다고 가정해야 합니다. 이것은 매우 단순한 확률입니다.

세 마리의 말이 경쟁하는 오늘의 첫 경주가 열리기 직전입니다. 그리고 더비운영진은 베팅을 접수하기 시작했습니다. 당신은 뚱보 댄에서 벌어들인 500불이 있어서 그것을 더비에서 사용할 수 있습니다. 만약 당신이 세 마리 말의 순위를 정확한 순서대로 예측하면 당첨금은 7:1의 비율로 지불됩니다. 이것은 베팅의 7배를 번다는 뜻이므로 무려 3,500불을 받을 수 있습니다.

이 베팅에 돈을 걸어야 할까요? 이길 수 있는 확률이 얼마나 되는지 한 번 알아보도록 합시다.

와서 재미 좀 보고 싶은가?
확률에 대해 아는 게 좀 있다면
아주 잘할 수 있다고.

15:1 지급은 만약 당신이 이기면 베팅한 금액의 15배를 받는다는 뜻입니다!

Statsville Derby Races:	Payouts:
Three-Horse	7:1
Novelty	15:1
Twenty-Horse	1,500:1

세 마리 말의 경주

첫 번째 경주는 말 세 마리가 달리는 아주 간단한 경주입니다. 가장 큰 금액을 따기 위해서는 세 마리 말이 완주하는 순서를 정확히 예측해야 합니다. 시합에 참여한 말들은 아래와 같습니다.

느끼한 샤벳

멋진 투피

까불이 펀보이

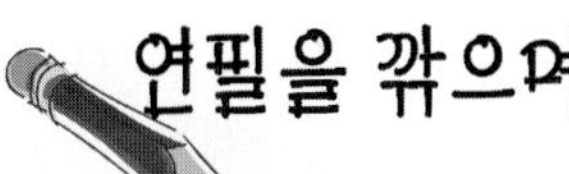

말들이 경주를 완주하는 방식은 몇 가지나 될까요? (동률은 없고, 모든 말이 완주를 한다고 가정합시다.) 경주가 끝나는 방식을 정확한 순서대로 예측할 수 있는 확률은 얼마일까요?

이 베팅에서 기대되는 배당금을 계산해 보세요. 베팅액은 500불이며, 만일 경주에서 이기면 500불을 돌려받습니다.

힌트: 이 사건의 확률분포를 찾은 다음에 기대치를 계산하면 됩니다.

연필을 깎으며 정답

말들이 경주를 완주하는 방식은 몇 가지나 될까요? (동률은 없고, 모든 말이 완주를 한다고 가정합시다.) 경주가 끝나는 방식을 정확한 순서대로 예측할 수 있는 확률은 얼마일까요?

이 베팅에서 기대되는 배당금을 계산해 보세요. 베팅액은 500불이며, 만일 경주에서 이기면 500불을 돌려받습니다.

경주를 완주하는 방식에는 6가지가 있습니다.

느끼한 사벳, 멋진 루피, 까불이 편보이
느끼한 사벳, 까불이 편보이, 멋진 루피
멋진 루피, 느끼한 사벳, 까불이 편보이
멋진 루피, 까불이 편보이, 느끼한 사벳
까불이 편보이, 느끼한 사벳, 멋진 루피
까불이 편보이, 멋진 루피, 느끼한 사벳

따라서 이러한 순서를 정확하게 얻을 수 있는 확률은 1/6입니다.

7:1의 확률로 500불을 베팅했을 때 기대할 수 있는 금액에 대한 확률분포는 아래와 같습니다.

3마리 말 경주:

x	-500	3,500
P(X = x)	0.833	0.167

$$E(X) = -500 \times 0.833 + 3,500 \times 0.167$$

$$= 168$$

경주가 열릴 때마다 우리는 168불을 딸 수 있다고 기대할 수 있습니다.

그래, 이 베팅에서는 168불을 기대할 수 있어. 하지만 운영진은 당신이 베팅을 할 때마다 5/6의 비율로 이기지. 당신이 운이 좋은 거라고 말할 수 있겠어?

세 마리 말의 경주? 그게 뭐야. 경주가 열리면 보통 훨씬 더 많은 말이 달리잖아.

맞습니다. 대부분의 경주는 세 마리보다 더 많은 말이 달립니다.

따라서 각 시합마다 실제로 몇 마리의 말이 달리는지에 상관없이 끝나는 방식에 얼마나 많은 순서가 존재하는지 파악하는 방법이 필요합니다.

세 마리 말이 달리는 시합에서 끝나는 방식이 몇 개인지 파악하는 것은 쉽습니다. 모두 6가지 방식이 존재할 뿐입니다. 하지만 더 많은 말이 경주에 참여할수록 끝나는 방식의 모든 가능성을 따지는 일은 더 어려워집니다.

세 마리 말이 달리는 경주에서 시합이 끝나는 방식을 따졌던 것을 다시 살펴보면서 뭔가 패턴을 발견할 수 있는지 생각해 봅시다. 각각의 등수를 하나하나 관찰해서 이런 일을 할 수 있습니다.

결승선을 통과하는 데 몇 개의 방식이 존재합니까?

경주의 첫 번째 등수를 생각해 봅시다.

세 마리 말 중에서 한 마리가 1등을 할 것입니다. 이 자리는 세 마리 중에서 어느 것이라도 차지할 수 있습니다. 따라서 첫 번째 등수를 채우는 방법은 세 가지가 존재합니다.

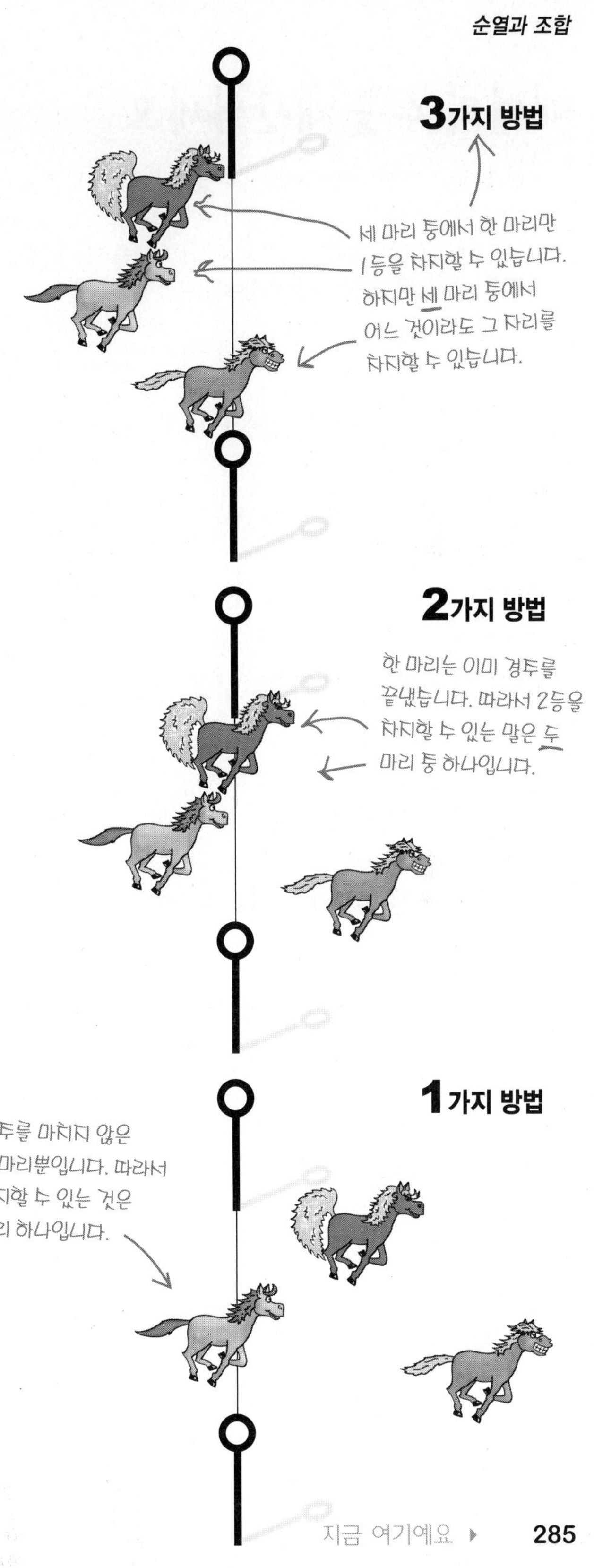

그럼 두 번째 등수는 어떤가요?

만약 세 마리 중에서 어느 하나가 이미 결승선을 통과했으면 이제 두 마리가 남아 있다는 뜻입니다. 둘 중 어느 것이라도 2등의 자리를 차지할 수 있습니다. 따라서 두 번째 등수를 메우는 방법은 누가 1등을 했는지에 상관없이 두 가지가 존재합니다.

두 마리가 결승선을 통과하고 나면 이제 남은 것은 한 마리뿐입니다. 그리고 그것이 3등의 자리를 차지합니다.

그렇다면 이것이 우리가 결승선을 통과하는 모든 가능한 순서를 계산하는 데 어떤 도움을 주는 것일까요?

배열의 수를 계산하세요

첫 번째 등수를 채우는 방법에 세 가지가 있다는 사실을 방금 보았습니다. 그리고 두 번째 등수를 채우는 방법은 두 가지입니다. 그리고 앞의 두 자리가 어떻게 채워졌는가에 상관없이 마지막 등수를 채우는 방법은 한 가지뿐입니다. 다시 말해, 세 개의 등수를 모두 채우는 방법은 아래와 같이 계산됩니다.

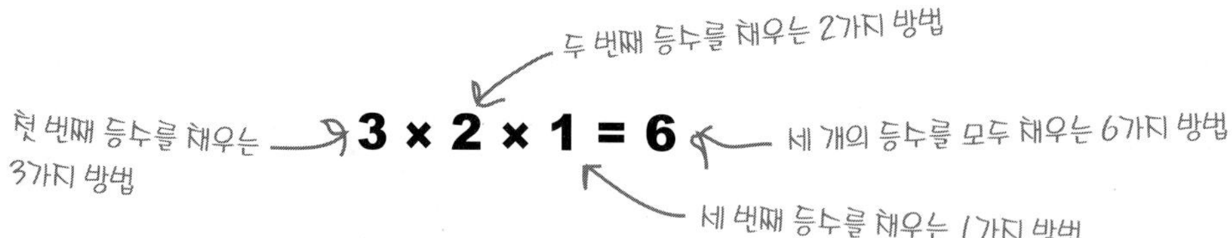

이것은 세 마리의 말을 순서대로 나열하는 방법은 특정한 배열에 상관없이 6가지가 있음을 의미합니다.

그렇다면 n마리의 말이 있으면?

세 마리의 말을 나열하는 방법에 3 × 2 × 1가지가 있음을 보았습니다. 이 방법을 난수 n에 대해서 일반화할 수 있습니다. n개의 개별적인 객체를 순서대로 나열하는 방법을 구하려고 할 때 아래 공식을 사용하면 원하는 값을 얻을 수 있습니다.

$$n \times (n - 1) \times (n - 2) \times \ldots \times 3 \times 2 \times 1$$

이것은 곧 n개의 개별적인 객체를 순서대로 나열하는 방법이 몇 개인지 알고자 할 때에는 실제로 배열을 일일이 따져보지 않고도 그 수를 정확하게 계산할 수 있음을 의미합니다.

이러한 계산을 해당 수의 **팩토리얼**(factorial)이라고 합니다. 수학공식에서 팩토리얼은 보통 느낌표로 나타냅니다. 예를 들어 3의 팩토리얼은 3!이라고 쓰고, n의 팩토리얼은 n!이라고 씁니다. 이것은 'n 팩토리얼'이라고 읽습니다.

따라서 우리가 n!이라고 쓰는 것은 'n에서 1까지의 모든 수를 서로 곱하라'고 말하는 것과 같습니다. 다시 말해, 다음 계산을 수행하는 것입니다.

$$n! = n \times (n - 1) \times (n - 2) \times \ldots \times 3 \times 2 \times 1$$

n!이 갖는 이점 중 하나는 대부분의 계산기가 이 함수를 포함하고 있다는 것입니다. 따라서 예를 들어 4개의 개별적인 객체를 나열하는 방법의 수를 알고 싶을 때 4!을 계산하면 4 × 3 × 2 × 1 = 24라는 배열의 수를 얻을 수 있습니다.

원을 그리며 돌기

이 규칙에는 한 가지 예외가 있습니다. 그것은 객체가 원을 그리도록 배열하는 경우입니다.

예를 들어 네 마리의 말을 원 모양으로 배열하는 경우를 가정하고, 이때 원 모양으로 배열할 수 있는 방법의 수를 알아봅시다. 이제 까불이 편보이가 멋진 투피를 바로 오른쪽에 두고, 느끼한 샤벳을 바로 왼쪽에 두는 경우를 생각해 봅시다. 이렇게 할 수 있는 네 가지 방법 중에서 두 개는 아래 그림과 같습니다.

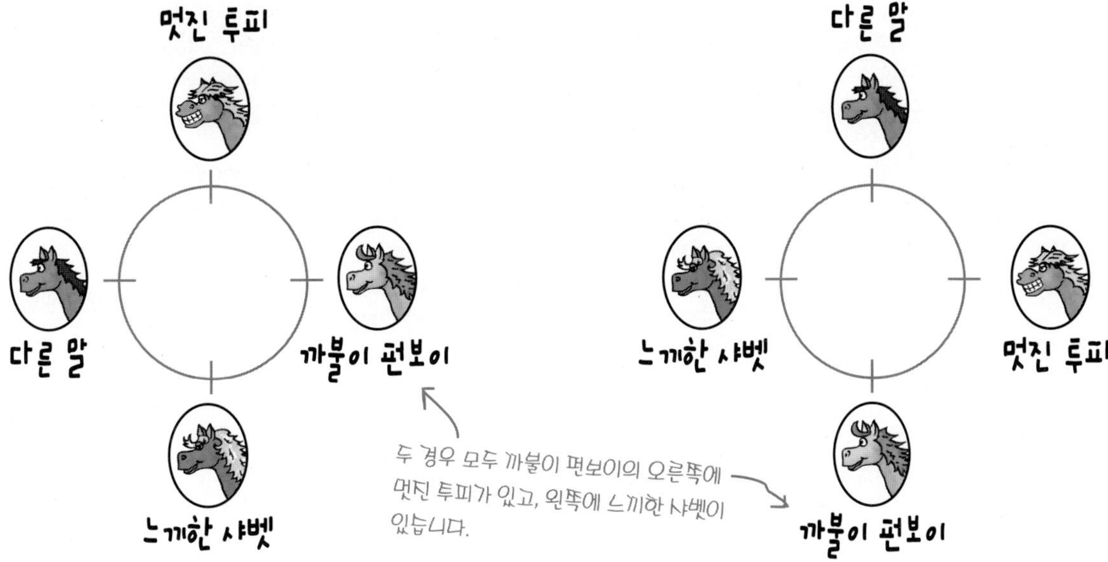

처음 보기에는 이 두 개의 배열이 서로 다른 것처럼 보입니다. 하지만 사실 이 둘은 동일한 배열입니다. 두 배열에서 말들은 서로의 상대적인 위치가 정확히 동일하며, 차이가 있다면 두 번째 그림에서 말들이 원을 따라 조금씩 이동했다는 것뿐입니다. 따라서 여러 가지 가능한 배열 방법 중에는 사실상 동일한 것이 여럿 포함되어 있습니다.

그럼 이러한 문제를 어떻게 해결할 수 있을까요?

핵심은 네 마리 말 중에서 한 마리, 예컨대 까불이 편보이의 위치를 고정시키는 것입니다. 까불이 편보이가 고정된 자리에 서 있으면, 그 상태에서 다른 세 마리 말이 배열되는 방식을 셀 수 있고, 그것은 중복이 없는 정확한 결과를 계산할 수 있도록 해 줍니다.

일반적으로 n개의 객체를 원형으로 배열하는 방법의 수는 다음 공식으로 계산됩니다.

$$(n - 1)!$$

n개의 객체를 원형으로 배열하는 방법의 수

바보 같은 질문이란 없습니다

Q: n!은 어떻게 발음하는 겁니까?

A: 'n 팩토리얼'이라고 발음합니다. ! 기호는 느낌표가 아니라 수학적 연산을 나타내는 기호입니다.

Q: 팩토리얼은 사물을 배열할 때만 사용됩니까?

A: 전혀 그렇지 않습니다. 팩토리얼은 미적분학과 같은 수학 분야에서도 사용됩니다. 일반적으로 그것은 상당히 유용하게 사용되는 짧은 수학적 기호입니다. 이와 비슷한 종류의 곱셈을 수행하는 곳에서라면 어디서나 팩토리얼을 만나게 될 것입니다.

팩토리얼 기호가 의미하는 바는 'n부터 1까지의 수를 모두 곱하라'는 것입니다.

Q: 0을 가지고 있는 경우에는 어떻게 하죠? 0!은 어떻게 계산합니까?

A: 0!은 사실 1입니다. 이상한 결과처럼 보이겠지만 이것은 사실 0개의 사물을 배열하는 방법이 1개뿐이라고 말하는 것과 같습니다.

Q: 음수의 팩토리얼을 구하거나 정수가 아닌 수의 팩토리얼을 구하는 경우는 어떻습니까?

A: 팩토리얼은 양수의 정수에 대해서만 사용할 수 있습니다. 따라서 음수의 팩토리얼이나 정수가 아닌 수의 팩토리얼은 구할 수 없습니다.

이것을 이해하는 방법 중 하나는 바로 어떤 사물의 일부분만 배열하는 것은 성립하지 않는다고 생각하는 것입니다. 우리가 배열하는 사물은 그 자체가 하나의 전체입니다. 이와 마찬가지로 우리는 음수 개수의 사물을 배열할 수 없습니다.

Q: 팩토리얼의 결과가 홀수일 때도 있습니까?

A: 그런 경우는 두 가지가 존재합니다. 하나는 n이 0일 때이고, 다른 하나는 n이 1일 때입니다. 두 경우 모두 n! = 1입니다.

다른 모든 경우의 n!은 언제나 짝수입니다. 왜냐하면 n이 2보다 크거나 같은 경우에는 팩토리얼 계산에 2가 포함되기 때문입니다. 2가 곱해진 모든 정수는 반드시 짝수이어야 합니다. 따라서 n이 2보다 크거나 같은 경우에는 n!이 항상 짝수입니다.

Q: 커다란 수에 대한 팩토리얼을 계산하는 것은 고통스러운 일일 것 같습니다. 만약 10!을 구한다고 하면 10개의 수를 곱해야 합니다 (10×9×8×7×6×5×4×3×2×1). 그리고 결과도 매우 큰 수가 됩니다. 뭔가 다른 방법은 없나요?

A: 있습니다. 과학계산기나 그래프계산기를 사용하는 것입니다. 그런 계산기에는 우리 대신 이러한 계산을 수행해 주는 팩토리얼 키(보통 n!이라는 이름이 붙음)가 있습니다.

Q: 만약 n개의 사물을 원형으로 배열하면 (n − 1)!개의 배열 방법이 존재합니다. 만약 시계 방향으로의 배열과 시계반대 방향으로의 배열이 같은 것으로 고려되는 경우에는 어떻습니까?

A: 이 경우에는 배열의 수가 (n − 1)!/2입니다. (n − 1)!을 계산하면 시계 방향과 시계반대 방향의 배열을 서로 다른 것으로 포함하기 때문에 두 배 많은 결과를 얻게 됩니다. 따라서 그 값을 2로 나누면 올바른 답을 얻을 수 있습니다.

Q: 만약 원형으로 배열을 하되, 절대적인 위치가 의미를 갖는 경우라면 어떻습니까?

A: 이와 같은 경우에는 배열의 방법이 n!이 됩니다. 이것은 n개의 사물을 일렬로 배열하는 경우와 동일합니다.

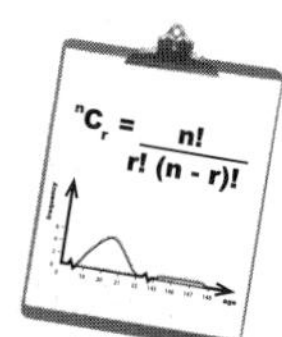

핵심 통계학

배열의 공식

n개의 사물을 배열하는 가능한 방법의 수를 찾으려고 한다면 다음과 같이 n!을 이용합니다.

$$n! = n \times (n-1) \times \ldots \times 3 \times 2 \times 1$$

다시 말해, n부터 1까지의 수를 모두 곱합니다.

만약 n개의 사물을 원형으로 배열한다면 (n − 1)!개의 가능한 배열이 존재합니다.

폴라는 통계마을 헬스클럽에 전화를 걸려고 합니다. 그런데 그녀는 매우 기억력이 나쁩니다. 전화번호가 1, 2, 3, 4, 5, 6, 7이라는 일곱 개의 수를 포함하고 있는 것은 알겠는데, 그들의 순서를 기억할 수 없습니다. 임의의 배열이 정확한 전화번호를 구성할 확률은 얼마일까요?

폴라는 이제 전화번호의 처음 세 수에는 1, 2, 3이 어떤 순서로 배열되어 있고, 뒤의 네 수에는 4, 5, 6, 7이 어떤 순서로 배열되어 있다는 이야기를 들었습니다. 각 집합이 정확히 어떤 순서로 배열되어 있는지는 기억할 수 없습니다. 이 경우 정확한 전화번호를 찾아낼 확률은 얼마나 될까요?

힌트: *이번에는 두 그룹의 번호를 별도로 배열합니다.*

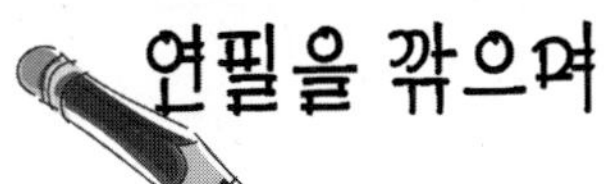

통계마을 더비경마는 시즌이 끝날 무렵에 퍼레이드를 실시하려고 합니다. 10마리의 말이 참여해서 트랙 위를 원을 그리면서 돌 것입니다. 말들의 정확한 순서는 임의로 선정될 것이며, 만약 당신이 말들의 순서를 정확하게 예측하면 상품을 타게 됩니다.

당신이 말의 순서를 예측한다고 했을 때 정확하게 맞춰서 상품을 타게 될 확률은 얼마일까요?

폴라는 통계마을 헬스클럽에 전화를 걸려고 합니다. 그런데 그녀는 매우 기억력이 나쁩니다. 전화번호가 1, 2, 3, 4, 5, 6, 7이라는 일곱 개의 수를 포함하고 있는 것은 알겠는데, 그들의 순서를 기억할 수 없습니다. 임의의 배열이 정확한 전화번호를 구성할 확률은 얼마일까요?

7개의 수가 있으므로 7!개의 가능한 배열이 존재합니다. 7! = 7x6x5x4x3x2x1 = 5040. 따라서 정확한 번호를 찾아낼 수 있는 확률은 1/5040 = 0.0002입니다.

폴라는 이제 전화번호의 처음 세 수에는 1, 2, 3이 어떤 순서로 배열되어 있고, 뒤의 네 수에는 4, 5, 6, 7이 어떤 순서로 배열되어 있다는 이야기를 들었습니다. 각 집합이 정확히 어떤 순서로 배열되어 있는지는 기억할 수 없습니다. 이 경우 정확한 전화번호를 찾아낼 확률은 얼마나 될까요?

우리는 수를 두 개의 그룹으로 나누어서 하나는 (1, 2, 3)을 포함하고 다른 하나는 (4, 5, 6, 7)을 포함하도록 합니다.

1, 2, 3을 배열하는 방법의 수 3! = 3x2x1 = 6
4, 5, 6, 7을 배열하는 방법의 수 4! = 4x3x2x1 = 24

가능한 배열의 전체 수를 찾으려면 각 그룹을 배열하는 방법의 수를 서로 곱해야 합니다.

가능한 배열의 전체 수는 3!x4! = 6x24 = 144

따라서 정확한 전화번호를 찾아낼 확률은 1/144 = 0.0069입니다.

연필을 깎으며 정답

통계마을 더비경마는 시즌이 끝날 무렵에 퍼레이드를 실시하려고 합니다. 10마리의 말이 참여해서 트랙 위를 원을 그리면서 돌 것입니다. 말들의 정확한 순서는 임의로 선정될 것이며, 만약 당신이 말들의 순서를 정확하게 예측하면 상품을 타게 됩니다.

당신이 말의 순서를 예측한다고 했을 때 정확하게 맞춰서 상품을 타게 될 확률은 얼마일까요?

10마리의 말이 원을 그리면서 퍼레이드를 할 것입니다. 따라서 말을 배열하는 방법에는 9!이 존재합니다. 9! = 362880이므로 퍼레이드에서 나올 수 있는 배열의 전체 수는 362880입니다.

따라서 정확한 순서를 맞출 확률은 1/9!인데, 이것은 0에 매우 가까운 수입니다.

색다른 경주를 할 시간입니다

통계마을 더비경마가 가진 특이한 사실은 경주에 참여하는 동물이 반드시 말일 필요는 없다는 점이다. 다음 경주에서 세 마리의 참가자는 얼룩말로서 그들은 다른 세 마리의 말과 시합을 합니다.

이 경주에서는 특정한 동물 자체가 아니라 그 동물이 어떤 종류인가가 문제가 됩니다. 다시 말해, 우리가 관심을 갖는 것은 어느 종류의 동물이 몇 등을 차지하는가 하는 것입니다. 이런 상황에서 동물의 종류에 따라 순위를 매기는 방법은 몇 가지나 존재할까요?

더비운영진에서 특별한 베팅을 제안했습니다. 만약 각 등수별 위치에 어느 종류의 동물이 들어올지 정확하게 맞히면 15:1의 상금을 준다는 것입니다. 그렇다면 우리는 이 베팅을 시도해 봐야 할까요?

마지막 경주에서 당신은 말들이 들어오는 순서를 정확하게 맞추기 위해 1/6의 확률을 가지고 있었지. 하지만 이번 경주에서는 확률이 얼마나 되는지 보자고. 이건 통계마을의 전통이니까.

이런 종류의 문제는 어떻게 접근해야 할까요? 아래 빈 칸에 당신의 생각을 적어 보세요.

개별적인 배열은 종류에 따른 배열과 다릅니다

그럼 오늘 경주에서 세 마리의 말과 세 마리의 얼룩말이 시합을 한다고 했을 때 말과 얼룩말을 등수대로 나열하는 방법은 몇 가지나 존재하는지 어떻게 계산을 해야 할까요?

그건 쉽지. 6마리의 동물이 있으니까 그들을 순서대로 나열하는 방법은 6!개 존재하겠지.

이번에는 개별적인 동물 자체가 아니라 동물의 종류에 관심이 있습니다.

지금까지 우리는 말처럼 개별적인 사물을 순서대로 나열하는 방법을 살펴보았습니다. 그런 경우라면 6!개의 방법이 있다고 말할 수 있습니다.

그렇지만 이번에는 경우가 다릅니다. 우리는 더 이상 특정한 말이나 얼룩말의 등수에 대해 관심이 없습니다. 어느 종류의 동물인지에 대해서만 관심이 있습니다.

예를 들어 만약 세 마리의 얼룩말이 들어오고, 그 다음에 세 마리의 말이 들어오는 배열을 가지고 있다면 그것으로 충분하고, 말이나 얼룩말끼리의 등수에는 관심을 가질 필요가 없습니다. 어느 특정한 얼룩말이 제일 먼저 들어오는가 하는 것은 중요하지 않습니다. 그것이 얼룩말이라는 사실만 알면 되는 것입니다.

이런 종류의 문제에서는 어느 종류의 동물이 몇 등을 차지하는가에 관심이 있지만, 동물 자체의 이름에는 관심이 없습니다.

동물을 종류별로 배열할 필요가 있습니다

6마리의 동물을 배열하는 데는 6!개의 방법이 있습니다. 하지만 이것은 우리가 개별적인 말과 얼룩말의 등수를 모두 일일이 따지는 것으로 가정하기 때문에 문제가 있습니다.

우선 얼룩말을 살펴봅시다. 얼룩말을 나열하는 데는 3!개의 방법이 있습니다. 앞에서 말한 6!개의 결과는 이러한 3!개의 결과를 모두 포함하고 있습니다. 하지만 여기서는 개별적인 얼룩말의 등수에는 관심이 없기 때문에 3!개의 방법이 모두 동일한 것으로 취급됩니다. 따라서 이러한 반복을 제거하기 위해 전체 배열의 수를 3!로 나눕니다.

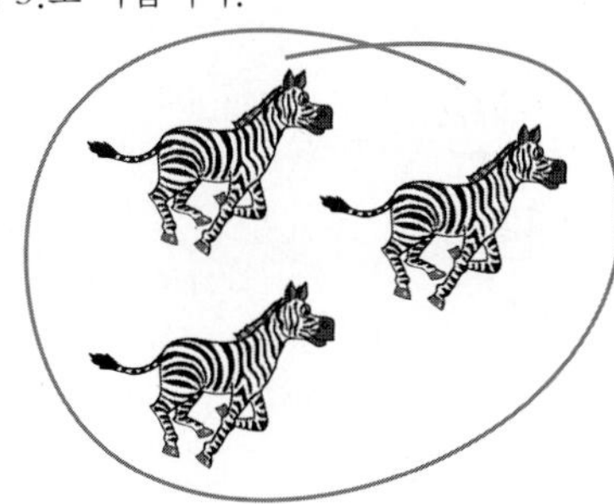

이 3마리의 얼룩말을 하나의 범주로 묶습니다. 따라서 전체 배열의 수를 3!로 나눕니다.

다음에는 말을 살펴봅시다. 세 마리의 말을 배열하는 방법도 3!개 존재합니다. 그리고 전체 배열의 수는 이러한 3!개의 배열을 모두 포함합니다. 얼룩말의 경우와 마찬가지로 이 결과도 3!로 나누어서 중복된 배열을 제거합니다.

이번에는 3마리의 말을 하나의 범주로 묶습니다. 말을 배열하는 방법은 3!개이므로 전체 배열의 수를 3!로 나눕니다.

따라서 6마리의 동물을 종류별로 배열하는 방법의 수는 다음과 같습니다.

전부 6!의 배열이 존재합니다...

$$\frac{6!}{3!3!} = \frac{720}{6 \times 6} = \frac{720}{36} = 20$$

...하지만 3마리의 얼룩말과 3마리의 말은 동일한 것으로 취급되므로 전체 배열의 수를 같은 종류의 동물이 배열되는 방법의 수로 나눕니다.

다시 말해, 동물들이 어떤 순서로 경주를 마칠 것인지 정확하게 예측하는 확률은 1/20입니다.

페이지를 넘기면 더 자세한 내용을 보게 될 것입니다.

이길 확률은 1/20이야. 하지만 지불되는 배당금은 15:1이군. 나는 이 베팅에서 빠지겠어.

중복을 배열하는 방법을 공식으로 일반화하기

n개의 사물을 순서대로 배열하는 방법의 수를 셀 필요가 있다고 합시다. 그리고 그 중에서 동일한 종류의 사물이 k개라고 합시다.

이런 경우에 배열할 수 있는 수를 찾으려면 우선 n개의 사물이 모두 개별적인 것이라고 생각하고 그들을 배열하는 방법의 총 수를 구합니다. 그 다음에는 그 수를 (동일한 종류인) k개의 사물을 배열하는 방법의 수로 나눕니다. 그럼 다음 공식을 얻습니다.

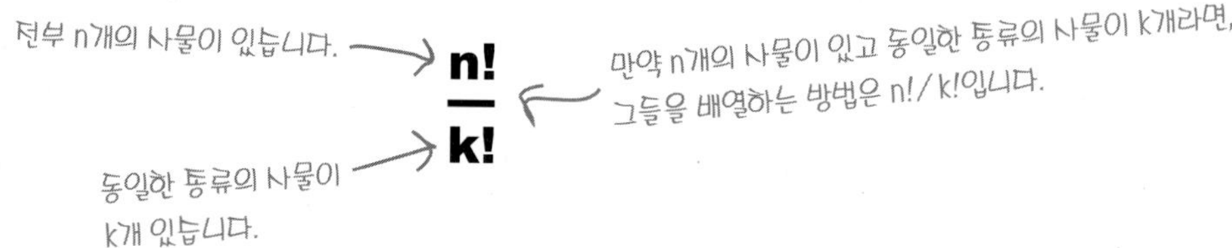

이 공식을 더 발전시켜 봅시다.

n개의 사물을 배열하는데, 그 중에서 j개의 사물이 하나의 종류이고, k개의 사물이 또 다른 종류라고 합시다. 이 경우 사물을 배열하는 방법의 수는 다음과 같이 구할 수 있습니다.

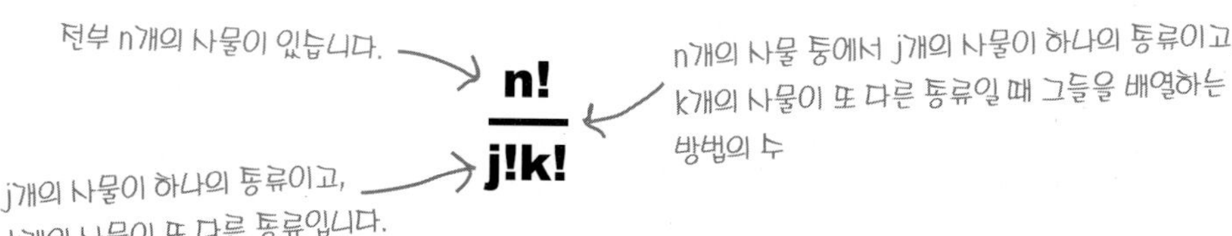

중복된 사물을 포함하고 있는 경우 전체를 배열하는 방법의 수는 일단 전체를 개별적으로 배열하는 방법의 수(n!)를 구한 뒤 그것을 동종의 사물을 배열하는 방법의 수(j!, k! 등)로 나누면 됩니다.

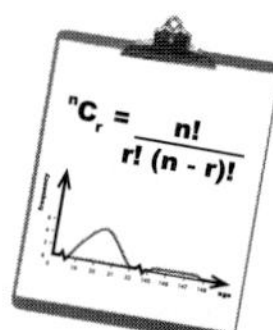

핵심 통계학

종류에 따라 배열하기

n개의 사물을 배열하려고 할 때 그 안에 j개의 사물이 하나의 종류이고, k개의 사물이 또 다른 종류이고, m개의 사물이 역시 또 다른 종류일 때, 전체 배열의 수는 다음과 같이 구합니다.

$$\frac{n!}{j!k!m!\ldots}$$

통계마을 더비경마는 다음과 같은 경주를 실험해 보기로 했습니다. 3마리의 말, 2마리의 얼룩말, 5마리의 낙타를 데리고 경주하기로 한 것입니다. 모든 동물은 똑같은 확률로 1등을 차지할 가능성이 있습니다.

1. 개별적인 동물의 등수에 관심이 있다면 경주를 끝마칠 수 있는 방법은 모두 몇 가지일까요?

2. 각 등수를 차지하는 동물의 종류에만 관심이 있다면 경주를 끝마칠 수 있는 방법은 모두 몇 가지일까요?

3. 모든 동물이 1등을 차지할 수 있는 동일한 가능성을 가지고 있다고 했을 때 5마리의 낙타가 연속해서 결승선을 통과할 확률은 얼마일까요? (우리는 각각의 동물이 아니라 동물의 종류에만 관심이 있다고 가정합니다.)

통계마을 더비경마는 다음과 같은 경주를 실험해 보기로 했습니다. 3마리의 말, 2마리의 얼룩말, 5마리의 낙타를 데리고 경주하기로 한 것입니다. 모든 동물은 똑같은 확률로 1등을 차지할 가능성이 있습니다.

1. 개별적인 동물의 등수에 관심이 있다면 경주를 끝마칠 수 있는 방법은 모두 몇 가지일까요?

10마리의 동물이 있으므로 10! = 3,628,800개의 방법이 존재합니다.

2. 각 등수를 차지하는 동물의 종류에만 관심이 있다면 경주를 끝마칠 수 있는 방법은 모두 몇 가지일까요?

3마리의 말, 2마리의 얼룩말, 5마리의 낙타가 있습니다.

$$\text{전체 배열의 수} = \frac{10!}{3!2!5!} = \frac{3,628,800}{6 \times 2 \times 120} = \frac{3,628,800}{1,440} = 2520$$

← 10마리의 동물이 있습니다.

← 3마리의 말, 2마리의 얼룩말, 5마리의 낙타를 각각 동일 종류로 취급합니다.

3. 모든 동물이 1등을 차지할 수 있는 동일한 가능성을 가지고 있다고 했을 때 5마리의 낙타가 연속해서 결승선을 통과할 확률은 얼마일까요? (우리는 각각의 동물이 아니라 동물의 종류에만 관심이 있다고 가정합니다.)

우선 5마리의 낙타가 연속해서 결승선을 통과하는 방법의 수를 구합니다. 그렇게 하기 위해서는 일단 5마리의 낙타가 한 개의 사물이라고 생각합니다. 그렇게 함으로써 우리는 그들이 연속해서 들어오는 것을 보장할 수 있습니다. 이것은 우리가 3마리의 말과 2마리의 얼룩말로 이루어진 경주에 1그룹의 낙타를 더하는 것을 의미하므로 6개의 사물을 배열하는 것과 같습니다.

$$\text{전체 배열의 수} = \frac{6!}{3!2!} = \frac{720}{6 \times 2} = \frac{720}{12} = 60$$

← 1그룹의 낙타 + 3마리의 말 + 2마리의 얼룩말

← 우리는 3마리의 말과 2마리의 얼룩말을 각각 동일한 종류로 간주합니다. 5마리의 낙타의 경우에는 그들을 모두 묶어서 1마리인 것처럼 생각했으므로 5!로 나눌 필요가 없습니다.

이제 이러한 일이 발생할 확률을 구하려면 방금 구한 낙타가 모두 연속해서 들어오는 방법의 수를 전체 배열의 수로 나누기만 하면 됩니다.

따라서 5마리의 낙타가 모두 연속해서 결승선을 통과하는 확률은 60/2520 = 1/42입니다.

바보 같은 질문이란 없습니다

Q: 앞의 연습문제에서 5마리의 낙타를 왜 1마리인 것으로 간주했죠? 그들은 모두 개별적인 동물이잖아요.

A: 물론 그들은 개별적입니다. 하지만 이 문제에서는 낙타들이 모두 연속해서 들어오는 경우를 따질 필요가 있었습니다. 그렇게 하기 위해 낙타들을 묶어서 마치 하나의 사물인 것처럼 다룬 것입니다.

Q: 서로 다른 사물을 배열하는 방법의 수는 사물을 어떻게 그룹으로 나누는가에 많이 좌우되는 것 같습니다.

A: 그렇습니다. 배열을 익히는 것은 기술적인 부분이지만, 결국 많은 부분이 당신의 사고방식에 달려 있습니다.

중요한 것은 당신이 실제로 풀려고 하는 문제가 무엇인지 신중하게 생각하고, 많은 연습을 되풀이 하는 것입니다.

Q: 말과 얼룩말과 낙타가 함께 경주하는 시합이 많이 있나요?

A: 그렇지 않을 겁니다. 하지만 여기는 통계마을입니다. 통계마을 더비경마는 자기들 마음대로 이벤트를 실행합니다.

이제 20마리의 말이 경주를 할 차례입니다

앞의 경주는 얼룩말이 승리를 거두면서 끝났습니다.

다음 경주에서는 20마리의 말이 달립니다.

20마리 중에서 상위 3마리의 말을 고르는 방법의 수를 어떻게 구할 수 있을까요?

상위 3자리를 채우는 방법의 수는 몇 가지가 있을까요?

진짜 경주가 시작되려고 합니다. 모두 20마리의 말이 참여하며, 그 중에서 상위 3자리를 차지하는 말들을 배열하는 방법의 수를 찾아내야 합니다. 그렇게 하면 상위 3개의 등수를 정확히 예측하는 확률을 구할 수 있습니다.

우리는 앞에서 보았던 것처럼 상위 3자리를 채우는 방법이 몇 가지 있는지 따져보는 방식으로 이 문제의 답을 구할 수 있습니다.

첫 번째 등수부터 생각해 봅시다. 전부 20마리의 말이 있습니다. 따라서 첫 번째 등수를 채우는 방법은 모두 20가지입니다. 이 자리가 메워지고 나면 두 번째 등수를 채우기 위해 19마리의 말이 남고, 세 번째 등수를 채우기 위해 18마리의 말이 남게 됩니다.

모두 20마리의 말이 있으므로 1등자리를 채우는 방법은 20가지, 2등자리를 채우는 방법은 19가지, 3등자리를 채우는 방법은 18가지가 존재합니다.

이 경주에서는 나머지 등수가 어떻게 채워지는지에 대해서는 관심이 없습니다. 우리에게 관심이 있는 것은 처음 3개의 등수뿐입니다. 처음 세 개의 등수를 채우는 방법의 수는 다음과 같습니다.

$$20 \times 19 \times 18 = 6,840$$

따라서 상위 3마리 말의 순위를 정확하게 맞출 확률은 1/6,840입니다.

그렇게 하면 정확한 답을 찾을 수 있어. 하지만 더 많은 말이 있거나 더 많은 순위를 맞춰야 한다면 계산이 너무 복잡해질 거야.

이런 종류의 문제를 해결하기 위한 더 간결한 해법이 필요합니다.

지금은 서로 곱하는 수가 세 개에 불과합니다. 하지만 더 많은 수를 다루어야 한다면 어떻게 될까요?

커다란 말의 집단에서 특정한 수의 말을 선택해서 그들을 배열하는 방법의 수를 찾을 수 있도록 해 주는 일반적인 공식을 찾을 필요가 있습니다.

순열 조사하기

그렇다면 앞의 계산 방법을 팩토리얼을 이용해서 다시 쓸 수 없을까요?

전체 배열의 수는 20 × 19 × 18입니다. 이것을 다시 쓰면 다음과 같은 식을 얻습니다.

$$20 \times 19 \times 18 = \frac{20 \times 19 \times 18 \times (17 \times 16 \times \ldots \times 3 \times 2 \times 1)}{(17 \times 16 \times \ldots \times 3 \times 2 \times 1)}$$

17!/17!을 곱해도 여전히 똑같은 결과를 얻습니다.

$$= \frac{20!}{17!}$$

팩토리얼을 이용했지만 전과 동일한 표현입니다.

앞에서 봤던 것과 동일한 표현이지만 팩토리얼을 이용해서 다시 작성되었습니다.

20개에서 뽑은 3개의 사물을 배열하는 수를 **순열**(permutations)의 수라고 합니다. 지금까지 본 바와 같이 계산은 다음과 같이 이루어집니다.

$$\frac{20!}{(20-3)!}$$

$$= \frac{2,432,902,008,176,640,000}{355,687,428,096,000}$$

$$= 6,840$$

앞에서 구했던 값과 동일합니다.

순열은 n개의 사물에서 r개의 사물을 골라내어 배열하는 방법의 수를 알려 줍니다.

일반적으로 n개의 사물에서 r개의 사물을 고르는 순열의 수는 r개의 사물을 순서대로 배열하는 방법의 수입니다. 순열의 수는 다음과 같이 ${}^{n}P_{r}$로 표기합니다.

이것은 전체 사물의 수입니다.

$${}^{n}P_{r} = \frac{n!}{(n-r)!}$$

이것은 우리가 채우고자 하는 위치의 수입니다.

따라서 n개의 사물에서 r개의 사물을 골라내어 배열하는 방법의 수를 알고자 한다면 순열이 핵심입니다.

나는 말의 순서에 대해서는 아무 말도 하지 않았어. 상위 3등의 말이 어느 것인지 맞춰보라고. 그럼 두둑한 상금을 줄 거야...

말의 순서가 아무런 상관이 없는 경우는 어떨까요

지금까지 우리는 20마리의 말 중에서 3마리의 말을 골라내서 순서대로 배열하는 순열의 수에 대해 살펴보았습니다. 이것은 우리가 정확히 몇 개의 배열을 만들 수 있는지 알게 되었다는 뜻입니다.

이번에는 정확히 몇 개의 순열이 존재하는지 알 필요가 없습니다. 이제 우리가 알고자 하는 것은 상위 3마리 말의 **조합**(combinations)이 몇 개 있나 하는 것입니다. 상위 3자리를 채우는 방법이 몇 개 있는지 알기 원하지만, 이번에는 정확한 배열의 방법은 필요 없습니다.

말들이 경주를 끝내는 정확한 순서에 대해서는 알 필요가 없습니다. 그저 어느 말들이 상위 3등을 차지했나만 알면 됩니다.

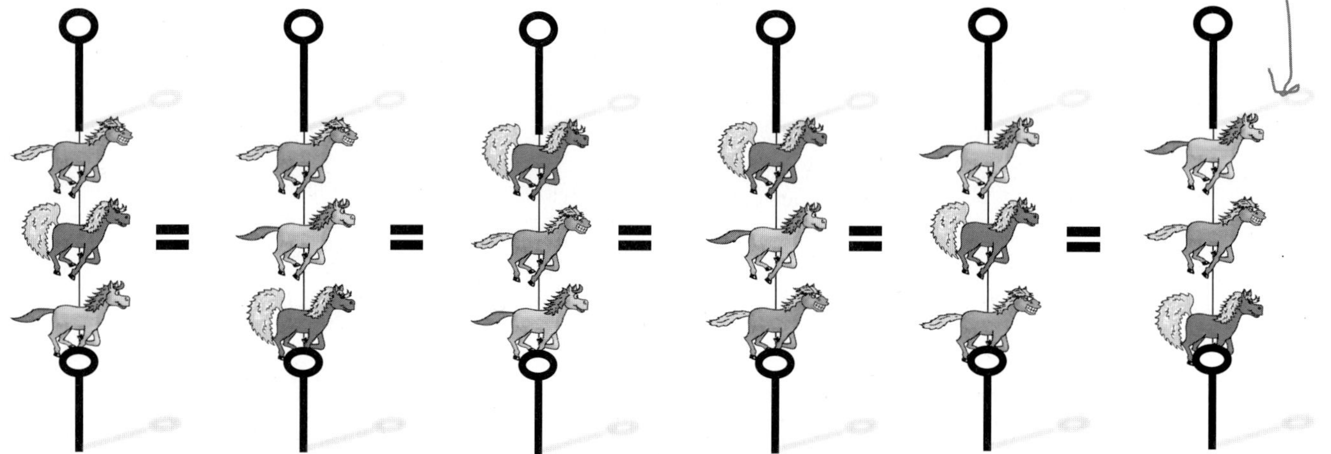

그럼 이러한 종류의 문제는 어떻게 해결할 수 있을까요?

지금까지 우리가 구한 순열의 수는 상위 3등을 차지한 말들이 서로 배열되는 방법의 수를 포함합니다. 3마리 말로 이루어진 집합을 배열하는 방법은 3!개 있으므로 우리는 순열의 수를 3!로 나누어야 합니다. 그렇게 해서 얻는 결과는 상위 3개까지의 등수가 정확한 순서에 상관없이 채워지는 방법의 수를 알려 줍니다.

결과는 다음과 같습니다.

$$\frac{20!}{3!17!} = \frac{6,840}{3!}$$

$$= 1,140$$

경주에서 상위 3등까지 채우는 순열의 수는 6,840이지만, 순서를 고려하지 않는다면 그 수는 1,140개의 조합으로 줄어듭니다.

이길 확률이 1/1,140밖에 되지 않는다면 별로 희망이 없군. 하지만 배당금이 무려 1,500:1이라면 해볼 만한 게임이야. 자네가 위험을 얼마나 잘 무릅쓰는 사람인가에 달려 있지.

조합 조사하기

앞에서 우리는 순열을 계산하는 일반적인 방법을 살펴보았습니다. 조합에 대해서도 그렇게 할 수 있는 방법이 존재합니다.

조합의 수는 일반적으로 n개의 사물에서 순서를 고려하지 않은 채 r개의 사물을 고르는 방법의 수를 의미합니다. 조합의 수는 다음과 같이 $^{n}C_{r}$로 표기합니다.

$$^{n}C_{r} = \frac{n!}{r!\,(n-r)!}$$

이것은 전체 사물의 수입니다.

이것이 우리가 채우고자 하는 위치의 수입니다.

이 부분은 순열에서와 동일한 방식으로 계산됩니다.

조합을 구하는 경우에는 r!로 한 번 더 나눕니다.

그럼 순열과 조합의 차이는 무엇일까요?

순열	조합
순열은 어떤 사물의 집합에서 순서를 고려하면서 사물을 꺼내는 방법의 수를 나타냅니다. 각 위치를 채우는 방식의 수를 센다는 점에서 순열은 조합보다 훨씬 구체적입니다.	**조합**은 어떤 사물의 집합에서 순서를 고려하지 않은 채 사물을 꺼내는 방법의 수를 나타냅니다. 각 위치를 채우는 방식에 대해 알 필요가 없기 때문에 조합은 순열보다 훨씬 일반적입니다. 어떤 사물이 선택되었는지가 중요할 뿐입니다.

순열: 순서가 상관있습니다.

조합: 순서가 상관없습니다.

조합을 파헤치다

금주의 인터뷰:
순서가 진짜로 상관있나요?

헤드 퍼스트: 조합 씨, 쇼에 모시게 되어 기쁩니다.

조합: 초대해 주셔서 고맙습니다, 헤드 퍼스트 씨.

헤드 퍼스트: 바로 시작해 볼까요? 사람들은 당신과 순열이 매우 비슷하다고 생각합니다. 동의하십니까?

조합: 우리가 비슷한 상황을 다루기 있기 때문에 사람들이 그렇게 생각하는 것은 이해합니다. 우리는 둘 다 어떤 사물의 집합에서 사물을 꺼내는 방법에 대해 고민을 하죠. 그렇다고 해도 우리 사이에 존재하는 공통점은 그게 전부입니다.

헤드 퍼스트: 그럼 차이는 뭐죠?

조합: 글쎄요, 우선 우리는 매우 다른 태도를 가지고 있습니다. 순열은 순서에 무척 민감하기 때문에 선택된 사물의 순서에도 신경을 곤두세우죠. 그는 사물을 고르는 것에만 신경을 쓰는 것이 아니라 그들을 배열하는 방법에 대해서도 염려를 합니다. 왜 그러는지는 모르겠어요.

헤드 퍼스트: 그럼 당신은 그렇지 않나요?

조합: 그럴 리가 없죠! 순열이 자기 일을 열심히 하려고 하는 건 알겠는데, 솔직히 말해서 인생은 짧습니다. 제 경우엔 일단 사물이 선택되기만 하면 그걸로 충분합니다.

헤드 퍼스트: 그럼 당신이 순열 씨보다 나은 건가요?

조합: 우리 둘 중에서 누가 낫다는 식으로 말하고 싶지는 않아요. 어떤 상황에서 누가 더 적절한지가 중요하겠죠. 예컨대 그건 MP3 뮤직플레이어 같은 겁니다.

헤드 퍼스트: 뮤직플레이어요?

조합: 예. 대부분의 뮤직플레이어는 당신이 듣고 싶은 노래를 선택할 수 있도록 플레이 리스트를 가지고 있습니다.

헤드 퍼스트: 그러니까...

조합: 순열과 저는 둘 다 플레이 리스트 안에 어떤 노래가 들어 있는지에 대해 관심을 가지고 있어요. 하지만 서로 다른 방식으로 관심을 갖고 있습니다. 저의 경우는 어느 노래가 그 안에 들어 있는지만 알면 그걸로 충분하죠. 하지만 순열은 좀 더 앞으로 나아가는 겁니다. 그는 플레이 리스트에 어느 노래가 있는지 아는 것으로는 만족을 못해요. 그들이 정확히 어떤 순서로 들어 있는지도 알려고 하죠. 노래의 순서를 바꾸면 그건 조합에게는 여전히 똑같은 리스트지만, 순열에게는 다른 리스트입니다.

헤드 퍼스트: 당신의 계산에 대해 조금만이라도 말씀해 주시죠. 조합을 계산하는 것은 순열을 계산하는 것과 비슷합니까?

조합: 비슷하지만 약간 다릅니다. 순열에서는 일단 n!을 찾은 다음에 그것을 (n−r)!로 나눕니다. 제 계산도 비슷하지만, r!로 한 번 더 나누는 과정이 있다는 것이 다르죠. 그렇기 때문에 제 값이 대개 더 작습니다. 저는 순열처럼 까칠하지 않거든요.

헤드 퍼스트: 대개 더 작다고요?

조합: 다시 말하겠습니다. 순열이 저보다 작은 경우는 절대로 없습니다.

헤드 퍼스트: 조합 씨, 시간 내주셔서 감사합니다.

조합: 제가 더 감사합니다.

바보 같은 질문이란 없습니다

Q: '선택'(choose)이라는 말을 들은 적이 있습니다. 그게 뭔가요?

A: 그것은 조합을 부르는 또 다른 말입니다. ^nC_r은 기본적으로 'n개의 사물이 있습니다. 그 중에서 r개를 선택하세요'라는 말이므로 때로는 선택함수라고 불리기도 합니다.

Q: 순열이 조합보다 작은 값을 갖는 경우가 있나요?

A: 절대로 없습니다. 조합을 계산하려면 순열에 비해 추가적인 나눗셈을 수행해야 하기 때문에 최종결과는 항상 더 작습니다.

두 값이 가장 근접하는 경우는 순열과 조합이 동일할 때입니다. 이것은 0개 혹은 1개의 사물을 선택하는 경우로 국한됩니다.

Q: 뭐가 순열이고 뭐가 조합인가요? 너무 헷갈립니다.

A: **순열**은 선택한 사물의 순서가 의미 있을 때 사용합니다. **조합**은 정확한 순서에 대해 신경 쓰지 않을 때 사용합니다. 즉, 선택 자체로 충분한 것이죠.

Q: 혼란스럽습니다. 만약 n개의 사물에서 r개를 선택하는 조합의 수를 찾고 싶다면 ^nC_r이라고 씁니까 아니면 ^rC_n이라고 씁니까?

A: ^nC_r이라고 씁니다. 이것을 기억하는 방법 중 하나는 두 개의 수 중에서 높은 것이 먼저 나온다고 기억하는 것입니다.

Q: 이것을 적는 또 다른 방법이 있습니까? 다른 곳에서 조합을 본 적이 있는데 생긴 것이 조금 달랐던 것 같습니다.

A: 조합을 표기하는 다른 방법이 존재합니다. 우리는 ^nC_r이라고 적었지만 다른 방법으로 이런 것도 있습니다.

$$\binom{n}{r}$$

Q: 순열과 조합은 정말 중요한가요?

A: 그렇습니다. 특히 조합이 그렇습니다. 이 책의 뒤에서 이들을 다시 만나게 될 것이니까 주의를 기울이기 바랍니다.

Q: 동종의 사물을 다루는 방식에 있어서 순열과 조합은 상당히 비슷해 보입니다. 사실인가요?

A: 비슷한 절차인 것은 맞습니다. 동종의 사물을 다룰 때 전체 배열의 수를 동종의 사물을 배열하는 수로 나누는 것은 같습니다.

순열의 경우에는 선택하지 않은 사물들을 마치 동종의 사물인 것처럼 취급합니다. 따라서 n!을 (n − r)!로 나눕니다. 조합의 경우에는 선택한 사물들 또한 동종의 사물인 것처럼 취급합니다. 따라서 전체 순열의 값을 또다시 r!로 나누는 것입니다.

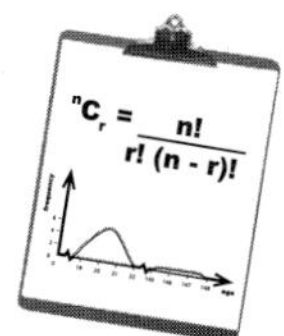

핵심 통계학

순열

n개의 사물이 있는 집합에서 r개의 사물을 선택할 때 순열의 값은 아래와 같이 계산합니다.

$$^nP_r = \frac{n!}{(n-r)!}$$

조합

n개의 사물이 있는 집합에서 r개의 사물을 선택할 때 조합의 값은 아래와 같이 계산합니다.

$$^nC_r = \frac{n!}{r!(n-r)!}$$

통계마을의 올스타는 농구시합을 하기로 되어 있습니다. 선수명단에는 12명의 선수가 있고 시합에는 한 번에 5명의 선수가 뛸 수 있습니다.

1. 시합을 뛰는 선수들을 선택하는 방법은 몇 가지가 있을까요?

2. 감독은 3명의 선수를 전문슈터로 분류했습니다. 선수를 임의로 뽑는다고 했을 때 그 3명의 선수가 동시에 시합에서 뛸 확률은 얼마일까요?

포커 확률을 계산해 볼 차례입니다. 얼마나 잘할 수 있는지 봅시다.

포커는 52장의 카드에서 선택된 5장의 카드를 쥐고 진행합니다. 이러한 선택방법은 얼마나 될까요?

로열 플러쉬는 똑같은 무늬를 가진 10, 잭, 퀸, 킹, 그리고 에이스로 이루어집니다. 이러한 카드의 조합을 얻게 될 확률은 얼마일까요? 위에서 찾은 답이 도움이 될 것입니다.

포카드는 똑같은 숫자를 가진 네 장의 카드를 손에 쥐는 경우를 말합니다. 그들과 나머지 한 장이 손에 쥐는 5장의 카드를 구성합니다. 포카드를 손에 쥘 확률은 얼마일까요?

플러쉬는 5장의 카드가 모두 같은 무늬를 가진 경우를 말합니다. 이러한 카드의 조합을 얻을 수 있는 확률은 얼마일까요?

통계마을의 올스타는 농구시합을 하기로 되어 있습니다. 선수명단에는 12명의 선수가 있고 시합에는 한 번에 5명의 선수가 뛸 수 있습니다.

1. 시합을 뛰는 선수들을 선택하는 방법은 몇 가지가 있을까요?

선수명단에 12명의 선수가 있으므로 그 중에서 5명을 선택하는 방법의 수를 찾으면 됩니다. 선택된 선수들의 순서는 고려할 필요가 없으므로 조합을 사용해서 정답을 구할 수 있습니다.

$$^{12}C_5 = \frac{12!}{5!(12-5)!}$$

$$= \frac{12!}{5!7!}$$

$$= 792$$

2. 감독은 3명의 선수를 전문슈터로 분류했습니다. 선수를 임의로 뽑는다고 했을 때 그 3명의 선수가 동시에 시합에서 뛸 확률은 얼마일까요?

3명의 슈터가 시합에서 동시에 뛰게 되는 방법의 수를 찾는 것부터 시작합니다.

3명의 슈터가 시합에서 동시에 뛰고 있으면 다른 선수들을 위해 2개의 자리가 남게 됩니다. 나머지 9명의 선수 중에서 이 2개의 자리를 채우는 방법의 수를 찾을 필요가 있습니다.

$$^{9}C_2 = \frac{9!}{2!(9-2)!}$$

$$= \frac{9!}{2!7!}$$

$$= 36$$

그러므로 3명의 슈터가 동시에 시합에서 뛰게 될 확률은 36/792 = 1/22입니다.

포커 확률을 계산해 볼 차례입니다. 얼마나 잘할 수 있는지 봅시다.

포커는 52장의 카드에서 선택된 5장의 카드를 쥐고 진행합니다. 이러한 선택방법은 얼마나 될까요?

52장의 카드에서 5장을 고르는 방법은 다음과 같습니다.

$$^{52}C_5 = \frac{52!}{47!5!} = 2{,}598{,}960$$

로열 플러쉬는 똑같은 무늬를 가진 10, 잭, 퀸, 킹, 그리고 에이스로 이루어집니다. 이러한 카드의 조합을 얻게 될 확률은 얼마일까요? 위에서 찾은 답이 도움이 될 것입니다.

이러한 조합을 얻는 방법은 무늬마다 하나씩이며 무늬는 모두 4개 입니다. 따라서 로열 플러쉬를 얻게 되는 방법의 수는 4가 됩니다.

$$P(\text{로열 플러쉬}) = \frac{4}{2{,}598{,}960}$$
$$= 1/649{,}740$$
$$= 0.0000015$$

포카드는 똑같은 숫자를 가진 네 장의 카드를 손에 쥐는 경우를 말합니다. 그들과 나머지 한 장이 손에 쥐는 5장의 카드를 구성합니다. 포카드를 손에 쥘 확률은 얼마일까요?

똑같은 숫자를 가진 4장의 카드부터 시작해 봅시다. 숫자는 모두 13개 있으므로 포카드가 나오는 경우의 수는 모두 13개입니다. 일단 이러한 4장의 카드가 정해지면 48장의 카드가 남게 됩니다. 따라서 다섯 장의 카드를 손에 쥘 때 포커를 얻는 방법의 수는 13×48=624입니다.

$$P(\text{포카드}) = \frac{624}{2{,}598{,}960}$$
$$= 1/4165$$
$$= 0.00024$$

플러쉬는 5장의 카드가 모두 같은 무늬를 가진 경우를 말합니다. 이러한 카드의 조합을 얻을 수 있는 확률은 얼마일까요?

가능한 조합의 수를 구하려면 무늬를 선택하는 방법의 수를 찾고, 그 다음에 같은 무늬의 카드에서 5장을 고르면 됩니다. 각 무늬마다 13장의 카드가 있습니다. 따라서 조합의 수는 다음과 같습니다.

$$4 \times {}^{13}C_5 = 4 \times \frac{13!}{8!5!}$$
$$= 4 \times 1287 = 5148$$

$$P(\text{플러쉬}) = \frac{5148}{2{,}598{,}960}$$
$$= 33/16660$$
$$= 0.00198$$

경주가 끝났습니다

20마리의 말이 달린 경주가 끝났습니다. 최종 승자는 멋진 투피이고, 그 다음은 느끼한 샤벳과 까불이 펀보이였습니다. 당신이 이 세 마리에게 베팅을 했으면 엄청난 돈을 땄을 것입니다!

올해 통계마을 더비경마의
승자:
멋진 투피

2등:
느끼한 샤벳

3등:
까불이 펀보이

이 장에서 우리는 서로 다른 배열을 다루는 방법을 배웠고, 그 다음에는 모든 가능성을 일일이 헤아려 보지 않으면서 가능한 조합과 순열을 계산하는 방법을 배웠습니다.

여기서 배운 지식은 확률과 통계에 대한 엄청난 파워를 제공합니다. 계속 읽어 나가세요. 그러면 이보다 더 뛰어난 지식을 얻는 방법을 보게 될 것입니다.

7 기하, 이항, 푸아송분포

확률분포를 계산하면 시간이 걸립니다.

지금까지는 확률분포를 어떻게 계산하고 사용하는지 살펴보았습니다. 하지만 그보다 **더 사용하기 쉬운** 방법, 혹은 **계산을 빨리** 할 수 있는 방법이 있으면 좋지 않을까요? 이 장에서는 특정한 패턴을 가지고 있는 **특별한 확률분포**들을 보여 줄 것입니다. 이러한 패턴을 익히고 나면 그들을 **확률, 기대치, 분산을 기록적인 시간 내에 계산**할 때 사용할 수 있게 될 것입니다. 계속 읽어 나가세요. 기하(geometric), 이항(binomial), 그리고 푸아송분포(Poisson distribution)에 대해 배우게 될 것입니다.

운 나쁜 스노보더 차드를 만나 보세요

차드는 스노보드를 좋아합니다. 하지만 그는 사고가 잦습니다. 슬로프에 나무가 하나 서 있으면, 그가 그 나무를 향해서 갈 것이라고 생각해도 좋습니다. 차드는 그가 자꾸 나무를 들이받거나 넘어지지 않았으면 좋겠다고 생각합니다. 그의 보험료가 자꾸만 올라가고 있기 때문입니다.

슬로프에서 보여 주는 차드의 솜씨에는 많은 것이 걸려 있습니다. 그의 자존심, 스키장에 찾아오는 여자들과의 만남, 그리고 그의 보험료 등이 그것입니다. 만약 10번을 시도해서 그 안에 무사히 슬로프를 내려올 가능성이 있다면 차드는 기꺼이 망신을 당하거나 혹은 새로운 스노보딩 기술을 시도하다가 높은 보험료를 지급하게 되는 상황을 감수할 용의가 있습니다.

차드가 깔끔하게 슬로프를 내려올 가능성은 0.2입니다. 그리고 그는 성공할 때까지 시도할 것입니다. 한 번이라도 성공적으로 슬로프를 내려오면 그는 스노보딩을 멈추고 의기양양하게 집으로 돌아갈 것입니다.

연필을 깎으며

당신의 확률 기술을 연습할 시간입니다. 차드가 한 번의 시도에서 슬로프를 성공적으로 내려올 확률은 0.2입니다(각각의 시도는 서로 독립이라고 가정합니다). 그가 두 번 시도할 확률은 얼마일까요? 그가 한 번 **혹은** 두 번 시도 안에 성공적으로 슬로프를 내려올 확률은 얼마일까요? 그가 한 번이라도 성공을 거두면 더 이상 시도를 하지 않고 그만둔다는 점을 기억하세요.

차드는 매우 탄력이 있어서 어디에 세게 부딪힌다고 해도 다음번 시도에 영향을 받지 않습니다.

힌트: 문제를 시각화하기 위해 확률트리를 그리는 것이 도움이 될 것입니다.

당신의 확률 기술을 연습할 시간입니다. 차드가 한 번의 시도에서 슬로프를 성공적으로 내려올 확률은 0.2입니다(각각의 시도는 서로 독립이라고 가정합니다). 그가 두 번 시도할 확률은 얼마일까요? 그가 한 번 **혹은** 두 번 시도 안에 성공적으로 슬로프를 내려올 확률은 얼마일까요? 그가 한 번이라도 성공을 거두면 더 이상 시도를 하지 않고 그만둔다는 점을 기억하세요.

처음 두 번의 시도를 위한 확률트리는 아래와 같습니다. 확률을 구하기 위해 필요한 것은 이게 전부입니다.

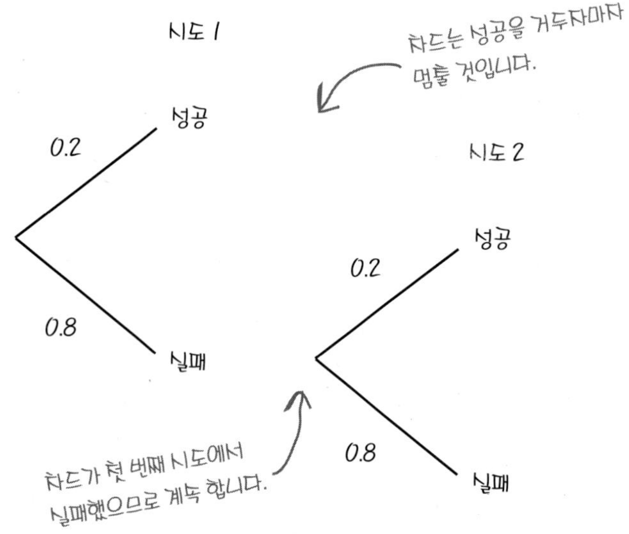

차드가 슬로프를 X번 달릴 필요가 있다고 하면,

$P(X=1)$ = P(첫 번째 시도에서 성공)

$= 0.2$

$P(X=2)$ = P(두 번째 시도에서 성공 ∩ 첫 번째 시도에서 실패)

$= 0.2 \times 0.8$

$= 0.16$

$P(X \leq 2) = P(X=1) + P(X=2)$ ← 이 확률들은 서로 독립이므로 더할 수 있습니다.

$= 0.2 + 0.16$

$= 0.36$

차드의 확률분포를 구할 필요가 있습니다

지금까지는 차드가 슬로프를 3번보다 적은 횟수로 달리는 경우의 확률을 살펴보았습니다. 하지만 이번에는 그가 (보험료 때문에) 10번 이내로, 혹은 심지어 20번이나 100번 이내로 달리는 경우를 따져야 한다면 어떻게 될까요?

매번 처음부터 확률을 구하는 대신에 확률분포를 이용할 수 있다면 편리할 것입니다. 그렇게 하기 위해서는 차드가 슬로프를 달릴 필요가 있는 모든 가능한 시도의 수에 대한 확률을 계산해야 합니다.

가능성의 수에는 끝이 없기 때문에 확실히 문제가 있습니다.

차드는 성공을 거둘 때까지 계속해서 슬로프를 달릴 것입니다. 1번이 될 수도 있고, 10번, 100번, 혹은 1,000번이 될 수도 있습니다. 차드가 정확히 몇 번째 성공을 거두게 될 것인가에 대한 확실한 보장이 없습니다.

끝이 없긴 하지만 이러한 종류의 확률분포를 구하는 방법은 있습니다.

이것은 기대치나 분산과 함께 확률을 쉽게 계산할 수 있도록 해 주는 특별한 속성을 지니고 있는 특별한 종류의 확률분포입니다.

한 번 살펴보도록 합시다.

이 확률분포에는 패턴이 존재합니다

차드가 성공할 때까지 슬로프를 달려야 하는 횟수를 X라고 합시다. 차드는 딱 한 번만 성공을 거두면 되고, 성공을 거두면 바로 멈출 것입니다.

우선 X의 처음 네 번째까지의 값이 갖는 확률을 계산해 봅시다. 이렇게 하면서 다른 값들을 계산하는 데 도움이 될 만한 패턴이 있는지 알아보도록 할 것입니다.

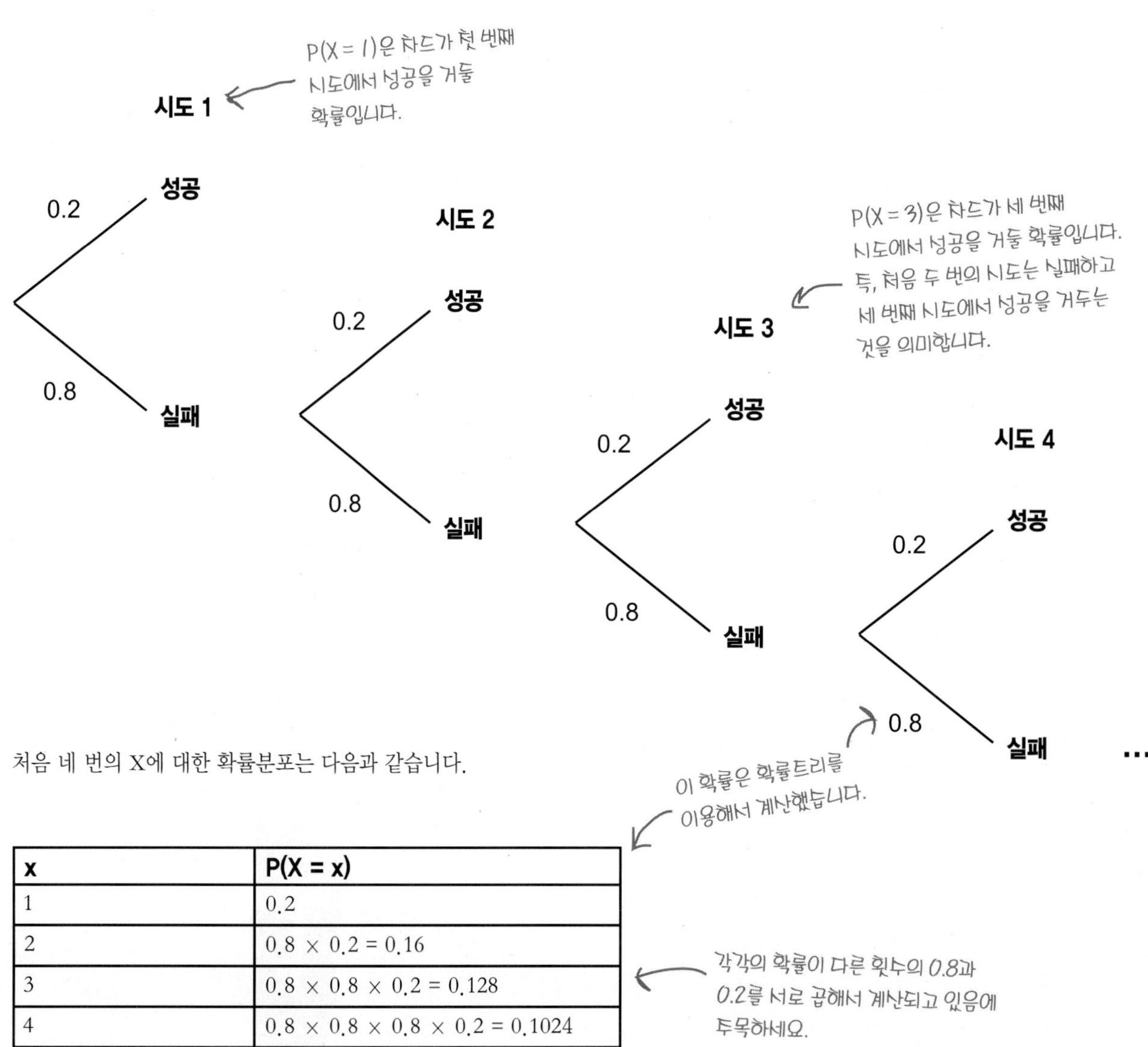

처음 네 번의 X에 대한 확률분포는 다음과 같습니다.

x	P(X = x)
1	0.2
2	0.8 × 0.2 = 0.16
3	0.8 × 0.8 × 0.2 = 0.128
4	0.8 × 0.8 × 0.8 × 0.2 = 0.1024

다음은 서로 다른 값에 대한 X의 확률을 나타내는 테이블입니다. x번의 시도가 있을 확률을 계산해서 테이블의 빈 칸을 채우고, 각각의 경우에 대해 0.8과 0.2를 몇 번씩 곱해야 하는지(P(X = x) 안에 0.8과 0.2가 몇 번씩 나타나는지) 표시하세요.

x	P(X = x)	0.8을 곱하는 횟수	0.2를 곱하는 횟수
1	0.2	0	1
2	0.8 × 0.2	1	1
3	0.8^2 × 0.2	2	
4			
5			
r			

r은 x의 특정한 값입니다. 확률이 r로 어떻게 표현되는지 적어 보세요.

계산을 위해 여백을 남겨 놓았습니다.

다음은 서로 다른 값에 대한 X의 확률을 나타내는 테이블입니다. x번의 시도가 있을 확률을 계산해서 테이블의 빈 칸을 채우고, 각각의 경우에 대해 0.8과 0.2를 몇 번씩 곱해야 하는지(P(X = x) 안에 0.8과 0.2가 몇 번씩 나타나는지) 표시하세요.

x	P(X = x)	0.8을 곱하는 횟수	0.2를 곱하는 횟수
1	0.2	0	1
2	0.8 x 0.2	1	1
3	0.8^2 x 0.2	2	1
4	0.8^3 x 0.2	3	1
5	0.8^4 x 0.2	4	1
r	0.8^{r-1} x 0.2	r - 1	1

X = 4의 경우 차드는 세 번 실패하고 네 번째 시도에서 성공합니다.
특정한 시도에서 실패하는 확률은 0.8이고 성공하는 확률은 0.2이므로 P(X = 4)는 0.8 x 0.8 x 0.8 x 0.2입니다.

X = 5의 경우에는 네 번 실패하고 다섯 번째 성공합니다. 따라서
P(X = 5) = 0.8 x 0.8 x 0.8 x 0.8 x 0.2

그럼 P(X = r)인 경우는 어떨까요? 차드가 r번째 시도에서 성공을 거두려면 성공을 거두기 전에 (r - 1)번의 시도에서 실패를 해야 합니다. 따라서
P(X = r) = 0.8 x 0.8 x ... x 0.8 x 0.2이고, 여기에서 0.8은 (r - 1)번 곱해집니다.

그들은 서로 다른 것을 의미합니다.

P(X = x)라고 쓸 때는 x가 확률분포에서 어떤 임의의 값을 취하는 것을 의미합니다. 위 테이블의 경우 우리는 x의 다양한 값을 나타내고 각각의 값을 얻을 확률을 계산했습니다.

P(X = r)이라고 쓸 때는 x가 r이라는 특정한 값을 취한 경우를 나타냅니다. 우리는 바로 이 특정한 값을 얻는 확률을 계산하고 있는 것입니다. 하지만 r이 구체적으로 어떤 값이라는 사실을 정하지 않음으로써 확률을 구하는 일반적인 공식으로 표시할 수 있습니다.

말하자면 x는 r이라는 특정한 값을 포함하여 어떤 값이라도 취할 수 있습니다.

확률분포는 알파벳으로 표현될 수 있습니다

보다시피 차드의 스노보딩 시도와 관련된 확률은 특정한 패턴을 따르고 있습니다. 각 확률은 0.8과 0.2의 곱하기로 이루어져 있습니다. 어떤 임의의 값 r에 대한 확률은 다음과 같은 공식으로 계산할 수 있습니다.

$$P(X = r) = 0.8^{r-1} \times 0.2$$

다시 말해, P(X = 100)을 찾고 싶을 때 확률을 구하기 위해 엄청난 크기의 확률트리를 그리고 각각의 경우 정확히 어떤 일이 일어나는지 고민할 필요가 없는 것입니다. 대신 다음과 같이 계산하면 됩니다.

$$P(X = 100) = 0.8^{99} \times 0.2$$

우리는 이것을 더욱 일반화시킬 수 있습니다. 어느 시도에서 성공을 거둘 확률을 **p**라 하고 실패를 거둘 확률을 **1−p**(앞으로는 **q**라 할 것입니다)라 하면 다음과 같은 공식을 얻게 됩니다.

나는 실패라고 해.
(ㅋㅋ... 코웃음)

q

q는 1 − p와 같습니다. p가 성공할 확률이라면, q는 실패할 확률입니다.

$$\mathbf{P(X = r) = q^{r-1}p}$$

(r − 1)번 실패와 1번의 성공.
이 경우 p = 0.2이고 q = 0.8입니다.

이 공식을 **기하분포**(geometric distribution)라고 합니다.

바보 같은 질문이란 없습니다

Q: 이렇게 일반화하는 이유는 무엇인가요? 우리가 다루고 있는 문제는 그저 하나의 특정한 경우에 불과한데 말이죠.

A: 이러한 일반화의 목적은 이것을 다른 비슷한 문제에 적용하기 위해서입니다. 만약 이러한 문제를 위한 해법을 일반화할 수 있으면 나중에 이와 비슷한 문제를 해결하고자 할 때 쉽게 사용할 수 있기 때문입니다.

Q: P(X = r)이라는 표현을 찾아야 한다고 말했습니다. r이 무엇인가요?

A: P(X = r)은 'X가 r이라는 값을 가질 때의 확률'이라는 뜻입니다. r은 처음 성공을 거둘 때까지 시도해야 하는 횟수를 의미합니다.

예를 들어 만약 P(X = 20)을 찾아야 한다면 r을 20으로 대체하면 됩니다. 이렇게 하면 확률을 빨리 구할 수 있습니다.

Q: 왜 문자 r을 사용합니까? 다른 문자를 쓰지 않는 이유는 뭐죠?

A: r이라는 문자를 사용하는 이유는 결과를 임의의 다른 특정한 값으로 일반화시키기 위해서입니다. 다른 문자를 사용해도 안 될 이유는 없지만 r을 사용하는 것이 보통입니다.

Q: 가능성의 수가 끝이 없는데 어떻게 확률분포를 구할 수 있다는 거죠?

A: 물리적으로 가능한 모든 확률을 전부 나열함으로써 확률분포를 정할 필요는 없습니다. 중요한 것은 모든 가능성을 묘사하는 방법이 필요하다는 사실입니다. 우리는 확률을 계산하기 위한 공식을 이용해서 그렇게 할 수 있습니다.

Q: 차드의 스노보딩 기술은 결국 발전하지 않을까요? 성공 확률이 언제나 0.2라고 가정하는 것이 옳습니까?

A: 일리가 있는 생각입니다. 하지만 이 문제에서 차드는 스노보딩에 관한한 운이 나쁜 사람이고, 따라서 우리는 그의 기술이 발전하지 않는다고 가정해야 합니다. 그러한 경우 그가 슬로프에서 성공을 거두는 확률은 기하분포를 따릅니다.

기하분포 자세히 보기

우리는 차드의 스노보딩 도전이 **기하분포**의 예라고 말했습니다. 기하분포는 다음과 같은 상황에서 성립합니다.

1. 일련의 독립시행을 실시합니다.
2. 각 시행은 성공 아니면 실패이며, 각 시행이 성공할 확률은 항상 동일합니다.
3. 첫 번째 성공을 거두기 위해 시도해야 하는 시행의 횟수가 주된 관심사입니다.

이러한 조건을 만족시키는 상황이 있으면 계산상의 지름길을 선택하기 위해 기하분포를 이용할 수 있습니다. 여기서 주목해야 할 중요한 사실은 '성공'이 우리가 일어나기를 원하는 사건을 의미한다는 것입니다. 뭔가 부정적인 암시를 가지고 있는 사건이 일어나는지 여부를 따지는 경우에도 그 사건은 성공으로 분류됩니다.

변수 X는 **첫 번째 성공을 거두기 전까지 시도해야 하는 시행의 횟수**를 나타냅니다. 다시 말해, 우리가 관심을 가지고 있는 사건이 일어나기까지 필요한 시행의 횟수를 의미합니다.

X가 r이라는 특정한 값을 갖는 확률을 구하려면 다음 공식을 이용해서 빠르게 계산할 수 있습니다.

$$P(X = r) = p\,q^{r-1}$$

여기서 p는 성공의 확률이고, $q = 1 - p$는 실패의 확률입니다. 다시 말해, r번째 시도에서 성공을 거두려면 $(r - 1)$번의 실패가 있어야 한다는 것입니다.

기하분포는 독특한 형태를 가지고 있습니다.

$P(X = r)$은 $r = 1$일 때 가장 높은 값을 갖고, r이 커질수록 점점 작아집니다. 첫 번째 시도에서 성공을 거둘 확률이 가장 높다는 점을 유의하기 바랍니다. 1이 가장 높은 확률을 가지므로 이것은 **기하분포의 최빈값(mode)이 항상 1**임을 뜻합니다.

이것은 직관에 어긋나는 것처럼 들리겠지만 성공적인 결과를 얻기 위해 대체로 단 한 번의 시도가 필요할 가능성이 제일 높을 것입니다.

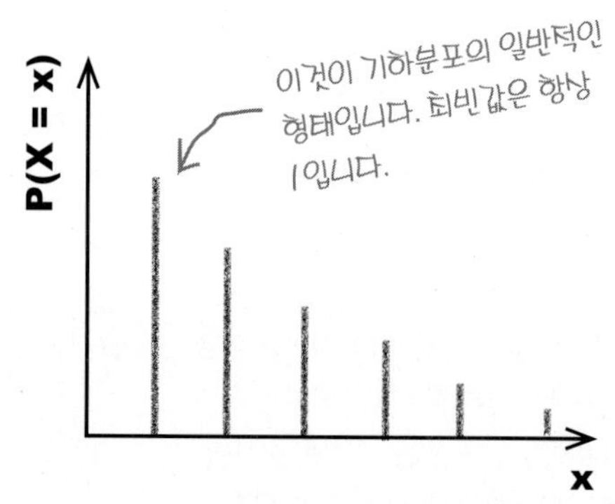

기하분포는 부등식에서도 성립합니다

기하분포를 위한 정확한 확률을 구하는 것 이외에, 부등식을 위해서도 확률을 빠르게 구하는 방법이 존재합니다.

P(X > r)에서 시작해 봅시다.

P(X > r)은 첫 번째 성공을 거두기 위해 r보다 많은 수의 시행을 필요로 하는 경우의 확률을 의미합니다. r보다 많은 수의 시행이 필요하려면 처음 r번의 시행이 모두 실패해야 합니다. 따라서 실패의 확률을 r번 곱하면 필요한 확률을 구할 수 있습니다.

$$P(X > r) = q^r$$

성공을 위해 필요한 시행의 수가 r보다 크려면 r번의 실패가 있어야만 합니다.

이 공식에서는 p가 필요 없습니다. 정확히 몇 번째 시행이 성공을 거두는지 알 필요가 없기 때문입니다. r번의 시행보다 많이 시도해야 한다는 사실만 알면 됩니다.

위 공식을 이용하면 성공적인 결과를 얻기 위해 r과 같거나 적은 수의 시도가 필요함을 의미하는 P(X ≤ r)도 구할 수 있습니다.

P(X ≤ r)과 P(X > r)을 더하면 합이 1이 됩니다. 따라서

$$P(X \le r) + P(X > r) = 1$$

혹은

$$P(X \le r) = 1 - P(X > r)$$

P(X ≤ r)은 P(X > r)의 반대이기 때문입니다. P(X ≤ r) = 1 - P(X > r)

이것은 다음과 같이 요약됩니다.

$$P(X \le r) = 1 - q^r$$

위로부터 우리는 $P(X > r) = q^r$임을 알고 있으므로 P(X > r) 대신 q^r을 써서 이 공식을 얻습니다.

성공을 거둘 확률이 p라고 했을 때 변수 X가 기하분포를 따른다는 사실은 다음과 같이 표기할 수 있습니다.

$$X \sim Geo(p)$$

이것은 '성공을 거둘 확률이 p라고 했을 때 변수 X는 기하분포를 따른다'는 말을 간단하게 표기하는 방법입니다.

온몸이 멍투성이야! 내가 슬로프를 무사히 내려가지 전까지 도대체 얼마나 많은 시도를 하기 바라는 거야?

기하분포를 위한 기대치의 패턴

지금까지는 차드가 슬로프를 성공적으로 내려가기까지 시도해야 하는 시행의 횟수에 대한 확률을 살펴보았습니다. 그렇다면 기대치와 분산은 어떻게 구해야 할까요? 기대치를 알고 있다면 차드가 성공적인 시행을 하기 위해 몇 번이나 시도를 해야 하는지 말할 수 있을 겁니다.

다시 말해, 기대치란 얻을 수 있다고 기대되는 값들의 평균입니다. 이것은 평균값과 비슷하지만 확률분포를 위한 값입니다.

분산은 이 값이 얼마나 많이 변화하는지 측정하는 수단입니다.

책의 앞부분에서 기대치를 어떻게 구했는지 기억나세요? 우리는 $\sum xP(X = x)$를 계산해서 E(X)를 찾았습니다. 이 경우 확률은 끝없이 진행되지만, 패턴이 존재하는지 찾아보기 위해 처음 몇 개의 값을 살펴보도록 합시다.

다음은 $X \sim Geo(0.2)$일 때 값 x의 처음 몇 개의 값에 대한 테이블입니다.

이것은 xP(X = x)의 누계입니다.

x	P(X = x)	xP(X = x)	xP(X ≤ x)
1	0.2	0.2	0.2
2	0.8 × 0.2 = 0.16	0.32	0.52
3	$0.8^2 \times 0.2 = 0.128$	0.384	0.904
4	$0.8^3 \times 0.2 = 0.1024$	0.4096	1.3136
5	$0.8^4 \times 0.2 = 0.08192$	0.4096	1.7232
6	$0.8^5 \times 0.2 = 0.065536$	0.393216	2.116416
7	$0.8^6 \times 0.2 = 0.0524288$	0.3670016	2.4834176
8	$0.8^7 \times 0.2 = 0.04194304$	0.33554432	2.81894608

xP(X = x)의 값에 어떤 일이 생기고 있는지 눈치 챘습니까?

xP(X = x)의 값은 작은 값에서 출발해서 x = 5가 될 때까지 증가합니다. x가 5보다 커지면 값은 다시 줄어들기 시작합니다. x의 값이 더 커질수록 xP(X = x)의 값은 점점 더 작아져서 마침내 누계에 실질적인 영향을 주지 못하게 됩니다.

xP(X = x)의 누계를 그래프로 그려 보면 이러한 경향을 더욱 명확하게 확인할 수 있습니다.

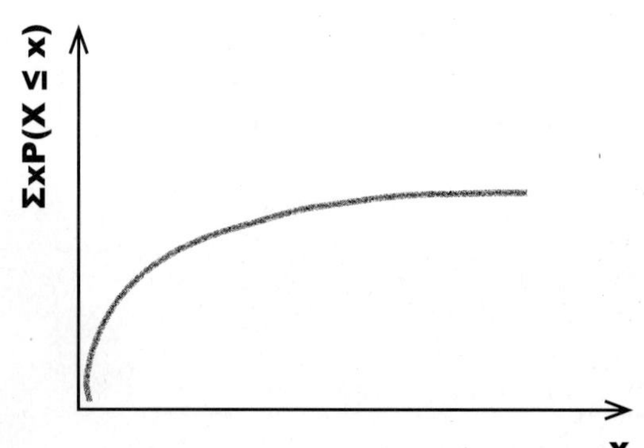

기대치는 1/p입니다

xP(X = x)의 누계를 위한 그래프를 그려 보면 x가 커짐에 따라서 누계가 점점 5라는 특정한 값에 가까워짐을 알 수 있습니다. 사실 xP(X = x)를 무한대로 시행했을 때의 누계는 5입니다. 이것은 다음을 의미합니다.

$$E(X) = 5$$

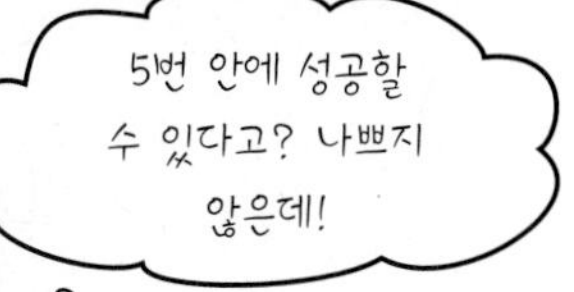

이것은 직관적으로 일리가 있습니다. 성공적인 결과를 위한 확률은 0.2입니다. 이것은 곧 5번의 시도 중에서 1번은 성공한다는 뜻이므로, 차드가 성공을 거두기 위해서는 5번 시도해야 한다는 결론과 일치합니다.

이것을 임의의 값 p에 대해 일반화시킬 수 있습니다. 만약 X ~ Geo(p)라면 다음이 성립합니다.

$$E(X) = \frac{1}{p}$$

기대치는 1을 성공의 확률로 나눈 값입니다.

기하분포의 기대치를 찾는 것뿐만 아니라 분산도 찾을 수 있습니다.

연필을 깎으며

기대치를 구한 것과 동일한 방법으로 기하분포의 분산을 표현하는 식을 구할 수 있는지 알아봅시다. 아래 테이블을 완성하세요. 뭔가 눈치 챘습니까?

x	P(X = x)	$x^2P(X = x)$	$x^2P(X \le x)$
1	0.2		
2	0.8 × 0.2 = 0.16		
3	0.8^2 × 0.2 = 0.128		
4	0.8^3 × 0.2 = 0.1024		
5	0.8^4 × 0.2 = 0.08192		
6	0.8^5 × 0.2 = 0.065536		
7	0.8^6 × 0.2 = 0.0524288		
8	0.8^7 × 0.2 = 0.04194304		
9	0.8^8 × 0.2 = 0.033554432		
10	0.8^9 × 0.2 = 0.0268435456		

분산은 $E(X^2) - E^2(X)$로 주어진다는 사실을 기억하세요.

연필을 깎으며 정답

기대치를 구한 것과 동일한 방법으로 기하분포의 분산을 표현하는 식을 구할 수 있는지 알아봅시다. 아래 테이블을 완성하세요. 뭔가 눈치 챘습니까?

x	P(X = x)	$x^2P(X = x)$	$x^2P(X \le x)$
1	0.2	0.2	0.2
2	0.8 × 0.2 = 0.16	0.64	0.84
3	0.8^2 × 0.2 = 0.128	1.152	1.992
4	0.8^3 × 0.2 = 0.1024	1.6384	3.6304
5	0.8^4 × 0.2 = 0.08192	2.048	5.6784
6	0.8^5 × 0.2 = 0.065536	2.359296	8.037696
7	0.8^6 × 0.2 = 0.0524288	2.5690112	10.6067072
8	0.8^7 × 0.2 = 0.04194304	2.68435456	13.29106176
9	0.8^8 × 0.2 = 0.033554432	2.717908992	16.00897075
10	0.8^9 × 0.2 = 0.0268435456	2.68435456	18.69332531

이번에는 x가 10에 도달할 때까지 $x^2P(X = x)$가 증가합니다. x가 10이 되면 다시 감소하기 시작합니다.

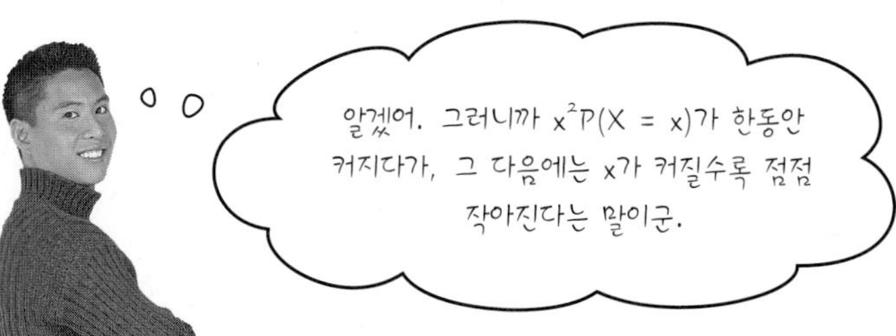

맞습니다.

$x^2P(X = x)$는 일정한 지점에 도달할 때까지 점점 커지다가 다시 작아지기 시작합니다. 궁극적으로 0에 가까워집니다.

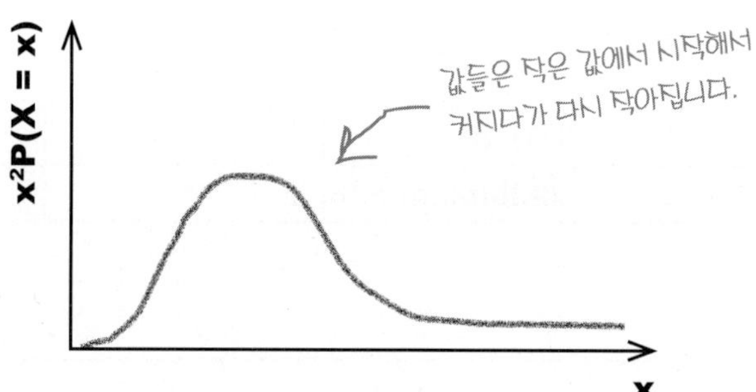

확률분포의 분산 찾기

그러면 이것이 차드가 슬로프를 성공적으로 내려오기까지 반복하는 시도의 수에 대한 분산을 찾는 것을 어떻게 도울 수 있을까요?

우리는 다음을 계산함으로써 확률분포의 분산을 찾습니다.

$$Var(X) = E(X^2) - E^2(X)$$

이것은 $\sum x^2P(X = x)$를 계산하고, 그 다음에 E(X)를 제곱한 값을 빼는 것을 의미합니다. 이러한 결과를 x 값에 대한 그래프로 작성하면 x가 증가함에 따라 Var(X)가 보여 주는 패턴을 볼 수 있습니다. 다음은 $x^2P(X \leq x) - E^2(X)$에 대한 그래프입니다.

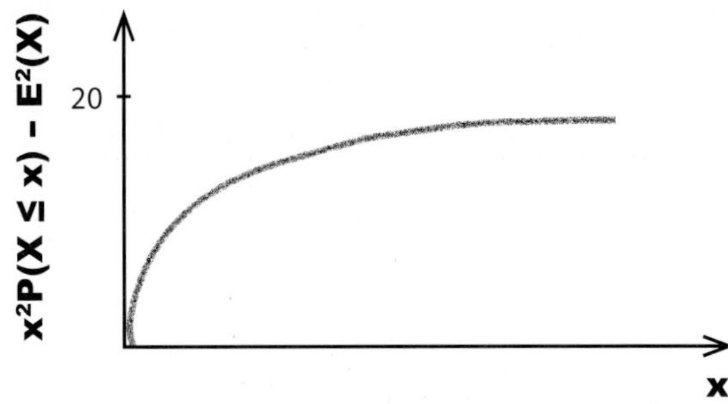

x가 커짐에 따라 $x^2P(X \leq x) - E^2(X)$의 값은 점점 20이라는 특정한 값에 다가갑니다.

기대치의 경우와 마찬가지로 이것을 일반화할 수 있습니다. $X \sim Geo(p)$라고 하면

$$Var(X) = \frac{q}{p^2}$$

기하분포에 대한 간단한 가이드

기하분포에 대해 알아야 하는 모든 것을 여기에 간단히 정리해 놓았습니다.

언제 사용하나요?

독립시행을 수행할 때, 각각의 시행이 성공 아니면 실패일 때, 그리고 첫 번째 성공적인 결과를 얻을 때까지 몇 번이나 시도를 해야 하는지에 대해 관심을 가지고 있을 때 기하분포를 사용합니다.

확률은 어떻게 계산하나요?

다음과 같은 간단한 공식을 이용하세요. 공식에서 p는 한 번 시행에서 성공할 확률이고, q = 1 − p는 실패할 확률, 그리고 X는 첫 번째 성공을 거둘 때까지 시행하는 횟수를 의미합니다. 이것을 우리는 X ~ Geo(p)라고 표기합니다.

$$P(X = r) = p\,q^{r-1}$$

첫 번째 성공이 r번째 시도에서 이루어질 확률.

$$P(X > r) = q^r$$

첫 번째 성공을 거둘 때까지 r번 이상 시도를 해야 하는 확률.

$$P(X \le r) = 1 - q^r$$

첫 번째 성공을 거둘 때까지 r번 혹은 그 이하의 시도를 해야 하는 확률.

기대치와 분산은 어떻게 구하나요?

다음 공식을 이용합니다.

$$E(X) = 1/p \qquad Var(X) = q/p^2$$

바보 같은 질문이란 없습니다

Q: 위 공식들을 신뢰할 수 있나요? 확률과 기대치를 구할 때 언제나 이런 공식을 사용해도 되나요?

A: 위 공식들은 기하분포를 빨리 계산할 수 있도록 해 주므로 기하분포를 다룰 때면 언제든지 사용해도 좋습니다. 하지만 기하분포로 나타낼 수 없는 상황을 다룰 때는 이러한 공식을 사용하면 안 됩니다.

기하분포는 독립시행을 반복할 때(따라서 각각의 시행이 동일한 확률을 가지고 있을 때), 각 시행이 성공하거나 실패할 때, 그리고 첫 번째 성공을 거두기까지 몇 번 시행해야 하는지에 대해 관심이 있을 때 사용한다는 사실을 기억하기 바랍니다.

Q: 환경이 다른 경우는 어떻게 합니까? 예를 들어 시행횟수가 일정하게 정해져 있고, 성공을 거둘 때까지 시행해야 하는 횟수에 관심이 있을 때는 어떻게 해야 하나요?

A: 그런 상황에서는 기하분포를 사용할 수 없습니다. 하지만 걱정하지 마세요. 그런 상황에 맞는 방법은 따로 있습니다.

Q: 이러한 공식을 모두 알아야 하나요?

A: 기하분포를 다뤄야 한다면 이러한 공식을 알아둠으로써 많은 시간을 절약할 수 있습니다. 만약 통계학과 관련된 시험을 치러야 한다면 교재가 이러한 공식을 다루고 있는지 여부를 확인할 필요가 있습니다.

Q: 분포에서 p와 q를 사용하는 이유는 무엇입니까?

A: p는 확률(probability)의 줄임말입니다. 이 경우에는 p가 한 번 더 시행에서 성공을 거두게 되는 확률을 의미합니다.

q는 통계학에서 1 − p 혹은 p'를 의미합니다. 이번 장과 책의 뒷부분에서 이러한 표기를 자주 만나게 될 것입니다.

스노보더가 되어 봅시다

한 번도 넘어지지 않고 슬로프를 내려갈 확률이 0.4인 스노보더가 있습니다. 당신이 할 일은 자신이 이 스노보더가 되었다고 생각하고 다음 확률을 구하는 것입니다.

1. 첫 번째 시도는 실패하고 두 번째 시도에서 성공할 확률.

2. 4번 혹은 그보다 적은 횟수 안에 성공할 확률.

3. 4번의 시도보다 많은 시도가 필요할 확률.

4. 첫 번째 성공을 거두기 전까지 시도해야 하는 횟수의 기대치.

5. 시행횟수의 분산.

스노보더가 되어 봅시다 정답

한 번도 넘어지지 않고 슬로프를 내려갈 확률이 0.4인 스노보더가 있습니다. 당신이 할 일은 자신이 이 스노보더가 되었다고 생각하고 다음 확률을 구하는 것입니다.

X가 두 번째 스노보더가 넘어지지 않고 슬로프를 내려가기 위해 필요한 시행횟수를 나타낸다고 했을 때 $X \sim Geo(0.4)$를 이용합니다.

1. 첫 번째 시도는 실패하고 두 번째 시도에서 성공할 확률.

$$P(X = 2) = p \times q$$
$$= 0.4 \times 0.6$$
$$= 0.24$$

2. 4번 혹은 그보다 적은 횟수 안에 성공할 확률.

$$P(X \leq 4) = 1 - q^4$$
$$= 1 - 0.6^4$$
$$= 1 - 0.1296$$
$$= 0.8704$$

3. 4번의 시도보다 많은 시도가 필요할 확률.

$$P(X > 4) = q^4$$
$$= 0.6^4$$
$$= 0.1296$$

혹은 이 값을 다음과 같이 구할 수도 있습니다.
$P(X > 4) = 1 - P(X \leq 4) = 1 - 0.8704 = 0.1296$

4. 첫 번째 성공을 거두기 전까지 시도해야 하는 횟수의 기대치.

$$E(X) = 1/p$$
$$= 1/0.4$$
$$= 2.5$$

5. 시행횟수의 분산.

$$Var(X) = q/p^2$$
$$= 0.6/0.4^2$$
$$= 0.6/0.16$$
$$= 3.75$$

기하분포를 완전히 습득했습니다

당신의 기하분포 실력 덕분에 차드는 임의의 횟수로 시도를 한 다음에 깔끔하게 슬로프를 내려올 확률을 알게 되었을 뿐만 아니라 그가 몇 번을 시도해야 슬로프를 성공적으로 내려올 수 있는지, 그리고 거기에 대한 변동성이 얼마나 되는지 알 수 있게 되었습니다.

5번의 시도라는 기대치와 20이라는 분산을 알게 되자 그는 자신감이 넘치게 되었고, 험하게 구르지 않으면서 아가씨들에게 멋진 모습을 보여 줄 수 있게 되었습니다.

계속 진행해 봅시다...

신사숙녀 여러분, 통계마을의 최고 인기 퀴즈쇼인 '누가 빙글의자를 차지하고 싶은가'를 방영해야 하는 관계로 이 장의 내용은 여기서 중단하겠습니다.

WHO WANTS TO WIN A
SWIVEL CHAIR
안녕하세요, 통계마을의 최고 인기 퀴즈쇼인 '누가 빙글의자를 차지하고 싶은가'에 오신 것을 환영합니다. 오늘밤 쇼에서는 끔찍하게 어려운 질문을 몇 개 준비했습니다. 당신에게 행운이 있기를 바랍니다.

우리는 오늘 당신을 위해 멋진 질문을 준비했습니다.
바로 시작합시다. 1라운드에서는 3개의 질문을 던집니다. 각 질문은 4개의 가능한 답을 가지고 있습니다. 당신은 여기서 중단하고 약간의 위로금을 받은 채 나갈 수 있습니다. 하지만 계속 진행해서 경쟁자를 물리치면 다음 라운드로 진출하게 되므로 빙글의자에 한걸음 다가설 수 있습니다. 1라운드의 제목은 '나에 대한 모든 것'입니다. 행운을 빌어요.

연필을 깎으며

다음은 1라운드의 질문입니다. 모든 질문은 게임쇼의 진행자에 대한 것입니다. 정확한 대답에 표시를 하세요.

1. 그가 제일 좋아하는 색은 무엇입니까?

- **A:** 빨강
- **B:** 파랑
- **C:** 초록
- **D:** 노랑

2. 그의 생일은 몇 월입니까?

- **A:** 1월
- **B:** 2월
- **C:** 3월
- **D:** 4월

3. 사람들이 그에 대해 가장 좋아하는 것은 무엇입니까?

- **A:** 멋진 외모
- **B:** 매력
- **C:** 유머감각
- **D:** 지성미

바보 같은 질문이란 없습니다

Q: 갑자기 무슨 퀴즈쇼입니까? 확률분산에 대해 이야기하고 있었잖아요.

A: 확률분산에 대해 이야기하고 있는 것 맞아요. 이 상황은 다른 종류의 확률분포를 위한 것입니다. 계속 읽으면 모든 것이 명확해질 것입니다.

Q: 이 질문들에 대한 답을 하나도 모르겠는데요. 어떻게 합니까?

A: 답을 모르면 그냥 아무 거나 고르세요. 최선을 다하세요. 빙글의자에 앉게 될지도 모릅니다.

게임을 계속 할 것인가 아니면 그만 두고 나갈 것인가?

이러한 질문에 제대로 대답을 할 수 있을 정도로 당신이 게임쇼의 진행자에 대해 잘 알고 있을 것 같지는 않습니다. 그렇다면 아무렇게나 대답을 했을 때 몇 개의 정확한 대답을 할 수 있게 될지 확률분포를 찾아봅시다. 그 정보는 당신이 게임을 진행할 것인지 아니면 그만둘 것인지에 대한 결정을 내리는 데 도움을 줄 것입니다.

아래는 세 개의 질문에 대한 확률트리입니다.

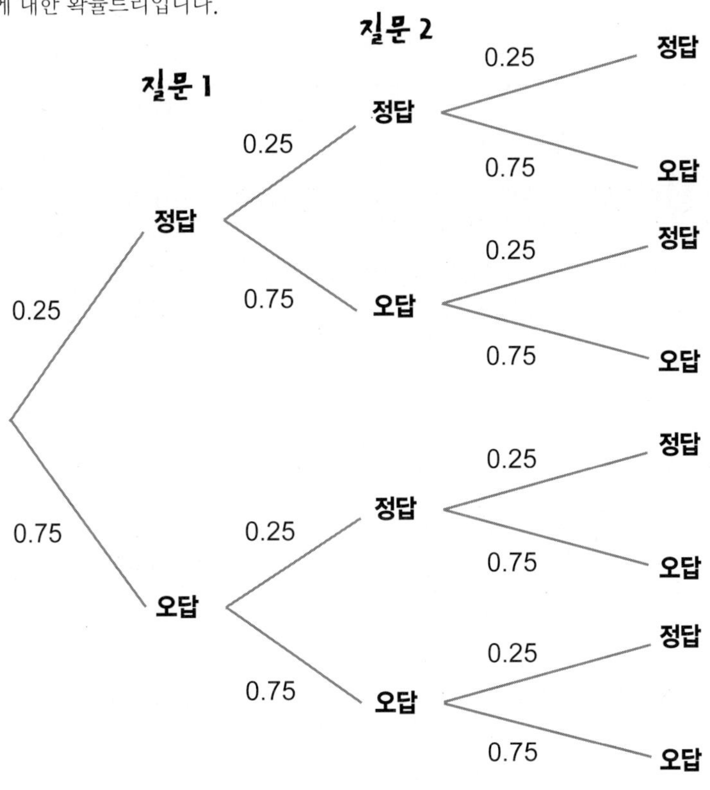

연필을 깎으며

이 문제에 대한 확률은 얼마일까요? 어떤 패턴을 발견할 수 있습니까?
여기서는 3개의 질문에 대한 정확한 답변의 수를 X로 표현하고 있습니다.

x	P(X = x)	0.75를 곱하는 횟수	0.25를 곱하는 횟수
0	0.75^3	3	0
1			
2			
3			

연필을 깎으며 정답

이 문제에 대한 확률은 얼마일까요? 어떤 패턴을 발견할 수 있습니까? 여기서는 3개의 질문에 대한 정확한 답변의 수를 X로 표현하고 있습니다.

x	P(X = x)	0.75를 곱하는 횟수	0.25를 곱하는 횟수
0	$0.75^3 = .422$	3	0
1	$3 \times 0.75^2 \times 0.25 = .422$	2	1
2	$3 \times 0.75 \times 0.25^2 = .141$	1	2
3	$0.25^3 = .015$	0	3

1개의 정답을 구하는 방법에는 3가지가 있습니다. 그들은 모두 $0.75^2 \times 0.25$의 확률을 가지고 있습니다.

한 개의 정답을 구할 확률은 42%이고, 두 개의 정답을 구할 확률은 14%네. 그렇게 나쁜 확률은 아니군. 그렇다면 게임을 계속 진행해서 답을 추측해 보는 것이 좋을 것 같아.

브레인 파워

6장에서 순열과 조합을 공부했던 것을 다시 생각해 보세요. 이러한 문제를 해결하는 데 도움이 된다고 생각하세요?

3개의 질문에 대한 확률을 일반화하기

지금까지는 3개의 질문에 대해 정확한 대답을 한 수 X에 대한 확률분포를 보았습니다.

기하분포의 경우와 마찬가지로 확률이 형성되는 데에도 일정한 패턴이 있는 것처럼 보입니다. 각 확률은 0.75와 0.25를 여러 번 곱하는 방식으로 계산됩니다. x가 증가함에 따라 0.75의 지수는 감소하고 0.25의 지수는 증가합니다.

일반적으로 P(X = x)는 다음과 같이 계산됩니다.

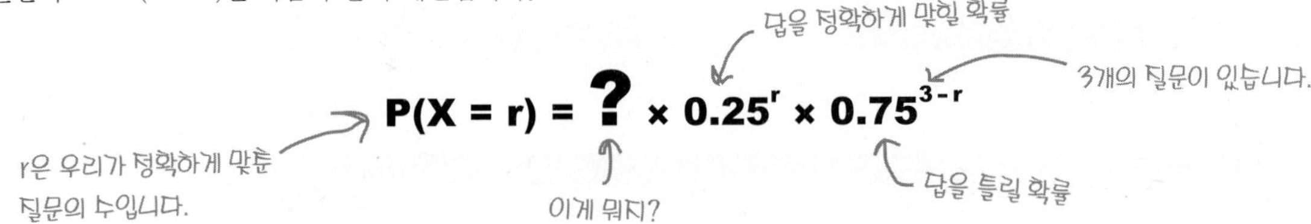

다시 말해, 정확하게 r개의 질문을 맞추게 되는 확률은 우선 0.25^r을 계산한 다음에 거기에 0.75^{3-r}을 곱하고, 그렇게 해서 구한 값에 어떤 수를 곱하는 과정으로 계산합니다. 그런데 그 수가 무엇일까요?

빠져있는 수는 무엇인가요?

우리는 각각의 확률 값에 대한 질문 중에서 어떤 수의 정답을 내놓아야 합니다. 그렇게 하는 방법에는 여러 가지가 있습니다. 예를 들어 3개의 질문 중에서 한 개의 정답을 맞히는 방법은 세 가지가 존재합니다. 다른 방식으로 생각하면 곧 3개의 서로 다른 **조합**(combination)이 존재하는 것입니다.

잠시 기억을 되살리자면 조합 ${}^nC_r$은 n개의 사물에서 r개(순서를 고려하지 않고)를 고르는 방법의 수입니다. 여기에서의 상황이 바로 그것입니다. 우리는 3개의 질문에서 r개의 정답을 골라야 합니다.

6장에서 공부했습니다. 필요하면 복습하기 바랍니다.

따라서 3개의 질문에서 r개의 정답을 구할 확률은 다음과 같습니다.

$$P(X = r) = {}^3C_r \times 0.25^r \times 0.75^{3-r}$$

이 공식에 따르면 1개의 정답을 얻는 확률은 다음과 같습니다.

$$\begin{aligned} P(X = r) &= {}^3C_1 \times 0.25 \times 0.75^{3-1} \\ &= 3!/(3-1)! \times 0.25 \times 0.5625 \\ &= 6/2 \times 0.0625 \times 0.75 \\ &= 0.422 \end{aligned}$$

앞 페이지에서 확률트리를 이용해서 구한 결과와 같습니다.

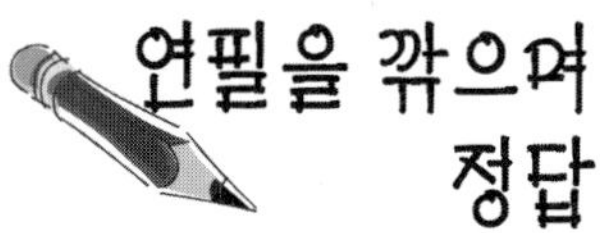

연필을 깎으며 정답

다음은 1라운드의 질문입니다. 모든 질문은 게임쇼의 진행자에 대한 것입니다. 정확한 대답에 표시를 하세요.

1. 그가 제일 좋아하는 색은 무엇입니까?

- **A:** 빨강
- **B:** 파랑
- **C:** 초록
- ✔ **D:** 노랑

2. 그의 생일은 몇 월입니까?

- **A:** 1월
- **B:** 2월
- ✔ **C:** 3월
- **D:** 4월

3. 사람들이 그에 대해 가장 좋아하는 것은 무엇입니까?

- **A:** 멋진 외모
- **B:** 매력
- **C:** 유머감각
- ✔ **D:** 지성미

다른 참가자와 비긴 것 같군요. 축하해요. 다음 라운드로 넘어가세요.

'누가 빙글의자를 차지하고 싶은가'의 2라운드는 '나에 대해서 조금만 더'입니다. 이번에는 5개의 질문을 하겠습니다. 전과 마찬가지로 각 질문에는 4개의 보기가 주어집니다. 계속 진행할까요?

연필을 깎으며

다음은 2라운드의 질문입니다. 질문은 모두 게임쇼 진행자에 대한 것입니다.

1. 그의 첫 번째 여자 친구 이름은 무엇입니까?

- **A:** 메리
- **B:** 마리
- **C:** 매기
- **D:** 메이

2. 그에게 가장 어울리는 선물은 무엇입니까?

- **A:** 조각상
- **B:** 개 인형
- **C:** 말
- **D:** 호버크라프트

3. 그의 가장 큰 성취는 무엇일까요?

- **A:** 퀴즈쇼 진행
- **B:** 2008년 미스터 통계마을로 뽑힌 일
- **C:** 물개 보호를 위해 1,000불을 모금한 일
- **D:** 앨범을 발표한 일

4. 그가 남모르게 꾸는 꿈은 무엇일까요?

- **A:** 스포츠 장비 회사를 차리는 일
- **B:** 에어로빅 DVD를 출시하는 것
- **C:** 신사복 브랜드를 만드는 것
- **D:** 미용실 체인점을 시작하는 것

5. 그가 외계인에게 납치되었던 해는 언제일까요?

- **A:** 2005
- **B:** 2006
- **C:** 2007
- **D:** 2008

이번에도 질문들이 앞에서와 같이 매우 어렵습니다. 따라서 아무렇게나 임의로 답을 골라야 할 것입니다.

이 새로운 질문들에 대한 확률분포를 계산할 수 있는지 봅시다.

확률을 좀 더 일반화시켜 봅시다

지금까지는 3개의 질문에 대해 r개의 정답을 구하는 확률을 살펴보았습니다.

$$P(X = r) = {}^{3}C_{r} \times 0.25^{r} \times 0.75^{3-r}$$

하나의 질문에 대해 정답을 내어놓을 확률은 0.25이고, 오답을 내어놓을 확률은 0.75입니다.

누가 빙글의자를 차지하고 싶은가의 다음 라운드는 3개가 아니라 5개의 질문을 가지고 있습니다. 앞의 공식을 5개의 문제에 대해 적용하는 대신 n개의 문제에 대해 다시 생각해 봅시다. 그렇게 하면 이 공식을 누가 빙글의자를 차지하고 싶은가의 모든 라운드에서 사용할 수 있게 될 것입니다.

3을 n으로 바꾸기만 하면 됩니다.

그렇다면 n개의 질문에 대해 r개의 정답을 구하는 확률의 공식은 무엇일까요? 그것은 다음과 같습니다.

$$P(X = r) = {}^{n}C_{r} \times 0.25^{r} \times 0.75^{n-r}$$

정답을 구할 확률이 달라지면 어떻게 하지? 이 공식을 그런 상황에 대해서까지 일반화시킬 수 있을까?

그럴 수 있습니다. 이 공식을 더 일반화시키는 방법이 존재합니다.

정답을 구할 확률을 p라 하고, 오답을 구할 확률을 1 − p 혹은 q라 합시다. 그러면 n개의 질문에 대해 r개의 정답을 구할 확률은 다음과 같습니다.

$$P(X = r) = {}^{n}C_{r} \times p^{r} \times q^{n-r}$$

이런 종류의 문제를 **이항분포**(binomial distribution)라고 합니다. 좀 더 자세히 봅시다.

이항분포 자세히 보기

누가 빙글의자를 차지하고 싶은가에서 나오는 질문에 대한 정답을 추측하는 것은 **이항분포**의 예입니다. 이항분포는 다음과 같은 상황에서 사용합니다.

1. 일련의 독립시행을 실시합니다.
2. 각 시행은 성공 아니면 실패이며, 각 시행이 성공할 확률은 항상 동일합니다.
3. 시행의 수는 한정되어 있습니다.

이 둘은 기하분포의 경우와 같습니다.

이것은 다릅니다.

기하분포와 마찬가지로 일련의 독립시행을 실시하고, 각 시행은 성공 아니면 실패로 귀결됩니다. 여기서 다른 점은 당신이 관심을 가지고 있는 것이 성공의 수라는 점입니다.

X가 **n번의 시행에서 성공적인 결과를 얻는 수**를 나타낸다고 합시다. r번의 성공이 있을 확률을 구하려면 다음 공식을 이용합니다.

$$P(X = r) = {}^{n}C_{r}\, p^{r} q^{n-r}$$

여기서

$${}^{n}C_{r} = \frac{n!}{r!\,(n-r)!}$$

p는 각 시행에서 성공적인 결과를 얻을 확률이고, n은 시행의 수입니다. 우리는 이것을 다음과 같이 쓸 수도 있습니다.

$$X \sim B(n, p)$$

이항분포의 정확한 형태는 n과 p의 값에 따라 달라집니다. p가 0.5가 근접하면 형태는 점점 좌우대칭이 됩니다. 일반적으로 p가 0.5 이하이면 오른쪽으로 기울고, 0.5 이상이면 왼쪽으로 기웁니다.

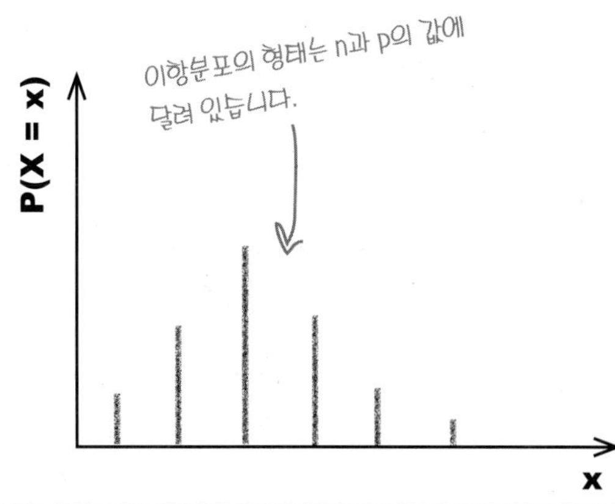

기대치와 분산은 어떻게 될까요?

지금까지는 이항분포를 이용해서 기본적인 확률을 구하는 방법, 즉 어떤 개수의 정확한 답을 얻는 경우에 대한 확률을 계산하는 방법을 살펴보았습니다. 하지만 우리가 임의로 답을 골랐을 때 얼마나 많은 수의 정답을 기대할 수 있을까요? 이 정보는 우리가 게임을 계속 진행해서 다음 라운드로 진출할지 여부를 판단하는 데 도움을 줄 것입니다.

기대치와 분산에 대한 일반적인 표현을 찾을 수 있는지 봅시다.

1번 시행의 경우를 보세요

단 한 번만 시행하는 경우를 가정합시다. 각 시행은 성공 아니면 실패이므로 우리는 0개 혹은 1개의 성공을 가질 수 있습니다. 만약 $X \sim B(1, p)$라면 1번 성공하는 경우의 확률은 p이고, 0번 성공하는 경우의 확률은 q입니다.

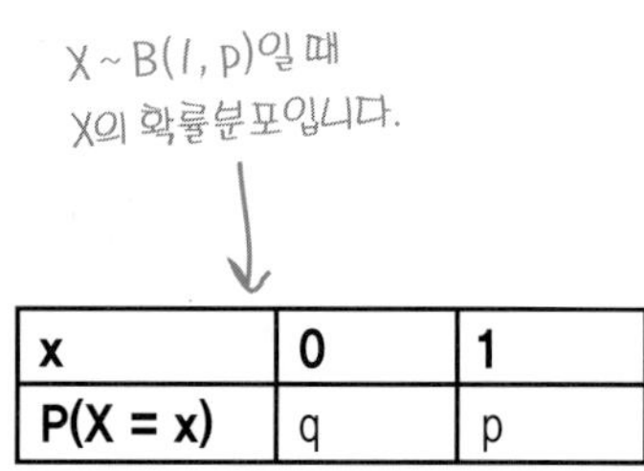

x	0	1
P(X = x)	q	p

우리는 이것을 이용해서 X에 대한 기대치와 분산을 구할 수 있습니다. 기대치부터 봅시다.

$$E(X) = 0q + 1p$$
$$= p$$

$$Var(X) = E(X^2) - E(X)^2$$
$$= (0q + 1p) - p^2$$
$$= p - p^2$$
$$= p(1 - p)$$
$$= pq$$

$E(X) = p$, 따라서 $E(X)^2 = p^2$

$E(X^2)$

그러므로 한 번 시행하는 경우에는 $E(X) = p$이고 $Var(X) = pq$입니다. 그렇다면 n번을 시행하는 경우는 어떻게 될까요?

브레인 파워

n개의 독립관측이 있을 때 기대치와 분산에 일반적으로 무슨 일이 일어날까요? 이것이 지금의 상황에 도움을 줄 수 있을까요?

수영장 퍼즐

$Y \sim B(n, p)$일 때 기대치와 분산을 구할 수 있는지 봅시다. 당신이 **할 일**은 수영장에서 조각들을 꺼내서 계산의 빈 칸에 넣는 것입니다. 하나의 조각은 한 번 이상 사용할 수 **없으며**, 모든 조각을 전부 사용해야 할 필요는 없습니다.

힌트: 각 X_i는 개별적인 시행입니다. $E(X_i) = p$이고 $Var(X_i) = pq$입니다.

n개의 독립시행에 대한 기대치와 분산을 구해야 합니다.

$E(X) = E(X_1) + E(X_2) + ... + E(X_n)$

$= .... E(X_i)$

$= ....$

$Var(X) = Var(X_1) + Var(X_2) + ... + Var(X_n)$

$= .... Var(X_i)$

$= ....$

주의: 수영장 안에 있는 각 조각은 한 번만 사용해야 합니다!

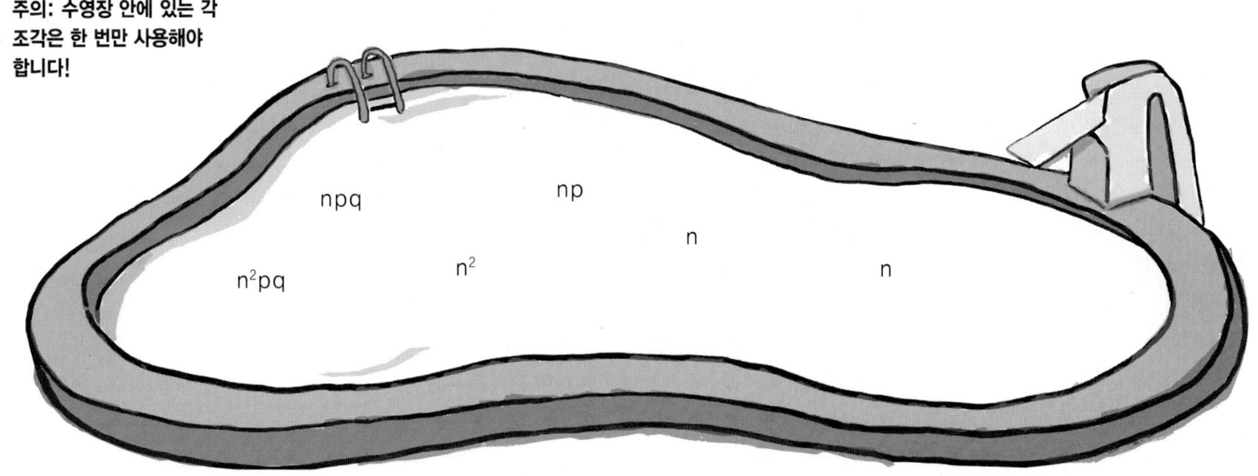

수영장 퍼즐 정답

Y ~ B(n, p)일 때 기대치와 분산을 구할 수 있는지 봅시다. 당신이 **할 일**은 수영장에서 조각들을 꺼내서 계산의 빈 칸에 넣는 것입니다. 하나의 조각은 한 번 이상 사용할 수 **없으며**, 모든 조각을 전부 사용해야 할 필요는 없습니다.

힌트: 각 X_i는 개별적인 시행입니다. $E(X_i) = p$이고 $Var(X_i) = pq$입니다.

n개의 독립시행에 대한 기대치와 분산을 구해야 합니다.

$$E(X) = E(X_1) + E(X_2) + \ldots + E(X_n)$$

$$= \underline{n}\ E(X_i)$$

$$= \underline{np}$$

각 시행은 독립이므로 $E(X_1) = E(X_2) = E(X_3)$...입니다.

만일 X ~ B(n, p)면,
E(X) = np
Var(X) = npq

$$Var(X) = Var(X_1) + Var(X_2) + \ldots + Var(X_n)$$

$$= \underline{n}\ Var(X_i)$$

$$= \underline{npq}$$

시행이 서로 독립이므로 $Var(X_1) = Var(X_2) = Var(X_3)$...입니다.

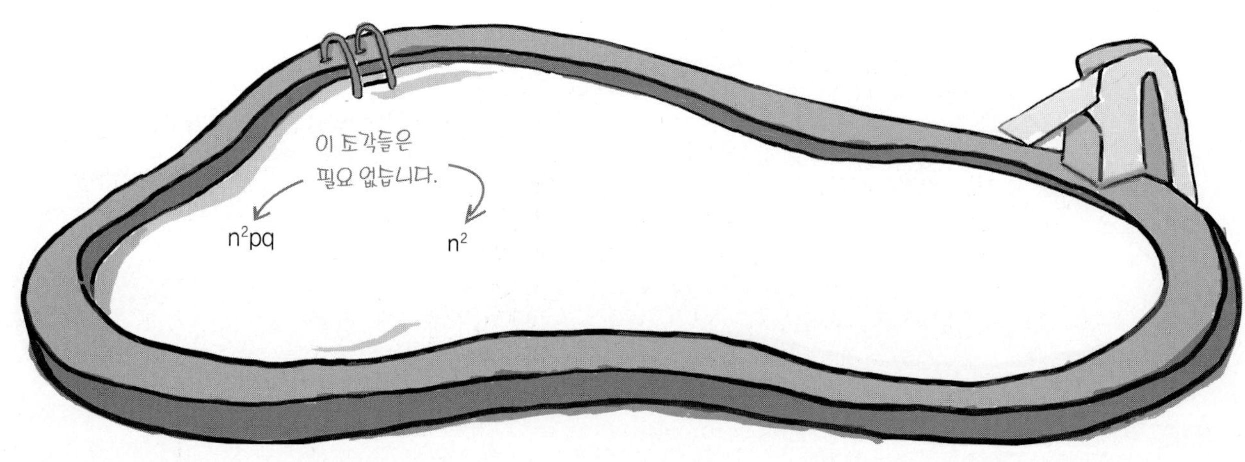

이항 기대치와 분산

지금까지 공부한 것을 정리합시다. 우리는 시행횟수가 한 번인 경우를 살펴보았습니다. 성공확률은 p이고, 분포는 이항분포를 따릅니다. 이것을 이용해서 한 번의 시행에 대한 기대치와 분산을 구했습니다.

그 다음에는 n개의 독립시행에 대해 생각하면서 공식을 이용해서 n번의 시행에 대한 기대치와 분산을 구했습니다. 그래서 만약 $X \sim B(n, p)$라면 다음이 성립함을 알게 되었습니다.

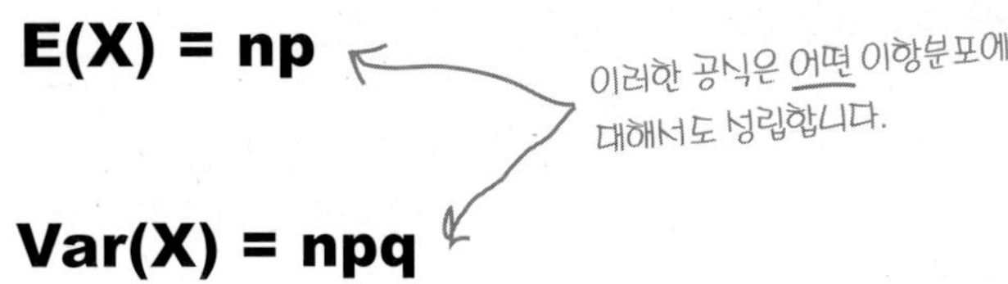

이것은 어떤 확률분포에 대해 수많은 개별적인 확률을 따질 필요 없이 빠르게 기대치와 분산을 찾을 수 있도록 해 주기 때문에 매우 유용합니다.

바보 같은 질문이란 없습니다

Q: 기하분포와 이항분포는 비슷한 것처럼 보입니다. 둘 사이의 차이가 뭡니까? 언제 어느 것을 이용해야 합니까?

A: 기하분포와 이항분포는 공통점을 가지고 있습니다. 둘 다 독립시행을 다루고, 각 시행의 결과는 성공 아니면 실패입니다. 둘 사이의 차이는 사실 당신이 구하고자 하는 바에 달려 있고, 그에 따라 어느 것을 사용할지 결정해야 합니다.

시행횟수가 정해져 있고 그 중에서 몇 번 성공을 거두게 되는지 알고 싶다면 이항분포를 사용해야 합니다. n번의 시행에서 몇 번의 성공을 기대할 수 있는지 알고 싶을 때에도 이항분포를 사용할 수 있습니다.

만약 첫 번째 성공을 거두기까지 몇 번을 시행해야 하는지 알고 싶다면 기하분포를 사용할 필요가 있습니다.

Q: 기하분포는 최빈값을 가지고 있습니다. 이항분포도 가지고 있나요?

A: 그렇습니다. 확률분포의 최빈값은 가장 높은 확률을 가지고 있는 값을 의미합니다. 만약 p가 0.5이고 n이 짝수라면 최빈값은 np입니다. 만약 p가 0.5이고 n이 홀수라면 두 개의 최빈값이 존재합니다. 두 값은 np의 양쪽에 있는 값입니다. n과 p의 다른 값들에 대해 최빈값을 찾을 때에는 시행착오를 겪으면서 직접 찾아야 하는데, 대개의 경우 np라는 값에 상당히 가깝습니다.

Q: 기하분포와 이항분포를 대상으로 몇 차례의 시행을 실시했을 때 각 시행이 갖는 성공 확률은 언제나 동일해야 합니까?

A: 기하분포와 이항분포가 적용되기 위해서는 각 시행에서 성공하는 확률이 반드시 동일해야 합니다. 그렇지 않으면 기하분포와 이항분포는 적용될 수 없습니다.

Q: E(X)를 직접 계산해 보았더니 얻은 값이 확률분포에 존재하지 않는 값입니다. 뭐가 잘못된 것일까요?

A: E(X)를 계산한 값은 확률분포에 있는 값이 아닐 수도 있습니다. 그것은 실제로 일어나지 않은 값일 수 있기 때문입니다. 만약 그런 결과를 얻었다고 해도 실수를 한 것은 아니니까 걱정할 필요는 없습니다.

Q: 다른 종류의 확률분포도 있나요?

A: 그렇습니다. 책을 계속 읽으면 그들을 만나게 될 것입니다.

이항분포에 대한 편리한 가이드

아래에 이항분포에 대해 알아야 하는 모든 것을 간단하게 요약해 놓았습니다.

언제 사용합니까?

정해진 횟수의 독립시행을 하고, 각 시행은 성공 아니면 실패이어야 하고, 성공이나 실패의 횟수를 알고 싶은 경우에 사용합니다.

확률을 어떻게 계산합니까?

$$P(X = r) = {}^{n}C_{r}\, p^{r} q^{n-r}$$

여기서

$${}^{n}C_{r} = \frac{n!}{r!\,(n-r)!}$$

p는 한 번 시행에서의 성공할 확률, q = 1 − p, n은 전체 시행횟수, 그리고 X는 n번 시행에서 성공을 한 횟수를 의미합니다.

기대치와 분산은 어떻게 계산합니까?

$$E(X) = np \qquad Var(X) = npq$$

누가 빙글의자를 차지하고 싶은가의 최근 라운드에는 5개의 질문이 있습니다. 각 질문에 대해 정답을 얻게 될 확률은 0.25입니다.

1. 정확하게 두 문제를 맞힐 확률을 얼마입니까?

2. 정확하게 세 문제를 맞힐 확률은 얼마입니까?

3. 두 문제 혹은 세 문제를 맞힐 확률은 얼마입니까?

4. 전부 틀릴 확률은 얼마입니까?

5. 기대치와 분산은 얼마입니까?

누가 빙글의자를 차지하고 싶은가의 최근 라운드에는 5개의 질문이 있습니다. 각 질문에 대해 정답을 얻게 될 확률은 0.25입니다.

1. 정확하게 두 문제를 맞힐 확률을 얼마입니까?

X가 정답의 수를 나타낸다면 X ~ B(n, p)입니다.

$$P(X = 2) = {}^5C_2 \times 0.25^2 \times 0.75^3$$
$$= \frac{5!}{3!2!} \times 0.0625 \times 0.421875$$
$$= 10 \times 0.0264$$
$$= 0.264$$

2. 정확하게 세 문제를 맞힐 확률은 얼마입니까?

$$P(X = 3) = {}^5C_3 \times 0.25^3 \times 0.75^2$$
$$= \frac{5!}{2!3!} \times 0.015625 \times 0.5625$$
$$= 10 \times 0.00879$$
$$= 0.0879$$

3. 두 문제 혹은 세 문제를 맞힐 확률은 얼마입니까?

$$P(X = 2 \text{ 또는 } X = 3) = P(X = 2) + P(X = 3)$$
$$= 0.264 + 0.0879$$
$$= 0.3519$$

그럼 2문제도 제대로 맞출 수 없는 거네? 이 정도라면 이제 포기해야 할 때가 된 것 같군. 미안하지만 빙글의자는 포기해야겠어.

4. 전부 틀릴 확률은 얼마입니까?

$$P(X = 0) = 0.75^5$$
$$= 0.237$$

5. 기대치와 분산은 얼마입니까?

$$E(X) = np$$
$$= 5 \times 0.25$$
$$= 1.25$$

$$Var(X) = npq$$
$$= 5 \times 0.25 \times 0.75$$
$$= 0.9375$$

연필을 깎으며 정답

다음은 2라운드의 질문입니다. 질문은 모두 게임쇼 진행자에 대한 것입니다.

1. 그의 첫 번째 여자 친구 이름은 무엇입니까?

- **A:** 메리
- **B:** 마리
- ✓ **C:** 매기
- **D:** 메이

2. 그에게 가장 어울리는 선물은 무엇입니까?

- **A:** 조각상
- ✓ **B:** 개 인형
- **C:** 말
- **D:** 호버크라프트

3. 그의 가장 큰 성취는 무엇일까요?

- **A:** 퀴즈쇼 진행
- **B:** 2008년 미스터 통계마을로 뽑힌 일
- ✓ **C:** 물개 보호를 위해 1,000불을 모금한 일
- **D:** 앨범을 발표한 일

4. 그가 남모르게 꾸는 꿈은 무엇일까요?

- **A:** 스포츠 장비 회사를 차리는 일
- **B:** 에어로빅 DVD를 출시하는 것
- **C:** 신사복 브랜드를 만드는 것
- ✓ **D:** 미용실 체인점을 시작하는 것

5. 그가 외계인에게 납치되었던 해는 언제일까요?

- ✓ **A:** 2005
- **B:** 2006
- **C:** 2007
- **D:** 2008

쇼에 참여해 줘서 고맙습니다. 나중에 또 와 주세요. 그런데 통계마을 극장에서 방금 전화가 왔네요. 팝콘에 문제가 있다고 하는군요...

통계마을 극장에 문제가 생겼습니다

내 팝콘 어디 갔어?
지금 당장 찾아내! 내 팝콘
돌려줘!

극장 가는 사람들이 팝콘을 좋아하는 것은 삶의 진리입니다.

통계마을 극장의 팝콘 튀기는 기계가 계속 문제가 일으켜서 고객들의 불만이 높아지고 있습니다.

극장은 다음 주에 승진발표를 앞두고 있기 때문에 극장 매니저는 모든 것이 완벽하기를 희망합니다. 그는 팝콘 기계가 다음 주 중에 고장을 일으키면 사람들이 사러오지 않을 것이기 때문에 아무 문제가 없기를 바랍니다.

팝콘 기계가 주 중에 고장을 일으키는 평균값 혹은 오동작을 일으키는 비율은 3.4입니다. 이때 팝콘 기계가 다음 주에 한 번이라도 고장을 일으킬 확률은 얼마일까요?

만약 기계가 일정한 수 이상으로 고장을 일으키면 통계마을 극장은 새로운 팝콘 기계를 구입할 것입니다. 하지만 그렇지 않으면 지금 쓰고 있는 것을 그대로 두고 가끔 고장이 일어나는 것을 견딜 것입니다.

이것은 다른 종류의 분포입니다

이것은 우리가 지금까지 보았던 것들과는 다른 종류의 문제입니다.

이번에는 일련의 시도나 시행이 없습니다. 대신 오동작이 발생하는 비율을 알고 있고, 그러한 오동작은 임의의 시점에 발생합니다.

그럼 확률을 어떻게 구할 수 있을까요?

이런 종류의 문제가 가지고 있는 어려운 점은 팝콘 기계가 매 주 고장을 일으키는 수의 평균값을 알고 있긴 하지만 고장이 일어나는 정확한 횟수는 주마다 다르기 때문에 알지 못한다는 것입니다. 전체적으로 보았을 때 고장이 한 주에 3번 혹은 4번 정도 일어난다고 기대할 수 있는데, 어떤 주에는 그보다 훨씬 많은 고장이 일어날 수도 있고, 어떤 주에는 고장이 전혀 없을 수도 있습니다.

우리는 다음 주에 팝콘 기계가 한 번도 고장을 일으키지 않을 확률을 구해야 합니다.

어렵게 들리나요? 걱정할 필요 없습니다. 이러한 종류의 상황을 위해 고안된 확률분포가 있습니다. 그것은 **푸아송분포**(Poisson distribution)입니다.

푸아송분포 자세히 보기

푸아송분포는 다음과 같은 상황에 적용됩니다.

1. 개별적인 사건이 어떤 주어진 구간에 임의로 그리고 독립적으로 발생합니다. 구간은 예를 들어 일주일 동안 혹은 1마일마다처럼 시간이나 공간이 될 수 있습니다.

2. 해당 구간에서 사건이 발생하는 수의 평균값이나 비율을 알고 있습니다. 발생하는 수의 평균값은 보통 그리스 문자인 λ(람다)로 표시합니다.

변수 X가 예를 들어 일주일 동안 고장 나는 횟수처럼 **어떤 주어진 구간에 사건이 발생하는 수**를 나타내도록 합시다. 만약 X가 구간마다 λ번 발생하는 평균값을 가지고 있는 푸아송분포를 따른다면 다음과 같이 표기합니다.

$$X \sim Po(\lambda)$$

여기서 계산과정을 알아보지는 않겠지만, 어떤 특정한 구간에 r번의 발생이 있을 확률을 구하려면 다음 공식을 사용합니다.

$$P(X = r) = \frac{e^{-\lambda} \lambda^r}{r!}$$

외모만 보고 좌절할 필요는 없습니다. 실제 계산은 무척 단순합니다.

e는 수학적인 상수입니다. 그것은 언제나 2.718을 의미하므로 푸아송 공식에서는 이 수 대신 e를 씁니다. 대부분의 과학적 모드 계산기는 e를 x번 곱하는 계산을 수행해 주는 e^x 키를 가지고 있습니다.

확률을 구하는 공식은 x가 어떤 수를 나타낸다고 했을 때 지수함수 e^x을 사용합니다. 이 함수는 대부분의 계산기가 가지고 있는 표준함수이므로 공식이 처음 보기에는 복잡해 보여도 실전에서 사용하기에는 사실 단순합니다.

예를 들어 만약 $X \sim Po(2)$라면

$$P(X = 3) = \frac{e^{-2} \times 2^3}{3!}$$

$$= \frac{e^{-2} \times 8}{6}$$

$$= e^{-2} \times 1.333$$

$$= 0.180$$

공식에 r = 3, λ = 2를 대입합니다.

그럼 X가 푸아송분포를 따른다고 했을 때 기대치와 분산은 어떻게 될까요? 그것은 생각보다 쉽습니다...

푸아송분포의 기대치와 분산

푸아송분포의 기대치와 분산을 찾는 것은 다른 분포를 위한 경우보다 훨씬 쉽습니다.

만약 X ~ Po(λ)라고 하면 E(X)는 주어진 구간에서 우리가 기대할 수 있는 발생의 수를 의미합니다. 따라서 팝콘 기계의 경우에는 어느 한 주에 대해서 우리가 기대할 수 있는 고장의 횟수를 의미합니다. 다시 말해, E(X)는 주어진 구간에서 사건이 발생하는 수에 대한 평균값입니다.

X ~ Po(λ)라면 발생하는 수에 대한 평균값은 λ입니다. 다시 말해, E(X)는 우리의 푸아송분포를 정의하는 인수인 λ와 동일합니다.

편리하게도 푸아송분포의 분산 또한 λ 값으로 주어집니다. 따라서 만약 X ~ Po(λ)라면 다음이 성립합니다.

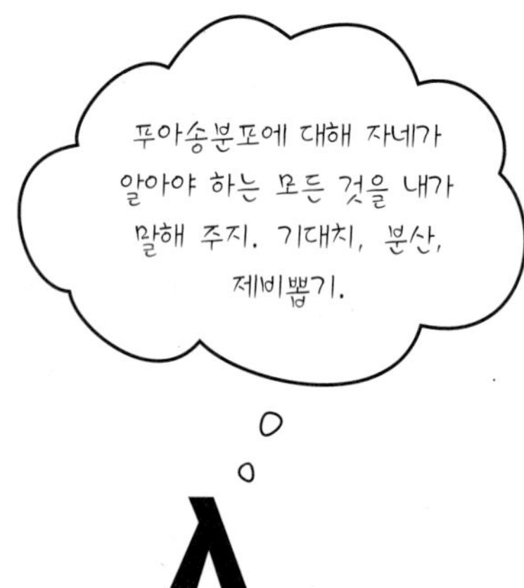

$$E(X) = \lambda \qquad Var(X) = \lambda$$

다시 말해, 만약 Po(λ)라는 푸아송분포가 있으면 기대치나 분산을 구하기 위해 계산을 할 필요가 없다는 것입니다. 그 값들은 푸아송분포를 위한 인수의 값 자체와 같습니다.

푸아송분포는 어떻게 생겼을까?

푸아송분포의 형태는 λ 값에 따라서 변합니다. 만약 λ가 작으면 분포는 오른쪽으로 편향되고, λ가 커짐에 따라 점차 좌우대칭이 됩니다.

만약 λ 값이 정수면 λ와 λ − 1이라는 두 개의 최빈값이 존재합니다. λ가 정수가 아니면 최빈값은 λ 자신입니다.

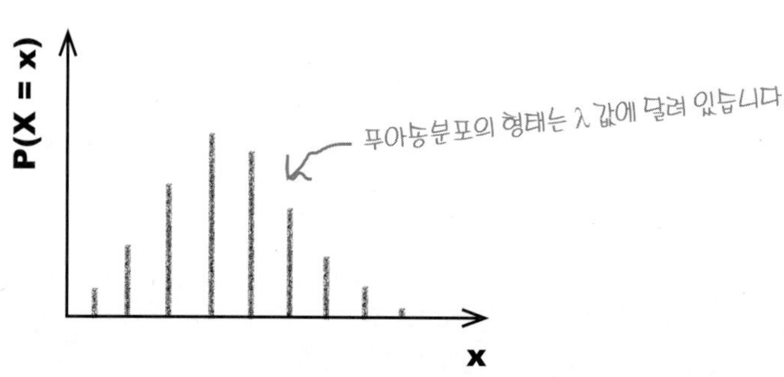

팝콘 기계가 되어 봅시다

당신이 할 일은 스스로 팝콘 기계가 되었다고 생각하고 다음 주에 당신이 고장 나는 횟수에 대한 확률을 말하는 것입니다. 한 주에 고장 나는 횟수의 평균값은 3.4라는 사실을 기억하세요.

1. 다음 주에 기계가 한 번도 고장 나지 않을 확률은 얼마일까요?

2. 다음 주에 기계가 세 번 고장 날 확률은 얼마일까요?

3. 기계가 고장 나는 사건에 대한 기대치와 분산은 얼마일까요?

팝콘 기계가 되어 봅시다 정답

당신이 할 일은 스스로 팝콘 기계가 되었다고 생각하고 다음 주에 당신이 고장 나는 횟수에 대한 확률을 말하는 것입니다. 한 주에 고장 나는 횟수의 평균값은 3.4라는 사실을 기억하세요.

우선 X가 팝콘 기계가 한 주에 고장 나는 횟수를 나타낸다고 합시다. 그럼 다음이 성립합니다.

$X \sim Po(3.4)$

1. 다음 주에 기계가 한 번도 고장 나지 않을 확률은 얼마일까요?

고장이 한 번도 나지 않으면 X는 0이 되어야 합니다.

$$P(X=0) = \frac{e^{-\lambda}\lambda^r}{r!}$$

$$= \frac{e^{-3.4} \times 3.4^0}{0!}$$

$$= \frac{e^{-3.4} \times 1}{1}$$

$$= 0.033$$

다음 주에는 기계가
3.4번 정도 고장 날 것으로 예상되는군.
그렇다면 굳이 새로운 기계를 마련하지 않아도
되겠지. 쉿, 영화 보러 오는 사람들에게는
비밀로 해 줘.

2. 다음 주에 기계가 세 번 고장 날 확률은 얼마일까요?

$$P(X=3) = \frac{e^{-3.4} \times 3.4^3}{3!}$$

$$= \frac{e^{-3.4} \times 39.304}{6}$$

$$= 0.033 \times 6.55$$

$$= 0.216$$

3. 기계가 고장 나는 사건에 대한 기대치와 분산은 얼마일까요?

$$E(X) = \lambda = 3.4$$

$$Var(X) = \lambda = 3.4$$

바보 같은 질문이란 없습니다

Q: 푸아송분포에서 평균값을 나타내기 위해 λ를 사용하는 이유는 뭐죠? 왜 다른 곳에서처럼 μ를 쓰지 않죠?

A: 푸아송분포에서 λ를 사용하는 이유는 분포의 인수, 기대치, 분산이 모두 동일하기 때문입니다. λ를 쓰는 것은 그것이 모든 것을 표현할 수 있도록 만들기 위해서입니다.

Q: 푸아송분포의 공식은 어떻게 나온 거죠?

A: 그것은 사실 다른 분포에서 도출된 것입니다. 수학적 내용이 상당히 포함되어 있습니다. 실전에서는 그냥 공식을 받아들이고 그것을 언제 사용할 수 있는지 외워두면 편리합니다.

Q: 푸아송분포와 다른 분포가 갖는 차이는 무엇입니까?

A: 푸아송분포의 핵심적인 차이는 그것이 일련의 시행을 다루지 않는다는 것입니다. 대신 특정 구간에서 사건이 발생하는 횟수를 다룹니다.

Q: λ는 반드시 정수이어야 하나요?

A: 아닙니다. λ는 음수가 아닌 어떤 수도 될 수 있습니다. 그것은 어떤 구간에서 사건이 발생하는 횟수를 나타내기 때문에 음수가 될 수는 없습니다. 사건의 발생이 음수라는 것은 말이 안 되기 때문이죠.

Q: 공식에 있는 'e'는 무엇을 나타냅니까?

A: e는 수학적 상수로서 2.718을 의미합니다. 따라서 푸아송분포의 확률을 계산할 때는 e를 2.718로 대체해야 합니다.

상수 e는 복리이자를 계산하거나 고급 확률이론을 계산하는 등 여러 가지 수학적 계산에서 자주 사용됩니다. e에 대해 더 자세하게 이야기하는 것은 이 책의 범위를 벗어납니다.

Q: 푸아송분포를 이용해서 확률을 계산해 보면 자꾸 틀린 답을 얻게 됩니다. 뭐가 잘못된 것일까요?

A: 실수하기 쉬운 부분이 두 곳 있습니다. 첫 번째는 올바른 공식을 사용하고 있는지 확인할 필요가 있습니다. r하고 λ를 혼동하는 경우가 많으니까 우선 공식에서 그들을 정확하게 사용하고 있는지 확인해야 합니다.

두 번째는 계산에서 e^x 함수를 정확하게 사용하고 있는지 점검해야 합니다. 이렇게 하는 방법 중 하나는 계산을 할 때 $e^{-\lambda}$ 계산을 맨 마지막으로 미루는 것입니다. 다른 것을 모두 계산한 다음에 거기에 $e^{-\lambda}$을 곱합니다.

마실 것이 어디에 있지?
팝콘 먹는데 함께 뭘 좀 마시고 싶어.
마실 것을 지금 당장 달라고!

통계마을 극장에는 또 다른 문제가 있습니다.

고장 나는 것은 팝콘 기계뿐만이 아닙니다. 이제는 음료수 기계도 고장을 일으키기 시작했습니다. 음료수 기계가 한 주에 고장을 일으키는 평균은 2.3입니다.

극장 매니저는 회사의 승진발표가 진행되는 다음 주에는 그 어떤 것도 문제를 일으키도록 내버려둘 수 없습니다. 다음 주에 팝콘 기계와 음료수 기계가 고장을 한 번도 일으키지 않을 확률은 얼마일까요?

브레인 파워

음료수 기계의 확률분포는 어떻게 될까요? 다음 주에 팝콘 기계와 음료수 기계가 모두 고장을 일으키지 않을 확률을 어떻게 구할 수 있을까요?

확률분포는 어떻게 될까요?

상황을 자세히 살펴봅시다.

팝콘 기계와 음료수 기계 두 대를 가지고 있습니다. 그리고 각 기계가 한 주 동안 고장을 일으키는 횟수의 평균값을 알고 있습니다. 다음 주에 두 기계가 한 번도 고장을 일으키지 않을 확률을 구하고자 합니다.

두 기계의 확률분포는 아래와 같습니다.

팝콘 기계

팝콘 기계가 한 주 동안 고장을 일으키는 횟수의 평균은 3.4입니다.

X ~ Po(3.4)

음료수 기계

음료수 기계가 한 주 동안 고장을 일으키는 횟수의 평균은 2.3입니다.

Y ~ Po(2.3)

만약 X가 팝콘 기계가 고장을 일으키는 횟수를 나타내고 Y가 음료수 기계가 고장을 일으키는 횟수를 나타낸다고 하면, X와 Y는 모두 푸아송분포를 따릅니다. 또한 X와 Y는 서로 독립입니다. 다시 말해, 팝콘 기계가 고장을 일으키는 사건은 음료수 기계가 고장을 일으키는 사건에 아무런 영향을 미치지 않습니다.

우리는 다음 주에 일어나는 고장의 횟수가 전체적으로 0인 경우의 확률을 구해야 합니다. 다시 말해, 우리가 구해야 하는 확률은 다음과 같습니다.

$$P(X + Y = 0)$$

확률을 다루었던 장을 다시 살펴보세요. 만약 X와 Y가 독립변수라면 X + Y의 확률은 어떻게 구할 수 있을까요?

푸아송변수의 결합

X와 Y가 독립확률변수라면 다음이 성립하는 것을 5장에서 보았습니다.

$$P(X + Y) = P(X) + P(Y)$$

$$E(X + Y) = E(X) + E(Y)$$

이것은 만약 $X \sim Po(\lambda_x)$이고 $Y \sim Po(\lambda_y)$라면 다음이 성립한다는 의미입니다.

$$\mathbf{X + Y \sim Po(\lambda_x + \lambda_y)}$$

이것은 곧 X와 Y가 푸아송분포를 따르면 X + Y도 푸아송분포를 따름을 의미합니다. 다시 말해, X + Y의 확률을 찾기 위해 X와 Y에 대해 알고 있는 사실을 이용할 수 있는 것입니다.

연필을 깎으며

만약 X가 팝콘 기계가 고장 나는 횟수를 나타내고 Y가 음료수 기계가 고장 나는 횟수를 나타내면, $X \sim Po(3.4)$이고 $Y \sim Po(2.3)$입니다.

1. X + Y의 분포는 어떻게 될까요?

2. X + Y의 분포를 찾았다면 그것을 이용해서 확률을 구할 수 있습니다. P(X + Y = 0)의 확률은 무엇일까요?

연필을 깎으며 정답

만약 X가 팝콘 기계가 고장 나는 횟수를 나타내고 Y가 음료수 기계가 고장 나는 횟수를 나타내면, X ~ Po(3.4)이고 Y ~ Po(2.3)입니다.

1. X + Y의 분포는 어떻게 될까요?

$$\lambda_x + \lambda_y = 3.4 + 2.3$$
$$= 5.7$$
$$X + Y \sim Po(5.7)$$

2. X + Y의 분포를 찾았다면 그것을 이용해서 확률을 구할 수 있습니다. P(X + Y = 0)의 확률은 무엇일까요?

$$P(X+Y=0) = \frac{e^{-\lambda}\lambda^r}{r!}$$
$$= \frac{e^{-5.7} \times 5.7^0}{0!}$$
$$= \frac{e^{-5.7} \times 1}{1}$$
$$= 0.003$$

다음 주에 아무 것도 고장 나지 않을 확률이 겨우 0.003이라고? 아무래도 새로운 기계를 들여놓는 게 낫겠어.

바보 같은 질문이란 없습니다

Q: 그렇다면 우리가 앞에서 보았던 기대치와 분산에 대한 공식이 푸아송분포에서도 사용될 수 있다는 건가요?

A: 그렇습니다. 팝콘 기계가 고장 나는 것이 음료수 기계가 고장 나는 것에 영향을 주지 않고, 그 반대도 성립하므로 X와 Y는 서로 독립변수입니다. 따라서 우리가 독립변수들에 대해 알고 있는 공식은 여기에서도 모두 성립합니다.

Q: X + Y가 왜 푸아송분포를 따르는 건가요?

A: X와 Y가 서로 독립이고 그들이 각각 푸아송분포를 따르기 때문에 X + Y도 같은 분포를 따르는 겁니다.

팝콘 기계와 음료수 기계는 모두 아무 때나 고장 날 수 있지만 평균적인 비율을 따릅니다. 따라서 그 둘을 합쳐도 아무 때나 고장 날 수 있으며 역시 평균적인 비율을 따르는 것입니다. 둘이 합쳐진 경우에도 푸아송분포의 기준에 부합하는 것입니다.

Q: 그렇다면 X + Y의 분포를 다른 푸아송분포의 경우와 동일하게 다룰 수 있는 건가요?

A: 그렇습니다. 다른 경우와 정확히 동일하게 다룰 수 있습니다. 따라서 인수 λ의 값을 알게 되면 확률을 찾기 위해 그 값을 사용할 수 있습니다.

5분 미스터리

부서진 과자 사건

케이트는 통계마을 과자공장에서 근무합니다. 그녀의 일은 과자상자가 공장의 엄격한 품질관리기준에 부합하는지 여부를 확인하는 것입니다.

케이트는 과자가 부서질 확률이 0.1임을 알고 있습니다. 그런데 사장이 그녀에게 100개의 과자가 담겨 있는 상자에서 15개가 부서져 있을 확률을 알려달라고 했습니다. 그녀는 "쉽지요. n이 100이고 p가 0.1일 때 이항분포를 사용하면 돼요."라고 말했습니다.

케이트는 계산기를 꺼내들고 계산을 했습니다. 그런데 100!을 계산하려고 하자 그 수가 너무 크기 때문에 계산기가 에러를 일으켰습니다. 그녀의 사장은 "이런, 손으로 직접 계산해야겠네. 나 지금 집에 가야 하니까 회사에서 좋은 밤 보내도록 해."라고 말했습니다.

케이트는 어떻게 할지 고민하면서 계산기를 들여다보았습니다. 그리고 미소를 지었습니다. "뭐 집에 금방 갈 수 있겠네."

1분이 지나고 나서 케이트의 계산기는 확률을 구했습니다. 그녀는 100!을 계산하는 상황을 피해서 확률을 구한 것입니다. 그녀는 겉옷을 입고 사무실 문을 열었습니다.

케이트는 어떻게 계산기의 에러를 피해서 그렇게 빨리 확률을 구한 것일까요?

변장을 한 푸아송

푸아송분포는 다른 용법을 가지고 있기도 합니다. 특정한 상황에서 이항분포에 대한 근사치로 사용될 수 있습니다.

그게 뭐 어쨌다고? 내가 왜 그렇게 해야 하지?

경우에 따라 푸아송분포를 사용하는 것이 이항분포에 비해 간단할 때도 있습니다.

예를 들어 n이 3000인 경우에 이항분포를 계산해야 한다고 해 봅시다. 그렇다면 계산의 어디쯤에선가 3000!을 계산해야 합니다. 그 값은 좋은 계산기조차 계산해내기 어렵습니다. 따라서 정확한 대답 대신 푸아송분포로 근사치를 사용할 수 있는 경우를 알아두는 것은 도움이 됩니다.

그렇다면 그렇게 할 수 있는 것은 언제일까요? 또 어떻게 해야 할까요?

$X \sim B(n, p)$인 변수 X가 있다고 합시다. 우리는 $B(n, p)$가 $Po(\lambda)$와 비슷한 상황이 언제인지 알려고 합니다.

두 분산의 기대치와 분산을 먼저 살펴봅시다. 푸아송분포의 기대치와 분산이 이항분포의 기대치와 분산과 비슷한 경우를 찾아야 합니다. 다시 말해, 우리가 원하는 것은 다음과 같습니다.

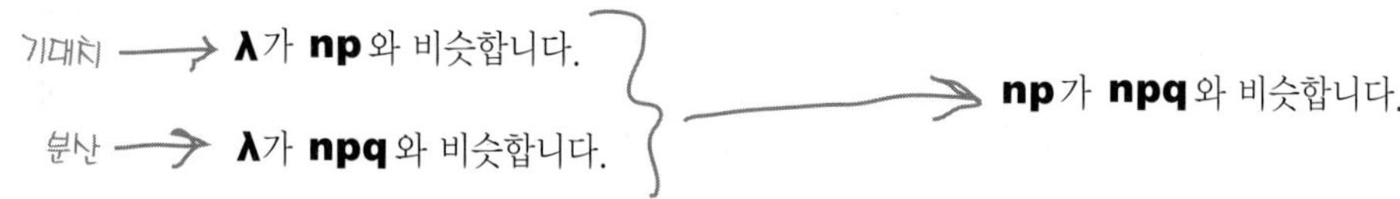

np와 npq는 만약 q가 1에 가깝고 n이 크면 서로 비슷한 값을 갖습니다. 다시 말해,

만약 n이 크고 p가 작으면 $X \sim B(n, p)$는 $X \sim Po(np)$와 거의 비슷합니다.

만약 n이 50보다 크고 p가 0.1보다 작으면 이 근사치는 상당히 비슷한 값을 갖습니다.

어느 학생이 시험을 치러야 합니다. 하지만 공부를 하나도 하지 않았습니다. 그는 각 문제의 답을 아무렇게나 골라야 합니다. 이때 어느 한 문제의 답을 정확하게 찾을 확률은 0.05입니다. 시험지에는 50개의 문제가 있습니다. 그가 5개의 정답을 찾아낼 확률은 얼마일까요? 이 문제를 풀기 위해 이항분포에 대한 푸아송분포의 근사치를 사용하세요.

바보 같은 질문이란 없습니다

Q: 이항분포에 대한 푸아송분포의 근사치가 왜 필요한 겁니까?

A: n이 너무 크면 ^nC_r을 계산하기 어렵습니다. 어떤 계산기는 메모리 용량을 초과할 수도 있고, 값이 너무 커서 다루기 어려울 수도 있습니다. 푸아송분포를 사용하면 이와 같은 문제를 우회할 수 있습니다.

Q: 그럼 언제 근사치를 사용하죠?

A: n의 값이 매우 클 때(예컨대 50 이상일 때) 그리고 p가 매우 작을 때(예컨대 0.1 보다 작을 때) 사용합니다. 이런 경우에는 이항분포와 푸아송분포가 거의 같습니다.

Q: 푸아송분포에 대한 인수로 np를 사용한 이유는 무엇입니까?

A: 푸아송분포는 하나의 인수를 취합니다. 그리고 $E(X) = \lambda$입니다. 이것은 만약 우리가 이항분포에 대한 푸아송분포의 근사치를 사용한다면 이항분포의 기대치인 np를 대신 사용할 수 있다는 뜻이 됩니다.

어느 학생이 시험을 치러야 합니다. 하지만 공부를 하나도 하지 않았습니다. 그는 각 문제의 답을 아무렇게나 골라야 합니다. 이때 어느 한 문제의 답을 정확하게 찾을 확률은 0.05입니다. 시험지에는 50개의 문제가 있습니다. 그가 5개의 정답을 찾아낼 확률은 얼마일까요? 이 문제를 풀기 위해 이항분포에 대한 푸아송분포의 근사치를 사용하세요.

X가 학생이 정확하게 맞힌 문제 수를 나타낸다고 합시다. 이 문제에서 $n = 50$, $p = 0.05$, $np = 2.5$입니다. 따라서 확률에 대한 근사치를 구하기 위해 $X \sim Po(2.5)$를 사용할 수 있습니다.

$$P(X = 5) = \frac{e^{-\lambda}\lambda^r}{r!}$$

$$= \frac{e^{-2.5} \times 2.5^5}{5!}$$

$$= \frac{e^{-2.5} \times 97.65625}{120}$$

$$= e^{-2.5} \times 0.8138$$

$$= 0.067$$

부서진 과자 사건: 해결되었음

케이트는 어떻게 계산기의 에러를 피해서 그렇게 빨리 확률을 구한 것일까요?

케이트는 이 문제를 풀기 위해 원래 이항분포를 사용해야 하지만, 주어진 n과 p의 값이 푸아송분포의 근사치를 이용해도 좋은 경우임을 깨달은 것입니다.

대부분의 계산기는 높은 수에 대한 팩토리얼을 계산하지 못합니다. 따라서 이항분포를 다루기 어려운 경우가 종종 있습니다. 푸아송분포를 이용한 근사치를 사용할 수 있는 경우를 알아두는 것은 많은 시간을 절약할 수 있도록 해 줍니다.

팝콘 먹을 사람?

이 장에서는 많은 내용을 다루었습니다. 이산확률분포 중에서 가장 중요한 세 가지를 자세히 살펴봄으로써 확률과 통계에 대한 지식을 획득하였습니다. 또한 확률분포가 동작하는 방식을 깊이 이해할 수 있었고, 시간을 절약하면서 빠르게 안정적인 결과를 구할 수 있도록 해 주는 공식과 이 책의 뒤에서 유용하게 사용될 기술을 습득했습니다.

이제 의자에 편하게 앉아서 팝콘을 맛있게 먹기 바랍니다. 팝콘은 당신 손에 들려 있습니다.

푸아송분포에 대한 간략한 가이드

푸아송분포에 대해 알아야 하는 내용을 간단하게 정리해 놓았습니다.

언제 사용하는가?

푸아송분포는 주어진 구간에 고장이 발생하는 것과 같이 독립사건을 가지고 있고, 해당 구간에서 사건이 발생하는 횟수의 평균값인 λ가 알려져 있는 경우에 사용합니다. 당신이 관심 있는 것은 특정한 구간에서 사건이 발생하는 횟수입니다.

확률, 기대치, 분산을 어떻게 계산합니까?

다음 공식을 사용합니다.

$$P(X = r) = \frac{e^{-\lambda} \lambda^r}{r!} \qquad E(X) = \lambda \qquad Var(X) = \lambda$$

독립확률변수를 어떻게 결합합니까?

$X \sim Po(\lambda_x)$이고 $Y \sim Po(\lambda_y)$라면 다음이 성립합니다.

$$X + Y \sim Po(\lambda_x + \lambda_y)$$

이것이 이항분포에 어떻게 연결됩니까?

n이 크고 p가 작을 때 $X \sim B(n, p)$라면 X에 대해 근사적으로 다음도 성립합니다.

$$X \sim Po(np)$$

긴 연습문제

여기에 약간의 시나리오가 있습니다. 당신이 할 일은 각각 어떤 분포를 따르는지 말하고, 기대치와 분산이 무엇인지 말하는 것입니다. 필요한 확률이 있으면 모두 구해야 합니다.

1. 어느 남자가 볼링을 하고 있습니다. 그가 한 번 공을 굴려서 핀을 모두 쓰러뜨릴 확률은 0.3입니다. 그가 10번을 시도했을 때 공을 모두 쓰러뜨리는 경우가 세 번보다 적을 확률은 얼마일까요?

2. 이 정거장에는 매 15분마다 버스가 한 대씩 와서 멈춥니다. 15분 동안 버스가 한 대도 와서 멈추지 않을 확률은 얼마일까요?

3. 시리얼상자의 20%가 무료장난감을 포함하고 있습니다. 장난감을 처음으로 발견하기 전까지 4개의 상자보다 적은 상자를 열어 볼 확률은 얼마일까요?

여기에 약간의 시나리오가 있습니다. 당신이 할 일은 각각 어떤 분포를 따르는지 말하고, 기대치와 분산이 무엇인지 말하는 것입니다. 필요한 확률이 있으면 모두 구해야 합니다.

1. 어느 남자가 볼링을 하고 있습니다. 그가 한 번 공을 굴려서 핀을 모두 쓰러뜨릴 확률은 0.3입니다. 그가 10번을 시도했을 때 공을 모두 쓰러뜨리는 경우가 세 번보다 적을 확률은 얼마일까요?

남자가 핀을 모두 쓰러뜨리는 경우의 횟수를 X라고 하면 $X \sim B(10, 0.3)$입니다.

$E(X) = np$
$= 10 \times 0.3$
$= 3$

$Var(X) = npq$
$= 10 \times 0.3 \times 0.7$
$= 2.1$

일반적인 확률을 구하는 공식은 $P(X = r) = {}^{n}C_{r} \times p^{r} \times q^{n-r}$입니다.

$P(X = 0) = {}^{10}C_{0} \times 0.3^{0} \times 0.7^{10}$
$= 1 \times 1 \times 0.028$
$= 0.028$

$P(X = 1) = {}^{10}C_{1} \times 0.3^{1} \times 0.7^{9}$
$= 10 \times 0.3 \times 0.04035$
$= 0.121$

$P(X = 2) = {}^{10}C_{2} \times 0.3^{2} \times 0.7^{8}$
$= 45 \times 0.09 \times 0.0576$
$= 0.233$

$P(X < 3) = P(X = 0) + P(X = 1) + P(X = 2)$
$= 0.028 + 0.121 + 0.233$
$= 0.382$

2. 이 정거장에는 매 15분마다 버스가 한 대씩 와서 멈춥니다. 15분 동안 버스가 한 대도 와서 멈추지 않을 확률은 얼마일까요?

버스가 15분 안에 와서 멈추는 횟수를 X라고 하면 $X \sim Po(1)$입니다.

$E(X) = \lambda$
$= 1$

$Var(X) = \lambda$
$= 1$

일반적인 확률을 구하는 공식은 $P(X = r) = \frac{e^{-\lambda} \lambda^r}{r!}$입니다.

$P(X = 0) = \frac{e^{-1} \times 1^0}{0!}$

$= \frac{e^{-1} \times 1}{1}$

$= 0.368$

3. 시리얼상자의 20%가 무료장난감을 포함하고 있습니다. 장난감을 처음으로 발견하기 전까지 4개의 상자보다 적은 상자를 열어 볼 확률은 얼마일까요?

장난감을 처음 발견하기 전까지 열어 볼 상자의 수를 X라고 하면 $X \sim Geo(0.2)$입니다.

$E(X) = 1/p$
$= 1/0.2$
$= 5$

$Var(X) = q/p^2$
$= 0.8/0.2^2$
$= 0.8/0.04$
$= 20$

일반적인 확률을 구하는 공식은 $P(X \leq r) = 1 - q^r$입니다.

$P(X \leq 3) = 1 - q^r$
$= 1 - 0.8^3$
$= 1 - 0.512$
$= 0.488$

핵심정리

- **기하분포**는 일련의 독립시행을 하고, 각 시행의 결과는 성공 아니면 실패이며, 성공할 확률은 각 시행에서 동일하고, 관심이 있는 부분이 첫 번째 성공을 얻을 때까지 시도해야 하는 시행의 횟수인 경우에 성립합니다.
- 조건이 기하분포에 부합하고, X가 첫 번째 성공을 얻을 때까지 시도해야 하는 횟수를 나타내고, p는 한 번 시행에서 성공할 확률을 의미한다면, 다음과 같이 표기합니다.

  $X \sim Geo(p)$

- 만약 $X \sim Geo(p)$라면 확률에 대한 다음 공식이 성립합니다.

  $P(X = r) = pq^{r-1}$

  $P(X > r) = q^r$

  $P(X \le r) = 1 - q^r$

- 만약 $X \sim Geo(p)$라면 다음 공식이 성립합니다.

  $E(X) = 1/p$

  $Var(X) = q/p^2$

- **이항분포**는 일련의 독립시행을 하고, 각 시행의 결과는 성공 아니면 실패이며, 성공할 확률은 각 시행에서 동일하고, 관심이 있는 부분이 n번의 독립시행을 실시했을 때 성공을 거두는 횟수인 경우에 성립합니다.
- 조건이 이항분포에 부합하고, X가 n 번의 시행에서 성공을 거둔 횟수를 나타내고, p는 한 번 시행에서 성공할 확률을 의미한다면, 다음과 같이 표기합니다.

  $X \sim B(n, p)$

- 만약 $X \sim B(n, p)$이면 다음 공식을 이용해서 확률을 구할 수 있습니다.

  $P(X = r) = {}^{n}C_{r}\, p^{r} q^{n-r}$

  여기서

  $${}^{n}C_{r} = \frac{n!}{r!\,(n-r)!}$$

- 만약 $X \sim B(n, p)$이면 다음 공식이 성립합니다.

  $E(X) = np$

  $Var(X) = npq$

- **푸아송분포**는 개별적인 사건이 어떤 주어진 구간 내에서 임의로 그리고 독립적으로 발생하고, 구간 안에서 사건이 발생하는 수의 평균값이나 비율이 알려져 있고 유한하며, 관심이 있는 부분이 구간 안에서 발생하는 사건의 수인 경우에 성립합니다.
- 만약 조건이 푸아송분포에 부합하고, X가 특정 구간 내에서 사건이 발생한 수를 나타내고, λ가 사건이 발생하는 비율이라고 한다면, 다음과 같이 표기합니다.

  $X \sim Po(\lambda)$

- 만약 $X \sim Po(\lambda)$라면 다음 공식이 성립합니다.

  $$P(X = r) = \frac{e^{-\lambda}\ \lambda^{r}}{r!}$$

  $E(X) = \lambda$

  $Var(X) = \lambda$

- 만약 $X \sim Po(\lambda_x)$이고 $Y \sim Po(\lambda_y)$이며 X와 Y가 서로 독립이라면 다음과 같이 표기합니다.

  $X + Y \sim Po(\lambda_x + \lambda_y)$

- 만약 n이 크고 p가 작으며 $X \sim B(n, p)$라면 $X \sim Po(np)$를 이용해서 그 값에 대한 근사치를 구할 수 있습니다.

8 정규분포 사용하기 i

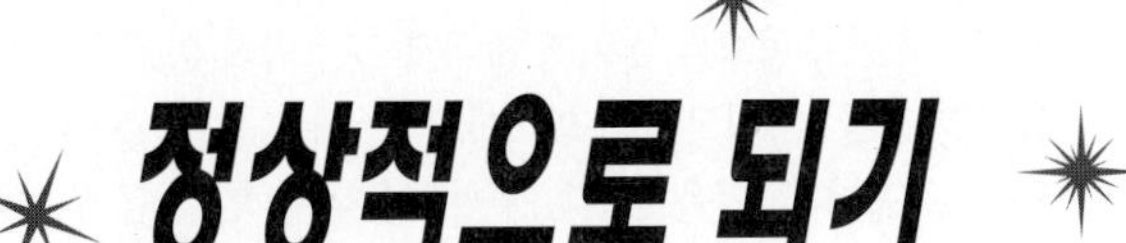

이산확률분포가 모든 상황을 다룰 수 있는 것은 아닙니다.

지금까지는 정확한 값을 정할 수 있는 상황에서의 확률분포를 살펴보았습니다. 하지만 그 상황이 모든 데이터 집합을 포괄하는 것은 아닙니다. 어떤 종류의 데이터는 지금까지 보았던 확률분포에 **부합하지 않습니다**. 이번 장에서는 **연속확률분포**(continuous probability distributions)가 동작하는 방식을 살펴보고, 확률분포에서 가장 중요한 존재인 **정규분포**(normal distribution)를 소개할 것입니다.

이산데이터는 정확한 값을 취합니다...

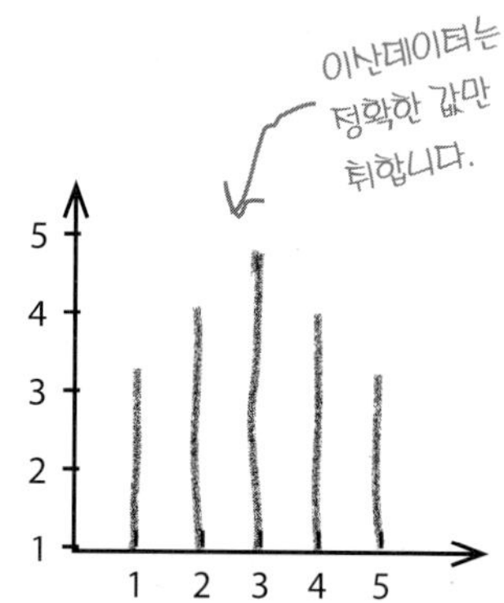

지금까지는 데이터가 **이산**(discrete)인 경우의 확률분포에 대해 살펴보았습니다. 이것은 데이터가 서로 구별되는 수치적 값들로 구성되어 있고, 이러한 값들에 대한 확률을 각각 구할 수 있었음을 의미합니다. 예를 들어 슬롯머신에서 돈을 따는 확률분포를 다루었을 때 각 게임에서 딸 수 있는 금액은 매우 명확했었습니다. 얼마를 딸 수 있는지 정확하게 말할 수 있었고, 그 중에서 하나를 땄다는 사실도 확인할 수 있었습니다.

데이터가 이산이면 수치적이고 정확한 값만을 포함합니다. 이러한 데이터는 일정한 방식으로 셀 수 있는 데이터입니다. 예를 들어 껌 기계 안에 들어 있는 껌의 개수, 퀴즈쇼에서 정확하게 맞힌 질문의 수, 일정 구간에서 고장이 발생한 횟수 등이 그렇습니다.

...그렇지만 모든 수치적 데이터가 이산인 것은 아닙니다

데이터 집합 안에 포함되어 있는 모든 값에 대해 무엇인지 말하는 것이 가능하지 않은 경우도 있습니다. 데이터는 때로 어떤 값도 포함할 수 있는 범위로 이루어지기도 합니다. 예를 들어 10인치에서 11인치 사이의 길이를 가지고 있는 여러 개의 끈에 대해 길이를 정확하게 측정해야 하는 경우가 있을 수도 있습니다. 측정된 끈의 길이는 10인치, 10.1인치, 10.01인치 등 주어진 범위 안에 있는 어느 값이라도 될 수 있습니다.

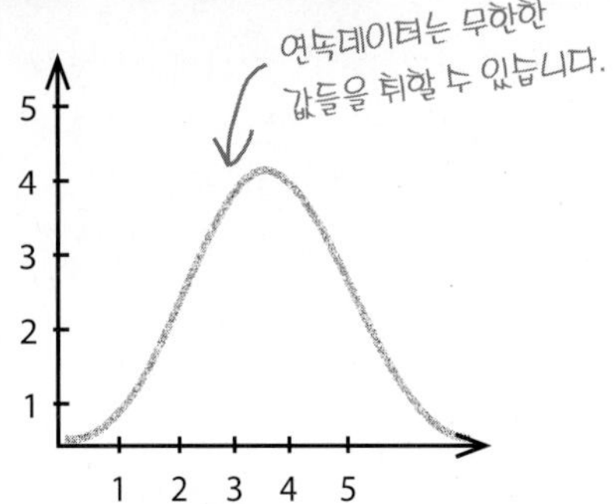

이러한 수치적 데이터를 **연속**(continuous)이라고 합니다. 이러한 데이터는 대개 세어지기(counted)보다는 측정되는(measured) 것으로, 얼마나 정밀하게 측정되어야 하는지에 따라서 속성이 달라집니다.

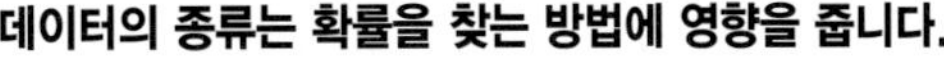

데이터의 종류는 확률을 찾는 방법에 영향을 줍니다.

지금까지는 이산데이터를 다루는 확률분포만 살펴보았습니다. 이러한 확률분포를 이용해서 정확한 이산값들의 확률을 구할 수 있었습니다.

그렇지만 실생활에서 만나는 문제들 중에는 연속데이터로 이루어진 것이 많은데, 이산확률분포는 이러한 종류의 데이터에 대해서는 제대로 작동하지 않습니다. 연속데이터를 위한 확률을 찾으려면 연속데이터와 연속확률분포에 대해 알아야 합니다.

그런데 문제를 일으키는 사람이 한 명 있습니다...

왜 자꾸 늦는 거죠?

줄리는 학생입니다. 그녀의 단짝친구는 그녀가 멋진 사람을 만날 수 있도록 하기 위해 소개팅을 주선했습니다. 문제는 소개팅에 나오기로 한 사람들이 제 시간에 맞춰서 나오는 경우가 별로 없다는 것, 심지어 아예 나오지 않는 경우도 있다는 것입니다.

줄리는 소개팅 상대방이 나오지 않아서 혼자 기다리는 것을 혐오합니다. 그래서 스스로에게 하나의 규칙을 만들었습니다. 만약 상대방이 20분 안에 나오지 않으면 자리에서 일어난다는 것입니다.

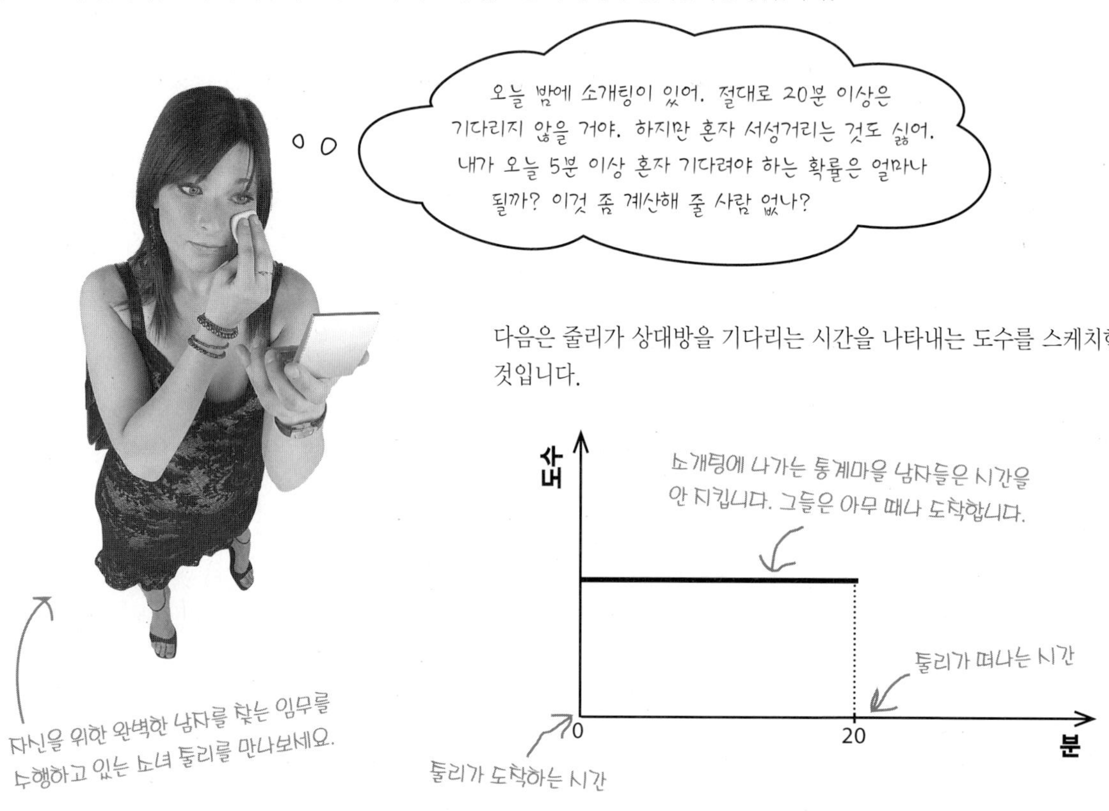

다음은 줄리가 상대방을 기다리는 시간을 나타내는 도수를 스케치한 것입니다.

브레인 파워

줄리가 상대방을 기다리면서 보낸 시간에 대한 확률을 찾을 필요가 있습니다. 시간은 이산인가요 연속인가요? 이유는요? 이 경우에는 확률을 어떻게 구할 수 있을까요?

연속데이터를 위한 확률분포가 필요합니다

상대방이 나타나기 전까지 줄리가 5분 이상을 기다리는 경우에 대한 확률을 구해야 합니다. 문제는 줄리가 기다리는 시간은 연속데이터이므로 지금까지 배웠던 확률분포를 적용할 수 없다는 것입니다.

이산데이터를 다룰 때는 특정한 확률분포를 만들어낼 수 있습니다. 테이블에 각 값에 대한 확률을 나타냄으로써 혹은 그것이 이항분포나 푸아송분포처럼 특정한 확률분포를 따르는지 여부를 확인함으로써 그렇게 할 수 있습니다. 이러한 과정을 통해 각각의 가능한 값들에 대한 확률을 정할 수 있습니다. 예를 들어 뚱보 댄의 슬롯머신에서 게임 당 딸 수 있는 금액에 대한 확률분포를 찾을 때에는 딸 수 있는 가능성이 있는 모든 값을 나열하고 그들 각각에 대한 확률을 계산할 수 있습니다.

이산데이터의 경우에는 각 값에 대한 확률을 정할 수 있습니다.

x	−1	4	9	14	19
P(X = x)	0.977	0.008	0.008	0.006	0.001

연속데이터의 경우는 다릅니다. 각각의 값이 정확히 얼마인지 말할 수 없기 때문에 각 값에 대한 확률을 정할 수 없습니다. 예를 들어 줄리의 상대방은 4분 뒤에, 4분 10초 뒤에, 혹은 4분 10.5초 뒤에 나타날 수 있습니다. 모든 가능한 경우에 대해 따지는 것은 불가능합니다. 대신 우리는 특정 수준의 정확도에 입각해서 값들의 **범위**를 얻는 확률에 초점을 맞출 필요가 있습니다.

알겠어. 이산확률분포의 경우에는 어떤 특정한 **값**을 얻는 확률을 살펴보는 것이고, 연속확률분포의 경우에는 어떤 특정한 **범위**를 얻는 확률을 살펴보는 것이군.

연속데이터를 위해 확률밀도함수가 사용될 수 있습니다

연속확률변수들이 갖는 확률분포를 설명하기 위해 **확률밀도함수**(probability density function)를 사용할 수 있습니다.

확률밀도함수 f(x)는 일정한 값들의 범위를 포괄하는 연속변수의 확률을 찾는 데 사용할 수 있는 함수입니다. 이것은 확률분포의 모양이 어떠한지 알려 주기도 합니다.

다음은 줄리가 상대방이 나타날 때까지 기다려야 하는 시간에 대한 확률밀도함수를 스케치한 것입니다.

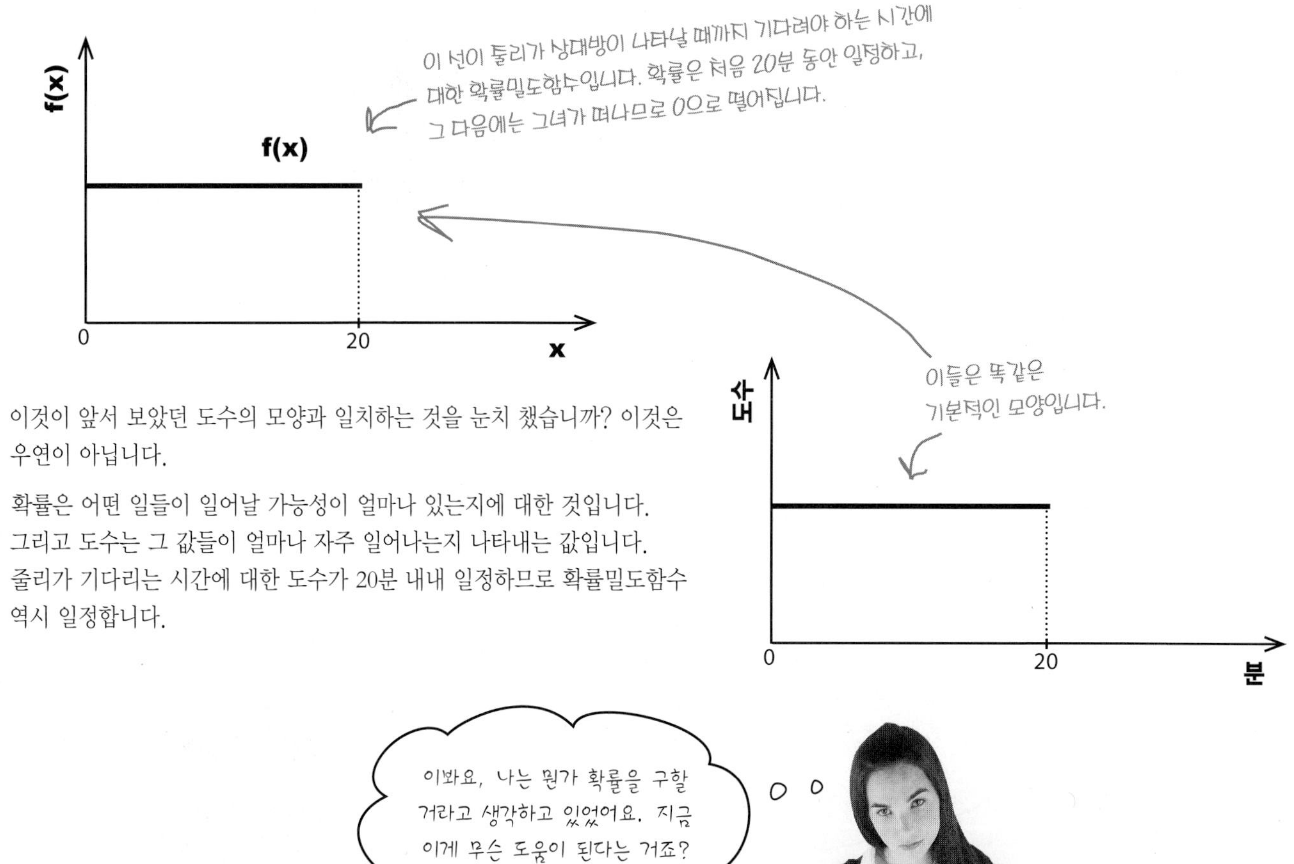

이것이 앞서 보았던 도수의 모양과 일치하는 것을 눈치 챘습니까? 이것은 우연이 아닙니다.

확률은 어떤 일들이 일어날 가능성이 얼마나 있는지에 대한 것입니다. 그리고 도수는 그 값들이 얼마나 자주 일어나는지 나타내는 값입니다. 줄리가 기다리는 시간에 대한 도수가 20분 내내 일정하므로 확률밀도함수 역시 일정합니다.

확률 = 면적

연속확률변수를 위한 확률은 면적으로 주어집니다. 값들의 특정한 범위에 대한 확률을 찾기 위해서는 우선 확률밀도함수를 그리는 것부터 시작합니다. 값들의 특정 범위를 얻을 확률은 이러한 값들 사이에 존재하는 선의 아래에 있는 면적으로 정해집니다.

예를 들어 상대방이 나타날 때까지 줄리가 5분에서 20분 동안 기다려야 하는 확률을 구해 봅시다. 이 확률은 확률밀도함수를 그린 뒤 x가 5에서 20 사이인 범위의 면적을 계산하면 됩니다.

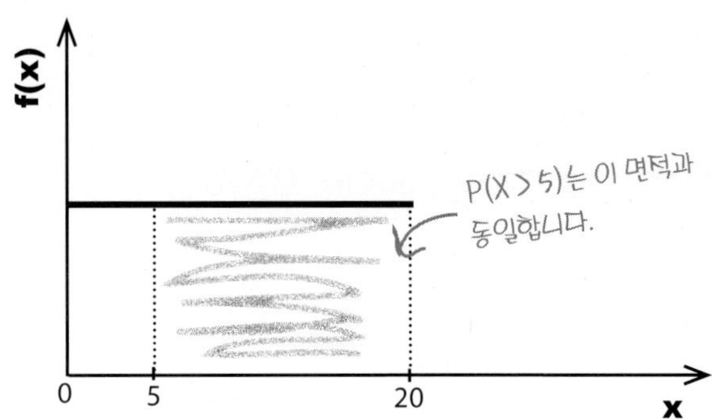

선 아래에 존재하는 면적의 총합은 면적이 확률을 나타내고 있으므로 1이어야 합니다. 어느 확률분포에서도 확률의 총합은 반드시 1이어야 하므로 면적도 마찬가지입니다.

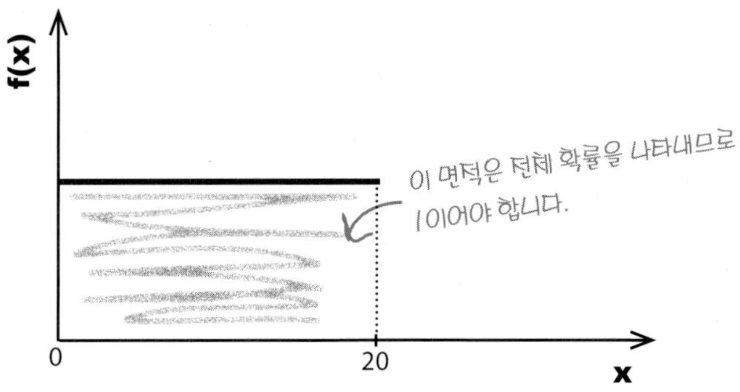

이 사실을 이용해서 상대방이 나타날 때까지 줄리가 5분에서 20분 동안 기다려야 하는 확률을 구해 봅시다.

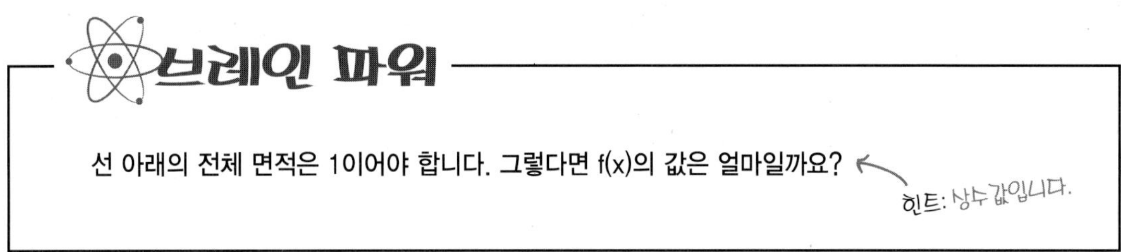

선 아래의 전체 면적은 1이어야 합니다. 그렇다면 f(x)의 값은 얼마일까요?

힌트: 상수값입니다.

확률을 계산하려면 f(x)부터 구합니다...

줄리를 위한 확률을 구하기 전에 확률밀도함수인 f(x)를 찾아야 합니다.

지금까지는 f(x)가 상수값이라는 사실을 알았고, 그 아래의 면적 전체는 반드시 1이어야 한다는 사실도 알았습니다. f(x)를 스케치해 놓은 그래프를 보면 그 아래 면적은 사각형이며, 아랫변의 길이가 20이라는 사실도 알 수 있습니다. 이제 사각형의 높이를 구하면 f(x)의 값을 찾을 수 있습니다.

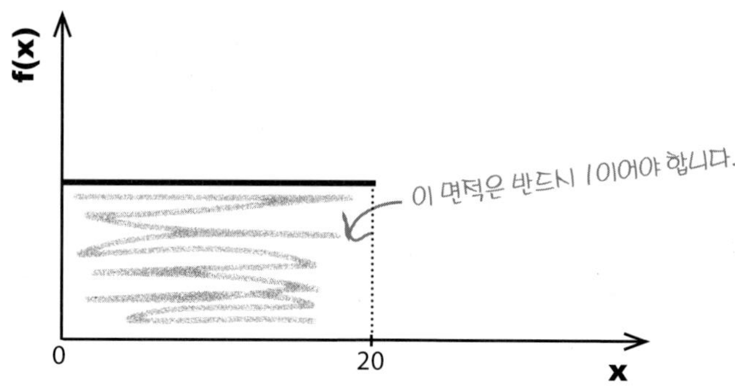

사각형의 면적은 폭과 높이를 곱해서 얻을 수 있습니다. 따라서 다음이 성립합니다.

$$1 = 20 \times \text{높이}$$

$$\text{높이} = 1/20$$

$$= 0.05$$

이것은 f(x)가 0.05일 때 그 아래의 면적이 1이 될 수 있음을 뜻합니다. 즉, 다음과 같습니다.

$f(x) = 0.05$ 여기서 x는 0과 20 사이

스케치한 그래프는 다음과 같습니다.

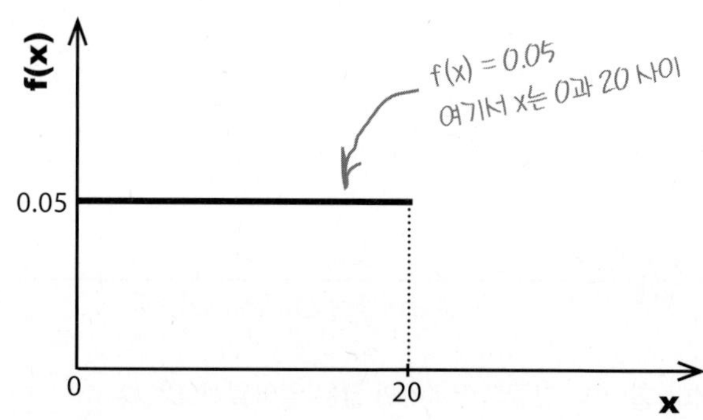

이제 확률밀도함수를 찾았으므로 $P(X > 5)$도 계산할 수 있습니다.

...그리고 면적을 계산해서 확률을 찾습니다

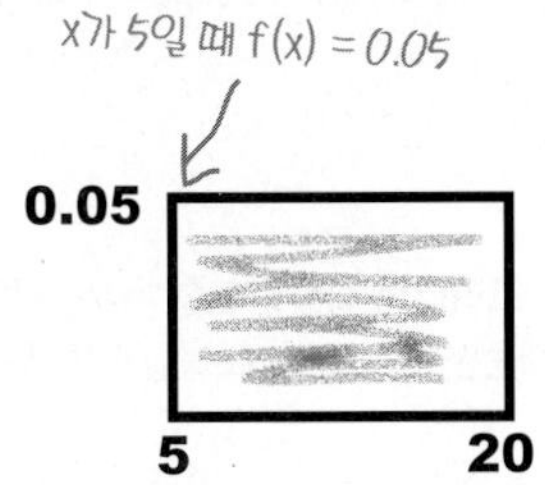

5와 20 사이에 있는 확률밀도함수의 면적도 사각형입니다. 따라서 사각형의 면적을 계산하면 P(X > 5)의 확률을 알 수 있습니다.

$$P(X > 5) = (20 - 5) \times 0.05$$
$$= 0.75$$

← 사각형의 면적 = 아랫변의 길이 × 높이

따라서 줄리가 5분 이상을 기다려야 하는 경우에 대한 확률은 0.75입니다.

확률을 구하기 위해 반드시 면적을 계산해야 하나? 그냥 그 범위 안에 있는 모든 값을 정확히 골라내서 그 값들의 확률을 구한 다음에 서로 더하면 되는 거 아냐? 이산확률을 공부할 때는 그렇게 했잖아.

연속확률에서는 그렇게 할 수 없습니다.

연속확률에서는 반드시 확률밀도함수 아래에 있는 면적을 통해 확률을 계산해야 합니다.

범위 내에 있는 값들은 무한하기 때문에 정확한 값들을 골라내어 그들의 확률을 구하는 것은 불가능합니다. 그것은 무한한 시간을 요구합니다.

연속확률분포에서 확률을 구하는 유일한 방법은 확률밀도함수가 그리는 곡선 아래에 존재하는 면적을 계산하는 것입니다.

연속데이터를 다룰 때는 값들의 범위를 위한 확률을 계산합니다.

바보 같은 질문이란 없습니다

Q: 그러니까 확률밀도함수라는 것이 존재하는군요. 그런데 확률밀도가 뭐죠?

A: 확률밀도는 어느 범위에 걸쳐서 확률이 얼마나 높은지 말해 줍니다. 그것은 확률밀도함수로 표현됩니다. 이것은 1장에서 보았던 도수밀도와 매우 비슷합니다. 확률밀도는 확률을 나타내기 위해 면적을 사용하고, 도수밀도는 도수를 나타내기 위해 면적을 사용합니다.

Q: 그럼 확률밀도하고 확률이 똑같은 게 아니군요?

A: 도수밀도는 확률을 찾는 방법을 제공해 줍니다. 하지만 확률 그 자체는 아닙니다. 확률밀도함수는 그래프 위의 선이고, 확률은 그 선 아래에 존재하는 값들의 특정한 구간에 의해 정의되는 면적입니다.

Q: 그렇군요. 그러면 확률밀도함수를 보여 주는 그래프가 있다면 확률의 값을 곧바로 그래프에서 읽는 것이 아니라 면적을 계산함으로써 확률을 찾을 수 있다는 거군요?

A: 바로 그겁니다. 연속데이터에서는 면적을 계산해서 확률을 구합니다. 확률을 직접 그래프에서 읽는 것은 이산확률의 경우에만 해당합니다.

Q: 하지만 면적을 계산해야만 한다면, 확률을 찾는 것이 복잡해지는 것 아닌가요? 그러니까 제 말은 확률밀도함수가 직선이 아니라 곡선인 경우라면 그렇지 않을까요?

A: 곡선일 경우 면적을 계산하려면 아무래도 미적분이 필요할 겁니다. 이 책에서는 여러분이 그런 계산까지 수행하는 것을 기대하지 않습니다. 중요한 것은 확률이 어디에서 비롯되는지, 그들을 어떻게 해석해야 하는지 등을 이해하는 것입니다.

미적분학을 이용한 확률 계산이 정말로 하고 싶다면 얼마든지 그렇게 해도 좋습니다. 그렇게 하지 말라고 하는 것은 아닙니다.

Q: 확률의 범위에 대해서는 많은 이야기를 들었습니다. 그럼 정확한 값에 대한 확률은 어떻게 구합니까?

A: 연속데이터를 다룰 때는 받아들여지는 정확도가 얼마인지에 대한 합의가 있어야 하며, 그러한 정확도에 입각해서 구해진 값들의 범위를 정하는 것입니다. 예를 들어 봅시다.

길이를 나타내는 값에서 소수점 자리를 반올림하거나 내림했을 때 10인치가 되는 끈이 하나 필요하다고 가정해 봅시다. 이때 정확하게 10인치인 끈이 필요하다고 말하고 싶겠지만, 그것은 그다지 정확한 표현이 아닙니다. 여기에서 다루고 있는 끈은 9.5인치에서 10.5인치 사이에 있는 어떤 끈도 될 수 있기 때문입니다. 다시 말해, 어떤 끈의 길이가 9.5인치에서 10.5인치 사이가 되는 확률을 구할 필요가 있는 것입니다.

Q: 하지만 정확하게 어떤 하나의 값에 대한 확률을 구하고 싶으면 어떻게 합니까?

A: 직관에 어긋나는 것처럼 들릴 수도 있겠지만, 그런 확률은 사실 0입니다. 그런 값이 갖는 확률은 무한한 소수점을 갖는 지극히 작은 값이기 때문입니다.

끈의 길이를 찾는 예로 잠시 돌아가 보면, 실제로 정확하게 10인치짜리 끈을 필요로 하는 경우라면 확률이 어떻게 될 것 같습니까? 막강한 현미경을 동원해서 원자 단위까지 측정했을 때 10인치가 되는 끈을 찾아야 할 것입니다.

어떤 끈이 이 정도로 정확하게 10인치가 될 확률은 불가능에 가깝습니다.

Q: 하지만 그 정도로 정밀할 필요는 없지 않을까요? 그저 1인치의 100분의 1 정도까지 측정할 수 있으면 충분하지 않을까요?

A: 그렇지만 그렇게 말하는 것은 무한한 수준의 정확도를 가진 어느 특정한 값이 아니라 10인치 근처의 길이를 갖는 정도라는 대략적인 정확도로 되돌아가는 것입니다. 그래서 여러분은 확률을 계산할 수 있도록 하기 위해 어느 정도 받아들일 수 있는 측정의 범위를 정해서 정확도의 수준을 조절하는 것입니다.

확률밀도함수가 되어 봅시다

수많은 확률밀도함수가 자기들이 가지고 있는 확률을 잃어버렸습니다. 당신이 할 일은 확률밀도함수가 되었다고 가정하고 주어진 범위 안에 있는 확률을 구하는 것입니다. 도움을 될 것 같으면 간략한 그래프를 그려도 좋습니다.

1. $0 < x < 20$일 때 $f(x) = 0.05$
   $P(X < 5)$를 찾으세요.

2. $0 < x < 1$일 때 $f(x) = 1$
   $P(X < 0.5)$를 찾으세요.

3. $0 < x < 1$일 때 $f(x) = 1$
   $P(X > 2)$를 찾으세요.

4. $0 < x < 20$일 때 $f(x) = 0.1 - 0.005x$
   $P(X > 5)$를 찾으세요.

확률밀도함수가 되어 봅시다 정답

수많은 확률밀도함수가 자기들이 가지고 있는 확률을 잃어버렸습니다. 당신이 할 일은 확률밀도함수가 되었다고 가정하고 주어진 범위 안에 있는 확률을 구하는 것입니다. 도움을 될 것 같으면 간략한 그래프를 그려도 좋습니다.

1. $0 < x < 20$일 때 $f(x) = 0.05$
   $P(X < 5)$를 찾으세요.

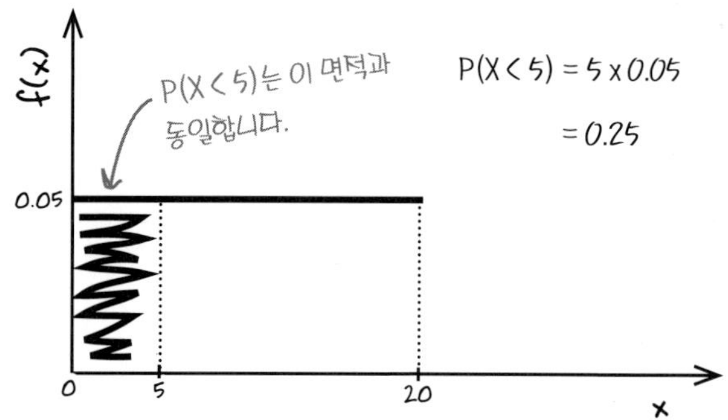

2. $0 < x < 1$일 때 $f(x) = 1$
   $P(X < 0.5)$를 찾으세요.

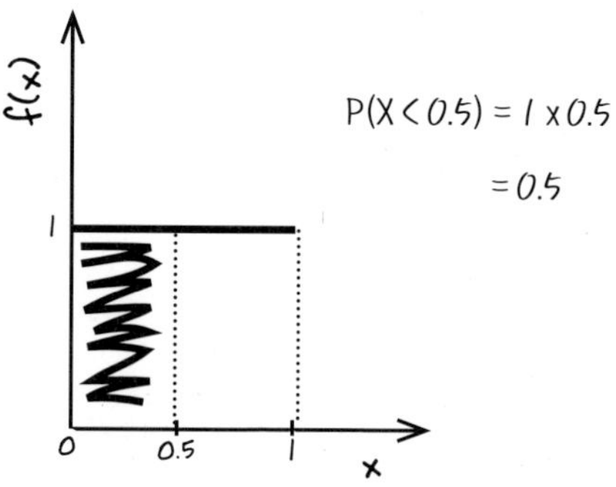

3. $0 < x < 1$일 때 $f(x) = 1$
   $P(X > 2)$를 찾으세요.

이 확률밀도함수에서 x의 상한은 1입니다. 따라서 x가 그 이상일 때는 확률밀도함수의 값이 0이라는 뜻입니다.

P(X > 2) = 0

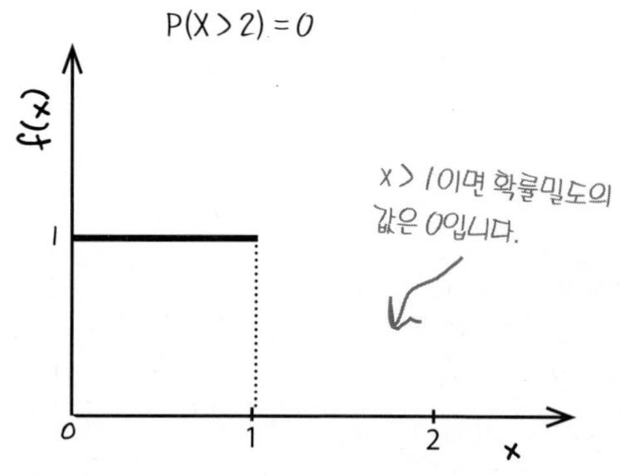

4. $0 < x < 20$일 때 $f(x) = 0.1 - 0.005x$
   $P(X > 5)$를 찾으세요.

x = 5일 때 f(x) = 0.075. 이것은 높이가 0.075이고 폭이 15인 직각삼각형의 면적을 구해야 함을 뜻합니다.

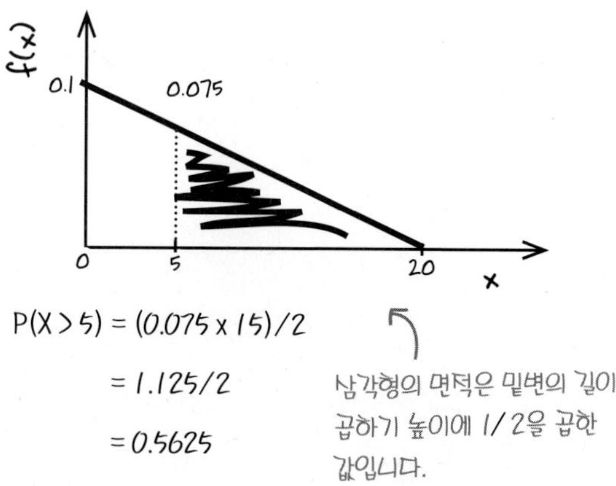

P(X > 5) = (0.075 x 15)/2
= 1.125/2
= 0.5625

삼각형의 면적은 밑변의 길이 곱하기 높이에 1/2을 곱한 값입니다.

- **이산데이터**는 서로 구별되는 수치적 데이터로 구성됩니다.
- **연속데이터**는 어떤 값도 포함할 수 있는 범위를 포괄합니다. 이것은 대개 세어지기(counted)보다는 측정되는(measured) 데이터입니다.
- 연속확률분포는 확률밀도함수로 묘사될 수 있습니다.
- 어떤 값들의 범위에 대한 확률은 그 범위에 대한 확률밀도함수 아래의 면적을 계산함으로써 구합니다. P(a < x < b)를 구하려면 a와 b 사이에 있는 확률밀도함수 아래의 면적을 계산합니다.
- 확률밀도함수 아래의 면적을 모두 더하면 1입니다.

드디어 확률을 구했습니다

지금까지는 연속데이터의 확률을 찾기 위해 확률밀도함수를 어떻게 사용하는지 살펴보았습니다. 그리고 줄리가 5분에서 20분 동안 기다려야 하는 경우에 대한 확률이 0.75임도 알게 되었습니다.

높이 확률

~~이성~~ 신발 친구 찾기

시간을 잘 지키는 것뿐만 아니라 줄리는 그녀가 만나게 될 남자가 어떠해야 하는지에 대해 또 하나의 원칙을 가지고 있습니다.

굽이 가장 높은 하이힐을 신었을 때에도 남자의 키가 더 커야 해. 신발이 제일 중요하거든.

줄리는 굽이 높은 하이힐을 신는 것을 좋아합니다. 굽이 높을수록 그녀는 행복함을 느끼기 때문입니다. 문제는 그녀가 굽이 가장 높은 하이힐을 신었을 때에도 남자의 키가 더 커야 한다고 생각하는 것입니다. 그런 조건을 만족하는 남자는 만나기 어렵습니다.

줄리가 최근 몇 번의 소개팅을 나갔을 때 만나게 된 남자들은 불행하게도 이러한 그녀의 조건을 충족시키지 못했습니다. 그래서 그녀는 자기보다 키가 큰 남자가 몇 명이나 있는지, 그래서 이렇게 높은 그녀의 요구를 충족시키는 사람을 만나게 될 확률이 어느 정도나 될지 궁금해 하게 되었습니다.

이런 종류의 확률은 어떻게 계산해야 할까요?

남자들에 대한 모델링

지금까지는 매우 간단한 연속분포를 보았습니다. 하지만 그러한 분포가 줄리가 찾는 남자들의 키를 다룰 수 있을 것 같지는 않습니다. 평균 키보다 훨씬 작은 남자들을 몇 번 만나게 될 것이고, 상당히 큰 남자들은 거의 만나기 힘들 것이며, 대부분 그 사이에 있는 남자들을 만나게 될 것입니다. 우리는 대부분의 남자가 평균 키와 비슷할 거라고 기대할 수 있습니다.

이러한 패턴에 따르면 남자들의 키에 대한 확률밀도는 다음과 같은 형태를 가지고 있을 것입니다.

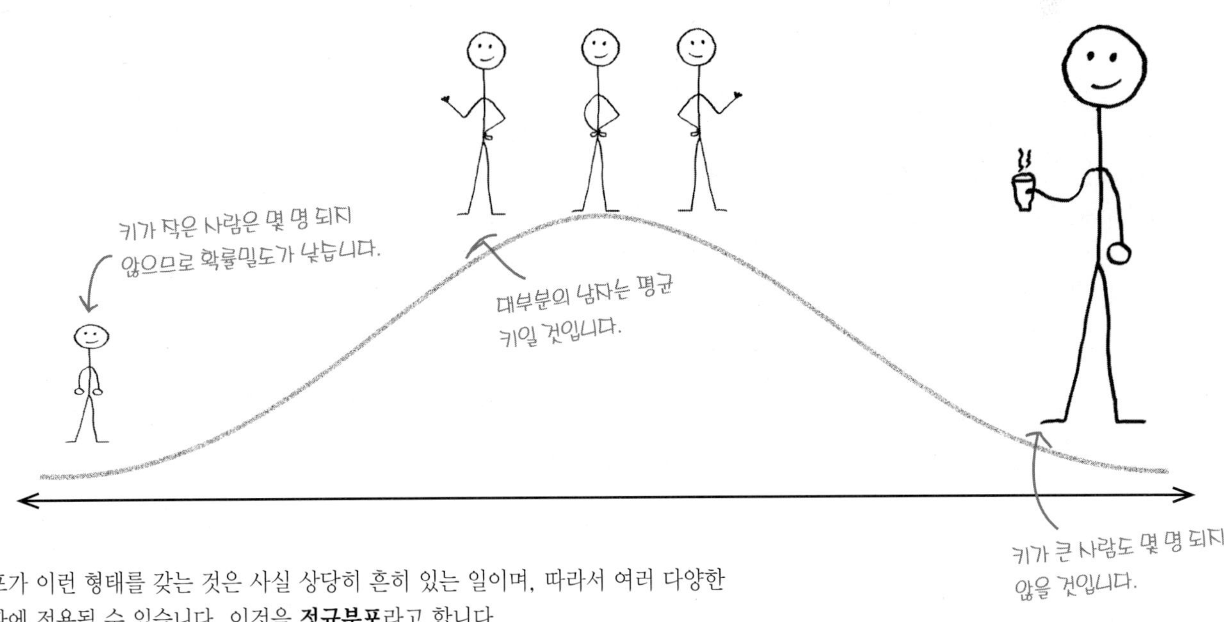

분포가 이런 형태를 갖는 것은 사실 상당히 흔히 있는 일이며, 따라서 여러 다양한 상황에 적용될 수 있습니다. 이것을 **정규분포**라고 합니다.

정규분포는 연속데이터를 위한 "이상적인" 모델입니다

정규분포는 이상적인 형태로 간주되기 때문에 정규라는 수식어가 붙습니다. 실생활에서 길이나 높이를 재는 것처럼 연속되어 있는 데이터를 다룰 때 '정상적으로' 기대할 수 있는 분포입니다.

정규분포는 종 모양의 형태를 가지고 있습니다. 곡선은 좌우대칭이고, 곡선의 한가운데에 가장 높은 확률밀도가 존재합니다. 확률밀도는 평균값에서 멀어지면 낮아집니다. 평균값과 중앙값은 모두 한가운데에 있고 가장 높은 확률밀도를 갖습니다.

정규분포는 μ와 σ^2이라는 두 개의 인수로 정의됩니다. μ는 곡선의 가운데가 어디인지 알려 주고, σ는 분포(spread)를 알려 줍니다. 연속확률변수 X가 평균값 μ와 표준편차 σ를 가지면서 정규분포를 따른다면 $X \sim N(\mu, \sigma^2)$이라고 표현합니다.

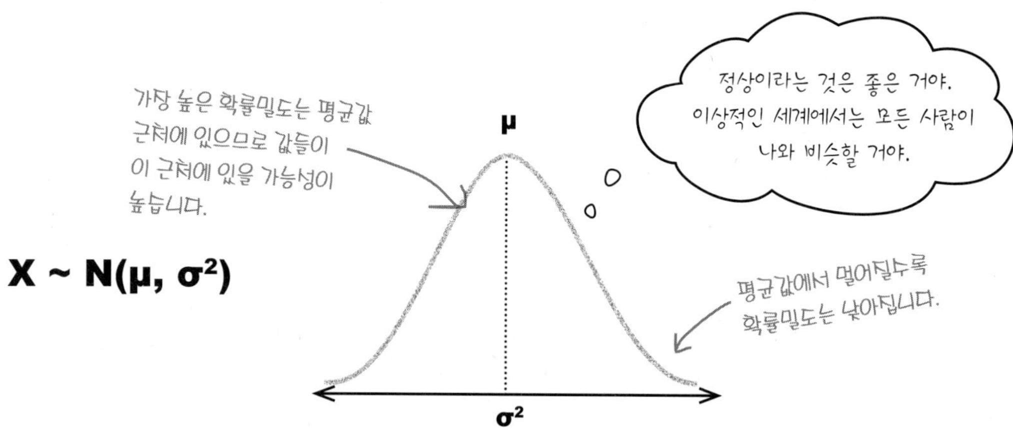

그렇다면 μ와 σ는 정규분포의 모양에 실제로 어떤 영향을 주는 걸까요?

앞에서 μ가 곡선의 중심이 어디에 있는지 알려 주고, σ^2은 값들의 분포에 대해 알려 준다고 말했습니다. 이것은 σ^2의 값이 커질수록 곡선이 더 넓고 편평해진다는 사실을 의미합니다.

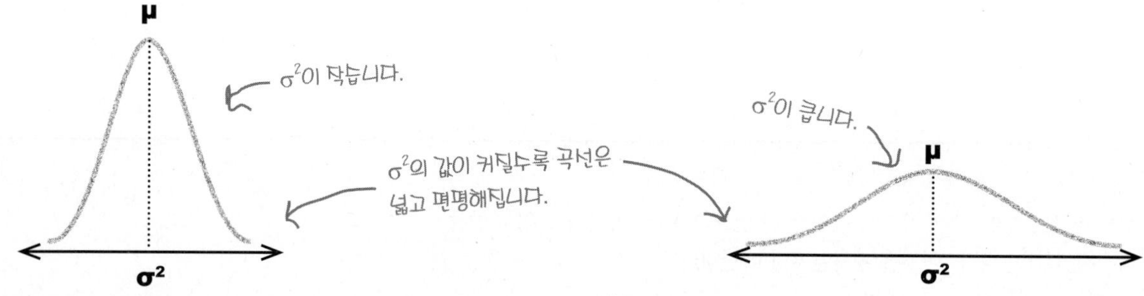

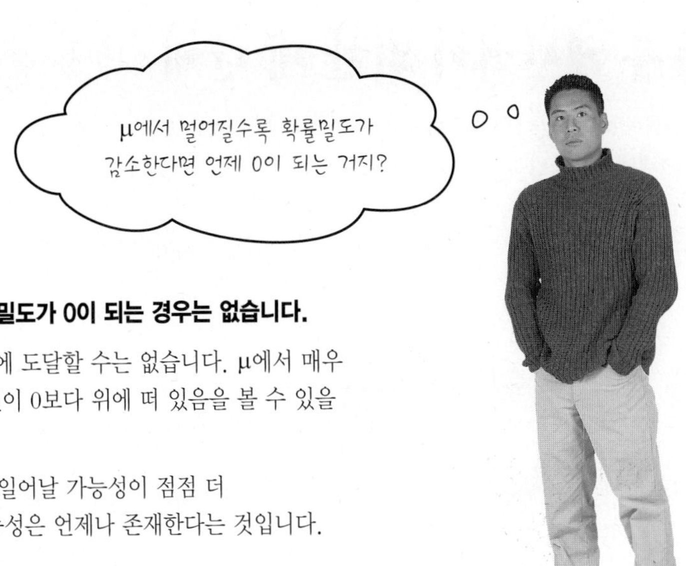

그래프에서 아무리 멀리 떨어지더라도 확률밀도가 0이 되는 경우는 없습니다.

확률밀도가 점점 더 0에 가까워지더라도 0에 도달할 수는 없습니다. μ에서 매우 멀리 떨어진 확률밀도곡선을 보더라도 곡선이 0보다 위에 떠 있음을 볼 수 있을 것입니다.

이것을 다른 방식으로 해석하면 어떤 일이 일어날 가능성이 점점 더 희박해지더라도 그것이 일어날 일말의 가능성은 언제나 존재한다는 것입니다.

그럼 정규확률을 어떻게 찾습니까?

다른 연속확률분포의 경우와 마찬가지로 이 분포의 확률도 곡선 아래에 있는 면적을 계산해서 구합니다. 곡선은 확률밀도를 나타내고, 확률은 어느 범위로 정해지는 면적으로 표현됩니다. 예를 들어 변수 X가 a와 b 사이에 있을 확률을 찾으려면 a와 b 사이에 있는 곡선 아래의 면적을 계산하면 됩니다.

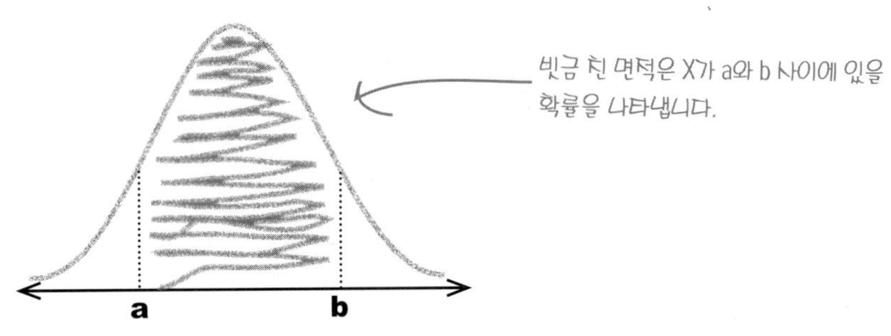

복잡하게 들린다고요? 생각보다 간단하니 걱정할 필요 없습니다.

정규곡선 아래에 있는 면적을 직접 계산해야 한다면 어려운 일일 것입니다. 하지만 다행히도 확률테이블의 도움을 얻을 수 있습니다. 해야 할 일은 찾고자 하는 면적의 범위를 찾아낸 다음에 테이블에서 그에 상응하는 확률을 찾는 것뿐입니다.

정규확률을 계산하기 위한 세 단계

정규확률을 찾기 위해 밟아야 하는 몇 가지 단계가 있습니다. 물론 모든 절차를 안내할 것이지만, 아래에 대략적인 로드맵을 정리해 두었습니다.

정규분포가 상황에 맞는다면, 평균값과 표준편차를 찾을 수 있는지 확인하세요. 확률을 구하기 전에 이런 값들을 먼저 구할 필요가 있습니다. 계산해야 하는 면적이 어느 것인지 찾을 필요도 있습니다.

❶ 분포와 범위를 확보하세요

지금은 이것에 대해 걱정할 필요가 없습니다. 표준화하는 방법은 곧 살펴보게 될 것입니다.

❷ 그것을 표준화하세요

일단 정규곡선을 변형했으면, 그 다음에는 확률테이블에서 확률을 찾아보면 됩니다. 이게 전부입니다!

❸ 확률을 찾으세요

단계 1: 분포를 결정하세요

처음으로 해야 할 일은 데이터의 분포를 결정하는 것입니다.

줄리는 통계마을에 있는 남자들의 키에 대한 평균값과 표준편차를 가지고 있습니다. 평균값은 71인치이고, 분산은 20.25인치입니다. 이것은 X가 남자들의 키를 나타낸다고 하면 X ~ N(71, 20.25)임을 의미합니다.

이것은 '변수 X는 정규분포를 따르고, 평균값 71과 분산 20.25를 가지고 있다'를 짧게 표현한 것입니다.

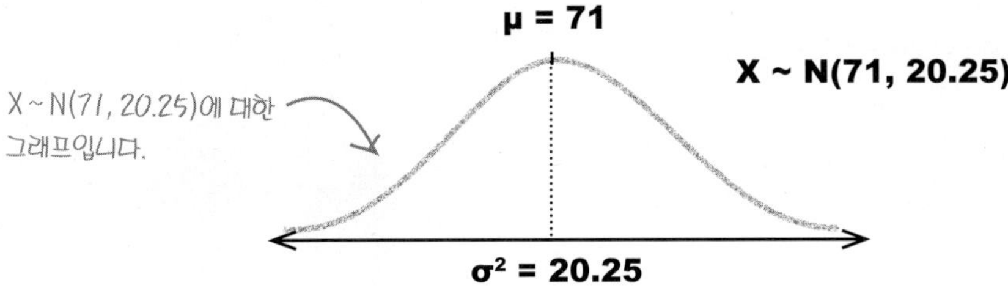

값들의 어떤 범위가 올바른 확률 면적을 정하게 될 것인지도 알아야 합니다. 이 경우에는 줄리의 소개팅 상대방이 충분히 클 확률을 찾아야 합니다.

그건 쉽지. 줄리는 상대방이 자기보다 크기를 원하잖아. 그러니까 우리는 그녀의 키를 기준으로 확률을 구하면 될 거야.

줄리의 키는 64인치입니다. 따라서 그녀의 상대방이 더 큰 경우의 확률을 구하면 됩니다. 다음은 그래프를 스케치한 것입니다.

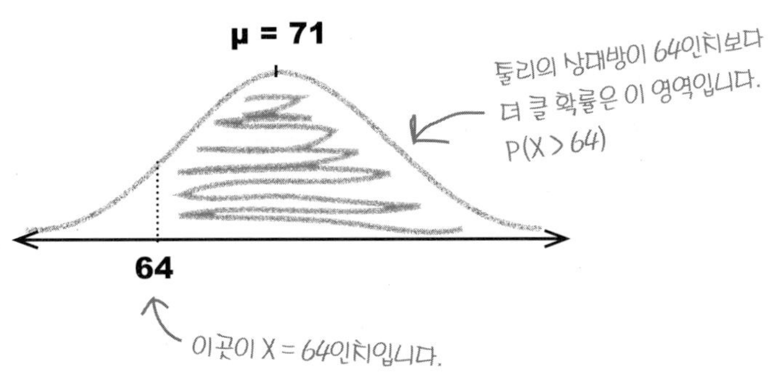

단계 2: N(0, 1)로 표준화하세요

다음으로 해야 할 일은 변수 X가 평균값 0과 표준편차 1을 갖도록 표준화하는 일입니다. 이것은 우리에게 Z ~ N(0, 1)인 표준정규변수 Z를 제공해 줍니다.

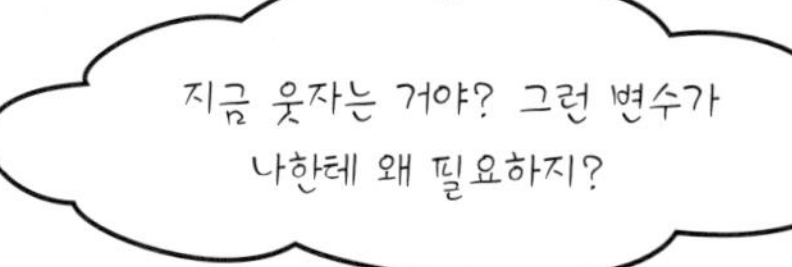

확률테이블은 N(0, 1)에 대한 확률만 제공합니다.

확률테이블은 모든 가능한 정규분포곡선에 대한 확률을 제공하는 것이 불가능하기 때문에 N(0, 1) 분포에 대한 확률만 제공합니다. μ와 σ^2을 위한 가능한 값은 무한히 존재하며, 정규분포가 그래프의 중앙과 곡선의 분포를 나타내기 위해 이러한 값들을 인수로 사용할 때 그에 해당하는 정규분포곡선도 무한히 존재합니다.

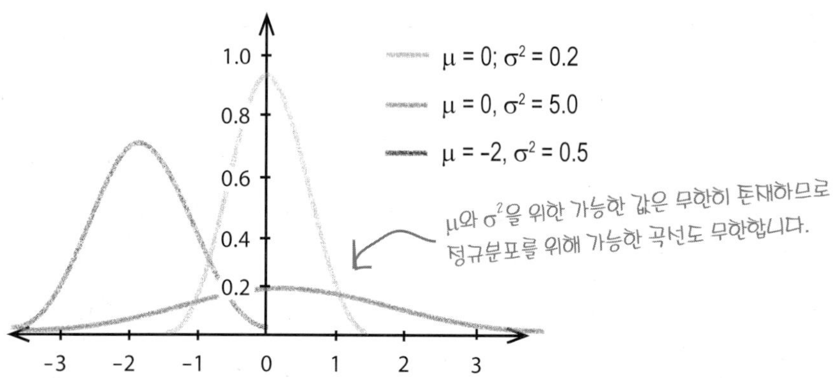

표준정규분포를 사용할 수 있다는 것은 모든 가능한 μ와 σ^2 값들을 위한 확률테이블을 사용할 수 있음을 뜻합니다. 이제 남은 질문은 '우리의 정규분포를 어떻게 표준정규분포로 바꿀 수 있을까?'하는 것뿐입니다.

우리의 정규분포를 어떻게 표준화할 수 있을까요?

표준화를 하려면 우선 평균값을 옮깁니다...

우리의 정규분포를 변형해서 평균값이 71이 아니라 0이 되도록 만드는 것부터 시작해 봅시다. 그렇게 하려면 곡선을 왼쪽으로 71만큼 옮깁니다.

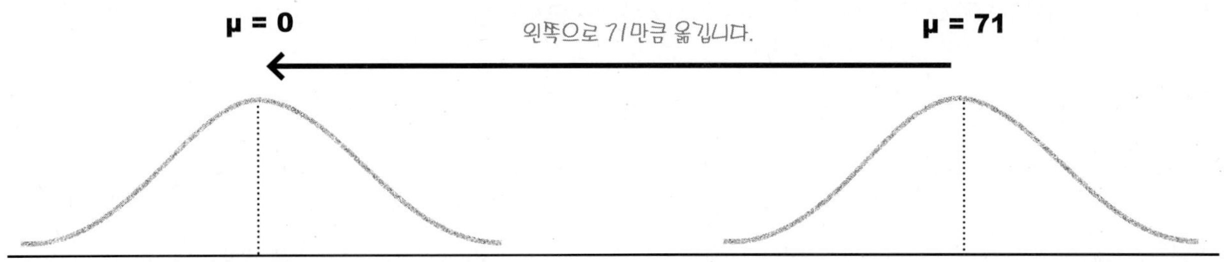

이것은 우리에게 다음과 같은 새로운 분포를 줍니다.

$$X - 71 \sim N(0,\ 20.25)$$

...그 다음에 넓이를 찌부러뜨립니다

분산도 조절을 해야 합니다. 그렇게 하기 위해 우리는 분포를 표준편차로 나눔으로써 '찌부러뜨립니다.' 분산이 20.25라는 사실을 알고 있으므로 표준편차는 4.5입니다.

표준편차는 분산의 제곱근이라는 사실을 기억하세요.

이렇게 하면 $\dfrac{X - 71}{4.5} \sim N(0,\ 1)$을 얻게 됩니다.

또는 $Z = \dfrac{X - 71}{4.5}$일 때 $Z \sim N(0,\ 1)$을 얻게 됩니다.

표준편차로 나눔으로써 분산을 '찌부러뜨립니다.'

μ = 0

σ = 1

익숙해 보입니까? 이것은 바로 우리가 3장에서 편차를 공부할 때 보았던 **표준점수**와 같습니다. 일반적으로 임의의 정규변수 X에 대한 표준점수는 다음과 같이 구할 수 있습니다.

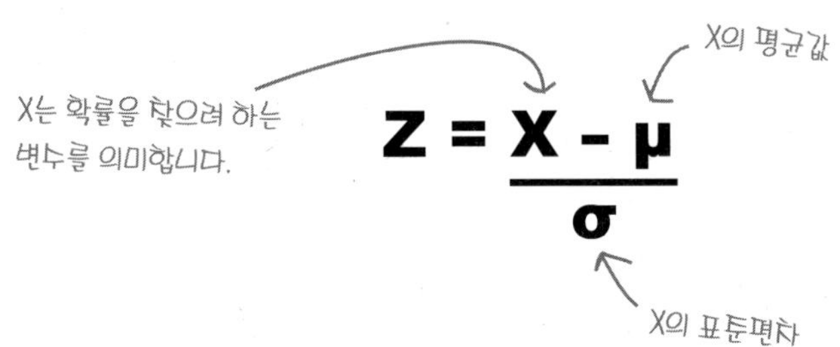

$$Z = \frac{X - \mu}{\sigma}$$

이제 확률을 찾고자 하는 특정한 값을 위한 Z를 구합니다

지금까지는 $X \sim N(\mu, \sigma^2)$을 $Z \sim N(0, 1)$로 변환하기 위해 우리의 확률분포를 어떻게 표준화할 수 있는지 살펴보았습니다. 하지만 우리가 진짜 관심이 있는 것은 실제 확률입니다. 우리가 해야 하는 일은 확률을 찾기 원하는 값들의 범위를 취한 다음에 이 범위의 경계를 위한 표준점수를 구하는 것입니다. 그러고 나면 정규확률테이블을 이용해서 표준점수를 위한 확률을 찾아볼 수 있습니다.

우리의 예에서는 줄리의 상대방이 그녀보다 큰 경우에 대한 확률을 찾고자 합니다. 줄리의 키가 64인치이므로 $P(X > 64)$를 찾아야 합니다. 이 범위의 경계는 64입니다. 따라서 64의 표준점수 z를 계산하면 그 값을 이용해서 확률을 구할 수 있습니다.

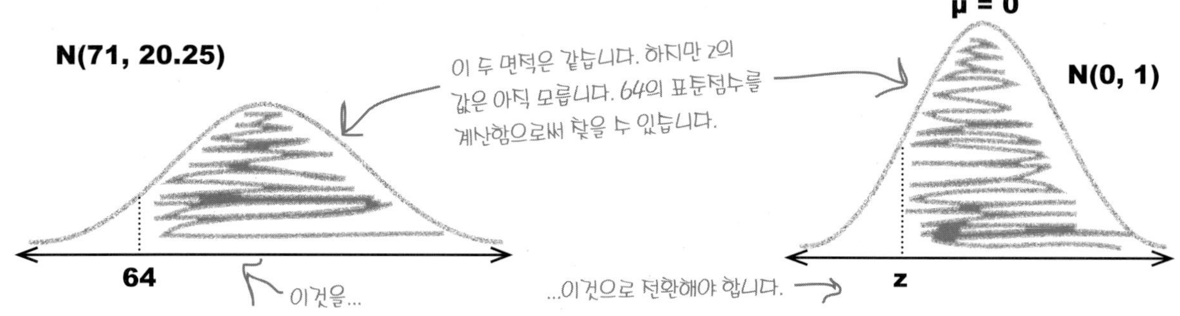

64의 표준점수를 찾아봅시다.

$$z = \frac{x - \mu}{\sigma}$$

$$= \frac{64 - 71}{4.5}$$

$$= -1.56 \text{ (소수점 2자리까지)}$$

따라서 통계마을 남자들 키의 평균값과 표준편차를 이용해서 구한 64의 표준점수는 −1.56입니다.

이제 이 값을 알았으므로 테이블에서 확률을 찾아보는 다음 단계로 진행할 수 있습니다.

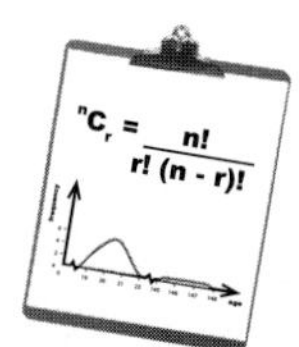

핵심 통계학

표준점수

어떤 값의 표준점수를 구하려면 다음 공식을 이용합니다.

$$Z = \frac{X - \mu}{\sigma}$$

바보 같은 질문이란 없습니다

Q: 여기서의 표준점수는 3장에서 보았던 표준점수하고 같은 건가요?

A: 그렇습니다. 이것은 정규분포 이외에 다른 용도도 가지고 있습니다. 하지만 우리가 표준정규확률테이블을 사용할 수 있도록 해 준다는 점에서 특별히 유용합니다.

Q: 정규화된 범위를 위한 확률이 원래 분포의 확률과 정말로 동일한가요? 어떻게 그럴 수 있죠?

A: 확률들은 모두 동일한 방식으로 계산될 수 있습니다. 하지만 확률테이블을 이용하는 것이 훨씬 더 편리합니다.

우리가 원래 분포를 정규화해도 모든 것이 여전히 동일한 비율을 갖습니다. 전체 면적은 더 커지거나 작아지지 않으며, 면적 자체가 확률을 의미한다는 점에서 확률 또한 그대로 유지되는 것입니다.

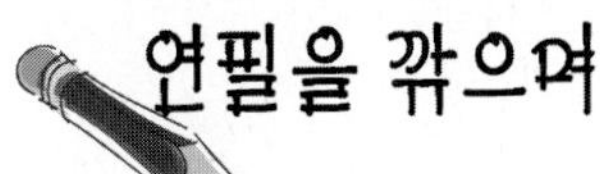

연필을 깎으며

표준화를 위한 시간입니다. 우리는 어떤 분포와 값을 줄 것입니다. 그러면 당신은 표준점수가 무엇인지 말해야 합니다.

1. N(10, 4), 값 6

2. N(6.3, 9), 값 0.3

3. N(2, 4). 만약 표준점수가 0.5라면 값은 얼마일까요?

4. 값 20의 표준점수는 2입니다. 만약 분산이 16이라면 평균값은 얼마일까요?

연필을 깎으며 정답

표준화를 위한 시간입니다. 우리는 어떤 분포와 값을 줄 것입니다. 그러면 당신은 표준점수가 무엇인지 말해야 합니다.

1. N(10, 4), 값 6

$$z = \frac{x - \mu}{\sigma}$$

$$= \frac{6 - 10}{2}$$

$$= -2$$

2. N(6.3, 9), 값 0.3

$$z = \frac{x - \mu}{\sigma}$$

$$= \frac{0.3 - 6.3}{3}$$

$$= -2$$

3. N(2, 4). 만약 표준점수가 0.5라면 값은 얼마일까요?

이것은 앞 문제를 거꾸로 만든 것입니다. 표준점수가 주어졌고, 원래 값을 찾아야 합니다. 공식에 우리가 아는 값을 대입해서 x를 찾을 수 있습니다.

$$z = \frac{x - \mu}{\sigma}$$

$$0.5 = \frac{x - 2}{2}$$

$$0.5 \times 2 = x - 2$$

$$x = 1 + 2$$

$$= 3$$

4. 값 20의 표준점수는 2입니다. 만약 분산이 16이라면 평균값은 얼마일까요?

이것은 3번 문제와 비슷합니다. 공식에 아는 값을 대입해서 μ를 구합니다.

$$z = \frac{x - \mu}{\sigma}$$

$$2 = \frac{20 - \mu}{4}$$

$$2 \times 4 = 20 - \mu$$

$$\mu = 20 - 8$$

$$= 12$$

우리의 분산을 찾았고, 그것을 표준화했고, z도 찾았어. 이제 소개팅 상대방이 나보다 키가 더 클 확률을 좀 구해 줄래?

단계 3: 편리한 테이블에서 확률을 찾습니다

이제 표준점수를 알게 되었으므로 확률테이블에서 확률을 찾을 수 있습니다. 표준정규확률테이블은 임의의 값 z에 대해서 그에 상응하는 확률 $P(Z < z)$를 찾아볼 수 있도록 해 줍니다.

> **쉬는 시간**
>
> **전체 확률테이블은 책 뒤에 있는 부록 ii에 실어 놓았습니다.**
>
> 이 장에 나오는 확률을 찾아보기 위한 정규분포테이블을 보려면 698~699페이지를 참조하세요.

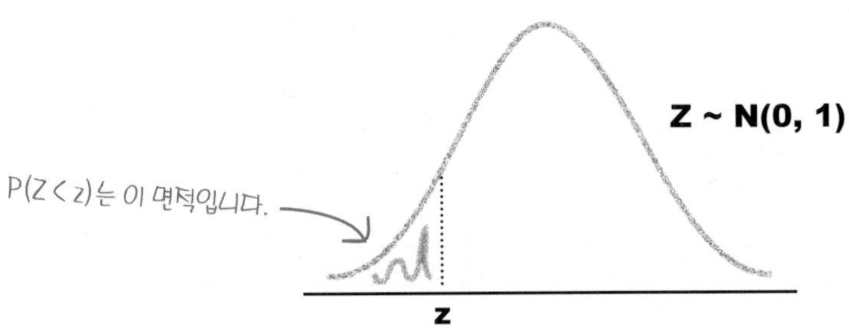

확률테이블은 어떻게 사용할까요?

z를 소수점 2자리까지 계산하는 것에서 시작합니다. 이 값은 테이블에서 찾습니다.

확률을 찾으려면 첫 번째 열과 맨 위의 행을 이용해서 z 값을 찾습니다. 첫 번째 열은 (올림이나 내림 없이) 소수점 첫 번째 자리까지의 z 값을 나타내고, 맨 위의 행은 소수점 두 번째 자리를 나타냅니다. 확률은 두 값이 만나는 곳에 존재합니다.

예를 들어 $P(Z < -3.27)$을 찾아봅시다. 첫 번째 열에서 −3.2를 찾고, 맨 위의 행에서 .07을 찾습니다. 그러면 확률이 0.0005임을 알 수 있습니다.

z의 두 번째 소수점인 0.7에 대한 열입니다.

x가 어떤 수라고 했을 때 z = −3.2x에 대한 행입니다.

−3.2와 0.7이 만나는 지점입니다. 이것이 P(Z < z)의 값입니다.

z	.00	.01	.02	.03	.04	.05	.06	.07	.08	.09
−3.4	.0003	.0003	.0003	.0003	.0003	.0003	.0003	.0003	.0003	.0002
−3.3	.0005	.0005	.0005	.0004	.0004	.0004	.0004	.0004	.0004	.0003
−3.2	.0007	.0007	.0006	.0006	.0006	.0006	.0006	.0005	.0005	.0005
−3.1	.0010	.0009	.0009	.0009	.0008	.0008	.0008	.0008	.0007	.0007
−3.0	.0013	.0013	.0013	.0012	.0012	.0011	.0011	.0011	.0010	.0010
−2.9	.0019	.0018	.0018	.0017	.0016	.0016	.0015	.0015	.0014	.0014
−2.8	.0026	.0025	.0024	.0023	.0023	.0022	.0021	.0021	.0020	.0019
−2.7	.0035	.0034	.0033	.0032	.0031	.0030	.0029	.0028	.0027	.0026
−2.6	.0047	.0045	.0044	.0043	.0041	.0040	.0039	.0038	.0037	.0036
−2.5	.0062	.0060	.0059	.0057	.0055	.0054	.0052	.0051	.0049	.0048
−2.4	.0082	.0080	.0078	.0075	.0073	.0071	.0069	.0068	.0066	.0064

줄리의 확률은 테이블 안에 있습니다

줄리의 문제로 되돌아가 봅시다. 우리는 P(Z > −1.56)을 찾기 원하므로 테이블에서 −1.56의 확률을 읽습니다.

부록 ii에 정규확률테이블이 있습니다.

z의 두 번째 소수점인 .06을 위한 열입니다.

z	.00	.01	.02	.03	.04	.05	.06	.07	.08	.09
−3.4	.0003	.0003	.0003	.0003	.0003	.0003	.0003	.0003	.0003	.0002
−3.3	.0005	.0005	.0005	.0004	.0004	.0004	.0004	.0004	.0004	.0003
−3.2	.0007	.0007	.0006	.0006	.0006	.0006	.0006	.0005	.0005	.0005
−3.1	.0010	.0009	.0009	.0009	.0008	.0008	.0008	.0008	.0007	.0007
−3.0	.0013	.0013	.0013	.0012	.0012	.0011	.0011	.0011	.0010	.0010
−2.9	.0019	.0018	.0018	.0017	.0016	.0016	.0015	.0015	.0014	.0014
−2.8	.0026	.0025	.0024	.0023	.0023	.0022	.0021	.0021	.0020	.0019
−2.7	.0035	.0034	.0033	.0032	.0031	.0030	.0029	.0028	.0027	.0026
−2.6	.0047	.0045	.0044	.0043	.0041	.0040	.0039	.0038	.0037	.0036
−2.5	.0062	.0060	.0059	.0057	.0055	.0054	.0052	.0051	.0049	.0048
−2.4	.0082	.0080	.0078	.0075	.0073	.0071	.0069	.0068	.0066	.0064
−2.3	.0107	.0104	.0102	.0099	.0096	.0094	.0091	.0089	.0087	.0084
−2.2	.0139	.0136	.0132	.0129	.0125	.0122	.0119	.0116	.0113	.0110
−2.1	.0179	.0174	.0170	.0166	.0162	.0158	.0154	.0150	.0146	.0143
−2.0	.0228	.0222	.0217	.0212	.0207	.0202	.0197	.0192	.0188	.0183
−1.9	.0287	.0281	.0274	.0268	.0262	.0256	.0250	.0244	.0239	.0233
−1.8	.0359	.0351	.0344	.0336	.0329	.0322	.0314	.0307	.0301	.0294
−1.7	.0446	.0436	.0427	.0418	.0409	.0401	.0392	.0384	.0375	.0367
−1.6	.0548	.0537	.0526	.0516	.0505	.0495	[illegible]	.0475	[illegible]	.0455
−1.5	[illegible]	[illegible]	[illegible]	[illegible]	[illegible]	[illegible]	.0594	.0582	.0571	.0559
−1.4	.0808	.0793	.0778	.0764	.0749	.0735	.0721	.0708	.0694	.0681
−1.3	.0968	.0951	.0934	.0918	.0901	.0885	.0869	.0853	.0838	.0823
−1.2	.1151	.1131	.1112	.1093	.1075	.1056	.1038	.1020	.1003	.0985
−1.1	.1357	.1335	.1314	.1292	.1271	.1251	.1230	.1210	.1190	.1170

x가 어떤 수라고 했을 때 z = −1.5x를 위한 행입니다.

−1.5와 .06이 만나는 지점입니다. 이것은 P(Z < z)의 값입니다.

−1.56의 값을 확률테이블에서 찾아보면 0.0594라는 확률을 얻을 수 있습니다. 다시 말해, P(Z < −1.56) = 0.0594입니다. 이것은 다음을 의미합니다.

$$P(Z > -1.56) = 1 - P(Z < -1.56)$$
$$= 1 - 0.0594$$
$$= 0.9406$$

전체 확률은 1이므로 곡선 아래의 면적도 1입니다.

다시 말해, 줄리의 소개팅 상대방이 줄리보다 키가 클 확률은 0.9406입니다.

상대방이 나보다 키가 클 확률이 94%라고? 좋았어!

확률테이블 자세히 보기

확률테이블은 z가 어떤 값이라고 했을 때 $P(Z < z)$라는 확률의 값을 찾아볼 수 있도록 해 줍니다. 하지만 항상 이런 형식으로 표현되는 확률을 찾아야 하는 것은 아닙니다. 경우에 따라서는 연속확률변수가 z보다 큰 경우의 확률을 찾아야 하기도 하고, 어느 두 값 사이에 있을 확률을 찾아야 하기도 합니다. 이렇게 다양한 형태의 확률을 찾기 위해 확률테이블을 어떻게 이용할 수 있을까요?

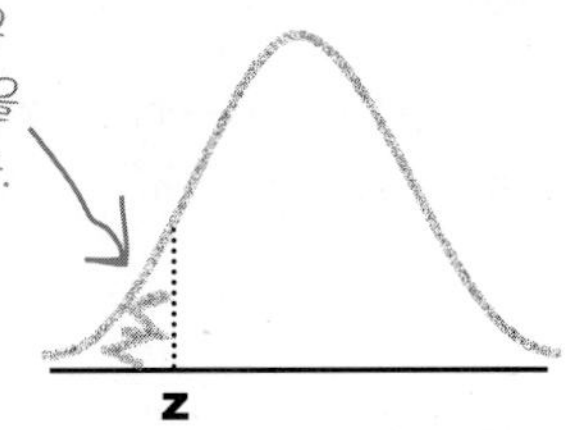

원하는 정보를 얻기 위해 확률테이블을 제대로 이용하는 방법을 깨닫는 것은 중요합니다. 그것은 대개 전체 면적을 구한 다음에 거기에서 필요 없는 부분을 빼는 것입니다.

P(Z > z) 찾기

다음 공식을 이용해서 $P(Z > z)$ 형태의 확률을 구할 수 있습니다.

$$P(Z > z) = 1 - P(Z < z)$$

툴리가 상대방보다 큰 경우의 확률을 구하기 위해 바로 이 공식을 이미 사용한 바 있습니다.

다시 말해, $Z < z$인 부분의 면적을 구한 다음에 그것을 전체 면적에서 빼는 것입니다.

P(a < Z < b) 찾기

이런 형태의 확률을 찾는 것은 약간 더 복잡합니다. 하지만 여전히 가능합니다. 이와 같은 확률은 다음 공식으로 찾을 수 있습니다.

$$P(a < Z < b) = P(Z < b) - P(Z < a)$$

툴리와 만나는 남자의 키가 특정한 범위 안에 들어올 확률을 찾기 위해 이와 같은 형태의 공식을 사용할 수 있습니다.

다시 말해, $P(Z < b)$를 먼저 구한 다음에 거기에서 $P(Z < a)$를 빼면 됩니다.

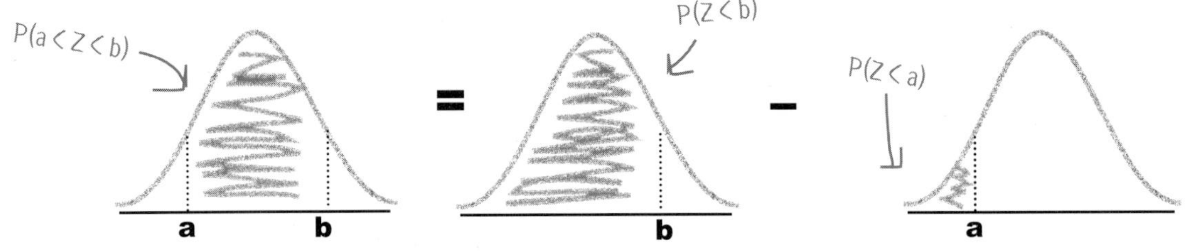

바보 같은 질문이란 없습니다

Q: '가우시안'(Gaussian)이라는 말을 들은 적이 있습니다. 그것이 뭔가요?

A: 정규분포의 또 다른 이름은 가우시안 분포입니다. 누군가 가우시안분포라는 말을 하면 바로 정규분포에 대해 말하고 있는 것입니다.

Q: 정규확률테이블은 모두 같은가요?

A: 모든 정규확률테이블은 지정한 값에 대해 동일한 확률을 제공합니다. 하지만 테이블마다 그것이 정확히 어떤 확률을 다루고 있는지에 대해서는 차이가 존재합니다.

Q: 차이라고요? 그게 무슨 말입니까?

A: 어떤 테이블과 시험에 나오는 문제에서는 확률테이블이 서로 다른 수준의 정확성을 가지고 있을 수 있습니다. 그리고 어떤 테이블은 확률을 조금 다른 포맷으로 나타내기도 합니다. 하지만 모두 같은 확률입니다.

Q: 그럼 통계학 시험을 치를 때는 어떻게 해야 하나요?

A: 우선 시험을 치르는 동안에 사용할 수 있는 확률테이블이 어떤 포맷을 사용하고 있는지 확인해야 합니다. 그 다음에 그런 확률테이블의 사본을 구할 수 있으면 구합니다.

시험에서 사용되는 확률테이블의 사본을 구했으면, 그 테이블에 친숙해지도록 합니다. 그렇게 하고 나면 시험이 시작되었을 때 망설임 없이 문제를 풀 수 있을 것입니다.

Q: 어떤 범위의 확률을 구하는 과정은 좀 복잡해 보입니다. 어떻게 하는 거지요?

A: 중요한 점은 당신이 원하는 영역의 면적을 확률테이블을 이용해서 어떻게 구할 수 있는가 하는 것입니다. 대개의 경우 확률테이블은 z가 어떤 값이라고 했을 때 $P(Z < z)$라는 형태의 확률을 찾아볼 수 있도록 해 줍니다. 따라서 찾고자 하는 확률을 이런 형태의 확률만을 이용해서 표현하도록 하는 것이 관건입니다.

$P(a < Z < b)$라는 형태의 확률, 즉 어떤 범위의 확률을 구하고자 할 때는 두 가지 확률의 값을 찾아볼 필요가 있습니다. 하나는 $P(Z < a)$이고 다른 하나는 $P(Z < b)$입니다. 이 두 개의 값을 구했으면, 큰 값에서 작은 값을 빼면 원하는 범위의 확률을 구할 수 있습니다.

Q: 연속분포는 최빈값을 갖습니까? 정규분포의 최빈값을 찾을 수 있나요?

A: 그렇습니다. 연속확률분포의 최빈값은 확률밀도가 가장 높은 곳에 있는 값입니다. 확률밀도를 그리면 곡선이 가장 높이 올라가는 지점에 있는 값입니다.

정규분포의 곡선을 보면 가장 높은 지점은 한가운데에 있습니다. 정규분포의 최빈값은 μ입니다.

Q: 중앙값은요?

A: 연속확률분포의 중앙값은 $P(X < a) = 0.5$가 되도록 하는 값 a입니다. 다시 말해, 확률밀도 곡선의 면적이 절반이 되는 지점에 있는 값입니다.

정규분포에서 중앙값도 역시 μ입니다. 연속확률분포를 다룰 때에는 중앙값과 최빈값이 별로 사용되지 않습니다. 기대치와 분산이 더 중요합니다.

Q: 표준점수가 뭐라고요?

A: 어느 변수의 표준점수는 변수에서 변수의 평균값을 빼고 표준편차로 나눈 값입니다. 정규분포를 표준화해서 N(0, 1)이라는 분포로 변환시키는 방법으로서, 다른 분포를 서로 비교할 수 있도록 해 줍니다. 표준점수는 정규분포를 다룰 때 특히 중요합니다. 어느 범위의 확률을 표준정규분포테이블에서 찾아볼 수 있도록 해 주기 때문입니다.

특정한 값의 표준점수는 또한 그 값이 평균값으로부터 떨어져 있는 정도, 즉 표준편차가 어느 정도 되는지 알려줌으로써 평균값에 근접한 정도를 알 수 있게 해 줍니다.

확률테이블과 관련한 기술을 테스트할 시간입니다. 다음 확률문제를 풀어 보세요.

1. $P(Z < 1.42)$

2. $P(-0.15 < Z < 0.5)$

3. $P(Z > z) = 0.1423$. z는 얼마입니까?

확률테이블과 관련한 기술을 테스트할 시간입니다. 다음 확률문제를 풀어 보세요.

1. $P(Z < 1.42)$

확률테이블에서 1.42를 찾아봄으로써 확률을 구할 수 있습니다. 그렇게 하면 다음과 같은 결과를 얻습니다.

$$P(Z < 1.42) = 0.9222$$

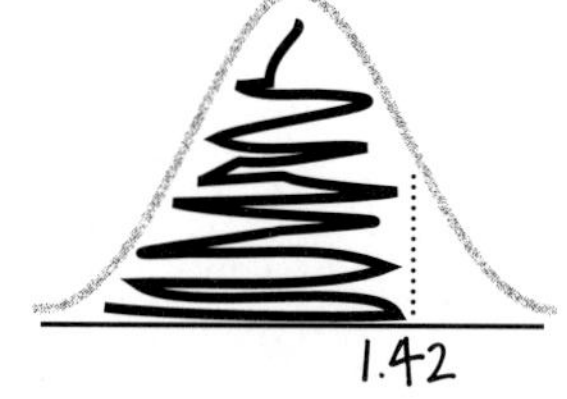

2. $P(-0.15 < Z < 0.5)$

이 확률을 구하려면 우선 $P(Z < 0.5)$를 구한 다음에 $P(Z < -0.15)$를 뺍니다.

$$P(-0.15 < Z < 0.5 = P(Z < 0.5) - P(Z < -0.15)$$
$$= 0.6915 - 0.4404$$
$$= 0.2511$$

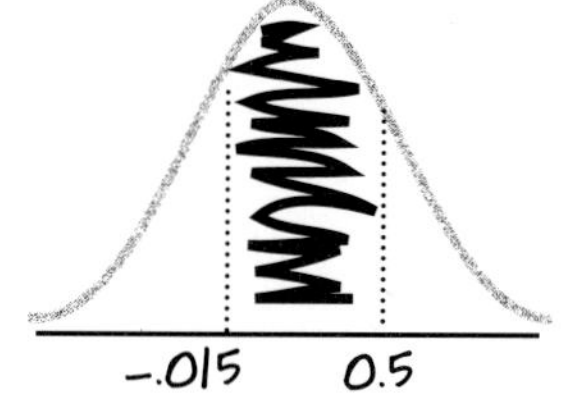

3. $P(Z > z) = 0.1423$. z는 얼마입니까?

이것은 약간 다른 문제로, 확률이 주어진 상태에서 z의 값을 구하는 문제입니다.

우리는 $P(Z > z) = 0.1423$이라는 사실을 알고 있고, 이것은 다음과 같습니다.

$$P(Z < z) = 1 - 0.1423$$
$$= 0.8577$$

다음으로 해야 할 일은 z의 어느 값이 0.8577이라는 값을 가지고 있는지 찾는 것입니다. 확률테이블을 찾아보면 다음을 구할 수 있습니다.

$$z = 1.07$$

따라서

$$P(Z > 1.07) = 0.1423$$

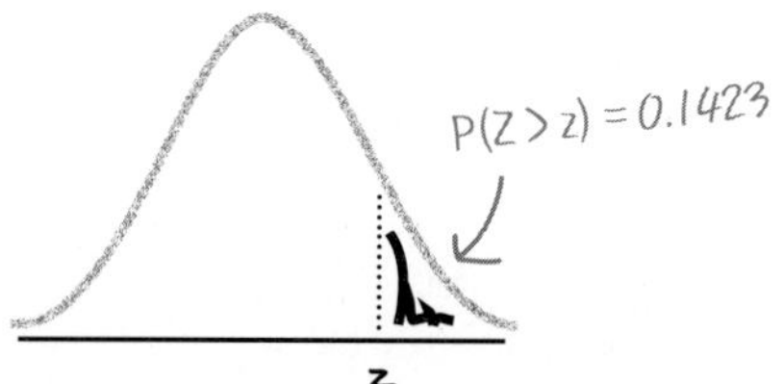

연습문제

잠깐만, 5인치짜리 힐을 신으면
키가 훨씬 더 커 보인다고. 상대방이
나보다 키가 클 확률에 그 사실이 영향을
미치지 않을까?

줄리에게 문제가 생겼습니다. 그녀의 상대가 그녀보다 키가 더 클 확률을 구할 때 하이힐의 굽을 고려하는 것을 깜빡 잊었습니다. 그녀가 굽이 5인치인 하이힐을 신을 때에도 상대방이 그녀보다 키가 더 클 확률을 계산해 보세요.

줄리의 키는 64인치이고, X가 통계마을 남자들의 키라고 했을 때 $X \sim N(71, 20.25)$임을 기억하세요.

줄리에게 문제가 생겼습니다. 그녀의 상대가 그녀보다 키가 더 클 확률을 구할 때 하이힐의 굽을 고려하는 것을 깜빡 잊었습니다. 그녀가 굽이 5인치인 하이힐을 신을 때에도 상대방이 그녀보다 키가 더 클 확률을 계산해 보세요.

줄리의 키는 64인치이고, X가 통계마을 남자들의 키라고 했을 때 X ~ N(71, 20.25)임을 기억하세요.

줄리가 5인치짜리 하이힐을 신으면 그녀의 키는 69인치가 됩니다. 따라서 우리는 $P(X > 69)$를 찾으면 됩니다.

이 확률을 확률테이블에서 찾아볼 수 있도록 하기 위해 먼저 표준점수를 구해야 합니다.

$$Z = \frac{X - \mu}{\sigma}$$

$$= \frac{69 - 71}{4.5}$$

← 분산이 20.25이므로 표준편차는 제곱근인 4.5입니다.

$$= \frac{-2}{4.5}$$

$$= -0.44$$ (소수점 2자리까지)

이제 z를 구했으므로 $P(Z > z)$, 즉 $P(Z > -0.44)$를 구합니다.

$$P(Z > -0.44) = 1 - P(Z < -0.44)$$

$$= 1 - 0.3300$$

$$= 0.67$$

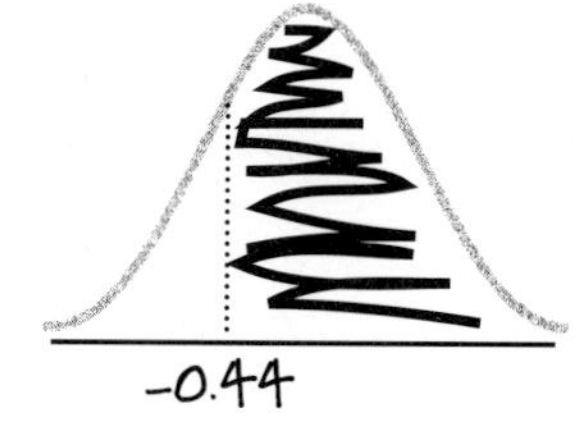

따라서 줄리가 5인치짜리 굽이 달린 하이힐을 신었을 때 소개팅 상대방이 그녀보다 키가 클 확률은 0.67입니다.

5분 미스터리

사라진 인수 사건

미치광이 망고 게임회사에 다니는 윌에게 문제가 생겼습니다. 사람들이 이번에 새로 출시한 게임의 1단계를 돌파하는 데 걸리는 시간에 대한 평균값과 표준편차를 사장에게 알려줘야 하는 것입니다. 이러한 값을 계산하는 것은 어려운 일이 아니지만, 말썽꾸러기 강아지가 그의 보고서 일부를 먹어버렸습니다.

윌에게는 세 가지 단서만 남았을 뿐입니다.

우선 윌은 사람들이 1단계를 돌파하는 데 걸리는 시간이 정규분포를 따른다는 사실을 알고 있습니다.

둘째로 그는 어느 사람이 1단계를 돌파하기 위해 5분 이하의 시간이 걸릴 확률이 0.0045라는 사실을 알고 있습니다.

끝으로 어느 사람이 1단계를 돌파하기 위해 15분보다 적은 시간이 걸릴 확률은 0.9641이라는 사실을 알고 있습니다.

윌은 어떻게 평균값과 표준편차를 구할 수 있을까요?

사라진 인수 사건: 해결되었음

윌은 어떻게 평균값과 표준편차를 구할 수 있을까요?

윌은 확률테이블과 표준점수를 이용해서 구하고자 하는 평균값과 표준편차를 계산하는 방법을 찾을 수 있습니다.

5분 미스터리 해결

우선 $P(X < 5) = 0.0045$라는 사실을 알고 있습니다. $z_1 = -2.61$일 때 $P(X < z_1)$을 확률테이블에서 찾아보면 5의 표준점수는 −2.61임을 알 수 있습니다. 이 값을 표준점수 공식에 대입하면 다음과 같습니다.

$$-2.61 = \frac{5 - \mu}{\sigma}$$

마찬가지로 $P(X < 15) = 0.9641$이므로 15의 표준점수는 1.8입니다. 따라서 다음이 성립합니다.

$$1.8 = \frac{15 - \mu}{\sigma}$$

이 두 개의 방정식은 μ와 σ의 값을 찾을 수 있도록 해 줍니다.

$$-2.61\sigma = 5 - \mu$$
$$1.8\sigma = 15 - \mu$$

우리가 풀 수 있는 방정식입니다.

첫 번째 식을 두 번째 식에서 빼면 다음을 얻습니다.

$$1.8\sigma + 2.61\sigma = 15 - \mu - 5 + \mu$$
$$4.41\sigma = 10$$
$$\sigma = 2.27$$

그 다음에 이것을 두 번째 식에 대입하면 다음을 얻습니다.

$$1.8 \times 2.27 = 15 - \mu$$
$$\mu = 15 - 4.086$$
$$= 10.914$$

따라서 답을 얻었습니다.

$$\mu = 10.914$$
$$\sigma = 2.27$$

μ와 σ의 값입니다.

그 이후로 그들은 영원히 행복하게 살았습니다

확률이 말해 주는바 그대로 줄리가 만난 사람은 멋진 사람이었습니다! 줄리는 이성친구가 그녀의 신발 높이와 어울리는 사람이어야만 했으므로 상대방의 키를 검정하기 위해 가장 굽이 높은 힐을 신고 소개팅이 나갔습니다. 그의 키는 충분히 컸을 뿐만 아니라 그녀보다 먼저 나와 있기까지 해서 줄리는 그를 기다릴 필요조차 없었습니다.

그가 제일 먼저 한 말은 내 신발이 너무나 멋지다는 것이었지. 우리는 천생연분이야.

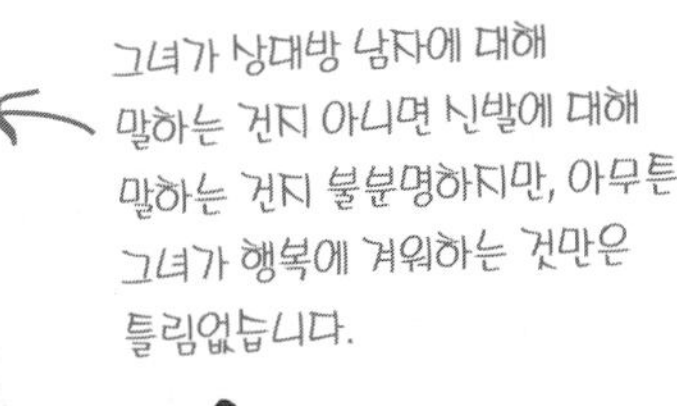

하지만 이게 전부가 아닙니다

계속 읽어나가면 정규분포로 할 수 있는 다른 일들을 보게 될 것입니다. 지금까지 본 것은 빙산의 일각에 불과합니다.

핵심정리

- 정규분포는 좌우대칭인 종 모양의 곡선을 그립니다. $N(\mu, \sigma^2)$으로 정의됩니다.
- 정규분포를 찾으려면 필요한 확률의 범위부터 정합니다. 그 다음에 아래와 같은 공식을 이용해서 해당 범위의 경계에 해당하는 표준점수를 구합니다.

  $Z \sim N(0, 1)$일 때 $\quad Z = \frac{X - \mu}{\sigma}$

- 표준점수를 확률테이블에서 찾아봄으로써 정규확률을 찾습니다. 확률테이블은 이 값보다 작은 값을 얻는 경우에 대한 확률을 제공합니다.

9 정규분포 사용하기 ii

정상을 넘어서

모든 확률분포가 정상이라면 좋았을 텐데.

정규분포와 함께라면 삶이 훨씬 **간단**해질 겁니다. 전체 범위를 한꺼번에 찾아보고 게임을 하면서 즐겨도 되는데 뭐 하러 개별적인 확률을 계산하느라 땀을 흘립니까? 이 장에서는 **복잡한 문제**를 눈 깜짝할 사이에 **푸는 방법**을 살펴보고, 이러한 정규분포의 장점을 **다른 확률분포**에 적용하는 방법에 대해서도 배우게 될 것입니다.

사랑은 롤러코스터입니다

웨딩산업은 최근 각광받는 사업입니다. 덱스터는 결혼이라는 특별한 날을 도저히 잊지 못하는 날로 만들기 위한 기발한 아이디어가 있습니다. 롤러코스터에서 결혼을 해도 되는데 어째서 땅 위에서 결혼을 합니까?

덱스터는 자신의 혁신적인 러브트레인이 엄청난 돈을 벌게 해 줄 거라고 확신합니다. 그것이 건강과 안전에 관한 규제만 통과할 수 있으면 말입니다.

덱스터는 사업을 좀 더 진행시키기 전에 자신의 특별한 기차가 신랑과 신부의 체중을 견딜 수 있도록 만들 필요가 있습니다. 그래서 그는 당신에게 도움을 요청했습니다.

그가 구상하고 있는 기차는 380파운드까지의 체중을 감당할 수 있습니다. 합쳐진 체중이 이보다 적을 확률은 얼마나 될까요?

러브트레인에 타세요

시작하기 전에 통계마을에서 결혼식 복장을 착용한 신랑과 신부들의 체중이 어떻게 분포되어 있는지 알 필요가 있습니다. 신부는 N(150, 400) 그리고 신랑은 N(190, 500)이라는 정규분포를 따르고 있습니다. 체중은 파운드 단위로 측정되었습니다.

이러한 확률분포를 이용해서 신부와 신랑의 체중이 기차가 요구하는 최대 무게보다 적게 나갈 확률을 계산해야 합니다. 확률이 충분히 크면 기차를 타는 것이 어렵지 않을 것입니다.

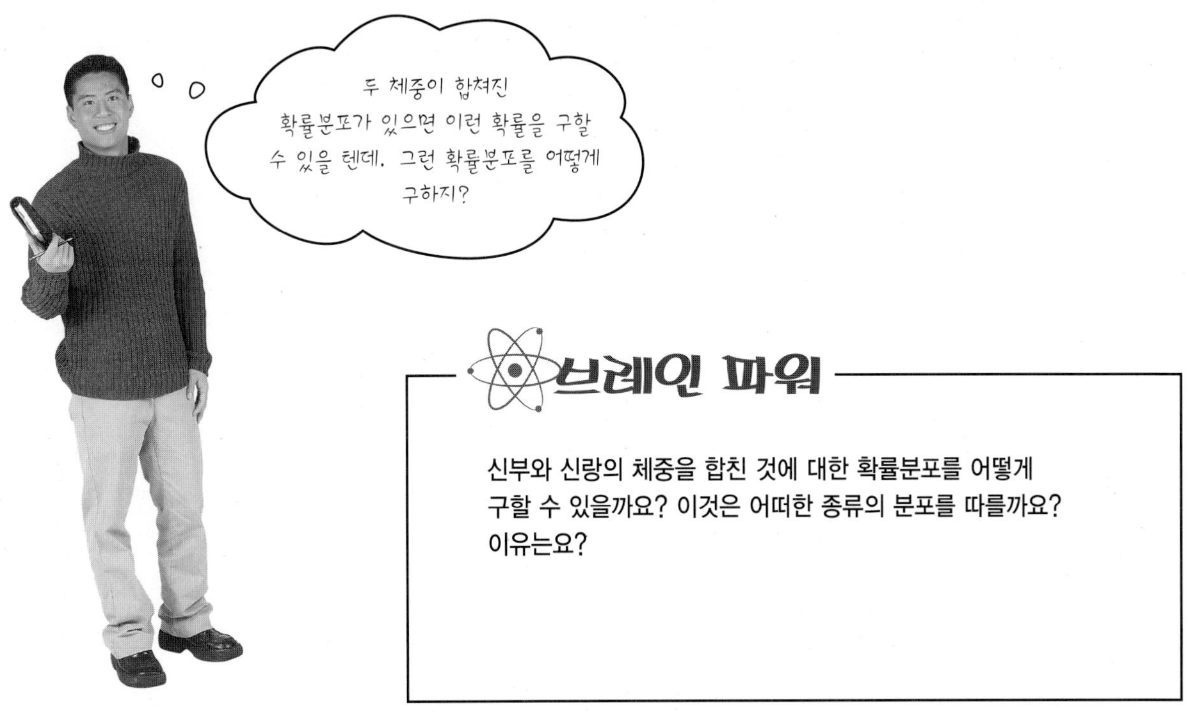

브레인 파워

신부와 신랑의 체중을 합친 것에 대한 확률분포를 어떻게 구할 수 있을까요? 이것은 어떠한 종류의 분포를 따를까요? 이유는요?

정상적인 신부 + 정상적인 신랑

신부와 신랑의 체중이 어떻게 분포되어 있는지 자세히 살펴보는 것부터 시작해 봅시다.

보다시피 두 체중은 다음과 같은 정규분포를 따릅니다.

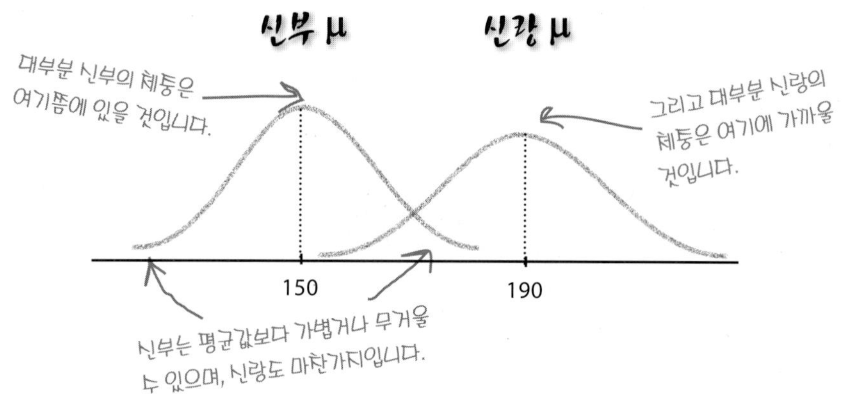

우리가 진짜로 필요한 것은 신부와 신랑의 체중을 합친 값에 대한 확률분포입니다. 다시 말해, 신부의 체중을 신랑의 체중과 합쳤을 때 그 값이 갖는 확률분포가 필요합니다.

신부의 체중 + 신랑의 체중 ~ ?

신부와 신랑의 체중이 서로 독립이라고 가정하면 분포의 모양은 대충 다음과 비슷해야 합니다.

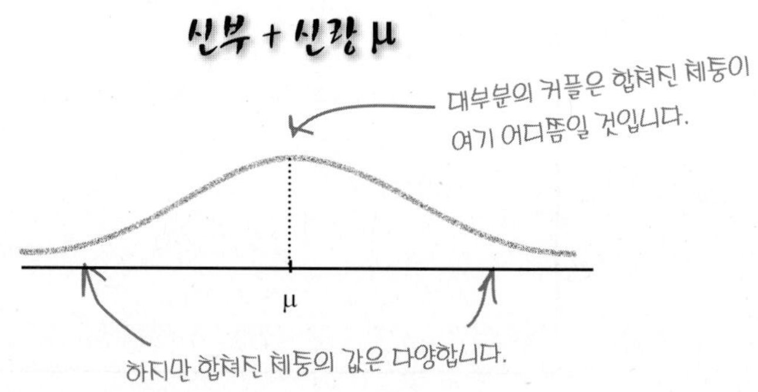

그것은 여전히 무게일 뿐입니다

우리가 연속데이터를 처음 보았을 때, 키나 체중 같은 데이터가 어떻게 분포되어 있었는지 기억납니까? 키나 체중 같은 데이터는 연속적이며, 대체로 정규분포를 따르는 경향이 있음을 확인했습니다.

이제 우리는 어느 행복한 커플의 체중이 합쳐진 값을 다루고 있습니다. 비록 합쳐진 값이긴 하지만 그것은 여전히 체중을 나타내는 값이며, 우리는 체중과 같은 값이 어떻게 분포되는지 이미 알고 있습니다. 합쳐진 체중도 여전히 **연속적**입니다. 또한 합쳐진 체중도 여전히 **정상적으로 분포**되어 있습니다. 다시 말해, 신부와 신랑의 체중을 합친 값은 정규분포를 따릅니다.

신부와 신랑의 합친 체중이 정규분포를 따른다는 사실은 우리에게 많은 도움을 줍니다. 그것은 앞에서 했던 것처럼 확률을 찾아보기 위해 확률테이블을 사용할 수 있음을 의미합니다. 즉, 두 사람의 체중을 합친 값이 380파운드(기차를 타기 위한 체중)보다 적을 확률을 찾아볼 수 있다는 것을 의미합니다.

한 가지 해결해야 할 문제가 있습니다. 더 이상 앞으로 나아가기 전에 신부와 신랑의 합쳐진 체중에 대한 평균값과 분산을 구해야 합니다. 그들을 어떻게 구할 수 있을까요?

신부와 신랑의 체중을 합친 값은 정규분포를 따릅니다. 하지만 평균값과 분산은 무엇일까요?

신부의 체중 + 신랑의 체중 ~ N(?, ?)

기억력을 더듬어 볼 시간입니다. 다음 값들을 구하는 공식을 기억하고 있습니까? X와 Y는 서로 독립이라고 가정하세요.

1. E(X + Y)

2. Var(X + Y)

3. E(X − Y)

4. Var(X − Y)

기억력을 더듬어 볼 시간입니다. 다음 값들을 구하는 공식을 기억하고 있습니까? X와 Y는 서로 독립이라고 가정하세요.

1. E(X + Y)

$E(X + Y) = E(X) + E(Y)$

2. Var(X + Y)

$Var(X + Y) = Var(X) + Var(Y)$

3. E(X − Y)

$E(X - Y) = E(X) - E(Y)$

4. Var(X − Y)

$Var(X - Y) = Var(X) + Var(Y)$

이러한 공식들은 연속데이터에도 적용됩니다.

우리가 이런 공식들을 처음 만났을 때는 이산데이터를 다루고 있었습니다. 하지만 다행스럽게도 이러한 공식들은 연속데이터에도 그대로 적용됩니다.

브레인 파워

신부의 체중과 신랑의 체중을 합친 값에 대한 확률분포를 찾기 위해 이러한 공식들이 어떤 방식으로 도움을 주는 것일까요?

합쳐진 체중이 어떻게 분포되어 있을까요?

지금까지는 신부와 신랑의 체중을 합한 값이 정규분포를 따른다는 사실을 알았습니다. 이것은 합쳐진 체중이 어느 특정한 값보다 작을 확률을 구하기 위해 확률테이블에서 값을 찾아볼 수 있다는 사실을 의미합니다.

신부와 신랑의 체중을 X와 Y를 이용한 분포로 다시 써 봅시다. X는 신부의 체중을 나타내고, Y는 신랑의 체중을 나타냅니다. 그리고 X와 Y는 독립입니다. 그러면 우리는 다음 공식을 이용해서 μ와 σ의 값을 구할 수 있습니다.

$$X + Y \sim N(\mu, \sigma^2)$$

X + Y는 '신부와 신랑의 체중을 합한 값'을 의미합니다. 하지만 우리는 평균값과 분산을 어떻게 구할 수 있을까요?

다시 말해, 앞으로 더 나아가기 전에 우리는 X + Y의 평균값과 분산을 구해야 합니다. 하지만 어떻게 해야 할까요?

앞의 연습문제 정답을 살펴보세요. 이산확률분포에서 X와 Y가 서로 독립일 때 다음 사실을 이용해서 E(X + Y)와 Var(X + Y)를 구할 수 있음을 보았습니다.

$$E(X + Y) = E(X) + E(Y) \quad \text{그리고} \quad Var(X + Y) = Var(X) + Var(Y)$$

따라서 X와 Y의 기대치와 분산을 알면 그 값들을 이용해서 X + Y의 기대치와 분산을 구할 수 있습니다.

X와 Y의 분포를 알면 X + Y의 분포도 구할 수 있다는 말이군.

우리는 모르는 값을 구하기 위해 이미 알고 있는 값을 이용할 수 있습니다.

신부와 신랑의 체중이 분포되는 방식을 알고 있으므로 신부와 신랑의 합쳐진 체중에 대한 분포도 찾을 수 있습니다.

이것에 대해 좀 더 자세히 살펴봅시다.

X + Y 분포 자세히 보기

X + Y의 분포를 찾을 수 있다는 사실은 정규변수의 결합에 대한 분포를 구할 때 유용합니다. 독립정규변수 X와 Y가 정규분포를 따르면 X + Y 역시 정규분포를 따릅니다. 또한 X + Y의 분포를 계산하기 위해 X와 Y의 평균값과 분산을 이용할 수 있습니다.

서로의 확률에 아무런 영향을 미치지 않으면 두 변수가 독립이라는 사실을 기억하세요.

X + Y의 평균값과 분산을 찾으려면 이산확률분포에서 사용했던 것과 똑같은 공식을 사용할 수 있습니다. 다시 말해, 만약 다음이 성립하면

$X \sim N(\mu_x, \sigma_x^2)$ 그리고 $Y \sim N(\mu_y, \sigma_y^2)$

다음도 성립합니다.

$$X + Y \sim N(\mu, \sigma^2)$$

X와 Y의 평균값을 서로 더하면 X + Y의 평균값을 얻습니다. 마찬가지로 X와 Y의 분산을 더하면 X + Y의 분산을 얻습니다.

여기서

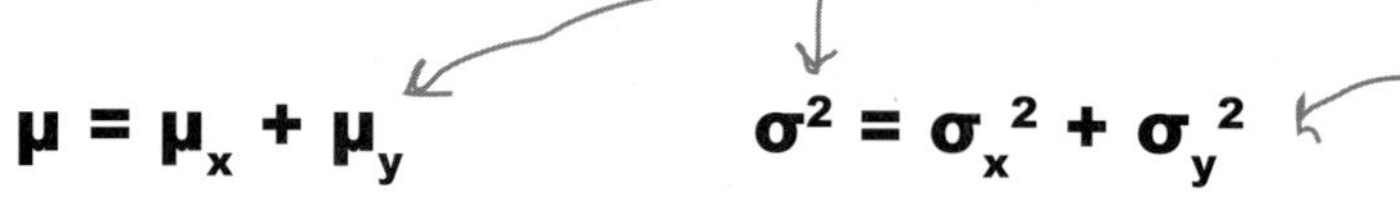

$$\mu = \mu_x + \mu_y \qquad \sigma^2 = \sigma_x^2 + \sigma_y^2$$

X와 Y가 독립이면 이 공식을 이용할 수 있습니다. 이렇게 하면 매우 편리합니다.

다시 말해, X + Y의 평균값은 X의 평균값 더하기 Y의 평균값이고, X + Y의 분산은 X의 분산 더하기 Y의 분산입니다.

이것을 스케치한 것을 봅시다. X + Y의 분산에 대해 뭔가 눈치 챈 것이 있습니까?

$X \sim N(\mu_x, \sigma_x^2)$

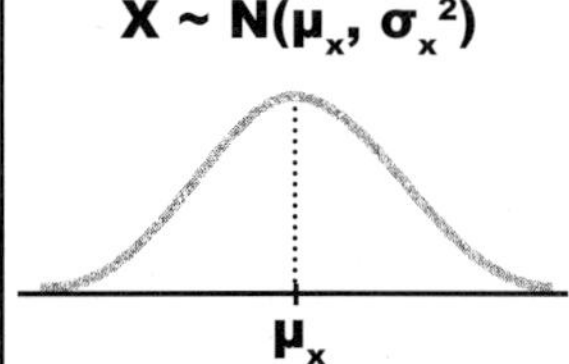

+

$Y \sim N(\mu_y, \sigma_y^2)$

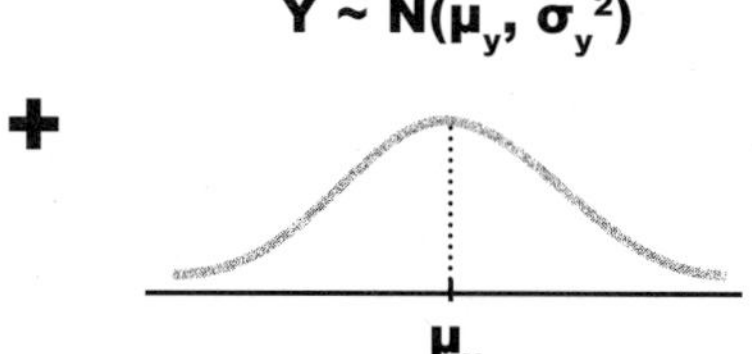

=

$X + Y \sim N(\mu_x + \mu_y, \sigma_x^2 + \sigma_y^2)$

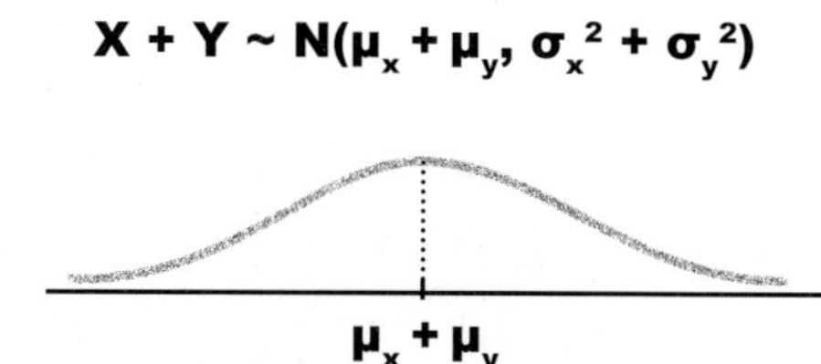

X + Y의 분산은 X의 분산이나 Y의 분산보다 큽니다. 이것은 X + Y의 곡선이 양 옆으로 더 길게 늘어짐을 의미합니다. 어떤 정규변수 X와 Y에 대해서도 이것은 성립합니다. 두 변수를 서로 더하는 것은 실제적으로 변동성이 늘어나게 만드는 것이고, 그렇기 때문에 분포의 모양이 옆으로 늘어나게 됩니다. 하지만 곡선 아래의 면적은 여전히 1이 되어야 하므로 분포의 모양은 더 편평해집니다.

X - Y 분포 자세히 보기

경우에 따라 X + Y는 당신이 구하고자 하는 확률을 제공해 주지 않습니다. 만약 두 변수 사이에 존재하는 차이에 대한 정보가 필요하다면 X - Y를 이용해야 할 것입니다.

X - Y는 X와 Y가 서로 독립확률변수이고 각자 정규적으로 분포되어 있으면 정규분포를 따릅니다. 이러한 조건은 X + Y의 경우와 완전히 동일합니다.

평균값과 분산을 찾으려면 이번에도 이산확률분포에서 사용했던 공식을 이용합니다. 만약 다음이 성립하면

$X \sim N(\mu_x, \sigma_x^2)$ 그리고 $Y \sim N(\mu_y, \sigma_y^2)$

다음도 성립합니다

$$X - Y \sim N(\mu, \sigma^2)$$

여기서

이산확률분포에서 그랬던 것처럼 분산을 서로 더합니다.

$$\mu = \mu_x - \mu_y$$

$$\sigma^2 = \sigma_x^2 + \sigma_y^2$$

다시 말해, X - Y의 평균값은 X의 평균값에서 Y의 평균값을 뺀 것과 같습니다. X - Y의 분산은 X의 분산과 Y의 분산을 서로 더해서 구할 수 있습니다.

평균값은 빼고 분산은 더합니다.

$X \sim N(\mu_x, \sigma_x^2)$ − $Y \sim N(\mu_y, \sigma_y^2)$ = $X - Y \sim N(\mu_x - \mu_y, \sigma_x^2 + \sigma_y^2)$

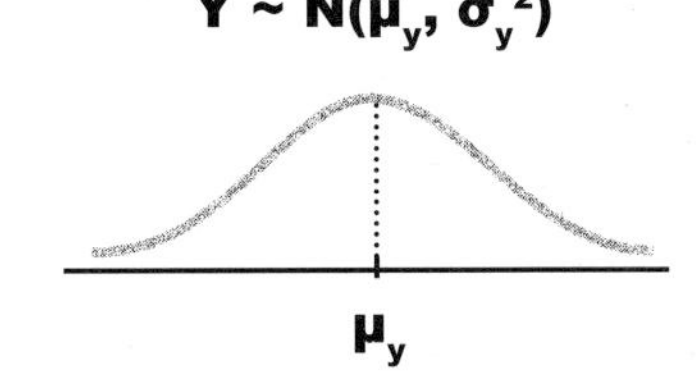

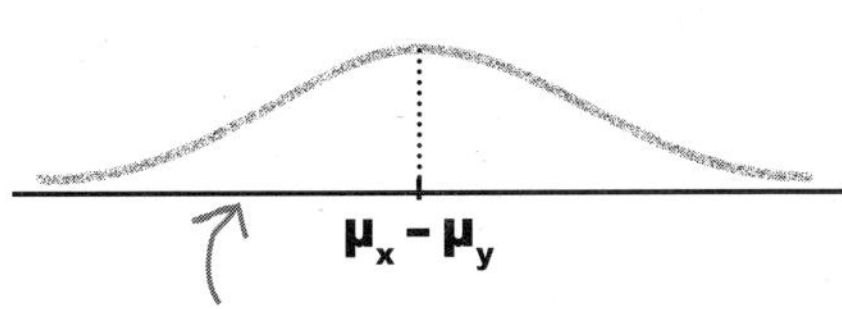

모양을 보세요. 곡선의 중앙이 다른 자리에 놓여 있을 뿐 X + Y의 경우와 동일합니다. 그들은 동일한 분산을 가지므로 곡선의 모습이 동일합니다.

분산을 서로 더하는 것이 처음에는 직관에 반하는 것처럼 느껴질 수도 있습니다. 하지만 이것은 앞에서 이산확률분포를 공부하면서 보았던 것과 정확히 일치합니다. X에서 Y를 빼고 있지만 여전히 변동성의 크기는 늘어나고 있습니다. 분산을 서로 더하는 것은 바로 이런 사실을 반영하고 있는 것입니다. X + Y 분산의 경우처럼 이것도 X와 Y에 비해 더 편평하고 옆으로 늘어난 곡선을 만들어냅니다.

X - Y 분산의 실제 모습을 바라보면 X + Y 분산의 곡선이 가진 모습과 동일합니다. 다만 중앙의 위치는 다릅니다. 두 개의 분포는 분산은 같지만 평균값은 서로 다릅니다.

확률 찾기

X + Y의 분포를 계산하는 방법을 알게 되었으므로 확률을 구할 수 있게 되었습니다. 다음은 확률을 구하기 위해 밟아야 하는 단계를 설명하고 있습니다.

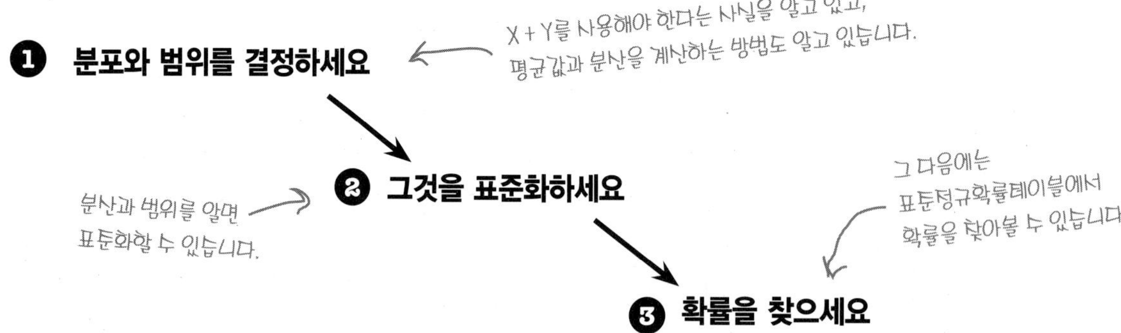

익숙하게 들립니까? 앞 장에서 정규분포를 공부할 때 밟았던 단계와 정확히 일치하기 때문입니다.

바보 같은 질문이란 없습니다

Q: X + Y의 분포를 알아야 하는 이유는 뭐죠? 다시 알려 주세요.

A: 우리는 신부와 신랑의 체중을 합한 값이 380파운드보다 적을 확률을 구하려고 합니다. 따라서 합쳐진 체중이 어떻게 분포되는지 알 필요가 있는 것입니다. X는 신부의 체중을 나타내고, Y는 신랑의 체중을 나타냅니다. 따라서 우리가 알아야 하는 것은 X + Y의 분포입니다.

Q: X + Y를 위한 확률을 확률테이블에서 찾아볼 수 있다고 했습니다. 어떻게 하는 거죠?

A: 앞에서 했던 것과 정확히 똑같은 방법으로 합니다. 주어진 확률분포를 이용하고, 표준점수를 계산하고, 그 다음에 그 값을 확률테이블에서 찾습니다.

X + Y의 확률을 찾는 것은 다른 확률을 찾는 것과 다를 바 없습니다. 표준점수를 계산하고, 찾는 것만으로 필요한 확률을 구할 수 있습니다.

Q: 그러면 앞에서 이산데이터를 공부하면서 보았던 공식들이 연속데이터에도 똑같이 적용되는 겁니까?

A: 그렇습니다. 이것은 확률변수를 합치고 그들이 어떻게 분포되었는지 쉽게 파악할 수 있음을 의미합니다. 또한 복잡한 문제도 해결할 수 있음을 의미합니다.

꼭 기억해야 할 것은 이러한 공식들은 확률변수가 서로 독립이기만 하면 적용될 수 있다는 사실입니다.

Q: 독립이 무슨 뜻인지 다시 한 번 설명해 주시겠어요?

A: 두 변수가 서로 독립이면 각자의 확률은 상대방에게 영향을 받지 않습니다. 우리의 경우에는 신부의 체중이 신랑의 체중에 영향을 받지 않는다고 가정했습니다.

Q: 만약 X와 Y가 서로 독립이 아니면 어떻게 됩니까?

A: A와 B가 독립이 아니면 이 공식들을 사용할 수 없습니다. 그런 경우에는 X + Y가 어떻게 분포되어 있는지 알기 위해 많은 계산을 수행해야 합니다. X와 Y가 어떻게 연관되어 있는지 알아야 하기 때문입니다.

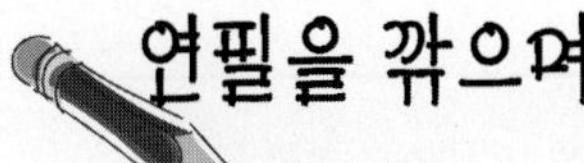

다음 3단계를 이용해서 신부와 신랑의 체중을 합친 값이 380파운드보다 적을 확률을 구하세요.

1. X는 신부의 체중이고, Y는 신랑의 체중입니다. X ~ N(150, 400)이고, Y ~ N(190, 500)입니다. 이러한 정보를 이용해서 신부와 신랑의 체중을 합한 값에 대한 확률분포를 찾으세요.

2. 그 다음에는 이 분산을 이용해서 380파운드에 대한 표준점수를 구하세요.

3. 끝으로 표준점수를 이용해서 P(X + Y < 380)을 구하세요.

다음 3단계를 이용해서 신부와 신랑의 체중을 합친 값이 380파운드보다 적을 확률을 구하세요.

1. X는 신부의 체중이고, Y는 신랑의 체중입니다. X ~ N(150, 400)이고, Y ~ N(190, 500)입니다. 이러한 정보를 이용해서 신부와 신랑의 체중을 합한 값에 대한 확률분포를 찾으세요.

X + Y의 확률분포를 찾아야 합니다. X + Y의 평균값과 분산을 찾으려면 X와 Y 분포의 평균값과 분산을 서로 더합니다.

$$X + Y \sim N(340, 900)$$

2. 그 다음에는 이 분산을 이용해서 380파운드에 대한 표준점수를 구하세요.

$$z = \frac{(x + y) - \mu}{\sigma}$$

$$= \frac{380 - 340}{30}$$

$$= \frac{40}{30}$$

$= 1.33$ (소수점 2째리까지)

이전에 $z = \frac{x - \mu}{\sigma}$를 어떻게 사용했는지 기억나세요?

이번에는 X + Y의 분포를 사용하고 있으므로 $z = \frac{(x + y) - \mu}{\sigma}$를 이용합니다.

3. 끝으로 표준점수를 이용해서 $P(X + Y < 380)$을 구하세요.

정규확률테이블에서 1.33의 값을 찾아보면 0.9082라는 확률을 얻을 수 있습니다. 따라서

$$P(X + Y < 380) = 0.9082$$

줄리의 결혼중매인은 이성끼리의 만남을 다시 주선하기 시작했습니다. 남자의 키가 그가 만난 여자의 키보다 적어도 5인치 이상 클 확률은 얼마일까요?

통계마을에서 남자의 키는 N(71, 20.25)라는 분포를 따르고, 여자의 키는 N(64, 16)이라는 분포를 따릅니다.

줄리의 결혼중매인은 이성끼리의 만남을 다시 주선하기 시작했습니다. 남자의 키가 그가 만난 여자의 키보다 적어도 5인치 이상 클 확률은 얼마일까요?

통계마을에서 남자의 키는 N(71, 20.25)라는 분포를 따르고, 여자의 키는 N(64, 16)이라는 분포를 따릅니다.

X가 남자의 키를, Y가 여자의 키를 나타낸다고 합시다. 그러면 $X \sim N(71, 20.25)$이고, $Y \sim N(64, 16)$입니다.

우리는 남자의 키가 여자의 키보다 적어도 5인치 이상 클 확률을 구해야 합니다. 따라서

$$P(X > Y + 5)$$

혹은

$$P(X - Y > 5)$$

라는 확률을 구해야 합니다.

X − Y의 평균값과 분산을 구하려면, X의 평균값에서 Y의 평균값을 빼고, 분산을 서로 더합니다. 따라서 다음이 성립합니다.

$$X - Y \sim N(7, 36.25)$$

우리는 5인치의 표준점수를 찾아야 합니다.

$$z = \frac{(x - y) - \mu}{\sigma}$$

$$= \frac{5 - 7}{6.02}$$

$$= -0.33 \text{ (소수점 2자리까지)}$$

이것을 이용해서 $P(X - Y > 5)$의 값을 찾을 수 있습니다.

$$P(X - Y > 5) = 1 - P(X - Y < 5)$$

$$= 1 - 0.3707$$

$$= 0.6293$$

더 많은 사람들이 러브트레인을 원하고 있습니다

서로 사랑하는 커플들의 몸무게를 합친 값이 기차가 견딜 수 있는 최고 무게보다 적을 확률은 꽤 높은 것처럼 보입니다. 하지만 기차의 손님을 신랑과 신부로 제한할 필요는 없지 않을까요?

고객들은 기차에 더 많은 사람들이 탈 수 있도록 해달라고 요구하고 있고, 높은 값을 기꺼이 지불한다고 하는군. 아주 좋아, 하지만 러브트레인이 추가적인 무게를 감당할 수 있을까?

결혼식 파티에 참석한 사람들 중에서 2명을 더 태울 수 있도록 차량을 한 대 더 붙이면 어떻게 되는지 살펴봅시다. 추가로 타는 사람은 부모이거나 친구일 수 있고, 혹은 신부와 신랑이 같이 타기를 원하는 어느 누구도 될 수 있습니다.

차량은 모두 800파운드의 무게를 감당할 수 있도록 만들어질 것입니다. 그리고 성인들의 몸무게가 다음과 같이 분포되어 있다고 가정합니다.

$$X \sim N(180, 625)$$

X는 성인의 몸무게를 나타냅니다. 그렇다면 4명의 성인 몸무게를 합쳤을 때 그 값이 800파운드보다 적게 나갈 확률은 어떻게 구할 수 있을까요?

브레인 파워

기대치와 분산을 계산할 때 사용한 공식을 떠올려보세요. 독립관측과 선형변환의 차이는 무엇입니까? 각각은 기대치와 분산에 어떤 영향을 미칠까요? 이 문제에는 둘 중 어느 것이 더 어울릴까요?

선형변환은 기저에 있는 값의 변화를 나타냅니다...

X가 어느 한 성인의 몸무게라고 했을 때 4X의 확률분포를 살펴보는 것부터 시작해 봅시다. 4X는 성인 4명의 몸무게에 대한 확률분포를 적절하게 나타내고 있을까요?

4X의 분포는 사실 X의 **선형변환**(linear transform)입니다. 그것은 X를 a가 4이고 b가 0이라고 했을 때 aX + b라는 형태를 이용해서 변환한 것입니다. 이것은 우리가 앞에서 이산확률분포를 다루었을 때 만났던 변환과 정확히 같은 종류의 변환입니다.

선형변환은 확률분포에 포함된 값들의 크기가 변화하는 것을 설명해 줍니다. 따라서 4X는 성인 한 사람의 몸무게에 4를 곱한 값을 나타냅니다.

4X 확률분포는 어느 한 사람의 몸무게가 4배가 된 것을 나타냅니다. 변한 것은 무게이지 성인의 수가 아닙니다.

1X

2X

4X

우리가 원했던 것은 4명의 어른이지, 한 명의 어른을 네 배로 늘려놓은 것이 아닙니다.

그럼 선형변환의 분포는 무엇일까요?

$X \sim N(\mu, \sigma^2)$일 때 aX + b라는 X에 대한 선형변환이 있다고 해 봅시다. X가 정규적으로 분포되고 있으므로 aX + b도 정규적으로 분포됨을 알 수 있습니다. 하지만 기대치와 분산은 무엇일까요?

기대치부터 생각해 봅시다. 이산확률분포를 공부했을 때 우리는 $E(aX + b) = aE(X) + b$임을 보았습니다. 이제 $E(X) = \mu$일 때 X는 정규분포를 따르므로 $E(aX + b) = a\mu + b$입니다.

다음은 분산을 생각해 봅시다. 이산확률분포를 공부했을 때 우리는 $Var(aX + b) = a^2Var(X)$임을 보았습니다. 이 경우 $Var(X) = \sigma^2$임을 알고 있으므로 $Var(aX + b) = a^2\sigma^2$입니다.

이 둘을 합치면 다음을 얻을 수 있습니다.

이 새로운 분산은 원래의 분산을 곱해서 제곱한 것입니다.

$$aX + b \sim N(a\mu + b, a^2\sigma^2)$$

다시 말해, 새로운 평균값은 $a\mu + b$이고, 새로운 분산은 $a^2\sigma^2$입니다.

그러면 독립관측은 어떤 도움을 줄까요?

...그리고 독립관측은 얼마나 많은 값을 가지고 있는지를 나타냅니다

우리가 실제로 알아야 하는 것은 한 명의 몸무게를 변화시키는 것이 아니라 4명의 개별적인 성인의 몸무게를 합친 것에 대한 확률분포입니다. 다시 말해, 우리는 X에 대한 4개의 **독립관측**(independent observations)에 대한 확률분포를 알아야 하는 것입니다.

각 성인의 몸무게는 X에 대한 관측입니다. 따라서 각 성인의 몸무게는 X에 대한 확률분포로 설명됩니다. 우리는 X에 대한 4개의 독립관측이 갖는 확률분포를 찾아야 하므로 다음과 같은 값에 대한 확률분포를 알아야 합니다.

$$X_1 + X_2 + X_3 + X_4$$

여기서 X_1, X_2, X_3, X_4는 모두 X에 대한 독립관측입니다.

독립관측의 기대치와 분산

이전에 이산확률변수에 대한 독립관측의 기대치와 분산에서 우리는 다음을 알게 되었습니다.

$$E(X_1 + X_2 + \ldots X_n) = nE(X)$$

그리고

$$Var(X_1 + X_2 + \ldots + X_n) = nVar(X)$$

이러한 공식은 연속확률변수에 대해서도 성립합니다. 따라서 $X \sim N(\mu, \sigma^2)$이라고 하면 다음이 성립합니다.

$$X_1 + X_2 + \ldots + X_n \sim N(n\mu, n\sigma^2)$$

바보 같은 질문이란 없습니다

Q: 그렇다면 선형변환과 독립관측의 차이는 뭐죠?

A: 선형변환은 확률분포 기저에 깔려있는 값들에 영향을 줍니다. 예를 들어 특정한 길이의 밧줄이 있다고 할 때 여기에 선형변환을 적용하면 밧줄의 길이를 변화시킵니다.

독립관측은 다루고 있는 대상의 개수에 관한 것입니다. 예를 들어 어떤 밧줄에 대한 n개의 독립관측을 가지고 있다면, 당신은 n개의 밧줄에 대해 말하고 있는 것입니다.

일반적으로 개수가 변하면 독립관측을 사용하고, 기저에 깔린 값이 변하면 선형변환을 사용합니다.

Q: 정확하게 뭐가 뭔지 꼭 알아야 하나요? 도대체 무슨 차이가 있는 거죠?

A: 확률계산에 차이가 있기 때문에 반드시 뭐가 뭔지 정확히 알아야 합니다. 선형변환과 독립관측 모두 기대치를 계산하는 방법이 동일하지만, 분산이 계산되는 방식은 완전히 다릅니다. n개의 독립관측을 가지고 있으면 분산은 원래 분산에 n을 곱한 것이 됩니다. 만약 원래 확률분포를 $aX + b$라는 형태로 변환하면 분산은 원래 분산에 a^2을 곱한 것이 됩니다.

Q: 동일한 확률분포에서 독립관측과 선형변환을 둘 다 가질 수 있나요?

A: 그렇습니다. 이러한 확률분포를 찾으려면 기대치와 분산을 계산하는 간단한 규칙을 따르면 됩니다. 이산확률분포와 연속확률분포에 대해 동일한 규칙을 적용할 수 있습니다.

핵심정리

- 만약 $X \sim N(\mu_x, \sigma_x^2)$이고 $Y \sim N(\mu_y, \sigma_y^2)$이라면, 그리고 X와 Y가 서로 독립이라면

  $X + Y \sim N(\mu_x + \mu_y, \sigma_x^2 + \sigma_y^2)$

  $X - Y \sim N(\mu_x - \mu_y, \sigma_x^2 + \sigma_y^2)$

  가 성립합니다.

- 만약 $X \sim N(\mu, \sigma^2)$이고 a와 b가 숫자라면

  $aX + b \sim N(a\mu + b, a^2\sigma^2)$

  이 성립합니다.

- 만약 $X_1, X_2, \ldots, X_n$이 모두 X에 대한 독립관측이고, $X \sim N(\mu, \sigma^2)$이라면 다음이 성립합니다.

  $X_1 + X_2 + \ldots + X_n \sim N(n\mu, n\sigma^2)$

덱스터의 러브트레인 딜레마를 해결해 봅시다. 4명의 성인 몸무게를 더한 값이 800파운드보다 적게 나갈 확률은 얼마나 될까요? 성인 몸무게는 N(180, 625)라는 분포를 따른다고 가정합니다.

덱스터의 러브트레인 딜레마를 해결해 봅시다. 4명의 성인 몸무게를 더한 값이 800파운드보다 적게 나갈 확률은 얼마나 될까요? 성인 몸무게는 N(180, 625)라는 분포를 따른다고 가정합니다.

성인 몸무게를 X로 나타내면 $X \sim N(180, 625)$입니다. 우선 4명의 성인 몸무게가 어떻게 분포되는지 알아볼 필요가 있습니다. 이 새로운 분포가 갖는 평균값과 분산을 찾으려면 X의 평균값과 분산에 4를 곱합니다. 그러면 다음을 얻게 됩니다.

$$X_1 + X_2 + X_3 + X_4 \sim N(720, 2500)$$

$P(X_1 + X_2 + X_3 + X_4 < 800)$를 구하려면 우선 표준점수를 계산해야 합니다.

$$z = \frac{x - \mu}{\sigma}$$

$$= \frac{800 - 720}{50}$$

$$= \frac{80}{50}$$

$$= 1.6$$

이 값을 표준정규확률테이블에서 찾아보면 0.9452라는 값을 얻을 수 있습니다. 따라서 이것은 다음을 의미합니다.

$$P(X_1 + X_2 + X_3 + X_4 < 800) = 0.9452$$

잠시 안내말씀 있겠습니다...

오늘 밤에는 당신을 위해 대단한 문제들이 마련되어 있습니다. 쇼를 시작해 봅시다. 이번 라운드에서는 40개의 질문을 던질 것입니다. 다음 라운드로 진출하려면 30개 이상의 답을 맞혀야 합니다. 아니면 그냥 참가상만 받고 집으로 돌아가면 됩니다. 각 문제에 대해 4개의 보기가 주어집니다. 이번 라운드의 제목은 '나에 대한 더 많은 사실들'입니다. 행운을 빌어요!

연필을 깎으며

2라운드 문제 중 다섯 개가 아래에 있습니다. 이들은 모두 게임쇼 진행자에 대한 것입니다.

1. 그가 제일 좋아하는 영화는 무엇입니까?

A: 자칼의 날
B: 이탈리언 잡
C: 아라비아의 로렌스
D: 모두가 대통령의 사람들

2. 그의 고양이가 제일 좋아하는 영화는 무엇입니까?

A: 완다라는 이름의 물고기
B: 거대 토끼의 저주
C: 마우스 헌트
D: 전선위의 참새

3. 그가 옷을 사는 데 쓰는 한 달 평균 비용은 얼마입니까?

A: 1,000불
B: 2,000불
C: 3,000불
D: 4,000불

4. 그는 얼마나 자주 이발을 합니까?

A: 한 달에 한 번
B: 한 달에 두 번
C: 한 달에 세 번
D: 한 달에 네 번

5. 그가 가장 좋아하는 웹사이트는 무엇입니까?

A: www.fatdanscasino.com
B: www.gregs-list.net
C: www.you-cube.net
D: www.starbuzzcoffee.com

게임을 할 것인가 아니면 그냥 물러설 것인가?

앞에서와 마찬가지로 당신은 게임쇼 진행자에 대해 아는 것이 별로 없기 때문에 정확한 답을 찾아낼 가능성이 별로 없습니다. 이번에도 질문에 대해 아무 답이나 골라야 할 것 같습니다.

그렇다면 이러한 40개의 질문에 대해 30개 이상의 답을 정확하게 맞힐 확률은 얼마일까요? 이러한 확률은 우리가 게임을 진행할지 아니면 물러설지 판단을 내리는 데 도움을 줄 것입니다.

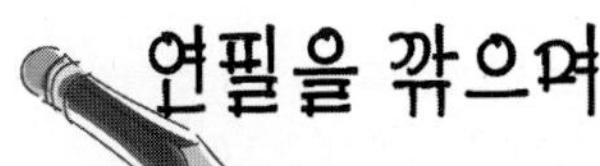

40개의 질문 중에서 적어도 30개의 답을 정확하게 고를 확률은 어떻게 구할 수 있나요? 정확한 답을 얻기 위해서는 어떤 절차를 밟아야 할까요? 평균값과 분산은 어떻게 구할 수 있나요?

정확한 확률을 구하라라고 하는 것은 아닙니다. 확률을 구하는 방법에 대해서만 대답하면 됩니다.

연필을 깎으며 정답

40개의 질문 중에서 적어도 30개의 답을 정확하게 고를 확률은 어떻게 구할 수 있나요? 정확한 답을 얻기 위해서는 어떤 절차를 밟아야 할까요? 평균값과 분산은 어떻게 구할 수 있나요?

정확한 확률을 구하라고 하는 것은 아닙니다. 확률을 구하는 방법에 대해서만 대답하면 됩니다.

모두 40개의 질문이 있습니다. 따라서 40번의 시행이 있는 것입니다. 각 시행의 결과는 성공 아니면 실패입니다. 그리고 우리는 일정한 횟수 이상으로 성공을 거두는 확률을 구하고자 합니다. 이러한 확률을 구하려면 이항분포를 사용해야 합니다. n = 40이고, 각 문제마다 네 개의 보기가 주어지므로 p는 1/4 혹은 0.25입니다.

만약 X가 정확하게 맞히는 문제의 수를 나타낸다면 P(X > 30)을 구하면 됩니다. 따라서 P(X = 30)에서 P(X = 40)에 이르는 확률들의 값을 구해야 합니다.

q가 1 - p라고 했을 때 n, p, q를 이용해서 평균값과 분산을 구할 수 있습니다. 평균값은 np와 같고, 분산은 npq와 같습니다. 그러면 평균값은 40 x 0.25 = 10이고, 분산은 40 x 0.25 x 0.75 = 7.5입니다.

하지만 이런 것들을 일일이 계산하려면 너무 복잡하잖아. 좀 더 쉬운 방법은 없을까?

이항분포를 이용하는 것은 복잡한 계산을 요구합니다.

30개 혹은 그 이상의 정답을 맞히는 경우에 대한 확률을 계산하려면 11개의 개별적인 확률을 구해서 서로 더해야 합니다. 이러한 확률들은 각각 복잡한 계산을 필요로 하므로 전체 계산 과정 어디에선가 실수를 저지르기 매우 쉽습니다.

이항확률을 쉽게 계산하는 방법이 필요합니다.

다른 분포들을 정규분포만큼 계산하기 쉽게 만들 수 있다면 환상적이지 않을까? 하지만 그건 꿈에서나 가능할 거야...

정규분포의 구출

이항분포를 사용하는 것은 이와 같이 때에 따라서 어려울 수 있습니다. 계산의 어느 부분은 복잡할 뿐만 아니라 여러 번 반복되기 때문에 실수를 저지르기도 쉽고 시간이 오래 걸려서 엉뚱한 결과를 얻게 되기도 합니다.

대책이 없는 것 같다고요? 걱정할 필요 없습니다. 쉬운 해결책이 있습니다.

경우에 따라 정규분포는 이항분포를 개략적으로 대체하기 위해 사용될 수 있습니다.

어떤 경우에는 푸아송분포가 이항분포를 개략적으로 대체할 수 있고, 어떤 경우에는 정규분포가 그렇게 할 수 있습니다.

다른 분포를 이용해서 이항분포를 개략적으로 대체하는 방법을 아는 것은 온갖 종류의 복잡한 계산을 간략하게 만들 수 있기 때문에 매우 유용합니다. 어떤 경우에는 푸아송분포가 복잡한 이항분포의 확률을 대신 계산할 수 있도록 도움을 주기도 합니다.

또 다른 경우에는 이항분포를 대신하기 위해 정규분포를 사용할 수 있기도 합니다. 이렇게 하면 복잡한 계산을 수행하는 대신에 필요한 확률을 정규확률테이블에서 찾아보기만 하면 되므로 엄청난 장점을 갖습니다.

우리는 어느 경우에 그렇게 할 수 있는지 알기만 하면 됩니다.

이항분포를 대신하기 위해 푸아송분포를 사용하는 방법을 공부한 것은 꽤 앞에서의 일이었습니다. 어떤 경우에 푸아송분포를 대신 사용할 수 있었나요?

$n > 50$이고 $p < 0.1$일 때 $B(n, p)$는 푸아송분포에 의해 개략적으로 대체될 수 있습니다.

분포가 되어 봅시다

아래에 서로 다른 값을 갖는 n과 p에 대한 이항분포가 있습니다. 당신이 할 일은 스스로 분포가 되었다고 생각하고 이 중에서 어느 것이 정규분포에 의해 가장 잘 개략적으로 대체될 수 있는지 따져보는 것입니다. 각 분포의 모양에 대해 주의를 기울이고 어느 것이 가장 정규에 가까운지 말해 보세요.

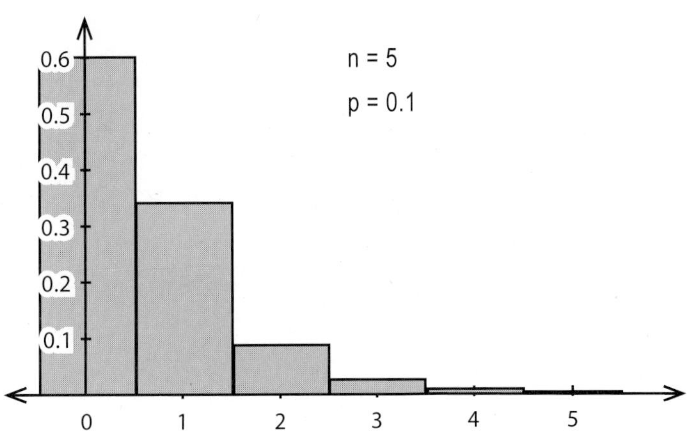

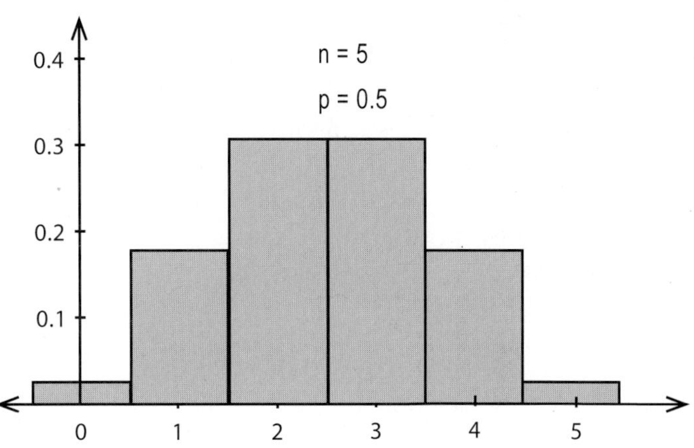

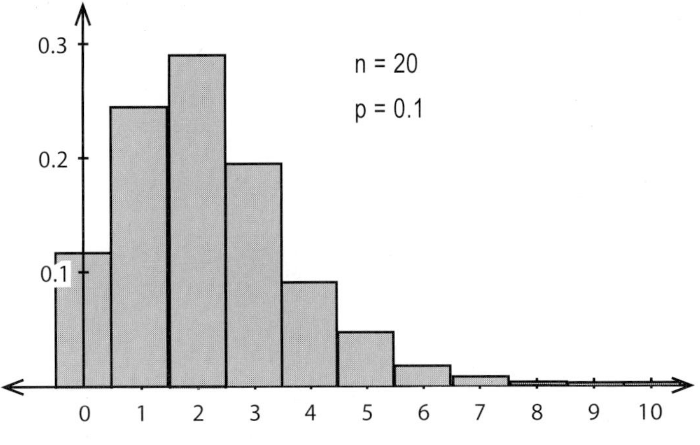

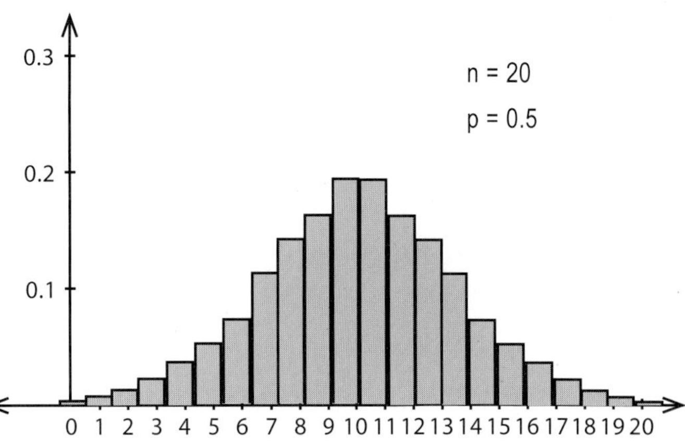

분포가 되어 봅시다 정답

아래에 서로 다른 값을 갖는 n과 p에 대한 이항분포가 있습니다. 당신이 할 일은 스스로 분포가 되었다고 생각하고 이 중에서 어느 것이 정규분포에 의해 가장 잘 개략적으로 대체될 수 있는지 따져보는 것입니다. 각 분포의 모양에 대해 주의를 기울이고 어느 것이 가장 정규에 가까운지 말해 보세요.

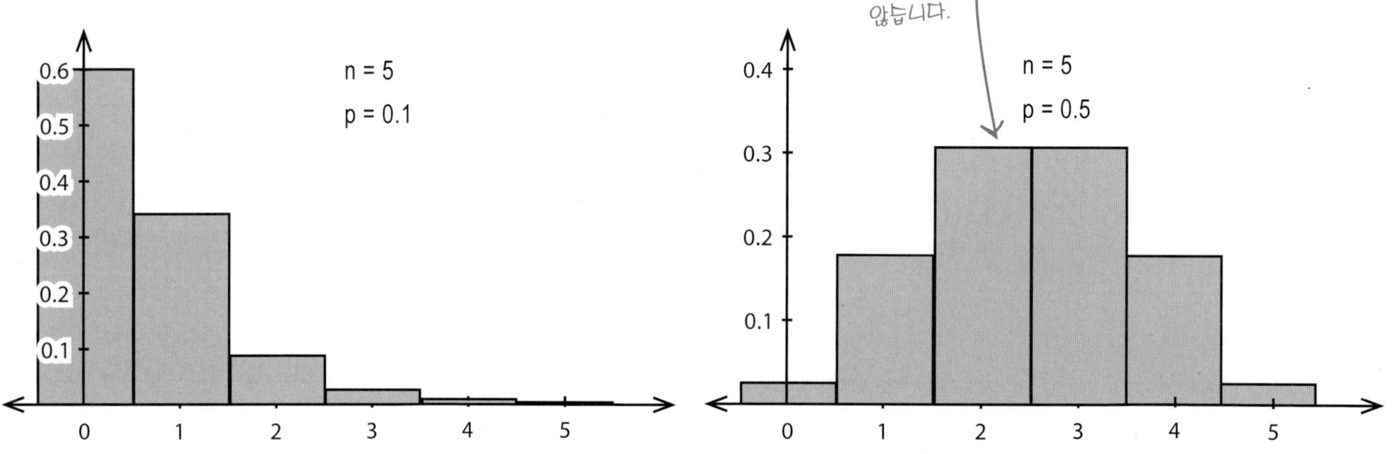

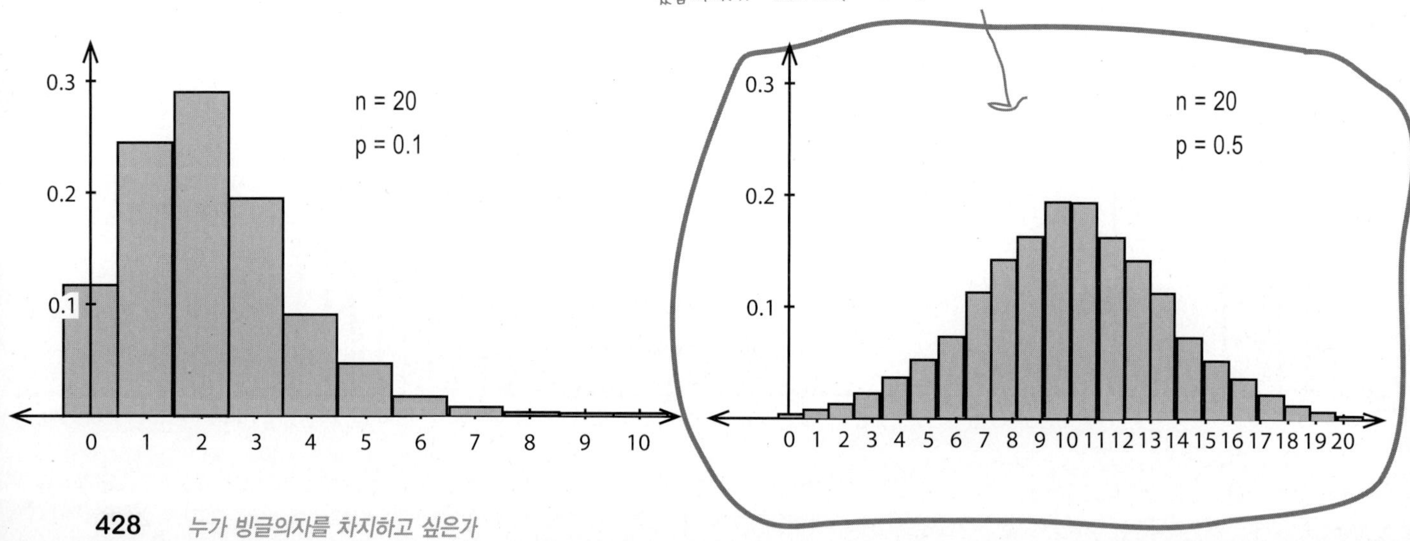

언제 이항분포를 정규분포를 이용해서 대체합니까?

어떤 특정한 경우에는 이항분포의 모양이 정규분포의 모양과 매우 흡사합니다. 이러한 상황에서는 이항분포 대신 정규분포를 이용해서 확률에 대한 근사치를 구할 수 있습니다. 개별적인 확률을 여러 번 계산하는 대신 표준정규확률테이블에서 원하는 값의 범위를 찾아볼 수 있습니다.

그러면 특정한 경우란 어느 때를 말하는 걸까요?

앞의 연습문제에서는 p가 0.5에 가깝고 n이 20에 가까울 때 이항분포가 정규분포의 모습과 흡사하다는 사실을 확인했습니다. 일반적으로 np와 nq가 모두 5보다 클 때 정규분포를 이용해서 이항분포를 개략적으로 대체할 수 있습니다.

n은 값들의 개수를 의미하고, p는 성공할 확률, q는 1 − p를 의미합니다.

평균값과 분산 찾기

확률을 찾아보기 위해 정규확률테이블을 사용하기 전에, 표준점수를 계산하기 위해 필요한 평균값과 분산을 알아야 합니다. 이러한 값들은 이항분포에서 직접 가져오면 됩니다. 처음 이항분포를 공부할 때 다음과 같은 사실을 배웠습니다.

$\mu = np$ 그리고 $\sigma^2 = npq$

이러한 값들을 정규 근사치에 대한 인수로 사용할 수 있습니다.

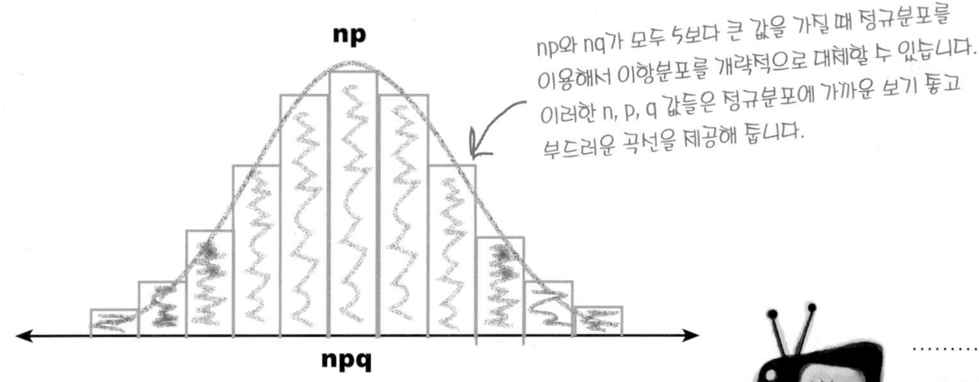

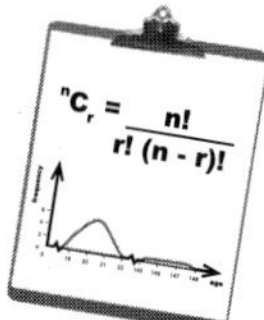

핵심 통계학

이항분포에 대한 개략적인 값 구하기

만약 X ~ B(n, p), np > 5, 그리고 nq > 5라면 X ~ N(np, npq)를 이용해서 이항분포에 대한 대략적인 값을 구할 수 있습니다.

조심하세요!

어떤 책에서는 np > 10, nq > 10 이라는 기준을 사용하기도 합니다.

만약 통계학 시험을 치르는 경우라면 시험을 출제하는 사람들이 어떤 기준을 사용하는지 미리 확인할 필요가 있습니다.

긴 연습문제

누가 빙글의자를 차지하고 싶은가에서 출제된 40개의 질문에 대해 정규분포를 적용하기 전에 그게 정말로 제대로 작동하는지 확인하기 위해 간단한 문제를 풀어 봅시다. 각 문제에 대해 2개의 보기가 주어진 12개의 문제 중에서 5개 혹은 그 이하의 질문을 맞힐 확률을 구해 봅시다.

이항분포를 이용해서 계산을 하는 것부터 시작하세요. 이항분포를 $X \sim B(12, 0.5)$일 때 $P(X < 6)$을 구하는 데 사용하세요.

이제 정규분포를 이용해서 이항분포에 대한 개략적인 답을 구해보고, 그것이 앞에서와 같은 결과를 낳는지 확인해 보세요. 만약 $X \sim B(12, 0.5)$라면 이에 대한 개략적인 값을 구하기 위해 어떤 정규분포를 사용할 수 있을까요? 그것을 찾았으면 이제 $P(X < 6)$의 값은 무엇일까요?

긴 연습문제 정답

누가 빙글의자를 차지하고 싶은가에서 출제된 40개의 질문에 대해 정규분포를 적용하기 전에 그게 정말로 제대로 작동하는지 확인하기 위해 간단한 문제를 풀어 봅시다. 각 문제에 대해 2개의 보기가 주어진 12개의 문제 중에서 5개 혹은 그 이하의 질문을 맞힐 확률을 구해 봅시다.

이항분포를 이용해서 계산을 하는 것부터 시작하세요. 이항분포를 $X \sim B(12, 0.5)$일 때 $P(X < 6)$을 구하는 데 사용하세요.

각각의 확률을 구하기 위해 다음 공식을 사용합니다.

$$P(X = r) = {}^nC_r p^r q^{n-r} \qquad \text{여기서} \qquad {}^nC_r = \frac{n!}{r!(n-r)!}$$

$X \sim B(12, 0.5)$일 때 $P(X < 6)$을 구해야 합니다. 그렇게 하려면 $P(X = 0)$에서 $P(X = 5)$까지의 값을 구한 다음에 모든 확률을 더해야 합니다.

개별적인 확률은 다음과 같습니다.

$$P(X = 0) = {}^{12}C_0 \times 0.5^{12} = 0.5^{12}$$

$$P(X = 1) = {}^{12}C_1 \times 0.5 \times 0.5^{11} = 12 \times 0.5^{12}$$

$$P(X = 2) = {}^{12}C_2 \times 0.5^2 \times 0.5^{10} = 66 \times 0.5^{12}$$

$$P(X = 3) = {}^{12}C_3 \times 0.5^3 \times 0.5^9 = 220 \times 0.5^{12}$$

$$P(X = 4) = {}^{12}C_4 \times 0.5^4 \times 0.5^8 = 495 \times 0.5^{12}$$

$$P(X = 5) = {}^{12}C_5 \times 0.5^5 \times 0.5^7 = 792 \times 0.5^{12}$$

이들을 모두 더하면 다음과 같은 확률을 얻게 됩니다.

$$P(X < 6) = (1 + 12 + 66 + 220 + 495 + 792) \times 0.5^{12}$$

$$= 1586 \times 0.5^{12}$$

$$= 0.387 \text{ (소수 3자리까지)}$$

이제 정규분포를 이용해서 이항분포에 대한 개략적인 답을 구해보고, 그것이 앞에서와 같은 결과를 낳는지 확인해 보세요. 만약 X ~ B(12, 0.5)라면 이에 대한 개략적인 값을 구하기 위해 어떤 정규분포를 사용할 수 있을까요? 그것을 찾았으면 이제 P(X < 6)의 값은 무엇일까요?

X ~ B(12, 0.5)는 n = 12, p = 0.5, 그리고 q = 0.5라는 뜻입니다. 여기에 대한 좋은 근사치는 X ~ N(np, npq) 혹은 X ~ N(6, 3) 입니다.

우리는 P(X < 6)을 찾고자 하므로 우선 표준점수를 계산합니다.

$$z = \frac{x - \mu}{\sigma}$$

$$= \frac{6 - 6}{\sqrt{3}}$$

$$= 0$$

이것을 확률테이블에서 찾아보면 다음을 얻게 됩니다.

P(X < 6) = 0.5

내가 뭘 잘못 알고 있나?
그게 무슨 **좋은** 근사치야?

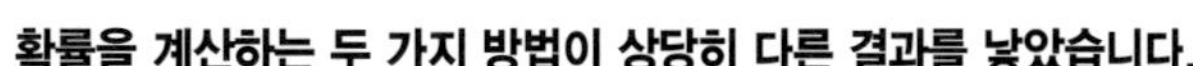

확률을 계산하는 두 가지 방법이 상당히 다른 결과를 낳았습니다.

이항분포를 사용했을 때는 P(X < 6)이 0.387이었는데, 정규분포를 사용하니까 0.5가 되었습니다. 이항분포 대신 정규분포를 사용할 수는 있었지만 결과는 상당히 다릅니다.

뭐가 잘못되었다고 생각합니까? 그것을 어떻게 바로 잡을 수 있을까요?

정규근사치 다시 보기

뭐가 잘못되었을까요? 문제를 좀 더 자세히 살펴보면서 구체적으로 무엇이 잘못되었는지 그리고 그것을 고칠 수 있는지 여부를 생각해 봅시다.

우선 다음은 $X \sim B(12, 0.5)$에 대한 확률분포입니다. 우리는 6개보다 적은 질문에 대해 정확한 답을 구하는 확률을 찾고자 했고, 그래서 $P(X < 6)$을 계산했습니다.

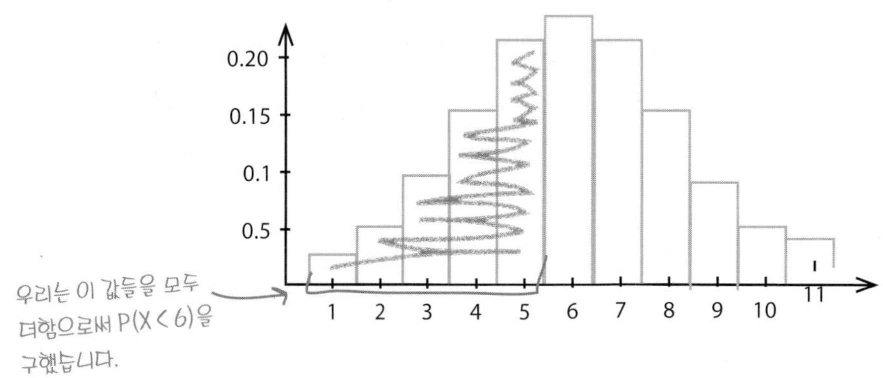

그 다음에는 $X \sim N(6, 3)$을 이용해서 분포에 대한 근사치를 구했습니다. 이항분포에 대한 $P(X < 6)$을 구하기 위해 정규분포에 대한 $P(X < 6)$을 계산한 것입니다.

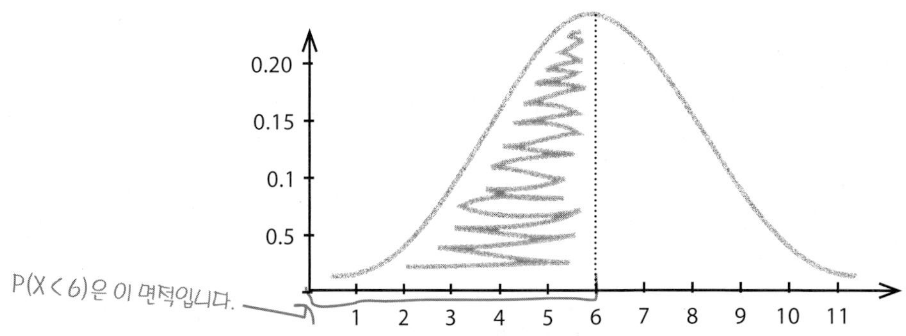

두 개의 확률분포를 자세히 살펴보기 바랍니다. 쉽게 알아채기는 힘들지만, 이 두 개의 분포에는 결정적인 차이가 존재합니다. 확률을 구하기 위해 사용한 범위가 조금 다르다는 것입니다. 정규분포를 이용할 때 우리는 약간 더 큰 범위를 사용했습니다. 그래서 더 큰 확률값을 얻게 되었던 것입니다.

다음 페이지에서 이 내용을 더 자세히 살펴볼 것입니다.

이항분포는 이산이지만 정규분포는 연속입니다

두 확률을 계산할 때 우리가 간과한 것이 하나 있습니다. 두 분포 중에서 하나(이항분포)는 이산이고 다른 하나(정규분포)는 연속이라는 사실에 대해 주의를 기울이지 않은 것입니다. 확률의 범위는 계산되는 확률값에 영향을 미칠 수 있기 때문에 이러한 차이는 매우 중요합니다.

다음은 X ~ B(12, 0.5)와 N(6, 3)이라는 확률분포가 하나의 그래프 위에 표현된 것입니다. 정규분포에서 이항분포보다 더 넓은 범위를 사용한 부분을 회색으로 칠해 놓았습니다.

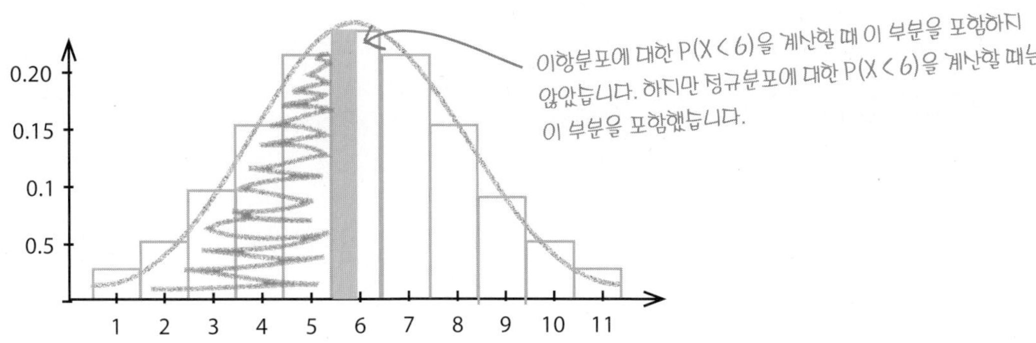

무엇이 문제인지 알겠습니까?

이산확률분포에서 정수를 취해서 그들을 연속눈금으로 변환시킬 때 우리는 더 이상 정수 각각의 값 자체에 주목하지 않습니다. 그 대신 정수 주변에 존재하는 범위에 대해 주목합니다.

이산된 값 6을 예로 들어 봅시다. 6이라는 수를 연속눈금으로 옮긴다면 그 주변에 존재하는 모든 값에 대해 고려해야 합니다. 다시 말해, 5.5와 6.5 사이에 존재하는 모든 수에 대해 고려해야 하는 것입니다.

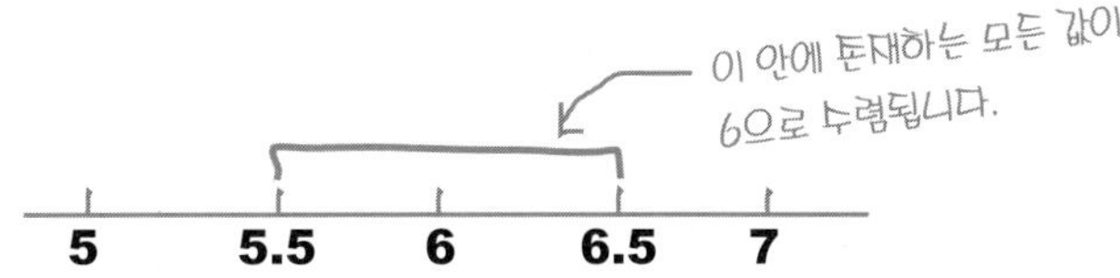

그럼 이러한 사실이 확률문제에 어떻게 적용되는 것일까요?

6개보다 적은 답을 맞힐 확률에 대한 근사치를 구하기 위해 정규분포를 사용할 때 우리는 이산된 값 6이 어떻게 연속눈금으로 변환되는지에 대해 아무런 생각도 하지 않았습니다. 이산된 값 6은 사실 5.5에서 6.5에 이르는 범위를 포함하므로 정규분포에 대한 P(X < 6)이라는 확률을 구하는 것이 아니라 P(X < 5.5)라는 확률을 구했어야 하는 것입니다.

이러한 작업을 **연속성보정**(continuity correction)이라고 합니다. 연속성보정은 이산된 값들을 연속눈금 위로 옮길 때 수행해야 하는 간단한 조절을 의미합니다.

근사치를 구하기 전에 연속성보정을 수행하세요

X ~ N(6, 3)일 때 P(X < 5.5)를 구해보고, 이것이 5개 혹은 그 이하의 답을 맞힐 확률과 얼마나 비슷한지 확인해 보도록 합시다. 이항분포를 이용했을 때 우리가 찾은 확률의 값은 0.387이었습니다.

이제 정규분포가 얼마나 이 값에 가까운 값을 제공하는지 봅시다.

X ~ (6, 3)일 때 P(X < 5.5)를 찾고자 하므로 우선 표준점수를 계산합니다.

$$z = \frac{x - \mu}{\sigma}$$

$$= \frac{5.5 - 6}{\sqrt{3}}$$

$$= -0.29 \text{ (소수 2자리까지)}$$

이 두 확률값을 보세요. 그들은 정말 비슷합니다. 연속성보정이 제대로 작동한 것처럼 보입니다.

우리는 Z < −0.29라는 영역에 의해 정해지는 확률값을 찾아야 합니다. 이것을 표준정규확률테이블에서 찾아보면 0.3859라는 확률값을 얻게 됩니다. 다시 말해, 다음과 같은 결과를 얻습니다.

$$P(X < 5.5) = 0.3859$$

이 값은 이항분포를 이용해서 구했던 값과 매우 비슷합니다. 이항분포는 0.387이라는 결과를 낳았는데, 정규분포는 그 결과에 매우 근접한 근사치를 우리에게 제공해 주고 있습니다.

핵심정리

- 특정 상황에서는 **이항분포의 값에 대한 근사치를 구하기 위해 정규분포를 사용**할 수 있습니다. X ~ B(n, p), np > 5, nq > 5라면 X ~ N(np, npq)를 이용해서 X에 대한 근사치를 구할 수 있습니다.
- 정규분포를 이용해서 이항분포에 대한 근사치를 구하는 경우에는 정확한 결과를 얻도록 하기 위해 **연속성보정을 적용**할 필요가 있습니다.

이항분포에 대한 근사치를 얻기 위해 정규분포를 사용할 때 가장 중요한 것 중 하나는 올바른 연속성보정을 적용하는 것입니다. 앞에서 본 바와 같이 확률범위에 대한 약간의 변화가 실제 확률에 대해 심각한 오류를 발생시킬 수 있습니다. 별것 아닌 것처럼 들릴 수도 있지만, 잘못된 확률은 잘못된 결정을 내리도록 유도할 수도 있기 때문에 중요합니다.

이제 다른 종류의 확률문제에서 근사치를 구할 때 적용할 필요가 있는 연속성보정이 무엇인지 살펴보도록 합시다.

찾는 대상 ≤ 확률

$P(X \leq a)$라는 형태의 확률을 구하고자 한다면 선택한 범위가 이산된 값 a를 포함하도록 만드는 것이 핵심입니다. 연속눈금에서는 이산된 값 a가 사실상 $(a + 0.5)$에 이르는 값까지를 포함합니다. 이것은 만약 $P(X \leq a)$를 찾기 위해 정규분포를 사용하고 있다면 가까운 근사치를 얻기 위해 실제로는 $P(X < a + 0.5)$를 계산해야 함을 의미합니다. 다시 말해, 0.5가 추가되는 것입니다.

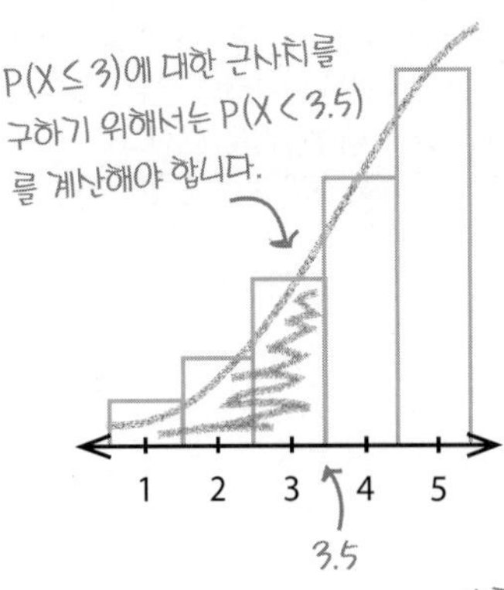

찾는 대상 ≥ 확률

$P(X \geq b)$라는 형태의 확률을 찾는 경우에는 범위가 이산된 값 b를 반드시 포함하도록 만들 필요가 있습니다. 연속눈금에서 값 b는 $(b - 0.5)$까지 포함하므로 그 값이 포함되도록 하기 위해 $P(X > b - 0.5)$를 계산해야 합니다. 다시 말해, 0.5를 빼야 합니다.

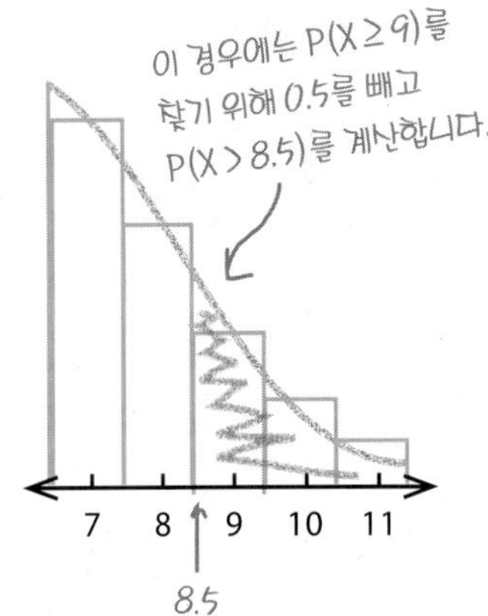

찾는 대상이 확률 "사이에" 있는 경우

$P(a \leq X \leq b)$라는 형태의 확률을 구할 때는 범위가 a와 b 둘 다 포함하도록 만들어야 합니다. 그렇게 하려면 양 끝의 범위를 0.5씩 확장해야 합니다. 이러한 확률에 대한 근사치를 정규분포를 이용해서 구하려면 $P(a - 0.5 < X < b + 0.5)$를 계산합니다. 이것은 앞에서 본 두 가지 경우를 하나로 합쳐놓은 것에 불과합니다.

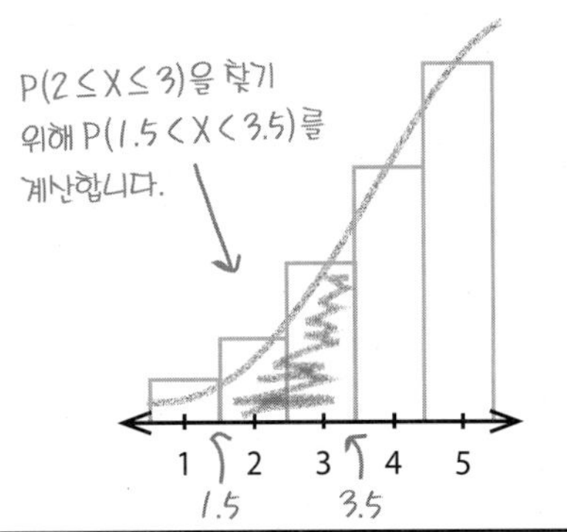

바보 같은 질문이란 없습니다

Q: 정규분포를 이용해서 이항분포에 대한 근사치를 구하는 것이 정말로 시간을 절약하도록 만드나요?

A: 많은 시간을 절약해 줍니다. 이항분포의 확률을 계산하는 것은 대부분의 경우 서로 다른 많은 값들에 대해 일일이 계산을 해야 하기 때문에 시간이 오래 걸립니다. 이항분포의 경우에는 값의 범위에 대해 쉽게 계산하는 방법이 없습니다.

그렇지만 정규분포를 이용해서 이항분포의 값을 구하면 시간이 크게 단축됩니다. 표준테이블에서 확률을 곧바로 찾아볼 수 있고, 전체 범위를 한 번에 다룰 수도 있습니다.

Q: 그렇지만 그렇게 구한 값이 정확한가요?

A: 그렇습니다. 대부분의 경우에는 충분히 정확합니다. 반드시 기억해 두어야 하는 것은 언제나 연속성보정을 해 주어야 한다는 사실입니다. 이 사실을 잊으면 결과의 정확도가 떨어집니다.

Q: <과 >의 경우를 위한 연속성보정은 어떻게 합니까? ≤과 ≥의 경우와 동일한가요?

A: 다릅니다. 그리고 연속성보정 방법은 어떤 값들을 포함시키고 어떤 값들을 배제하고 싶은지에 달려 있습니다.

≤과 ≥를 이용해서 확률을 구할 때는 부등식에 등장하는 값을 확률의 범위에 포함시켜야 합니다. 따라서 만약 $P(X \leq 10)$을 찾는 경우라면 10이 범위에 포함되도록 해야 하므로 $P(X < 10.5)$를 계산해야 합니다.

하지만 <과 >를 이용해서 확률을 구할 때는 부등식에 등장하는 값을 확률의 범위에서 배제시켜야 합니다. 따라서 만약 $P(X < 10)$을 찾는 경우라면 10이 범위에 포함되지 않도록 해야 하므로 $P(X < 9.5)$를 계산하야 합니다.

Q: 이항분포에 대한 근사치를 정규분포와 푸아송분포를 이용해서 구할 수 있습니다. 둘 중 어느 것을 사용하는 것이 좋습니까?

A: 처한 환경에 달려 있습니다. $X \sim B(n, p)$일 때, $np > 5$이고 $nq > 5$라면 정규분포를 이용해서 이항분포에 대한 근사치를 구할 수 있습니다.

$n > 50$이고 $p < 0.1$이라면 푸아송분포를 이용해서 이항분포에 대한 근사치를 구할 수 있습니다.

정규분포를 이용해서 이항분포의 근사치를 구할 때에는 반드시 연속성보정을 해야 한다는 것을 기억하세요.

수영장 퍼즐

여러분이 **할 일**은 수영장에 떨어져 있는 조각들을 건져서 각 이산확률 범위에 대해 올바른 연속성보정을 얻을 수 있도록 밑줄 친 부분에 넣는 것입니다. 동일한 조각을 한 번 이상 사용해도 **되고**, 모든 조각을 사용해야 하는 것은 아닙니다.

$X < 3$ → ____________________

$X > 3$ → ____________________

$X \leq 3$ → ____________________

$X \geq 3$ → ____________________

$3 \leq X < 10$ → ____________________

$X = 0$ → ____________________

$3 \leq X \leq 10$ → ____________________

$3 < X \leq 10$ → ____________________

$X > 0$ → ____________________

$3 < X < 10$ → ____________________

주의: 수영장에서 건진 조각은 한 번 이상 사용해도 상관없습니다!

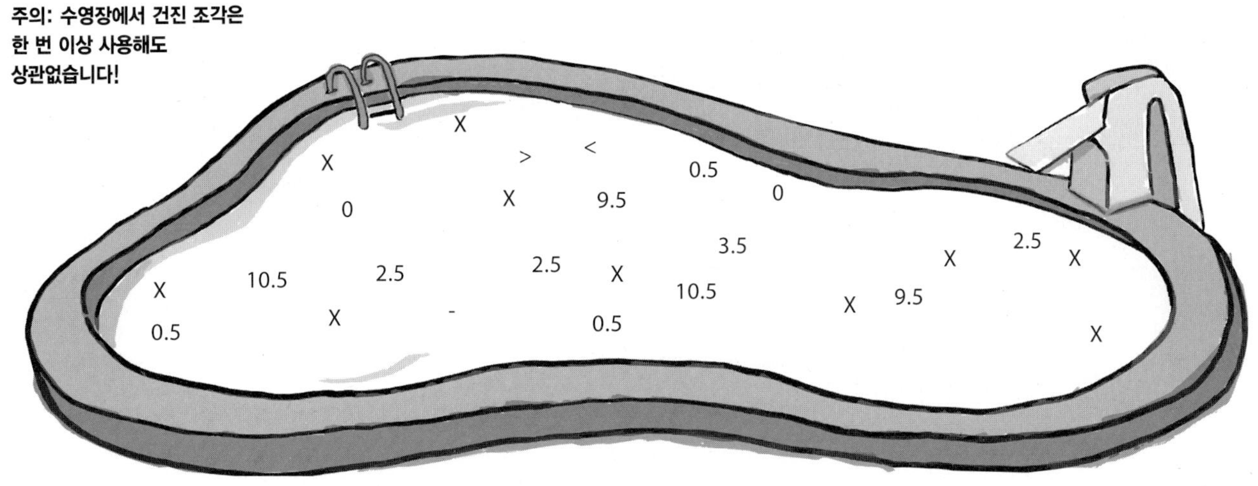

수영장 퍼즐 정답

여러분이 **할 일**은 수영장에 떨어져 있는 조각들을 건져서 각 이산확률 범위에 대해 올바른 연속성보정을 얻을 수 있도록 밑줄 친 부분에 넣는 것입니다. 동일한 조각을 한 번 이상 사용해도 **되고**, 모든 조각을 사용해야 하는 것은 아닙니다.

우리는 3보다 작은 값들을 찾고 있습니다. 2.5는 3으로 반올림되므로 범위 안에 2.5보다 작은 값들만 포함시키면 됩니다.

$X < 3$ → $X < 2.5$

$X > 3$ → $X > 3.5$

$X \le 3$ → $X < 3.5$

우리는 3보다 작거나 같은 값들을 찾고 있습니다. 2.5에서 3.5 사이에 존재하는 값들은 모두 3으로 반올림되므로 범위 안에 3.5보다 작은 값들만 포함시키면 됩니다.

$X \ge 3$ → $X > 2.5$

$3 \le X < 10$ → $2.5 < X < 9.5$

-0.5에서 0.5 사이에 존재하는 값들은 모두 0으로 반올림됩니다. 따라서 그들을 범위에 포함시키면 됩니다.

$X = 0$ → $-0.5 < X < 0.5$

$3 \le X \le 10$ → $2.5 < X < 10.5$

$3 < X \le 10$ → $3.5 < X < 10.5$

$X > 0$ → $X > 0.5$

$3 < X < 10$ → $3.5 < X < 9.5$

주의: 수영장에서 건진 조각은 한 번 이상 사용해도 상관없습니다!

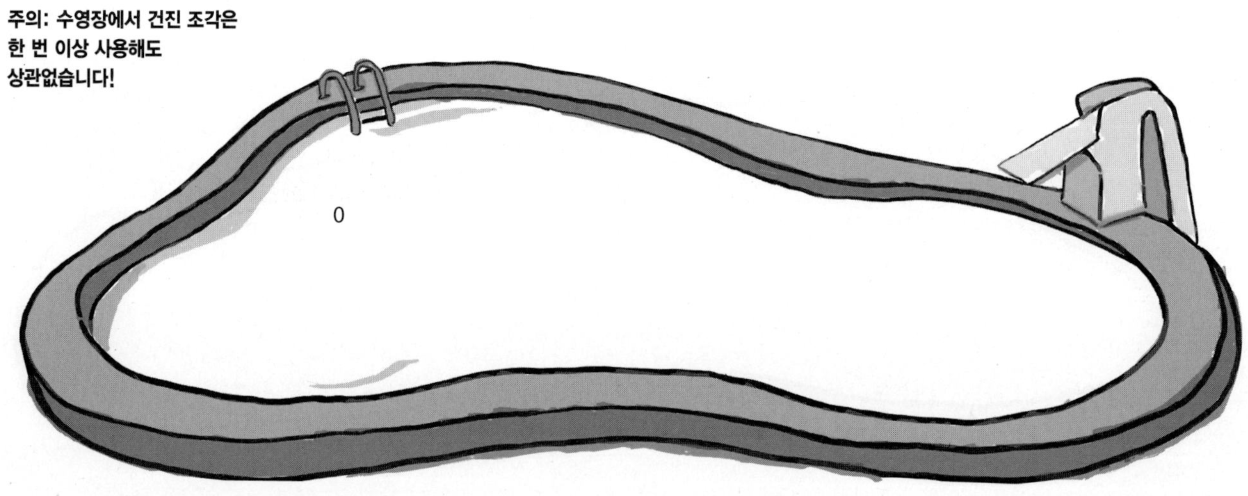

* 오늘 방송되는 누가 빙글의자를 차지하고 싶은가에서 당신이 잭팟을 터뜨릴 확률은 얼마나 될까요? 각각의 문제가 4개의 보기를 가지고 있다고 했을 때 40개의 질문 중에서 적어도 30개의 정확한 답을 찾을 확률을 구해 보세요.

오늘 방송되는 누가 빙글의자를 차지하고 싶은가에서 당신이 잭팟을 터뜨릴 확률은 얼마나 될까요? 각각의 문제가 4개의 보기를 가지고 있다고 했을 때 40개의 질문 중에서 적어도 30개의 정확한 답을 찾을 확률을 구해 보세요.

X가 정확하게 맞힌 문제의 수를 나타낸다고 합시다. 그리고 우리는 $X \sim B(40, 0.25)$일 때 $P(X \geq 30)$을 구하고자 합니다.

np와 nq가 모두 5보다 큰 값을 가지므로 이 확률에 대한 근사치를 구하기 위해 정규분포를 사용하는 것이 가능합니다. $np = 10$ 그리고 $npq = 7.5$이므로 $X \sim N(10, 7.5)$일 때 $P(X > 29.5)$를 찾으면 됩니다.

우선 표준점수부터 계산해 봅니다.

$$z = \frac{x - \mu}{\sigma}$$

$$= \frac{29.5 - 10}{\sqrt{7.5}}$$

$$= \frac{19.5}{2.74}$$

$$= 7.116$$

7.116을 확률테이블에서 찾아보면 1에 매우 가깝습니다. 따라서 이것은 다음을 의미합니다.

$$P(X > 29.5) = 1 - 1$$

$$= 0$$

당신이 포기하는 모습을 보니 아쉽군요.
쇼에 참가해 주셔서 고맙습니다. 그런데 덱스터라는
사람이 급한 이메일을 보냈군요...

연필을 깎으며 정답

2라운드 문제 중 다섯 개가 아래에 있습니다. 이들은 모두 게임쇼 진행자에 대한 것입니다.

1. 그가 제일 좋아하는 영화는 무엇입니까?

- ✔ **A:** 자칼의 날
- **B:** 이탈리언 잡
- **C:** 아라비아의 로렌스
- **D:** 모두가 대통령의 사람들

2. 그의 고양이가 제일 좋아하는 영화는 무엇입니까?

- **A:** 완다라는 이름의 물고기
- **B:** 거대 토끼의 저주
- ✔ **C:** 마우스 헌트
- **D:** 전선위의 참새

3. 그가 옷을 사는 데 쓰는 한 달 평균 비용은 얼마입니까?

- **A:** 1,000불
- **B:** 2,000불
- **C:** 3,000불
- ✔ **D:** 4,000불

4. 그는 얼마나 자주 이발을 합니까?

- **A:** 한 달에 한 번
- ✔ **B:** 한 달에 두 번
- **C:** 한 달에 세 번
- **D:** 한 달에 네 번

5. 그가 가장 좋아하는 웹사이트는 무엇입니까?

- ✔ **A:** www.fatdanscasino.com
- **B:** www.gregs-list.net
- **C:** www.you-cube.net
- **D:** www.starbuzzcoffee.com

정규분포를 파헤치다

금주의 인터뷰:
정상이라고 해서 무딘 것이 아닌 이유

헤드 퍼스트: 이봐요, 정규 씨, 쇼에 참가해 주셔서 감사합니다.

정규: 초대해 주셔서 고맙습니다, 헤드 퍼스트 씨.

헤드 퍼스트: 우선 당신의 이름에 대해 묻고 싶습니다. 어째서 정규라는 이름을 가지게 되었죠?

정규: 제가 수많은 종류의 데이터를 대표하기 때문이지요. 부드럽고 종 모양을 한 곡선으로 이루어진 확률분포가 많은데요, 그게 다 접니다. 나는 그러니까 뭔가 이상적인 거예요.

헤드 퍼스트: 예를 들 수 있나요?

정규: 물론이죠. 여러 덩어리의 빵을 파는 베이커리가 있다고 해 보죠. 동일한 종류의 빵 덩어리는 이론적으로 모두 똑같은 무게를 가져야 합니다. 하지만 실제 무게는 조금씩 다를 겁니다.

헤드 퍼스트: 그렇지만 대략적으로는 모두 같은 무게를 갖겠죠?

정규: 어느 정도는 그렇겠죠. 하지만 조금씩 차이는 있습니다. 저는 바로 그러한 차이를 모델로 포착하는 겁니다.

헤드 퍼스트: 그게 그렇게 중요한가요?

정규: 저를 이용해서 확률을 구할 수 있기 때문이죠. 예를 들어 임의로 선택한 빵 덩어리가 특정한 무게에 비해 적은 무게를 가질 확률을 구하고 싶다고 합시다. 이것은 왠지 상당히 어려운 일처럼 들리지만, 저를 이용하면 무척 쉬워집니다.

헤드 퍼스트: 쉽다고요? 무슨 뜻이죠?

정규: 다른 종류의 확률분포들은 확률을 구하기 위해 매우 복잡한 계산과정을 포함하고 있습니다. 이항분포의 경우에는 팩토리얼을 계산해야 하고, 푸아송분포의 경우에는 지수함수를 계산해야 하죠. 저와 함께하면 그런 계산이 다 필요 없어요. 그냥 테이블에서 값을 찾아보면 그걸로 끝이죠.

헤드 퍼스트: 정말 그렇게 간단한 것은 물론 아니겠죠?

정규: 저를 우선 표준점수로 변환시키는 것 정도는 해야죠. 하지만 그건 정말 아무 것도 아닙니다. 전혀 어렵지 않아요.

헤드 퍼스트: 당신이 다른 확률분포들에 비해 우월하다고 말하고 싶은 건가요?

정규: 제가 다른 친구들보다 낫다고 말하지는 않겠지만, 제가 더 유연하고 많은 상황에서 더 유용하다는 것 정도는 말씀드리고 싶네요. 안정감도 더 뛰어나죠. 푸아송분포나 이항분포에서는 다루어야 하는 수가 커지면 상황이 정말 복잡해집니다. 하지만 저는 그럴 때에도 도움을 줄 수 있어요.

헤드 퍼스트: 어떻게 도움을 줄 수 있다는 거죠?

정규: 그 친구들이 저를 닮았기 때문에 제가 가진 확률테이블이 그들의 확률을 계산할 때에도 이용될 수 있기 때문입니다. 얼마나 멋진 일인가요? 더 이상 밤늦게 계산기를 붙들고 씨름하지 않아도 되는 겁니다. 그냥 찾아보기만 하면 된다고요.

헤드 퍼스트: 벌써 시간이 다 되었군요. 정규 씨, 참석해 주셔서 고맙습니다. 즐거웠습니다.

정규: 천만에요, 헤드 퍼스트 씨.

모두 함께 러브트레인으로

덱스터의 러브트레인을 기억하고 있습니까? 그는 새로운 기차에 대한 시범운영을 개시했으며 시범에 참여한 사람들은 모두 그의 기차가 훌륭하다고 생각합니다. 그런데 문제가 하나 있습니다. 가끔 기차가 고장 나서 작동을 멈추는 것입니다. 이러한 고장은 비용을 상승시킵니다.

덱스터는 인터넷에서 그가 운영하고 있는 롤러코스터에 대한 통계자료를 발견했습니다. 자료에 따르면 그 기차는 1년에 40회 정도의 비율로 고장이 나는 것으로 나와 있습니다.

1년에 40회라고? 그게 누군가의 결혼식날 고장 나기라도 하면 그 사람들이 당장 소송을 걸지도 모르잖아!

러브트레인이 만들어낼 엄청난 수익을 고려하여 덱스터는 만약 기차가 1년에 52회 이하로만 고장 난다면 계획대로 밀고 나가서 사업을 진행하는 것이 낫다고 판단했습니다.

그럼 이 확률은 어떻게 구할 수 있을까요?

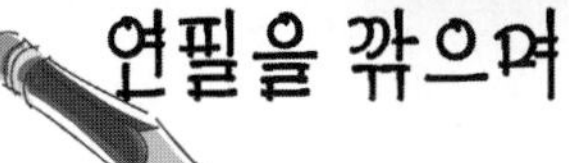

연필을 깎으며

이것은 어떤 종류의 확률분포를 따릅니까? 기차가 1년에 52회 이하로 고장 나는 확률을 어떻게 계산할 수 있을까요?

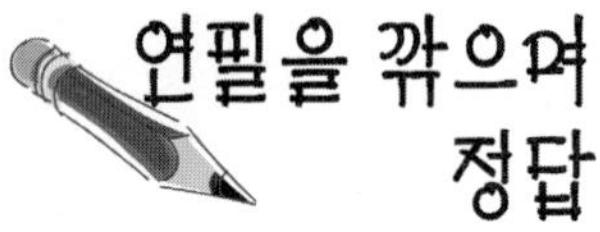

이것은 어떤 종류의 확률분포를 따릅니까? 기차가 1년에 52회 이하로 고장 나는 확률을 어떻게 계산할 수 있을까요?

어떤 사물이 평균값의 비율로 고장 나는 상황은 그 평균값을 인수로 받아들이는 푸아송분포를 따릅니다. X가 1년 동안 고장 나는 횟수를 나타낸다면 X ~ Po(40)입니다.

우리는 P(X < 52)를 찾아야 합니다. 이것을 찾으려면 52까지의 모든 X에 대해 일일이 개별적인 확률을 계산해 주어야 합니다.

경우에 따라서 푸아송분포의 모양은 정규분포의 모양과 비슷합니다.

이런 사실이 갖는 장점은 확률의 전체 범위를 구하기 위해 정규확률테이블을 이용할 수 있다는 것입니다. 따라서 원하는 확률을 구하기 위해 개별적인 확률을 일일이 계산하는 절차를 밟지 않아도 됩니다.

정규분포를 이용해서 푸아송분포의 근사치를 구하는 것은 앞에서 정규분포로 이항분포의 근사치를 구했던 과정과 거의 비슷합니다. 상황과 조건이 맞으면 푸아송분포의 평균값과 분산을 정규분포의 인수로 사용하면 됩니다.

X ~ Po(λ)라면 그에 대응하는 정규분포는 X ~ N(λ, λ)입니다. 하지만 이것은 언제 성립할까요?

그것은 바로 분포의 모양에 달려 있습니다.

정규분포를 이용해서 푸아송분포의 근사치 구하기

푸아송분포의 모양이 정규분포의 모양을 닮은 경우 정규분포를 이용해서 푸아송분포의 근사치를 구할 수 있습니다. 그러면 그렇게 모양이 닮은 경우는 언제일까요?

λ가 작을 때...

λ가 작으면 푸아송분포의 모양은 정규분포의 모양과 달라집니다. 모양이 좌우대칭이 아니고, 곡선은 마치 오른쪽으로 '당겨진' 것 같은 모습을 가집니다.

λ의 값이 작아지면 푸아송분포의 모양이 정규분포의 모양과 달라지므로, 이 경우에는 정규분포를 이용해서 푸아송분포의 근사치를 구하는 것이 적당하지 않습니다.

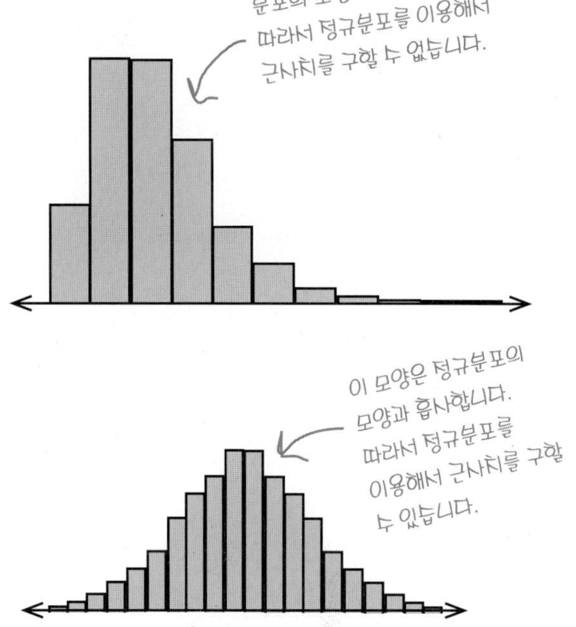

λ가 클 때...

λ의 값이 커짐에 따라서 푸아송분포의 모양은 점점 정규분포의 모양을 닮아갑니다. 곡선의 대부분은 거의 좌우대칭이 되고, 정규분포와 마찬가지로 부드러운 곡선을 형성합니다.

이것은 λ의 값이 커질수록 정규분포를 이용해서 푸아송분포의 근사치를 구하는 것이 더 적당해짐을 뜻합니다.

그럼 얼마나 큰 값이어야 합니까?

λ의 값이 크면 푸아송분포의 모양이 정규분포의 모양과 닮는다는 사실을 확인했습니다. 그럼 정규분포를 이용하기 위해서는 λ의 값이 얼마나 커야 합니까?

λ가 15보다 크면 λ의 값은 충분히 큰 것입니다. 즉, $X \sim Po(\lambda)$이고 $\lambda > 15$이면 $X \sim N(\lambda, \lambda)$를 이용해서 근사치를 구할 수 있습니다.

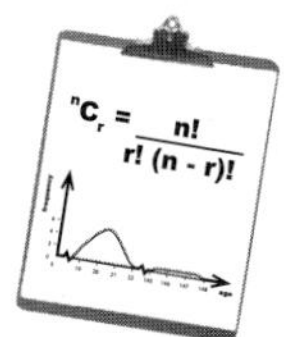

핵심 통계학

푸아송분포의 근사치 구하기

$X \sim Po(\lambda)$이고 $\lambda > 15$면 $X \sim N(\lambda, \lambda)$를 이용해서 근사치를 구할 수 있습니다.

덱스터의 러브트레인이 고장 나는 횟수는 λ = 40일 때 푸아송분포를 따릅니다. 첫 해에 고장 나는 횟수가 52회 미만일 확률은 얼마일까요?

힌트: 정규분포를 이용해서 근사치를 구하세요.
연속성보정을 해 두는 것을 잊지 말기 바랍니다.

통계 지식을 테스트해 볼 시간입니다. 각 상황에 대해 어떤 정규분포가 적당한지 밝힘으로써 아래 테이블을 완성하세요. 필요한 조건도 명시하세요.

상황	분포	조건
X + Y $X \sim N(\mu_x, \sigma_x^2)$, $Y \sim (\mu_y, \sigma_y^2)$	$X + Y \sim N(\mu_x + \mu_y, \sigma_x^2 + \sigma_y^2)$	X, Y는 서로 독립
X - Y $X \sim N(\mu_x, \sigma_x^2)$, $Y \sim (\mu_y, \sigma_y^2)$		
aX + b $X \sim N(\mu, \sigma^2)$		
$X_1 + X_2 + \ldots + X_n$ $X \sim N(\mu, \sigma^2)$		
정규분포를 이용한 X의 근사치 $X \sim B(n, p)$		
정규분포를 이용한 X의 근사치 $X \sim Po(\lambda)$		

덱스터의 러브트레인이 고장 나는 횟수는 λ = 40일 때 푸아송분포를 따릅니다. 첫 해에 고장 나는 횟수가 52회 미만일 확률은 얼마일까요?

X가 1년에 고장 나는 횟수를 나타낸다면 $X \sim Po(40)$입니다.

λ가 크므로 정규분포를 이용해서 근사치를 구할 수 있습니다. 다시 말해, $X \sim N(40, 40)$을 사용할 수 있습니다.

우리는 52회 미만의 고장이 일어날 확률을 구해야 합니다. 연속확률분포를 이용해서 이산확률분포에 대한 근사치를 구하는 것이므로 연속성보정을 잊지 말아야 합니다. 52는 포함시킬 필요가 없으므로 $P(X \leq 51.5)$를 계산합니다.

표준정규테이블을 이용해서 확률을 찾아보기 전에 표준점수를 구해야 합니다.

$$z = \frac{x - \mu}{\sigma}$$

$$= \frac{51.5 - 40}{6.32}$$

$$= 1.82 \text{ (소수 2자리까지)}$$

이 값을 확률테이블에서 찾아보면 0.9656을 얻습니다. 따라서 이것은 1년에 52회 미만의 고장이 일어날 확률이 0.9656이라는 의미입니다.

통계 지식을 테스트해 볼 시간입니다. 각 상황에 대해 어떤 정규분포가 적당한지 밝힘으로써 아래 테이블을 완성하세요. 필요한 조건도 명시하세요.

상황	분포	조건
X + Y **$X \sim N(\mu_x, \sigma_x^2)$, $Y \sim (\mu_y, \sigma_y^2)$**	$X + Y \sim N(\mu_x + \mu_y, \sigma_x^2 + \sigma_y^2)$	X, Y는 서로 독립
X - Y **$X \sim N(\mu_x, \sigma_x^2)$, $Y \sim (\mu_y, \sigma_y^2)$**	$X - Y \sim N(\mu_x - \mu_y, \sigma_x^2 + \sigma_y^2)$	X, Y는 서로 독립
aX + b **$X \sim N(\mu, \sigma^2)$**	$aX + b \sim N(a\mu + b, a^2\sigma^2)$	a와 b는 상수값
$X_1 + X_2 + \ldots + X_n$ **$X \sim N(\mu, \sigma^2)$**	$X_1 + X_2 + \ldots + X_n \sim N(n\mu, n\sigma^2)$	$X_1, X_2, \ldots, X_n$은 X에 대한 독립관측
정규분포를 이용한 X의 근사치 **$X \sim B(n, p)$**	$X \sim N(np, npq)$	$np > 5$, $nq > 5$ 연속성 보정이 필요함
정규분포를 이용한 X의 근사치 **$X \sim Po(\lambda)$**	$X \sim N(\lambda, \lambda)$	$\lambda > 15$ 연속성 보정이 필요함

핵심정리

- 어떤 상황에서는 정규분포를 이용해서 푸아송분포의 근사치를 구할 수 있습니다.
- $X \sim Po(\lambda)$이고 $\lambda > 15$면 $X \sim N(\lambda, \lambda)$를 이용해서 근사치를 구할 수 있습니다.
- 정규분포를 이용해서 푸아송분포의 근사치를 구한다면 정확한 결과를 얻기 위해 반드시 연속성보정을 적용해 주어야 합니다.

바보 같은 질문이란 없습니다

Q: 정규분포를 이용해서 이항분포와 푸아송분포에 대한 근사치를 구할 수 있습니다. 그러면 기하분포는 어떻습니까? 정규분포는 그것에 대한 근사치도 제공해 주나요?

A: 어떤 상황에서는 그들의 분포가 가진 모양이 정규분포의 모양과 거의 비슷하기 때문에 정규분포를 이용해서 이항분포와 푸아송분포에 대한 근사치를 구할 수 있었습니다.

한편 기하분포는 어느 경우에도 정규분포처럼 보이지 않습니다. 따라서 정규분포는 기하분포에 대한 근사치를 제공할 수 없습니다.

Q: 정규분포를 이용해서 푸아송분포의 근사치를 구하는 경우 반드시 연속성보정을 해 주어야 하나요?

A: 그렇습니다. 연속확률분포를 이용해서 이산확률분포에 대한 근사치를 구하는 것이기 때문입니다. 이항분포의 경우에서처럼 푸아송분포의 근사치를 구할 때도 연속성보정은 반드시 필요합니다.

Q: 정규분포를 이용해서 이항분포나 푸아송분포의 근사치를 구하는 것이 갖는 이점은 무엇입니까? 그냥 원래 분포의 값을 계산하는 것이 더 정확하지 않을까요?

A: 원래 분포를 직접 계산하면 더 정확한 값을 얻을 수 있습니다. 하지만 그렇게 하면 시간이 오래 걸립니다. 어떤 값들의 범위에 대한 확률을 이항분포나 푸아송분포를 이용해서 계산하는 경우에는 그 범위에 속한 값들에 대한 확률을 일일이 따로 계산해 주어야 합니다. 하지만 정규분포를 사용하면 전체 범위에 대한 확률을 찾아보기만 하면 되므로 훨씬 쉽습니다.

정규분포를 이용해서 푸아송분포의 근사치를 구하는 경우에는 반드시 연속성보정을 해 주세요.

완전 대박!

당신의 멋진 통계 분석 솜씨 덕분에 러브트레인은 개장을 했고, 덱스터가 상상했던 기대 수준을 뛰어넘는 대박을 거두었습니다. 행복한 고객들의 사진이 아래에 있습니다.

10 통계 표본 사용하기

통계는 데이터를 다룹니다. 그런데 데이터는 어디에서 오는 걸까요?

헬스클럽에 나오는 사람들의 나이나 게임회사의 판매실적처럼 데이터를 확보하는 것이 어렵지 않은 경우가 있습니다. 하지만 데이터를 확보하는 것이 어려운 경우라면 어떻게 할까요? 경우에 따라서는 사람들이 원하는 데이터의 분량이 너무나 거대해서 어디서부터 시작해야 하는지조차 파악하기 힘든 때도 있습니다. 이 장에서 우리는 실제 세상에서 **데이터를 효과적으로 확보**하는 방법, 즉 효율적이고, 정확하고, 시간과 노력을 절약해 주는 방식으로 데이터를 모을 수 있는 방법을 살펴볼 것입니다. 데이터 추출의 세계에 온 것을 환영합니다.

달콤한 풍선껌 맛 테스트

달콤한 풍선껌은 여러 종류의 캔디와 초콜릿을 파는 업계의 선두주자입니다. 그들의 가장 대표적인 상품은 아주 옛날부터 판매되어온 풍선껌입니다. 그것은 여러 종류의 맛과 색을 가지고 있습니다.

달콤한 풍선껌은 더 많은 고객을 끌어들이기 위해 일련의 TV광고를 내보내기로 결정했습니다. 그러한 광고에서 그들이 판매하는 풍선껌의 향이 얼마나 오랫동안 지속되는지 선전하기로 했습니다. 문제는 그러한 데이터를 어떻게 구할 수 있는가 하는 것입니다.

그들은 맛 테스트를 실시하기로 결정했고, 테스트를 도와줄 심사위원들을 고용했습니다. 하지만 여전히 문제가 남아 있습니다. 심사위원들은 풍선껌을 모두 맛보아야 하는데, 그렇다면 그들의 치과보험은 회사에 엄청난 비용을 부담시킬 것이기 때문입니다.

풍선껌이 다 떨어져갑니다

달콤한 풍선껌의 맛 테스트가 가진 치명적인 결함은 심사위원들이 풍선껌을 **모두** 씹어봐야 한다는 것입니다. 이것은 검사하는 사람들의 이빨에 나쁜 영향을 줄 뿐만 아니라 검사가 끝나고 나서 팔 껌이 하나도 남지 않는다는 사실을 의미합니다. 심사위원들이 심사를 마친 껌을 팔 수는 없기 때문입니다.

달콤한 풍선껌의 맛 테스트가 가지고 있는 핵심적인 목표는 향이 얼마나 오래 가는지 알아내는 것입니다. 하지만 그렇다고 해서 심사위원들이 껌을 모두 씹어봐야만 할까요?

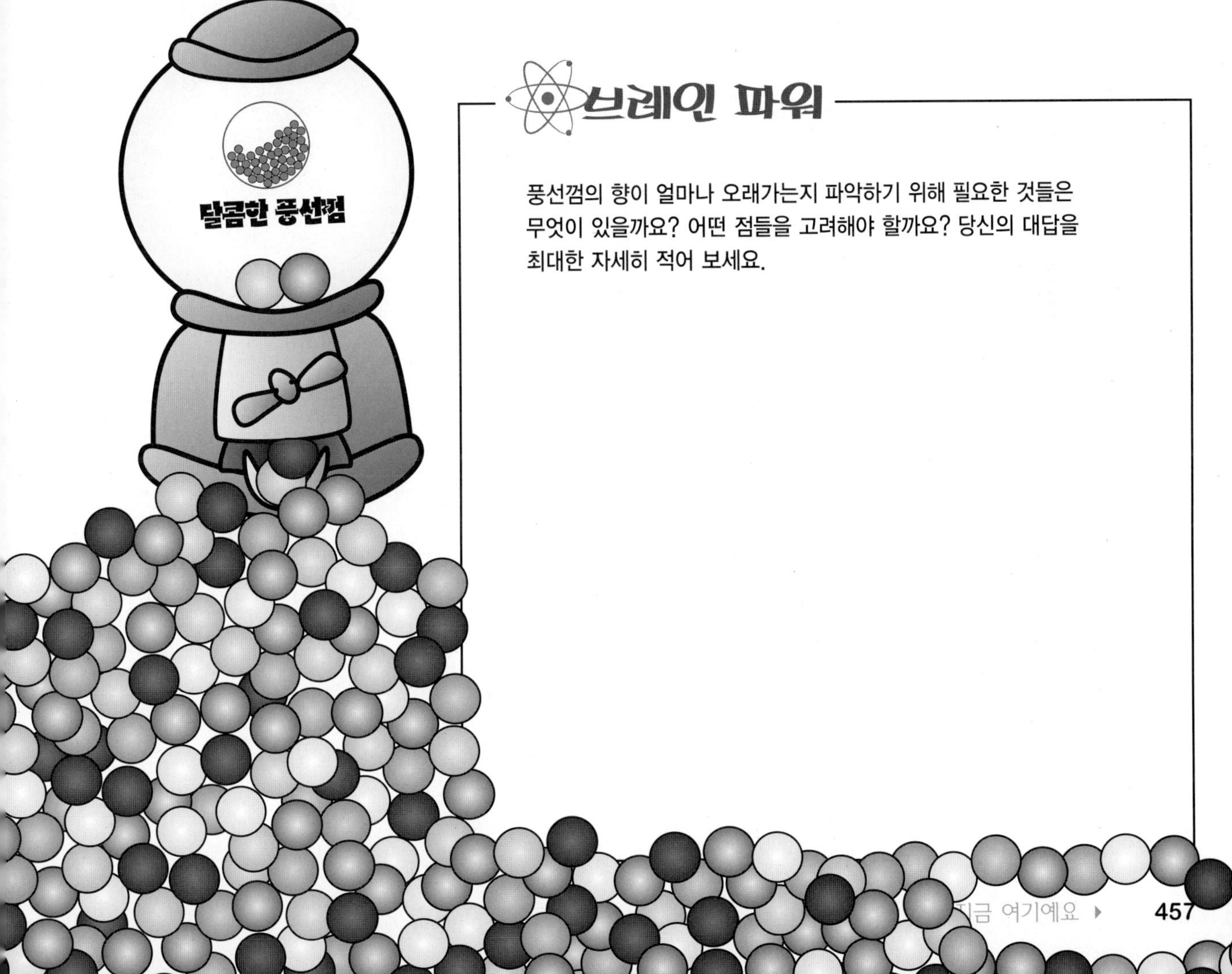

브레인 파워

풍선껌의 향이 얼마나 오래가는지 파악하기 위해 필요한 것들은 무엇이 있을까요? 어떤 점들을 고려해야 할까요? 당신의 대답을 최대한 자세히 적어 보세요.

풍선껌 전체가 아니라 표본을 검사하세요

달콤한 풍선껌은 가지고 있는 모든 풍선껌을 하나씩 전부 검사하려고 하기 때문에 문제에 봉착하는 것입니다. 그렇게 하는 것은 엄청난 시간, 돈, 이빨 등을 요구하며, 검사가 끝나고 나면 팔 껌조차 남아 있지 않게 됩니다.

그럼 달콤한 풍선껌은 무엇을 어떻게 해야 할까요? 우선 모집단(population)과 표본(sample)의 차이를 확인하는 것에서부터 시작해 봅시다.

풍선껌 모집단

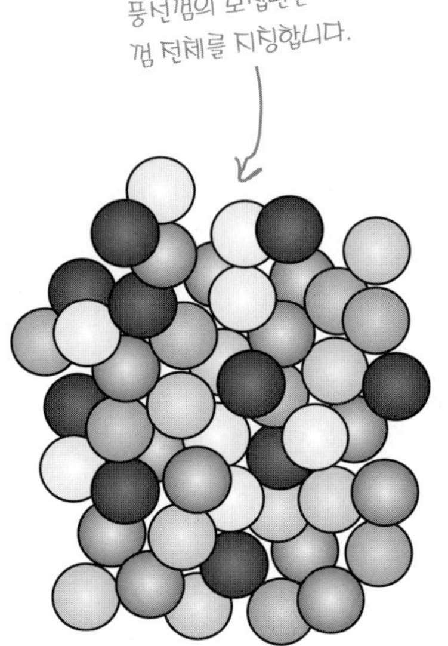

달콤한 풍선껌은 현재 가지고 있는 모든 풍선껌을 하나씩 모두 맛보는 방식으로 테스트를 수행하고 있습니다. 통계학 용어로 말하자면 그들은 전체 **모집단**(population)에 대한 검사를 수행하고 있는 것입니다.

통계적 **모집단**은 측정하거나, 학습하거나, 분석하려고 하는 대상 전체 그룹을 지칭합니다. 그러한 그룹은 사람부터 각종 점수나 풍선껌에 이르기까지 무엇이든 될 수 있습니다. 중요한 것은 모집단이 그룹에 속해있는 것 전체를 포괄한다는 사실입니다.

총조사(census)는 모집단 전체를 대상으로 학습하거나 검사를 수행하는 것을 말합니다. 달콤한 풍선껌의 경우에는 존재하는 모든 풍선껌을 맛보는 방식의 검사를 수행함으로써 풍선껌 모집단에 대한 총조사를 수행하고 있는 것입니다. 총조사는 모집단에 대한 정확한 정보를 제공해 줄 수는 있지만 항상 현실적인 것은 아닙니다. 모집단이 너무 크거나 무한하면 모든 개체를 포함하는 것이 불가능하기 때문입니다.

풍선껌 표본

향이 얼마나 오래 가는지 파악하기 위해 모든 껌을 맛보아야 할 필요는 없습니다. 전체 모집단을 검사하는 대신 **표본**(sample)을 검사할 수도 있습니다.

통계적 **표본**은 모집단에서 선택된 항목들을 가리킵니다. 이때 표본은 선택된 항목들이 전체 모집단을 잘 나타낼 수 있는 방식으로 선택되어야 합니다. 그것은 모집단을 대표하는 부분집합입니다. 달콤한 풍선껌의 경우 풍선껌의 표본은 존재하는 모든 껌이 아니라 풍선껌에 대한 **소수의 선택**을 의미합니다.

모집단의 표본에 대해 학습하거나 조사하는 것을 **표본조사**(sample survey)라고 합니다. 많은 경우 표본조사를 수행하는 것은 총조사에 비해 현실적입니다. 그리고 이것은 전체 모집단을 사용하는 것이 아니기 때문에 풍선껌에 대한 표본조사를 수행하는 것은 조사가 끝난 다음에도 충분한 껌이 남아 있다는 것을 의미합니다.

그러면 모집단에 대한 정보를 구하기 위해 표본을 어떻게 사용해야 하는 것일까요? 계속 살펴봅시다.

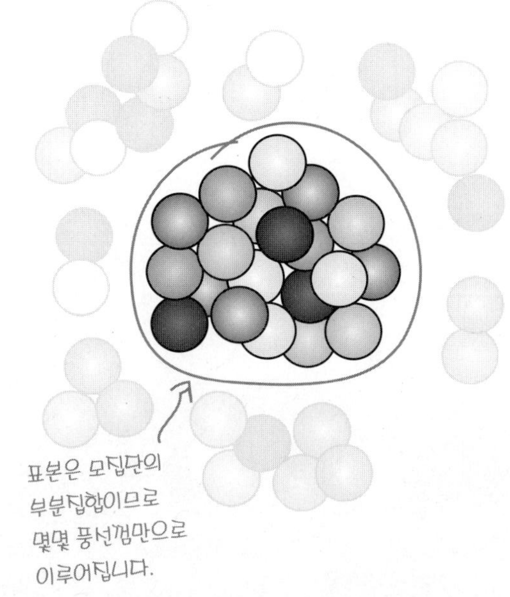

표본이 작동하는 방식

좋은 표본을 고르는 방법의 핵심은 모집단에 가장 흡사한 것들을 고르는 것입니다. 표본이 전체를 잘 표현하고 있다는 것은 그것이 모집단의 특성과 비슷하다는 것을 의미합니다. 그리고 그것은 또한 표본을 이용해서 모집단의 특성이 어떠할지 예측할 수 있다는 사실을 의미합니다.

향이 얼마나 오래 가는지에 대한 검사를 수행하는 데 사용될, 전체를 잘 나타내고 있는 풍선껌 표본이 있다고 합시다. 검사결과의 분포는 다음과 같은 형태를 가질 수 있습니다.

비록 소수의 풍선껌 표본에 대한 검사를 수행했지만, 분포의 모양에 대한 개략적인 인상을 파악할 수 있습니다. 더 많은 풍선껌을 사용할수록 모양은 더 뚜렷해집니다. 예를 들어 전체 모집단 분포의 중심이 어디에 있을지 표본분포의 모양을 확인함으로써 대충 파악할 수 있습니다.

이것을 실제 모집단과 비교해 봅시다.

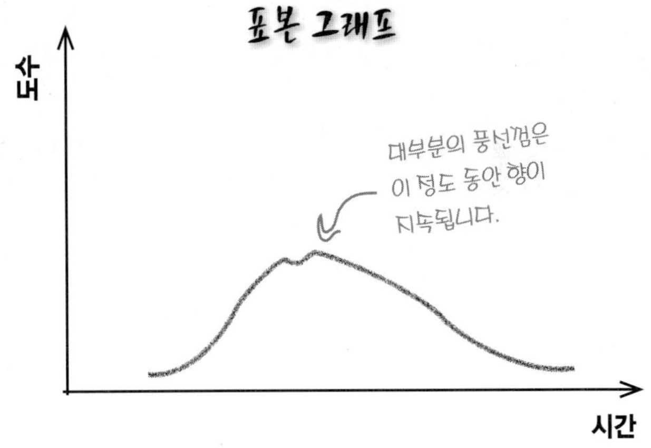

오른쪽 그림은 모집단에 대한 그래프입니다. 표본과 모집단의 분포가 서로 얼마나 근접해 있는지 확인할 수 있습니까?

두 그래프를 비교해 보면 하나는 풍선껌 전체에 대한 모양이고 다른 하나는 풍선껌 일부에 대한 모양임에도 불구하고 대략적인 모양이 매우 비슷합니다. 그들은 데이터의 중앙 위치와 같은 중요한 특성을 공유하고 있습니다. 이것은 표본 데이터를 이용해서 모집단에 대한 예측을 할 수 있다는 사실을 의미합니다.

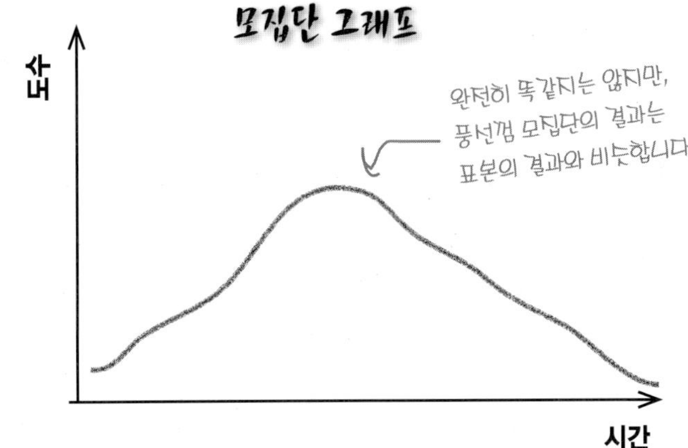

표본이 잘못되는 경우

모든 표본이 언제나 그것이 속한 모집단과 비슷하다고 보장할 수 있다면 좋을 것입니다. 불행하게도 모든 표본이 자신의 모집단을 닮는 것은 아닙니다. 이것이 별로 중요하지 않은 것처럼 들릴 수도 있지만, 그릇된 인상을 주는 표본을 사용하는 것은 모집단에 대한 엉뚱한 결론을 내리도록 할 수도 있습니다.

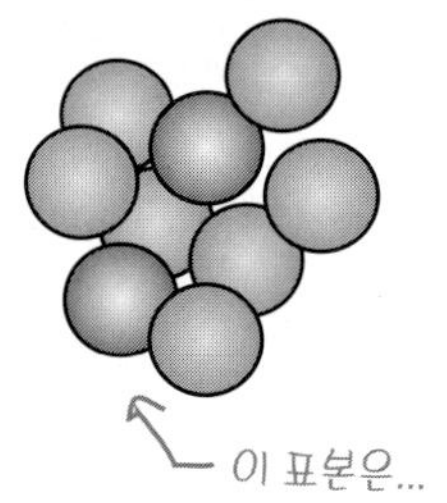

예를 들어 향이 얼마나 오래 가는지 조사하기 위해 풍선껌의 표본을 사용하려 한다고 해 봅시다. 그런데 그 표본은 풍선껌의 전체 모집단이 아니라 단지 빨간색 풍선껌을 나타낼 수도 있습니다. 이때 이러한 표본을 이용해서 일반적인 풍선껌 전체에 대한 정보를 도출하려고 하면 풍선껌들이 일반적으로 가지고 있는 특징에 대한 잘못된 인상을 얻게 될 수 있습니다.

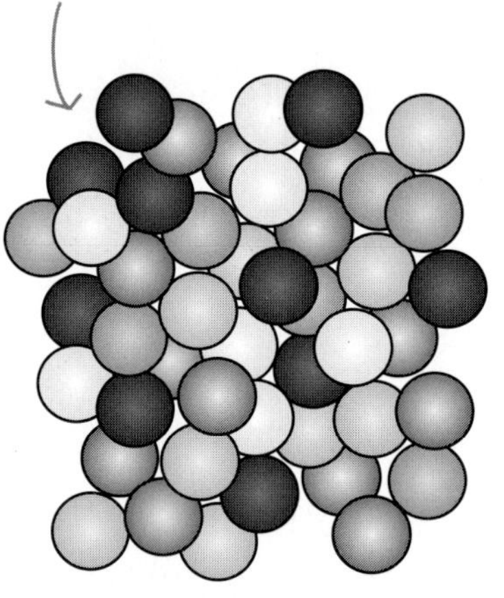

잘못된 표본을 사용하는 것은 평균값이나 분산 같은 모집단의 특성에 대해서 잘못된 결론을 도출하도록 할 수 있습니다. 실제로 가지고 있는 데이터에 대해서 완전히 잘못된 시각을 갖도록 해서 엉뚱한 결론을 내리도록 유도할 수 있는 것입니다.

문제는 표본이 잘못되었다는 사실을 당시에는 알기 어려울 수도 있다는 점입니다. 주어진 표본이 잘못되었을 때에도 그것이 제대로 된 것이라고 생각하기 쉽습니다. 그래서 우리는 표본이 전체 모집단을 제대로 반영하고 있는지 여부를 판별할 수 있는 방법이 필요합니다.

우리는 이것을 원합니다:

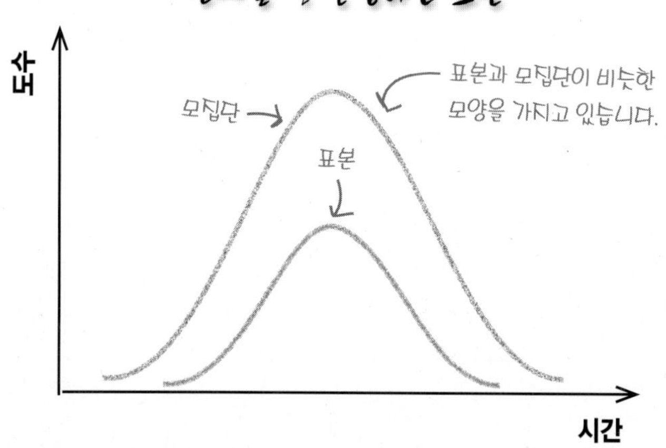

이것은 잘못되었습니다:

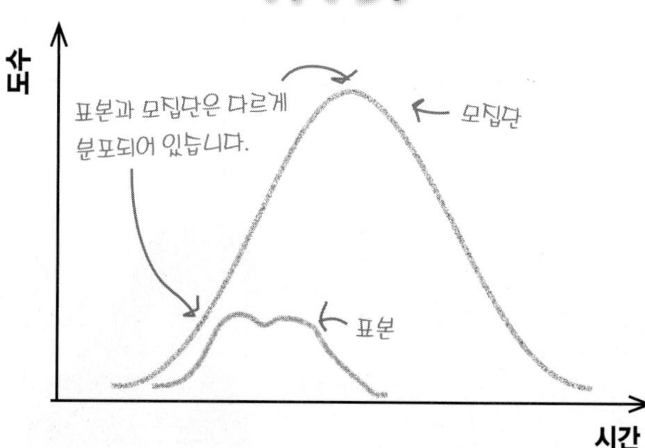

실패한 커피판매 사건

스타버즈 CEO는 커피매장에서 팔고자 하는 새로운 커피상품에 대한 아이디어가 있습니다. 하지만 그것이 고객들에게 얼마나 인기를 끌지에 대해서는 확신할 수 없습니다. 그래서 그는 새로운 인턴에게 고객들의 선호도를 예측하기 위한 조사를 수행하도록 지시했습니다. 인턴은 고객들에게 새로운 커피를 맛보고 그에 대한 느낌을 말하도록 부탁할 것입니다.

5분 미스터리

이렇게 대단한 일을 하게 된 인턴은 무척 행복했습니다. 첫째로 그는 이번 일을 잘 수행하면 월말에 보너스를 받게 될 것이라고 들었기 때문입니다. 둘째로 그는 친절한 스타버즈 고객들에게 공짜 커피를 대접하고 그에 대한 긍정적인 의견을 들을 수 있을 것이기 때문입니다. 셋째로 그는 커피매장에 자주 들리는 어느 아가씨에게 말을 걸 기회를 엿보고 있었는데 바로 이 일은 그녀에게 자연스럽게 말을 거는 기회가 될 것이기 때문입니다.

필요한 조사를 수행한 후 그는 CEO에게 모든 사람이 새로운 커피를 좋아했으며 따라서 새로운 커피는 대박예감이라고 기쁜 마음으로 보고했습니다. CEO가 말했습니다. “아주 좋아, 새 계절이 시작되면 판매를 시작하자고.”

새로운 커피의 판매가 시작되었을 때 실적이 저조했습니다. CEO가 판매를 중단시켜야 할 정도였습니다. 무엇이 잘못된 것일까요?

새로운 커피는 왜 잘 팔리지 않는 걸까요?

표본을 설계하는 방식

모집단에 대한 일반적인 추론을 하기 위해 표본을 사용합니다. 이때 정확한 결과를 얻으려면 표본을 현명하게 골라야 합니다. 최대한 전체를 잘 반영하는 표본을 얻도록 하기 위해 모집단이 정말로 어떤 것인지 분명하게 살펴보는 것부터 시작해 봅시다.

목표 모집단을 정의하세요

우선적으로 해야 할 일은 **목표 모집단**(target population)이 무엇인지 명확히 해서 표본을 어디에서 고를지 확실하게 아는 것입니다. 목표 모집단은 연구하는 대상이 되는 그룹, 그리고 도출되는 결론이 적용되는 대상을 의미합니다. 당신이 선택하는 목표 모집단은 넓은 의미에서 보았을 때 학습하고자 하는 목적, 예를 들면 이 세상에 존재하는 모든 풍선껌에 대한 데이터를 얻고자 하는가, 아니면 특정 브랜드에 대한 데이터를 얻고자 하는가, 그것도 아니면 특정한 종류의 풍선껌에 대한 데이터를 얻고자 하는가에 따라 달라집니다.

가급적이면 목표를 명확하게 만들어야 합니다. 그래야 표본이 최대한 전체 모집단을 대표하도록 만들기 쉽기 때문입니다.

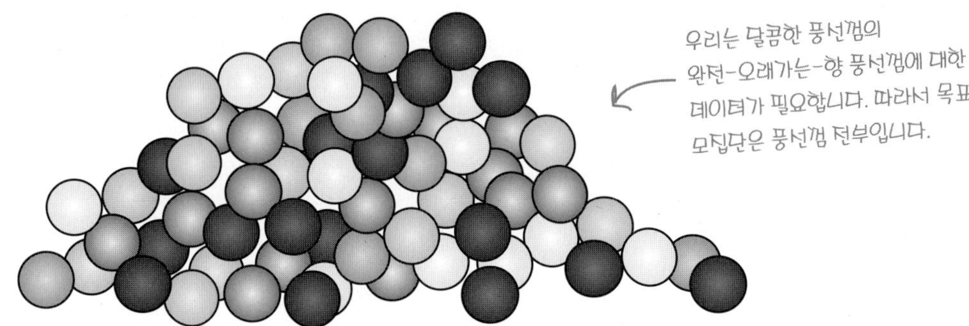

우리는 달콤한 풍선껌의 완전-오래가는-향 풍선껌에 대한 데이터가 필요합니다. 따라서 목표 모집단은 풍선껌 전부입니다.

표본단위를 정의하세요

목표 모집단을 정의했으면 다음으로는 어떤 종류의 대상을 표본으로 고를지 정해야 합니다. 이것은 대개 모집단을 정의할 때 이미 어느 정도 설명되는 부분입니다. 예를 들어 이러한 표본은 풍선껌 한 개가 될 수도 있고, 풍선껌 한 상자가 될 수도 있습니다.

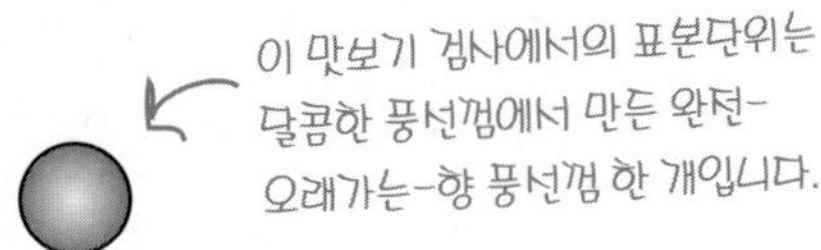

이 맛보기 검사에서의 표본단위는 달콤한 풍선껌에서 만든 완전-오래가는-향 풍선껌 한 개입니다.

표본틀을 정의하세요

끝으로 목표 모집단 안에 존재하는 표본단위를 모두 나열할 필요가 있습니다. 각각의 표본단위에 번호나 이름이 붙어 있으면 더 좋습니다. 이것을 **표본틀**(sampling frame)이라고 합니다. 이것은 기본적으로 표본을 위해 선택할 수 있는 대상을 모두 나열한 것입니다.

경우에 따라서 목표 모집단 전체를 포괄하는 목록을 작성하는 것이 불가능할 수도 있습니다. 예를 들어 특정 지역 안에 살고 있는 사람들에 대한 정보를 얻고자 할 때 이사를 오고 가는 사람들의 움직임은 당신이 가지고 있는 전체 이름의 목록에 영향을 끼칠 수 있습니다. 풍선껌과 비슷한 대상을 다루고 있다면 각각의 개체에 번호나 이름을 매기는 것이 불가능하거나 비현실적일 수도 있습니다.

풍선껌 #1897652
풍선껌 #1897653
풍선껌 #1897654
풍선껌 #1897655
풍선껌 #1897656
풍선껌 #1897657
풍선껌 #1897658
풍선껌 #1897659
풍선껌 #1897660
풍선껌 #1897661
풍선껌 #1897662
풍선껌 #1897663
풍선껌 #1897670
풍선껌 #1897671
풍선껌 #1897672
풍선껌 #1897673
풍선껌 #1897
풍선껌 #18
풍선껌
풍

각각의 풍선껌에 대해 이름이나 번호를 매기는 것은 별로 현실적이지 않습니다.

이건 완전히 시간낭비처럼 보이는군. 정말 이렇게 해야만 하는 거야? 그냥 풍선껌 표본을 꺼내면 안 될까?

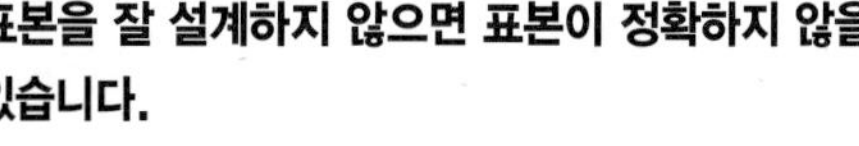

표본을 잘 설계하지 않으면 표본이 정확하지 않을 수도 있습니다.

표본을 설계하는 데에는 약간의 준비가 필요합니다. 하지만 그렇게 하는 것이 엉뚱한 결과를 얻는 조사를 하기 위해 시간과 돈을 허비하는 것보다는 낫습니다. 이러한 조사에 사용된 돈과 시간은 회복할 길이 없으며, 더욱이 누군가는 그렇게 얻은 정보를 토대로 그릇된 결론을 내릴 수도 있습니다.

엉터리로 설계된 표본은 **편향**(bias)을 유도할 수도 있습니다. 이것에 대해 자세히 살펴봅시다.

때로는 표본이 편향될 수 있습니다

모든 표본이 공정한 것은 아닙니다. 매우 신중하지 않으면 모종의 편향이 표본에 침투할 수 있고, 그것은 결과를 왜곡시킵니다. **편향**은 부지불식간에 (혹은 알면서도) 표본에 받아들이는 일종의 편애를 가리킵니다. 이것은 표본이 모집단으로부터 완전히 임의로 선택된 것이 아님을 뜻합니다.

어느 표본이 **편향되지 않았다면** 그것은 모집단을 잘 나타냅니다. 그런 표본은 모집단이 어떤 모습을 하고 있는지 공정하게 반영합니다.

편향되지 않은 표본

두 평균값이 동일합니다.

도수

시간

편향되지 않은 표본

편향되지 않은 표본은 목표 모집단을 제대로 나타냅니다. 이것은 곧 표본이 모집단의 특성을 가지고 있음을 뜻하며, 우리는 이러한 표본을 이용해서 모집단 자체에 대한 추론을 수행할 수 있습니다.

편향되지 않은 표본의 분포가 갖는 모양은 그것이 속한 모집단의 모양과 비슷합니다. 만약 표본분포의 모양을 알고 있다면 어느 정도의 확신을 가지고 모집단에 대한 예측을 할 수도 있습니다.

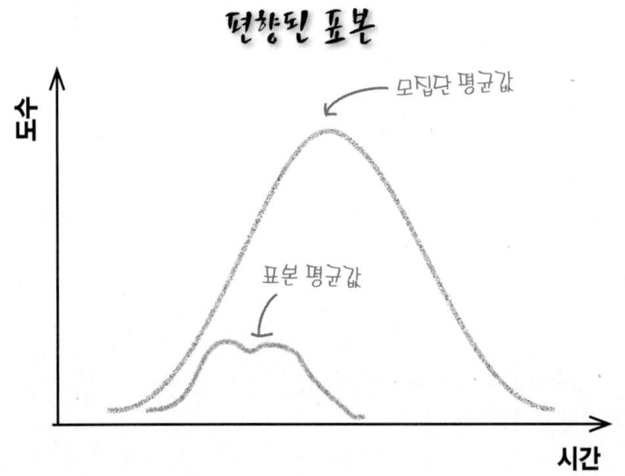

편향된 표본

편향된 표본은 목표 모집단을 제대로 나타내지 않습니다. 표본과 모집단이 서로 다른 특성을 가지고 있기 때문에 이러한 표본을 이용해서 모집단에 대한 예측을 수행할 수 없습니다. 표본분포의 모양을 가지고 모집단 분포의 모양을 추측하려 하면 엉뚱한 결과를 얻게 될 것입니다.

편향의 뿌리

과연 편향은 어떻게 해서 표본 속으로 침투하는 걸까요? 다음은 여러 가지 이유들 중 일부입니다.

- **일부 항목을 배제한 표본틀.** 목표 모집단에 들어 있는 모든 것을 공평하게 포함할 수 없습니다. 표본틀에서 배제된 항목은 표본에 들어갈 수 없습니다.

- **잘못된 표본단위.** 예를 들어 표본단위가 개별적인 풍선껌이 아니라 풍선껌 상자가 되어야 하는 경우도 있을 수 있습니다.

- **표본을 위해 선택한 개별적인 표본단위가 실제 표본 안에 들어가지 않는 경우.** 예를 들어 모든 문항에 대한 답이 적히지 않은 설문지를 표본으로 사용할 수도 있습니다.

- **설문지 안에 들어 있는 잘못 설계된 질문들.** 질문은 항상 중립적이고 모든 사람이 대답할 수 있는 방식으로 설계되어야 합니다. 편향된 질문의 예로는 '달콤한 풍선껌의 맛은 다른 껌보다 뛰어나다. 동의하십니까?'가 될 수 있습니다. 이런 질문보다는 그냥 참여자가 가장 좋아하는 껌의 상표를 묻는 것이 더 낫습니다.

- **임의로 선택되지 않은 표본.** 예를 들어 길에서 설문조사를 하고 있다면 너무 바빠서 멈출 시간조차 없는 것처럼 보이는 사람들에게는 질문을 던지지 않을 지도 모릅니다. 하지만 이것은 공격적이거나 바쁘게 보이는 사람들은 설문조사에서 배재하는 결과를 낳습니다.

보다시피 편향의 뿌리는 다양합니다. 그리고 그들은 대부분 표본을 선택하는 방식에 달려 있습니다.

표본을 선택할 때 이러한 편향을 도입할 가능성을 최소화하는 방법에 대해 살펴볼 필요가 있습니다.

바보 같은 질문이란 없습니다

Q: 그럼 표본틀은 우리가 표본으로 선택하는 모든 것에 대한 리스트인가요?

A: 표본틀은 모집단 안에 있는 모든 개별적인 단위를 나열합니다. 그것은 표본을 위한 기초로 사용됩니다. 하지만 우리는 그 안에 있는 모든 것을 표본으로 고르는 것이 아니기 때문에 그것은 표본 자체가 아닙니다.

Q: 표본틀은 어떻게 구성하나요?

A: 그것을 어떻게 구성하고 무엇으로 만드는지는 목표 모집단에 달려 있습니다. 예를 들어 만약 목표 모집단이 모든 자동차 소유주라면 등록되어 있는 자동차의 소유주들에 대한 목록을 사용할 수 있습니다. 만약 목표 모집단이 특정한 대학에 다니는 학생들 전부라면 그 학교의 학생명단을 사용할 수 있습니다.

Q: 전화번호부목록은 어떻습니까? 그것도 표본틀로 사용할 수 있나요?

A: 목표 모집단에 달려 있는 문제입니다. 전화번호부는 전화를 가지고 있지 않은 가정을 배제하고 있습니다. 그리고 자신의 정보가 전화번호부에 포함되지 않도록 신청한 사람이 있을 수도 있습니다. 만약 모집단이 전화번호부 책에 등록된 전화번호를 가지고 있는 가정이라면 전화번호부를 사용하는 것이 좋습니다. 만약 모집단이 전화를 가지고 있거나 아니면 가지고 있지 않은 모든 가정을 포함한다면 전화번호부라는 표본틀은 정확한 것이 아닙니다. 그것은 편향을 도입할 가능성이 농후합니다.

Q: 표본틀을 구성하는 것은 언제나 가능한가요?

A: 항상 그런 것은 아닙니다. 바다 속에 있는 물고기 전체를 조사해야 하는 경우를 생각해 보세요. 그 경우 모든 개별적인 물고기에게 번호와 이름을 붙이는 것은 불가능합니다.

Q: 목표 모집단은 언제나 존재해야 합니까?

A: 예. 표본이 모집단을 잘 반영하고 있는지 여부를 판별하기 위해서는 목표 모집단이 반드시 존재해야 합니다. 목표 모집단이 무엇인지 신중하게 생각하는 것은 편향을 피하도록 도와줍니다.

다른 사람을 위해 표본을 작성하는 경우에는 무엇이 목표 모집단이 되어야 하는지 최대한 자세하게 알아야 합니다. 뭐가 포함되고 뭐가 포함되지 않아야 하는지 정확하게 알 필요가 있습니다.

Q: 편향은 왜 그렇게 나쁜 것입니까?

A: 목표 모집단에 대해 잘못된 결론을 내리도록 이끌기 때문에 나쁩니다. 그러한 결론은 계속해서 잘못된 판단을 내리도록 만듭니다. 예를 들어 분홍색 풍선껌만 표본으로 선택하면 조사결과가 모든 분홍색 풍선껌에 대해서는 정확하지만 일반적인 풍선껌에 대해서는 정확하지 않을 수 있습니다. 색깔이 다른 풍선껌 사이에는 커다란 차이가 존재할 수도 있습니다.

Q: 설문지 안에 있는 질문은 어떻게 편향을 유도할 수 있는 겁니까?

A: 편향은 종종 질문이 구성되는 방식에 의해 도입됩니다.

우선 질문이 연속된 문장을 통해 무언가를 설명한 다음에 그에 대해 동의하는지 아닌지 묻는다면 사람들은 그에 대해 매우 강한 부정적인 생각을 하지 않는 한 그냥 동의한다고 말하기가 쉽습니다. 이것은 설문조사가 사람들을 동의로 이끄는 방식으로 편향되어 있음을 뜻합니다.

또한 모든 경우에 대한 보기를 제공하지 않는 질문도 편향을 유도합니다. 예를 들어 한 주 동안 운동을 몇 번 하는지 묻는 질문이 있다고 합시다. '5회 이상', '일주일에 3~5회', '일주일에 1~2회', 그리고 '나는 건강을 중요하게 생각하지 않기 때문에 운동하지 않는다.'라는 보기가 주어져 있다고 합시다. 어떤 사람은 실제로 운동을 하지 않을 수도 있는데, 그렇다고 해서 건강을 중요하게 생각하지 않는다는 말에는 동의하지 않을 수도 있습니다. 이것은 곧 그들이 이 질문에 대해서 대답을 할 수 없다는 사실을 의미합니다.

다음 시나리오를 살펴보세요. 모집단으로 무엇을 선택하겠습니까? 표본단위는 무엇일까요? 표본틀은 어떻게 작성하겠습니까? 표본을 구성하기 위해 그밖에 무엇을 고려하겠습니까?

1. 초콜릿을 생산하는 초코홀릭 주식회사는 오는 연말시즌을 대비해서 한정판매를 실시하려고 하는 초콜릿 제품의 생산을 끝마쳤습니다. 그들은 이 제품의 품질에 대해 검사를 수행하고자 합니다.

2. 통계마을 헬스클럽은 고객들이 시설에 대해 어떻게 생각하는지 알아보는 설문조사를 수행하려 합니다.

연필을 깎으며 정답

다음 시나리오를 살펴보세요. 모집단으로 무엇을 선택하겠습니까? 표본단위는 무엇일까요? 표본틀은 어떻게 작성하겠습니까? 표본을 구성하기 위해 그밖에 무엇을 고려하겠습니까?

1. 초콜릿을 생산하는 초코홀릭 주식회사는 오는 연말시즌을 대비해서 한정판매를 실시하려고 하는 초콜릿 제품의 생산을 끝마쳤습니다. 그들은 이 제품의 품질에 대해 검사를 수행하고자 합니다.

모집단은 한정판매를 위해 생산된 초콜릿 전부입니다.

표본단위는 초콜릿 한 개입니다.

표본틀은 생산된 초콜릿 전부를 포함해야 합니다. 이것은 한정판매를 위한 것이므로 초코홀릭 주식회사는 각 종류별 초콜릿에 대해 각각 몇 개가 생산되었는지에 대한 기록을 가지고 있을 수 있습니다.

표본을 고를 때 그것이 모집단을 잘 반영하면서 편향되지 않도록 하는 것이 중요합니다. 판매되는 초콜릿이 여러 종류라면 각 종류가 공평하게 포함되도록 만들어야 합니다.

2. 통계마을 헬스클럽은 고객들이 시설에 대해 어떻게 생각하는지 알아보는 설문조사를 수행하려 합니다.

모집단은 통계마을 헬스클럽의 고객 전부입니다.

표본단위는 고객 한 명입니다.

표본틀은 고객들을 전부 포함해야 합니다. 헬스클럽은 등록된 고객명단을 가지고 있을 것이므로 그것을 표본틀로 사용할 수 있습니다.

앞에서와 마찬가지로 표본이 모집단을 잘 반영하면서 편향되지 않도록 만들어야 합니다. 각 교실에 대해 성, 나이와 같은 부분들이 공평하게 반영되도록 해야 합니다.

실패한 커피판매 사건: 해결되었음

새로운 커피는 왜 잘 팔리지 않는 걸까요?

5분 미스터리 해결

확실히 알 수는 없지만 아마도 인턴에 의해 설문조사를 받은 사람들의 표본이 목표 모집단을 제대로 반영하지 않았을 가능성이 높습니다.

우선 그 인턴은 친절하게 보이는 스타버즈 고객들에게 커피를 무료로 대접하고 뭔가 좋은 소리를 듣고자 했습니다. 이것은 자신에게 친절하게 행동하는 고객들에게만 질문을 던졌다는 사실을 의미하는 것은 아닐까요? 고객들이 커피에 대해 진짜로 생각하는 바를 들었나요 아니면 그들이 그저 커피 맛이 좋다는 그의 설명에 동의했을 뿐인가요?

인턴은 또한 이 일을 자기 집 근처에 있는 특정 매장에 오는 소녀에게 말을 거는 기회로 삼으려 하기도 했습니다. 그렇다면 그는 이 매장에 더 자주 왔던 것은 아닌가요? 이 소녀가 그의 표본 선택에 영향을 주지 않았나요?

또한 CEO는 이 새로운 커피를 설문조사가 이루어진 때와 다른 계절에 판매하기 시작했습니다. 그 사실도 판매에 영향을 끼쳤을 가능성이 있습니다.

위에서 지적한 사실들 전부 혹은 일부가 표본이 왜곡되도록 만들었고, 그래서 잘못된 판단을 내리도록 만들었을 것입니다.

표본을 어떻게 고를 것인가

지금까지는 표본을 설계하는 방식과 어떤 종류의 편향을 피해야 하는지 살펴보았습니다. 이제는 표본틀에서 실제 표본을 고를 차례입니다. 하지만 어떻게 골라야 할까요?

단순무작위추출

하나의 방법은 표본을 임의로 고르는 것입니다. N개의 표본단위를 가지고 있는 모집단이 있고 그 중에서 n개의 표본을 골라야 한다고 합시다. **단순무작위추출**은 대상들이 선택될 가능성이 모두 똑같은 상태에서 임의로 n개를 고르는 것을 의미합니다.

이러한 단순무작위추출에는 두 가지 방법이 존재합니다. 하나는 **복원을 수행하는** 복원추출이고, 다른 하나는 **복원을 수행하지 않는** 비복원추출입이다.

복원추출

복원추출은 어떤 단위를 선택해서 그와 관련된 정보를 확보했으면, 그것을 다시 모집단으로 되돌려 넣는 방법입니다. 이렇게 하면 똑같은 단위가 한 번 이상 선택될 가능성이 존재하게 됩니다. 길을 지나가는 사람에게 어떤 질문을 던질 때 그가 이미 대답을 했던 사람인지 여부를 확인하지 않는다면 복원추출을 사용하는 것입니다. 어떤 사람에게 필요한 질문을 모두 던지고 난 후 그에게 다시 갈 길을 가라고 하는 것은 그를 다시 모집단으로 돌려보내는 것과 같습니다. 나중에 그에게 똑같은 질문을 다시 던질 수도 있는 것입니다.

비복원추출

비복원추출은 표본단위를 다시 모집단으로 되돌려 넣지 않는 방법입니다. 이러한 방법의 예로는 풍선껌 맛 테스트가 있습니다. 누군가 이미 맛본 풍선껌을 모집단에 되돌려 넣을 리는 없을 것입니다.

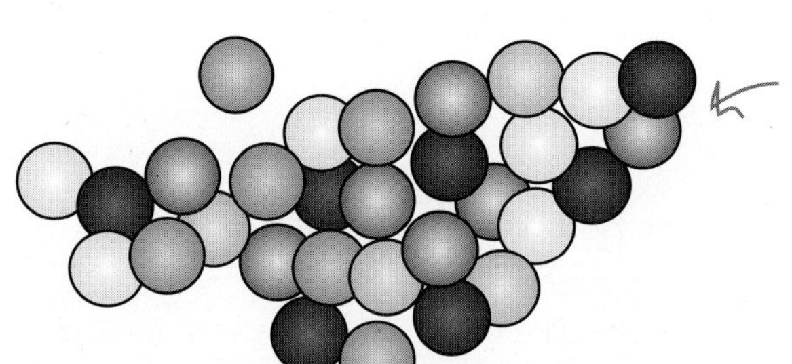

한 번 맛본 풍선껌을 되돌려 넣지는 않을 것입니다. 따라서 이것은 단순무작위추출법에서도 비복원추출을 사용하는 것입니다.

단순무작위표본을 고르는 방법

단순무작위추출을 사용하는 두 가지 주요 방법이 있습니다. 하나는 제비뽑기(drawing lots)이고, 다른 하나는 난수를 이용하는 것입니다.

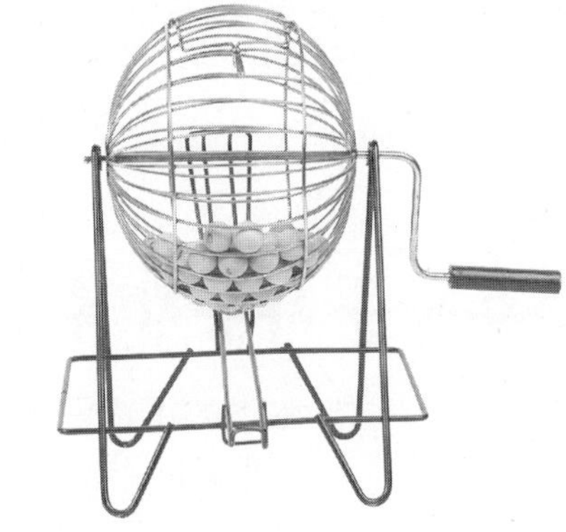

제비뽑기

제비뽑기는 주머니에서 이름이 적힌 쪽지를 뽑는 것과 같습니다. 표본틀에 있는 각 개체에 대한 이름이나 수가 적힌 종이조각을 하나의 통 안에 집어넣습니다. 그 다음에 충분한 개수를 가진 표본을 만들기 위해서 n개를 임의로 뽑습니다.

난수 발생기

커다란 표본틀을 가지고 있으면 제비뽑기가 실질적이지 못할 수도 있습니다. 이런 경우의 대안으로는 난수 발생기나 난수가 적힌 테이블을 사용하는 것입니다. 표본틀에 존재하는 모든 개체에 일정한 번호를 매기고, n개에 달하는 난수를 만들어낸 다음에 그 수에 해당하는 개체를 고르는 것입니다.

이때 각각의 수가 발생할 가능성이 모두 동일해야 하며, 편향되지 않도록 만드는 것이 중요합니다.

단순무작위추출은 한계가 있습니다. 어떤 문제가 발생할 수 있을까요?

다른 종류의 추출법도 존재합니다

단순무작위추출조차 문제를 포함하고 있습니다.

단순무작위추출을 사용하는 경우에는 표본이 모집단을 제대로 반영하지 않을 가능성이 여전히 존재합니다. 예를 들어 노란색 풍선껌만 계속해서 선택되고 다른 색깔의 껌들은 뽑히지 않는 경우가 있을 수 있습니다.

이러한 상황을 피하려면 어떻게 해야 할까요?

계층화추출을 사용할 수 있습니다...

단순무작위추출에 대한 대안은 **계층화추출**입니다. 이러한 종류의 추출에서는 모집단이 비슷한 성격을 갖는 여러 개의 그룹으로 분할됩니다. 이러한 각각의 그룹을 **층**(stratum)이라고 합니다. 예를 들어 풍선껌을 색깔에 따라 노란색, 초록색, 빨간색, 분홍색으로 나누어서 각 색깔이 하나의 층을 이루도록 만들 수 있습니다.

이렇게 하고 나면 각 그룹이 전체 표본에 공정하게 반영되도록 하기 위해 각 그룹 안에서 단순무작위추출을 수행할 수 있습니다. 이때 각 그룹이 전체 모집단에서 어느 정도의 크기를 차지하는지 살펴보고 그에 합당한 비율의 수만큼 골라내야 합니다. 예를 들어 달콤한 풍선껌이 생산하는 풍선껌의 50%가 빨간색이라면 표본의 절반은 빨간색 풍선껌으로 이루어져야 합니다.

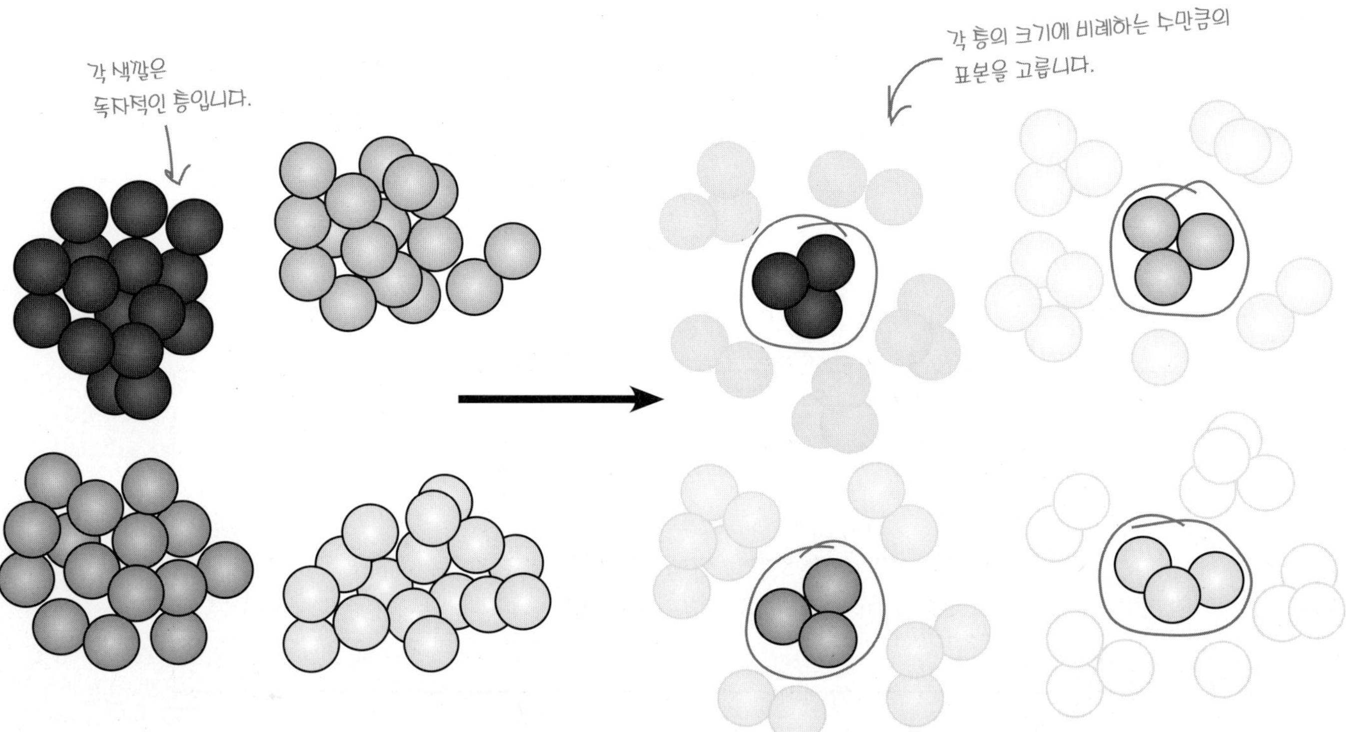

...혹은 군집추출을 사용할 수 있습니다...

군집추출(cluster sampling)은 모집단이 일정한 수의 서로 비슷한 그룹이나 군집을 가지고 있는 경우에 유용합니다. 예를 들어 풍선껌은 동일한 수와 색깔의 껌들을 담고 있는 통 단위로 팔릴 수 있습니다. 이때 각 통은 **군집**입니다.

군집추출에서는 각 단위를 단순무작위로 추출하는 것이 아니라 **군집 자체를 단순무작위로 추출**합니다. 그 다음에 선택된 군집 안에 있는 개체들을 모두 표본으로 사용합니다. 예를 들어 단순무작위추출을 통해서 풍선껌 여러 통을 선택한 다음에 선택된 통 안에 들어 있는 모든 껌에 대해 검사를 수행할 수 있습니다.

군집추출은 각 군집이 나머지 군집과 비슷하기 때문에 제대로 작동합니다. 군집추출이 갖는 이점은 전체 모집단을 포함하는 표본틀을 사용할 필요가 없다는 것입니다. 예를 들어 나무에 대한 조사를 수행하는 데 어떤 특정한 숲을 군집으로 이용한다면 그 숲에 있는 나무에 대해서만 조사하면 됩니다.

군집추출이 갖는 문제는 그것이 표본을 완전히 임의로 선택하지 않을 수도 있다는 것입니다. 예를 들어 어떤 통 안에 담긴 껌들은 모두 동일한 공장에서 제조된 것입니다. 만약 공장들 사이에 어떤 차이가 존재한다면 그런 차이는 이러한 표본추출에 포함되지 않습니다.

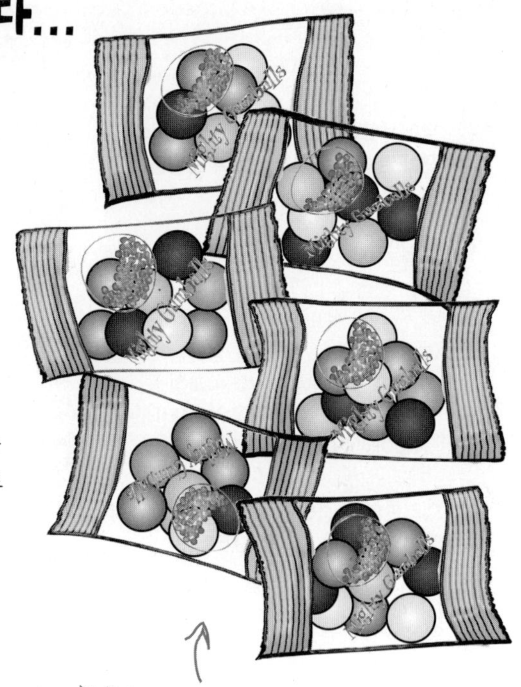

...혹은 계통추출을 사용할 수 있습니다

계통추출에서는 모집단을 어떤 순서로 나열한 다음에 k개씩 건너뛰면서 조사를 합니다. 예를 들어 10개씩 건너뛰면서 거기에 있는 껌을 조사할 수도 있습니다.

계통추출은 상대적으로 빠르고 쉽지만, 하나의 결정적인 단점이 존재합니다. 만약 모집단에 어떤 종류의 순환적인 패턴이 존재하면 표본이 편향될 수 있다는 것입니다. 예를 들어 풍선껌이 10번째마다 빨간색을 갖도록 제조된다면 온통 빨간색 풍선껌만 표본으로 선택될 것입니다. 이러한 표본은 모집단에 대해 그릇된 결론을 내리도록 만들 수 있습니다.

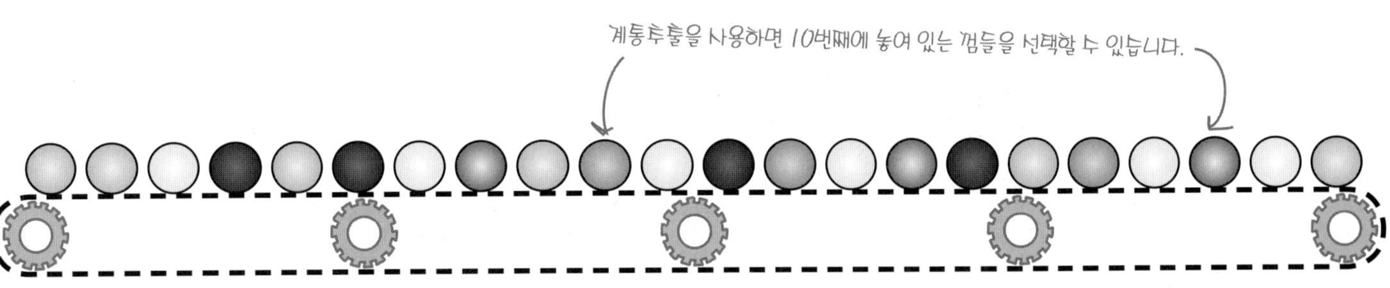

바보 같은 질문이란 없습니다

Q: 앞에서 소개한 추출법 중에서 하나를 사용하면 표본이 편향되지 않도록 보장할 수 있나요?

A: 그들은 표본이 편향되지 않을 거라고 보장하지는 않습니다. 그렇지만 그럴 가능성을 최소화해 줍니다. 목표 모집단에 대해 진지하게 고민하고 그것을 잘 반영하는 표본을 어떻게 구성할 것인지를 생각하는 과정을 밟으면 편향되지 않고 모집단을 잘 나타내는 표본을 만들어낼 가능성이 높아집니다.

Q: 이러한 방법 중에서 하나를 꼭 사용해야 하나요? 그냥 항목을 임의로 고르면 안 되나요?

A: 항목을 임의로 고르는 것은 단순무작위추출입니다. 물론 그것도 하나의 방법입니다. 하지만 한 가지 기억해둘 것은 그 방법을 사용하면 표본이 모집단 전체를 제대로 반영하지 않을 가능성이 있다는 사실입니다.

Q: 어째서 그런 거죠? 항목을 임의로 고르면 표본은 목표 모집단을 제대로 반영하도록 되어 있는 것 같은데요.

A: 꼭 그렇지는 않습니다. 표본단위를 임의로 고르는 것은 그 자체로 목표 모집단을 제대로 반영하지 않는 표본을 구성할 가능성을 가지고 있습니다. 예를 들어 통계마을 헬스클럽의 고객을 완전히 임의로 선택하면 어느 특정한 교실에 참석하는 사람만 고르거나 특정한 성별의 사람만 고를 가능성이 있습니다.

그리고 실제로는 그렇지 않은데 자신은 항목을 임의로 선택하고 있다고 착각하는 경우도 있습니다. 예를 들어 고객만족도를 조사하는 경우 질문에 대한 답변을 설문에 참여하는 사람의 뜻에 맡겨 놓는다면 질문에 대답을 할 정도로 적극적인 태도를 가지고 있는 사람의 견해만 반영하는 편향된 결과를 얻게 될 가능성이 높습니다. 질문에 대답을 할 만큼 적극적인 태도를 가지고 있는 사람은 조사내용에 대해 매우 강하게 만족하거나 만족하지 않는 사람일 가능성이 높기 때문입니다. 이런 경우에는 사실상 대다수의 사람에 해당하는, 특별히 강한 의견을 가지고 있지 않은 사람들의 견해를 듣기가 쉽지 않습니다.

Q: 표본의 크기를 증가시키면 어떨까요? 그렇게 하면 편향을 줄일 수 있지 않나요?

A: 표본의 크기가 커질수록 편향될 가능성은 줄어듭니다. 그리고 표본이 편향될 가능성을 최소화하는 방법 중 하나는 단순무작위추출을 사용하는 것입니다. 여기서 문제는 표본의 크기가 커지면 표본을 추출하는 과정이 복잡하고 시간이 걸리게 된다는 것입니다.

Q: 계층화추출과 군집추출의 차이가 정확히 뭔가요?

A: 계층화추출에서는 모집단을 서로 다른 그룹 혹은 층으로 나눕니다. 각 층 내부에 포함되어 있는 단위들은 가능한 한 서로 비슷한 특징을 갖습니다. 다시 말해, 성별과 같은 특징이나 속성을 이용해서 하나의 층을 구성하는 기준으로 삼는 것입니다. 모집단을 여러 개의 층으로 나누었으면, 각 층을 대상으로 단순무작위추출을 수행합니다.

군집추출에서는 모집단을 최대한 서로 닮은 여러 개의 군집으로 구분합니다. 그 다음에는 이러한 군집들을 대상으로 단순무작위추출을 수행합니다. 이렇게 선택된 군집 내부에 있는 항목 전체를 표본으로 사용합니다.

Q: 알겠어요. 계층화추출은 각 층들을 가능한 한 서로 다르게 만드는 것이고, 군집추출은 군집들을 가능한 한 서로 비슷하게 만드는 것이군요.

A: 바로 그겁니다.

Q: 그럼 계통추출은 무엇이죠?

A: 계통추출에서는 k라는 하나의 수를 선택하고, 매 k번째 항목을 표본으로 고릅니다. 이러한 추출법은 매우 간단하고 빠릅니다. 하지만 이러한 표본은 모집단을 잘 반영하지 않을 수도 있습니다. 사실 이러한 추출법은 표본틀 안에 반복되는 패턴이나 특정한 구조가 담겨 있지 않은 경우에 한해서 사용할 수 있습니다.

Q: 제비뽑기는 너무 낡은 방법인 것 같군요. 그런 방법을 쓰는 사람들이 아직도 있나요?

A: 예전만큼 흔하지는 않지만, 여전히 표본을 추출하는 방법의 하나입니다.

초콜릿 10상자가 있습니다. 당신은 그 안에 담긴 초콜릿들의 표본을 구해야 합니다. 상자에 담긴 초콜릿의 종류는 화이트, 밀크, 그리고 다크입니다. 목표 모집단은 초콜릿 전부이고, 표본단위는 초콜릿 한 개입니다.

1. 이 문제에 단순무작위추출을 어떻게 적용하겠습니까?

2. 계층화추출을 어떻게 적용하겠습니까?

3. 군집추출을 어떻게 적용하겠습니까?

초콜릿 10상자가 있습니다. 당신은 그 안에 담긴 초콜릿들의 표본을 구해야 합니다. 상자에 담긴 초콜릿의 종류는 화이트, 밀크, 그리고 다크입니다. 목표 모집단은 초콜릿 전부이고, 표본단위는 초콜릿 한 개입니다.

1. 이 문제에 단순무작위추출을 어떻게 적용하겠습니까?

제비뽑기나 난수를 이용해서 초콜릿을 임의로 선택함으로써 단순무작위추출을 사용할 수 있습니다. 이 경우 각각의 초콜릿이 표본으로 선택될 가능성은 모두 동일합니다.

2. 계층화추출을 어떻게 적용하겠습니까?

계층화추출을 사용하려면 초콜릿을 층으로 구분한 다음에 각 층에 대해 단순무작위추출을 적용합니다. 각 층은 비슷한 특성을 가진 초콜릿들로 이루어져야 하므로 초콜릿의 종류에 따라서 구분할 수 있습니다. 다시 말해, 한 층은 화이트 초콜릿, 다른 한 층은 밀크 초콜릿, 그리고 나머지 한 층은 다크 초콜릿으로 구성하면 됩니다.

3. 군집추출을 어떻게 적용하겠습니까?

군집추출을 사용하려면 초콜릿을 여러 개의 그룹으로 나누어야 합니다. 이때 각 그룹은 서로 비슷한 성격을 가져야 합니다. 각각의 초콜릿상자가 비슷하다고 가정했을 때 초콜릿 한 상자를 임의로 선택해서 그 안에 담긴 초콜릿을 모두 표본으로 사용하면 됩니다.

달콤한 풍선껌에서 완전-오래가는-향 풍선껌을 검사하기 위해 수행하는 표본조사를 어떻게 진행하면 좋을까요? 풍선껌은 네 개의 서로 다른 색으로 만들어집니다. 그리고 그들은 모두 동일한 공장에서 제조됩니다. 표본을 완전히 처음부터 구성해야 한다고 가정하세요.

달콤한 풍선껌에서 완전-오래가는-향 풍선껌을 검사하기 위해 수행하는 표본조사를 어떻게 진행하면 좋을까요? 풍선껌은 네 개의 서로 다른 색으로 만들어집니다. 그리고 그들은 모두 동일한 공장에서 제조됩니다. 표본을 완전히 처음부터 구성해야 한다고 가정하세요.

모집단은 달콤한 풍선껌이 만든 완전-오래가는-향 풍선껌 전체이며, 표본단위는 각각의 개별적인 풍선껌입니다. 가능하다면 모든 풍선껌에 일정한 번호를 붙여 놓은 표본틀이 있으면 좋겠지만 그것은 현실적이지 않습니다. 대신 각각의 색깔에 대해 몇 개의 풍선껌이 있는지 알려 주는 목록을 이용할 것입니다.

표본을 추출하는 방식은 주관적인 선택에 달려 있는데, 우리는 계층화추출을 사용할 것입니다. 여기서는 그것이 편향되지 않은 표본을 구성하기 위해 가장 적당한 것으로 생각되기 때문입니다. 풍선껌을 색깔에 따라 각 층으로 구분하고, 각 색깔이 전체 풍선껌 모집단에서 갖는 비율에 따라 그에 맞는 수의 풍선껌을 각 층에서 단순무작위추출을 통해 선택합니다. 그렇게 선택한 것들을 표본으로 사용하면 됩니다.

이와 다른 답을 생각했다고 해도 걱정할 필요는 없습니다. 중요한 것은 모집단을 가장 잘 반영하는 표본을 고르기 위해 어떤 과정을 밟을지 스스로 고민하는 것이며, 그렇기 때문에 정답과 다른 생각을 했어도 상관없습니다.

핵심정리

- **모집단**은 조사하고자 하는 대상 전체를 가리킵니다.
- **표본**은 모집단 자체에 대해 어떤 결론을 이끌어낼 수 있도록 모집단에서 선택한 상대적으로 적은 수의 집합입니다.
- 표본을 고르려면 조사하고자 하는 목표 모집단을 정의하는 데에서 출발해야 합니다. 그 다음에는 표본으로 골라야 하는 대상을 의미하는 표본단위를 정합니다. 그리고 나서 목표 모집단에 존재하는 표본단위 전체의 목록을 의미하는 표본틀을 설정합니다.
- 표본이 목표 모집단을 제대로 반영하지 않으면 그것은 **편향된** 것입니다.
- **단순무작위추출**은 표본을 구성하기 위해 표본단위를 무작위로 선택하는 것입니다. 선택을 수행하는 과정에서 복원을 할 수도 있고 하지 않을 수도 있습니다. 단순무작위추출은 제비뽑기나 난수발생기를 통해서 할 수 있습니다.
- **계층화추출**은 모집단을 비슷한 특징을 갖는 단위의 층으로 구분합니다. 각 층은 다른 층과 가능한 한 구별되는 특징을 갖습니다. 그 다음에는 각 층에 대해 단순무작위추출을 적용합니다.
- **군집추출**은 모집단을 가능한 한 서로 비슷한 여러 개의 군집으로 나눕니다. 그리고 군집을 선택하기 위해 단순무작위추출을 사용합니다. 그리고 이렇게 선택한 군집에 속한 항목을 표본에 포함시킵니다.
- **계통추출**은 어떤 수 k를 고른 다음에 매 k번째 항목을 표본으로 선택하는 것입니다.

달콤한 풍선껌은 이제 표본을 갖게 되었습니다

당신의 도움으로 달콤한 풍선껌은 그들의 완전-오래가는-향 풍선껌의 표본을 갖게 되었습니다. 모든 껌을 일일이 맛보는 대신 표본을 이용해서 조사를 수행할 수 있게 된 것입니다.

다음은 무엇인가요?

지금까지는 표본을 어떻게 구성할 수 있는지 살펴보았습니다. 하지만 표본을 어떻게 사용해야 하는지에 대해서는 아직 공부하지 않았습니다. 편향되지 않은 표본이 그들을 낳은 모집단과 동일한 특성을 가지고 있다는 사실은 알게 되었습니다. 하지만 그러한 표본을 어떻게 분석해야 하나요?

계속 읽어나가세요. 이러한 내용들이 다음 장에서 설명될 것입니다.

11 모집단과 표본 추정하기

예측하기

이봐요! 그러니까 내 말은... 그들이 모두 똑같다는 거예요. 그 중에서 한 명만 만나면 그들 모두를 만난 것과 같다고요.

표본 하나만 보고도 모집단이 어떨지 예측할 수 있다면 훌륭하지 않을까요?

자신이 **표본박사**라고 주장하기 전에, 일단 구성한 표본을 어떻게 최선으로 사용할 수 있는지에 대해 알 필요가 있습니다. 이것은 곧 표본을 이용해서 모집단의 모습을 **얼마나 정확하게 예측**할 수 있는지, 그리고 그러한 예측이 **얼마나 믿을만한지** 말할 수 있게 되는 것을 의미합니다. 이 장에서는 표본을 아는 것이 **어떻게 모집단을 아는 것으로 연결**되는지, 그리고 그 반대가 어떻게 성립하는지 살펴볼 것입니다.

그렇다면 풍선껌의 향은 진짜로 얼마나 지속되는 것일까요?

당신의 도움으로 달콤한 풍선껌은 완전-오래가는-향 풍선껌에 대한 편향되지 않은 표본을 구성할 수 있었습니다. 그들은 표본에 있는 풍선껌을 모두 조사하여 표본에 속한 풍선껌들의 향이 얼마나 지속되는지에 대한 많은 데이터를 수집했습니다.

그런데 문제가 하나 있습니다...

표본에 있는 껌들의 향이 얼마나 오래 지속되는지에 대해서는 관심이 없어. **내가 진짜로 알고 싶은 것**은 모집단 안에 있는 껌들의 향이라고. 그걸 알아야 우리가 만든 껌이 경쟁사들의 껌에 비해 향이 얼마나 오래가는지 말할 수 있을 것 아닌가.

달콤한 풍선껌의 전직 권투선수 CEO

CEO를 만족시키기 위해 우리는 달콤한 풍선껌 전체 모집단을 대상으로 향이 지속되는 시간에 대한 평균값과 분산을 찾아야 합니다.

다음은 표본에서 구한 데이터입니다. 이것을 이용해서 모집단에 대한 정보를 어떻게 구할 수 있을까요?

61.9	62.6	63.3	64.8	65.1
66.4	67.1	67.2	68.7	69.9

향이 지속되는 시간이 분단위로 기록되어 있습니다.

브레인 파워

데이터를 들여다보세요. 이 데이터를 이용해서 모집단의 평균값과 분산을 어떻게 추정할 수 있을까요? 그렇게 추정한 값들은 얼마나 믿을 만한 것일까요? 이유는요?

모집단의 평균값을 추정하는 것부터 시작해 봅시다

표본의 결과를 어떻게 이용하면 전체 풍선껌 모집단의 향이 지속되는 시간에 대한 평균값과 분산을 구할 수 있을까요?

대답은 매우 직관적입니다. 우리는 표본이 가지고 있는 향이 지속되는 시간에 대한 평균값이 모집단의 평균값과 동일하다고 가정합니다. 다시 말해, 표본의 평균값을 구한 다음에 그것을 모집단의 평균값으로 사용하는 것입니다.

다음은 표본의 분포에 대한 스케치입니다. 그리고 표본을 기초로 해서 모집단의 분포가 어떤 모습을 가질지 추정을 한 스케치도 있습니다. 모집단의 분포는 표본의 분포와 비슷할 것이므로 표본의 평균값과 모집단의 평균값이 거의 같은 값일 거라고 기대할 수 있습니다.

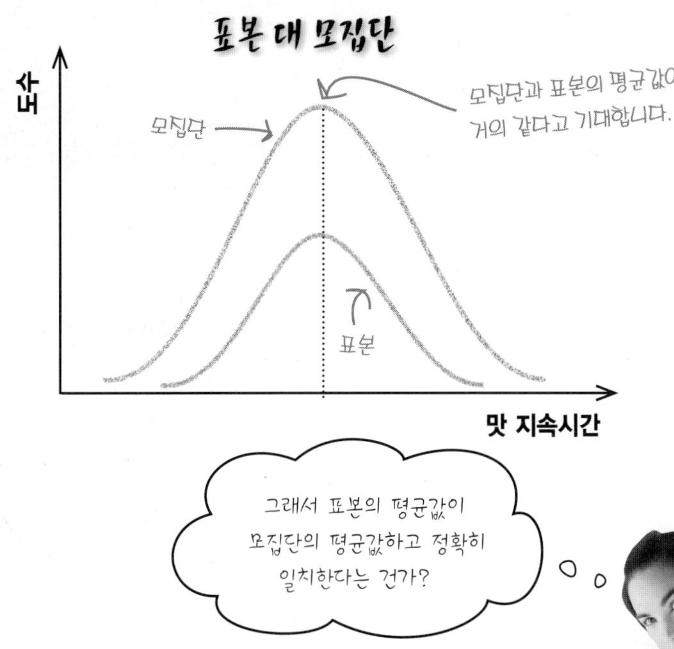

그들이 정확히 일치한다고는 말할 수 없습니다. 하지만 그렇게 보는 것이 우리가 할 수 있는 최선의 예측입니다.

우리가 알고 있는 사실에 기초했을 때 모집단의 평균값에 대해 우리가 할 수 있는 최선의 예측은 그것이 표본의 평균값과 일치할 것이라는 사실입니다. 우리가 알고 있는 정보를 토대로 모집단의 평균값에 대해 예상할 수 있는 가장 그럴 듯한 값은 바로 표본의 평균값입니다.

표본의 평균값은 모집단의 평균값을 위한 **점추정**(point estimator)이라고 불립니다. 다시 말해, 점추정은 모집단의 평균값을 추정하기 위해 표본의 데이터에 기초한 계산입니다.

점추정은 모집단 파라미터의 근사치를 구할 수 있습니다

지금까지는 평균값 μ나 분산 σ^2과 같은 모집단 파라미터의 실제 값을 다루었습니다. 그런 값들은 우리가 직접 구할 수 있거나 우리에게 주어졌습니다.

이제 우리는 모집단 파라미터의 실제 값에 대해 알지 못합니다. 모집단을 이용해서 그런 값을 **계산**하는 대신 표본의 데이터를 이용해서 그들을 **추정**합니다. 그렇게 하기 위해서는 점추정을 이용해서 모집단 파라미터에 대한 최선의 예측을 수행합니다.

모집단 파라미터의 **점추정**은 모집단 파라미터의 값을 추정하기 위해 사용할 수 있는 모종의 함수나 계산을 의미합니다. 예를 들어 모집단 평균값의 점추정은 표본의 평균값입니다. 표본의 평균값을 모집단의 평균값으로 사용할 수 있기 때문입니다.

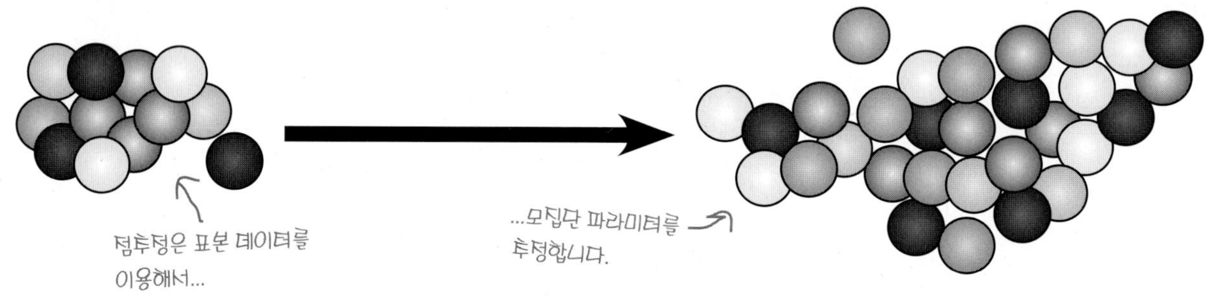

실제 모집단 파라미터와 점추정값은 ^ 기호를 이용해서 구분합니다. 예를 들어 모집단의 평균값은 μ로 표시하고 그에 상응하는 점추정은 $\hat{\mu}$로 표시합니다. 따라서 모집단 파라미터의 점추정을 사용하고 있다는 사실을 나타내려면 원래 모집단 파라미터의 기호 위에 ^를 얹습니다.

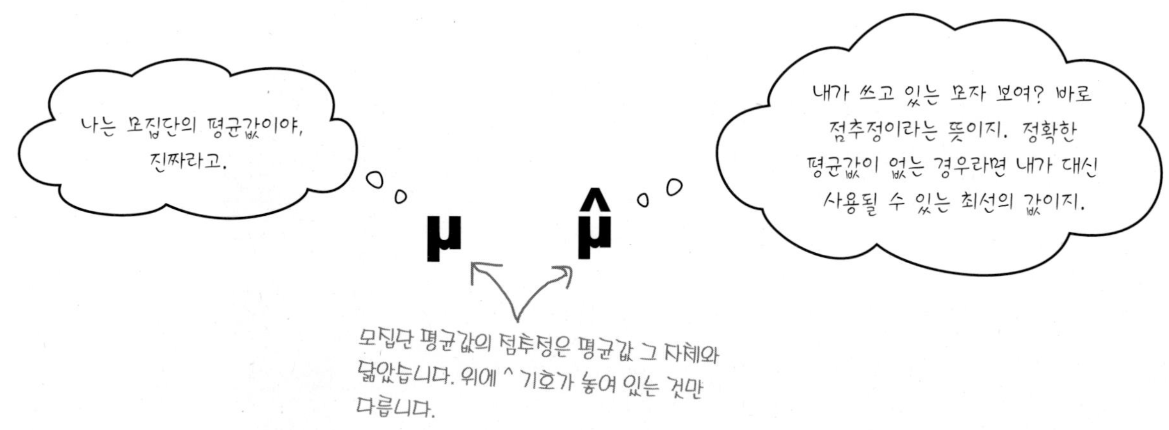

표본의 평균값을 나타내는 간단한 방법이 존재합니다.

μ라는 기호는 매우 명확한 의미를 담고 있습니다. 그것은 모집단의 평균값입니다. 우리는 혼동을 피하기 위해 표본의 평균값을 나타내는 방법을 따로 가지고 있습니다. 표본의 평균값을 나타내기 위해 $\bar{x}$('엑스 바'라고 읽습니다)라는 기호를 사용합니다. 이러한 기호를 사용함으로써 어떤 사람이 μ 기호를 사용하면 그것은 모집단의 평균값을 나타내고, $\bar{x}$ 기호를 사용하면 그것은 표본의 평균값을 나타낸다는 사실을 구별할 수 있습니다.

$\bar{x}$는 표본에 존재하는 μ 값입니다. 그것을 계산하는 방법은 모집단에서 평균값을 구하는 방법과 동일합니다. 표본에 있는 모든 값을 더한 다음에 그것을 표본에 속한 단위의 수로 나누는 것입니다. 다시 말해, 표본의 크기가 n이라고 했을 때 다음 공식이 성립합니다.

$$\bar{x} = \frac{\Sigma x}{n}$$

$\bar{x}$는 표본의 평균값입니다.

표본에 속한 수를 모두 더한 다음에 전체 수로 나눕니다.

우리는 이것을 모집단의 점추정을 표현하는 축약된 표현으로 사용할 수 있습니다. 모집단의 평균값을 표본의 평균값을 이용해서 추정할 수 있으므로 다음이 성립합니다.

$$\hat{\mu} = \bar{x}$$

모집단의 평균값을... ...표본의 평균값을 이용해서 추정합니다.

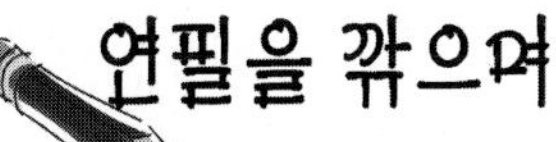

연필을 깎으며

모집단의 평균값을 추정하기 위해 표본의 데이터를 사용하세요. 데이터는 다음과 같습니다.

61.9 62.6 63.3 64.8 65.1 66.4 67.1 67.2 68.7 69.9

연필을 깎으며 정답

모집단의 평균값을 추정하기 위해 표본의 데이터를 사용하세요. 데이터는 다음과 같습니다.

61.9 62.6 63.3 64.8 65.1 66.4 67.1 67.2 68.7 69.9

표본의 평균값을 계산함으로써 모집단의 평균값을 추정할 수 있습니다.

$$\hat{\mu} = \bar{x} = \frac{61.9 + 62.6 + 63.3 + 64.8 + 65.1 + 66.4 + 67.1 + 67.2 + 68.7 + 69.9}{10}$$

$$= 657/10$$

$$= 65.7$$

바보 같은 질문이란 없습니다

Q: 평균값은 그냥 평균값일 뿐입니다. 왜 그렇게 많은 기호가 필요한가요?

A: 세 가지 다른 개념이 존재하기 때문입니다. 모집단 평균값, 표본 평균값, 그리고 모집단 평균값에 대한 점추정, 이렇게 세 개념입니다.

모집단 평균값은 μ로 나타냅니다. 이것은 지금까지 우리가 이 책에서 만났던 개념입니다. 모집단에 있는 모든 값을 서로 더해서 모집단의 크기로 나누면 얻을 수 있습니다.

표본 평균값은 $\bar{x}$로 나타냅니다. μ를 계산하는 것과 동일한 방식으로 계산할 수 있는데, 다만 표본에 속한 값들만 이용해야 합니다. $\bar{x}$를 계산하려면 표본에 속한 데이터를 모두 더한 다음에 표본의 크기로 나눕니다.

μ에 대한 **점추정**은 $\hat{\mu}$로 나타냅니다. 이것은 기본적으로 표본의 데이터를 기반으로 해서 모집단의 평균값이 어떠할지 최대한 예측한 값입니다.

Q: 그럼 표본의 평균값을 취하면 μ는 저절로 알 수 있는 건가요?

A: 표본을 이용해서 μ의 정확한 값을 찾을 수는 없습니다. 하지만 표본이 편향되지 않았다면 그것은 매우 훌륭한 추정값을 제공해 줍니다. 다시 말해, 우리는 $\hat{\mu}$를 찾기 위해 표본을 사용하는 것이며, μ 자체를 찾는 것이 아닙니다.

Q: 하지만 표본이 편향되어 있으면 어떻게 합니까? 그런 경우에는 μ에 대한 값을 어떻게 추정합니까?

A: 그렇기 때문에 표본이 편향되지 않도록 만드는 것이 매우 중요합니다. 확보하고 있는 데이터가 모두 표본에서 나온 것이라면, 모집단의 값들을 예측하기 위해 표본을 이용할 수밖에 없습니다. 이런 경우 표본이 편향되었다면, μ에 대해 추정한 값이 정확하지 않을 가능성이 높으며, 따라서 그릇된 결정을 내리도록 만들 가능성이 큽니다.

Q: 표본의 크기는 상관없나요?

A: 일반적으로 표본의 크기가 클수록 점추정값들이 더 정확해집니다.

μ는 모집단의 평균값이고, $\bar{x}$는 표본의 평균값이며, $\hat{\mu}$는 μ에 대한 점추정값입니다.

- 점추정은 표본 데이터에서 나온 모집단 파라미터의 값에 대한 예측입니다.
- ^ 기호는 점추정을 사용할 때 모집단 파라미터를 나타내는 기호 위에 얹는 기호입니다. 예를 들어 μ에 대한 점추정은 $\hat{\mu}$입니다.
- 표본의 평균값은 $\bar{x}$로 표시됩니다. 표본의 평균값을 찾으려면 다음 공식을 이용합니다.

$$\bar{x} = \frac{\Sigma x}{n}$$

  x는 표본 안에 들어 있는 값들을 나타내고, n은 표본의 크기입니다.

- 모집단 평균값에 대한 점추정은 $\bar{x}$를 계산함으로써 찾을 수 있습니다. 다시 말해, 다음이 성립합니다.

$$\hat{\mu} = \bar{x}$$

  이것은 모집단 평균값에 대해 좋은 예측을 하고 싶을 때 표본의 평균값을 사용할 수 있음을 뜻합니다.

우리는 모집단의 평균값에 대해 훌륭한 예측을 수행했습니다. 하지만 분산은 어떤가요?

우리가 모집단의 분산에 대해 좋은 예측을 내놓을 수 있다면 CEO는 표본 데이터의 결과를 기반으로 해서 풍선껌 모집단에서 맛의 지속시간에 대한 분산이 어느 정도인지 말할 수 있을 것입니다.

모집단 분산을 추정해 봅시다

지금까지는 표본의 평균값을 이용해서 모집단의 평균값을 추정하는 방법을 살펴보았습니다. 이것은 완전-오래가는-향 풍선껌 모집단에 대해 향이 지속되는 시간의 평균값을 찾을 수 있는 방법을 갖게 되었음을 의미합니다.

달콤한 풍선껌 CEO를 만족시키기 위해서는 모집단 분산에 대한 좋은 추정값을 내놓을 필요가 있습니다.

그러면 모집단 분산을 위한 점추정을 찾기 위해 무엇을 사용할 수 있을까요? 다시 말해, $\hat{\sigma}^2$을 찾기 위해 표본 데이터를 어떻게 사용할 수 있을까요?

그건 쉽지. 표본의 분산은 모집단의 분산과 똑같을 수밖에 없어. 그러니까 모집단 분산을 추정하기 위해서는 그냥 표본 분산을 사용하면 돼.

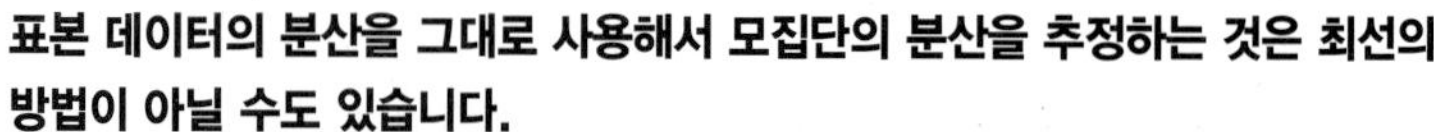

표본 데이터의 분산을 그대로 사용해서 모집단의 분산을 추정하는 것은 최선의 방법이 아닐 수도 있습니다.

데이터의 분산이 각 값들이 평균값으로부터 얼마나 떨어져 있는지 측정하는 것이라는 사실은 이미 알고 있습니다. 표본을 구성하면 표본 안에는 모집단보다 적은 수의 단위가 포함되어 있습니다. 그리고 더 적은 수의 값들을 가지고 있으므로 그들이 모집단에 비해 평균값에 더 가깝게 몰려 있을 가능성이 높습니다. 예외적인 값이 몇 개 되지 않으므로 그들이 표본에 들어 있을 가능성이 낮기 때문입니다.

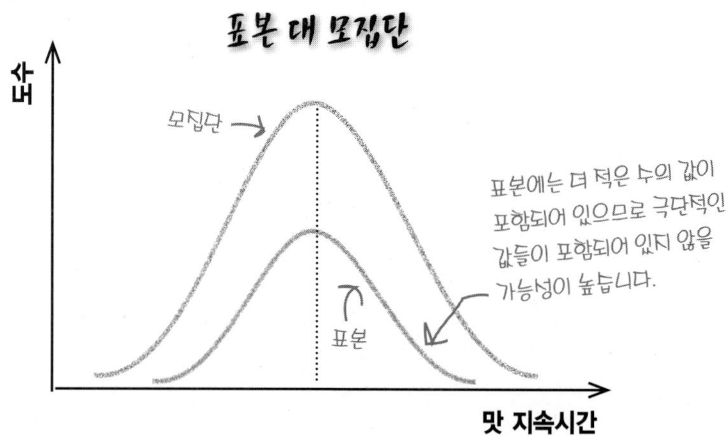

그럼 모집단의 분산을 추정하기 위한 더 나은 방법은 무엇일까요?

표본 분산 외에 다른 점추정이 필요합니다

모집단의 분산을 추정하기 위해 표본의 분산을 이용하는 것이 가진 문제는 표본의 분산이 낮다는 사실입니다. 표본의 분산은 모집단의 분산에 비해 약간 낮은 경향이 있으며, 얼마나 많이 낮아지는가 하는 것은 표본의 크기에 따라 다릅니다. 표본에 속한 단위의 수가 작으면 단위의 수가 큰 경우에 비해 표본의 분산과 모집단의 분산 사이에 더 큰 차이가 존재하게 됩니다.

따라서 모집단의 분산을 추정하기 위한 더 나은 방법, 즉 표본의 분산보다 좀 더 높은 값을 제공해 주는 함수가 필요합니다.

그럼 추정방법에는 어떤 것이 있나요?

모집단의 분산을 추정하기 위해 표본의 분산을 그대로 이용하는 대신에 사용할 수 있는 방법이 있습니다. 표본의 크기가 n이라고 했을 때 모집단의 분산을 다음 공식을 이용해서 추정할 수 있습니다.

$$\hat{\sigma}^2 = \frac{\Sigma(x - \bar{x})^2}{n - 1}$$

모집단의 분산을 위한 추정

표본의 값을 하나씩 취하고, 표본의 평균값을 빼고, 그 값을 제곱하여 모두 더합니다.

표본의 수에서 1을 뺀 다음에 그 값으로 나눕니다.

다시 말해, 우리는 표본에 속한 값을 하나씩 취한 다음에, 그 값에서 표본의 평균값을 빼고, 그 결과를 제곱합니다. 이러한 값을 모두 함께 더한 다음에 표본의 크기에서 1을 뺀 값으로 나눕니다. 이것은 n 대신 n − 1로 나누는 것만 제외하면 표본에 속한 값들의 분산을 구하는 과정과 동일합니다.

이게 어떻게 더 나은 추정이지?

이 공식은 모집단 분산에 좀 더 가까운 값을 추정하도록 해 줍니다.

n 대신 n − 1로 나누는 것은 결과값이 좀 더 크도록 만들어 줍니다. 이러한 차이는 n이 상당히 작으면 더 잘 드러납니다. 이 공식은 표본의 분산을 구하는 과정과 거의 동일하지만 약간 더 큰 결과값을 얻도록 해 줍니다.

모집단의 분산은 표본의 분산에 비해 약간 더 큰 값을 갖는 경향이 있습니다. 이것은 곧 이러한 공식이 모집단의 분산에 대한 좀 더 나은 점추정이라는 사실을 의미합니다.

분산 자세히 보기

분산을 찾기 위해 어떤 공식을 사용해야 할지 약간 혼란스러울 수 있습니다. 모집단 분산 σ^2을 구하기 위한 공식이 있고, 그에 대한 점추정 $\hat{\sigma}^2$을 구하기 위한 약간 다른 공식이 있습니다. 그럼 언제 어느 것을 사용해야 할까요?

모집단 분산

정확하게 모집단 분산을 찾고자 하고 전체 모집단 데이터가 존재한다면 다음을 이용합니다.

$$\sigma^2 = \frac{\Sigma(x - \mu)^2}{n}$$

모집단 분산 → σ^2

모집단 평균값 → μ

모집단의 크기 → n

이 상황은 모집단의 데이터가 모두 존재하는 경우입니다. 모집단의 평균값이 무엇인지 알고 있고, 이러한 값 전체에 대한 분산을 알고자 하는 경우인 것입니다. 이 계산은 이 책을 통해 여러 번 수행했습니다.

모집단 분산 추정하기

만약 표본의 데이터를 이용해서 모집단의 분산을 추정하고자 한다면 다음 공식을 이용합니다.

$$\hat{\sigma}^2 = \frac{\Sigma(x - \bar{x})^2}{n - 1}$$

표본에 기초한 모집단 분산에 대한 점추정 → $\hat{\sigma}^2$

표본 평균값 → $\bar{x}$

n이 표본의 크기를 나타낼 때 n이 아니라 n − 1을 사용합니다. 이것은 추정이기 때문입니다.

n개의 값에 대한 정확한 분산을 계산하는 대신 확보하고 있는 표본 데이터를 이용해서 모집단의 분산을 추정합니다. 좀 더 정확한 추정값을 얻기 위해 n이 아니라 n − 1로 나누어서 좀 더 큰 값을 얻도록 합니다.

모집단 분산의 점추정에 대한 공식은 보통 s^2으로 나타냅니다. 따라서 다음이 성립합니다.

$$\hat{\sigma}^2 = s^2 \quad \text{여기서} \quad s^2 = \frac{\Sigma(x - \bar{x})^2}{n - 1}$$

모집단 분산에 대한 점추정 → $\hat{\sigma}^2$

s^2은 표본 데이터에 기초한 공식입니다.

이것은 표본의 평균값을 $\bar{x}$로 나타내는 것과 비슷합니다.

어느 공식이 어느 것일까요?

경우에 따라서 분산을 구할 때 n으로 나누어야 하는지 아니면 n - 1로 나누어야 하는지 헷갈릴 때가 있습니다. 핵심적인 규칙은 **n으로 나눈 결과값은 가지고 있는 데이터에 대한 정확한 분산을 제공**한다는 점입니다.

전체 모집단 데이터를 가지고 있는 경우에는 n으로 나누면 실제 모집단 분산을 얻을 수 있습니다. 즉, σ^2을 위한 공식을 사용해서 n으로 나누는 것입니다.

만약 모집단에서 추출한 표본을 가지고 있다면 모집단 분산을 구하기 위해 표본을 이용할 가능성이 높습니다. 이런 경우에는 s^2을 위한 공식으로 사용해서 n - 1로 나눕니다.

조심하세요!

어떤 책은 표본을 위해 n - 1로 나누라고 하고, 어떤 책은 n으로 나누라고 합니다.

표본을 가지고 무엇을 하려고 하는지에 대해 서로 다른 가정을 내리고 있기 때문입니다. 만약 모집단 분산을 추정하기 위한 목적으로 표본을 사용한다면 n – 1로 나누어야 합니다. 전체 값들을 대상으로 정확한 분산을 구하고자 하는 경우에만 n으로 나눌 필요가 있습니다.

통계학 시험을 치르는 경우라면 시험 출제진이 어떤 접근 방법을 사용하고 있는지 확인해야 합니다.

연필을 깎으며

달콤한 풍선껌 표본 데이터는 아래와 같습니다. 모집단 분산을 추정해 보세요.

61.9 62.6 63.3 64.8 65.1 66.4 67.1 67.2 68.7 69.9

연필을 깎으며 정답

달콤한 풍선껌 표본 데이터는 아래와 같습니다. 모집단 분산을 추정해 보세요.

61.9 62.6 63.3 64.8 65.1 66.4 67.1 67.2 68.7 69.9

s^2을 계산함으로써 모집단 분산을 추정할 수 있습니다.

$$\hat{\sigma}^2 = s^2$$

$$= \frac{\sum(x - \bar{x})^2}{n - 1}$$

$$= \frac{(-3.8)^2 + (-3.1)^2 + (-2.4)^2 + (-0.9)^2 + (-0.6)^2 + (0.7)^2 + (1.4)^2 + (1.5)^2 + (3)^2 + (4.2)^2}{9}$$

$$= \frac{14.44 + 9.61 + 5.76 + 0.81 + 0.36 + 0.49 + 1.96 + 2.25 + 9 + 17.64}{9}$$

$$= 62.32/9$$

$$= 6.92 \text{ (소수점 2자리까지)}$$

바보 같은 질문이란 없습니다

Q: 표본 분산을 구할 때 왜 n − 1로 나누는 거죠? 그냥 n으로 나누면 안 되는 이유가 있습니까?

A: 대부분의 경우 표본 데이터를 이용해서 모집단 분산을 추정하기 때문에 n − 1로 나누는 것입니다. n − 1로 나누면 n으로 나누는 경우에 비해 좀 더 정확한 추정값을 제공해 줍니다. 이것은 표본에 있는 값의 분산이 모집단 분산보다 더 낮은 경향이 있기 때문입니다.

Q: 이러한 방식에 수학적인 근거는 있습니까?

A: 예, 있습니다. 그것은 이 장의 끝부분에서 다룰 것입니다. 이 질문을 계속 기억해 두기 바랍니다. 좋은 질문이니까요.

Q: 어느 기호가 모집단을 위해 사용되고 어느 기호가 표본을 위해 사용되는지 어떻게 다 기억합니까?

A: 일반적으로 모집단을 위해서는 그리스 문자가 사용되고, 표본의 평균값과 분산을 위해서는 보통의 로마 문자가 사용됩니다.

Q: 분산을 위한 점추정처럼 표준편차를 위한 점추정도 있나요? 그것은 어떻게 구합니까?

A: 표준편차를 위한 추정값을 구하려면 우선 분산을 추정합니다. 그 다음에 제곱근을 씌우면 됩니다.

달콤한 풍선껌은 더 많은 표본추출을 수행했습니다

달콤한 풍선껌의 CEO는 맛 테스트의 결과에 너무나 만족한 나머지 이번에는 TV광고를 위한 또 다른 표본추출을 부탁했습니다. 이번에 CEO가 원하는 것은 달콤한 풍선껌의 사탕이 다른 경쟁사들의 사탕에 비해 얼마나 인기가 높은지 말하는 것입니다.

달콤한 풍선껌의 직원들은 무작위로 선택한 사람들에게 그들이 달콤한 풍선껌의 사탕을 좋아하는지 아니면 경쟁업체의 사탕을 좋아하는지 물었습니다. 그들은 이렇게 수집한 정보를 이용해서 사람들이 달콤한 풍선껌의 사탕을 얼마나 좋아하는지 예측할 수 있기를 희망했습니다.

달콤한 풍선껌은 40명 중에서 32명이 그들의 풍선껌을 선호하고, 8명은 경쟁업체의 제품을 더 좋아한다는 사실을 알게 되었습니다.

브레인 파워

표본에 포함된 사람들 중에서 달콤한 풍선껌의 제품을 선호하는 사람들의 비율을 어떻게 찾을 수 있을까요? 이 비율이 어떤 분포를 따를 것이라고 생각합니까? 이 값을 모집단에 어떻게 적용할 수 있을까요?

이것은 비율에 대한 질문입니다

앞에서 보았던 달콤한 풍선껌의 표본을 통해 CEO가 알고자 하는 것은 각각의 사람이 달콤한 풍선껌의 제품과 다른 경쟁업체의 제품 중에서 어느 것을 더 좋아하는가 하는 것입니다. 다시 말해, 달콤한 풍선껌을 더 좋아하는 사람은 성공으로 분류할 수 있는 것입니다.

그렇다면 모집단 안에서 성공의 비율을 찾기 위해 표본 데이터를 어떻게 사용해야 할까요?

모집단 비율 예측하기

X가 모집단에서 성공의 횟수를 나타낸다면, X는 n과 p라는 파라미터와 함께 이항분포를 따릅니다. n은 모집단에 속한 사람의 수를 나타내고, p는 성공의 비율입니다.

모집단 평균값에 대한 최선의 예측이 표본의 평균값이었던 것처럼, 모집단이 갖는 성공의 비율에 대한 최선의 예측은 표본이 갖는 성공의 비율입니다. 따라서 표본이 가지고 있는 성공의 비율, 즉 달콤한 풍선껌을 선호하는 사람들의 비율을 찾을 수 있다면 모집단 안에서 달콤한 풍선껌을 선호하는 사람들의 비율에 대한 좋은 예측을 할 수 있음을 의미합니다.

표본이 갖는 성공의 비율은 달콤한 풍선껌을 선호하는 사람들의 수를 표본에 속한 사람들의 전체 수로 나누면 계산할 수 있습니다. p_s라는 기호가 표본이 갖는 성공의 비율을 나타낸다면 모집단이 갖는 성공의 비율은 다음과 같습니다.

모집단이 갖는 성공의 비율에 대한 점추정 → $\hat{p} = p_s$ ← 표본이 갖는 성공의 비율

여기서

$$p_s = \frac{\text{성공의 횟수}}{\text{표본의 크기}}$$

다시 말해, 우리는 표본이 갖는 성공의 비율을 모집단이 갖는 성공의 비율에 대한 점추정으로 사용할 수 있습니다. 앞에서 본 예의 경우에는 40명 중에서 32명이 달콤한 풍선껌의 제품을 좋아했으므로 $p_s = 0.8$입니다. 따라서 모집단에서의 성공 비율에 대한 점추정도 역시 0.8입니다.

확률하고 비율이 서로 상관이 있다고
생각하는 것이 맞나요? 둘 다 p로
표시되고, 서로 상당히 비슷한 것 같군요.

확률과 비율은 서로 상관이 있습니다

확률과 비율 사이에는 사실 상당히 밀접한 연관성이 있습니다.

성공의 비율을 알고 싶은 모집단을 가지고 있다고 해 봅시다. 이 비율을 계산하려면 전체 성공 횟수를 모집단의 크기로 나눕니다.

이제 모집단에서 무작위로 고른 값이 성공이었을 확률을 계산한다고 생각해 봅시다. 이 확률을 계산하려면 모집단 안에 존재하는 성공의 수를 모집단의 크기로 나눕니다. 다시 말해, **성공을 얻을 확률을 계산하는 것과 성공의 비율을 계산하는 과정은 완전히 똑같습니다.**

우리는 모집단이 갖는 성공의 확률을 문자 p로 나타냅니다. 하지만 성공의 비율을 나타내기 위해서도 p를 사용할 수 있습니다. 이 둘은 같은 값을 갖기 때문입니다.

p = 확률 = 비율

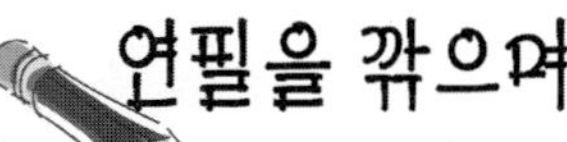

연필을 깎으며

달콤한 풍선껌은 그들의 완전-오래가는-향 풍선껌을 위한 또 다른 표본을 준비했습니다. 그리고 이 표본에 속한 40명 중에서 10명이 분홍색 풍선껌을 다른 색에 비해 선호하는 것으로 드러났습니다. 모집단에서 분홍색 풍선껌을 선호하는 사람의 비율은 얼마일까요? 모집단에서 분홍색 풍선껌을 좋아하지 않는 사람을 선택하게 되는 확률은 얼마일까요?

정답

달콤한 풍선껌은 그들의 완전-오래가는-향 풍선껌을 위한 또 다른 표본을 준비했습니다. 그리고 이 표본에 속한 40명 중에서 10명이 분홍색 풍선껌을 다른 색에 비해 선호하는 것으로 드러났습니다. 모집단에서 분홍색 풍선껌을 선호하는 사람의 비율은 얼마일까요? 모집단에서 분홍색 풍선껌을 좋아하지 않는 사람을 선택하게 되는 확률은 얼마일까요?

모집단의 비율은 표본의 비율을 이용해서 추정할 수 있습니다. 따라서 다음이 성립합니다.

$$\hat{p} = p_s = 10/40$$
$$= 0.25$$

모집단에서 분홍색 풍선껌을 좋아하지 않는 사람을 고르게 될 확률은 다음과 같습니다.

$$P(\text{분홍색을 좋아하지 않는 사람}) = 1 - \hat{p}$$
$$= 1 - 0.25$$
$$= 0.75$$

바보 같은 질문이란 없습니다

Q: 그럼 비율은 확률과 같은 건가요?

A: 비율은 모집단이 갖는 성공의 횟수를 모집단의 크기로 나눈 값입니다. 이것은 이항분포에서 확률을 찾을 때 수행하는 계산과 완전히 똑같습니다.

Q: 그럼 비율은 이항분포에만 적용되는 건가요? 다른 확률분포들의 경우에는 어떻게 되는 겁니까?

A: 우리가 지금까지 살펴본 확률분포 중에서 비율과 일정한 관련이 있는 것은 이항분포뿐입니다. 비율은 이항분포가 가진 문제에만 적용됩니다.

Q: 표본의 비율은 모집단의 비율과 똑같나요?

A: 표본의 비율은 모집단의 비율을 위한 점추정으로 사용될 수 있습니다. 그것은 모집단의 비율이 정확이 어떤 값을 가질지에 대한 최선의 추측입니다.

Q: 그것은 표본이 편향되었을 경우에도 성립하나요? 편향된 표본의 경우에는 비율을 어떻게 추정하나요?

A: 여기서 핵심은 모든 추정이 표본을 기초로 하기 때문에 표본이 편향되지 않도록 하는 것입니다. 표본이 편향되면 모집단의 비율에 대해 정확하지 않은 추정을 낳을 수밖에 없습니다. 다른 점추정의 경우도 마찬가지입니다.

Q: 그럼 표본이 편향되지 않도록 하는 방법은 무엇이죠?

A: 표본이 모집단을 잘 반영하도록 만들기 위해서는 앞 장에서 보았던 내용들을 숙지하는 것이 최선입니다. 표본을 잘 만들기 위해 노력하는 것은 표본을 통한 점추정들이 모집단을 정확하게 반영하도록 만들기 때문에 중요합니다.

정말 대단해! 광고에서 사용할 수 있는 인상적인 통계자료들을 아주 많이 갖게 되었어.

핵심정리

- 모집단의 분산을 위한 점추정은 다음과 같습니다.

  $$\hat{\sigma}^2 = s^2$$

  여기서 s^2은

  $$\frac{\Sigma(x - \bar{x})^2}{n - 1}$$

- 모집단의 비율은 p로 표시됩니다. 그것은 모집단이 갖는 성공의 비율입니다.
- p에 대한 점추정은 p_s로 표시됩니다. 여기서 p_s는 표본이 갖는 성공의 비율입니다.

  $$\hat{p} = p_s$$

- p_s는 표본이 갖는 성공의 횟수를 표본의 크기로 나눈 값입니다.

  $$p_s = \frac{\text{성공의 횟수}}{\text{표본의 크기}}$$

풍선껌은 여기에서 사세요!

통계마을 극장 기억나세요? 그들은 영화를 보러 온 사람들에게 달콤한 풍선껌의 제품을 팔 수 있는 권한을 얻었습니다. 이것은 달콤한 풍선껌의 제품이 대부분의 고객들에게 인기가 있음을 증명하는 움직임입니다.

하지만 이러한 결정을 모두 환영하는 것이 아니라는 문제가 있습니다.

새로운 점보상자 소개

극장에서는 여러 색의 풍선껌을 섞어서 담은 점보상자를 판매합니다. 그리고 이번 주말에는 클래식 영화를 마라톤 상영하기로 했습니다.

이번 행사는 인기가 많아서 표가 잘 팔리고 있습니다. 문제는 일부 사람들이 빨간색 풍선껌에 대한 문제가 해결되지 않는 것에 대해 불만을 터뜨리고 있다는 것입니다.

극장에서 판매하는 점보상자는 여러 명이 함께 씹을 수 있도록 각 상자에 100개의 풍선껌이 담겨 있습니다. 그리고 전체 풍선껌 모집단에서 25%가 빨간색입니다.

우리는 하나의 점보상자 안에 빨간색 풍선껌이 40개 이상 담겨 있을 확률을 구해야 합니다.

상자 하나 당 100개의 풍선껌이 담겨 있으므로 풍선껌 모집단에서 25%가 빨간색이라고 했을 때 어느 한 상자에 담긴 풍선껌 중에서 40%가 빨간색일 확률을 구해야 하는 것입니다.

이것은 표본추출하고 어떤 관련이 있을까요?

우리는 지금까지 편향되지 않은 표본을 추출하는 방법, 그리고 표본을 이용해서 모집단 파라미터에 대한 점추정을 하는 방법을 살펴보았습니다.

이번에는 상황이 다릅니다. 여기서는 모집단의 파라미터가 무엇인지 알려져 있는 상태에서 하나의 특정한 점보상자에 대한 확률을 구해야 하는 것입니다. 다시 말해, 모집단의 확률에 대해 연구하는 것이 아니라 표본의 비율에 대한 확률을 연구하는 것입니다.

이번에는 모집단이 아니라 표본의 확률을 구해야 합니다.

이번에는 확률분포 안에 존재하는 특정한 도수나 값을 구하는 확률이 아니라 **표본의 비율 자체를 위한 확률**을 찾아야 합니다. 우리는 특정한 풍선껌 상자 안에서 이러한 특정한 결과를 얻을 확률을 계산해야 합니다.

우리는 확률을 계산하기 전에 표본의 비율에 대한 확률분포를 먼저 찾아야 합니다. 우리가 해야 할 일은 다음과 같습니다.

1. **우리가 고려하고 있는 표본과 동일한 크기를 갖는 다른 모든 표본을 살펴봅니다.**

   표본의 크기가 n이라면, n이라는 크기를 갖는 모든 가능한 표본에 대해 살펴봐야 합니다. 상자 안에 100개의 풍선껌이 들어 있으므로, 이 경우 n은 100입니다.

2. **모든 표본이 형성하는 분포를 살펴보고, 원하는 비율에 대한 기대치와 분산을 구합니다.**

   모든 표본은 각각 다릅니다. 따라서 각 풍선껌 상자 안에 담긴 빨간색 풍선껌의 비율은 변할 것입니다.

3. **비율이 분포되어 있는 모습을 확인했으면, 확률을 찾기 위해 분포를 활용합니다.**

   표본이 갖는 성공의 비율이 분포된 모습을 안다는 것은 무작위로 선택한 표본(이 경우에는 풍선껌 점보상자)이 갖는 비율에 대한 확률을 찾을 수 있음을 의미합니다.

이 과정에 대해 좀 더 자세히 살펴봅시다.

비율의 표본분포

표본이 갖는 비율의 분포를 어떻게 찾을 수 있을까요?

우선 풍선껌 모집단에서 시작해 봅시다. 모집단이 갖는 빨간색 풍선껌의 비율은 주어져 있습니다. 그것을 p로 표시하면 p = 0.25입니다.

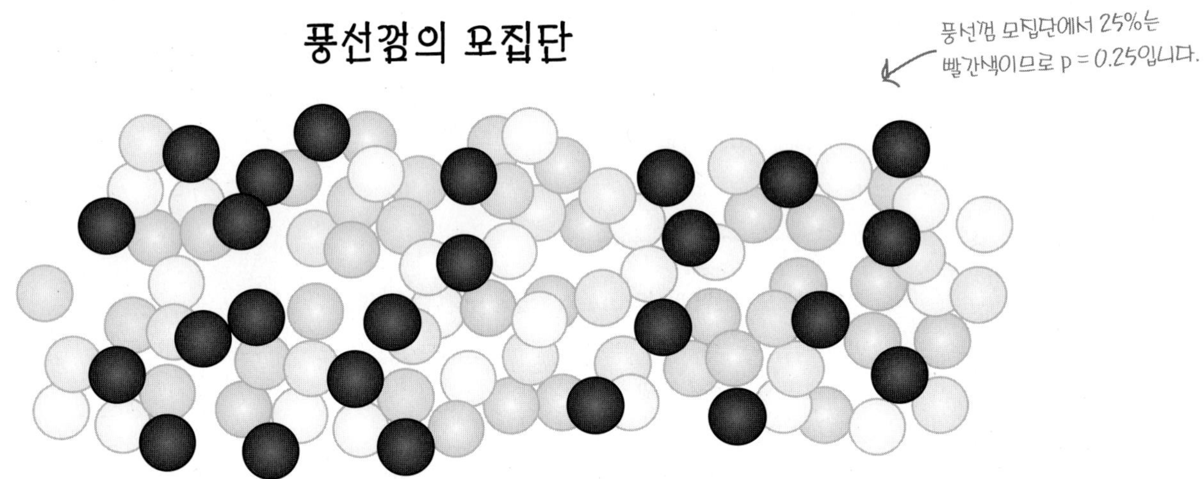

각각의 풍선껌 점보상자는 모집단에서 추출된 표본에 해당합니다. 각 상자는 100개의 풍선껌을 담고 있으므로 표본의 크기는 100입니다. 이것을 n으로 표시합시다.

확률변수 X가 표본 안에 담긴 빨간색 풍선껌의 수를 나타낸다면, n = 100이고 p = 0.25일 때 $X \sim B(n, p)$입니다.

표본이 갖는 빨간색 풍선껌의 비율은 표본 안에 담긴 빨간색 풍선껌의 수를 의미하는 X에 달려 있습니다. 이것은 비율 자체가 하나의 확률변수라는 뜻입니다. 이것을 P_s로 나타내면 $P_s = X/n$입니다.

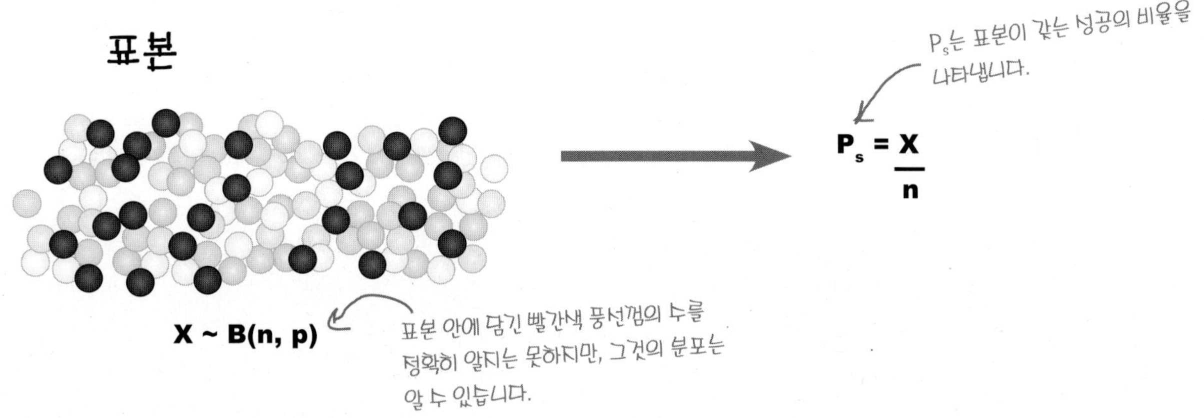

n 크기를 갖는 표본을 구성하는 방법은 매우 많습니다. 각각의 가능한 표본은 n개의 풍선껌으로 이루어지며, 각 표본에 담긴 빨간색 풍선껌의 수는 항상 같은 분포를 형성합니다. 각 표본에서 빨간색 풍선껌의 수는 B(n, p)의 모습으로 분포되며, 성공의 비율은 X/n으로 계산됩니다.

각 표본은 앞에서와 마찬가지로 n개의 항목을 포함하고 있습니다.

여러 가지 표본들

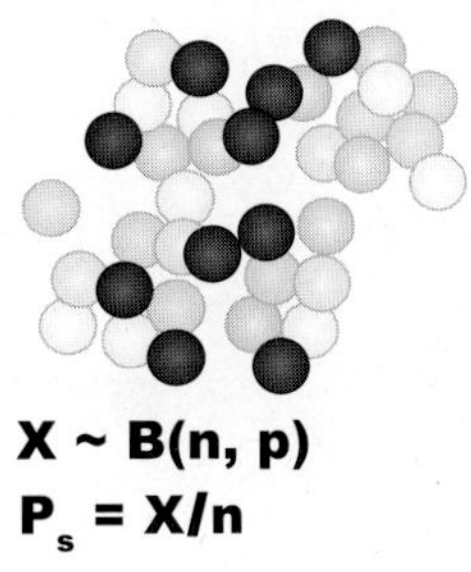

$X \sim B(n, p)$
$P_s = X/n$

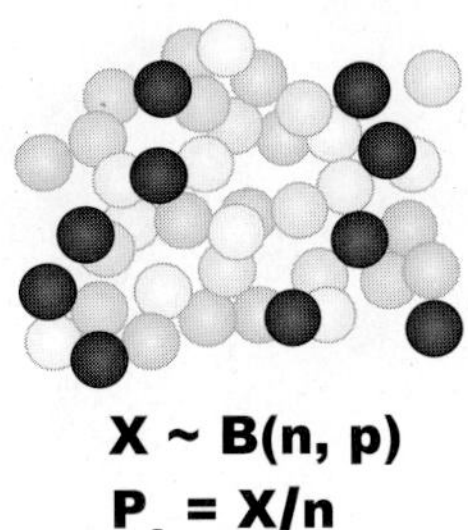

$X \sim B(n, p)$
$P_s = X/n$

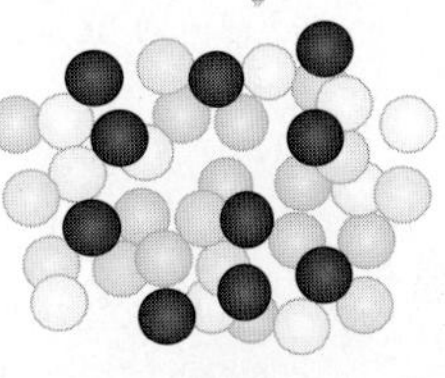

$X \sim B(n, p)$
$P_s = X/n$

우리는 모든 가능한 표본들을 이용해서 표본이 갖는 성공의 비율에 대한 분포를 만들 수 있습니다. 이것을 **비율의 표본분포** 혹은 P_s의 분포라고 합니다.

알겠어. 비율의 표본분포는 n이라는 크기를 갖는 모든 가능한 표본들이 갖는 다양한 비율로 이루어진 확률분포라는 뜻이지. 비율이 어떻게 분포되어 있는지 알 수 있다면 어느 특정한 표본이 갖는 비율에 대한 확률을 찾을 수 있을 거야.

비율의 표본분포를 이용하면 무작위로 선택한 크기가 n인 표본이 갖는 성공의 비율에 대한 확률을 찾을 수 있습니다.

따라서 우리는 풍선껌 점보상자에 빨간색 풍선껌이 담겨 있는 비율이 적어도 40% 이상인 경우에 대한 확률을 구할 수 있습니다.

그렇지만 확률을 구하기 전에 분포의 기대치와 분산이 어떻게 되는지 알 필요가 있습니다.

그럼 P_s의 기대치는 무엇일까요?

지금까지는 크기가 n인 모든 가능한 표본이 갖는 비율의 분포가 어떻게 되는지 살펴보았습니다. 이것을 이용해서 확률을 구하기 전에 분포에 대해 좀 더 자세히 알 필요가 있습니다. 특히 분포의 기대치와 분산을 알아야 합니다.

기대치부터 시작해 봅시다. 직관적으로 생각해 보면 표본에 담긴 빨간색 풍선껌의 비율이 모집단에 담긴 빨간색 풍선껌의 비율과 같아야 할 것입니다. 풍선껌 모집단의 25%가 빨간색이라면, 표본에 담긴 빨간색 풍선껌의 비율도 25%가 될 것으로 기대됩니다.

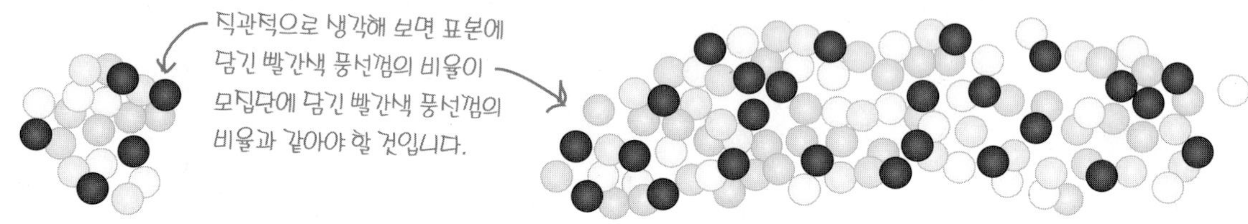

그렇다면 P_s의 기대치는 무엇일까요?

우리는 $P_s = X/n$일 때 $E(P_s)$를 찾고자 합니다. 다시 말해, 표본이 갖는 비율이 빨간색 풍선껌 수를 표본에 담긴 전체 풍선껌 수로 나눈 값이라고 했을 때, 이 비율이 갖는 값으로 기대되는 값을 찾으려고 하는 것입니다. 그렇다면 우리는 다음 공식을 얻을 수 있습니다.

$$E(P_s) = E\left(\frac{X}{n}\right)$$

$$= \frac{E(X)}{n}$$

이제 X는 표본 안에 담긴 빨간색 풍선껌 수입니다. 만약 빨간색 풍선껌 수를 성공의 수라고 생각하면, $X \sim B(n, p)$입니다.

우리는 이미 이항분포에서 $E(X) = np$라는 사실을 공부했습니다. 이 사실을 이용하면 다음을 얻게 됩니다.

$$E(P_s) = \frac{E(X)}{n}$$

$$= \frac{\cancel{n}p}{\cancel{n}} \quad \leftarrow E(X) = np$$

$$= p$$

이것은 직관적으로 생각했을 때 기대했던 내용과 일치합니다. 우리는 표본이 갖는 성공의 비율이 모집단이 갖는 성공의 비율과 같을 거라고 기대할 수 있습니다.

그리고 P_s의 분산은 무엇일까요?

표본이 갖는 비율에 대한 확률을 구하기 전에 P_s의 분산에 대해서도 알 필요가 있습니다. 분산은 앞에서 기대치를 구했던 것과 비슷한 방식으로 구할 수 있습니다.

그럼 $Var(P_s)$는 무엇일까요? $P_s = X/n$이라는 사실을 이용하는 것에서부터 시작합니다.

$$Var(P_s) = Var\left(\frac{X}{n}\right)$$

$$= \frac{Var(X)}{n^2}$$

이것은 $Var(aX) = a^2 Var(X)$라는 사실에서 나왔습니다. 이 경우 $a = 1/n$입니다.

앞서 말한 바와 같이 X는 표본에 담긴 빨간색 풍선껌 수입니다. 만약 빨간색 풍선껌 수를 성공의 수로 생각하면 $X \sim B(n, p)$가 성립합니다. 따라서 이항분포의 분산에서와 마찬가지로 $Var(X) = npq$입니다. 따라서 다음을 얻을 수 있습니다.

$$Var(P_s) = \frac{Var(X)}{n^2}$$

$$= \frac{npq}{n^2}$$

$Var(X) = npq$

$$= \frac{pq}{n}$$

분산에 제곱근을 씌우면 P_s의 표준편차를 얻을 수 있고, 그 값은 표본의 비율이 p로부터 얼마나 멀리 떨어져 있을 것인지에 대해 알려 줍니다. 이것은 표본이 갖는 비율에 담긴 오차가 얼마나 될 것인지 알려 주는 값이기 때문에 때로 **비율의 표준오차**라고도 합니다

$$\textbf{비율의 표준오차} = \sqrt{\frac{pq}{n}}$$

비율의 표준오차는 n이 커질수록 작아집니다. 즉, 표본에 담긴 항목의 수가 많아질수록 표본의 비율이 p에 대한 점추정으로서 갖는 정확도가 높아지는 것입니다.

그렇다면 이러한 기대치와 분산을 이용해서 비율에 대한 확률을 어떻게 구할 수 있는 것일까요? 살펴보도록 합시다.

P_s의 분포를 찾으세요

지금까지는 비율의 표준본포인 P_s의 기대치와 분산을 찾았습니다. 그리고 모든 가능한 표본으로부터 분포를 형성하면 다음이 성립한다는 사실을 확인했습니다.

$$E(P_s) = p \qquad Var(P_s) = \frac{pq}{n}$$

이제는 이러한 사실을 이용해서 100개의 풍선껌이 담긴 표본에 빨간색 풍선껌이 담겨 있는 비율이 적어도 40% 이상일 확률을 구할 수 있습니다.

맞습니다. P_s의 분포는 사실 표본의 크기에 달려 있습니다.

다음은 n의 값이 클 때 P_s의 분포를 스케치한 것입니다.

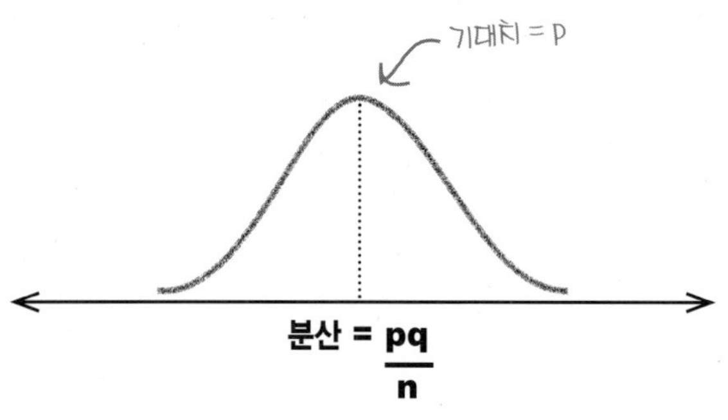

브레인 파워

n이 클 때 P_s의 분포를 스케치한 그림을 살펴보세요. P_s가 어떻게 분포되어 있는 것처럼 보입니까?

P_s는 정규분포를 따릅니다

n이 클 때 P_s의 분포는 거의 정규분포와 같습니다. n이 크다는 것은 대략 30보다 크다는 뜻입니다. n의 값이 커질수록 P_s의 분포는 점점 더 정규분포에 근접합니다.

앞에서 이미 P_s의 기대치와 분산은 구했으므로 n이 클 때 다음이 성립합니다.

$$P_s \sim N\left(p, \frac{pq}{n}\right)$$

$n > 30$일 때 P_s가 정규분포를 따르므로 풍선껌 문제를 해결하기 위해 정규분포를 사용할 수 있습니다. 즉, 점보상자에 포함된 빨간색 풍선껌의 비율이 최소한 40% 이상일 경우에 대한 확률을 구하기 위해 정규분포를 이용할 수 있습니다.

다만 기억해 둘 것은 표본분포는 연속성보정을 필요로 한다는 사실입니다.

조심하세요!

가끔 통계학자들은 n이 얼마나 커야 하는지 의견을 달리합니다.

통계학 시험을 치르는 경우라면 시험 출제진이 이것을 어떻게 정의하는지 확인할 필요가 있습니다.

P_s – 연속성보정을 필요로 합니다

각 표본에 포함되어 있는 성공의 수는 이산인데, 그 값이 비율을 계산하는 데 사용됩니다. 따라서 확률을 구하기 위해 정규분포를 사용할 때 반드시 연속성보정을 적용해야 합니다.

X가 표본이 갖는 성공의 수를 나타낸다면 $P_s = X/n$임을 앞에서 보았습니다. X를 위한 정규연속성보정은 $\pm(1/2)$입니다.

$P_s = X/n$에 이 값을 대입하면 P_s를 위한 연속성보정은 다음과 같습니다.

$$\text{연속성보정} = \frac{\pm(1/2)}{n} = \frac{\pm 1}{2n}$$

다시 말해, P_s를 위한 확률을 구하기 위해 정규분포를 이용한 근사치를 구하고자 한다면 $\pm 1/2n$이라는 연속성보정값을 적용해야 합니다. 연속성보정을 위한 정확한 값은 n의 값에 달려 있습니다.

쉬는 시간

n이 크면 연속성보정을 생략할 수 있습니다.

n이 커짐에 따라 연속성보정은 매우 작아집니다. 결국 전반적인 확률에 별다른 변화를 주지 않을 만큼 작아집니다. 어떤 교과서는 연속성보정을 아예 생략하는 경우도 있습니다.

바보 같은 질문이란 없습니다

Q: 표본분포가 뭡니까?

A: 표본분포는 하나의 모집단에서 동일한 크기를 갖는 여러 개의 표본을 추출한 다음에 각 표본이 가지고 있는 일정한 특징에 대한 분포를 형성한 것입니다. 각 표본들로부터 비율을 확인하여 그것이 갖는 표본분포를 형성하면 비율의 표본분포가 형성됩니다.

Q: 모든 가능한 표본을 정말로 추출해야 하나요?

A: 아닙니다. 가능한 표본을 모두 물리적으로 추출할 필요는 없습니다. 대신 우리는 그렇게 하는 것처럼 상상을 하면서 기대치와 분산을 표현하는 공식을 만들어냅니다.

Q: 그렇다면 표본분포가 기대치와 분산을 가지고 있다는 말이군요. 어째서죠?

A: 표본분포는 다른 종류의 확률분포와 동일한 의미에서의 확률분포입니다. 따라서 기대치와 분산을 가지고 있습니다.

비율의 표본분포가 갖는 기대치는 표본 비율의 평균값과 같습니다. 그것은 모집단에서 어떤 표본을 추출했을 때 그것이 갖는 비율에 대해 우리가 기대할 수 있는 값을 의미합니다.

Q: P_s의 분산은 왜 모집단의 분산 σ^2과 같지 않은가요?

A: 비율의 표본분포가 갖는 분산은 표본의 비율이 변화하는 양상을 나타냅니다. 그것은 값 자체가 변화하는 양상을 나타내는 것이 아닙니다. 이와 같이 다른 개념을 나타내고 있기 때문에 다른 값을 갖는 것입니다.

Q: 그렇다면 비율의 표본분포가 갖는 용도는 무엇이죠?

A: 그것은 잘 알려진 모집단으로부터 추출한 표본이 갖는 비율에 대한 확률을 구할 수 있도록 해 줍니다. 표본이 어떤 모습을 하고 있을지에 대해 알려 주는 것입니다.

Q: 비율의 표준오차가 실제로 의미하는 바는 무엇이죠?

A: 표준오차라는 것은 표본분포의 분산에 제곱근을 씌운 값입니다. 실질적으로 그것은 표본의 비율이 모집단의 비율로부터 얼마나 멀리 떨어져 있을지에 대해 알려 줍니다. 즉, 어떤 수준의 오차를 가질 수 있는지 알려 주는 것입니다.

핵심정리

- **비율의 표본분포**는 동일한 모집단에서 추출한 크기 n의 모든 가능한 표본들로부터 비율을 확인하여 그 비율값들의 분포를 형성한 것입니다. 표본 비율의 확률변수를 나타내기 위해 P_s를 사용합니다.
- Ps의 기대치와 분산은 다음과 같이 주어집니다.

$$E(P_s) = p$$

$$Var(P_s) = pq/n$$

여기서 p는 모집단의 비율

- **비율의 표준오차**는 이러한 분포의 표준편차를 의미하며, 다음과 같이 주어집니다.

$$\sqrt{Var(P_s)}$$

- 만일 n > 30이면 P_s는 정규분포를 따르므로 다음이 성립합니다.

$$P_s \sim N(p, pq/n)$$

이 값을 계산할 때 다음과 같은 연속성보정을 적용해야 합니다.

$$\frac{\pm 1}{2n}$$

풍선껌 모집단의 25%가 빨간색입니다. 100개의 풍선껌을 담고 있는 상자에서 최소한 40%가 빨간색일 확률은 얼마일까요? 문제를 푸는 과정을 단계별로 도와줄 것입니다.

1. 만약 P_s가 상자에 담긴 빨간색 풍선껌의 비율이라면 P_s는 어떻게 분포될까요?

2. $P(P_s \geq 0.4)$의 값은 얼마일까요?

힌트: 연속성보정을 적용하는 것을 기억하세요.

풍선껌 모집단의 25%가 빨간색입니다. 100개의 풍선껌을 담고 있는 상자에서 최소한 40%가 빨간색일 확률은 얼마일까요? 문제를 푸는 과정을 단계별로 도와줄 것입니다.

1. 만약 P_s가 상자에 담긴 빨간색 풍선껌의 비율이라면 P_s는 어떻게 분포될까요?

p가 하나의 풍선껌이 빨간색일 확률을 나타낸다고 합시다. 다시 말해, $p = 0.25$입니다.

P_s는 상자 안에 빨간색 풍선껌이 담겨 있는 비율을 나타낸다고 합시다.

$P_s \sim N(p, pq/n)$, 여기서 $p = 0.25$, $q = 0.75$, $n = 100$. pq/n은 $0.25 \times 0.75 / 100 = 0.001875$이므로

$P_s \sim N(0.25, 0.001875)$

2. $P(P_s \geq 0.4)$의 값은 얼마일까요?

$$P(P_s \geq 0.4) = P(P_s > 0.4 - 1/(2 \times 100))$$
$$= P(P_s > 0.395)$$

$P_s \sim N(0.25, 0.001875)$이므로 0.395의 표준점수를 찾아서 그 결과를 확률테이블에서 찾아보아야 합니다. 따라서

$$z = \frac{0.395 - 0.25}{\sqrt{0.001875}}$$
$$= 3.35$$

$$P(Z > z) = 1 - P(Z < 3.35)$$
$$= 1 - 0.9996$$
$$= 0.0004$$

다시 말해, 100개의 풍선껌이 들어 있는 상자에 빨간색 풍선껌이 담겨 있는 비율이 최소 40% 이상인 경우에 대한 확률은 0.0004입니다.

비율의 표본분포 자세히 보기

비율의 표본분포는 크기가 n인 모든 가능한 표본으로부터 형성된 분포를 의미합니다. 표본이 갖는 성공의 비율은 P_s로 표시되고, 그것은 다음과 같이 분포됩니다.

$$E(P_s) = p$$

$$Var(P_s) = \frac{pq}{n}$$

n이 클 때, 즉 30보다 클 때, P_s의 분포는 근사적으로 정규분포에 가깝습니다. 따라서 다음이 성립합니다.

$$P_s \sim N\left(p, \frac{pq}{n}\right)$$

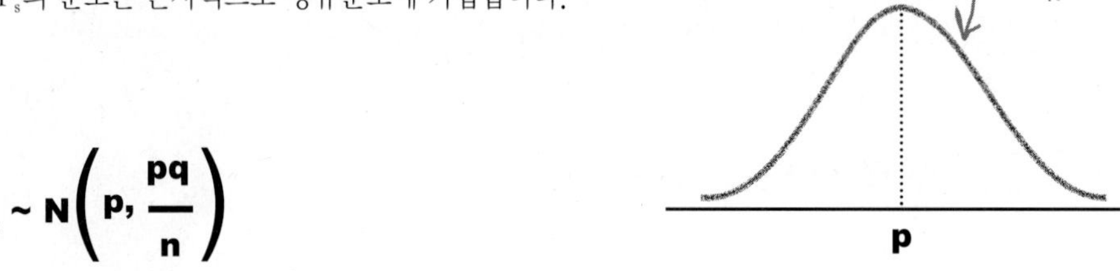

P_s의 확률분포를 아는 것은 어느 특정한 모집단이 주어졌을 때 표본이 갖는 성공의 비율에 대한 확률을 구할 수 있기 때문에 유용합니다. 우리는 이 값을 정규분포를 이용해서 구할 수 있으며, 표본의 크기가 커질수록 근사치가 갖는 정확도가 높아집니다.

표본분포와 연속성보정

정규분포를 이러한 방식으로 사용할 때는 **연속성보정**을 적용하는 것이 매우 중요합니다. 표본에 담긴 성공의 수는 이산인데 그것이 비율을 계산하는 데 사용되기 때문입니다.

X가 표본이 갖는 성공의 수를 나타낸다면 P_s = X/n입니다. X를 위한 연속성보정은 ±(1/2)이므로 P_s를 위한 연속성보정은 다음과 같습니다.

$$\text{연속성보정} = \frac{\pm 1}{2n}$$

다시 말해, 정규분포를 이용해서 표본 비율의 확률에 대한 근사치를 구한다면 ±1/2n이라는 연속성보정을 적용하는 것을 잊지 말아야 합니다.

얼마나 많은 풍선껌?

비율의 표본분포를 이용해서 당신은 표본 안에서 특정한 성공 비율이 갖는 확률을 성공적으로 계산해 냈습니다. 이것은 곧 표본을 이용해서 모집단의 모습을 예측할 수 있을 뿐만 아니라 모집단에 대한 지식을 활용해서 표본에 대한 예측도 할 수 있게 되었음을 의미합니다.

감동이야. 정말 감동이야.
이제 해결해야 할 것이 하나만
남았어...

한 가지 문제가 남아 있습니다...

달콤한 풍선껌의 CEO는 당신이 해결해 주어야 하는 문제를 하나 더 가지고 있습니다. 풍선껌은 점보상자뿐만 아니라 아무데나 들고 다닐 수 있을 만큼 작은 봉지에 담겨서도 판매되고 있습니다.

모집단에 대한 달콤한 풍선껌의 통계에 따르면 각 봉지에 담긴 풍선껌 수에 대한 평균값은 10이고 분산은 1입니다. 그런데 문제는 고객들의 불만이 존재한다는 것입니다. 믿을 만한 고객들이 보고한 바에 의하면 그들이 얼마 전에 30봉지를 구입했는데 그 안에 담겨 있는 풍선껌 수에 대한 평균값은 8.5밖에 되지 않았다고 합니다.

CEO는 소중한 고객들을 잃고 싶지 않기 때문에 그들에게 모종의 보상을 하고자 합니다. 그렇지만 모든 고객에게 보상을 하려는 것은 아닙니다. 따라서 그는 이러한 일이 다시 일어나는 확률을 알고 싶어 합니다.

이러한 종류의 문제를 해결하기 위해 알아야 하는 것은 무엇인가요?

표본 평균값에 대한 확률을 알아야 합니다

이것은 앞에서 보았던 것과 약간 다른 문제입니다. 여기서는 풍선껌 봉지들의 모집단이 갖는 평균값과 분산을 알고 있는 상태에서 표본으로 선택된 봉지들에 대한 확률을 구해야 합니다. 이번에는 표본 비율에 대한 확률을 구하는 것이 아니라 표본 평균값에 대한 확률을 구해야 합니다.

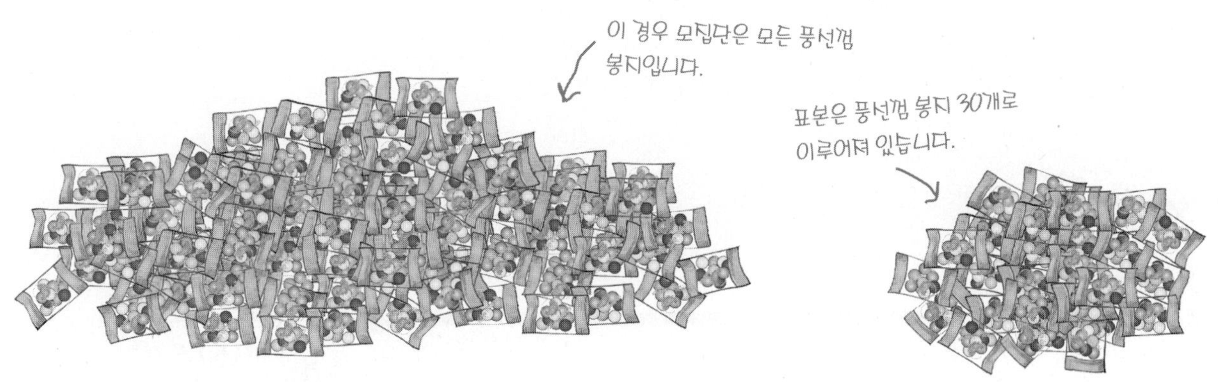

표본 평균값의 확률을 구하기 전에 그것의 확률분포를 알아야 합니다. 우리가 해야 할 일은 다음과 같습니다.

1. **우리가 고려하고 있는 표본과 동일한 크기를 갖는 다른 모든 표본을 살펴봅니다.**

   표본의 크기가 n이라면, n이라는 크기를 갖는 모든 가능한 표본에 대해 살펴봐야 합니다. 표본에 풍선껌 봉지 30개가 있으므로, 이 경우 n은 30입니다.

2. **모든 표본이 형성하는 분포를 살펴보고, 표본 평균값이 갖는 기대치와 분산을 구합니다.**

   모든 표본은 각각 다릅니다. 따라서 봉지 안에 담긴 풍선껌 수도 다릅니다.

3. **표본 평균값이 분포되어 있는 모습을 확인했으면, 확률을 찾기 위해 활용합니다.**

   모든 가능한 표본의 평균값이 분포된 모습을 안다는 것은 무작위로 선택한 표본(이 경우에는 풍선껌 봉지)이 갖는 평균값의 확률을 찾을 수 있음을 의미합니다.

이 과정에 대해 좀 더 자세히 살펴봅시다.

평균값의 표본분포

표본이 갖는 평균값의 분포를 어떻게 찾을 수 있을까요?

우선 모집단의 풍선껌 봉지부터 생각해 봅시다. 우리는 모집단이 갖는 평균값과 분산에 대해 알고 있으며, 그 값들을 μ와 σ^2으로 나타낼 것입니다. 봉지 안에 담긴 풍선껌 수는 X로 나타냅니다.

무작위로 선택된 각 봉지는 X에 대한 **독립관측**(independent observation)입니다. 따라서 각 풍선껌 봉지는 동일한 분포를 형성합니다. 다시 말해, X_i가 임의로 선택된 봉지에 담긴 풍선껌 수를 나타낸다면 각 X_i은 μ라는 기대치와 σ^2이라는 분산을 갖는 것입니다.

이제 n개의 풍선껌 봉지로 이루어진 표본을 생각해 봅시다. 각 봉지에 담긴 풍선껌 수를 X_1에서 X_n까지 나타낼 수 있습니다. 각 X_i는 X에 대한 독립관측으로, 각각 동일한 분포를 따릅니다. 각 X_i는 μ라는 기대치와 σ^2이라는 분산을 갖습니다.

이러한 n개의 봉지에 담긴 풍선껌 수의 평균값을 $\overline{X}$로 나타낼 수 있습니다. $\overline{X}$의 값은 n개의 봉지에 담긴 풍선껌의 실제 수에 달려 있으며, 그것을 계산하려면 모든 풍선껌 수를 더한 다음에 그 값을 n으로 나눕니다.

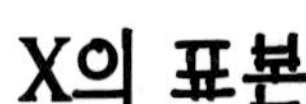

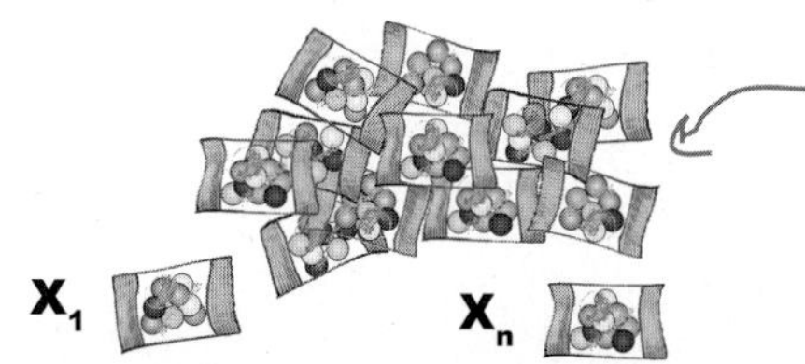

E(X_1) = μ
Var(X_1) = σ^2

E(X_n) = μ
Var(X_n) = σ^2

각 X_i는 X에 대한 독립관측이므로 각 봉지는 풍선껌 수에 대해 모두 동일한 기대치와 분산을 갖습니다.

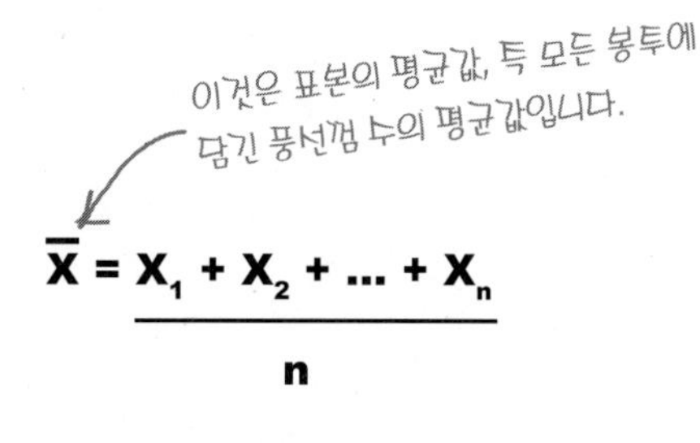

$$\overline{X} = \frac{X_1 + X_2 + \ldots + X_n}{n}$$

크기가 n인 표본은 여러 개가 가능합니다. 각각의 가능한 표본은 n개의 봉지로 이루어져 있습니다. 이것은 각 표본이 X에 대한 n개의 독립관측으로 구성되어 있다는 의미입니다. 무작위로 선택된 봉지 안에 들어 있는 풍선껌 수는 다른 봉지의 경우와 동일한 분포를 형성하고, 우리는 각 표본이 가진 풍선껌 수의 평균값을 언제나 동일한 방식으로 계산합니다.

각 표본은 앞에서와 마찬가지로 n개의 봉지로 이루어져 있습니다.

X의 표본

표본 평균 $\overline{X}$

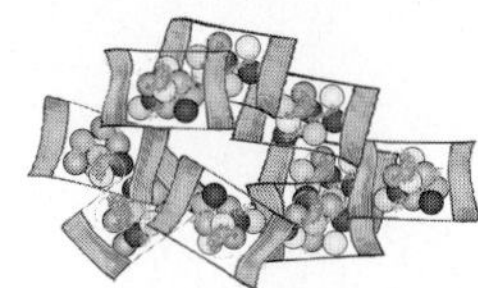

표본 평균 $\overline{X}$

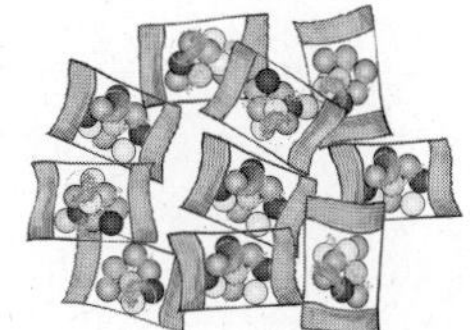

표본 평균 $\overline{X}$

이것은 이 표본 안에 있는 봉지들이 담고 있는 풍선껌 수의 평균값입니다.

우리는 모든 가능한 표본으로부터 표본 평균값들이 형성하는 분포를 만들어낼 수 있습니다. 이것을 **평균값의 표본분포** 혹은 $\overline{X}$의 분포라고 합니다.

이게 진짜로 우리에게 도움을 줄까?
우리에게 주는 게 뭐지?

평균값의 표본분포는 표본의 평균값에 대한 확률을 계산하는 방법을 제공해 줍니다.

어느 변수에 대한 확률을 계산하기 전에 그 변수의 확률분포부터 알아야 합니다. 그리고 표본 평균값들이 분포되어 있는 양상도 알아야 합니다. 이것은 만약 표본 평균값의 확률을 계산하고자 한다면 우선 표본 평균값들이 분포되는 방식을 알아야 함을 의미합니다. 우리가 다루고 있는 예에서는 30개의 풍선껌 봉지가 있을 때 평균 풍선껌 수가 8.5보다 적은 확률을 구해야 합니다.

비율의 표본분포에서 그랬던 것처럼 확률을 계산하기 전에 분포의 기대치와 분산부터 알아야 합니다.

$\overline{X}$의 기대치를 찾으세요

지금까지는 평균값의 표본분포를 구성하는 방법을 살펴보았습니다. 다시 말해, 크기가 n인 모든 가능한 표본에 대해 그들이 갖는 평균값의 분포를 형성해 보았습니다.

이러한 분포를 이용해서 확률을 구하기 전에 $\overline{X}$의 기대치와 분산을 구해 볼 필요가 있습니다. 우선 $E(\overline{X})$를 찾는 것부터 시작해 봅시다.

$\overline{X}$는 표본에 속한 봉지들이 담고 있는 풍선껌 수의 평균값입니다. 다시 말해, 다음이 성립합니다.

$$\overline{X} = \frac{X_1 + X_2 + \dots + X_n}{n}$$

여기서 각 X_i는 i번째 봉지에 들어 있는 풍선껌 수를 나타냅니다. 이것을 이용해서 $E(\overline{X})$를 다음과 같이 구할 수 있습니다.

$$E(\overline{X}) = E\left(\frac{X_1 + X_2 + \dots + X_n}{n}\right)$$

이 두 표현은 다른 방법으로 쓰여졌을 뿐 동일합니다.

$$= E\left(\frac{1}{n}X_1 + \frac{1}{n}X_2 + \cdots + \frac{1}{n}X_n\right)$$

$$= E\left(\frac{1}{n}X_1\right) + E\left(\frac{1}{n}X_2\right) + \cdots + E\left(\frac{1}{n}X_n\right)$$

$E(X + Y) = E(X) + E(Y)$이므로 이것을 n개의 분리된 기대치로 나타낼 수 있습니다.

모든 기대치는 1/n을 포함하고 있으므로 그것을 밖으로 빼낼 수 있습니다. $E(aX) = aE(X)$이기 때문입니다.

$$= \frac{1}{n}(E(X_1) + E(X_2) + \dots + E(X_n))$$

이것은 만약 우리가 각각의 X_i에 대한 기대치를 알고 있다면 $E(\overline{X})$를 구하기 위한 공식을 작성할 수 있음을 의미합니다.

각 X_i는 X에 대한 독립관측이고, $E(X) = \mu$라는 사실은 이미 알고 있습니다. 이것은 위 공식에서 각각의 $E(X_i)$에 μ를 대입할 수 있다는 의미입니다.

그렇게 하면 어떻게 될까요?

이제 $E(X_i)$를 μ로 대체해 보세요.

$$E(\overline{X}) = \frac{1}{n}(\mu + \mu + \ldots + \mu)$$

X의 기대치는 μ입니다. 그리고 각 i에 대해 $E(X_i) = \mu$입니다.

$$= \frac{1}{n}(n\mu)$$

이러한 것들이 n개 존재합니다.

$$= \mu$$

따라서 $E(\overline{X}) = \mu$가 성립합니다. 다시 말해, 크기가 n인 모든 표본이 갖는 평균값의 기대치는 모집단의 평균값과 같습니다. 실질적으로 이것은 모든 가능한 평균값들의 평균값을 의미합니다.

이것은 우리의 직관과 다르지 않습니다. 표본에 속한 봉지들이 담고 있는 풍선껌 수의 평균이 모집단에 속해 있는 봉지들이 담고 있는 풍선껌 수의 평균과 같을 것이라고 기대하는 것은 자연스러운 일입니다. 우리의 예에서 모집단에 속한 봉지들이 담고 있는 풍선껌 수의 평균값은 10입니다. 따라서 표본에서 기대하는 값도 바로 이 값이 되어야 합니다.

모집단의 평균값이 봉지 당 10개의 풍선껌이라면 표본 평균값 역시 봉지 당 10개의 풍선껌입니다.

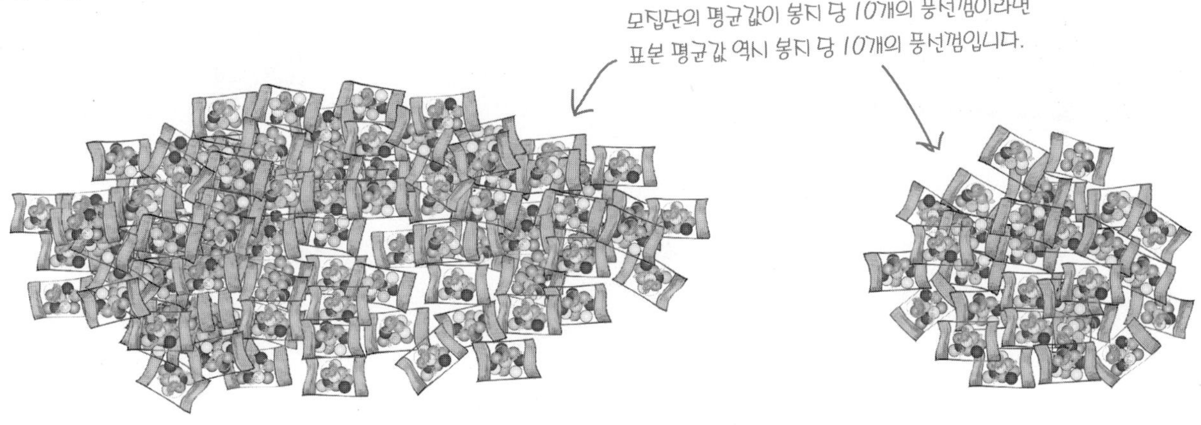

브레인 파워

표본 평균값의 확률을 구하기 위해 더 알아야 하는 것은 무엇일까요? 그것을 어떻게 찾을 수 있나요?

$\overline{X}$의 분산은 어떻게 됩니까?

지금까지는 E($\overline{X}$)를 구해 보았습니다. 하지만 표본 평균값의 확률을 구하기 전에 Var($\overline{X}$)의 값도 알아야 합니다. 이 값을 알면 $\overline{X}$의 분포가 어떤 모습을 하고 있는지 더 구체적으로 알게 됩니다.

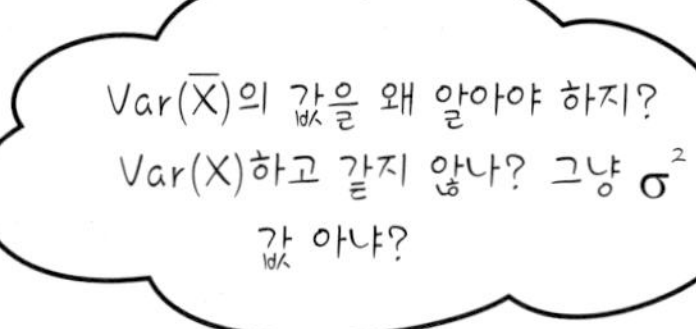

$\overline{X}$의 분포는 X의 분포와 다릅니다.

X는 하나의 봉지 안에 들어 있는 풍선껌 수를 나타냅니다. 우리는 봉지 안에 들어 있는 풍선껌 수의 평균값이 무엇인지 알고 있습니다. 그리고 분산이 무엇인지도 알고 있습니다.

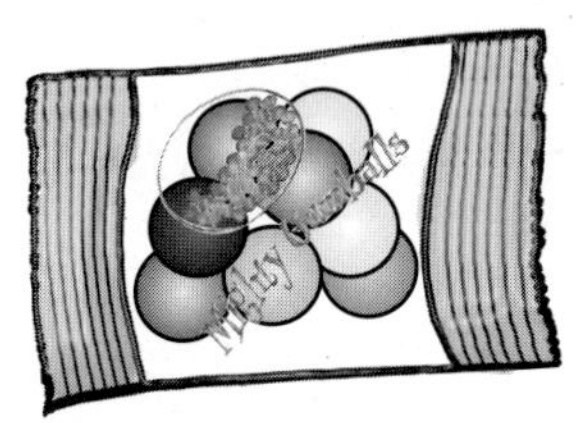

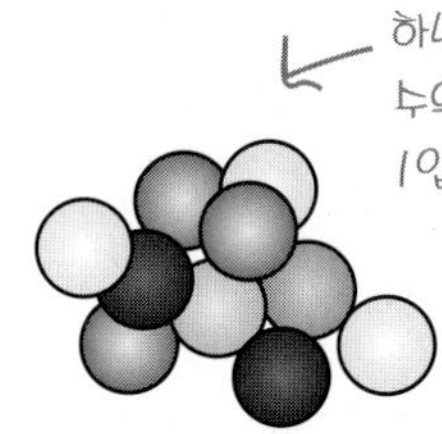

하나의 봉지에 담긴 풍선껌 수의 평균값은 10이고 분산은 1입니다.

$\overline{X}$는 표본이 가지고 있는 봉지 안에 담긴 풍선껌 수의 평균값을 나타냅니다. 따라서 $\overline{X}$의 분포는 모든 가능한 표본들의 평균값이 분포되어 있는 모습을 나타냅니다. E($\overline{X}$)는 표본 평균값들의 평균값을 나타내고, Var($\overline{X}$)는 그 값들이 어떻게 변하는지 나타내는 것입니다.

Var($\overline{X}$)를 계산하는 과정은 사실 E($\overline{X}$)를 계산하는 과정과 거의 비슷합니다.

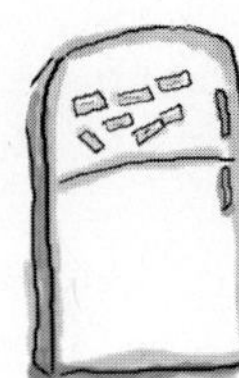

통계학 자석

아래에 표본 평균값들의 분산을 나타내기 위한 수식이 있습니다. 그런데 불행하게도 수식의 일부가 떨어져 나갔습니다. 아래에 있는 자석 조각들을 제자리에 가져다 붙여서 표본 평균값들의 분산을 찾는 수식을 제대로 완성해 보세요.

힌트: $E(\bar{X})$를 어떻게 찾았는지 복습하세요. 도움이 될 것입니다.

$$Var(\bar{X}) = Var\left(\frac{X_1 + X_2 + \ldots + X_n}{n}\right)$$

$$= Var\left(\underline{\qquad\qquad\qquad}\right)$$

$$= Var\left(\underline{\qquad\qquad}\right) + Var\left(\underline{\qquad\qquad}\right) + \ldots + Var\left(\underline{\qquad\qquad}\right)$$

$$= \underline{\qquad\qquad} \left(Var(X_1) + Var(X_2) + \ldots + Var(X_n) \right)$$

$$= \frac{1}{n^2} \left(\underline{\qquad\qquad} \right)$$

$$= n \times \frac{1}{n^2} \sigma^2$$

$$= \underline{\qquad\qquad}$$

$\sigma^2 + \sigma^2 + \ . \ . \ . \ + \sigma^2$

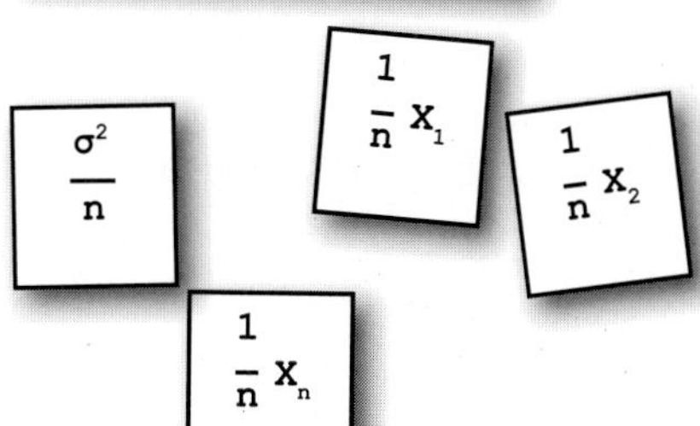

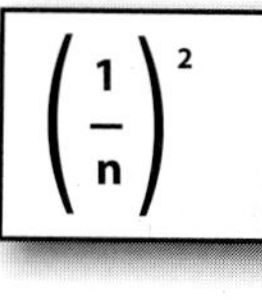

$\frac{1}{n} X_1 + \frac{1}{n} X_2 + \ . \ . \ . \ + \frac{1}{n} X_n$

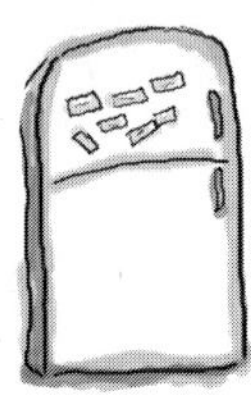

통계학 자석 정답

아래에 표본 평균값들의 분산을 나타내기 위한 수식이 있습니다. 그런데 불행하게도 수식의 일부가 떨어져 나갔습니다. 아래에 있는 자석 조각들을 제자리에 가져다 붙여서 표본 평균값들의 분산을 찾는 수식을 제대로 완성해 보세요.

$$Var(\overline{X}) = Var\left(\frac{X_1 + X_2 + \ldots + X_n}{n}\right)$$

$$= Var\left(\frac{1}{n}X_1 + \frac{1}{n}X_2 + \ldots + \frac{1}{n}X_n\right)$$

$$= Var\left(\frac{1}{n}X_1\right) + Var\left(\frac{1}{n}X_2\right) + \ldots + Var\left(\frac{1}{n}X_n\right)$$

$$= \left(\frac{1}{n}\right)^2 (Var(X_1) + Var(X_2) + \ldots + Var(X_n))$$

$$= \frac{1}{n^2}(\sigma^2 + \sigma^2 + \ldots + \sigma^2)$$

$$= n \times \frac{1}{n^2}\sigma^2$$

$$= \frac{\sigma^2}{n}$$

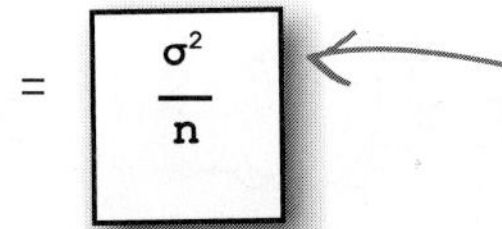

여기까지 맞혔다면 아주 잘한 것입니다. 조금 어려운 문제였지만 우리는 $\overline{X}$의 분산이 무엇인지 찾아냈습니다. 이제 표본 평균값들이 얼마나 변화하는지 알게 된 것입니다.

이 연습문제를 완전히 풀지 못했어도 걱정할 필요는 없습니다. 어려운 문제였기 때문입니다.

대부분의 문제 출제진은 이러한 과정을 적으라는 문제는 내지 않을 것입니다. 그리고 실생활에서는 최종결과만 기억하고 있으면 됩니다. 여기서는 그 값이 어떻게 도출되었는지 보여 준 것뿐입니다.

평균값의 표본분포 자세히 보기

평균값의 표본분포를 자세히 살펴봅시다.

우리는 모집단 X의 분포를 살펴보는 것부터 시작했습니다. X의 평균값은 μ로 주어졌고, 분산은 σ^2으로 주어졌습니다. 따라서 $E(X) = \mu$이고 $Var(X) = \sigma^2$입니다.

그 다음에는 모집단 X에서 추출한 크기가 n인 모든 가능한 표본을 대상으로 $\overline{X}$의 분포, 즉 표본 평균값의 분포를 형성했습니다. 이 분포의 평균값과 분산은 다음과 같습니다.

$$E(\overline{X}) = \mu$$

$$Var(\overline{X}) = \frac{\sigma^2}{n}$$

$\overline{X}$의 표준편차는 분산에 제곱근을 씌운 값입니다. 표준편차는 표본 평균값이 μ로부터 얼마나 멀리 떨어져 있을 것인지에 대해 말해 주므로 그것을 **평균값의 표준오차**라고 합니다.

$$\text{평균값의 표준오차} = \frac{\sigma}{\sqrt{n}}$$

평균값의 표준오차는 n 값이 커짐에 따라서 작아집니다. 이것은 표본 안에 더 많은 항목이 담겨 있을수록 표본 평균값은 모집단의 평균을 추정하는 데 더 믿을만한 값이 된다는 사실을 의미합니다.

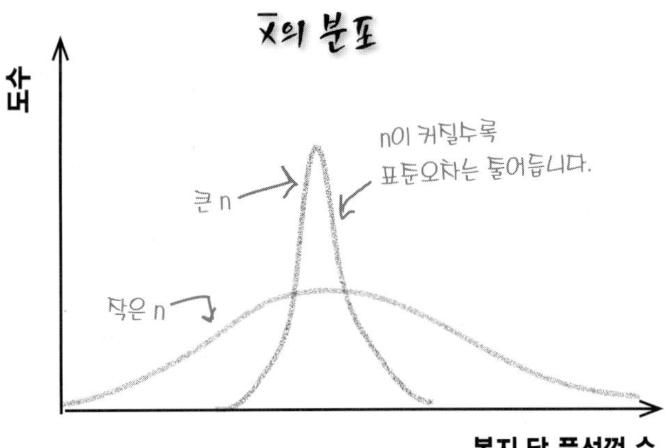

$\overline{X}$는 어떻게 분포되어 있을까요?

지금까지 우리는 $\overline{X}$의 기대치와 분산을 구했습니다. 이것을 이용해서 확률을 구하기 전에 $\overline{X}$가 정확히 어떻게 분포되어 있는지 알아야 합니다.

X가 정규분포라고 했을 때 $\overline{X}$의 분포를 살펴봅시다.

다음은 X가 정규분포를 따를 때 μ, σ^2, 그리고 n에 대해 각각 다른 값을 갖는 $\overline{X}$의 분포들을 스케치해 놓은 것입니다. 무엇이 보입니까?

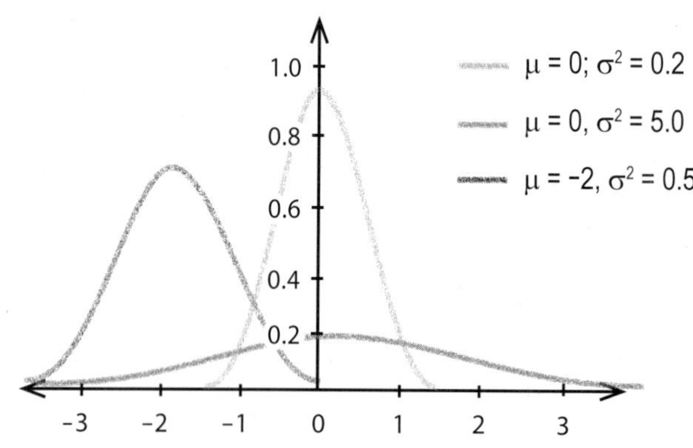

이러한 값들에 대해 $\overline{X}$의 분포 역시 정규분포를 형성합니다. 다시 말해, 다음이 성립합니다.

만약 $X \sim N(\mu, \sigma^2)$이면 $\overline{X} \sim N(\mu, \sigma^2/n)$

이들은 우리가 앞에서 구했던 $\overline{X}$의 평균값과 분산입니다.

X는 정규분포를 따르지 않을 수도 있습니다.

표본 평균값의 확률을 계산하기 위해서는 $\overline{X}$가 어떻게 분포되어 있는지 알아야 합니다. 문제는 X가 어떻게 분포되어 있는지 정확히 알지 못한다는 것입니다.

따라서 X가 정규분포를 따르지 않을 때 $\overline{X}$의 분포가 어떻게 되는지도 알아야 합니다.

n이 충분히 크면 $\overline{X}$는 개략적으로나마 여전히 정규분포를 따릅니다

n이 커짐에 따라서 $\overline{X}$는 더 정규분포에 근접합니다. X가 정규분포면 $\overline{X}$도 정규분포를 따른다는 사실은 앞에서 이미 보았습니다. 만약 X가 정규분포를 따르지 않으면, n의 값이 충분히 클 때 $\overline{X}$의 분포에 대한 근사치를 구하기 위해 여전히 정규분포를 사용할 수 있습니다.

우리의 예에서는 모집단의 평균값과 분산이 알려져 있습니다. 하지만 모집단의 분포가 무엇인지는 알지 못합니다. 하지만 우리가 가진 표본의 크기가 30이므로 모집단의 분포는 별로 상관이 없습니다. $\overline{X}$의 확률을 구하기 위해 여전히 정규분포를 사용할 수 있기 때문입니다.

이것을 **중심극한정리**(central limit theorem)라고 합니다.

중심극한정리 소개

중심극한정리는 정규분포를 따르지 않는 모집단 X에서 어떤 표본을 추출했을 때 표본의 크기가 충분히 크면 $\overline{X}$의 분포가 근사적으로 정규분포를 따른다는 사실을 말해줍니다. 모집단의 평균값과 분산이 μ와 σ^2이라고 했을 때 n의 크기가 예컨대 30보다 크면 다음이 성립합니다.

$$\overline{X} \sim N(\mu, \sigma^2/n)$$

$\overline{X}$의 평균값과 분산입니다.

이것이 친숙해 보입니까? 이것은 X가 정규분포를 따르는 경우에 얻는 분포와 동일한 분포입니다. 차이가 있다면 X가 정규분포를 따른다면 표본의 크기는 아무런 상관이 없다는 것입니다.

중심극한정리에 의하면, 만약 X의 표본이 충분히 크면 $\overline{X}$의 분포는 개략적으로 정규분포를 따릅니다.

중심극한정리 사용하기

중심극한정리는 실제로 어떻게 사용되는 것일까요? 그것을 살펴봅시다.

이항분포

n이 30보다 클 때 $X \sim B(n, p)$인 모집단이 있다고 합시다. 앞에서 보았던 것과 마찬가지로 $\mu = np$이고 $\sigma^2 = npq$입니다.

중심극한정리는 이러한 상황에서 $\overline{X} \sim N(\mu, \sigma^2/n)$라는 사실을 말해 줍니다. $\overline{X}$의 분포를 찾으려면 모집단에 있는 값들을 대체해야 합니다. 즉, $\mu = np$와 $\sigma^2 = npq$를 공식에 대입하면 다음을 얻게 됩니다.

$$\overline{X} \sim N(np, pq)$$

이항분포의 경우에는 모집단의 평균값이 np이고 분산이 npq입니다. 이러한 사실을 표본분포에 대입하면 $\overline{X} \sim N(np, pq)$를 얻게 됩니다.

푸아송분포

역시 n의 값이 30보다 클 때 $X \sim Po(\lambda)$인 모집단이 있다고 합시다. 푸아송분포의 경우에는 $\mu = \sigma^2 = \lambda$입니다.

앞에서와 마찬가지로 $\overline{X}$의 확률을 구하기 위해 정규분포를 사용할 수 있습니다. 모집단 파라미터를 $\overline{X} \sim N(\mu, \sigma^2/n)$에 대입하면 다음을 얻습니다.

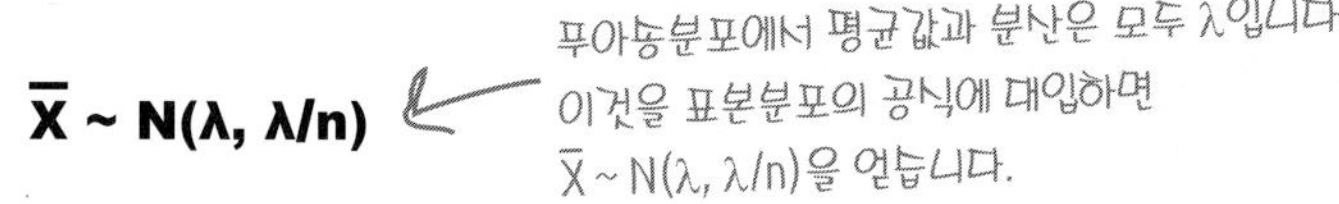

일반적으로 $\overline{X} \sim N(\mu, \sigma^2/n)$의 분포에 μ와 σ^2의 값을 대입하는 것입니다.

확률 찾기

$\overline{X}$가 정규분포를 따르므로 표준정규확률테이블을 이용해서 확률값을 찾아볼 수 있습니다. 다시 말해, 다른 정규분포의 경우와 완전히 똑같은 방법으로 확률을 찾을 수 있습니다.

이러한 사실을 이제 달콤한 풍선껌의 문제에 적용해 봅시다.

봉지에 담긴 풍선껌 수의 평균값은 10이고 분산은 1입니다. 30개의 봉지로 이루어진 표본을 취했을 때 봉지 당 풍선껌의 표본 평균값이 8.5 이하일 확률은 얼마일까요? 문제를 푸는 과정을 단계별로 도와줄 것입니다.

1. $\overline{X}$의 분포는 무엇일까요?

2. $P(\overline{X} < 8.5)$의 값은 얼마일까요?

이러한 사실을 이제 달콤한 풍선껌의 문제에 적용해 봅시다.

봉지에 담긴 풍선껌 수의 평균값은 10이고 분산은 1입니다. 30개의 봉지로 이루어진 표본을 취했을 때 봉지 당 풍선껌의 표본 평균값이 8.5 이하일 확률은 얼마일까요? 문제를 푸는 과정을 단계별로 도와줄 것입니다.

1. $\overline{X}$의 분포는 무엇일까요?

우리는 $\overline{X} \sim N(\mu, \sigma^2/n)$, $\mu = 10$, $\sigma^2 = 1$, $n = 30$, $1/30 = 0.0333$이라는 사실을 알고 있습니다.
따라서 $\overline{X} \sim N(10, 0.0333)$이 성립합니다.

2. $P(\overline{X} < 8.5)$의 값은 얼마일까요?

$\overline{X} \sim N(10, 0.0333)$이므로 확률테이블에서 확률값을 찾아볼 수 있도록 하기 위해 8.5의 표준점수를 구해야 합니다.

$$z = \frac{8.5 - 10}{\sqrt{0.0333}}$$

$= -8.22$ (소수 2자리까지)

$P(Z < z) = P(Z < -8.22)$

이 확률은 너무 작아서 확률테이블에 나타나지 않습니다. 확률이 너무 작아서 거의 일어나지 않을 거라고 가정할 수 있습니다.

바보 같은 질문이란 없습니다

Q: 중심극한정리에서도 연속성보정을 수행할 필요가 있나요?

A: 좋은 질문입니다. 하지만 그럴 필요는 없습니다. 중심극한정리는 표본 평균값과 관련된 확률을 구하는 데 사용하는 것이지, 표본에 담긴 특정한 값들을 찾을 때 사용하는 것이 아닙니다. 따라서 연속성보정을 수행할 필요는 없습니다.

Q: 점추정과 표본분포 사이에는 연관성이 있나요?

A: 예, 연관성이 있습니다.

평균값부터 생각해 봅시다. 모집단 평균값에 대한 점추정은 $\bar{X}$이므로, $\hat{\mu} = \bar{X}$입니다. 이제 평균값들의 표본분포에 대한 기대치를 살펴보면 $E(\bar{X}) = \mu$를 얻습니다. 모든 표본 평균값들의 기대치는 μ로 주어지고, 우리는 표본 평균값을 이용해서 μ의 값을 추정할 수 있습니다.

이와 비슷하게 모집단의 비율에 대한 점추정은 p_s입니다. 그것은 곧 표본 비율이므로 $p = p_s$라는 뜻입니다. 모든 표본 비율에 대한 기대치를 살펴보면 $E(P_s) = p$를 얻습니다. 모든 표본 비율에 대한 기대치는 p로 주어지고, 우리는 표본 비율을 이용해서 p의 값을 추정할 수 있습니다.

이것을 증명까지 하지는 않겠지만 분산의 경우도 마찬가지입니다. $\sigma^2 = s^2$이고, $E(S^2) = \sigma^2$입니다.

Q: 그것은 우연히 그렇게 된 것인가요?

A: 아닙니다. 추정값들은 동일한 모집단에서 같은 크기 n을 갖는 표본으로 추출된 모든 표본이 모집단의 파라미터와 같은 값을 갖도록 선택된 것들입니다. 이러한 조건들이 충족되면 추정값들이 **편향되지 않았다**(unbiased)고 말합니다.

편향되지 않은 추정값들은 어떤 표본이든 상관없이 그들이 실제 모집단 파라미터의 값들과 같을 것으로 기대되기 때문에 상당히 정확할 가능성이 높습니다.

Q: 표준오차와는 어떤 관련이 있습니까?

A: 모집단 파라미터를 위한 최선의 편향되지 않은 추정값은 최소한의 분산을 가지고 있는 값입니다. 다시 말해, 최소한의 표준오차를 가진 값이라는 뜻입니다.

핵심정리

- **평균값의 표본분포**는 동일한 모집단에서 추출된 크기 n을 갖는 모든 표본을 취한 다음에 그들의 평균값이 갖는 분포를 형성한 것입니다. 표본 평균값에 대한 임의의 변수를 나타내기 위해 $\bar{X}$를 사용합니다.
- **$\bar{X}$의 기대치와 분산**은 다음과 같이 정의됩니다.

$$E(\bar{X}) = \mu$$

$$Var(\bar{X}) = \sigma^2/n$$

여기에서 μ와 σ^2은 모집단의 평균값과 분산입니다.

- **평균값의 표준오차**는 분포의 표준편차입니다. 이 값은 다음과 같이 주어집니다.

$$\sqrt{Var(\bar{X})}$$

- $X \sim N(\mu, \sigma^2)$이면 $\bar{X} \sim N(\mu, \sigma^2/n)$입니다.
- **중심극한정리**는 n이 충분히 크고 X가 정규분포를 따르지 않으면 다음이 성립한다고 말해 줍니다.

$$\bar{X} \sim N(\mu, \sigma^2/n)$$

표본추출이 우리를 구해 주었습니다!

자네가 한 일은 정말 대단해! 우리에게 가장 소중한 고객은 30개의 봉지로 구성된 표본에 평균 8.5개의 풍선껌이 담겨 있다는 사실을 발견했어. 하지만 자네는 나에게 그러한 경우가 발생할 확률이 매우 낮다는 사실을 알려 주었지. 따라서 우리는 투덜거리는 고객들에게 특별히 보상을 해 줄 필요가 없는 것이고, 그것은 곧 내 포켓에 들어오는 돈을 지켜주었음을 의미하지!

당신은 지금까지 엄청난 진전을 이루었습니다

하나의 표본을 이용해서 모집단 파라미터에 대한 점추정을 구성해 낼 수 있을 뿐만 아니라 모집단을 이용해서 표본의 확률을 계산할 수도 있게 되었습니다. 엄청난 능력입니다.

12 신뢰구간 구성하기

신뢰를 갖고 추측하기

표본이 올바른 결과를 낳지 않을 때도 있습니다.

모집단의 평균값, 분산, 혹은 비율에 대한 **정확한 값**을 추정하기 위해 점추정을 이용하는 방법을 살펴보았습니다. 하지만 이러한 추정이 얼마나 정확한지 어떻게 확신할 수 있을까요? 결국 모집단에 대한 이러한 가정들은 하나의 표본에 의존하고 있을 뿐입니다. 이러한 예측이 잘못된 것이라면 어떻게 하겠습니까? 이 장에서는 **모집단의 통계를 추측하는 또 다른 방법**, 즉 **불확실성을 허용하는 방법**에 대해 살펴보게 될 것입니다. 확률테이블을 옆에 놓기 바랍니다. 우리는 **신뢰구간**의 겉과 속을 모두 설명해 줄 것입니다.

달콤한 풍선껌에 문제가 발생했습니다

달콤한 풍선껌의 CEO는 일련의 TV광고에 출연해서 완전-오래가는-향 풍선껌의 향이 얼마나 오래가는지 당당하게 초 단위까지 밝혔습니다.

그러나 불행하게도...

문제가 생겼어. 다른 기관에서 별도의 검사를 수행한 결과 우리와는 다른 결론을 얻었다고. 지금 우리에게 소송을 걸겠다고 난리야. 돈을 잃게 생겼어.

달콤한 풍선껌은 모집단이 갖는 향의 지속시간에 대한 평균값의 점추정으로 62.7분, 그리고 분산에 대한 점추정으로 25분을 얻기 위해 100개의 풍선껌을 담은 표본을 사용했습니다. CEO는 황금시간대 광고에 나가서 풍선껌의 향이 62.7분 동안 지속된다고 말했습니다. 이것은 존재하는 증거를 토대로 했을 때 가장 가능성이 높은 지속시간이긴 하지만, 만약 그것이 실제와 약간 다른 결과면 어떻게 할까요?

만약 향의 지속시간에 대한 주장이 부정확하다는 이유로 달콤한 풍선껌이 소송을 당하기라도 하면 엄청난 돈과 사업기회를 잃게 될 것이다. 그들은 이러한 위기에서 벗어나기 위해 당신의 도움이 필요합니다.

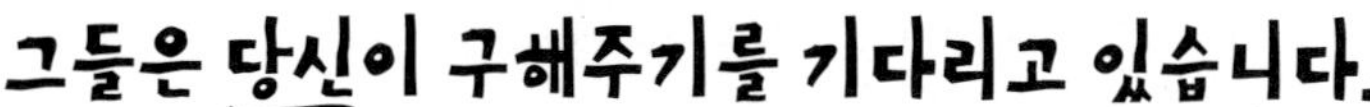

무엇이 잘못되었다고 생각합니까? 달콤한 풍선껌이 광고를 할 때 점추정의 정확한 값을 언급했어야 할까요? 그렇다면 그 이유는 무엇일까요? 그렇지 않다면 그 이유는 무엇일까요?

정밀도의 문제

이전 장에서 보았던 것처럼 점추정은 모집단의 통계에 대해 우리가 가질 수 있는 최선의 추정방법입니다. 모집단을 잘 반영하는 표본을 이용해서 평균값, 분산, 그리고 비율과 같은 모집단의 핵심 특징들을 추정하는 것입니다. 따라서 완전-오래가는-향 풍선껌의 향이 지속되는 시간의 평균값에 대한 점추정은 우리가 할 수 있는 최선의 예측 방법입니다.

이러한 점추정이 가지고 있는 문제는 매우 명확한 추정값을 얻기 위해 단 하나의 표본을 이용한다는 사실입니다. 우리는 앞에서 표본이 편향되지 않도록 만듦으로써 표본이 모집단을 최대한 정확하게 반영하도록 하는 방법들을 공부했습니다. 하지만 그럼에도 불구하고 우리는 표본이 모집단을 100% 정확하게 반영하고 있는지 여부를 확신할 수 없습니다. 표본은 표본이기 때문입니다.

잠깐! 지금 점추정이 별로
확실하지 않다고 말하는 거야?
그렇게 열심히 연구해 놓고서는...

점추정은 의미가 있습니다. 하지만 그들은 약간의 오차를 내포할 수도 있습니다.

모집단 전체를 다루는 것이 아니기 때문에 우리가 할 수 있는 것은 단지 최선의 예측을 하는 것뿐입니다. 사용하는 표본이 편향되지 않았다면 추정된 값은 모집단의 실제 값과 거의 비슷할 가능성이 높습니다. 하지만 문제는 얼마나 비슷해야 충분히 비슷한 것인가 하는 것입니다.

모집단 평균값에 대한 추정값으로 하나의 명확한 값을 말하는 대신, 그것을 다르게 표현할 수 있는 방법이 있습니다. 향이 지속되는 시간에 대한 추정으로 매우 명확한 시간을 말하는 것이 아니라 일정한 구간을 정할 수 있습니다. 예를 들어 풍선껌의 향이 55분에서 65분 동안 지속된다고 말하는 것입니다. 이렇게 말하면 향이 대체로 1시간 동안 지속된다는 인상을 줄 수 있으며, 그와 동시에 약간의 오차를 허용할 수도 있습니다.

문제는 이러한 구간을 어떻게 찾아내는가 하는 것입니다. 그것은 결과에 대해 얼마나 많은 확신을 필요로 하는가에 달려 있습니다...

신뢰구간 소개

지금까지는 데이터의 표본을 이용한 점추정을 사용해서 풍선껌의 향이 지속되는 시간의 평균값을 추정했습니다. 점추정을 사용함으로써 향이 지속되는 시간에 대한 평균값을 매우 명확하게 말할 수 있었던 것입니다. 다음은 풍선껌 표본에서 향이 지속되는 시간이 분포되어 있는 모습을 나타내는 스케치입니다.

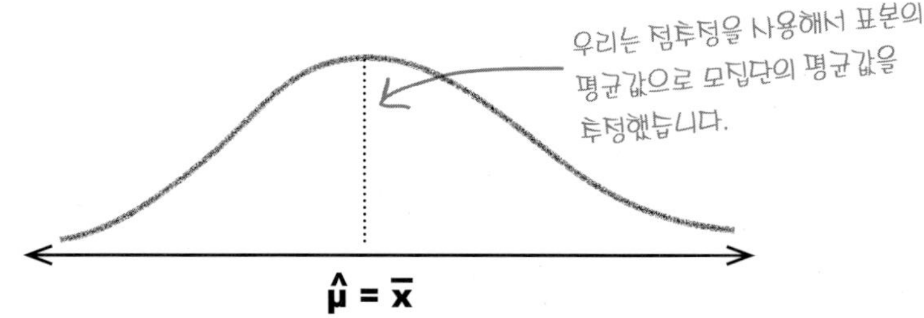

그럼 모집단의 평균값에 대한 구간을 정하려면 어떻게 해야 할까요? 우리는 정확한 값을 찾는 대신 향의 지속시간이 놓여 있을 거라고 예상되는 구간을 결정하는 두 개의 값을 찾아야 합니다. 즉, 평균값에 대한 점추정을 구간의 중심에 놓고 약간의 오차한계를 위한 값을 더하고 빼서 구간을 결정하는 것입니다.

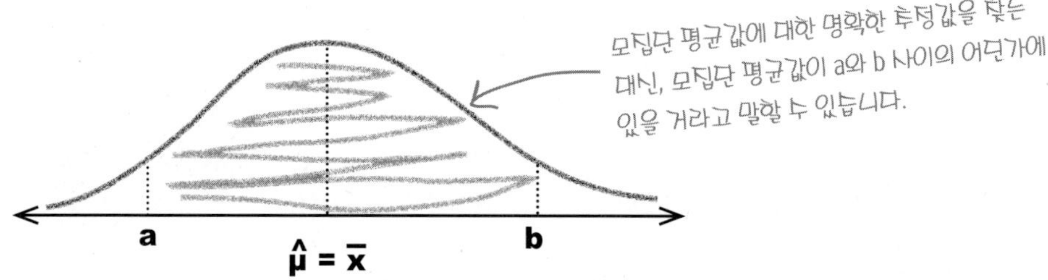

구간의 한계는 모집단 평균값이 a와 b 사이에 들어올 확률이 특정한 값을 갖도록 하는 방식으로 정해집니다. 예를 들어 모집단 평균값이 구간 안에 들어 있을 확률이 95%가 되도록 a와 b를 정할 수도 있습니다. 다시 말해, 다음이 성립하도록 a와 b를 정하는 것입니다.

$$P(a < \mu < b) = 0.95$$

우리는 이러한 구간을 (a, b)로 나타냅니다. a와 b의 정확한 값은 이러한 구간이 모집단 평균값을 실제로 포함하고 있을 거라는 사실에 대해서 우리가 얼마나 확신하기를 원하는지에 달려 있기 때문에 **신뢰구간**(confidence interval)이라고 합니다.

그럼 모집단 평균값에 대한 신뢰구간은 어떻게 찾을 수 있을까요?

신뢰구간을 찾는 네 단계

신뢰구간을 찾는 데 필요한 네 가지 주요 단계는 다음과 같습니다. 각 단계가 정확히 무엇을 의미하는지 알 수 없어도 걱정할 필요는 없습니다. 곧 그들에 대해 더 자세한 내용을 살펴보게 될 것입니다.

1. **모집단 통계를 선택하세요** ← 신뢰구간을 설정하고자 하는 모집단 통계
2. **그것의 표본분포를 찾으세요** ← 표본분포는 이전 장에서 공부했습니다.
3. **신뢰수준을 정하세요** ← 구간이 원하는 통계를 포함할 확률
4. **신뢰한계를 찾으세요** ← 신뢰한계를 찾으려면 신뢰수준과 표본분포를 알아야 합니다.

달콤한 풍선껌의 CEO가 TV광고에서 쓸 수 있는 신뢰구간을 설정할 수 있는지 살펴봅시다. 풍선껌 향이 지속되는 시간의 평균적인 양을 나타내는 신뢰구간을 찾아봅시다.

바보 같은 질문이란 없습니다

Q: 어떤 모집단 통계에 대해서도 신뢰구간을 찾을 수 있는 건가요?

A: 넓은 의미에서 보면, 표본분포가 어떤지 알고 있다면 어떤 모집단 통계에 대해서도 신뢰구간을 설정할 수 있습니다. 우리는 앞에서 평균값과 비율을 위한 표본분포를 살펴보았으므로 이러한 값들에 대해 신뢰구간을 설정할 수 있습니다.

Q: 분산은요? 분산을 위한 신뢰구간도 설정할 수 있나요?

A: 이론적으로는 그렇습니다. 하지만 분산을 위한 신뢰구간은 아직 살펴보지 않았고, 앞으로도 다루지 않을 것입니다. 평균값과 비율을 위한 신뢰구간을 설정하는 것이 보통이며, 통계학 시험에서도 주로 이러한 내용을 다룹니다.

Q: 이러한 단계들은 평균값을 위한 신뢰구간과 관련 있는 건가요 아니면 비율을 위한 신뢰구간과 관련 있는 건가요?

A: 둘 다 관련 있습니다. 이러한 단계를 이용해서 모집단의 평균값이나 비율을 구할 수 있습니다.

Q: 모집단이 어떻게 분포되었는지가 상관이 있나요?

A: 중요한 것은 신뢰구간을 설정하고자 하는 모집단 통계에 대한 표본분포입니다. 만약 평균값을 위한 신뢰구간을 설정하고자 한다면 평균값의 표본분포를 알아야 하고, 비율에 대한 신뢰구간을 설정하고자 한다면 비율의 표본분포를 알아야 합니다.

모집단의 분포가 신뢰구간에 미치는 주요한 영향은 그것이 표본분포에 대해 갖는 효과입니다. 이러한 내용은 뒤에서 보게 될 것입니다.

단계 1: 모집단 통계를 선택하세요

처음으로 해야 할 일은 신뢰구간을 설정하기 위한 목표를 고르는 것입니다. 이것은 어떤 문제를 해결하고자 하는지에 달려 있습니다.

우리는 풍선껌의 향이 지속되는 시간에 대한 평균값에 신뢰구간을 설정하고자 하므로, 이 경우에는 모집단 평균값 μ에 대한 신뢰구간을 설정해야 합니다.

이제 모집단 통계를 선택했으므로 다음 단계로 넘어갈 수 있습니다.

단계 2: 그것의 표본분포를 찾으세요

모집단 평균값의 신뢰구간을 찾으려면 평균값의 표본분포가 어떻게 되는지부터 알아야 합니다. 다시 말해, $\overline{X}$의 기대치와 분산이 어떻게 되는지 알아야 하는 것입니다. 그리고 그것이 어떤 분포를 따르는지에 대해서도 알 필요가 있습니다.

기대치와 분산에서 시작해 봅시다. 이전 장에서 수행했던 작업으로 잠시 돌아가 보면 평균값의 표본분포는 다음과 같은 기대치와 분산을 가지고 있음을 알 수 있습니다.

$$E(\overline{X}) = \mu \qquad Var(\overline{X}) = \frac{\sigma^2}{n}$$

μ를 위한 신뢰구간을 찾기 위해 이러한 정보를 이용하려면 모집단 분산인 σ^2과 표본의 크기를 나타내는 n에 실제 값을 대입해야 합니다.

우리는 μ에 대한 신뢰구간을 찾고 있는 것이기 때문에 그에 상응하는 값을 대입하지 않는 것입니다.

우리는 μ에 대한 신뢰구간을 찾는 데 도움을 얻기 위해 표본분포를 사용하고 있습니다. 따라서 μ를 제외한 다른 모든 값에 실제 값을 대입해야 합니다. σ^2과 n에 실제 값을 대입함으로써 신뢰구간을 찾기 위해 $\overline{X}$의 분포를 사용할 수 있습니다. 이것을 어떻게 하는지는 바로 뒤에서 설명할 것입니다.

여기에는 한 가지 문제가 있습니다. σ^2의 정확한 값을 알지 못한다는 사실입니다. 우리가 가지고 있는 정보는 표본을 기초로 해서 추정한 값뿐입니다.

점추정으로부터의 도움

그럼 σ^2의 값으로 어떤 것을 이용할 수 있을까요?

모집단 분산 σ^2의 값을 정확하게 알지 못한다고 해도, 우리는 점추정을 통해서 값을 추측할 수 있습니다. σ^2 대신 $\hat{\sigma}^2$ 혹은 s^2을 이용하는 것입니다.

이것은 곧 평균값의 표본 분산이 갖는 기대치와 분산이 다음과 같음을 의미합니다.

$$E(\overline{X}) = \mu \qquad Var(\overline{X}) = \frac{s^2}{n}$$

이것이 분산을 위한 점추정값입니다. 우리는 모집단의 분산이 정확히 어떤 값인지 알지 못하므로 그 값을 추정하기 위해 표본 분산을 이용합니다...

달콤한 풍선껌은 추정을 위해 100개의 풍선껌으로 이루어진 표본을 사용하고 있으며, $s^2 = 25$라는 사실도 이미 계산해 두었습니다. 따라서 다음이 성립합니다.

$$\begin{aligned} Var(\overline{X}) &= \frac{s^2}{n} \\ &= \frac{25}{100} \\ &= 0.25 \end{aligned}$$

아직 남은 것이 하나 있습니다. μ의 신뢰구간을 설정하기 전에 우리는 $\overline{X}$가 정확하게 어떻게 분포되어 있는지 알아야 하는 것입니다.

연필을 깎으며

$X \sim N(\mu, \sigma^2)$이고 표본에 속한 항목의 수가 충분히 크다고 가정하세요. 이때 $\overline{X}$는 어떤 분포를 따를까요? 위에서 설명한 $E(\overline{X})$와 $Var(\overline{X})$의 값을 사용하세요.

$X \sim N(\mu, \sigma^2)$이고 표본에 속한 항목의 수가 충분히 크다고 가정하세요. 이때 $\bar{X}$는 어떤 분포를 따를까요? 위에서 설명한 $E(\bar{X})$와 $Var(\bar{X})$의 값을 사용하세요.

만약 X가 정규분포를 따르면 $\bar{X}$도 정규분포를 따릅니다. 점추정값에서 σ^2의 값을 대입하면 다음을 얻게 됩니다.

$$\bar{X} \sim N(\mu, s^2/n)$$

또는

$$\bar{X} \sim N(\mu, 0.25)$$

이제 우리는 $\bar{X}$의 분포를 찾았습니다

이제 우리는 $\bar{X}$가 어떻게 분포되어 있는지 알게 되었으므로 다음 단계로 넘어갈 수 있습니다.

단계 3: 신뢰수준을 정하세요

신뢰수준은 설정해 놓은 신뢰구간이 실제로 목표로 하는 모집단 통계를 포함하고 있다는 사실에 대해 얼마나 확신을 하고 있는지 여부를 말해 줍니다. 예를 들어 모집단 평균값에 대해 95%의 신뢰수준을 원한다고 해 봅시다. 이것은 모집단 평균값이 신뢰구간 안에 들어 있을 확률이 0.95라는 사실을 의미합니다.

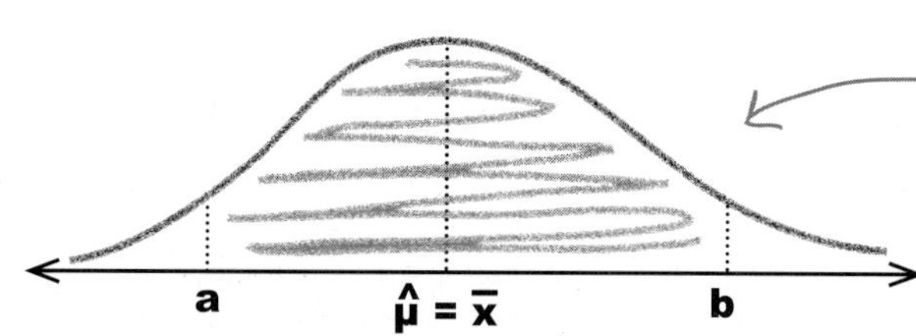

신뢰수준은 모집단 평균값이 신뢰구간에 들어 있을 확률을 나타냅니다. 95%의 신뢰수준을 위해서는 빗금 친 곳의 확률이 0.95가 되어야 합니다.

신뢰수준이 신뢰구간의 크기에 어떤 영향을 미친다고 생각합니까?

적당한 신뢰수준은 어떻게 결정하나

그렇다면 신뢰수준이 적당한지 여부는 누가 결정하나요? 무엇이 적당한 신뢰수준인가요?

정답은 주어진 상황에 따라 다르며, 신뢰구간이 목표로 하는 모집단 통계를 실제로 포함하는 것에 대해 어느 정도로 확신을 해야 하는지에 따라 다릅니다. 95% 정도의 신뢰수준이 보통인데, 경우에 따라 90%나 99%의 신뢰수준을 원할 수도 있습니다. 예를 들어 달콤한 풍선껌의 CEO는 그것을 TV광고에서 언급할 생각을 가지고 있기 때문에 모집단 평균값이 신뢰구간에 들어가는 것에 대해 매우 높은 수준으로 확신할 수 있기를 바랄지도 모릅니다.

기억해 두어야 하는 핵심은 신뢰수준이 높을수록 구간은 더 넓어지며, 신뢰구간이 모집단 통계를 포함할 가능성이 더 높아진다는 사실입니다.

그럼 신뢰구간을 그냥 아주 넓게
잡으면 되는 것 아냐? 그렇게 하면
모집단 통계를 확실히 포함할 텐데.

신뢰구간을 너무 크게 잡는 것이 갖는 문제점은 그렇게 하면 신뢰구간 자체의 의미가 희석된다는 것입니다.

극단적인 예를 들면 우리는 풍선껌의 향이 0분에서 3일 동안 지속된다고 말할 수 있습니다. 이것은 사실이지만 풍선껌의 향이 실제로 어느 정도로 지속되는지에 대해 별다른 정보를 제공해 주지 않습니다. 그것이 몇 초 동안인지, 몇 분 동안인지, 아니면 몇 시간 동안인지 알 길이 없습니다.

핵심은 구간의 폭을 최대한 좁히되, 실제 평균값이 구간 안에 들어올 거라는 사실을 어느 정도 확신할 수 있도록 충분히 넓히는 것입니다.

달콤한 풍선껌을 위해 **95% 신뢰수준**을 사용합시다. 이 정도라면 그것이 모집단의 평균값을 포함할 가능성이 충분히 높을 것입니다.

이제 신뢰수준을 결정했으므로 다음 단계인 마지막 단계로 넘어갈 수 있습니다. 그것은 신뢰한계를 찾는 것입니다.

단계 4: 신뢰한계를 찾으세요

마지막 단계는 신뢰구간의 **한계**를 의미하는 a와 b를 정하는 것입니다. 이들은 평균값이 포함되는 95%의 확률영역을 나타내는 범위의 왼쪽과 오른쪽 경계를 나타냅니다. a와 b의 정확한 값은 우리가 사용하는 표본분포와 우리에게 필요한 신뢰수준에 달려 있습니다.

이 문제에서 우리는 풍선껌 향의 지속시간에 대한 평균값에 대해 95%의 신뢰수준을 위한 한계를 찾아야 합니다. 즉, μ가 들어 있는 a와 b 사이의 면적이 .95의 확률을 갖도록 해야 하는 것입니다. 우리는 $\overline{X}$가 $\overline{X} \sim N(\mu,\ 0.25)$와 같이 정규분포를 따르고 있다는 사실도 알고 있습니다.

다음은 우리가 필요한 내용에 대한 스케치입니다.

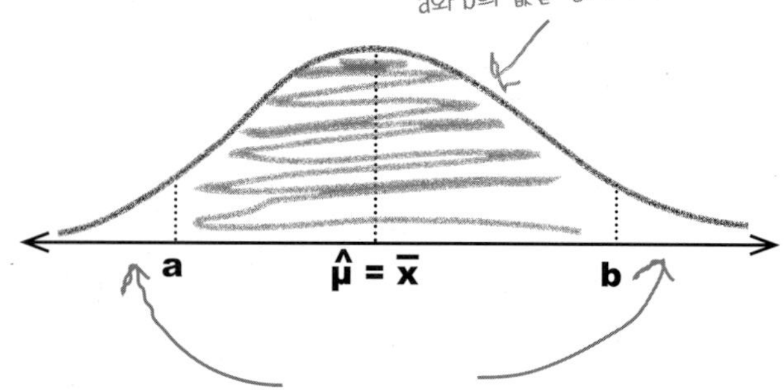

$\overline{X}$의 분포를 이용해서 a와 b의 값을 찾을 수 있습니다. 다시 말해, a와 b를 찾기 위해 $\overline{X} \sim N(\mu,\ 0.25)$를 $P(\overline{X} < a) = 0.025$ 그리고 $P(\overline{X} > b) = 0.025$와 같은 방식으로 이용할 수 있는 것입니다.

$\overline{X}$가 정규분포를 따르므로 신뢰구간을 찾기 위해 정규분포를 이용할 수 있습니다.

우리는 앞에서 다른 문제를 풀었을 때와 비슷한 방법을 써서 이 문제를 해결할 수 있습니다. 우선 표준점수를 계산한 다음에 표준정규확률테이블에서 우리가 원하는 값을 찾아보면 되는 것입니다.

Z를 찾는 것부터 시작하세요

정규확률테이블을 사용하기 전에 우리는 $\overline{X}$를 표준화할 필요가 있습니다. 우리는 $\overline{X} \sim N(\mu, 0.25)$라는 사실을 알고 있으므로 이것을 표준화하면 다음을 얻습니다.

$$Z = \frac{\overline{X} - \mu}{\sqrt{0.25}} \qquad \text{여기서} \qquad Z \sim N(0, 1)$$

다음은 신뢰구간에 대한 표준화된 버전입니다.

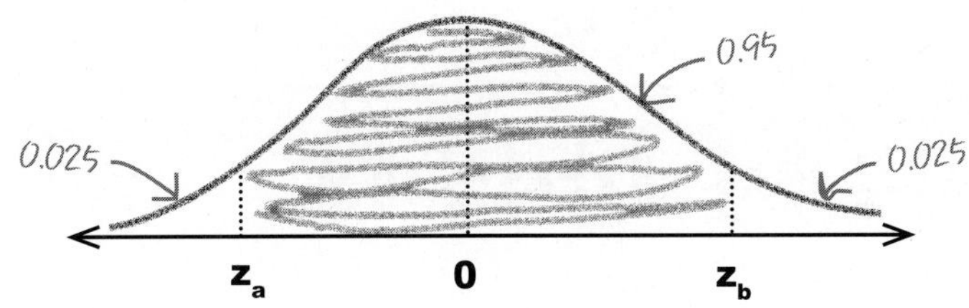

우리는 $P(Z_a < Z < Z_b) = 0.95$인 Z_a와 Z_b를 구해야 합니다. 다시 말해, 표준화된 신뢰한계는 $P(Z < Z_a) = 0.025$ 그리고 $P(Z > Z_b) = 0.025$인 Z_a와 Z_b에 의해 정해지는 것입니다. 우리는 확률테이블을 이용해서 Z_a와 Z_b를 구할 수 있습니다.

연필을 깎으며

우리는 $P(Z_a < Z < Z_b) = 0.95$인 Z_a와 Z_b를 구해야 합니다.

1. $P(Z < Z_a) = 0.025$인 Z_a를 확률테이블을 이용해서 구하세요.

2. $P(Z > Z_b) = 0.025$인 Z_b를 확률테이블을 이용해서 구하세요.

연필을 깎으며 정답

우리는 $P(Z_a < Z < Z_b) = 0.95$인 Z_a와 Z_b를 구해야 합니다.

1. $P(Z < Z_a) = 0.025$인 Z_a를 확률테이블을 이용해서 구하세요.

   표준정규확률테이블 안에서 0.025에 해당하는 확률을 찾아보면 $Z_a = -1.96$입니다.

2. $P(Z > Z_b) = 0.025$인 Z_b를 확률테이블을 이용해서 구하세요.

   Z_b의 경우에는 0.975에 대한 값을 찾아보면 됩니다. 그러면 $Z_b = 1.96$입니다.

부등식을 μ를 사용해서 재작성하세요

지금까지는 신뢰구간에 대한 표준화된 버전을 찾았습니다.
그리고 $P(-1.96 < Z < 1.96) = 0.95$를 찾았습니다. 이것은 다음과 같습니다.

$$P\left(-1.96 < \frac{\overline{X} - \mu}{0.5} < 1.96\right) = 0.95$$

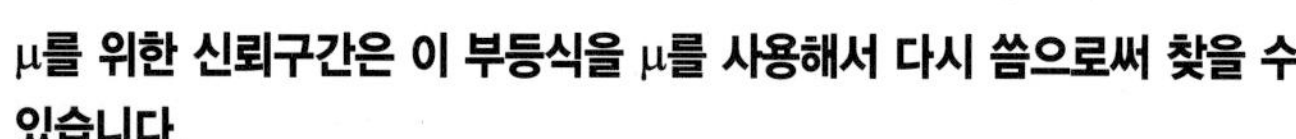
μ를 위한 신뢰구간은 이 부등식을 μ를 사용해서 다시 씀으로써 찾을 수 있습니다.

다음 부등식을

$$-1.96 < \frac{\overline{X} - \mu}{0.5} < 1.96$$

아래와 같은 형태로 다시 쓰면

$$a < \mu < b$$

이것은 μ를 위한 신뢰구간을 정해 줄 것입니다.

μ를 위한 신뢰구간을 찾을 수 있습니다.

수영장 퍼즐

당신이 할 일은 $-1.96 < (\overline{X} - \mu) / 0.5 < 1.96$ 이라는 부등식을 다시 써서 μ를 위한 신뢰구간을 찾아보는 것입니다. 수영장에 떨어져 있는 조각들을 빈 칸에 넣어서 수식을 완성하면 됩니다. 동일한 조각은 한 번 이상 사용할 수 **없습니다**.

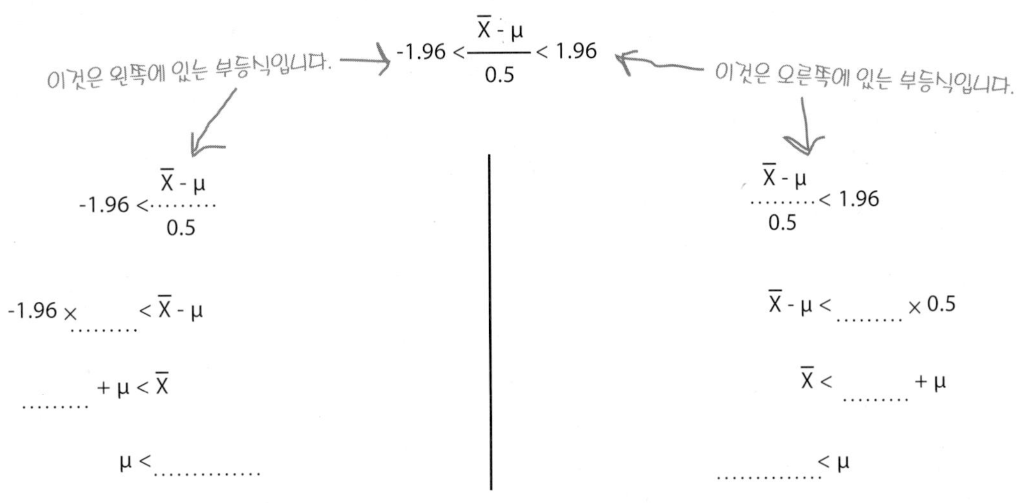

$\overline{X} - 0.98 < \mu < \overline{X} + 0.98$

양쪽 부등식을 다시 하나로 합치면 이것을 얻게 됩니다.

주의: 수영장에 있는 조각들은 한 번만 사용할 수 있습니다!

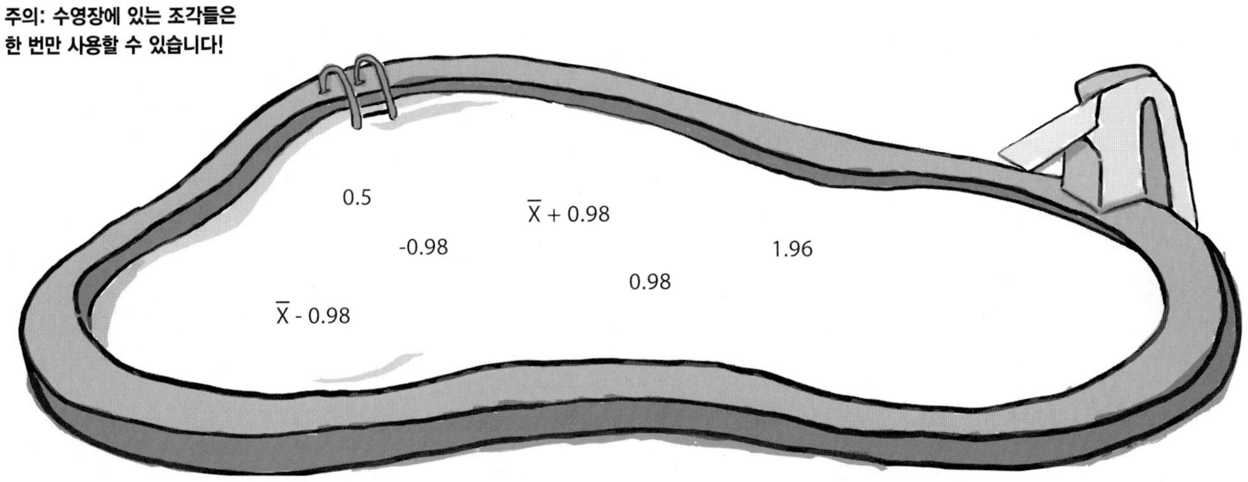

수영장 퍼즐 정답

당신이 할 일은 $-1.96 < (\overline{X} - \mu) / 0.5 < 1.96$ 이라는 부등식을 다시 써서 μ를 위한 신뢰구간을 찾아보는 것입니다. 수영장에 떨어져 있는 조각들을 빈 칸에 넣어서 수식을 완성하면 됩니다. 동일한 조각은 한 번 이상 사용할 수 **없습니다**.

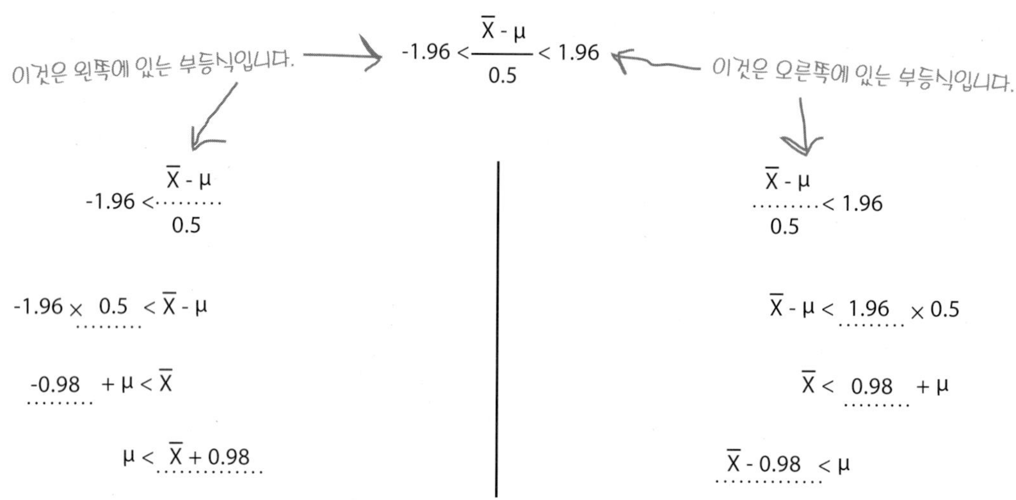

$$\overline{X} - 0.98 < \mu < \overline{X} + 0.98$$

주의: 수영장에 있는 조각들은 한 번만 사용할 수 있습니다!

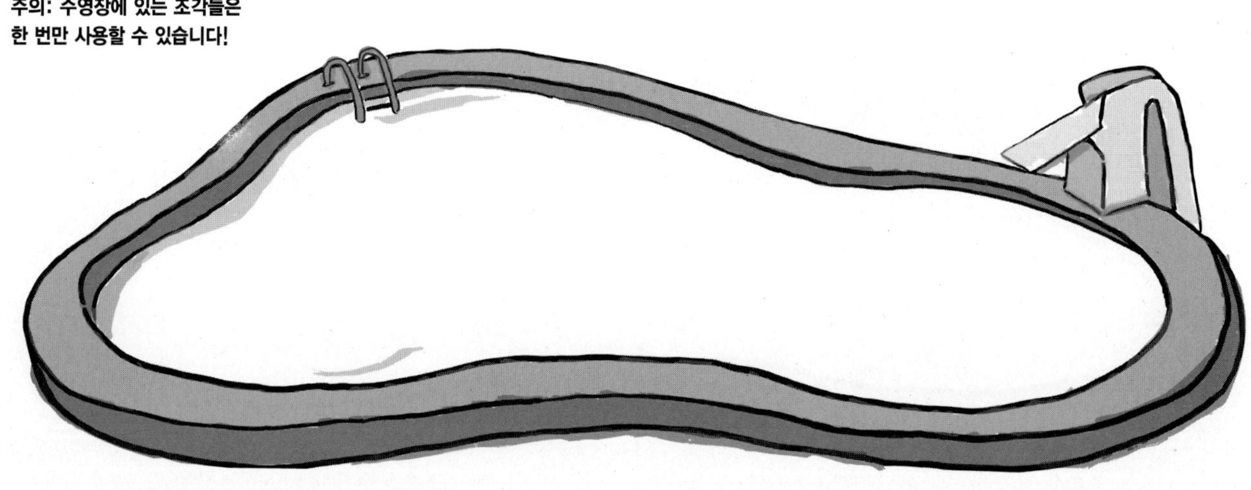

마지막으로 $\overline{X}$의 값을 찾으세요

부등식을 다시 작성했으므로 이제 풍선껌의 향이 지속되는 시간에 대한 일반적인 값을 나타내는 μ의 신뢰구간을 찾는 데 매우 가까워졌습니다. 다시 말해, 다음을 이용할 수 있게 된 것입니다.

$$P(\overline{X} - 0.98 < \mu < \overline{X} + 0.98) = 0.95$$

다음은 간단한 스케치입니다.

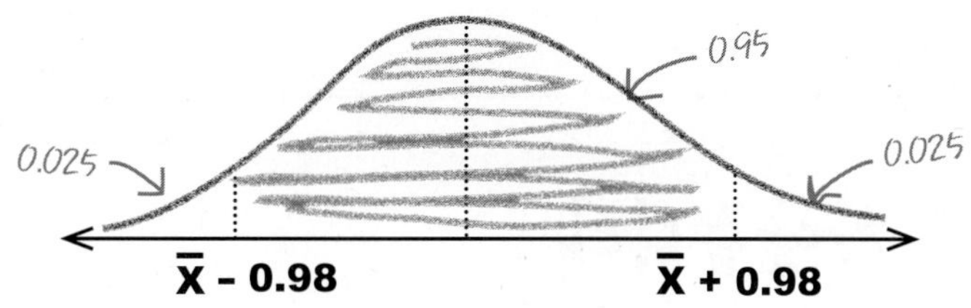

신뢰한계는 $\overline{X} - 0.98$과 $\overline{X} + 0.98$로 주어졌습니다. $\overline{X}$를 위해 어떤 값을 사용할지 알면 신뢰한계를 결정할 수 있습니다.

달콤한 풍선껌의 표본을 이용할 수 있는 방법이 있을지 모르겠어. 혹시 표본 평균값을 사용하면 되지 않을까?

$\overline{X}$는 표본 평균값의 분포이므로 $\overline{x}$의 값을 달콤한 풍선껌 표본에서 가져와서 사용할 수 있습니다.

신뢰한계는 $\overline{X} - 0.98$과 $\overline{X} + 0.98$로 주어졌습니다. 달콤한 풍선껌의 표본에서 $\overline{x}$는 62.7입니다. 이 값을 이용해서 신뢰한계의 값들을 구해 보세요.

신뢰한계는 $\overline{X}$ − 0.98과 $\overline{X}$ + 0.98로 주어졌습니다. 달콤한 풍선껌의 표본에서 $\overline{x}$는 62.7입니다. 이 값을 이용해서 신뢰한계의 값들을 구해 보세요.

신뢰한계는 $\overline{X}$ - 0.98과 $\overline{X}$ + 0.98로 주어졌습니다. 표본의 평균값에 실제 값을 대입하면 62.7 - 0.98과 62.7 + 0.98을 얻게 됩니다. 다시 말해, 신뢰구간은 (61.72, 63.68)입니다.

드디어 신뢰구간을 찾았습니다

축하합니다! 첫 번째 신뢰구간을 마침내 찾아냈습니다. 구간 (61.72, 63.68)이 향이 지속되는 시간에 대한 모집단 평균값을 포함하고 있을 확률이 95%라는 사실을 밝혀낸 것입니다.

엄청난 뉴스로군! 이제 광고에 들어간 문구를 고칠 수 있게 되었어. 그렇게 하면 소송도 해결될 거야.

CEO가 광고에서 명확한 점추정값 대신 신뢰구간을 사용할 수 있게 되었다는 것은 풍선껌 향의 지속시간에 대한 명확한 예측을 구체적인 숫자를 언급하지 않으면서도 할 수 있게 되었다는 사실을 의미합니다. 이러한 사실은 또한 표본에 담겨 있을지도 모르는 오차가 어느 정도 허용된다는 것을 의미합니다.

단계를 정리해 봅시다

신뢰구간을 정하기 위해 밟았던 단계를 다시 살펴봅시다.

첫 번째로 했던 일은 신뢰구간을 정하기 위한 대상이 되는 **모집단의 통계를 선택**하는 것이었습니다. 우리는 풍선껌 향 지속시간의 평균값에 대한 신뢰구간을 찾을 필요가 있었고, 이것은 곧 μ에 대한 신뢰구간을 설정할 필요가 있었음을 의미합니다.

신뢰구간을 정할 대상이 되는 모집단 통계를 고른 후에는 **표본분포를 찾아야** 했습니다. 우리는 평균값 표본분포의 기대치와 분산을 찾은 다음에 μ를 제외한 모든 통계값에 실제 값을 대입했습니다. 그 다음에는 $\overline{X}$의 정규분포를 사용할 수 있다는 사실을 알게 되었습니다.

그 다음에는 신뢰구간을 위한 **신뢰수준**을 정했습니다. 우리는 95%의 신뢰수준을 사용하기로 했습니다.

끝으로 우리는 신뢰구간을 위한 **신뢰한계를 찾아야** 했습니다. 적당한 신뢰구간을 찾아내기 위해 신뢰수준과 표본분포를 사용했습니다.

신뢰구간을 정할 때마다 이 모든 단계를 밟아야 한다는 거야?

지름길이 있기는 합니다.

신뢰구간을 구성하는 일은 반복되는 일이므로 지름길을 선택할 수 있습니다. 그것은 당신이 원하는 신뢰수준과 검정통계의 분포에 달려 있습니다.

우리가 선택할 수 있는 지름길에 대해 살펴보도록 합시다.

신뢰구간을 위한 편리한 지름길들

신뢰구간을 계산할 때 이용할 수 있는 몇몇 지름길이 아래에 있습니다. 아래 테이블을 보면서 찾고자 하는 모집단 통계가 무엇인지 확인한 다음에 모집단 분포와 조건을 살펴보고, 모집단 통계나 그것의 추정값을 대입하면 됩니다. c의 값은 신뢰수준에 따라 달라집니다.

모집단 통계	모집단 분포	조건	신뢰구간
μ	정규	σ^2의 값을 알고, n은 크거나 작고, $\bar{x}$는 표본 평균값	$\left(\bar{x} - c\dfrac{\sigma}{\sqrt{n}}, \bar{x} + c\dfrac{\sigma}{\sqrt{n}}\right)$
μ	정규가 아님	σ^2의 값을 알고, n은 크고(최소 30), $\bar{x}$는 표본 평균값	$\left(\bar{x} - c\dfrac{\sigma}{\sqrt{n}}, \bar{x} + c\dfrac{\sigma}{\sqrt{n}}\right)$
μ	정규이거나 정규가 아님	σ^2의 값을 모르고, n은 크고(최소 30), $\bar{x}$는 표본 평균값, s^2은 표본 분산	$\left(\bar{x} - c\dfrac{s}{\sqrt{n}}, \bar{x} + c\dfrac{s}{\sqrt{n}}\right)$
p	이항	n은 크고, p_s는 표본 비율, q_s는 $1 - p_s$	$\left(p_s - c\sqrt{\dfrac{p_s q_s}{n}}, p_s + c\sqrt{\dfrac{p_s q_s}{n}}\right)$

c의 값은 필요한 신뢰수준에 따라 다릅니다. 이러한 값들은 정규분포를 검정통계의 기초로 사용하는 한 제대로 작동합니다.

신뢰수준	c의 값
90%	1.64
95%	1.96
99%	2.58

구간이란 일반적으로 무엇일까요?

일반적으로 구간은 다음과 같이 주어집니다.

통계 ± (오차 한계)

오차한계는 c에 검정통계의 표준편차를 곱해서 얻을 수 있습니다.

오차 한계 = c × (통계의 표준편차)

달콤한 풍선껌은 50개의 풍선껌으로 이루어진 표본에서 빨간색 풍선껌의 비율이 0.25라는 사실을 발견했습니다. 모집단에 있는 빨간색 풍선껌의 비율에 대해 99% 신뢰구간을 만들어 보세요.

달콤한 풍선껌은 50개의 풍선껌으로 이루어진 표본에서 빨간색 풍선껌의 비율이 0.25라는 사실을 발견했습니다. 모집단에 있는 빨간색 풍선껌의 비율에 대해 99% 신뢰구간을 만들어 보세요.

모집단 비율에 대한 신뢰구간은 다음과 같이 주어집니다.

$$\left(p_s - c\sqrt{\frac{p_s q_s}{n}},\ p_s + c\sqrt{\frac{p_s q_s}{n}}\right)$$

우리는 99%의 신뢰구간을 찾아야 하므로 $c = 2.58$입니다. 빨간색 풍선껌의 비율은 0.25이므로 $p_s = 0.25$이고 $q_s = 0.75$이며 $n = 50$입니다. 그러면 다음을 얻게 됩니다.

$$\left(p_s - c\sqrt{\frac{p_s q_s}{n}},\ p_s + c\sqrt{\frac{p_s q_s}{n}}\right) = \left(0.25 - 2.58\sqrt{\frac{0.25 \times 0.75}{50}},\ 0.25 + 2.58\sqrt{\frac{0.25 \times 0.75}{50}}\right)$$

$$= (0.25 - 2.58 \times 0.0612,\ 0.25 + 2.58 \times 0.0612)$$

$$= (0.25 - 0.158,\ 0.25 + 0.158)$$

$$= (0.092,\ 0.408)$$

바보 같은 질문이란 없습니다

Q: 앞에서 $\bar{X}$의 기대치와 분산을 구할 때 σ^2의 값은 대체하면서 μ의 값은 대체하지 않은 이유는 무엇인가요?

A: μ의 값을 대체하지 않은 이유는 μ를 위한 신뢰구간을 찾아야 했기 때문입니다. 우리는 신뢰구간을 찾기 위해 μ를 포함하고 있는 수식이 필요했던 것입니다.

Q: $\bar{X}$의 실제 값으로 $\bar{x}$를 이용했던 이유는 무엇입니까?

A: $\bar{X}$는 평균값에 대한 표본분포입니다. 크기가 n인 모든 가능한 표본을 모집단에서 추출한 다음에 그들이 갖는 모든 평균값의 분포를 파악함으로써 구하는 값입니다.

이에 비해 $\bar{x}$는 표본이 가지고 있는 특정한 평균값을 나타냅니다. 따라서 이 값을 이용하면 신뢰구간을 찾는 데 도움이 됩니다.

Q: 신뢰구간과 신뢰수준은 어떤 차이가 있나요?

A: 신뢰수준은 당신이 목표로 하는 통계가 신뢰구간에 들어 있을 확률을 나타냅니다. 그것은 예를 들어 95%와 같이 퍼센트를 이용해서 표현됩니다. 신뢰구간은 실제적인 구간의 범위를 정하기 위해 상한과 하한을 가집니다.

Q: μ에 대한 95%의 신뢰구간이 (61.72, 63.68)이라고 들었습니다. 이것이 정확하게 의미하는 바는 무엇인가요?

A: 그것이 의미하는 바는 동일한 크기를 갖는 모든 가능한 표본을 추출해서 그들에 대한 신뢰구간을 각각 구성한다면 그 중에서 95%는 실제 모집단의 평균값을 포함하고 있다는 것입니다. 이런 방식으로 구성된 신뢰구간은 95%의 확률로 모집단 평균값을 포함하고 있을 거라는 사실을 알 수 있습니다.

Q: 지름길에서 c의 값은 모든 신뢰구간에 대해 적용되는 건가요?

A: 이러한 지름길들은 모두 정규분포에 기초를 두고 있기 때문에 c의 값은 지금까지 우리가 보여 준 모든 지름길 공식에 적용됩니다. 이 모든 경우에 대해 표본분포가 정규분포를 따르고 있기 때문입니다.

Q: 신뢰구간을 위한 지름길 공식에서 'c' 대신 'a'를 본 적이 있습니다. 그것은 잘못된 것인가요?

A: 아닙니다. 그것이 'a' 혹은 'c'로 표현되는 것이 중요한 것이 아니라 올바른 신뢰수준을 얻기 위해 신뢰구간에 대입될 수 있는 값이라는 사실이 중요합니다. 그것을 무엇으로 부르든 그 값은 언제나 일정합니다.

Q: 그럼 모든 신뢰구간은 정규분포에 기초하고 있나요?

A: 아닙니다. 다른 분포에 기초한 구간은 뒤에서 살펴볼 것입니다.

Q: 지름길 공식에 값을 대입하기만 하면 되는데, 복잡한 단계를 거쳤던 이유는 무엇입니까?

A: 실제로 어떤 일들이 벌어지는지 그리고 신뢰구간이 어떻게 만들어지는지 보여 주기 위해서였습니다. 대부분의 경우에는 공식에 값을 대입하기만 하면 충분할 것입니다.

Q: 신뢰구간을 만들 때 연속성보정을 고려해야 하나요?

A: 이론적으로는 그렇습니다. 하지만 실전에서는 대개 생략됩니다. 즉, 신뢰구간을 찾기 위해 공식에 값을 대입하기만 하면 된다는 뜻입니다.

아직 문제가 하나 남아 있어.
도와줄 수 있지?

마지막으로 남은 문제...

달콤한 풍선껌은 당신이 해결해 주어야 하는 문제를 하나 더 가지고 있습니다. 풍선껌을 판매하는 사탕가게 중 하나가 자신의 고객들이 풍선껌을 개수가 아니라 무게로 사가는 것을 발견하고 풍선껌의 무게가 보통 어느 정도 되는지 알고 싶어 합니다. 이 가게가 풍선껌의 전형적인 무게를 알게 되면, 그 정보를 이용해서 판매를 촉진할 수 있을 것입니다.

다시 말해, 자네가 풍선껌 무게에 대한 신뢰구간을 만들라는 거야. 하지만 이것은 하나의 가게에 대한 거니까 너무 많은 풍선껌을 표본으로 선택하고 싶지는 않아.

달콤한 풍선껌은 껌 10개로 구성된 표본을 추출해서 무게를 달아보았습니다. 이 표본에서 $\bar{x} = 0.5$온스이고 $s^2 = 0.09$입니다.

신뢰구간은 어떻게 찾을 수 있을까요?

단계 1: 모집단 통계를 선택하세요

첫 번째 단계는 신뢰구간을 정하기 위한 대상이 되는 모집단 통계를 정하는 것입니다. 우리는 풍선껌 무게의 평균값에 대한 신뢰구간을 구성하고자 합니다. 따라서 모집단 평균값 μ에 대한 신뢰구간을 구성해야 합니다.

μ에 대한 신뢰구간을 찾아야 하므로 다음 단계는 표본분포인 $\overline{X}$의 분포를 계산하는 것입니다.

브레인 파워

모집단에 있는 각 풍선껌의 무게가 정규분포를 따른다고 가정했을 때, 이 데이터를 위한 95%의 신뢰구간을 어떻게 만들 수 있을까요? 힌트: 신뢰구간의 지름길 공식을 담은 테이블을 다시 살펴보고 이것이 어느 상황에 속하는지 확인해 보세요.

단계 2: 그것의 표본분포를 찾으세요

그럼 $\overline{X}$의 분포는 무엇일까요?

정규분포가 모든 상황에 대해 최선의 근사치인 것은 아닙니다.

우리가 지금까지 보았던 모든 표본분포는 정규분포를 따르거나 아니면 정규분포에 의해 근사치를 구할 수 있었습니다. 하지만 정규분포를 모든 신뢰구간에 대해 사용할 수 없다는 것이 문제입니다. 불행하게도 지금 이 상황이 그렇습니다.

이 상황에 대해 왜 정규분포를 사용할 수 없는 것일까요?

표본의 크기가 크면 신뢰구간을 정하기 위해 정규분포를 사용할 수 있습니다. 이 경우에는 모집단이 어떻게 분포되어 있는지에 상관없이 정확한 결과를 찾을 수 있습니다.

지금은 다른 상황입니다. X가 정규분포를 따르고 있음에도 불구하고 $\overline{X}$는 그렇지 않습니다.

두 가지 중요한 이유가 있습니다.

첫째는 우리가 모집단의 분산을 모르기 때문에 σ^2의 값을 표본을 이용해서 추정해야 한다는 것입니다. 점추정을 이용해서 그렇게 할 수는 있지만, 문제가 있습니다. 표본의 크기가 너무 작아서 이러한 추정은 크기가 충분히 큰 표본을 이용했을 경우에 비해 상당히 심각한 오차를 포함할 가능성이 높습니다. 이렇게 심각한 오차는 정규분포가 $\overline{X}$를 위한 확률에 대해 정확한 값을 제공해 주지 않고, 그래서 정확한 신뢰구간을 찾을 수 없다는 것을 의미합니다.

그렇다면 $\overline{X}$는 어떤 분포를 따르는 것일까요? 그것은 **t-분포**를 따릅니다. 좀 더 자세히 살펴봅시다.

표본이 작을 때 $\overline{X}$는 t-분포를 따릅니다

t-분포는 지금 우리가 처한 상황을 위해 특화된 확률분포입니다. 그것은 모집단이 정규분포를 따르고, σ^2의 값이 알려지지 않았고, 크기가 작은 표본만 가지고 있는 상황에서 $\overline{X}$가 따르는 분포를 의미합니다.

t-분포는 부드럽고 좌우대칭인 곡선처럼 보이는데, 정확한 모양은 표본의 크기에 따라 달라집니다. 표본의 크기가 크면 정규분포처럼 보이지만, 표본의 크기가 작으면 곡선이 조금 편평해지고 꼬리부분은 조금 더 두텁게 변합니다. 이것은 n − 1과 같은 값을 갖는 ν라는 파라미터를 취합니다. n은 표본의 크기를 나타내고, ν는 **자유도**입니다.

자유도에 대해서는 14장에서 자세히 살펴볼 것입니다.

다음을 보세요. 이것은 서로 다른 ν 값을 갖는 t-분포의 모습을 스케치한 것입니다. ν의 값이 분포의 모양에 어떤 영향을 미치는지 확인할 수 있습니까?

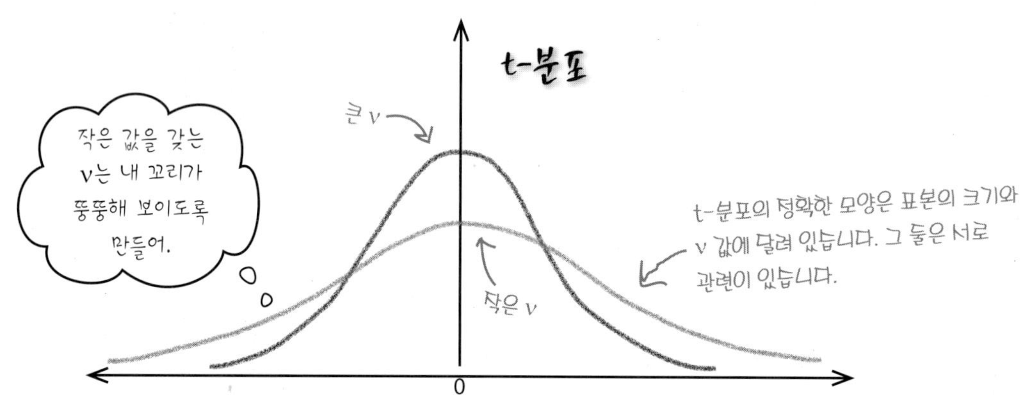

T가 ν라는 자유도를 갖는 t-분포를 따른다는 표현을 다음과 같이 짧게 나타낼 수 있습니다.

T는 검정통계입니다. 다음 페이지에서 이것을 계산하는 방법을 보게 될 것입니다.

$$T \sim t(\nu)$$

t(ν)는 ν라는 자유도를 갖는 t-분포를 사용하고 있음을 뜻합니다. ν = n − 1입니다.

t-분포는 정규분포와 거의 비슷한 방식으로 작동합니다. 우리는 먼저 확률의 범위를 표준점수로 변환하고, 그 다음에 확률테이블을 이용해서 우리가 원하는 값을 찾습니다.

우선 표준점수부터 구해 봅시다.

t-분포를 위한 표준점수를 찾으세요

앞에서 정규분포의 표준점수를 찾을 때와 똑같은 방법을 사용해서 t-분포를 위한 표준점수를 찾습니다. 정규분포에서와 마찬가지로 표본분포의 기대치를 빼고, 그것을 표준편차로 나누어서 표준점수를 구합니다. 한 가지 차이점은 우리가 t-분포를 사용할 것이기 때문에 이러한 계산결과를 Z가 아니라 T로 나타낸다는 것입니다.

우리는 $\overline{X}$의 분포를 찾아야 하므로 $\overline{X}$ 자체의 기대치와 분산을 이용해야 합니다. $\overline{X}$의 기대치는 μ이고 표준편차는 σ/n입니다. σ의 값을 s를 이용해서 추정해야 하므로 t-분포의 표준점수는 다음과 같이 주어집니다.

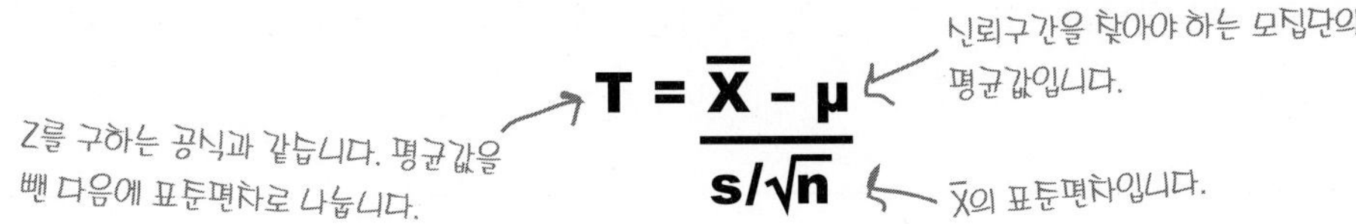

이제 우리가 해야 할 일은 $\overline{X}$, $\hat{\sigma}$, n에 값을 대입하는 것입니다.

이러한 공식을 달콤한 풍선껌의 표본에 적용할 수 있는지 살펴봅시다.
표본에는 10개의 껌이 있고, $\overline{X}$ = 0.5온스, s^2 = 0.09입니다.
ν와 T의 값은 각각 얼마일까요?

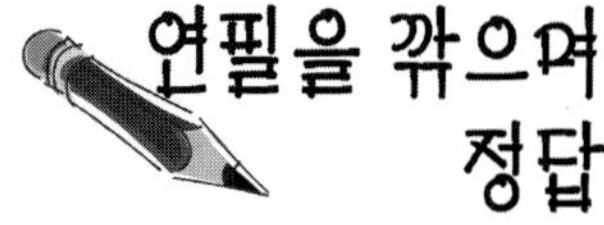

이러한 공식을 달콤한 풍선껌의 표본에 적용할 수 있는지 살펴봅시다. 표본에는 10개의 껌이 있고, $\bar{X}$ = 0.5온스, s^2 = 0.09입니다. ν와 T의 값은 각각 얼마일까요?

표본에 10개의 풍선껌이 있고, ν = n − 1입니다. 따라서 ν는 9이고, T는 다음과 같습니다.

$$T = \frac{\bar{X} - \mu}{s/\sqrt{n}}$$

$$= \frac{\bar{X} - \mu}{\sqrt{0.09/10}}$$

$$= \frac{\bar{X} - \mu}{0.0949}$$

단계 3: 신뢰수준을 정하세요

그렇다면 달콤한 풍선껌을 위해 어느 정도의 신뢰수준을 사용해야 할까요? 신뢰수준은 신뢰구간이 모집단 통계를 담고 있을 거라는 사실을 어느 정도 수준으로 확신하기 원하는지에 대해 말해 준다는 점을 기억하세요. 그래서 신뢰수준은 신뢰구간이 어느 정도의 넓이를 가져야 하는지 파악하는 데 도움을 주기도 합니다. 앞에서와 마찬가지로 모집단 평균값을 위해 95%의 신뢰수준을 사용하도록 합시다. 이것은 모집단 평균값이 신뢰구간 안에 들어 있게 될 확률이 0.95라는 사실을 의미합니다.

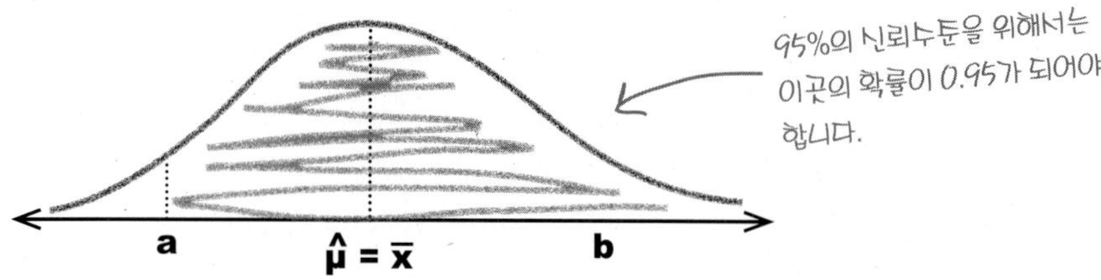

이제 신뢰수준까지 정했으므로 μ를 위한 신뢰구간을 정하는 마지막 단계로 진행할 수 있습니다.

단계 4: 신뢰한계를 찾으세요

t-분포의 신뢰한계는 정규분포의 경우와 비슷한 방식으로 찾을 수 있습니다. 신뢰구간은 다음 공식으로 주어집니다.

$$\left(\bar{x} - t\frac{s}{\sqrt{n}},\ \bar{x} + t\frac{s}{\sqrt{n}}\right)$$

c를 t로 바꾸었을 뿐 앞에서와 동일합니다.

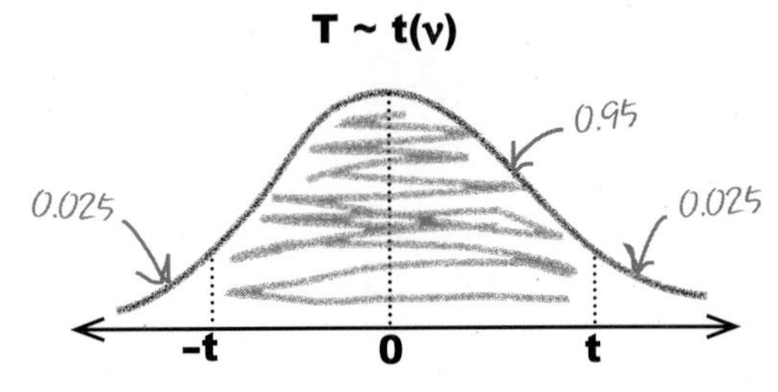

여기서

$$P(-t \le T \le t) = 0.95$$

우리는 95%의 신뢰구간을 찾기 원하므로 이것은 0.95입니다.

t의 값은 t-분포 확률테이블을 사용해서 찾을 수 있습니다.

t-분포 확률테이블 사용하기

t-분포 확률테이블은 $P(T > t) = p$일 때 t의 값을 알려 줍니다. 우리의 경우에는 $p = 0.025$입니다.

t를 찾으려면 우선 ν의 값을 첫 번째 열에서 찾습니다. 그 다음에 p를 맨 위의 행에서 찾습니다. 이 두 값이 만나는 지점에 있는 값이 t의 값입니다. 예를 들어 $\nu = 7$이고, $p = 0.05$인 값을 찾으면 $t = 1.895$를 찾을 수 있습니다.

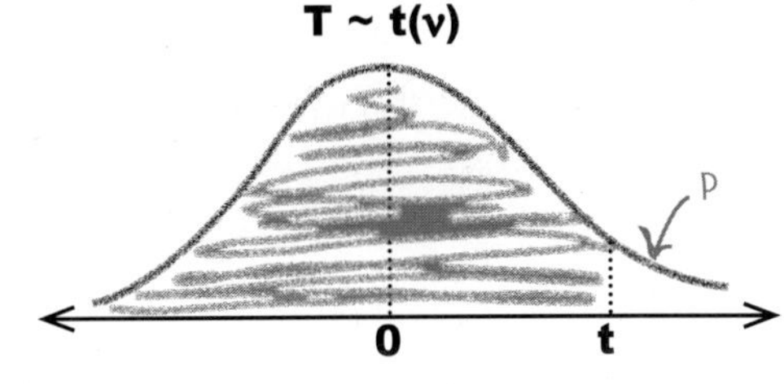

t의 값을 찾았으면, 그 값을 이용해서 신뢰구간을 정할 수 있습니다.

p = 0.05

	꼬리확률 p											
ν	.25	.20	.15	.10	.05	.025	.02	.01	.005	.0025	.001	.0005
1	1.000	1.376	1.963	3.078	[illegible]	12.71	15.89	31.82	63.66	127.3	318.3	636.6
2	.816	1.061	1.386	1.886	[illegible]	4.303	4.849	6.965	9.925	14.09	22.33	31.60
3	.765	.978	1.250	1.638	[illegible]	3.182	3.482	4.541	5.841	7.453	10.21	12.92
4	.741	.941	1.190	1.533	[illegible]	2.776	2.999	3.747	4.604	5.598	7.173	8.610
5	.727	.920	1.156	1.476	[illegible]	2.571	2.757	3.365	4.032	4.773	5.893	6.869
6	.718	.906	1.134	1.440	[illegible]	2.447	2.612	3.143	3.707	4.317	5.208	5.959
7	[illegible]	[illegible]	[illegible]	[illegible]	1.895	2.365	2.517	2.998	3.499	4.029	4.785	5.408
8	.706	.889	1.108	1.397	[illegible]	2.306	2.449	2.896	3.355	3.833	4.501	5.041
9	.703	.883	1.100	1.383	[illegible]	2.262	2.398	2.821	3.250	3.690	4.297	4.781
10	.700	.879	1.093	1.372	[illegible]	2.228	2.359	2.764	3.169	3.581	4.144	4.587

ν = 7

여기가 7과 .05가 만나는 곳입니다.

풍선껌의 평균무게에 대해 95%의 신뢰구간을 찾을 수 있는지 살펴봅시다. 표본에는 10개의 풍선껌이 있고, $\overline{x}$ = 0.5온스, s^2 = 0.09입니다.

1. μ의 신뢰구간은 위한 공식은 $(\overline{x} - t\ s/\sqrt{n}, \overline{x} + t\ s/\sqrt{n})$입니다.
   표준확률테이블을 이용해서 t의 값을 찾으세요.

2. t의 값을 이용해서 μ의 신뢰구간을 찾으세요.

t-분포 대 정규분포

이 문제에선 왜 t-분포를 사용한 거지?
그냥 정규분포를 사용하면 안 되나?

크기가 작은 표본을 가지고 모집단 분산을 추정해야 하는 경우에는 t-분포가 더 정확합니다.

크기가 작은 표본을 이용해서 σ^2의 값을 추정하는 것은 모집단 분산의 실제 값과 비슷한 값이 아닌 부정확한 값을 얻기 쉽다는 사실 때문에 그렇습니다. 이것은 구간을 좀 더 넓게 만들어서 신뢰구간이 이러한 오차를 허용할 수 있도록 만들어야 한다는 것을 의미합니다.

t-분포의 모양은 ν의 값에 따라서 달라집니다. 즉, 표본의 크기가 고려되고 있기 때문에 그것은 σ^2에 대해 추정한 값이 가진 불확실성이 분포 자체에 반영되고 있음을 의미합니다. n이 작으면 t-분포는 정규분포보다 넓은 신뢰구간을 제공하기 때문에 크기가 작은 표본에 더 적합합니다.

t-분포의 신뢰구간을 위한 간편한 공식

아래에 t-분포를 언제 사용해야 하는지, μ에 대한 신뢰구간이 무엇인지 등을 요약해 두었습니다. 실제 값을 대입하기만 하면 됩니다.

모집단 통계	모집단 분포	조건	신뢰구간
μ	정규분포 혹은 다른 분포	σ^2의 값을 모르고, n이 작고(30보다 작음), $\bar{x}$는 표본 평균값, s^2은 표본 분산	$\left(\bar{x} - t(\nu)\frac{s}{\sqrt{n}}, \bar{x} + t(\nu)\frac{s}{\sqrt{n}}\right)$

$t(\nu)$를 찾으려면 t-분포 확률테이블을 찾아봐야 합니다. 그렇게 하려면 $\nu = n - 1$이라는 사실과 원하는 신뢰수준의 값을 이용하면 됩니다.

풍선껌의 평균무게에 대해 95%의 신뢰구간을 찾을 수 있는지 살펴봅시다. 표본에는 10개의 풍선껌이 있고, $\bar{x}$ = 0.5온스, s^2 = 0.09입니다.

1. μ의 신뢰구간은 위한 공식은 $(\bar{x} - t\, s/\sqrt{n},\ \bar{x} + t\, s/\sqrt{n})$입니다.
   표준확률테이블을 이용해서 t의 값을 찾으세요.

   표본에는 10개의 풍선껌이 있고, ν = 9입니다. 우리는 95%의 신뢰구간을 찾기 원하므로 t-분포 확률테이블에서 9의 자유도와 함께 0.025를 찾아야 합니다. 따라서 t = 2.262입니다.

2. t의 값을 이용해서 μ의 신뢰구간을 찾으세요.

   $(\bar{x} - t\, s/\sqrt{n},\ \bar{x} + t\, s/\sqrt{n})$ 공식에 $\bar{x}$, t, s, n 값을 대입함으로써 신뢰구간을 찾을 수 있습니다. 따라서 다음을 얻습니다.

$$
\begin{aligned}
(\bar{x} - t\, s/\sqrt{n},\ \bar{x} + t\, s/\sqrt{n}) &= (0.5 - 2.262 \times \sqrt{(0.09/10)},\ 0.5 + 2.262 \times \sqrt{(0.09/10)}) \\
&= (0.5 - 2.262 \times 0.0949,\ 0.5 + 2.262 \times 0.0949) \\
&= (0.5 - 0.215,\ 0.5 + 0.215) \\
&= (0.285,\ 0.715)
\end{aligned}
$$

달콤한 풍선껌은 풍선껌 자판기에 문제가 있음을 발견했습니다. 그들은 30개의 자판기 표본을 추출해서 오동작이 일어나는 횟수의 평균값이 15번임을 확인했습니다. 매달 일어나는 오동작의 수에 대해 99%의 신뢰구간을 작성하세요.

달콤한 풍선껌은 풍선껌 자판기에 문제가 있음을 발견했습니다. 그들은 30개의 자판기 표본을 추출해서 오동작이 일어나는 횟수의 평균값이 15번임을 확인했습니다. 매달 일어나는 오동작의 수에 대해 99%의 신뢰구간을 작성하세요.

매달 발생하는 오동작의 수는 푸아송분포를 따릅니다. 30개의 자판기가 있으므로 $(\bar{x} - cs/\sqrt{n}, \bar{x} + cs/\sqrt{n})$을 이용해서 신뢰구간을 찾을 수 있습니다.

99%의 신뢰구간을 찾아야 하므로 $c = 2.58$입니다. 이 푸아송분포가 갖는 기대치와 분산은 λ와 같으므로 $\bar{x} = 15$이고 $s^2 = 15$입니다.

신뢰구간은 다음과 같습니다.

$$\begin{aligned}(\bar{x} - cs/\sqrt{n}, \bar{x} + cs/\sqrt{n}) &= (15 - 2.58 \times \sqrt{(15/30)}, 15 + 2.58 \times \sqrt{(15/30)}) \\ &= (15 - 2.58 \times \sqrt{(15/30)}, 15 + 2.58 \times \sqrt{(15/30)}) \\ &= (15 - 2.58 \times 0.707, 15 + 2.58 \times 0.707) \\ &= (15 - 1.824, 15 + 1.824) \\ &= (13.176, 16.824)\end{aligned}$$

바보 같은 질문이란 없습니다

Q: $\bar{X}$가 왜 t-분포를 따르는 거지요?

A: 모집단이 정규분포를 따르고, 표본의 크기가 작고, 표본 데이터를 이용해서 모집단의 분산을 추정해야 하는 경우에 $\bar{X}$는 t-분포를 따릅니다.

Q: 신뢰수준이 달라지면 신뢰구간은 보통 어떻게 달라지나요?

A: 신뢰수준이 낮아지면 신뢰구간은 좁아집니다. 신뢰수준이 높아지면 신뢰구간은 넓어집니다. 예를 들어 동일한 데이터에 대한 95%의 신뢰구간은 99%의 신뢰구간보다 좁습니다.

Q: 표본의 크기 n의 값이 달라지면 신뢰구간은 어떻게 달라지나요?

A: n이 줄어들면 신뢰구간은 넓어지고, n이 증가하면 신뢰구간은 좁아집니다.

신뢰구간은 다음과 같은 형태로 주어집니다.

통계 ± 오차한계

여기서 오차한계는 주어진 통계의 표준편차에 c를 곱한 것과 같습니다.

통계의 표준편차는 표본의 크기에 따라 다르고, n이 커짐에 따라 줄어듭니다. 다시 말해, 오차한계는 n이 커지면 작아지고 n이 작아지면 커집니다.

일반적으로 작은 표본은 넓은 신뢰구간을 낳고, 큰 표본은 좁은 신뢰구간을 낳습니다.

신뢰구간을 찾았습니다!

이 장에서 당신은 매우 많은 발전을 이루었습니다. 이제 당신은 모집단 통계를 추정하는 방법을 두 가지나 알게 된 것입니다.

모집단 통계를 추정하는 첫 번째 방법은 점추정을 이용하는 것입니다. **점추정**은 모집단 통계에 대해 명확한 값을 추측할 수 있도록 만들어 줍니다. 그것은 주어진 표본 데이터를 이용해서 내릴 수 있는 최선의 예측을 의미합니다.

모집단 통계를 위한 **신뢰구간**을 구성하는 방법도 알게 되었습니다. 모집단 통계를 위해 매우 명확한 값을 추측하는 대신에 모집단 통계가 담겨 있을 거라고 정말로 확신할 수 있는 값들의 일정한 범위를 찾아낼 수 있게 된 것입니다.

13 가설검정 이용하기

증거를 보세요

들은 것이 절대적으로 확실한 것은 아닙니다.

문제는 언제 그것이 사실이고 언제 그것이 사실이 아닌지 어떻게 아느냐 하는 것입니다. **가설검정**은 어떤 통계적인 주장이 어느 정도 사실인지 여부를 판별하기 위해 표본을 이용하는 방법을 제공해 줍니다. 그들은 **증거가 어느 정도 유용한지** 판별하고, 어떤 극단적인 값이 **단순한 우연**으로 설명될 수 있는지, 아니면 뭔가 흑막이 있는 것인지 여부를 판단할 수 있는 방법을 제공합니다. 이 장을 살펴보는 여행에 동참하세요. 그러면 우리는 당신에게 가설검정을 이용해서 마음 속 깊은 곳에 존재하는 의심의 내용을 확인하거나 덜기 위해 가설검정을 이용하는 방법을 알려 줄 것입니다.

코고는 소리 때문에 고민이세요?

그렇다면 새로 나온 코골이안녕이 필요합니다.
코고는 현상에 대한 궁극적 치료제,
코골이안녕은 코골이를 90% 치료합니다.
그것도 2주 안에.

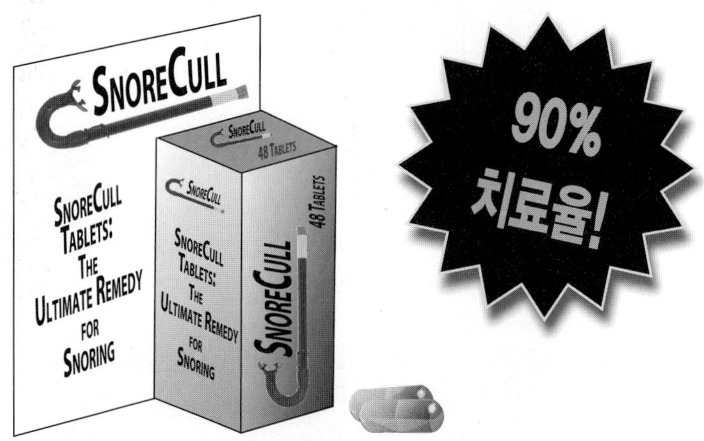

코골이안녕과 함께 코고는 사람을 치료하세요.

통계마을에 새로운 기적의 약이 등장했습니다

통계마을의 선두 제약회사는 코고는 현상을 치료하기 위한 새로운 약을 개발했습니다. 절망에 빠져있던 모든 코골이들은 의사에게 달려가서 이 약을 구할 수 있는지 묻기 시작했습니다.

제약회사는 이 기적의 약이 90%의 사람을 2주 안에 치료한다고 주장합니다. 코고는 일로 고생하던 사람들에게 이것은 대단한 뉴스가 아닐 수 없습니다. 문제는 모든 사람이 이런 주장에 대해 확신하지 않는다는 것입니다.

통계마을 외과의사는 환자들에게 코골이안녕을 처방해 주기 시작했습니다. 하지만 그녀는 결과에 대해 실망했습니다. 그래서 그녀는 스스로 그 약을 실험해 보기로 했습니다.

그녀는 15명의 코골이들을 무작위로 선택해서 표본을 만들었고, 그들에게 2주 동안 코골이안녕을 투약했습니다. 2주가 지난 뒤에 그녀는 그 사람들을 다시 불러들여 과연 코고는 현상이 사라졌는지 여부를 확인해 보았습니다.

결과는 다음과 같습니다.

치료되었는가?	그렇다	아니다
도수	11	4

의사가 기록한 내용은 코골이 현상이 치료되었는지 여부에 대한 대답뿐입니다.

연필을 깎으며

그 약이 만약 90%의 사람을 치료한다면, 15명으로 구성된 코골이 표본에서 몇 사람이 치료될 것으로 기대됩니까? 이것은 어떤 분포를 따를까요?

그 약이 만약 90%의 사람을 치료한다면, 15명으로 구성된 코골이 표본에서 몇 사람이 치료될 것으로 기대됩니까? 이것은 어떤 분포를 따를까요?

15명의 90%는 13.5명입니다. 따라서 14명이 치료될 것으로 기대할 것입니다. 그렇지만 의사의 실험에 따르면 표본에서 11명만 치료되었습니다. 이것은 기대하는 값보다 훨씬 작은 값입니다.

시행에는 정해진 횟수가 있고, 의사는 성공한 횟수에 관심을 가지고 있으므로, 성공한 횟수 자체는 이항분포를 따릅니다. X가 성공한 횟수를 나타낸다면 $X \sim B(15, 0.9)$입니다.

그렇다면 뭐가 문제인가요?

제약회사가 새로운 치료제에 의해 치료된다고 주장하는 사람들의 수에 대한 확률분포는 다음과 같습니다.

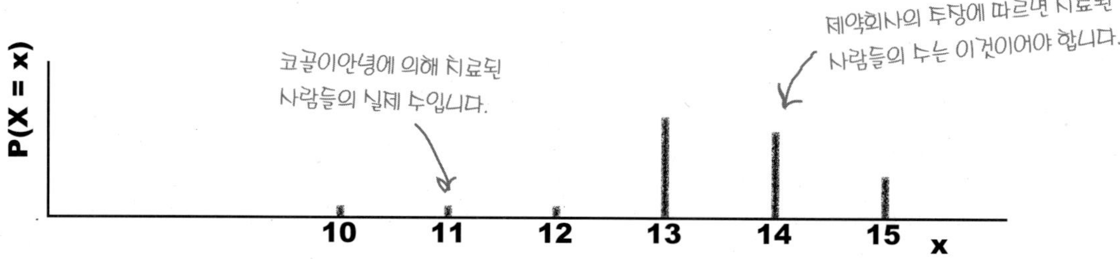

의사의 표본에서 코골이안녕에 의해 치료된 사람들의 수는 우리가 기대하는 값보다 훨씬 적습니다. 제약회사가 주장하는 바에 따르면 우리는 14명 정도가 치료될 것이라고 기대하게 되는데, 실제로는 11명만 치료되었을 뿐입니다.

이러한 차이는 왜 생기는 걸까요?

제약회사가 일부러 거짓말을 하고 있는 것은 아닐지도 모르지만 그들의 주장이 그릇된 것일 가능성은 있습니다.

약을 검사하는 과정이 잘못되어서 제약회사가 코골이안녕에 대해 그릇된 주장을 하고 있는 것일 수도 있습니다. 코골이안녕을 검사할 때 부주의하게 결함이 있거나 편향된 검사를 해서 그 결과가 모집단에 대한 잘못된 예측을 하도록 만들었을 수도 있는 것입니다.

코골이안녕의 성공비율이 실제로 90%보다 낮다면 의사의 표본에서 11명만 치료된 이유는 바로 그것일 것입니다.

제약회사의 주장은 사실 맞는 것일 수도 있습니다.

제약회사의 주장이 잘못된 것이 아니라 의사의 표본에 속한 환자들이 모집단을 제대로 반영하지 않았을 수도 있습니다. 코골이 치료약이 90%의 치료율을 갖는 것이 맞는데, 다만 의사가 자신의 표본에서 치료되지 않은 사람을 더 많이 가졌던 것일 수도 있습니다. 다시 말해, 그녀의 표본이 모종의 방식으로 편향되었거나 혹은 표본에 속한 사람들의 수가 너무 적었던 것일 수도 있습니다.

이 문제를 어떻게 해결할 수 있을까요? 제약회사의 주장을 받아들여야 하는지 아니면 의사의 의심을 인정해야 하는지 어떻게 결정할 수 있을까요?

이 충돌을 5만 피트 상공에서 해결하기

의사와 제약회사 사이에 존재하는 충돌을 어떻게 해결할 수 있을까요? 우리가 어떤 일을 해야 하는지 개략적으로 살펴봅시다.

제약회사의 주장을 시험해 봄으로써 의사와 제약회사 사이에 존재하는 충돌을 해결할 수 있습니다. 다시 말해, 일단 제약회사의 주장을 믿기로 합니다. 하지만 만약 그에 반하는 강력한 증거가 있으면 의사 편에 설 것입니다.

우리가 할 일은 다음과 같습니다.

주장을 조사합니다

제약회사의 주장을 받아들입니다.

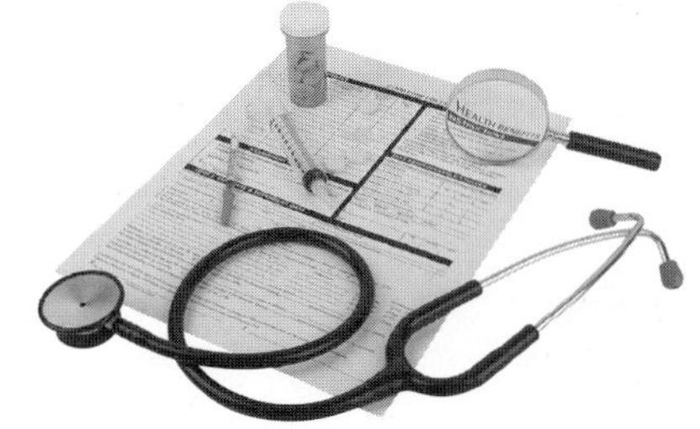

증거를 검사합니다

제약회사의 주장을 기각하기 위해 어느 정도의 증거가 필요한지 확인한 다음에 그것을 우리가 가진 증거와 비교해 봅니다. 제약회사의 주장이 옳다고 했을 때 의사가 얻은 결과가 얼마나 예외적이고 드문 일인지 따져봄으로써 그렇게 할 수 있습니다.

결정을 내립니다

증거에 따라서 제약회사의 주장을 받아들이거나 기각합니다.

이러한 과정은 가설 혹은 주장을 받아들인 다음에 그것을 증거와 비교하는 과정이기 때문에 일반적으로 **가설검정**이라고 합니다. 이러한 과정의 일반적인 모습을 살펴보도록 합시다.

가설검정 6단계

가설검정에 필요한 넓은 맥락에서의 단계들은 다음과 같습니다. 뒤에 나오는 페이지에서 각 단계에 대한 내용을 자세히 살펴볼 것입니다.

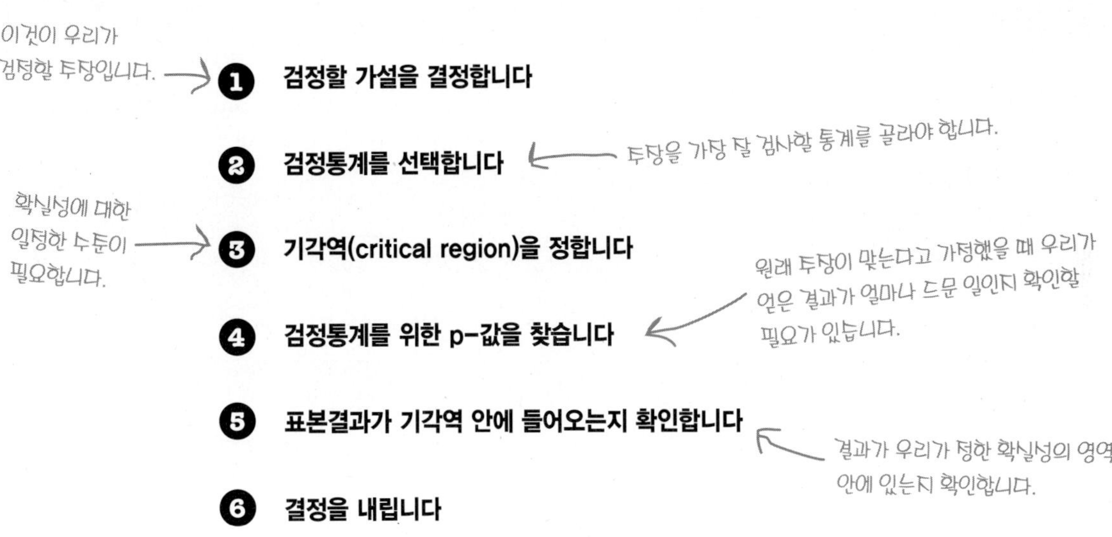

왜 이렇게 딱딱한 절차가 필요한 거지? 무슨 일이 일어나고 있는 게 틀림없어.

우리는 제약회사의 주장을 기각하기 전에 그것을 반드시 제대로 된 방법으로 검사해야 하기 때문입니다.

그렇게 해야 어느 한쪽으로 치우치지 않은 결정을 내린다는 것을 확신할 수 있으며, 제약회사의 주장에 충분한 기회를 주었다는 것을 알 수 있습니다. 우리가 원하지 않는 것은 원래 주장에 반하는 증거가 충분하지 않은데도 그것을 기각하는 것입니다. 이것은 곧 충분한 증거가 무엇인지 결정할 수 있는 모종의 방법이 존재함을 의미합니다.

단계 1: 검정할 가설을 결정합니다

지금 여기에요 →

- **검정할 가설을 결정합니다**
- 검정통계를 선택합니다
- 기각역을 정합니다
- p–값을 찾습니다
- 표본결과가 기각역 안에 들어오는지 확인합니다
- 결정을 내립니다

가설검정의 첫 단계를 시작합시다. 우선 검정하기 원하는 핵심 주장을 살펴볼 필요가 있습니다. 그 주장을 **가설**(hypothesis)이라고 합니다.

제약회사의 주장

제약회사에 따르면 코골이안녕은 2주 안에 90%의 사람을 치료합니다. 이 주장에 반하는 강력한 증거가 없으면 우리는 이 주장을 받아들여야 합니다.

우리가 테스트하는 주장은 **영가설**(null hypothesis)이라고 합니다. 그것은 보통 H_0라고 표시하며 그것에 반하는 강력한 증거가 나타나지 않는 이상 우리가 사실로 받아들여야 하는 가설을 의미합니다.

영가설은 당신이 검정하는 주장을 의미합니다. 그것에 반하는 강력한 증거가 없으면 그것을 사실로 받아들여야 합니다. → H_0

나는 영가설이야. 나는 기본적인 입장을 나타내지. 내가 틀렸다고 생각하면 증거를 보여줘.

그렇다면 코골이안녕을 위한 영가설은 무엇인가요?

코골이안녕을 위한 영가설은 바로 제약회사의 주장입니다. 즉, 그것이 90%의 환자를 치료한다는 것입니다. 이것은 여기에 반하는 강력한 증거를 찾지 못하면 우리가 사실로 받아들여야 하는 주장입니다.

실제로 90%의 환자가 이 약으로 치료가 되었는지 여부를 검사하게 될 것이므로, 영가설은 바로 p = 90%입니다.

코골이안녕 검사에 대한 영가설입니다. → H_0: $p = 0.9$

그렇지 않다는 증거가 나타나지 않는 이상 당신은 내가 90%의 사람을 치료한다는 주장을 받아들여야 해.

그럼 대립가설은 무엇인가요?

우리는 검사할 주장인 영가설은 살펴보았습니다. 하지만 그것이 사실이 아니면 어떻게 합니까? 그에 대립하는 주장은 무엇인가요?

의사의 관점

의사의 견해는 제약회사의 주장이 지나치게 부풀려졌고 사실이 아니라는 것입니다. 그녀는 90%에 달하는 사람들이 치료되었을 리 없다고 생각합니다. 그녀는 실제 치료율이 90%보다 훨씬 적은 값일 거라고 생각합니다.

이렇게 영가설에 반하는 주장을 **대립가설**(alternate hypothesis)이라고 합니다. 그것은 보통 H_1으로 표시하며, H_0에 반하는 강력한 증거가 발견되어서 H_0를 기각하는 경우에 사실로 받아들이는 주장을 의미합니다.

대립가설은 H_0를 기각하는 경우에 사실로 받아들이는 주장을 의미합니다.

H_1

나는 대립가설이야. 만약 H_0가 자네를 실망시키면 그때는 나를 사실로 받아들이는 것이 좋을 거야.

코골이안녕을 위한 대립가설

코골이안녕을 위한 대립가설은 만약 제약회사의 주장이 거짓으로 드러나는 경우에 받아들이는 주장입니다. 제약회사의 주장에 반하는 증거가 충분하다면 의사의 생각이 맞을 가능성이 높습니다.

의사는 코골이안녕이 90%보다 적은 사람들을 치료한다고 생각하므로, 이때 대립가설은 $p < 90\%$에 해당합니다.

코골이안녕 검사에 대한 대립가설입니다.

$$H_1: p < 0.9$$

코골이안녕에 대한 영가설과 대립가설을 확보했으므로 단계 2로 나아가도 좋습니다.

바보 같은 질문이란 없습니다

Q: 왜 영가설이 사실이라고 가정하고 나서 그것이 거짓임을 증명하는 증거를 찾는 겁니까?

A: 가설검정을 수행할 때 실제로 수행하는 일은 영가설의 진위여부를 조사하는 것입니다. 일단 영가설을 사실인 것처럼 받아들이지만 만약 그것에 반하는 증거가 충분히 발견되면 그것을 기각합니다. 이것은 마치 피고인을 배심원 앞에 세우는 것과 비슷합니다. 피고에게 불리한 증거가 충분한 경우에 한해서 그에게 선고를 내리는 것입니다.

Q: 영가설과 대립가설이 확률적으로 전체를 이루어야 하나요? 이 둘이 모든 가능한 결과를 포괄해야 하는 겁니까?

A: 아닙니다. 예를 들어 우리의 영가설은 $p = 0.9$이고 대립가설은 $p < 0.9$입니다. 어느 것도 p가 0.9보다 큰 경우는 포함하지 않습니다.

Q: 이러한 가설검정을 하기에는 표본의 크기가 너무 작은 것 아닌가요?

A: 표본이 작긴 하지만 가설검정은 수행할 수 있습니다. 어떤 검정통계를 사용하는가에 달려 있는 문제입니다. 이에 대해서는 다음 페이지에서 설명할 것입니다.

Q: 그렇다면 가설검정은 어떤 주장이 참인지 거짓인지 가리기 위해 사용되는 것입니까?

A: 가설검정이 절대적인 증명을 해 주는 것은 아닙니다. 그것은 단지 당신이 관측한 결과가 영가설이 사실이라고 가정했을 때 얼마나 드문 일인지 말해 줄 뿐입니다. 당신의 결과가 극도로 일어나기 어려운 일이라면 그것은 영가설이 사실이 아니라는 점을 입증하는 증거로 사용될 수 있습니다.

가설검정을 수행할 때는 일단 영가설이 사실이라고 가정합니다. 만약 그에 반하는 증거가 충분히 있으면 그것을 기각하고 대립가설을 받아들입니다.

단계 2: 검정통계를 선택합니다

지금 여기예요 →

- 검정할 가설을 결정합니다
- **검정통계를 선택합니다**
- 기각역을 정합니다
- p–값을 찾습니다
- 표본결과가 기각역 안에 들어오는지 확인합니다
- 결정을 내립니다

정확히 무엇을 검사할지 정했으므로 검사를 수행할 방법이 필요합니다. 이것은 **검정통계**를 이용해서 할 수 있습니다.

검정통계는 가설을 검정하는 데 사용하는 통계를 의미합니다. 그것은 검정과정 자체와 가장 관련이 깊은 통계입니다.

코골이안녕을 위한 검정통계는 무엇인가요?

우리의 가설검정에서는 코골이안녕이 사람들을 90% 이상 치료하는지 여부를 검사해야 합니다. 그렇게 하려면 제약회사가 주장하는 확률분포를 살펴본 뒤 표본에 담긴 성공의 횟수가 충분한지 확인해 봅니다.

X가 표본 안에 있는 치료된 사람들의 수를 나타낸다면, 우리는 이 X를 검정통계로 사용할 수 있습니다. 표본에는 15명의 사람이 있고, 제약회사의 주장에 의하면 치료가 성공할 확률은 0.9입니다. X가 이항분포를 따르므로 이것은 곧 검정통계가 다음과 같다는 의미입니다.

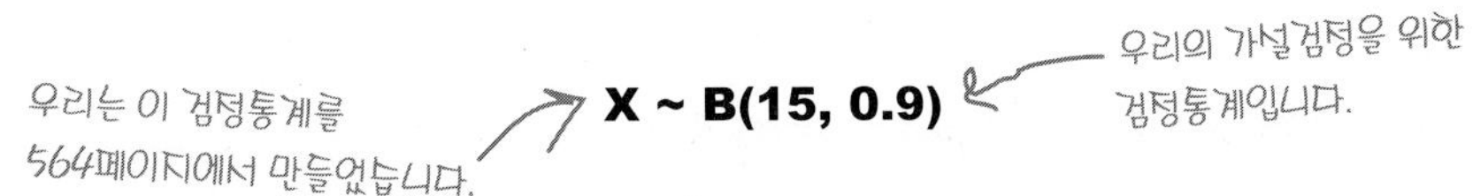

어휴 헷갈려. 성공확률이 0.9라고 말하는 이유는 뭐지? 아직 우리는 그게 사실인지도 모르잖아.

우리는 검정통계를 H_0, 즉 영가설에 입각해서 선택했습니다.

바로 이 영가설에 반하는 증거가 충분한지 여부를 확인해야 하는데, 그것은 우선 이 H_0가 사실이라고 가정하는 데에서 출발합니다. 그 다음에 우리는 H_0에 반하는 증거를 찾습니다. 코골이안녕의 가설검정에서 우리는 그에 반하는 강력한 증거가 나오지 않는 한 성공확률이 0.9라고 가정합니다.

그렇게 하려면 성공확률이 0.9라고 했을 때 우리가 그 결과를 얻을 가능성이 얼마나 되는지 살펴보아야 합니다. 다시 말해, 표본의 결과를 가지고 그 결과가 발생할 확률을 조사하는 것입니다. 우리는 **기각역**을 찾음으로써 그렇게 할 수 있습니다.

단계 3: 기각역을 정합니다

지금 여기예요 →

- 검정할 가설을 결정합니다
- 검정통계를 선택합니다
- **기각역을 정합니다**
- p-값을 찾습니다
- 표본결과가 기각역 안에 들어오는지 확인합니다
- 결정을 내립니다

가설검정의 **기각역**(critical region)은 영가설에 가장 극단적으로 반하는 증거를 나타내는 값들의 집합을 의미합니다.

의사의 표본을 다시 살펴봄으로써 이것이 어떻게 작동하는지 알아봅시다. 만약 90% 이상의 사람이 치료되었다면, 그러한 사실은 제약회사의 주장에 부합했을 것입니다. 치료된 사람의 수가 줄어들면 줄어들수록 제약회사의 주장이 사실일 가능성은 점점 희박해집니다.

다음은 확률분포입니다.

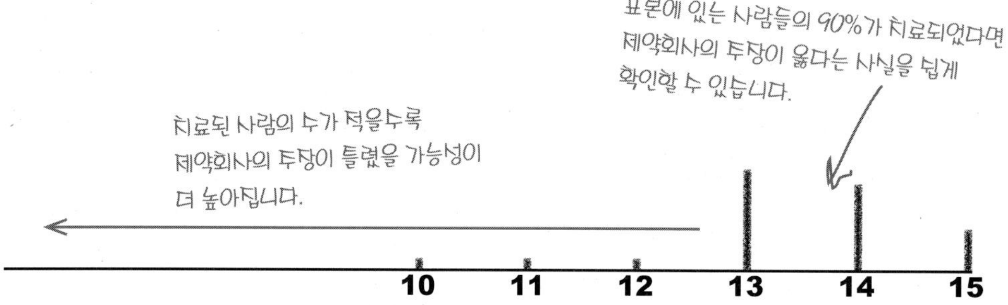

제약회사의 주장을 어느 지점에서 기각해야 할까요?

표본에서 코골이안녕에 의해 치료된 사람의 수가 적을수록 제약회사의 주장에 반하는 증거는 점점 강해집니다. 문제는 과연 어느 정도의 지점이 되어야 증거가 충분히 강해져서 영가설을 기각할 정도가 되는가 하는 것입니다. 과연 어느 지점에서 코골이안녕이 90%의 코골이들을 치료한다는 주장을 기각해야 할까요?

우리에게 필요한 것은 영가설을 기각해도 좋은 지점이 어디인지 합리적인 수준에서 알려 주는 방법입니다. 그리고 그러한 방법은 바로 기각역을 설정하는 것입니다. 만약 치료된 사람의 수가 기각역에 들어오면 그 결과는 영가설을 기각하기에 충분한 증거라고 볼 수 있습니다. 만약 치료된 사람의 수가 기각역 바깥에 존재하면 영가설을 기각할 만큼 충분한 증거가 존재하지 않는다는 사실을 인정하고 제약회사의 주장을 받아들여야 합니다. 기각역 c의 경계를 정하는 값을 **기각치**(critical value)라고 합니다.

그럼 기각역은 어떻게 정할까요?

코골이안녕에 의해 치료된 사람의 수가 기각역에 속하면 제약회사의 주장 H_0를 안심하고 기각할 수 있습니다. 우리의 대립가설은 $p < 0.9$이므로 증거를 위해 이 영역을 살펴봅니다.

경계를 이루는 부분 혹은 기각치

코골이안녕에 의해 치료된 사람의 수가 이 영역에 속하면 H_0를 기각하기 위해 충분한 증거를 가지지 못한 것입니다. 우리는 $p < 0.9$에 해당하는 증거가 있는지 여부만 확인하고 있는 것입니다.

c

기각역을 찾으려면 우선 유의수준을 정합니다

가설검정의 기각역을 찾기 전에 우선 **유의수준**(significance level)을 정할 필요가 있습니다. 어느 검정의 유의수준은 영가설 H_0를 기각하기 전에 표본의 결과가 얼마나 가능성이 희박한지 측정하는 것입니다. 신뢰구간에 대해 신뢰수준이 그랬던 것처럼 유의수준도 퍼센트 값으로 주어집니다.

예를 들어 우리가 제약회사의 주장을 5%의 유의수준으로 검정하고자 한다고 합시다. 이것은 곧 c명의 사람보다 적은 수의 사람이 치료될 확률이 0.05보다 적도록 기각역을 정한다는 것을 의미합니다. 그것은 확률분포에서 하위 5%에 해당합니다.

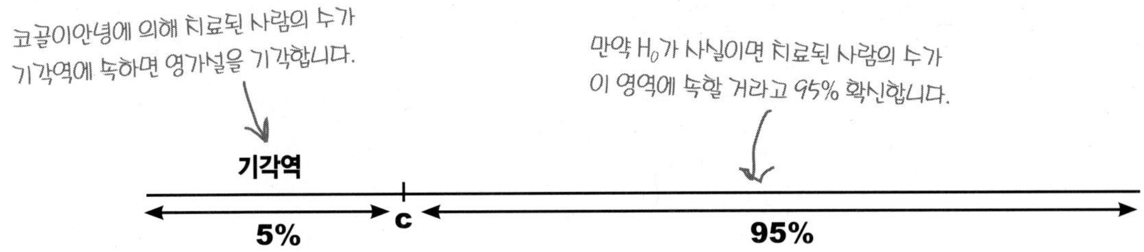

유의수준은 보통 그리스 문자 α로 표시합니다. α의 값이 낮아질수록 H_0를 기각하기 위해 필요한 표본의 결과가 점점 더 일어나기 어려워집니다.

그럼 어느 정도의 유의수준을 사용해야 하나요?

우리의 가설검정을 위해 5%의 유의수준을 사용하도록 합시다. 이것은 만약 치료된 사람의 수가 확률분포의 하위 5%에 속하면 제약회사의 주장을 기각할 거라는 사실을 의미합니다. 만약 치료된 사람의 수가 확률분포에서 상위 95%에 속하면 영가설을 기각하기 위해 필요한 증거가 없는 것으로 간주하고 제약회사의 주장을 받아들입니다.

X가 치료된 사람의 수를 나타낸다면 다음과 같이 기각역을 정의합니다.

$$P(X < c) < \alpha$$

여기서

$$\alpha = 5\%$$

핵심 통계학

유의수준

유의수준은 α로 나타냅니다. 이것은 H_0를 기각하기 위해 표본의 결과가 어느 정도로 일어나기 어려운 일이어야 하는지 말해 주는 값입니다.

기각역 자세히 보기

검정을 위한 기각역을 설정할 때 알아야 하는 또 한 가지 일은 **단측검정**(one-tailed test)을 수행할 것인지 아니면 **양측검정**(two-tailed test)을 수행할 것인지 하는 것입니다. 이 둘의 차이점을 살펴보고, 이것이 기각역에 대해 어떤 영향을 미치는지 알아봅시다.

단측검정

단측검정은 검정을 위한 기각역이 가능한 값들의 집합에서 어느 한쪽 끝에만 존재하는 경우입니다. α로 표현되는 검정수준을 선택하고, 기각역이 그에 상응하는 확률을 반영하도록 정합니다.

α 영역은 가능한 값의 집합에서 아무 쪽 끝에나 있을 수 있으며, 구체적으로 어느 쪽인가 하는 것은 대립가설 H_1에 달려 있습니다.

만일 대립가설이 < 기호를 포함하고 있으면 데이터의 낮은 영역에 기각역이 있음을 의미하는 **하위꼬리**(lower tail)를 사용합니다.

만일 대립가설이 > 기호를 포함하고 있으면 데이터의 높은 영역에 기각역이 있음을 의미하는 **상위꼬리**(upper tail)를 사용합니다.

대립가설이 $p < 0.9$이므로 코골이안녕 가설을 위해서는 하위꼬리 부분에 기각역이 있는 단측검정을 이용합니다.

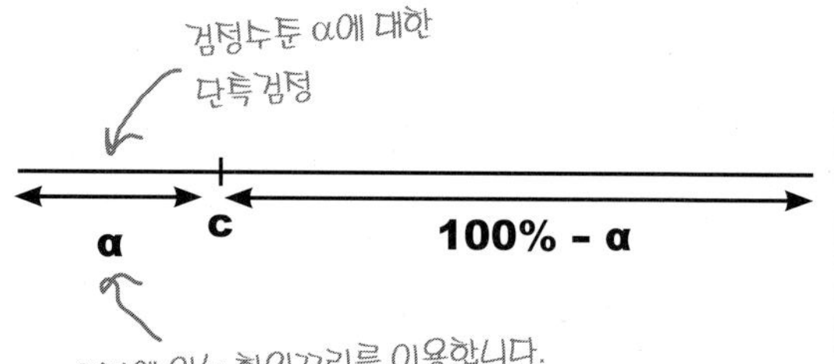

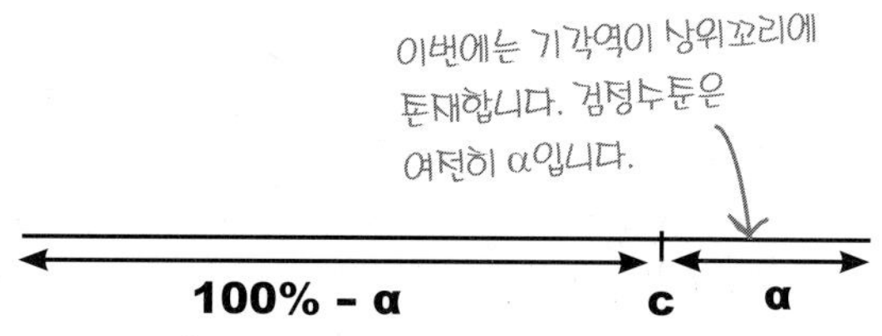

양측검정

양측검정에서는 기각역이 값들의 집합 양쪽 끝에 형성됩니다. 검정수준 α를 선택한 다음에 양쪽 끝의 기각역이 각각 α를 둘로 나눈 확률에 해당하는 값을 반영하도록 만듭니다. 양쪽 끝은 각각 α/2를 포함하기 때문에 전체 확률은 α가 됩니다.

대립가설 H_1을 살펴봄으로써 양측검정이 필요한지 여부를 확인할 수 있습니다. 만약 H_1이 ≠를 포함하고 있으면 파라미터를 단순히 증가시키거나 감소시키는 것이 아니라 값을 변경해야 할 필요가 있으므로 양측검정을 사용합니다.

만약 우리가 가진 대립가설이 $H_1 \neq 0.9$였다면 코골이안녕의 경우에도 양측검정을 사용해야 했을 것입니다. 이 경우에는 90%보다 훨씬 많은 사람들, 그리고 훨씬 적은 사람들이 치료되었는지 여부를 동시에 확인해야 합니다.

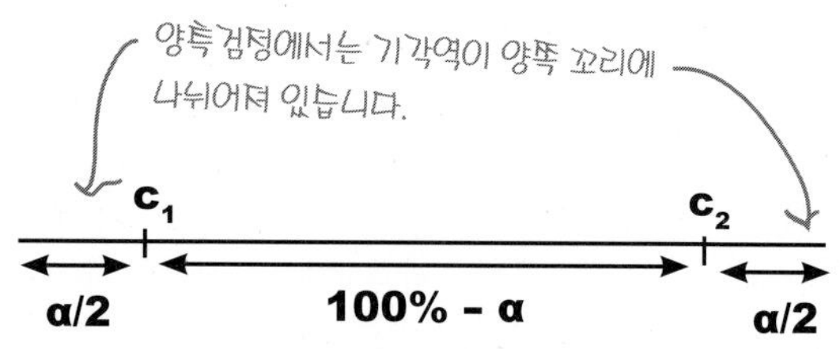

단계 4: p-값을 찾습니다

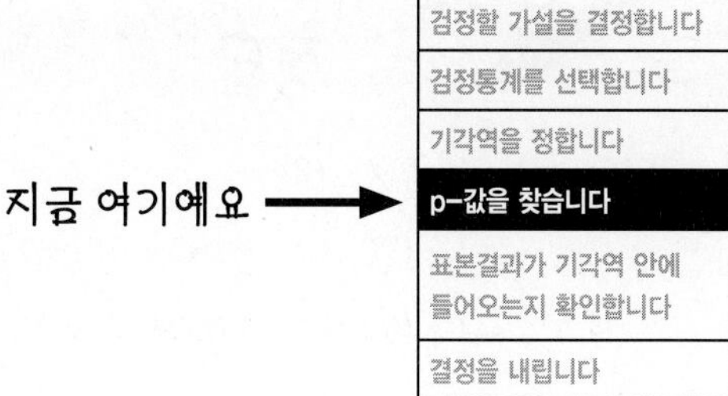

기각역을 살펴보았으므로 p-값을 찾는 4번째 단계로 나아갈 수 있습니다.

p-값은 표본에 어떤 값이 있다고 했을 때 그 값 자신을 포함해서 그 값에 이르는 지점까지의 여러 값들을 얻을 확률이 유의수준보다 작을 확률, 즉 그 값이 기각역 안에 존재하는 확률을 의미합니다. 이것은 표본의 테스트 결과가 가설검정의 기각역 안에 들어오는지 여부를 파악하는 방법입니다. 다시 말해, p-값을 이용해서 영가설을 기각할지 여부를 판단하는 것입니다.

p-값은 어떻게 찾을까요?

p-값을 찾는 방법은 기각역과 우리가 사용하는 검정통계에 달려 있습니다. 코골이안녕 검정의 경우에는 11명이 치료되었고, 기각역은 분포의 하위꼬리에 있습니다. 따라서 이 경우 p-값은 X가 표본에서 치료된 사람의 수를 나타낸다고 했을 때 $P(X \leq 11)$입니다.

검정의 유의수준이 5%이므로, 이것은 만약 $P(X \leq 11)$이 0.05보다 작으면 11이라는 값이 기각역에 들어간다는 사실을 의미하고, 그것은 바로 우리가 영가설을 기각할 수 있음을 의미합니다.

만약 $P(X \leq 11)$이 0.05보다 작으면 11이 기각역 안에 존재함을 뜻하므로 H_0를 기각할 수 있습니다.

0.05 | c | 0.95

연필을 깎으며

단계 2로부터 우리는 $X \sim B(15, 0.9)$임을 알고 있습니다. 그럼 $P(X \leq 11)$은 얼마일까요?

단계 2로부터 우리는 X ~ B(15, 0.9)임을 알고 있습니다. 그럼 $P(X \leq 11)$은 얼마일까요?

$$P(X \leq 11) = 1 - P(X \geq 12)$$
$$= 1 - ({}^{15}C_{12} \times 0.1^3 \times 0.9^{12} + {}^{15}C_{13} \times 0.1^2 \times 0.9^{13} + {}^{15}C_{14} \times 0.1 \times 0.9^{14} + 0.9^{15})$$
$$= 1 - (0.1285 + 0.2669 + 0.3432 + 0.2059)$$
$$= 1 - 0.9445$$
$$= 0.0555$$

${}^{15}C_{15} = 1$이고 0.1^0도 마찬가지이므로 0.9^{15}만 남습니다.

p-값을 찾았습니다

우리의 가설검정을 위한 p-값을 찾으려면 $P(X \leq 11)$을 찾아야 합니다. 이것은 p-값이 0.0555라는 사실을 의미합니다.

p-값을 항상 똑같은 방식으로 계산해야 하나요? 기각역이 상위꼬리에 있으면 어떻게 하죠?

p-값은 표본에서 어떤 극단적인 결과가 기각역 안에 들어오는 확률을 의미합니다.

코골이안녕을 위한 우리의 가설검정에서 기각역은 확률분포의 하위꼬리에 형성되었습니다. 11명의 사람이 치료된 결과가 기각역 안에 들어오는지 여부를 확인하려면 $P(X \leq 11)$을 계산해야 했습니다. 바로 이 확률이 우리의 표본이 산출한 결과만큼 혹은 그보다 더 극단적인 결과가 기각역에 들어올 확률을 의미하기 때문입니다.

우리는 11명이 치료된 결과가 여기에 있는 기각역에 속하는지 여부를 알아야 합니다. 따라서 그것을 확인하기 위해 $P(X \leq 11)$을 계산했습니다.

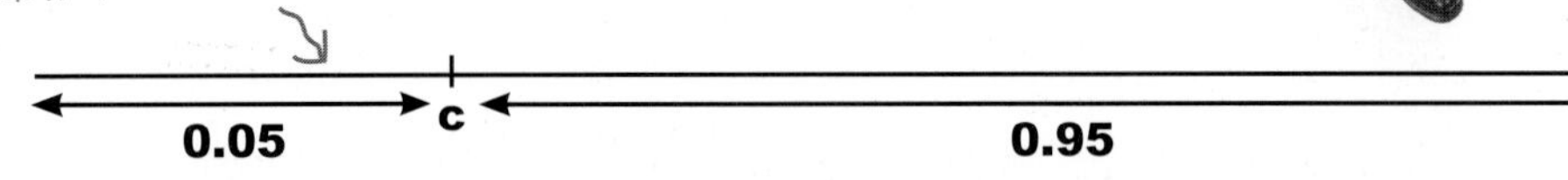

기각역이 확률분포의 상위꼬리에 있었다면 $P(X \geq 11)$을 계산해야 했을 것입니다. 11보다 큰 값은 기각역에 포함될 확률이 더 크기 때문에 우리는 11보다 큰 값이라는 매우 극단적인 경우에 대해서 고려했을 것입니다.

단계 5: 표본결과가 기각역 안에 들어오는지 확인합니다

검정할 가설을 결정합니다
검정통계를 선택합니다
기각역을 정합니다
p-값을 찾습니다
지금 여기예요 → **표본결과가 기각역 안에 들어오는지 확인합니다**
결정을 내립니다

p-값을 찾았으므로 이제 우리는 표본의 결과가 기각역 안에 들어오는지 여부를 확인해야 합니다. 만약 그렇다면 우리는 제약회사의 주장을 기각할 수 있는 충분한 증거를 갖게 되는 셈입니다.

기각역은 확률분포의 하위꼬리에 해당하고 5%의 유의수준이 사용되고 있습니다. 따라서 만약 p-값이 0.05보다 작으면 영가설을 기각할 수 있습니다. 하지만 우리가 구한 p-값은 0.0555이기 때문에 표본에서 코골이안녕으로 치료된 사람의 수는 기각역 안에 들어오지 않습니다.

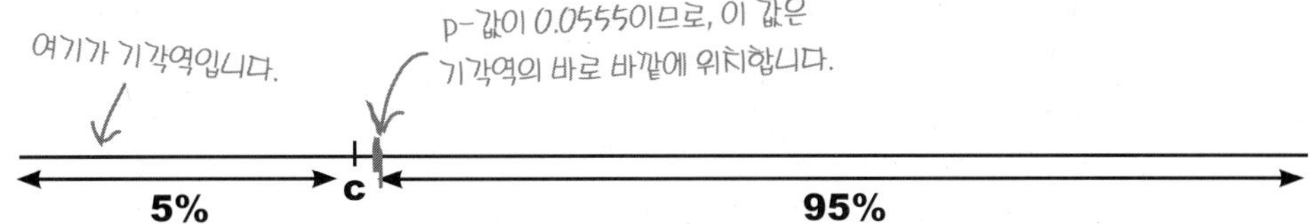

단계 6: 결정을 내립니다

검정할 가설을 결정합니다
검정통계를 선택합니다
기각역을 정합니다
p-값을 찾습니다
표본결과가 기각역 안에 들어오는지 확인합니다
지금 여기예요 → **결정을 내립니다**

이제 가설검정의 마지막 단계에 도달했습니다. 영가설을 받아들일지 아니면 대립가설을 받아들이기 위해 영가설을 기각할지 결정해야 합니다.

우리가 수행한 가설검정의 p-값은 기각역의 바깥에 위치했습니다. 이것은 곧 영가설을 기각할 수 있을 정도로 충분한 증거가 존재하지 않는다는 사실을 의미합니다. 다시 말해,

우리는 제약회사의 주장을 받아들입니다.

우리가 방금 한 것은 무엇일까요?

방금 한 일을 정리해 봅시다.

우선 우리는 의사가 의심을 품고 있는 제약회사의 주장을 받아들였습니다. 이 주장을 가설검정의 기반으로 사용했습니다. 환자를 치료할 확률이 0.9라는 영가설을 수립했고, 이것을 의사의 표본에 있는 사람들에게 적용해 보았습니다.

그 다음에는 의사의 표본에 담긴 성공률을 이용해서 5% 검정수준으로 검사를 실시했습니다. 11명이나 그보다 적은 수의 사람이 치료되는 확률을 계산해 보고, 이것이 5% 혹은 0.05보다 작은지 여부를 확인했습니다. 다시 말해, 이 정도로 극단적인 결과를 얻게 되는 확률을 따져본 것입니다.

끝으로 5% 수준에서 보았을 때 제약회사의 주장을 기각할 만큼 충분히 강력한 증거는 없는 것으로 판단되었습니다.

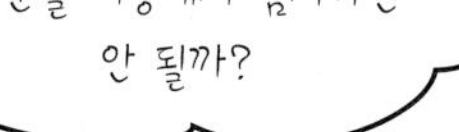

검정을 위한 유의수준을 결정했으면 그것을 바꿀 수 없습니다.

검정과정은 철저히 중립적이어야 합니다. 그렇기 때문에 실제로 증거를 조사해 보기 전에 검정과정이 어떤 유의수준에 대해 수행되어야 하는지 미리 결정해야 합니다.

유의수준을 결정하기 전에 증거를 살펴보게 되면 당신이 내리는 결정에 영향을 미칠 수 있습니다. 자신이 원하는 결과를 얻기 위해 유의수준을 조절하고자 하는 유혹을 받게 되는 것입니다. 이렇게 하는 것은 검사결과가 어느 한쪽으로 편향되게 만들어서 그릇된 판단을 내리도록 만듭니다.

핵심정리

- 가설검정에서는 하나의 주장을 받아들인 다음에 그것이 통계증거에 반하는지 여부를 확인합니다.
- 당신이 검사하는 주장은 영가설이라 합니다. 그것은 H_0로 나타내며, 그것에 반하는 강력한 통계적 증거가 발견되지 않으면 사실로 받아들여집니다.
- 대립가설은 H_0에 반하는 강력한 증거가 있으면 그것 대신 받아들여지는 주장입니다. 이것은 H_1이라고 나타냅니다.
- 검정통계는 가설을 검사하기 위해 사용하는 통계를 의미합니다. 그것은 수행 중인 검사와 가장 관련이 높은 통계입니다. H_0가 사실이라고 가정한 상태에서 이러한 검정통계를 선택합니다.
- 유의수준은 α로 나타냅니다. 이것은 H_0를 기각하기 위해 표본의 검사결과가 얼마나 일어나기 어려운 것이어야 하는지에 대한 수준을 표현하는 방법입니다.
- 기각역은 영가설에 반하는 가장 극단적인 증거를 담고 있는 값들의 집합입니다. 유의수준을 정하고 몇 개의 꼬리를 이용해야 하는지에 따라서 기각역을 선택합니다.
- 단측검정은 기각역이 데이터의 상위 혹은 하위꼬리 한쪽에만 존재하는 경우입니다. 양측검정은 기각역이 양쪽 끝으로 나누어져 있습니다. 대립가설을 살펴봄으로써 꼬리를 선택합니다.
- p–값은 표본의 결과를 얻는 확률 혹은 기각역 쪽을 향해서 좀 더 극단적인 결과를 얻게 되는 확률을 나타냅니다.
- 만약 p–값이 기각역 안에 있으면 영가설을 기각하기 위한 충분한 이유를 가진 것입니다. 만약 p–가설이 기각역 바깥에 있으면 불충분한 증거를 가진 것입니다.

바보 같은 질문이란 없습니다

Q: 보통 어느 정도의 유의수준을 사용해야 합니까?

A: 영가설을 기각하기 위해 필요한 증거의 강도에 달려 있습니다. 증거가 더 강력하기를 원할수록 유의수준은 낮아져야 합니다.

1%와 같이 낮은 유의수준이 사용되는 경우도 있긴 하지만 가장 흔히 사용되는 유의수준은 5%입니다. 1%의 유의수준으로 검사를 수행하는 것은 5%의 수준을 사용하는 것에 비해 더 강력한 증거를 요구하는 것입니다.

Q: 유의수준은 신뢰구간에 대한 신뢰수준과 공통점이 있습니까?

A: 예. 그들 사이에는 많은 공통점이 있습니다. 모집단 파라미터를 위해 신뢰구간을 구성할 때 모집단 파라미터가 두 개의 경계선 사이에 들어 있다는 사실을 어느 정도의 수준으로 확신하기를 희망할 것입니다. 예를 들어 95%의 신뢰수준을 가지고 있다면 그것은 모집단 파라미터가 두 경계선 사이에 들어 있을 확률이 0.95라는 사실을 의미합니다.

유의수준은 값이 어느 한도의 바깥에 있게 되는 확률을 반영합니다. 예를 들어 5%의 유의수준은 기각역이 0.05라는 확률을 가지고 있음을 의미합니다.

아직도 의심스러워. 더 커다란 표본을 사용하면 어떤 결과를 얻게 될까...

표본의 크기가 커지면 어떻게 될까요?

지금까지 의사는 15명으로 구성된 표본을 가지고 실험을 했습니다. 이 실험결과에 따르면 제약회사의 주장을 기각하기에는 충분한 증거가 없는 것으로 드러났습니다.

정확한 결과를 얻기에는 표본의 크기가 너무 작았을 수도 있습니다. 더 큰 표본을 사용하면 보다 신뢰할만한 결과를 얻게 될지도 모릅니다.

다음은 의사의 새로운 실험에 대한 결과입니다.

치료되었는가?	그렇다	아니다
도수	80	20

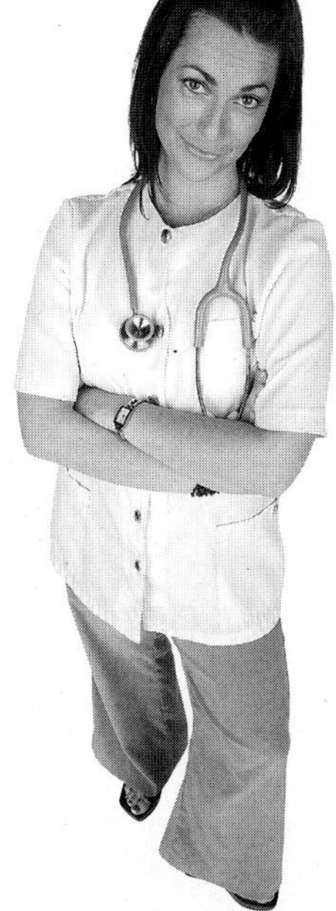

새로운 데이터가 뭔가 다른 결과를 낳을지 확인해 보고자 합니다.

또 다른 가설검정을 수행해 봅시다. 이번에는 표본이 더 큽니다.

이 새로운 문제의 영가설은 무엇인가요? 대립가설은 무엇인가요?

가설 자석

또 하나의 가설검정을 실시해 볼 시간입니다. 가설검정을 수행하기 위해 밟아야 하는 여러 단계가 있는데, 그 순서를 기억하고 있습니까? 다음 자석들을 올바른 순서로 나열해 보세요.

결정을 내립니다

검정통계를 선택합니다

검정할 가설을 결정합니다

판단을 위한 기각역을 정합니다

검정통계를 위한 p-값을 찾습니다

표본결과가 기각역 안에 들어오는지 확인합니다

가설 자석 정답

또 하나의 가설검정을 실시해 볼 시간입니다. 가설검정을 수행하기 위해 밟아야 하는 여러 단계가 있는데, 그 순서를 기억하고 있습니까? 다음 자석들을 올바른 순서로 나열해 보세요.

검정할 가설을 결정합니다

검정통계를 선택합니다

판단을 위한 기각역을 정합니다

검정통계를 위한 p-값을 찾습니다

표본결과가 기각역 안에 들어오는지 확인합니다

결정을 내립니다

또 하나의 가설검정을 수행해 봅시다

지금 여기에요 → 검정할 가설을 결정합니다

검정통계를 선택합니다

기각역을 정합니다

p-값을 찾습니다

표본결과가 기각역 안에 들어오는지 확인합니다

결정을 내립니다

의사는 제약회사의 주장에 대해 여전히 미심쩍은 눈길을 보내고 있습니다. 새로운 데이터를 이용해서 또 하나의 가설검정을 수행해 봅시다.

단계 1: 검정할 가설을 결정합니다

코골이안녕 실험의 **영가설**과 **대립가설**을 찾는 것부터 시작합니다. 영가설은 우리가 검정하는 주장이고, 대립가설은 만약 영가설에 반하는 증거가 충분하면 영가설 대신 받아들이는 주장을 의미합니다.

그럼 영가설과 대립가설은 무엇인가요?

이것은 여전히 앞의 검사와 동일한 문제입니다

앞의 검사에서는 제약회사의 주장을 받아들여서 그것을 영가설로 만들었습니다. 여기에서도 그와 동일한 주장을 검사하고 있으므로 영가설은 앞에서와 동일합니다. 따라서 다음과 같습니다.

$$H_0: p = 0.9$$

대립가설도 역시 전과 동일합니다. 제약회사의 주장에 반하는 강력한 증거가 나오면 우리는 그 약이 환자의 90%보다 적은 수를 치료한다는 주장을 받아들일 것입니다. 따라서 대립가설은 다음과 같습니다.

$$H_1: p < 0.9$$

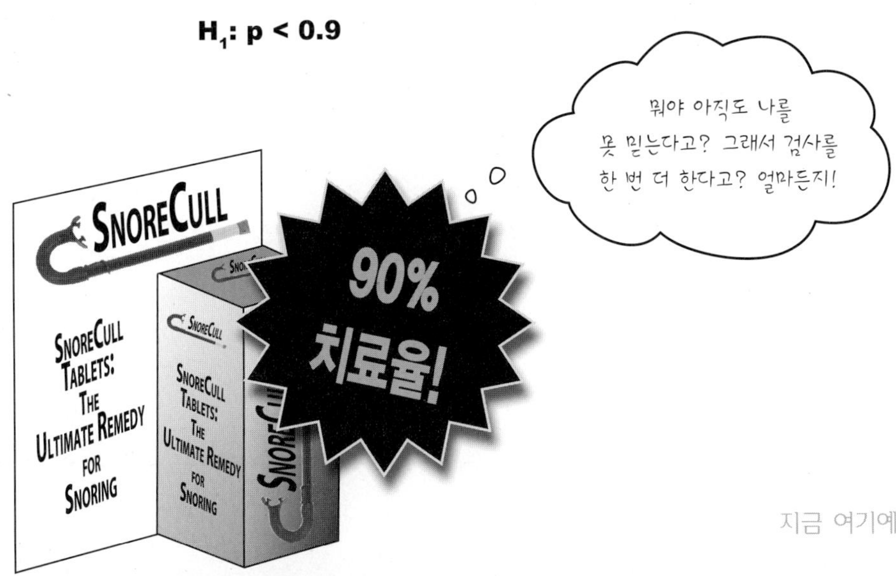

단계 2: 검정통계를 선택합니다

지금 여기에요 →

- 검정할 가설을 결정합니다
- **검정통계를 선택합니다**
- 기각역을 정합니다
- p-값을 찾습니다
- 표본결과가 기각역 안에 들어오는지 확인합니다
- 결정을 내립니다

앞에서와 마찬가지로 다음 단계는 검정통계를 고르는 것입니다. 다시 말해, 가설을 검사하기 위한 모종의 통계가 필요합니다.

이전의 가설검정에서는 표본에서 성공한 사람의 수를 확인하고, 그것이 얼마나 의미 있는지 살펴보았습니다. 우리는 적어도 표본에서 구한 결과만큼 극단적인 결과를 얻는 확률을 찾기 위해 이항분포를 사용했습니다. 다시 말해, $P(X \leq 11)$이 유의수준인 0.05보다 작은지 여부를 검사하기 위해 $X \sim B(15, 0.9)$라는 검정통계를 이용했습니다.

이번에는 표본에 담긴 사람의 수가 100입니다. 그리고 치료되는 확률이 0.9라고 주장하는 동일한 주장을 검사하고 있습니다. 따라서 새로운 검정통계는 $X \sim B(100, 0.9)$가 됩니다.

농담해? 그런 이항분포를 가지고
확률을 계산하면 여기에 영원히
머물러야 할 텐데.

이항분포 대신 다른 확률분포를 사용할 수 있습니다.

이러한 종류의 문제를 풀기 위해 이항분포를 사용하는 것은 시간이 너무 많이 걸립니다.

다행히도 다른 방법이 있습니다. 이항분포를 사용하는 대신 다른 확률분포를 사용할 수 있습니다.

$X \sim B(100, 0.9)$의 근사치를 구하기 위해 어떤 확률분포를 사용할 수 있나요?

검정가설에서 최대한의 정보를 얻으려면 다른 변수와 파라미터들이 어떻게 분포되는지 알아야 합니다. 다음 상황에 대한 확률을 찾기 위해 어떤 분포를 사용하겠습니까?

힌트: 이러한 상황 모두 이 책에서 이미 다루었습니다. 생각이 나지 않으면 이전 장들을 살펴보기 바랍니다.

1. $X \sim B(n, p)$. n의 값이 크고, $np > 5$ 그리고 $nq > 5$일 때 이에 대한 근사치를 구하기 위해서는 어떤 확률분포를 사용하겠습니까?

2. $X \sim N(\mu, \sigma^2)$. μ와 σ^2의 값은 알고 있습니다. $\overline{X}$의 분포는 무엇일까요?

3. $X \sim N(\mu, \sigma^2)$이고, μ의 값은 알고 있지만, σ^2의 값은 알지 못합니다. 표본의 크기는 큽니다. 이때 $\overline{X}$의 분포는 어떻게 될까요?

4. $X \sim N(\mu, \sigma^2)$이고, μ의 값은 알고 있지만, σ^2의 값은 알지 못합니다. 표본의 크기는 작습니다. 이때 $\overline{X}$의 분포는 어떻게 될까요?

검정가설에서 최대한의 정보를 얻으려면 다른 변수와 파라미터들이 어떻게 분포되는지 알아야 합니다. 다음 상황에 대한 확률을 찾기 위해 어떤 분포를 사용하겠습니까? **힌트:** 이러한 상황 모두 이 책에서 이미 다루었습니다. 생각이 나지 않으면 이전 장들을 살펴보기 바랍니다.

1. $X \sim B(n, p)$. n의 값이 크고, $np > 5$ 그리고 $nq > 5$일 때 이에 대한 근사치를 구하기 위해서는 어떤 확률분포를 사용하겠습니까?

n이 크면 정규분포를 이용해서 $X \sim B(n, p)$의 근사치를 구할 수 있습니다. $E(X) = np$이고 $Var(X) = npq$이므로 $X \sim N(np, npq)$를 이용할 수 있습니다. 이것은 $np > 5$이고 $nq > 5$가 성립한다고 가정할 때의 이야기입니다.

2. $X \sim N(\mu, \sigma^2)$. μ와 σ^2의 값은 알고 있습니다. $\bar{X}$의 분포는 무엇일까요?

σ^2의 값이 무엇인지 알고 있으면 $\bar{X} \sim N(\mu, \sigma^2/n)$입니다.

3. $X \sim N(\mu, \sigma^2)$이고, μ의 값은 알고 있지만, σ^2의 값은 알지 못합니다. 표본의 크기는 큽니다. 이때 $\bar{X}$의 분포는 어떻게 될까요?

σ^2의 값이 무엇인지 알지 못하면 s^2을 이용해서 추정을 합니다. 따라서 $\bar{X} \sim N(\mu, s^2/n)$입니다.

4. $X \sim N(\mu, \sigma^2)$이고, μ의 값은 알고 있지만, σ^2의 값은 알지 못합니다. 표본의 크기는 작습니다. 이때 $\bar{X}$의 분포는 어떻게 될까요?

σ^2의 값을 알지 못하면 s^2을 이용해서 추정을 합니다. 만약 표본의 크기가 작으면 $T = \dfrac{\bar{X} - \mu}{s/\sqrt{n}}$일 때

t-분포 $T \sim t(n-1)$을 이용할 필요가 있습니다.

검정통계에서 이항분포의 근사치를 구하기 위해 정규분포 사용하기

우리는 가설검정에서 사용할 수 있는 검정통계를 찾을 필요가 있습니다. 그리고 표본의 크기가 크므로 이항분포를 이용해서 값을 계산하는 것은 시간이 오래 걸리고 복잡합니다.

표본에 100명이 있고, 제약회사의 주장에 의하면 성공비율이 0.9입니다. 다시 말해, 성공의 횟수는 n = 100이고 p = 0.9일 때 이항분포를 따릅니다.

n의 값이 크고 np와 nq가 5보다 크므로 $X \sim N(np, npq)$를 검정통계로 사용할 수 있습니다. 여기서 X는 성공적으로 치료된 사람의 수를 나타냅니다. 다시 말해, 우리가 필요한 어떤 확률에 대한 근사치를 구하기 위해 다음과 같은 공식을 이용할 수 있습니다.

$$X \sim N(90, 9)$$

n이 크고 np > 5이며 nq가 크기 때문에 이 공식을 이용할 수 있습니다.

이것을 표준화하면 다음을 얻습니다.

$$Z = \frac{X - 90}{\sqrt{9}}$$

여기서 우리는 X ~ N(90, 9)를 표준화하고 있습니다.

$$= \frac{X - 90}{3}$$

따라서 우리의 검정통계를 위해 다음을 사용할 수 있습니다.

$$Z = \frac{X - 90}{3} \qquad Z \sim N(0, 1)$$

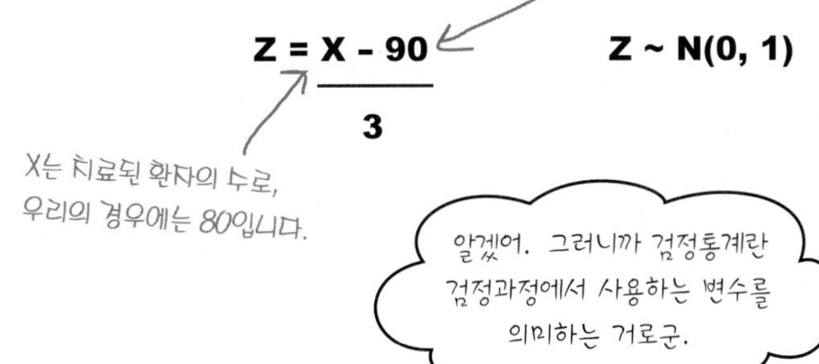

증거로 사용할 확률을 계산하기 위해 검정통계를 사용합니다.

따라서 우리는 Z를 검정통계로 사용합니다. 확률을 쉽게 찾아볼 수 있고, 제약회사의 주장이 사실이라고 했을 때 그것이 얼마나 일어나기 어려운 것인지 금방 확인할 수 있기 때문입니다. 우리는 X의 자리에 80을 대입하며, 이 공식을 이용해서 80명 혹은 그보다 적은 수의 사람이 치료된 확률을 찾아볼 수 있습니다.

단계 3: 기각역을 정합니다

검정을 위한 검정통계를 찾았으므로 이제는 기각역을 정할 차례입니다. 우리의 대립가설이 $p < 0.9$이므로 우리가 찾는 기각역은 앞에서와 마찬가지로 하위꼬리에 위치할 것입니다.

기각역은 검사의 유의수준에도 달려 있습니다. 여기서는 앞에서와 같은 유의수준을 선택합니다. 따라서 우리는 5% 수준의 검사를 수행합니다.

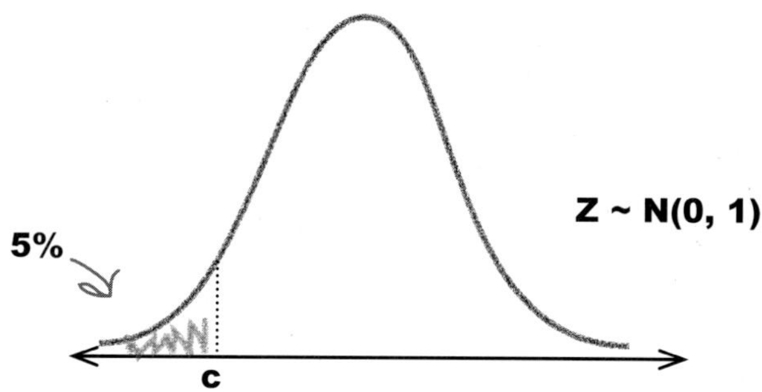

우리의 검정통계가 표준정규분포를 따르므로 기각치 c를 찾기 위해 확률테이블을 사용할 수 있습니다. 기각치는 영가설을 기각할 정도로 충분히 강력한 증거가 있는지 여부를 판별하기 위한 경계선을 나타내는 값을 의미합니다.

유의수준이 5%이므로 기각치 c는 $P(Z < c) = 0.05$가 되는 값을 의미합니다. 확률테이블에서 0.05라는 확률에 대한 값을 찾아보면 c의 값이 −1.64임을 알 수 있습니다. 다시 말해, 다음이 성립합니다.

$$P(Z < -1.64) = 0.05$$

만약 우리의 검정통계가 −1.64보다 작으면 영가설을 기각하기에 충분히 강력한 증거가 있다는 사실을 의미합니다.

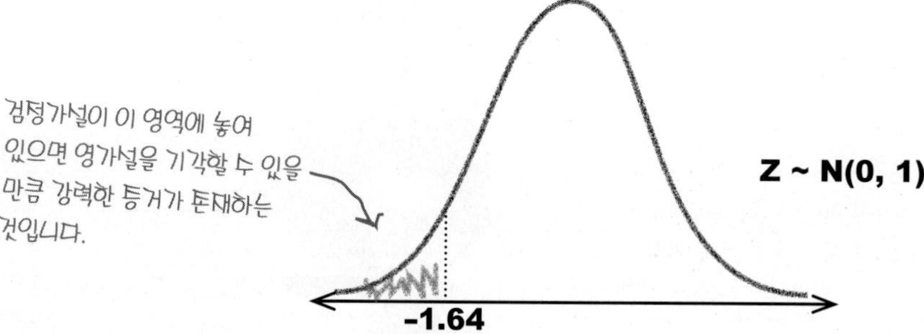

가설검정의 나머지 단계를 스스로 밟을 수 있습니까? 다음 질문에 답을 구하세요.

단계 4: p-값을 찾습니다

기각역은 분포의 하위꼬리에 위치합니다. 80명이 치료되었고, Z = (X − 90) / 3 입니다. 이것을 이용해서 p-값을 찾으세요.

단계 5: 표본결과가 기각역 안에 들어오는지 확인합니다

이 가설검정을 위한 유의수준이 5%라는 사실을 기억하세요.

단계 6: 결정을 내립니다

이 증거에 기초해서 영가설을 받아들일 것인지 아니면 기각할 것인지 선택하세요.

가설검정의 나머지 단계를 스스로 밟을 수 있습니까? 다음 질문에 답을 구하세요.

단계 4: p-값을 찾습니다

기각역은 분포의 하위꼬리에 위치합니다. 80명이 치료되었고, Z = (X − 90) / 3 입니다. 이것을 이용해서 p-값을 찾으세요.

80의 표준점수를 구하는 데에서 시작합니다.

$$z = (80 - 90)/3$$
$$= -10/3$$
$$= -3.33$$

p-값은 $P(Z < z) = P(Z < -3.33)$입니다. 이것을 확률테이블에서 찾아보면 p-값 = 0.0004를 얻습니다.

단계 5: 표본결과가 기각역 안에 들어오는지 확인합니다

이 가설검정을 위한 유의수준이 5%라는 사실을 기억하세요.

p-값이 0.05보다 작으면 검정통계가 기각역 안에 존재합니다. p-값이 0.0004이므로 검정통계가 기각역 안에 있습니다.

단계 6: 결정을 내립니다

이 증거에 기초해서 영가설을 받아들일 것인지 아니면 기각할 것인지 선택하세요.

이 가설검정에서는 검정통계가 기각역 안에 있으므로 영가설을 기각하기 충분히 강력한 증거를 5%의 유의수준에서 가지고 있습니다.

코골이안녕은 검정에 실패했습니다

코골이안녕에 대한 이번 가설검정에서는 영가설을 기각하는 데 충분히 강력한 증거가 나타났습니다. 다시 말해, 우리는 제약회사의 주장을 기각할 수 있습니다.

가설검정은 증거를 필요로 합니다.

가설검정에서 당신은 어떤 주장을 일단 받아들이고, 그에 대한 검사를 수행합니다. 그리고 그것에 반하는 증거가 충분한 경우에 한해서 주장을 기각합니다. 이러한 검사에서는 어디까지나 충분한 증거가 있는지 여부에 따라서 결정을 내리므로, 결정이 어느 한쪽으로 치우지지 않고 공평하다는 것을 뜻합니다.

만약 의사의 주장을 처음부터 그냥 받아들였다면 증거를 적절하게 살펴볼 기회가 없었을 것입니다. 표본에서 얻은 결과가 단지 우연이었는지 아니면 의미가 있는지 여부를 생각하지도 않고 그냥 결정을 내렸을 것입니다. 앞에서 살펴본 바와 같이 우리는 이제 영가설을 기각하기에 충분한 증거를 가지고 있음을 알게 되었습니다. 이러한 결과는 우연에 의한 것이 아닌 것처럼 보이므로 **통계적으로 유의**(statistically significant)합니다.

그렇다면 이것이 제약회사의 주장이 틀렸다는 것을 보장하는 것일까요?

실수는 일어날 수 있습니다

지금까지 우리는 표본의 결과를 가설검정에서 어떻게 증거로 사용하는지 살펴보았습니다. 만약 증거가 충분히 강력하면 영가설을 기각하기 위해 그것을 이용할 수 있습니다.

우리는 제약회사의 주장이 잘못되었음을 나타내는 강력한 증거를 얻었습니다. 하지만 이것이 보장된 것일까요?

물론이지. 우리는 가설검정을 수행했고, 그걸 이용해서 제약회사가 거짓말을 하고 있다는 사실을 발견했잖아.

증거가 강력하다고 해도 제약회사의 주장이 틀렸다는 사실을 완전히 보장할 수는 없습니다.

그럴 가능성은 별로 없지만, 우리가 잘못된 결정을 내렸을 가능성은 여전히 존재합니다. 우리는 가설과 함께 증거를 조사할 수 있고, 영가설을 기각하기 전에 어느 정도 확신을 할 수 있는지 정할 수도 있지만, 이러한 사실이 곧 우리의 결정이 절대적으로 옳음을 증명할 수는 없습니다.

어떻게 알 수 있을까요?

가설검정을 수행하는 것은 죄수를 배심원 앞에서 재판하는 것과 비슷합니다. 배심원들은 죄수에게 반하는 증거가 충분히 나타나기 전까지는 그를 무죄라고 가정합니다. 하지만 충분한 증거가 있는 경우조차 배심원들이 잘못된 결정을 내리는 것이 가능합니다. 다음 페이지를 보면 어떻게 그런 일이 일어날 수 있는지 알게 될 것입니다.

바보 같은 질문이란 없습니다

Q: 가설검정을 수행하는 경우에도 잘못된 결정을 내린다는 것이 어떻게 가능한가요? 가설검정이라는 것이 바로 그런 잘못된 결정을 확실히 피하기 위한 것 아닌가요?

A: 가설검정을 수행할 때 결정은 항상 드러난 증거를 기초로 해서만 내릴 수 있습니다. 이러한 증거는 표본 데이터를 기초로 하므로, 만약 표본이 편향되었으면 바로 그 편향된 데이터 때문에 잘못된 결정을 내릴 수 있는 겁니다.

Q: 유의성검정(significance tests)이라는 말을 들은 적이 있습니다. 그건 뭐죠?

A: 어떤 사람들은 가설검정을 유의성검정이라고 합니다. 어떤 특정한 유의수준에 대해 검사를 수행하기 때문입니다.

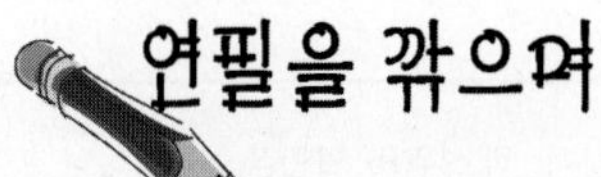

연필을 깎으며

죄수가 재판을 받고 있고, 당신은 배심원 중 한 명입니다. 배심원의 역할은 일단 죄수가 무죄라고 가정하지만 만약 그에게 불리한 증거가 충분하면 유죄선고를 내리는 것입니다.

1. 이 재판에서 영가설은 무엇인가요?

2. 대립가설은 무엇인가요?

3. 배심원들이 올바른 판결을 내리는 경우는 무엇인가요?

4. 배심원들이 잘못된 판결을 내리는 경우는 무엇인가요?

연필을 깎으며 정답

죄수가 재판을 받고 있고, 당신은 배심원 중 한 명입니다. 배심원의 역할은 일단 죄수가 무죄라고 가정하지만 만약 그에게 불리한 증거가 충분하면 유죄선고를 내리는 것입니다.

1. 이 재판에서 영가설은 무엇인가요?

영가설은 죄수가 무죄라는 것입니다. 증거가 나타나기 전까지는 그렇게 가정해야만 하기 때문입니다.

2. 대립가설은 무엇인가요?

대립가설은 죄수가 유죄라는 것입니다. 다시 말해, 만약 죄수가 무죄가 아니라는 증거가 충분하면 그가 유죄라는 사실을 받아들여 유죄선고를 내릴 것입니다.

3. 배심원들이 올바른 판결을 내리는 경우는 무엇인가요?

올바른 판결을 내리는 경우는 다음과 같습니다.

죄수가 죄가 없을 때 그에게 무죄를 선고하는 경우.

죄수가 죄가 있을 때 그에게 유죄를 선고하는 경우.

4. 배심원들이 잘못된 판결을 내리는 경우는 무엇인가요?

잘못된 판결을 내리는 경우는 다음과 같습니다.

죄수가 죄가 없을 때 그에게 유죄를 선고하는 경우.

죄수가 죄가 있을 때 그에게 무죄를 선고하는 경우.

가설검정을 수행할 때 저지를 수 있는 잘못은 죄수를 판결할 때 저지를 수 있는 잘못과 동일합니다.

가설검정은 기본적으로 어떤 주장을 받아들인 다음에 그것에 반하는 증거가 충분히 있는지 여부를 조사해서 판결을 내리는 것입니다. 주장에 반하는 증거가 충분하면 주장을 기각하고, 증거가 충분하지 않으면 주장을 받아들입니다.

영가설을 올바르게 받아들이거나 기각할 수도 있지만, 증거를 이용한다고 해도 실수를 저지를 가능성은 있습니다. 유효한 영가설을 기각할 수도 있고, 그것이 사실은 틀렸는데 받아들일 수도 있습니다.

이러한 종류의 실수에 대해 통계학은 특별한 이름을 가지고 있습니다. **1종 오류**(Type I error)는 맞는 영가설을 실수로 기각하는 경우를 의미하며, **2종 오류**(Type II error)는 그릇된 영가설을 잘못 받아들이는 경우를 의미합니다.

가설검정의 **검정력**(power)은 잘못된 영가설을 올바르게 기각하는 확률을 의미합니다.

가설검정으로부터의 결정

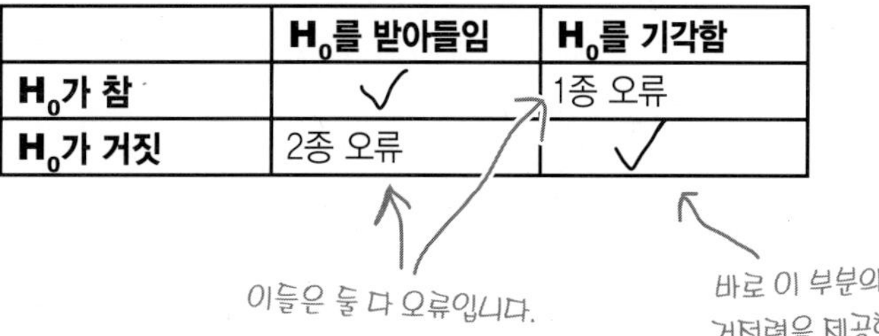

실제상황		H_0를 받아들임	H_0를 기각함
	H_0가 참	✓	1종 오류
	H_0가 거짓	2종 오류	✓

브레인 파워

1종 오류를 저지를 확률은 어떻게 구할 수 있을까요? 2종 오류를 저지를 확률은 어떻게 구할 수 있을까요?

1종 오류부터 시작해 봅시다

1종 오류는 영가설이 실제로는 맞는데 그것을 실수로 기각하는 경우를 말합니다. 이것은 마치 죄수가 사실은 무죄인데 유죄를 선고하는 것과 비슷합니다.

1종 오류는 사실 H_0가 맞는데 기각하는 경우입니다.

그럼 1종 오류가 일어나는 확률은 얼마나 될까요?

1종 오류를 저지른다는 것은 영가설이 기각되는 것을 의미합니다. 영가설이 기각되려면 표본의 결과가 기각역 안에 들어 있어야 합니다.

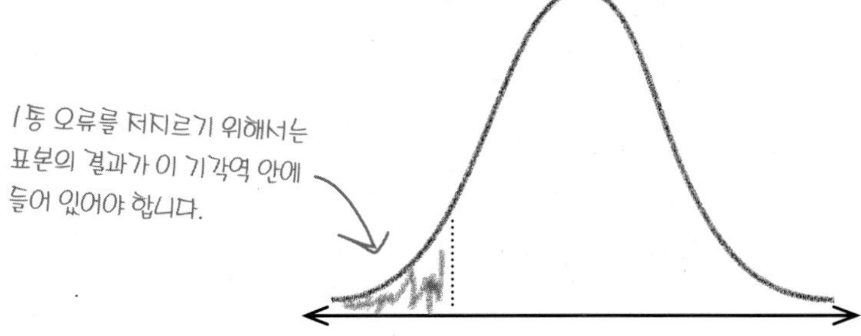

1종 오류를 저지를 확률은 당신이 가진 결과가 기각역 안에 들어 있는 확률입니다. 기각역은 검사의 유의수준에 의해 정해지므로 유의수준의 값이 α라고 하면 1종 오류를 저지르게 되는 확률도 역시 α가 되어야 합니다.

다시 말해, 다음 공식이 성립합니다.

$$P(\text{1종 오류}) = \alpha$$

여기서 α는 검사의 유의수준입니다.

그럼 2종 오류는 어떻게 될까요?

2종 오류는 영가설이 실제로는 잘못된 것인데 그것을 실수로 받아들이는 경우를 말합니다. 이것은 마치 죄수가 사실은 유죄인데 무죄를 선고하는 것과 비슷합니다.

2종 오류는 H_0가 사실은 잘못되었는데 받아들이는 경우입니다.

2종 오류를 저지를 확률은 보통 그리스 문자 β로 나타냅니다.

$$P(2종\ 오류) = \beta$$

β는 어떻게 찾을까요?

2종 오류를 저지를 확률을 찾는 것은 1종 오류의 경우에 비해 좀 더 어렵습니다. 다음은 필요한 단계를 정리한 것입니다. 다음 페이지에서 이들을 자세히 설명할 것입니다.

1. **H_1을 위한 특별한 값을 가지고 있는지 확인합니다.**
   이러한 값이 없으면 2종 오류를 저지를 확률을 계산할 수 없습니다.

2. **기각역 바깥에 있는 값들의 범위를 찾습니다.**
   검정통계가 표준화되어 있다면 값들의 범위가 반드시 비표준화되어야 합니다.

3. **H_1이 참이라고 가정했을 때 이러한 값들의 범위를 찾는 확률을 구합니다.**
   다시 말해, 기각역 바깥에 있는 값들의 범위를 구하는 확률을 찾는 것입니다. 하지만 이 경우에는 H_0가 아니라 H_1에 의해 묘사되는 검정통계를 이용합니다.

코골이안녕을 위한 오류 찾기

코골이안녕의 가설검정에서 1종 오류와 2종 오류를 저지를 수 있는 확률을 구해 봅시다. 우리의 표준화된 검정통계는 다음과 같습니다. 기억납니까?

$$Z = \frac{X - 90}{3}$$

여기서 X는 표본에서 치료된 사람의 수를 나타냅니다. 유의수준은 5%입니다.

1종 오류부터 시작합시다

1종 오류는 영가설이 사실은 참인데 실수로 기각하는 경우를 의미합니다. 이런 종류의 오류를 저지를 확률은 검정의 유의수준과 같습니다. 따라서 다음이 성립합니다.

P(1종 오류) = 0.05

90%의 사람이 치료된다는 주장이 맞는데 실수로 기각하는 경우에 대한 확률을 나타냅니다.

그럼 2종 오류는 어떻게 되나요?

2종 오류는 대립가설이 사실인 경우에 실수로 영가설을 받아들이는 경우를 나타냅니다. 이때 H_1이 어느 특정한 값을 가리키고 있는 경우에 한해서 계산을 수행할 수 있습니다. p = 0.8이 의사의 표본이 가지고 있는 성공의 비율이므로 그것을 대립가설로 이용하기로 합시다. 그러면 가설은 다음과 같습니다.

H_0: p = 0.9

H_1: p = 0.8

이번에는 H_1: p < 0.8이 아니라 H_1: p = 0.8을 사용하고 있습니다. 2종 오류를 저지르는 확률은 대립가설이 어느 특정한 값을 나타내고 있을 경우에 한해서 계산할 수 있습니다.

대립가설의 확률분포를 이용해서 확률을 찾아보려면 정확한 p-값을 알아야 합니다.

H_1이 특정한 값을 가리켜야 하는 이유는 그 값을 이용해야만 확률을 계산할 수 있기 때문입니다. 만약 p < 0.9라는 대립가설을 이용해야 한다면 그것을 이용해서 2종 오류를 저지르는 확률을 계산할 수 없습니다.

쉬는 시간

시험에서 2종 오류를 저지르는 확률을 계산해야 한다면 H_1의 값이 주어질 것입니다.

따라서 대립가설이 무엇인지 스스로 결정하지 않아도 됩니다. 이러한 종류의 오류에 대한 확률을 계산하는 문제에서는 필요한 값이 주어집니다.

값들의 범위를 찾을 필요가 있습니다

대립가설 H_1이 p에 대한 특정한 값을 제공하고 있으므로 이제 다음 단계로 진행할 수 있습니다. 가설검정의 기각역 바깥에 존재하는 X 값들의 범위를 찾아야 하는 것입니다.

588페이지에서 검정의 기각역이 $Z < -1.64$로 주어져 있음을 보았습니다. 다시 말해, $P(Z < -1.64) = 0.05$입니다. 이것은 곧 기각역 바깥에 존재하는 값들은 $Z \geq -1.64$라는 형태로 주어짐을 뜻합니다.

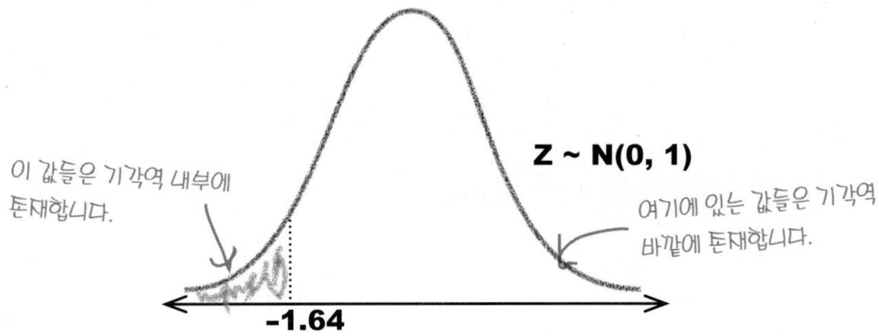

이것을 비표준화하면 다음을 얻게 됩니다.

$$\frac{X - 90}{3} \geq -1.64$$

$$X - 90 \geq -1.64 \times 3$$

$$X \geq -4.92 + 90$$

$$X \geq 85.08$$

다시 말해, 코골이안녕에 의해 85.08명 이상의 사람이 치료되었다면 영가설을 받아들였을 거라는 의미입니다.

마지막으로 계산해야 하는 것은 H_1이 사실이라고 했을 때 $P(X \geq 85.08)$을 찾는 것입니다. 그렇게 함으로써 사실은 대립가설 H_1이 참일 때 영가설을 받아들이는 확률을 계산할 수 있습니다. X에 대한 근사치를 얻기 위해 정규분포를 사용하고 있으므로 $n = 100$이고 $p = 0.8$일 때 $X \sim N(np, npq)$라는 확률분포를 이용해야 합니다. 이것은 다음과 같습니다.

$$X \sim N(80, 16)$$

이제 $X \sim N(80, 16)$일 때 $P(X \geq 85.08)$을 계산하면 2종 오류를 얻게 되는 확률을 찾게 될 것입니다.

이것은 다른 정규분포의 확률을 구하는 것과 동일한 방식으로 계산하면 됩니다. 즉, 표준점수를 구한 다음에 그 값을 표준정규분포확률테이블에서 찾아보는 것입니다.

P(2종 오류) 찾기

$X \sim N(80, 16)$일 때 $P(X \geq 85.08)$을 계산함으로써 2종 오류를 저지를 확률을 찾을 수 있습니다. 우선 85.08의 표준점수를 구하는 데에서 시작해 봅시다.

$$z = \frac{85.08 - 80}{\sqrt{16}} = \frac{5.08}{4} = 1.27$$

표준점수를 계산하는 일반적인 방식입니다. 기대치를 뺀 다음에 표준분산으로 나눕니다.

이것은 $P(X \geq 85.08)$을 찾으려면 $P(Z \geq 1.27)$을 찾기 위해 표준확률테이블을 찾아봐야 한다는 의미입니다.

$$P(Z \geq 1.27) = 1 - P(Z < 1.27) = 1 - 0.8980 = 0.102$$

다시 말해, 다음이 성립합니다.

P(2종 오류) = 0.102

이것은 실제로는 80%의 사람이 치료되었을 때 90%의 사람이 치료되었다고 주장하는 영가설을 사실로 받아들이는 확률을 나타냅니다.

바보 같은 질문이란 없습니다

Q: P(2종 오류)를 찾는 것은 P(1종 오류)를 찾는 것에 비해 왜 이렇게 훨씬 어려운 겁니까?

A: 그들이 정의된 방식 때문입니다. 1종 오류는 영가설을 그릇되게 기각하는 경우의 확률을 나타냅니다. 이러한 종류의 확률은 검정의 유의수준을 나타내는 α 자체의 값과 같습니다.

2종 오류는 사실 대립가설이 참인데 그릇되게 영가설을 사실로 받아들이는 오류를 나타냅니다. 이러한 종류의 오류를 저지를 확률을 구하려면 표본에서 영가설을 받아들이는 값의 범위를 찾는 것부터 시작해야 합니다. 이러한 값들을 찾았으면, H_1이 참이라고 가정했을 때 그러한 값들을 얻게 되는 확률을 계산합니다.

Q: 2종 오류를 얻는 확률을 계산할 때 항상 정규분포를 사용해야 합니까?

A: 확률분포는 사용하고자 하는 검정통계가 무엇인지에 달려 있습니다. 우리의 예에서는 검정통계가 정규분포를 따랐기 때문에 P(2종 오류)를 구하기 위해 정규분포를 사용했습니다. 하지만 검정통계가 예를 들어 푸아송분포를 따르고 있었다면 우리는 푸아송분포를 사용했을 것입니다.

검정력 소개

지금까지는 가설검정에서 몇 가지 다른 종류의 오류를 저지르게 되는 확률을 살펴보았습니다. 우리가 아직 살펴보지 않은 것으로는 검정력(power)이라는 것이 있습니다.

가설검정의 **검정력**은 H_0가 참이 아닐 때 H_0를 기각하는 확률을 의미합니다. 다시 말해, H_0를 기각해야 할 때 기각하는 올바른 판단을 내리는 확률입니다.

정말 복잡하군. 확률이
P(2종 오류)만큼 복잡하지 않기를
바랄 뿐이야.

P(2종 오류)를 구했으면 가설검정의 검정력을 계산하는 것은 쉽습니다.

H_0가 거짓일 때 H_0를 기각하는 것은 2종 오류를 저지르는 상황과 정반대입니다. 이것은 β가 2종 오류를 저지르는 확률을 나타낸다고 했을 때 다음이 성립함을 의미합니다.

$$\text{검정력} = 1 - \beta$$

그렇다면 코골이안녕의 검정력은 무엇인가요?

앞에서 2종 오류를 저지를 확률이 0.102임을 계산했었습니다. 이것은 다음과 같이 계산함으로써 코골이안녕의 검정력을 구할 수 있음을 의미합니다.

$$\begin{aligned}\text{검정력} &= 1 - P(\text{2종 오류}) \\ &= 1 - 0.102 \\ &= 0.898\end{aligned}$$

다시 말해, 코골이안녕 가설검정의 검정력은 0.898입니다. 즉, 우리가 영가설을 기각하는 올바른 판단을 내리는 확률이 0.898이라는 의미입니다.

의사는 행복합니다

이 장에서는 두 개의 검정가설을 살펴보았고, 제약회사의 주장을 기각하기에 충분한 증거가 있음을 확인했습니다. 의사의 표본을 기초로 했을 때 코골이안녕이 제약회사의 주장과는 달리 90%의 사람을 치료하지는 않는다는 충분한 증거가 있음을 보여 주었습니다.

그 주장은 어쨌든 너무 훌륭해서 사실일 수 없다고 생각했지. 그리고 당신은 이러한 나의 생각이 옳다는 것을 보여 주는 통계적 증거를 충분히 제공했어. 이제 밤에 편히 잘 수 있겠군.

하지만 이게 끝이 아닙니다

계속 읽어나가면 당신이 사용할 수 있는 다른 종류의 검정가설에 무엇이 있는지 보여 줄 것입니다. 그럼 뚱보 댄의 카지노에서 만나기로 하죠...

(part 1)

제약회사와 기침약 제조공장이 논쟁에 휩싸였습니다. 제조공장은 그들이 약병에 넣는 시럽의 양이 X ~ N(355, 25)의 분포를 따른다고 주장합니다. 여기서 X는 병에 들어가는 시럽의 양을 mL로 측정한 것입니다. 제약회사는 커다란 표본을 가지고 검사를 수행해서 100개의 약병에 들어 있는 시럽의 양이 평균적으로 356.5mL라는 사실을 알게 되었습니다. 이때 제조공장의 주장을 유의수준 1%로 검정해 보세요. 대립가설은 약병에 들어가는 시럽의 평균적인 양이 355mL보다 많다는 것입니다.

이 연습문제를 푸는 과정을 두 개의 파트로 나누어서 도와줄 것입니다. 다음은 첫 번째 3단계입니다.

단계 1: 검정을 수행할 가설을 정하세요. 영가설은 무엇인가요? 대립가설은 무엇인가요?

단계 2: 검정통계를 선택하세요.

힌트: 당신이 선택하는 가설은 평균값에 관계되어 있습니다. $\bar{X}$의 분포는 어떻게 될까요? 그것을 어떻게 표준화합니까?

단계 3: 선택을 위한 기각역을 정하세요. 기각역이 분포의 하위꼬리에 있을까요 아니면 상위꼬리에 있을까요? 유의수준은 무엇인가요? 기각치는 무엇인가요?

제약회사와 기침약 제조공장이 논쟁에 휩싸였습니다. 제조공장은 그들이 약병에 넣는 시럽의 양이 $X \sim N(355, 25)$의 분포를 따른다고 주장합니다. 여기서 X는 병에 들어가는 시럽의 양을 mL로 측정한 것입니다. 제약회사는 커다란 표본을 가지고 검사를 수행해서 100개의 약병에 들어 있는 시럽의 양이 평균적으로 356.5mL라는 사실을 알게 되었습니다. 이때 제조공장의 주장을 유의수준 1%로 검정해 보세요. 대립가설은 약병에 들어가는 시럽의 평균적인 양이 355mL보다 많다는 것입니다.

이 연습문제를 푸는 과정을 두 개의 파트로 나누어서 도와줄 것입니다. 다음은 첫 번째 3단계입니다.

단계 1: 검정을 수행할 가설을 정하세요. 영가설은 무엇인가요? 대립가설은 무엇인가요?

약병에 담긴 시럽의 평균적인 양이 제조공장이 주장하는 것처럼 355mL인지 검사할 것입니다. 따라서 다음을 얻습니다.

$H_0: \mu = 355$

$H_1: \mu > 355$

단계 2: 검정통계를 선택하세요.

$\bar{X} \sim N(\mu, \sigma^2/n)$이므로 이 영가설의 경우에는 $\bar{X} \sim N(355, 25/100)$ 혹은 $\bar{X} \sim N(355, 0.25)$임을 뜻합니다. 이것을 표준화하면 다음을 얻게 됩니다.

$$Z = \frac{\bar{X} - 355}{\sqrt{0.25}}$$

$$= \frac{\bar{X} - 355}{0.5}$$

단계 3: 선택을 위한 기각역을 정하세요. 기각역이 분포의 하위꼬리에 있을까요 아니면 상위꼬리에 있을까요? 유의수준은 무엇인가요? 기각치는 무엇인가요?

대립가설은 $\mu > 355$입니다. 이것은 기각역이 상위꼬리에 위치함을 뜻합니다. 우리는 1% 유의수준에서 검정을 수행하려고 합니다. 따라서 기각역은 $P(Z > c) = 0.01$로 정의됩니다. 확률테이블을 사용하면 $c = 2.32$임을 알 수 있습니다. 다시 말해, 기각역은 $Z > 2.32$로 주어집니다.

(part 2)

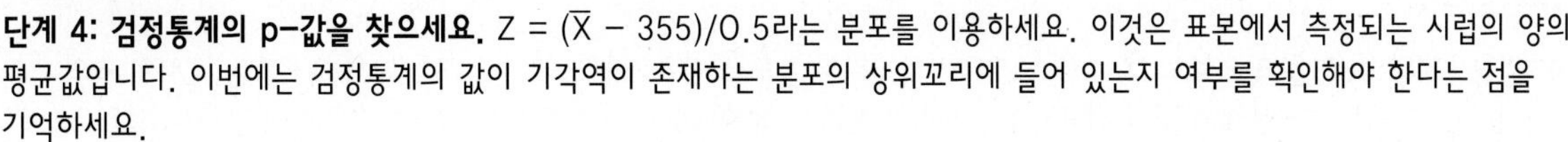

이 연습문제는 앞에서 계속 이어집니다. 가설검정의 나머지 세 단계가 여기에서 다뤄질 것입니다. 당신의 결론은 무엇인가요?

단계 4: 검정통계의 p-값을 찾으세요. $Z = (\bar{X} - 355)/0.5$라는 분포를 이용하세요. 이것은 표본에서 측정되는 시럽의 양의 평균값입니다. 이번에는 검정통계의 값이 기각역이 존재하는 분포의 상위꼬리에 들어 있는지 여부를 확인해야 한다는 점을 기억하세요.

단계 5: 표본의 결과가 기각역 안에 들어 있는지 여부를 확인하세요. 1% 유의수준으로 검사하고 있음을 기억하세요.

단계 6: 결정을 내립니다. 영가설을 1% 유의수준으로 기각하기에 충분한 증거가 존재합니까?

이 연습문제는 앞에서 계속 이어집니다. 가설검정의 나머지 세 단계가 여기에서 다뤄질 것입니다. 당신의 결론은 무엇인가요?

단계 4: 검정통계의 p-값을 찾으세요. $Z = (\bar{X} - 355)/0.5$라는 분포를 이용하세요. 이것은 표본에서 측정되는 시럽의 양의 평균값입니다. 이번에는 검정통계의 값이 기각역이 존재하는 분포의 상위꼬리에 들어 있는지 여부를 확인해야 한다는 점을 기억하세요.

$$Z = (\bar{X} - 355)/0.5$$
$$= (356.5 - 355)/0.5$$
$$= 1.5/0.5$$
$$= 3$$

이것을 위한 p-값은 기각역이 상위꼬리에 있으므로 $P(Z > 3)$으로 주어집니다. 이것을 확률테이블에서 찾아보면 다음을 얻을 수 있습니다.

p-값 = 0.0013

단계 5: 표본의 결과가 기각역 안에 들어 있는지 여부를 확인하세요. 1% 유의수준으로 검사하고 있음을 기억하세요.

p-값 0.0013은 유의수준인 0.01보다 작으므로 그것은 표본의 결과가 기각역 안에 들어 있음을 의미합니다.

단계 6: 결정을 내립니다. 영가설을 1% 유의수준으로 기각하기에 충분한 증거가 존재합니까?

표본결과가 기각역에 들어 있으므로 영가설을 기각하기에 충분한 증거가 존재하는 것입니다. 우리는 $\mu > 355$mL라는 대립가설을 받아들일 수 있습니다.

핵심정리

- 1종 오류는 사실은 영가설이 정확한데 그것을 기각하는 경우를 말합니다. 1종 오류를 저지를 확률은 검정의 유의수준인 α와 같습니다.
- 2종 오류는 영가설이 틀렸는데 그것을 채택하는 경우를 말합니다. 2종 오류를 저지를 확률은 β로 표시됩니다.
- β를 찾으려면 대립가설이 반드시 어떤 특정한 값을 가져야 합니다. 다음에는 기각역 바깥에 있는 값들의 범위를 찾고, H_1의 조건하에서 이러한 값들의 범위를 얻게 되는 확률을 찾습니다.

14 χ^2 분포

때로는 일들이 당신이 기대하는 것과 전혀 다르게 진행되기도 합니다.

어떤 특정한 확률분포를 이용해서 상황에 대한 모델링을 수행할 때 당신은 일들이 앞으로 어떻게 진행될지에 대해 어느 정도 예측하고 있는 것입니다. 하지만 **당신이 기대하는 것과 실제로 일어나는 일** 사이에 차이가 존재하면 어떻게 하겠습니까? 이러한 차이가 정상적인 움직임의 일부인지 아니면 확률모델이 가지고 있는 근본적인 문제를 의미하는지 어떻게 알 수 있을까요? 이 장에서 우리는 χ^2 분포를 이용해서 **결과를 분석**하고 **뭔가 의심스러운 결과**를 포착할 수 있는 방법에 대해 알아볼 것입니다.

뚱보 댄의 카지노에서는 장차 어떤 문제가 발생할 지도 모릅니다

뚱보 댄은 카지노 손님들로부터 엄청난 이익을 보고 있는데, 이번 주에는 어떤 문제가 생겼습니다. 슬롯머신이 계속해서 잭팟을 터뜨리고, 룰렛휠이 계속 12에서 멈추고, 주사위가 똑같은 값을 가리키며, 너무나 많은 사람들이 블랙잭 테이블에서 승리를 거둔 것입니다.

카지노는 이와 같은 손실을 계속 감수할 수 없으며, 뚱보 댄은 뭔가 수상한 일이 벌어지고 있음을 느끼게 되었습니다. 정말로 어떤 일이 벌어지고 있는지 파악하기 위해 그는 **당신의** 도움을 필요로 합니다.

슬롯머신부터 시작해 봅시다

앞에서 보았던 것과 마찬가지로 뚱보 댄의 카지노에는 일렬로 늘어선 밝고 화려한 슬롯머신이 손님을 기다리고 있습니다. 문제는 사람들이 게임을 할 때마다 돈을 따고 있다는 것입니다.

이러한 슬롯머신 중에서 어느 하나가 갖고 있을 것으로 기대되는 확률분포는 다음과 같습니다.

게임당 2불이므로 아무것도 따지 못하면 2불을 잃습니다.

잭팟을 터뜨리면 순수입이 98불입니다.

x	−2	23	48	73	98
P(X = x)	0.977	0.008	0.008	0.006	0.001

카지노측은 각각의 결과가 나타난 게임의 횟수를 모아놓은 통계를 구했습니다. 다음은 x에 해당하는 결과가 관측된 게임의 횟수를 보여 주는 도표입니다.

여기 있는 도수는 x에 해당하는 수입이 발생한 게임의 횟수를 나타냅니다.

x	−2	23	48	73	98
도수	965	10	9	9	7

연필을 깎으며

앞의 확률분포를 이용해서 각 x 값에 대해 기대되는 도수의 값을 계산한 다음에 테이블 안에 적어 넣으세요.

관측도수는 실제로 얻은 값입니다.

x	관측도수	기대도수
−2	965	977
23	10	
48	9	
73	9	
98	7	

힌트: 총관측도수는 관측도수를 전부 더하면 얻게 되는 1000입니다. 확률분포를 이용해서 각 x 값에 대해 기대되는 도수의 값을 구하세요.

앞의 확률분포를 이용해서 각 x 값에 대해 기대되는 도수의 값을 계산한 다음에 테이블 안에 적어 넣으세요.

x	관측도수	기대도수
-2	965	977
23	10	8
48	9	8
73	9	6
98	7	1

각 결과의 확률에 총관측도수 1000을 곱해서 기대도수를 구했습니다.

확률분포를 기초로 해서 사람들이 잭팟을 터뜨릴 거라고 기대하는 횟수와 사람들이 실제로 잭팟을 터뜨리는 횟수에 차이가 있습니다. 우리가 알지 못하는 것은 이러한 차이가 얼마나 심각한 의미를 갖는가 하는 것입니다.

데이터를 보면 슬롯머신 지불과 관련해서 무슨 일이 벌어지고 있는 것 같아. 하지만 그걸 어떻게 확신하지? 그럴 가능성은 적지만 이런 일이 우연히 일어날 수도 있잖아.

이러한 결과가 슬롯머신이 뭔가 조작되었다는 사실을 의미하는지 여부를 판별할 수 있는 방법이 있습니다.

우리가 필요한 것은 관측도수와 예상되는 도수 사이에 존재하는 차이를 검사하기 위해 사용할 수 있는 모종의 가설검정입니다. 그렇게 함으로써 우리는 슬롯머신이 조작되었는지, 그렇게 많은 돈을 계속 지불해야 하는지 여부를 판별할 수 있는 방법을 갖게 되는 것입니다.

문제는 이러한 종류의 가설검정을 위해 사용할 수 있는 분포가 무엇인가 하는 것입니다.

χ^2 검사는 차이를 평가합니다

우리가 여기에서 필요로 하는 것을 제공해 주는 새로운 종류의 확률분포가 있습니다. 그것은 χ^2 분포입니다. χ는 '카이'라고 발음하며, 그리스 문자 chi의 대문자에 해당합니다. 이 분포는 우리가 얻을 것으로 기대되는 것과 실제로 얻게 되는 것 사이에 존재하는 차이를 말해 주는 검정통계를 사용합니다. 그 다음에 관측도수를 얻는 확률을 하나의 극단적인 값으로 내놓습니다.

검정통계부터 시작합시다. 검정통계를 찾으려면 다루고 있는 문제에 대한 관측도수와 기대도수를 담고 있는 테이블부터 작성해야 합니다. 테이블이 준비되었으면 다음과 같이 통계를 계산하기 위해 관측도수와 기대도수를 이용합니다. 여기서 O는 관측도수를 의미하고, E는 기대도수를 의미합니다.

$$X^2 = \sum \frac{(O - E)^2}{E}$$

O는 관측도수를, E는 기대도수를 나타냅니다.

다시 말해, 확률분포에 있는 각 확률에 대해 기대도수와 실제로 얻은 도수의 차이를 계산하는 것입니다. 그 값을 제곱한 다음에 기대도수로 나누어서 얻는 값을 모두 더합니다.

그렇다면 이 슬롯머신 문제를 위한 검정통계는 무엇인가요?

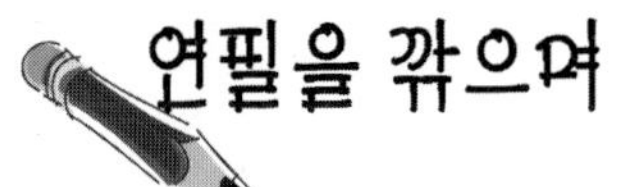

연필을 깎으며

앞 페이지에서 뚱보 댄의 슬롯머신을 위해 작성한 관측도수와 기대도수를 담고 있는 테이블을 이용해서 검정통계를 계산하세요. 어떤 결과를 얻게 되나요?

낮은 값이 말해 주는 것이 무엇이라고 생각합니까? 높은 값이 말해 주는 것은요?

연필을 깎으며 정답

앞 페이지에서 뚱보 댄의 슬롯머신을 위해 작성한 관측도수와 기대도수를 담고 있는 테이블을 이용해서 검정통계를 계산하세요. 어떤 결과를 얻게 되나요?

낮은 값이 말해 주는 것이 무엇이라고 생각합니까? 높은 값이 말해 주는 것은요?

$X^2 = (965 - 977)^2/977 + (10 - 8)^2/8 + (9 - 8)^2/8 + (9 - 6)^2/6 + (7 - 1)^2/1$

$= (-12)^2/977 + 2^2/8 + 1^2/8 + 3^2/6 + 6^2$

$= 144/977 + 4/8 + 1/8 + 9/6 + 36$

$= 0.147 + 0.5 + 0.125 + 1.5 + 36$

$= 38.272$

X^2의 값이 낮으면 관측도수와 기대도수 사이에 유의한 차이가 없다는 것을 의미합니다. X^2의 값이 높을수록 차이가 점점 유의해집니다.

그러면 이 검정통계가 나타내는 것은 무엇인가요?

검정통계 X^2은 관측도수와 기대도수 사이에 존재하는 차이를 측정하는 방법입니다. X^2의 값이 작을수록 관측도수와 기대도수 사이에 있는 차이가 전반적으로 작아집니다.

공식에서 기대도수 E로 나누는 것은 결과가 기대도수에 비례하도록 만들기 위해서입니다.

$$X^2 = \sum \frac{(O - E)^2}{E}$$

O와 E의 차이가 작을수록 X^2의 값도 작아집니다.

E로 나누는 것은 차이가 기대도수에 비례하도록 만듭니다.

그렇다면 X^2의 값이 어느 정도 되어야 그것이 의미 있는 값이 되는 것일까요? 우리는 슬롯머신이 우연히 그렇게 될 수 있는 정도를 뛰어넘어서 뭔가 확실히 잘못 작동하고 있다는 사실을 확신할 수 있도록 해 주는 방법이 필요합니다.

이것을 파악하기 위해 **χ^2 분포**를 살펴볼 필요가 있습니다.

χ^2 분포의 두 가지 주요한 용례

χ^2 확률분포는 실제로 얻는 결과가 기대하는 결과와 심각하게 다른 상황을 감지하도록 특화되어 있습니다. 이 확률분포는 방금 앞에서 보았던 X^2 검정통계를 이용해서 상황을 감지합니다.

χ^2 분포는 두 개의 주요한 목적을 가지고 있습니다.

우선 그것은 **적합도**(goodness of fit)를 검사하는 데 사용됩니다. 어떤 데이터 집합이 어떤 분포에 얼마나 잘 맞는지 검사하기 위해 사용할 수 있다는 뜻입니다. 예를 들어 슬롯머신에서 손님이 이기는 경우를 관측한 도수가 우리가 기대하는 분포에 얼마나 잘 맞는지 검사하는 데 이것을 이용할 수 있습니다.

χ^2 분포의 또 다른 용법은 두 변수의 **독립성**(independence)을 검사하는 데 사용하는 것입니다. 이것은 그들 사이에 어떤 연관성이 있는지 확인하는 방법입니다.

χ^2 분포는 그리스 문자 ν로 나타내는 파라미터를 하나 받아들입니다. ν는 '뉴'라고 발음합니다. ν가 확률분포의 모양에 대해서 갖는 영향을 살펴보도록 합시다.

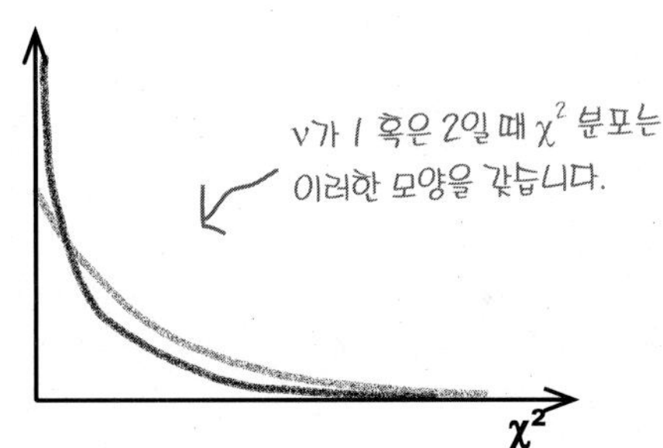

ν가 1 혹은 2일 때

ν의 값이 1이거나 2일 때 χ^2 분포의 모양은 높은 곳에서 출발해서 낮은 곳으로 향하는 부드러운 곡선을 형성합니다. 이것은 마치 J를 뒤집어 놓은 것과 같습니다. 검정통계 X^2의 값으로 낮은 값을 얻을 확률은 높은 값을 얻을 확률보다 훨씬 높습니다. 다시 말해, 관측도수가 기대도수와 매우 가깝습니다.

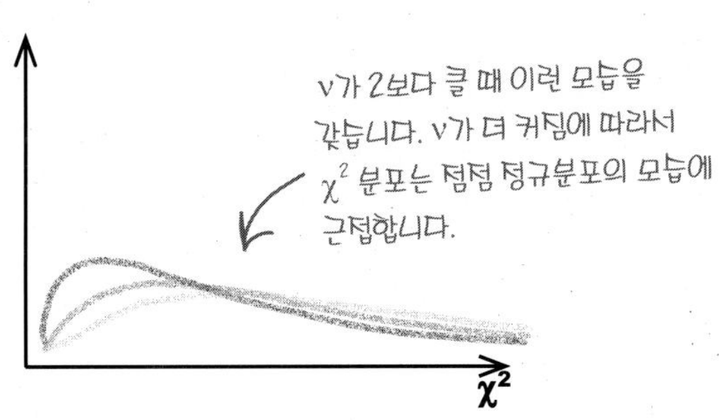

ν가 2보다 클 때

ν가 2보다 큰 값을 갖는 경우에는 χ^2 분포의 모양이 달라집니다. 곡선은 낮은 곳에서 출발해서 위로 올라가다가 X^2이 커짐에 따라서 다시 내려옵니다. 모양은 전체적으로 왼쪽으로 치우치다가 ν의 값이 커짐에 따라서 정규분포에 근접합니다.

ν의 특정한 값을 갖는 χ^2 분포를 이용해서 검정통계 X^2을 사용한다는 것을 간단하게 표현하는 방법은 다음과 같습니다.

$$X^2 \sim \chi^2(\nu)$$

X^2은 ν의 값을 갖는 χ^2 분포를 따릅니다.

X와 비슷하지만 약간 구부러져 있습니다.

ν는 자유도를 나타냅니다

χ^2 분포의 모양이 ν의 값에 달려 있다는 사실을 보았습니다. 하지만 ν의 값은 어떻게 찾아야 할까요?

ν는 **자유도**(degrees of freedom)를 나타내는 수입니다. 이것은 검정통계 X^2을 계산하기 위해 사용된 독립변수들의 수를 나타내거나 독립정보조각의 수를 나타냅니다. 이것이 실전에서 무엇을 의미하는지 살펴봅시다.

아래는 슬롯머신에 대한 관측도수와 기대도수를 담은 테이블입니다.

x	관측도수	기대도수
−2	965	977
23	10	8
48	9	8
73	9	6
98	7	1

자유도의 수는 우리에게 부과된 제약을 고려하면서 우리가 계산해야만 하는 기대도수의 수를 나타내는 값입니다.

검정통계 X^2을 계산하기 위해 우리는 모든 기대도수를 계산해야만 했습니다. 곧 다섯 개의 기대도수를 계산했던 것입니다. 이러한 값들을 계산할 때 한 가지 사실을 유념했습니다. 기대도수를 모두 더한 값은 관측도수를 모두 더한 값과 반드시 같아야 한다는 사실입니다. 다시 말해, 이 계산에는 한 가지 제약이 있었습니다.

ν의 값은 무엇인가요?

ν를 계산하려면 우리가 계산한 정보조각들의 수를 취한 다음에 거기에서 제약의 수를 뺍니다. 검정통계 X^2의 값을 계산하기 위해 우리는 5개의 정보조각을 1개의 제약과 함께 계산했습니다. 따라서 자유도의 값을 나타내는 수는 다음과 같이 주어집니다.

$$\begin{aligned} \nu &= 5 - 1 \\ &= 4 \end{aligned}$$

이것을 바라보는 또 다른 방법은 주어진 확률분포를 이용해서 기대도수 중 네 개의 값을 계산했다는 것입니다. 총기대도수가 무엇이 되어야 하는지 살펴봄으로써 최종 도수를 구할 수도 있었던 것입니다.

ν = (클래스의 수) − (제약의 수)

유의성은 무엇인가?

그럼 관측도수와 기대도수 사이에 존재하는 차이가 얼마나 유의한지 말하기 위해 χ^2 분포를 어떻게 이용할 수 있는 것일까요? 다른 가설검정의 경우와 마찬가지로 그것은 전적으로 유의수준에 달려 있는 문제입니다.

χ^2 분포를 이용해서 검정을 수행할 때에는 기각역이 상위꼬리에 놓여 있는 단측검정을 수행합니다. 검정통계가 상위꼬리의 기각역에 놓여 있는지 여부를 확인함으로써 기대하는 분포로부터 나온 결과가 얼마나 실제에 가까운지 여부를 측정할 수 있는 것입니다.

유의수준 α를 이용해서 검정을 수행한다면 이것을 다음과 같이 표현할 수 있습니다.

$$\chi^2_\alpha(\nu)$$

유의수준 α를 이용해서 수행하는 검정의 기각역은 상위꼬리에 존재합니다. 검정통계의 값이 높을수록 관측도수와 기대도수 사이의 차이가 더 커집니다.

$\chi^2_\alpha(\nu)$

그럼 χ^2 분포를 위한 기각역은 어떻게 찾을 수 있을까요? χ^2 확률테이블을 이용할 수 있습니다.

χ^2 확률테이블을 사용하는 방법

기각치를 찾으려면 우선 자유도 ν와 유의수준 α에서 출발해야 합니다. ν는 첫 번째 열에서 찾고, α는 상단 행에서 찾습니다. 이들이 만나는 곳이 x 값입니다. 여기서 $P(\chi^2_\alpha(\nu) \geq x) = \alpha$입니다. 다시 말해, 이것은 기각치의 값을 알려 주는 것입니다.

예를 들어 유의수준 5%와 자유도 8을 이용하는 검정을 위한 기각치를 찾으려 한다고 합시다. 그러면 우선 첫 번째 열에서 8을 찾고, 첫 번째 행에서 0.05를 찾습니다. 그럼 15.51이라는 값을 읽을 수 있습니다. 다시 말해, 우리의 검정통계 X^2의 값이 15.51보다 크면, 그것은 유의수준 5%, 자유도 8의 검정이 갖는 기각역 안에 존재하는 것입니다.

이것이 0.05에 대한 열입니다.

	꼬리확률 α										
ν	.25	.20	.15	.10	.05	.025	.02	.01	.005	.0025	.001
1	1.32	1.64	2.07	2.71	[illegible]	5.02	5.41	6.63	7.88	9.14	10.83
2	2.77	3.22	3.79	4.61	[illegible]	7.38	7.82	9.21	10.60	11.98	13.82
3	4.11	4.64	5.32	6.25	[illegible]	9.35	9.84	11.34	12.84	14.32	16.27
4	5.39	5.99	6.74	7.78	[illegible]	11.14	11.67	13.28	14.86	16.42	18.47
5	6.63	7.29	8.12	9.24	[illegible]	12.83	13.39	15.09	16.75	18.39	20.51
6	7.84	8.56	9.45	10.64	[illegible]	14.45	15.03	16.81	18.55	20.25	22.46
7	9.04	9.80	10.75	12.02	[illegible]	16.01	16.62	18.48	20.28	22.04	24.32
8	[illegible]	[illegible]	[illegible]	[illegible]	15.51	17.53	18.17	20.09	21.95	23.77	26.12
9	11.39	12.24	13.29	14.68	[illegible]	19.02	19.68	21.67	23.59	25.46	27.88

ν = 8에 대한 행입니다.

8과 0.05가 만나는 곳입니다.

χ^2을 이용한 가설검정

다음은 χ^2 분포를 이용한 가설검정의 단계를 개략적으로 설명한 것입니다.

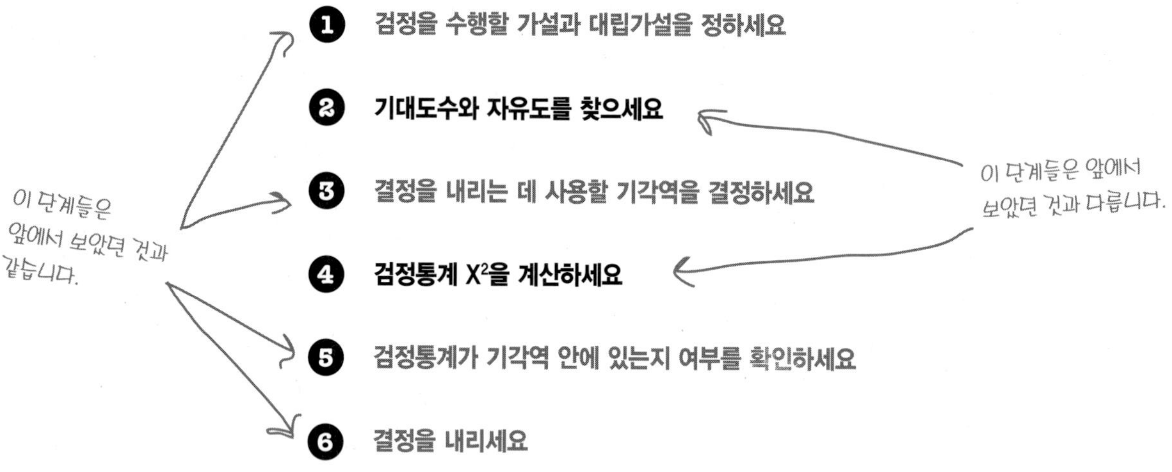

익숙해 보입니까? 이러한 단계들 대부분은 앞에서 보았던 다른 가설검정과 정확히 일치합니다. 다시 말해, 앞에서 본 것과 동일한 과정입니다.

바보 같은 질문이란 없습니다

Q: 그럼 X^2 검정은 가설검정의 특별한 경우라는 건가요?

A: 그렇습니다. 앞에서 밟았던 것과 거의 같은 단계를 밟습니다.

Q: 검정을 위해 항상 상위꼬리를 사용합니까?

A: 그렇습니다. 가설검정을 수행하는 경우 항상 상위꼬리를 사용합니다. X^2 검정통계의 값이 높을수록 관측도수는 기대도수와 더 많이 달라지기 때문입니다.

Q: 앞에서 자유도라는 용어가 나왔던 것 같은데, 그렇지 않나요?

A: 그렇습니다. 신뢰구간을 생성하기 위해 t-분포를 어떻게 사용했었는지 기억합니까? t-분포도 자유도를 이용했었습니다.

Q: 자유도가 v가 아니라 df로 표시되었던 것 같은데, 뭐가 잘못된 건가요?

A: 전혀 잘못된 것이 아닙니다. 책에 따라서 서로 다른 관습을 따르는 것일 뿐입니다. 우리는 v를 사용합니다. 결국 그러한 기호들은 모두 똑같은 의미를 갖습니다.

Q: χ^2 분포에 대한 정보를 인터넷에서 찾아보고 싶습니다. 어떻게 찾을 수 있나요? 그리스 문자를 입력해야 하는 건가요?

A: 'chi square'라고 검색하면 원하는 정보를 찾을 수 있을 것입니다. χ^2 분포는 'chi-squared'라고 적기도 합니다.

5%의 유의수준에서 슬롯머신이 조작되었다고 말할 수 있을 만큼 충분한 증거가 있는지 여부를 판별해야 합니다. 이 문제는 단계별로 함께 풀어나갈 것입니다.

1. 검정을 수행할 영가설은 무엇인가요? 대립가설은 무엇인가요?

2. 자유도는 4입니다. 5% 수준의 영역은 무엇인가요?

3. 검정통계는 무엇인가요?

힌트: 이것은 앞에서 이미 계산했습니다.

4. 검정통계가 기각역 안에 있습니까?

5. 영가설을 받아들일 겁니까 아니면 기각할 겁니까?

5%의 유의수준에서 슬롯머신이 조작되었다고 말할 수 있을 만큼 충분한 증거가 있는지 여부를 판별해야 합니다. 이 문제는 단계별로 함께 풀어나갈 것입니다.

1. 검정을 수행할 영가설은 무엇인가요? 대립가설은 무엇인가요?

H_0: 슬롯머신에서 게임을 수행해서 x에 해당하는 금액을 딸 확률은 아래와 같은 확률분포를 따릅니다.

x	-2	23	48	73	98
P(X = x)	0.977	0.008	0.008	0.006	0.001

H_1: 슬롯머신에서 게임을 수행해서 x에 해당하는 금액을 딸 확률은 이러한 확률분포를 따르지 않습니다.

2. 자유도는 4입니다. 5% 수준의 영역은 무엇인가요?

확률테이블을 보면 $\chi^2_{5\%}(4) = 9.49$.입니다. 이것은 기각역이 $X^2 > 9.49$의 영역이라는 뜻입니다.

3. 검정통계는 무엇인가요?

검정통계는 X^2입니다. 이 값은 앞에서 계산했고 그것은 38.272입니다.

4. 검정통계가 기각역 안에 있습니까?

X^2의 값은 38.27이고 기각역은 $X^2 > 9.49$입니다. 이것은 X^2이 기각역 안에 존재함을 뜻합니다.

5. 영가설을 받아들일 겁니까 아니면 기각할 겁니까?

X^2의 값은 기각역 안에 있습니다. 따라서 우리는 영가설을 기각할 수 있습니다. 다시 말해, 슬롯머신의 배당이 도표에서 묘사되는 확률분포를 따른다는 가설을 기각하기에 충분한 증거가 존재하는 것입니다.

슬롯머신의 미스터리를 해결했습니다

χ^2 확률분포를 이용한 신중한 계산 덕분에 슬롯머신이 카지노측에서 기대하고 있는 확률분포를 따르지 않는다는 사실을 입증하기에 충분한 증거가 있음을 알게 되었습니다. 이것은 곧 슬롯머신이 뭔가 잘못되었다는 사실을 의미하기 때문에 뚱보 댄은 당신에게 매우 고마워했습니다. 그는 슬롯머신을 폐쇄하여 더 이상 돈을 잃지 않게 되었습니다.

이러한 사실을 발견하기까지 밟았던 과정을 다시 정리해 봅시다.

우선 당신은 슬롯머신에 대한 관측도수를 취하고, 기대도수가 특정한 확률분포를 따르고 있다는 가정 하에 그들이 어떤 값인지 계산했습니다. 그 다음에는 자유도와 검정통계 X^2을 계산했습니다. X^2은 관측도수와 기대도수 사이에 존재하는 불일치의 전체적인 정도를 나타냅니다.

그 이후에는 χ^2 확률테이블을 이용해서 5%의 유의수준의 기각역을 찾았습니다. 이것을 검정통계의 값에 대비해 봄으로써 슬롯머신이 더 많은 배당을 내놓는 방향으로 문제가 생겼다고 말하기에 충분한 증거가 있는지 여부를 확인할 수 있었습니다.

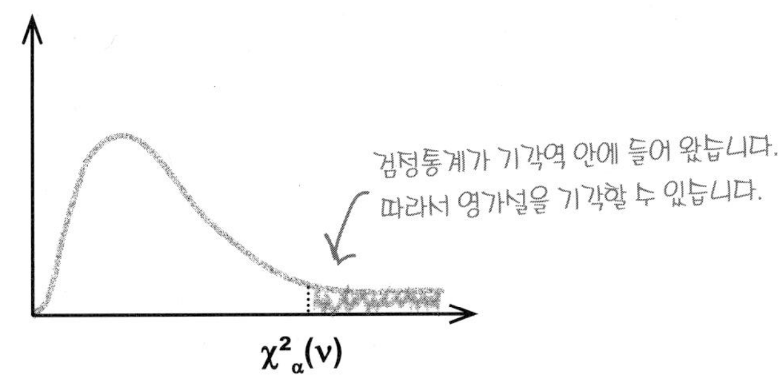

이러한 종류의 가설검정을 **적합도** 검정이라고 합니다. 이것은 관측되는 도수가 아마도 그럴 것이라고 가정하는 확률분포에 실제로 맞는지 여부를 확인하는 데 사용합니다. 어떤 값들의 집합이 어떤 분포에 실제로 부합하는지 여부를 검사할 필요가 있을 때 사용합니다.

긴 연습문제

뚱보 댄은 주사위게임에서 사용되는 주사위가 뭔가 잘못되었다고 생각합니다. 육면체 주사위를 이용했을 때 다음과 같이 나온 관측도수를 살펴보고, 1%의 유의수준에서 이 주사위가 공정하지 않다고 주장할 만큼 충분한 증거가 있는지 여부를 검정하세요. 필요한 단계를 같이 밟아나갈 것입니다.

다음은 관측도수입니다.

값	1	2	3	4	5	6
도수	107	198	192	125	132	248

단계 1: 검정을 수행할 가설과 대립가설을 정하세요.

단계 2: 관측도수와 자유도를 찾으세요.

기대도수의 빈 칸을 채우는 데에서 시작하세요. 주사위가 전체 몇 번이나 던져지는지, 그리고 각각의 값을 얻게 되는 확률이 얼마인지 염두에 두어야 합니다. X는 주사위를 한 번 던졌을 때 얻는 값을 나타냅니다.

x	관측도수	기대도수
1	107	
2	198	
3	192	
4	125	
5	132	
6	248	

기대도수를 다 찾았다고 했을 때, 자유도는 무엇일까요?

슬롯머신에 대한 자유도를 찾을 때 사용했던 방법과 똑같은 방법으로 찾으면 됩니다.

단계 3: 결정을 내리는 데 사용할 기각역을 결정하세요.

유의수준과 자유도를 사용할 필요가 있습니다.

단계 4: 검정통계 X^2을 계산하세요.

단계 2에서 구한 관측도수와 기대도수를 이용해서 계산할 수 있습니다.

단계 5: 검정통계가 기각역 안에 있는지 여부를 확인하세요.

단계 6: 결정을 내리세요.

뚱보 댄은 주사위게임에서 사용되는 주사위가 뭔가 잘못되었다고 생각합니다. 육면체 주사위를 이용했을 때 다음과 같이 나온 관측도수를 살펴보고, 1%의 유의수준에서 이 주사위가 공정하지 않다고 주장할 만큼 충분한 증거가 있는지 여부를 검정하세요. 필요한 단계를 같이 밟아나갈 것입니다.

다음은 관측도수입니다.

값	1	2	3	4	5	6
도수	107	198	192	125	132	248

단계 1: 검정을 수행할 가설과 대립가설을 정하세요.

주사위가 공정한지 여부를 검사하려면 그것이 공정하지 않다는 사실을 입증하는 충분한 증거가 있는지 여부를 확인해야 합니다. 따라서 다음과 같은 가설을 정합니다.

H_0: 주사위는 공정합니다. 그리고 각 값이 나올 확률은 모두 똑같습니다. 즉, 각 값이 나오는 확률은 1/6입니다.

H_1: 주사위가 공정하지 않습니다.

단계 2: 관측도수와 자유도를 찾으세요.

기대도수의 빈 칸을 채우는 데에서 시작하세요. 주사위가 전체 몇 번이나 던져지는지, 그리고 각각의 값을 얻게 되는 확률이 얼마인지 염두에 두어야 합니다. X는 주사위를 한 번 던졌을 때 얻는 값을 나타냅니다.

x	관측도수	기대도수
1	107	167
2	198	167
3	192	167
4	125	167
5	132	167
6	248	167

기대도수의 총합은 관측도수의 총합과 같아야 합니다. 이 테이블에서 관측도수를 모두 더하면 1002가 됩니다.

각 값을 얻는 확률은 1/6입니다. 이것은 각 값의 기대도수가 1002/6 = 167이라는 의미입니다.

기대도수를 다 찾았다고 했을 때, 자유도는 무엇일까요?

우리는 6개의 기대도수를 찾아야 하고, 그들의 총합은 1002가 되어야 합니다. 다시 말해, 6개의 정보조각을 찾아야 하는데 1개의 제약이 존재합니다. 따라서 다음이 성립합니다.

$$\nu = 6 - 1$$
$$= 5$$

단계 3: 결정을 내리는 데 사용할 기각역을 결정하세요.

유의수준과 자유도를 사용할 필요가 있습니다.

확률테이블에서 확인하면 $\chi^2_{1\%}(5) = 15.09$입니다. 이것은 기각역의 영역이 $X^2 > 15.09$ 부분에 있다는 뜻입니다.

단계 4: 검정통계 X^2을 계산하세요.

단계 2에서 구한 관측도수와 기대도수를 이용해서 계산할 수 있습니다.

$$X^2 = \sum \frac{(O - E)^2}{E}$$

$$= (107-167)^2/167 + (198-167)^2/167 + (192-167)^2/167 + (125-167)^2/167 + (132-167)^2/167 + (248-167)^2/167$$

$$= (-60)^2/167 + (31)^2/167 + (25)^2/167 + (-42)^2/167 + (-35)^2/167 + (81)^2/167$$

$$= (3600 + 961 + 625 + 1764 + 1225 + 6561)/167$$

$$= 14736/167$$

$$= 88.24$$

단계 5: 검정통계가 기각역 안에 있는지 여부를 확인하세요.

기각역은 $X^2 > 15.09$로 주어집니다. $X^2 = 88.24$이므로 검정통계가 기각역 안에 있습니다.

단계 6: 결정을 내리세요.

검정통계가 기각역 안에 있으므로 1% 유의수준에서 영가설을 기각하기에 충분한 증거가 있는 것입니다. 다시 말해, 주사위가 공정하지 않다는 대립가설의 주장을 받아들입니다.

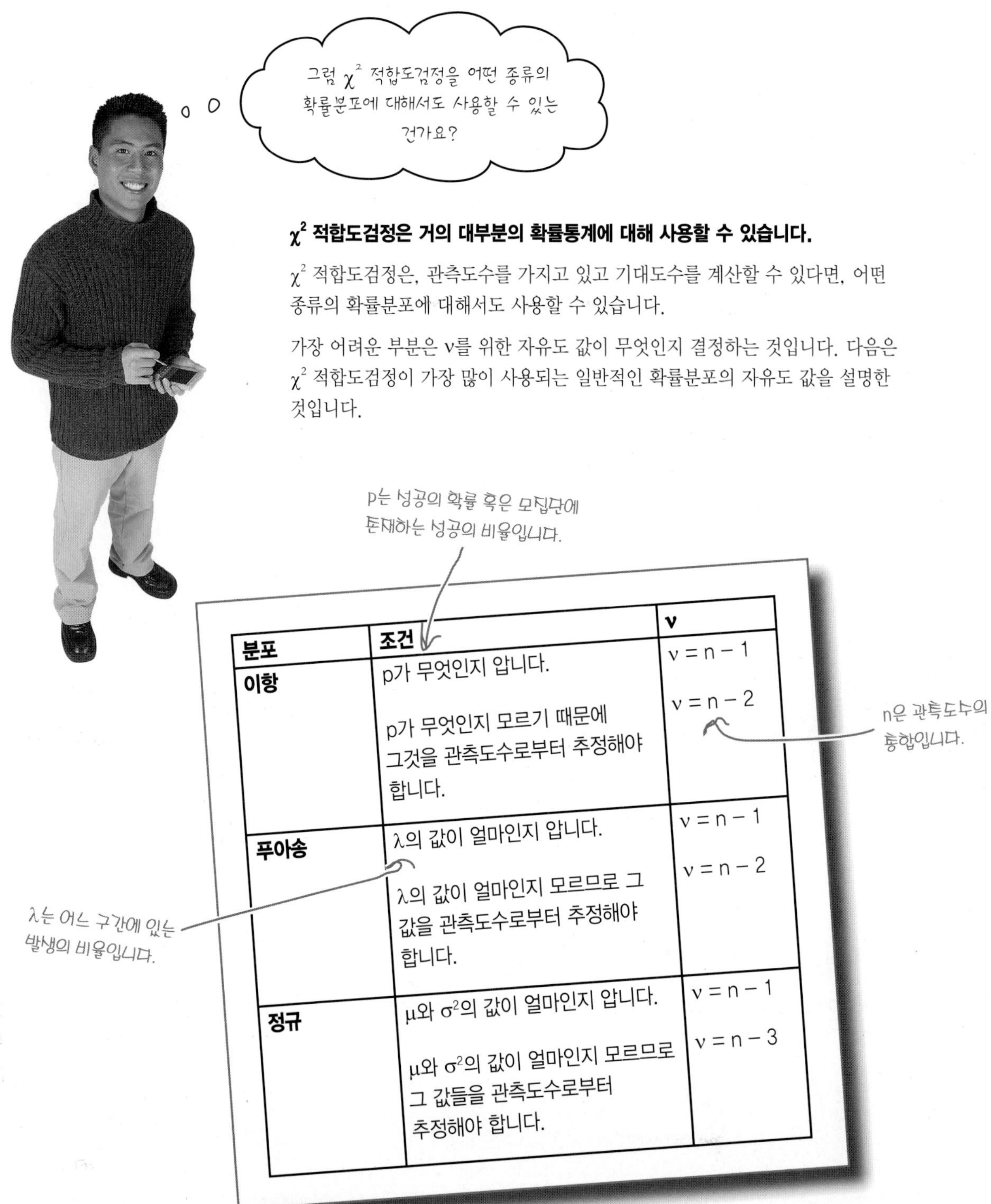

χ^2 적합도검정은 거의 대부분의 확률통계에 대해 사용할 수 있습니다.

χ^2 적합도검정은, 관측도수를 가지고 있고 기대도수를 계산할 수 있다면, 어떤 종류의 확률분포에 대해서도 사용할 수 있습니다.

가장 어려운 부분은 ν를 위한 자유도 값이 무엇인지 결정하는 것입니다. 다음은 χ^2 적합도검정이 가장 많이 사용되는 일반적인 확률분포의 자유도 값을 설명한 것입니다.

분포	조건	ν
이항	p가 무엇인지 압니다.	$\nu = n - 1$
	p가 무엇인지 모르기 때문에 그것을 관측도수로부터 추정해야 합니다.	$\nu = n - 2$
푸아송	λ의 값이 얼마인지 압니다.	$\nu = n - 1$
	λ의 값이 얼마인지 모르므로 그 값을 관측도수로부터 추정해야 합니다.	$\nu = n - 2$
정규	μ와 σ^2의 값이 얼마인지 압니다.	$\nu = n - 1$
	μ와 σ^2의 값이 얼마인지 모르므로 그 값들을 관측도수로부터 추정해야 합니다.	$\nu = n - 3$

뚱보 댄은 또 다른 문제를 가지고 있습니다

지금까지 우리는 슬롯머신이 조작되었는지 여부를 조사했습니다. 당신이 가지고 있는 관측도수가 기대되는 확률분포에 잘 맞는지 확인하는 적합도검정을 이용해서 검사를 수행한 것입니다. 그런데 뚱보 댄에게는 또 다른 문제가 있습니다. 이번에는 직원들입니다.

뚱보 댄은 블랙잭 테이블의 쿠르피에 한 사람이 실제보다 많은 돈을 잃고 있다고 생각하게 되었습니다. 뚱보 댄의 의심이 맞는지 여부를 확인하기 위한 충분한 증거가 있는지 결정할 수 있습니까?

테이블을 책임지고 있는 사람 세 명이 아래에 있습니다.

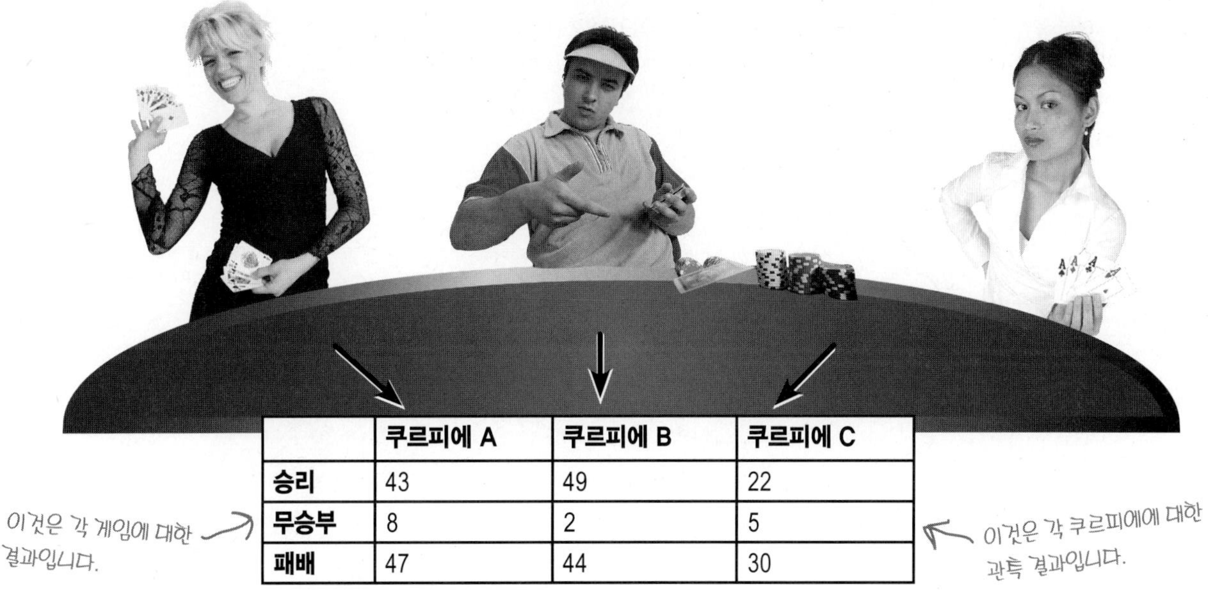

	쿠르피에 A	쿠르피에 B	쿠르피에 C
승리	43	49	22
무승부	8	2	5
패배	47	44	30

우리는 세 사람 중에서 어떤 특정한 사람이 게임을 운영하면 결과가 달라지는지 여부를 검사해야 합니다.

이 가설을 검정하기 위해 어떤 것들을 알아야 할까요?

χ^2 분포는 독립성을 검정할 수 있습니다

지금까지는 χ^2 분포를 적합성검정이라는 측면에서 살펴보았습니다. 하지만 χ^2 분포의 유용성이 그것으로 국한되는 것은 아닙니다. χ^2 분포는 **독립성검정**을 위해 사용될 수도 있습니다.

χ^2 독립성검정은 어느 두 요소가 서로 독립인지 아니면 둘 사이에 모종의 연관성이 존재하는지 여부를 검사하는 것입니다. 바로 이것이 우리가 블랙잭 테이블 쿠르피에들에 대해 조사해야 하는 내용입니다. 누가 블랙잭 게임을 운영하는가에 따라 게임의 결과에 어떤 영향을 주는지 확인해야 하는 것입니다. 다시 말해, 우리는 그에 반하는 충분한 증거가 나오지 않으면 쿠르피에의 선택이 결과와 무관하다고 가정을 하는 것입니다.

독립성검정은 적합성검정과 동일한 방식으로 수행합니다. 가설을 세우고, X^2 검정통계를 계산하기 위해 관측도수와 기대도수를 사용하고, 그것이 기각역에 들어가는지 여부를 확인하는 것입니다.

잠깐 멈춰봐! 뭔가 빠뜨린 것 같아.
기대도수는 어떻게 계산할 수 있지?
우리가 가지고 있는 것은 실제 게임에서
나온 관측도수뿐이잖아.

검정통계 X^2을 계산하려면 기대도수를 알아야 합니다.

이것은 기대도수를 관측도수로부터 계산해야 한다는 사실을 의미합니다. 그것은 결국 확률에 달려 있는 것입니다...

확률을 이용해서 기대도수를 찾을 수 있습니다

기대도수를 찾기 위해 밟아야 하는 몇몇 단계가 있습니다.

우선 각 쿠르피에와 게임결과에 대한 총합과 전체 총합을 계산해야 합니다. 계산결과는 다음과 같이 테이블로 나타낼 수 있습니다. 이 테이블을 **분할표**(contingency table)라고 합니다.

	쿠르피에 A	쿠르피에 B	쿠르피에 C	총합
승리	43	49	22	114
무승부	8	2	5	15
패배	47	44	30	121
총합	98	95	57	250

승리한 경우의 총합

쿠르피에 A의 총합

전체 총합

이 정보를 이용해서 각 쿠르피에가 승리하는 경우에 대한 기대치를 찾을 수 있습니다.

쿠르피에 A가 이기는 경우의 수에 대해 기대도수를 구해 봅시다.

우선 특정한 결과를 얻을 확률을 구하기 위해 전체 총합을 이용할 수 있습니다. 예를 들어 게임에서 승리하는 경우의 확률을 구하려면 승리할 경우의 총합을 전체 총합으로 나눕니다.

$$P(\text{승리}) = \frac{\text{승리 총합}}{\text{전체 총합}}$$

마찬가지로 쿠르피에 A가 게임을 하는 확률을 구하려면 쿠르피에 A의 총합을 전체 총합으로 나눕니다.

$$P(A) = \frac{\text{A의 총합}}{\text{전체 총합}}$$

만약 우리가 가정한 바와 같이 쿠르피에와 게임결과가 서로 독립이라면, 쿠르피에 A가 이기는 확률을 구하기 위해 위 두 확률을 곱하면 됩니다. 다시 말해, 다음이 성립합니다.

$$P(\text{A가 이기는 경우}) = \frac{\text{승리 총합}}{\text{전체 총합}} \times \frac{\text{A의 총합}}{\text{전체 총합}}$$

4장에서는 독립사건의 경우 $P(A \cap B) = P(A) \times P(B)$임을 보았습니다.

쿠르피에 A가 이기는 경우에 대한 기대되는 수를 찾기 위해 이 정보를 어떻게 이용할 수 있을까요?

도수의 값은 무엇일까요?

지금까지는 쿠르피에 A가 승리하는 경우의 확률을 찾아보았고, 이것을 이용해서 승리하는 경우에 대한 기대도수를 찾으려 합니다. 그렇게 하려면 쿠르피에 A가 승리하는 확률에 전체 총합을 곱하면 됩니다. 그러므로 다음이 성립합니다.

$$\text{기대도수} = \cancel{\text{전체 총합}} \times \frac{\text{승리 총합}}{\cancel{\text{전체 총합}}} \times \frac{\text{A의 총합}}{\text{전체 총합}}$$

$$= \frac{\text{승리 총합} \times \text{A의 총합}}{\text{전체 총합}}$$

다시 말해, 쿠르피에 A가 승리하는 경우에 대해 기대도수를 찾으려면 승리의 총합에 A의 총합을 곱한 다음에 그 값을 전체 총합으로 나누면 됩니다.

일반적으로 도수는 어떻게 찾을까요?

우리가 찾아야 하는 모든 종류의 도수에 대해 적용할 수 있도록 이러한 공식을 일반화할 수 있습니다. 특정한 행과 열의 결합에 대해 기대도수를 찾으려면 행의 총합에 열의 총합을 곱한 다음에 그것을 전체 총합으로 나눕니다.

$$\textbf{기대도수} = \frac{\textbf{행의 총합} \times \textbf{열의 총합}}{\textbf{전체 총합}}$$

모든 기대도수를 계산했으면 그것을 이용해서 검정통계 X^2을 계산할 수 있습니다. 이것은 전과 동일한 검정통계이므로 다음과 같이 계산할 수 있습니다.

$$X^2 = \sum \frac{(O - E)^2}{E}$$

모든 관측도수에서 기대도수를 빼고,
그 값을 제곱하고, 다시 기대도수로 나눕니다.
그렇게 얻은 결과를 모두 더합니다.

핵심은 모든 관측도수와 그에 상응하는 모든 기대도수를 포함시키는 것입니다.

다음은 쿠르피에들에 대한 관측도수를 담은 테이블입니다. 기대도수를 모두 구해 보세요.

이것들이 관측도수입니다.

	쿠르피에 A	쿠르피에 B	쿠르피에 C	총합
승리	43	49	22	114
무승부	8	2	5	15
패배	47	44	30	121
총합	98	95	57	250

(행의 총합 x 열의 총합) / 전체 총합

각각의 기대도수를 여기에서 계산합니다.

	쿠르피에 A	쿠르피에 B	쿠르피에 C
승리	(114×98)/250=44.688		
무승부	(15×98)/250=5.88		
패배	(121×98)/250=47.432		

기대도수를 모두 구했으면, 검정통계 X^2의 값을 계산합니다. 아래에 있는 테이블이 도움을 줄 것입니다. 첫 번째 열은 모든 관측도수를 나타내고, 두 번째 열은 그에 상응하는 기대도수입니다. 이러한 값들을 세 번째 열에 모두 포함시키면 검정통계의 값을 얻을 수 있습니다.

이것은 앞에 있는 두 열의 값을 이용해서 계산하세요.

	관측도수	기대도수	$\frac{(O-E)^2}{E}$
A	43	44.688	$(43-44.688)^2/44.688 = 2.85/44.688 = 0.064$
	8	5.88	$(8-5.88)^2/5.88 = 4.4944/5.88 = 0.764$
	47	47.432	$(47-47.432)^2/47.432 = 0.187/47.432 = 0.004$
B	49		
	2		
	44		
C	22		
	5		
	30		
	$\sum O = 250$	$\sum E =$	$\sum \frac{(O-E)^2}{E} =$

다음은 쿠르피에들에 대한 관측도수를 담은 테이블입니다. 기대도수를 모두 구해 보세요.

관측도수

	쿠르피에 A	쿠르피에 B	쿠르피에 C	총합
승리	43	49	22	114
무승부	8	2	5	15
패배	47	44	30	121
총합	98	95	57	250

기대도수

	쿠르피에 A	쿠르피에 B	쿠르피에 C
승리	(114×98)/250=44.688	(114x95)/250=43.32	(114x57)/250=25.992
무승부	(15×98)/250=5.88	(15x95)/250=5.7	(15x57)/250=3.42
패배	(121×98)/250=47.432	(121x95)/250=45.98	(121x57)/250=27.588

기대도수를 모두 구했으면, 검정통계 X^2의 값을 계산합니다. 아래에 있는 테이블이 도움을 줄 것입니다. 첫 번째 열은 모든 관측도수를 나타내고, 두 번째 열은 그에 상응하는 기대도수입니다. 이러한 값들을 세 번째 열에 모두 포함시키면 검정통계의 값을 얻을 수 있습니다.

	관측도수	기대도수	$\frac{(O - E)^2}{E}$
A	43	44.688	$(43-44.688)^2/44.688$ = 2.85/44.688 = 0.064
	8	5.88	$(8-5.88)^2/5.88$ = 4.4944/5.88 = 0.764
	47	47.432	$(47-47.432)^2/47.432$ = 0.187/47.432 = 0.004
B	49	43.32	$(49-43.32)^2/43.32$ = 5.68/43.32 = 0.131
	2	5.7	$(2-5.7)^2/5.7$ = 13.69/5.7 = 2.402
	44	45.98	$(44-45.98)^2/45.98$ = 3.9204/45.98 = 0.085
C	22	25.992	$(22-25.992)^2/25.992$ = 15.936/25.992 = 0.613
	5	3.42	$(5-3.42)^2/3.42$ = 2.4964/3.42 = 0.730
	30	27.588	$(30-27.588)^2/27.588$ = 5.817/27.588 = 0.211
	$\sum O = 250$	$\sum E = 250$	$\sum \frac{(O - E)^2}{E} = 5.004$

이것이 검정통계의 값입니다.

아직 자유도를 계산해야 합니다

χ^2 분포를 이용해서 얻은 관측도수들이 가지고 있는 유의성을 확인하기 전에, 찾아야 하는 값이 아직 하나 남아 있습니다. 자유도의 값을 나타내는 ν를 찾아야 하는 것입니다.

자유도의 값이 제약을 염두에 두면서 우리가 마음대로 고를 수 있는 독립정보조각의 수를 나타내는 것임을 앞에서 이미 보았습니다. 여기서는 우리가 독립적으로 계산해야 하는 기대도수의 수에서 제약의 수를 빼면 자유도를 얻을 수 있습니다.

우선 우리가 계산해야 하는 기대도수의 전체 수가 얼마인지 따져봅시다. 우리는 세 명의 쿠르피에에 대한 기대도수와 세 개의 가능한 게임결과에 대한 기대도수를 찾아야 합니다. 따라서 3 × 3 = 9개의 기대도수를 계산해야 하는 것입니다.

3x3 = 9개의 관측도수를 계산해야 합니다.

	쿠르피에 A	쿠르피에 B	쿠르피에 C
승리			
무승부			
패배			

이제 각각의 행과 열에 대해 우리는 기대도수 중 두 개만 계산하면 됩니다. 전체 총합이 무엇인지 알고 있으므로 세 번째 기대도수는 올바른 총합을 얻을 수 있는 값으로 정하면 되기 때문입니다. 다시 말해, 우리가 실제로 계산해야 하는 기대도수는 4개뿐입니다. 나머지 5개는 이미 알고 있는 총합에 맞춰서 정하면 됩니다.

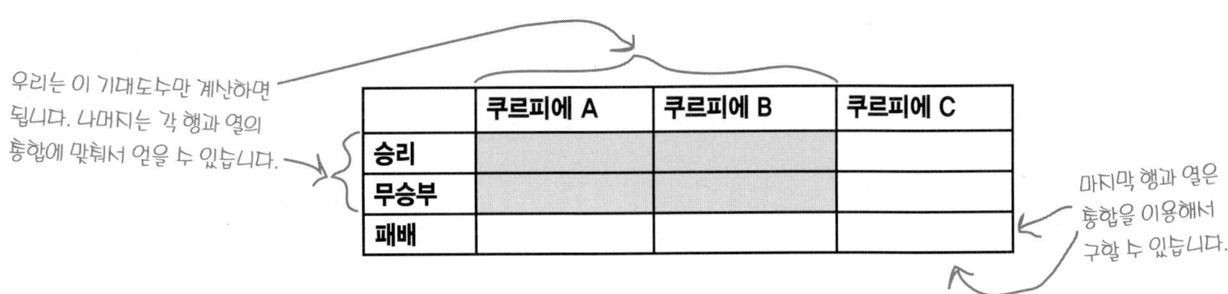

	쿠르피에 A	쿠르피에 B	쿠르피에 C
승리			
무승부			
패배			

4개의 기대도수만 계산하면 되므로, 이것이 자유도의 값을 결정합니다. 우리가 계산해야 하는 독립정보의 수는 4인 것입니다. 이 4개의 값을 알면 나머지는 자동으로 정해집니다. 다시 말해, ν = 4입니다.

이것을 바라보는 또 다른 방법은 우리가 알아야 하는 값은 전체적으로 9개인데 그 중에서 5개는 독립적으로 계산할 필요가 없다는 것입니다. 앞에서 사용했던 공식을 이용하면 ν = 9 − 5 = 4가 됩니다.

긴 연습문제

1%의 유의수준에서 게임의 결과가 테이블을 책임진 사람으로부터 독립인지 여부를 확인하는 가설검정을 수행하세요. 필요한 단계가 아래에 다시 정리되어 있습니다. 이 중에서 일부는 이미 계산했다는 사실을 기억하기 바랍니다.

1. 검사를 수행할 가설과 대립가설을 정하세요.

2. 기대도수와 자유도를 찾으세요.

3. 결정을 내리는 데 사용할 기각역을 결정하세요.

4. 검정통계 X^2을 계산하세요.

5. 검정통계가 기각역 안에 있는지 확인하세요.

6. 결정을 내리세요.

계산을 위해 충분한 여백을
남겨 놓았습니다.

1%의 유의수준에서 게임의 결과가 테이블을 책임진 사람으로부터 독립인지 여부를 확인하는 가설검정을 수행하세요. 필요한 단계가 아래에 다시 정리되어 있습니다. 이 중에서 일부는 이미 계산했다는 사실을 기억하기 바랍니다.

1. 검사를 수행할 가설과 대립가설을 정하세요.
2. 기대도수와 자유도를 찾으세요.
3. 결정을 내리는 데 사용할 기각역을 결정하세요.
4. 검정통계 X^2을 계산하세요.
5. 검정통계가 기각역 안에 있는지 확인하세요.
6. 결정을 내리세요.

단계 1:

게임의 결과가 테이블을 운영하는 쿠르피에로부터 독립인지 여부를 판별하고자 합니다. 따라서 다음과 같은 가설을 사용할 수 있습니다.

H_0: 게임의 결과와 테이블을 운영하는 쿠르피에 사이에는 아무 관계가 없습니다.

H_1: 게임의 결과와 테이블을 운영하는 쿠르피에 사이에는 관계가 있습니다.

단계 2:

우리는 630페이지에 있는 연습문제를 통해 기대도수를 구했습니다. 그리고 자유도의 값이 4라는 것을 확인했습니다.

단계 3:

확률테이블로부터 $\chi^2_{1\%}(4) = 13.28$임을 알 수 있습니다. 따라서 기각역은 $X^2 > 13.28$입니다.

단계 4:

630페이지에서 기대도수를 이용해서 검정통계 X^2도 계산했습니다. 그 결과 $X^2 = 5.004$였습니다.

단계 5:

기각역이 $X^2 > 13.28$이므로 X^2은 기각역 바깥에 존재합니다.

단계 6:

X^2이 기각역 바깥에 존재하므로 영가설을 받아들입니다. 게임의 결과와 쿠르피에 사이에 관련이 있다는 충분한 증거가 존재하지 않는 것입니다.

바보 같은 질문이란 없습니다

Q: 쿠르피에를 위한 자유도를 찾는 방법을 아직도 잘 이해하지 못하겠어요. 자유도의 값이 왜 4인 거죠?

A: 얼마나 많은 기대도수를 계산해야 하는지, 그리고 이 중에서 단순히 열과 행의 총합을 통해서 구할 수 있는 값이 몇 개나 되는지 등을 따져봄으로써 자유도를 구했습니다.

여기서는 3명의 쿠르피에와 3종류의 결과가 있습니다. 분할표를 이용해서 이들을 계산해 보면 기대도수를 위한 행과 열의 총합은 관측도수의 총합과 일치해야 합니다. 따라서 행과 열의 처음 두 개씩을 각각 계산하면 마지막 값은 총합이 얼마인지 확인함으로써 쉽게 계산할 수 있습니다. 그러므로 2×2개의 기대도수만 제대로 계산하면 됩니다. 그렇기 때문에 자유도가 4인 것입니다.

Q: 적합성과 독립성을 검사하는 것 말고 χ^2 분포의 사용처가 또 있나요?

A: 그 둘이 χ^2 분포의 가장 주요한 사용처입니다. 중요한 점은 어떤 종류의 확률분포에 대해서도 적합성을 검사하기 위해 χ^2 분포를 사용할 수 있다는 것입니다. 예를 들어 관측도수가 어느 특정한 이항분포에 적합한지 여부를 검사할 수도 있습니다.

Q: 어떤 특정한 유의수준으로 검사를 해야 하나요?

A: 상황에 따라 다릅니다. 다른 가설검정의 경우와 마찬가지로 유의수준이 작을수록 영가설을 기각하기 위해서는 더 강력한 증거가 필요합니다.

5% 혹은 1% 유의수준이 가장 일반적입니다.

브레인 파워

3×3 테이블에서 자유도를 어떻게 구했는지 생각해 보세요. 이것을 어떻게 일반화할 수 있을까요? 이것을 스스로 생각해낼 수 있는지 확인해 보고 다음 페이지로 진행하세요.

자유도 일반화하기

지금까지는 3×3 분할표를 위한 자유도를 살펴보았습니다. 이것을 어떻게 일반화할 수 있을까요?

두 개의 변수를 비교한다고 했을 때 한 변수를 위해 h행이 있고, 다른 변수를 위해 k열이 있다고 합시다. 행과 열의 총합이 얼마이어야 하는지는 알고 있습니다. 이제 자유도의 값을 찾아야 한다고 합시다.

	열 1	**...**	**열 k–1**	**열 k**
행 1				
...				
행 h–1				
행 h				

각 행에 대해 k개의 열이 있습니다. 각 행의 총합이 얼마가 되어야 하는지 알고 있으므로 (k – 1)개의 열에 대해 기대도수를 계산하면 됩니다. 행의 총합을 알고 있으므로 k번째 열의 값은 자동으로 알 수 있기 때문입니다.

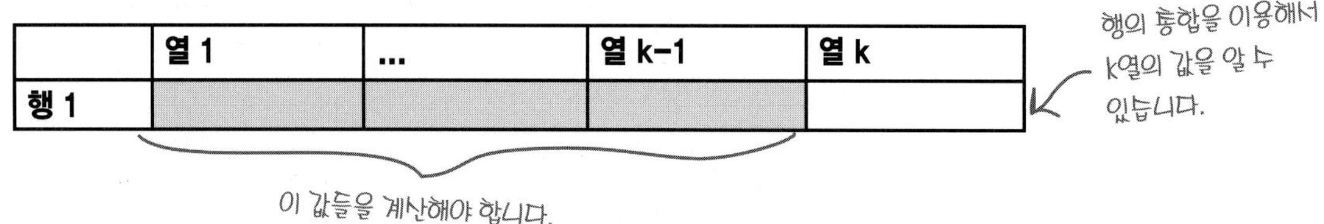

	열 1	**...**	**열 k–1**	**열 k**
행 1				

열의 경우도 비슷합니다. 각 열은 h개의 행을 가지고 있고, 각 열의 총합이 얼마가 되어야 하는지 알고 있습니다. 따라서 각 열에 대해 (h – 1)개의 행만 계산을 하면 됩니다. 열의 총합을 알고 있으므로 h번째 행의 값은 자동적으로 알 수 있기 때문입니다.

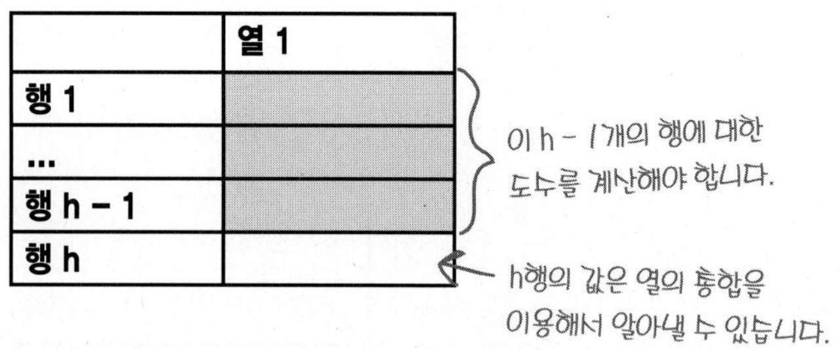

	열 1
행 1	
...	
행 h – 1	
행 h	

그래서 공식은...

이러한 사실을 종합하면 계산해야 하는 기대도수의 총합은 (k − 1) × (h − 1)입니다. 다시 말해, h×k의 차원을 가진 테이블이 있다고 하면 다음 공식을 통해 자유도를 구할 수 있습니다.

$$\nu = (h - 1) \times (k - 1)$$

	열 1	...	열 k−1	열 k
행 1				
...				
행 h−1				
행 h				

(h − 1) x (k − 1)개의 기대도수를 계산해야 하므로 자유도의 값은 (h − 1) x (k − 1)입니다.

연필을 깎으며

뚱보 댄은 두 명의 쿠르피에를 더 고용했습니다. 이제 자유도의 값은 얼마일까요? 게임의 결과는 전과 동일합니다.

뚱보 댄은 두 명의 쿠르피에를 더 고용했습니다. 이제 자유도의 값은 얼마일까요? 게임의 결과는 전과 동일합니다.

뚱보 댄이 2명의 쿠르피에를 더 고용했으므로 이제는 3x5 분할표를 갖게 되었습니다.

A, B, C는 원래 쿠르피에이고, 뚱보 댄이 새로 고용한 쿠르피에가 이 두 사람입니다.

	쿠르피에 A	쿠르피에 B	쿠르피에 C	쿠르피에 D	쿠르피에 E
승리					
무승부					
패배					

자유도의 값은 h가 행의 수이고 k가 열의 수일 때 (h - 1) x (k - 1)입니다. 따라서 다음이 성립합니다.

$$\nu = 2 \times 4$$
$$= 8$$

- χ^2 분포는 적합도검정을 수행하고, 두 변수가 서로 독립적인지 여부를 검사해 줍니다.
- O가 관측도수, E가 기대도수를 가리킨다고 했을 때 다음과 같은 검정통계를 사용합니다.

$$X^2 = \sum \frac{(O - E)^2}{E}$$

- 적합도검정에서 ν는 클래스의 수에서 제약의 수를 뺀 값입니다.
- χ^2 분포와 검정통계 X^2을 사용한다면 다음과 같이 표기합니다.

$$X^2 \sim \chi^2_\alpha(\nu)$$

여기서 ν는 자유도의 값이고, α는 유의수준입니다.

- 두 변수를 위한 독립성검정에서 사용하는 분할표가 h개의 행과 k개의 열을 가지고 있다면 다음이 성립합니다.

$$\nu = (h - 1) \times (k - 1)$$

당신은 카지노를 구했습니다

당신의 절묘한 χ^2 분포 덕분에 수상쩍어 보이는 카지노 게임을 색출해낼 수 있었습니다. 실제로 얻은 것과 기대하는 값 사이에 존재하는 불일치를 설명했고, 의심이 가는 행위를 일정한 유의수준에서 감지해 냈습니다.

뚱보 댄은 당신의 노력에 감사를 표했습니다. 당신 덕택에 그는 좀 더 조사를 할 필요가 있는 카지노 게임이 무엇인지 알게 되었고, 블랙잭 쿠르피에는 자리를 유지할 수 있게 되었습니다. 다음에 통계마을에 들리게 되면 뚱보 댄에게 연락하기 바랍니다. 그러면 그는 카지노의 모든 게임에 대해 공짜 칩을 제공해 줄 것입니다.

좋았어요!

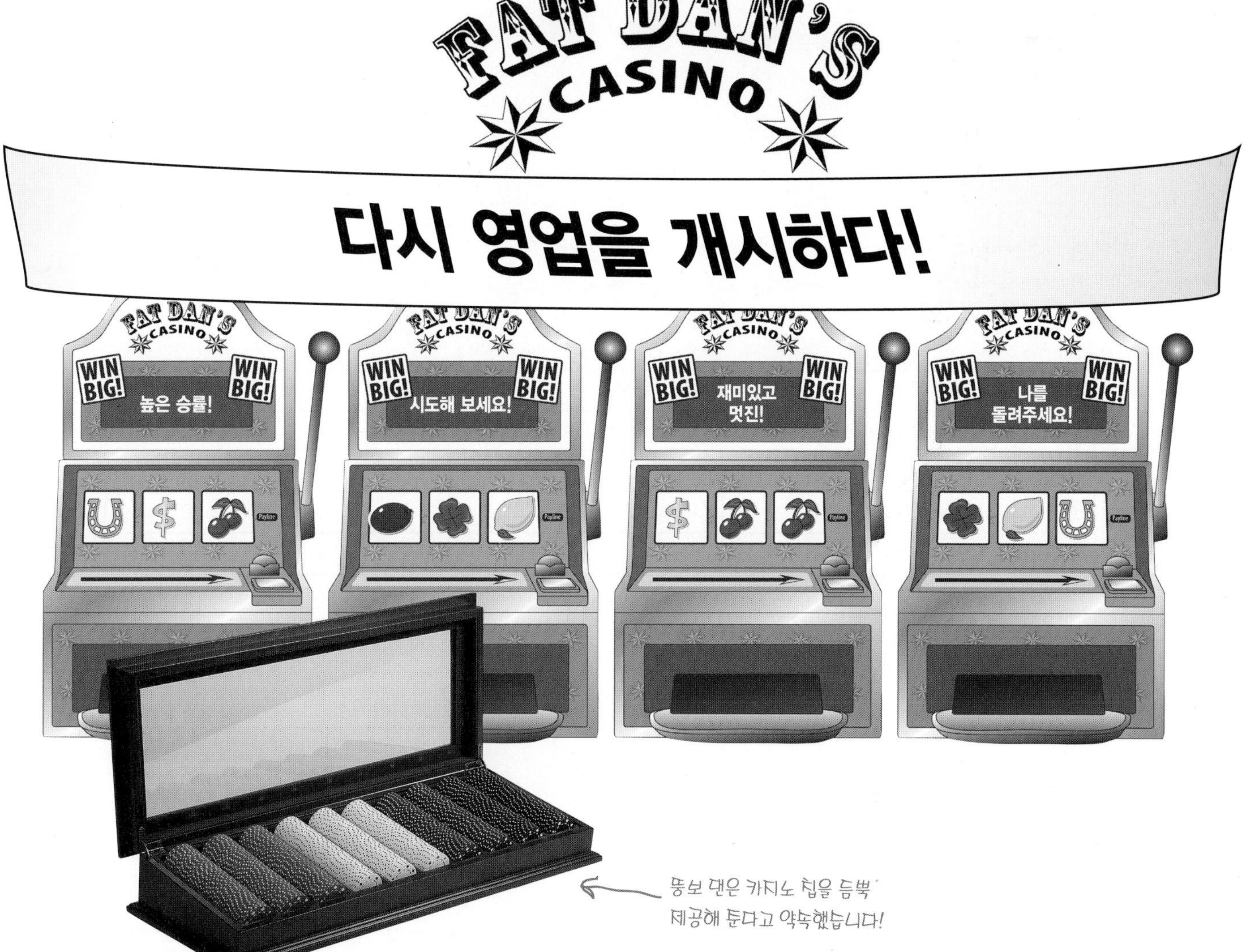

뚱보 댄은 카지노 칩을 듬뿍 제공해 준다고 약속했습니다!

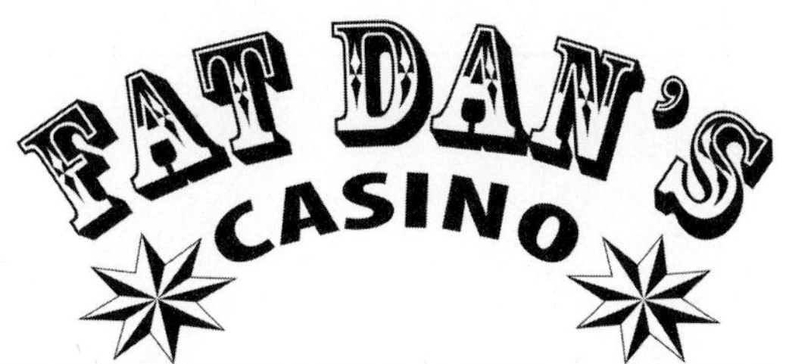

긴 연습문제

뚱보 댄은 쿠르피에 한두 명이 룰렛휠의 결과에 영향을 미치고 있다고 의심합니다. 다음 데이터는 각 쿠르피에에 대해 공이 어느 색 포켓에 들어갔는지 보여 주고 있습니다. 5%의 유의수준에서 포켓의 색과 쿠르피에가 서로 독립인지, 아니면 뭔가 수상한 일이 진행되고 있다고 알려 주는 충분한 증거가 존재하는지 여부를 검정해 보세요.

	쿠르피에 A	**쿠르피에 B**	**쿠르피에 C**
빨강	375	367	357
검정	379	336	362
초록	46	37	41

단계 1: 검정을 수행할 가설과 대립가설을 정하세요.

단계 2: 기대도수와 자유도를 찾으세요. 아래에 있는 기대도수 테이블을 사용하세요.

힌트: 행과 열의 총합을 먼저 완성하세요.
그들은 위의 관측도수의 경우와 동일합니다.

	쿠르피에 A	**쿠르피에 B**	**쿠르피에 C**	**총합**
빨강	1099×800/2300=382.3	1099×740/2300=353.6		
검정	1077×800/2300=374.6			
초록	124×800/2300=43.1			
총합	800			

단계 3: 결정을 내리는 데 사용할 기각역을 결정하세요.

단계 4: 검정통계 X^2을 계산하세요. 아래 테이블을 사용하세요.

	관측도수	기대도수	$\frac{(O - E)^2}{E}$
A	375	382.3	$(375-382.3)^2/382.3 = 53.29/382.3 = 0.139$
	379	374.6	$(379-374.6)^2/374.6 = 19.36/374.6 = 0.005$
	46	43.1	$(46-43.1)^2/43.1 = 8.41/43.1 = 0.195$
B	367	353.6	$(367-353.6)^2/353.6 = 179.56/353.6 = 0.508$
	336		
	37		
C	357		
	362		
	41		
	$\sum O =$	$\sum E =$	$\sum \frac{(O - E)^2}{E} =$

단계 5: 검정통계가 기각역 안에 있는지 여부를 확인하세요.

단계 6: 결정을 내리세요.

뚱보 댄은 쿠르피에 한두 명이 룰렛휠의 결과에 영향을 미치고 있다고 의심합니다. 다음 데이터는 각 쿠르피에에 대해 공이 어느 색 포켓에 들어갔는지 보여 주고 있습니다. 5%의 유의수준에서 포켓의 색과 쿠르피에가 서로 독립인지, 아니면 뭔가 수상한 일이 진행되고 있다고 알려 주는 충분한 증거가 존재하는지 여부를 검정해 보세요.

	쿠르피에 A	쿠르피에 B	쿠르피에 C
빨강	375	367	357
검정	379	336	362
초록	46	37	41

단계 1: 검정을 수행할 가설과 대립가설을 정하세요.

포켓의 색이 쿠르피에로부터 독립인지 여부를 검사하고자 합니다. 따라서 다음과 같은 가설을 사용합니다.

H_0: 룰렛휠 포켓 색과 쿠르피에가 독립입니다.

H_1: 포켓 색과 쿠르피에가 독립이 아닙니다.

단계 2: 기대도수와 자유도를 찾으세요. 아래에 있는 기대도수 테이블을 사용하세요.

기대도수는 각 행과 열의 총합을 곱하고 전체 총합으로 나누면 됩니다.

	쿠르피에 A	쿠르피에 B	쿠르피에 C	총합
빨강	1099×800/2300=382.3	1099×740/2300=353.6	1099x760/2300=363.1	1099
검정	1077×800/2300=374.6	1077x740/2300=346.5	1077x760/2300=355.9	1077
초록	124×800/2300=43.1	124x740/2300=39.9	124x760/2300=41.0	124
총합	800	740	760	2300

3개의 열과 3개의 행이 있고, 자유도의 값은 (행의 수 - 1) x (열의 수 - 1)로 계산합니다. 따라서 다음과 같습니다.

$$\nu = 2 \times 2$$
$$= 4$$

단계 3: 결정을 내리는 데 사용할 기각역을 결정하세요.

확률테이블에서 $\chi^2_{5\%}(4) = 9.49$임을 알 수 있습니다. 따라서 기각역은 $X^2 > 9.49$입니다.

단계 4: 검정통계 X^2을 계산하세요. 아래 테이블을 사용하세요.

	관측도수	기대도수	$\frac{(O - E)^2}{E}$
	375	382.3	$(375-382.3)^2/382.3 = 53.29/382.3 = 0.139$
A	379	374.6	$(379-374.6)^2/374.6 = 19.36/374.6 = 0.005$
	46	43.1	$(46-43.1)^2/43.1 = 8.41/43.1 = 0.195$
	367	353.6	$(367-353.6)^2/353.6 = 179.56/353.6 = 0.508$
B	336	346.5	$(336-346.5)^2/346.5 = 110.25/346.5 = 0.318$
	37	39.9	$(37-39.9)^2/39.9 = 8.41/39.9 = 0.211$
	357	363.1	$(357-363.1)^2/363.1 = 37.21/363.1 = 0.102$
C	362	355.9	$(362-355.9)^2/355.9 = 37.21/355.9 = 0.105$
	41	41.0	$(41-41)^2/41 = 0/41 = 0$
	$\sum O = 2300$	$\sum E = 2300$	$\sum \frac{(O - E)^2}{E} = 1.583$

이것은 검정통계가 $X^2 = 1.583$임을 뜻합니다.

단계 5: 검정통계가 기각역 안에 있는지 여부를 확인하세요.

기각역은 $X^2 > 9.48$입니다. $X^2 = 1.583$이므로 검정통계는 기각역 바깥에 있습니다.

단계 6: 결정을 내리세요.

검정통계가 기각역 바깥에 있으므로 5% 유의수준에서 영가설을 기각하기에는 충분한 증거가 있지 않음을 뜻합니다.
다시 말해, 포켓 색과 쿠르피에가 서로 독립이라는 영가설을 받아들입니다.

15 상관과 회귀

내 라인은 무엇일까요?

사포를 더 많이 사용할수록 그가 내 수염을 눈치 챌 가능성이 줄어들겠지.

역자 주: 원문인 "What's My Line?"(내 직업은 무엇일까요?)은 패널들의 질문에 Yes 또는 No로 대답하는 유명출연자의 직업을 맞추는 이전에 CBS에서 방영했던 패널게임쇼입니다. Line은 직업이라는 뜻도 있습니다.

두 가지 사물이 어떻게 연결되어 있는지 궁금한 적이 있었습니까?

지금까지는 남자의 키, 농구선수들의 점수, 혹은 풍선껌의 향이 얼마나 오래 가는가 하는 것처럼 한 가지 변수에 대해 설명해 주는 통계를 살펴보았습니다. 하지만 통계 중에는 **변수들 사이에 존재하는 연결**에 대해 말해 주는 것들도 존재합니다. 사물이 어떻게 서로 연결되어 있는지 아는 것은 실제 세상에 대한 많은 정보, 당신을 이롭게 해 주는 정보를 제공해 줍니다. 책을 계속 읽어나가면 이러한 **연결과 관련된 두 가지 핵심적인 내용**, 즉 상관(correlation)과 회귀(regression)에 대해 알게 될 것입니다.

절대로 날씨를 믿지 마세요

콘서트는 야외에서 열릴 때가 가장 멋집니다. 최소한 우리의 멋쟁이 친구들은 그렇게 생각합니다. 그들은 야외공연을 기획하는 비즈니스를 하고 있는데, 여름공연을 위한 티켓판매가 대박날 것 같습니다.

오늘 열릴 콘서트는 사상 최고의 공연이 될 것으로 기대하고 있습니다. 밴드는 방금 리허설을 가졌는데, 하늘에 먹구름이 끼어들기 시작했습니다...

하늘이 순식간에 컴컴해지고, 온도가 뚝 떨어지고 있으며, 심지어 비가 오는 것처럼 보이기 시작합니다. 더 나쁜 소식은 티켓판매가 타격을 받았다는 것입니다. 멋쟁이 친구들은 곤란한 입장에 처했고, 이런 일이 다시는 일어나지 않도록 막아야만 할 필요가 생겼습니다.

멋쟁이 친구들이 필요로 하는 것은 날씨가 맑을 것으로 예상되는 시간에 얼마나 많은 티켓이 판매될 것인가 하는 것을 예견하는 능력입니다. 그러한 능력이 있으면 흐린 날씨가 관객 수에 미치는 영향을 미리 파악할 수 있을 것입니다. 만약 관객 수가 공연비용을 상쇄할 수 있는 3,500명을 넘지 못하면 멋쟁이 친구들은 콘서트를 취소할 것입니다.

그들은 **당신**의 도움이 필요합니다.

햇볕과 관객 수를 분석합시다

다음은 햇볕이 날 것으로 예상되는 시간과 서로 다른 공연에 참석하는 관객 수를 보여 주는 데이터입니다. 이것을 어떻게 이용하면 햇볕이 날 것으로 예상되는 시간이 얼마나 되는지에 따라 티켓판매가 달라지는지 예측할 수 있을까요?

햇볕 (시간)	1.9	2.5	3.2	3.8	4.7	5.5	5.9	7.2
공연관객 수 (100명)	22	33	30	42	38	49	42	55

그거야 쉽지. 평균값과 표준편차를 구한 다음에 분포를 살펴보면 되지. 그럼 모든 걸 알게 될 거야.

대부분의 경우에는 그렇게 함으로써 어떤 결과가 나올지 예측할 수 있습니다.

하지만 이 경우에는 무엇에 대한 평균값과 표준편차를 구해야 한다는 말입니까? 공연관객 수를 대상으로 계산을 해야 합니까 아니면 햇볕이 나는 시간을 대상으로 계산을 해야 합니까? 어느 것도 그 자체로는 우리가 필요로 하는 정보를 제공해 주지 않습니다. 여기서는 하나의 데이터 집합을 대상으로 하는 것이 아니라 둘 다 대상으로 해야 합니다.

지금까지 우리는 독립확률변수를 살펴보았지만, 종속변수는 다루지 않았습니다. 만약 날씨가 나쁘면 야외에서 열리는 콘서트에 참석하는 관객 수가 날씨가 좋은 날에 비해 적을 것이라고 예상할 수 있습니다. 그렇지만 이러한 연결고리를 어떻게 포착하며, 이러한 정보를 통해 햇볕이 날 것이라고 예상되는 시간을 기초로 관객 수를 어떻게 예측할 수 있는 것일까요?

이것은 모두 데이터의 종류에 달려 있는 문제입니다.

데이터 집합들 사이에 존재하는 연결고리를 어떻게 포착할 수 있을까요?

데이터 종류 탐색하기

지금까지 우리가 다루어온 데이터의 종류는 일변량(univariate)이었습니다.

일변량 데이터(univariate data)는 단일한 변수의 도수나 확률에 대해 관심을 갖습니다. 예를 들어 일변량 데이터는 카지노에서 돈을 딸 확률이나 통계마을 신부들의 몸무게를 설명할 수 있습니다. 각각의 경우 언제나 하나의 대상만 설명되는 것입니다.

일변량 데이터는 데이터 집합 사이에 존재하는 연결고리에 대해서는 설명할 수 없습니다. 예를 들어 야외콘서트에 참석하는 관객 수를 설명하는 일변량 데이터가 있다고 한다면, 그것은 해당 날짜에 햇볕이 날 것으로 기대되는 시간에 대해서는 말해 주지 못합니다. 그것은 단지 콘서트에 참석하는 관객 수에 대해서만 이야기할 뿐입니다.

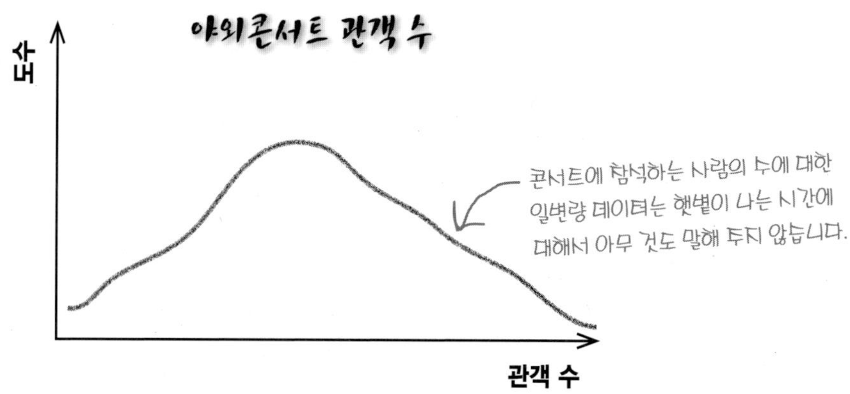

그럼 변수들 사이에 존재하는 연결에 대해 알고 싶은 경우에는 어떻게 하나요? 일변량 데이터는 이러한 정보를 다룰 수 없지만, 이런 것을 다룰 수 있는 **이변량 데이터**(bivariate data)가 존재합니다.

이변량 데이터에 대한 모든 것

이변량 데이터는 각 관측에 대해 하나가 아닌 두 개의 변수 값을 말해 줍니다. 예를 들어 이러한 데이터는 하나의 이벤트 혹은 하나의 관측에 대해 햇볕이 날 것이라고 기대되는 시간과 콘서트에 참여하는 관객 수를 다음과 같이 동시에 말해 줄 수 있습니다.

이변량 데이터는 각 관측에 대해 두 변수의 값을 말해 줍니다.

햇볕 (시간)	1.9	2.5	3.2	3.8	4.7	5.5	5.9	7.2
공연관객 수 (100명)	22	33	30	42	38	49	42	55

변수 중에서 하나가 어떤 식으로 통제되거나 다른 변수를 설명하는 데 사용되면, 그것은 **독립**(independent)변수 혹은 **설명**(explanatory)변수라고 합니다. 이때 다른 변수는 **종속**(dependent)변수 혹은 **반응**(response)변수라고 합니다. 우리의 예에서는 관객 수를 예측하기 위해 햇볕이 나는 시간을 사용하고자 하므로 햇볕시간은 독립변수이고 관객 수는 종속변수입니다.

이변량 데이터 시각화하기

일변량 데이터의 경우와 마찬가지로 일정한 패턴을 발견하기 위해 이변량 데이터를 그래프로 그릴 수 있습니다. 하나의 값을 도수나 확률에 대응시키는 것이 아니라 변수 하나는 x축에 그리고 다른 하나는 y축에 대응하도록 합니다. 이렇게 하면 두 변수 사이에 존재하는 연결고리를 시각화할 수 있습니다.

이러한 종류의 그래프를 **산포 다이어그램**(scatter diagram) 혹은 **산점도**(scatter plot)라고 합니다. 이러한 그래프를 그리는 방식은 다른 그래프를 그리는 방식과 별로 다르지 않습니다.

우선 수직축과 수평축을 그립니다. 한 변수는 x축에, 다른 변수는 y축에 대응시킵니다. 독립변수는 보통 x축으로 가고, 종속변수는 y축으로 갑니다. 축을 그렸으면 각 관측에 따른 값들을 산점도 위에 그려 넣습니다.

다음은 특정한 사건이나 관측을 위해 그려진 햇볕이 나는 시간과 관객 수에 대한 산점도입니다. 햇볕이 날 것이라고 예측되는 시간이 독립변수이므로 우리는 그것을 x축에 대응시켰습니다. 콘서트에 참석하는 관객 수는 종속변수이므로 y축 위에 나타나고 있습니다.

여기에 데이터가 있습니다.

x (햇볕)	1.9	2.5	3.2	3.8	4.7	5.5	5.9	7.2
y (관객 수	22	33	30	42	38	49	42	55

햇볕시간은 x축에, 관객 수는 y축에 나타납니다.

야외콘서트와 햇볕

관객 수 (100명)

60
50
40
30
20
10
0

0 1 2 3 4 5 6 7 8

햇볕 (시간)

관객 수는 y축입니다.

이것들은 모두 데이터를 나타내는 점입니다.

햇볕은 x축입니다.

산점도가 데이터에 존재하는 패턴을 시각화하고 있는 것이 보입니까? 이것이 야외콘서트와 해당 날짜에 햇볕이 날 것으로 예상되는 시간 사이에 존재하는 관련성을 정의하는 것을 어떻게 도와줄 수 있는지 알겠습니까?

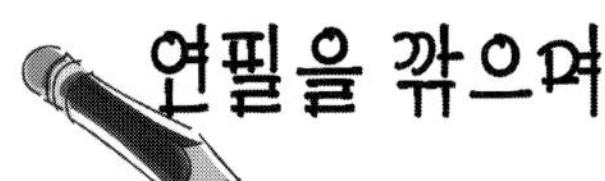

이변량 데이터를 분석하는 방법에 대해 아직 설명하지 않았습니다. 하지만 콘서트 준비위를 위해 산점도를 얼마나 분석할 수 있는지 살펴보도록 합시다.

이 그래프에서 어떤 종류의 패턴을 확인할 수 있습니까? 이것을 기저에 깔린 데이터에 어떻게 연결할 수 있습니까? 날씨가 맑다고 했을 때 야외콘서트의 관객 수는 어떻게 변할 것으로 예상됩니까? 날씨가 흐리면 어떻게 예상됩니까?

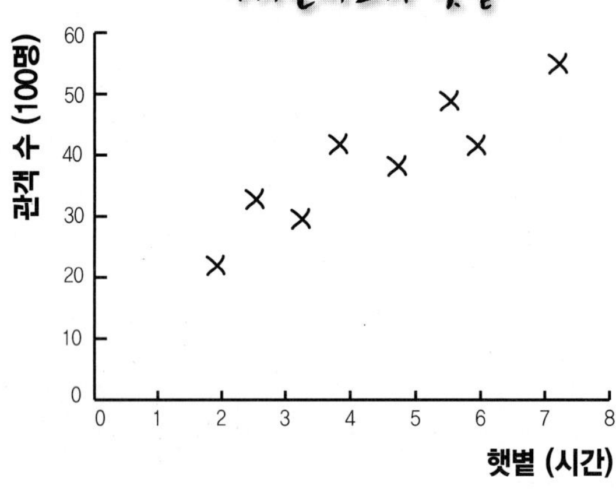

5분 미스터리

선크림 판매 대박 사건

선크림 공장의 인턴사원에게 그들의 특정 브랜드를 최선으로 광고하는 방법을 찾기 위해 선크림 판매를 분석하라는 업무가 주어졌습니다.

그에게는 선크림 판매와 다른 다양한 요소들 사이에 존재하는 관계를 보여 주는 산점도가 주어졌습니다. 그는 이러한 산점도를 보고 두 요소 사이에 모종의 관련성이 있는 것으로 보이는 것을 골라내야 합니다. 그러한 정보는 마케팅팀의 전략에 도움이 될 것입니다.

인턴이 첫 번째로 골라낸 산점도는 선크림과 꽃가루의 상관관계를 나타내는 것입니다. 그는 꽃가루가 많은 날 선크림 판매가 매우 높은 것을 보고 놀란 나머지, 마케팅팀에게 광고를 할 때 꽃가루를 사용하라고 권고했습니다.

그의 이야기를 들은 마케팅팀 사람들은 멍한 표정으로 그를 바라보았습니다. 마케팅팀 사람들은 어떻게 해야 할까요?

꽃가루가 많으면 사람들은 선크림을 더 많이 구입하게 될까요?

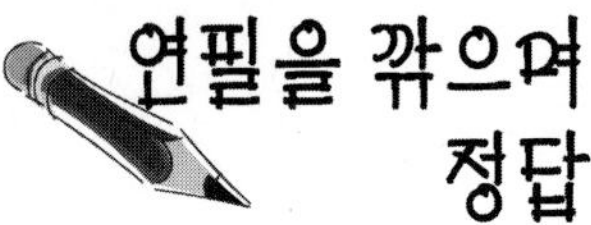

이변량 데이터를 분석하는 방법에 대해 아직 설명하지 않았습니다. 하지만 콘서트 준비위를 위해 산점도를 얼마나 분석할 수 있는지 살펴보도록 합시다.

이 그래프에서 어떤 종류의 패턴을 확인할 수 있습니까? 이것을 기저에 깔린 데이터에 어떻게 연결할 수 있습니까? 날씨가 맑다고 했을 때 야외콘서트의 관객 수는 어떻게 변할 것으로 예상됩니까? 날씨가 흐리면 어떻게 예상됩니까?

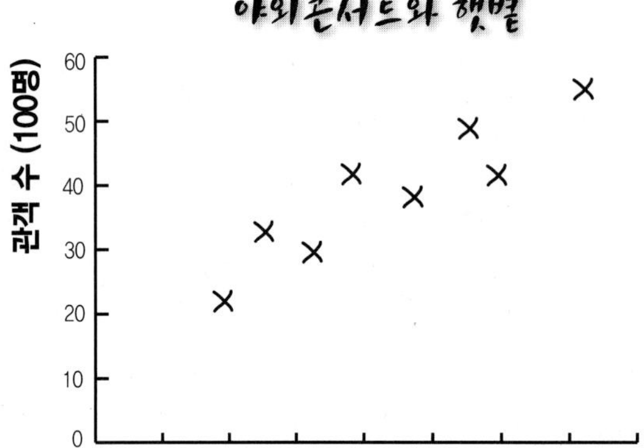

우선 그래프는 데이터 점들이 그래프 안에 존재하는 직선 주위에 몰려 있음을 보여 줍니다. 그리고 이 직선은 위로 올라가고 있습니다. 햇볕이 날 것으로 예상되는 시간이 적으면 콘서트에 참석하는 관객 수도 적을 것처럼 보입니다. 만약 햇볕이 날 것으로 예상되는 시간이 많으면 콘서트의 관객 수도 많을 것이라고 예상할 수 있습니다. 즉, 날씨가 좋을수록 야외콘서트에 참석하는 관객 수가 많을 거라고 기대할 수 있는 것입니다.

지적하고 넘어갈 필요가 있는 중요한 사항 하나는 이러한 말은 데이터의 범위 안에서만 할 수 있다는 사실입니다. 우리는 햇볕이 날 것으로 예상되는 시간이 2시간 미만이거나 7.5시간 이상인 경우에 대해서는 말할 데이터가 없습니다.

산점도는 패턴을 보여 줍니다

보다시피 산점도는 데이터의 실제 패턴을 보여 주기 때문에 유용합니다. 두 변수 사이에 존재하는 연결고리를(그런 것이 있기만 하다면) 좀 더 명확하게 시각화해 주는 것입니다.

콘서트 데이터를 위해 그려진 산점도는 뚜렷한 패턴을 보여 주고 있습니다. 데이터 점들이 직선 근처에 모여 있는 것입니다. 이러한 것을 **상관**(correlation)이라고 합니다.

선형상관 자세히 보기

산점도는 짝을 이룬 값들 사이에 존재하는 **상관**을 보여 줍니다.

상관은 변수들 사이에 존재하는 수학적 관계입니다. 산점도 위에 존재하는 상관은 그들이 형성하는 특징적인 패턴을 통해서 식별할 수 있습니다. 만약 산점도가 점들을 대략 직선으로 보여 주고 있으면 상관을 **선형**(linear)이라고 합니다.

두 변수 사이에 존재하는 상관의 일반적인 종류에 대해 살펴보도록 합시다.

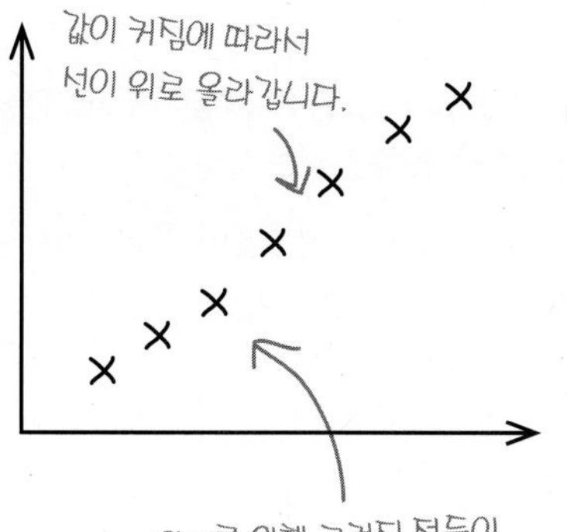

양수선형상관

양수선형상관은 x축의 낮은 값들이 y축의 낮은 값들과 대응하고, x축의 높은 값들이 y축의 높은 값들과 대응하는 것입니다. 다시 말해, x가 커짐에 따라서 y도 커집니다.

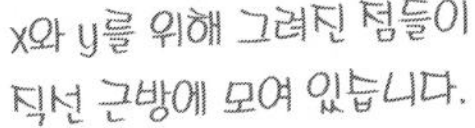

음수선형상관

음수선형상관은 x축의 낮은 값들이 y축의 높은 값들과 대응하고, x축의 높은 값들이 y축의 낮은 값들과 대응하는 것입니다. 다시 말해, x가 커짐에 따라서 y는 작아집니다.

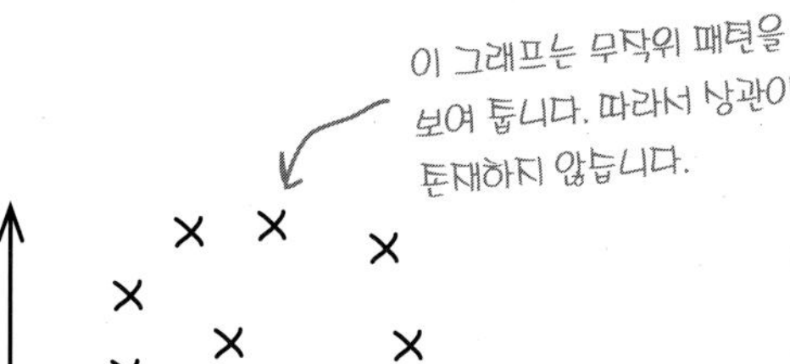

상관없음

x의 값과 y의 값이 무작위 패턴을 형성하면 상관이 없다고 합니다.

상관 대 인과관계

상관이 있다는 것은 어느 한
변수가 다른 변수의 값에 영향을
준다는 건가?

두 변수 사이에 상관이 존재한다고 해서 그것이 반드시 어느 변수가 다른 변수에 영향을 준다든지 아니면 실세계에서 실제로 연관되어 있음을 뜻하는 것은 아닙니다.

두 변수 사이에 존재하는 상관은 둘 사이에 모종의 **수학적인 관련성**이 있음을 뜻하는 것입니다. 이것은 우리가 값들을 그래프 위에 그리면, 어떤 패턴을 인식하거나 그려지지 않은 값들의 위치에 대해 예측할 수 있음을 의미합니다. 하지만 우리는 둘 사이에 **실제 관련성**이 있는지 여부는 알지 못하며, 어느 하나가 다른 하나에 영향을 주는지 혹은 제3의 요소가 그렇게 하는지 등에 대해서도 알지 못합니다.

예를 들어 당신이 어떤 데이터를 수집해서 어느 마을에 커피전문점이 늘어남과 동시에 레코드판매점의 수가 줄어들었다는 사실을 발견했다고 생각해 봅시다. 이것이 사실일 수는 있겠지만, 그렇다고 해서 그것이 실생활에서 커피전문점의 수와 레코드판매점 사이에 특정한 관련성이 존재한다고 말할 수 있는 근거가 되지는 못합니다. 다시 말해, 커피전문점의 수가 늘어나는 것 자체가 레코드판매점의 수가 줄어들도록 만드는 것이라고 볼 수는 없다는 뜻입니다. 우리가 말할 수 있는 것은 다만 커피전문점의 수가 늘어남에 따라 레코드판매점의 수가 줄어든다는 사실뿐입니다.

커피전문점 대 레코드판매점

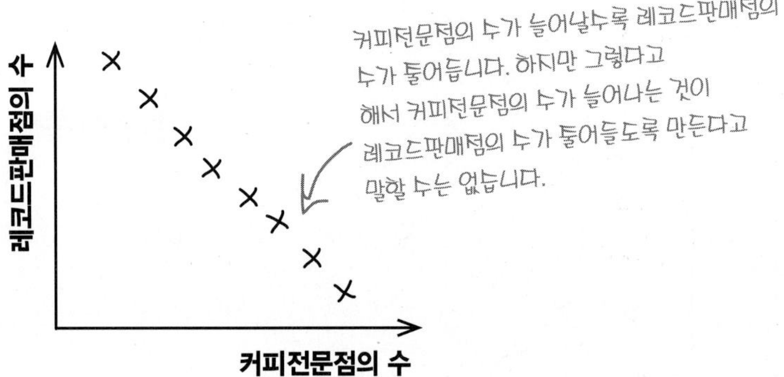

선크림 판매 대박 사건: 해결되었음

꽃가루가 많으면 사람들이 선크림을 더 많이 구입하게 될까요?

5분 미스터리 해결

마케팅팀의 여직원이 인턴에게 다가갔습니다.

그녀가 말했습니다. "좋은 의견을 내줘서 고마워. 하지만 그걸 광고에 사용하지는 않을 거야. 생각해 봐, 꽃가루가 많다고 해서 사람들이 선크림을 더 사게 되는 것은 아니거든."

인턴은 혼란스러운 표정으로 그녀를 바라보았습니다. "하지만 이 산점도가 보여 주는 것은 그렇지 않은데요. 꽃가루가 많아지면 선크림 판매가 늘어난다고요."

여직원이 말했습니다. "그건 사실이야. 하자만 그렇다고 해서 많은 꽃가루가 높은 선크림 판매를 유발한다고 볼 수는 없어. 꽃가루가 많은 날은 대개 날씨가 맑은 날이지. 그래서 사람들이 바깥으로 더 많이 나가게 되는 거고. 밖으로 나가니까 선크림을 더 많이 사게 되는 거지."

바보 같은 질문이란 없습니다

Q: 그럼 햇볕이 날 거라고 예상되는 시간에도 낮은 티켓판매를 유발한다고 볼 수 있는 건가요?

A: 이변량 데이터는 두 변수 사이에 어떤 수학적 관련성이 있다고 말하지만, 그렇다고 해서 그들 사이에 인과관계가 성립한다고 볼 수는 없습니다. 날씨가 맑으면 더 많은 사람들이 야외공연에 참석할 거라고 직관적으로 생각할 수는 있지만, 진짜 팬들은 날씨에 상관없이 공연에 올 수도 있습니다. 마찬가지로 인기가 없는 밴드는 날씨에 상관없이 보러오는 팬들이 적을 수도 있습니다.

Q: 산점도는 모집단 혹은 데이터 표본을 사용하나요?

A: 어느 쪽이든 사용할 수 있습니다. 대부분의 경우에는 표본을 사용하겠지만, 표본을 사용하든 아니면 모집단을 사용하든 상관없이 산점도를 그리는 과정은 동일합니다.

Q: 두 변수 사이에 상관이 존재하면, 그것은 반드시 선형이어야 하나요?

A: 상관은 선형관련성을 측정합니다. 하지만 모든 관련성이 선형인 것은 아닙니다. 예를 들어 두 변수 사이에 존재하는 어떤 강력한 관련성은 예를 들어 $y = x^2$과 같은 곡선을 그릴 수도 있습니다. 그렇지만 우리는 이 장에서 선형관련성만 다룰 것입니다.

하지만 이봐 잠깐 멈추라고! 예상되는 햇볕시간에 기초해서 관객 수를 어떻게 예측할 수 있다는 거지? 관객 수가 3,500명 아래로 떨어지면 공연을 취소하고 빠져나가야 한단 말이야.

우리는 콘서트 관객 수를 예측할 필요가 있습니다

지금까지는 이변량 데이터가 무엇인지 살펴보았고, 산점도가 두 변수 사이에 존재하는 수학적 관련성을 보여 주는 방식을 보았습니다. 그렇지만 이러한 정보를 이용해서 예측을 하는 방법은 아직 살펴보지 않았습니다.

우리가 다음으로 해야 하는 것은 이러한 데이터를 이용해서 햇볕이 날 것으로 예상되는 시간을 기초로 콘서트 관객 수를 예측하는 방법을 살펴보는 것입니다.

이러한 이변량 데이터를 이용해서 예측을 하려면 어떻게 해야 할까요?

최량적합선을 이용해서 값을 예측하세요

지금까지는 산점도 안에 일정한 패턴이 존재하는지 여부를 보여줌으로써 그것이 두 변수 사이에 관련성이 있는지 여부를 확인하도록 해 주는 방법을 살펴보았습니다. 그렇지만 햇볕이 날 것으로 예상되는 시간을 기초로 해서 콘서트에 참석하는 관객 수를 어떻게 예측할 수 있을까요? 특정한 날에 햇볕이 날 것으로 기대되는 시간을 안다고 했을 때 이러한 산점도를 이용해서 관객 수를 예측하려면 어떻게 해야 하는 것일까요?

그렇게 하는 방법 중 하나는 산점도에 있는 점들 사이를 관통하는 직선을 하나 긋는 것인데, 그것이 점들에 최대한 가깝게 위치하도록 만드는 것입니다. 모든 점을 관통하는 선을 그으려면 직선을 만들 수는 없겠지만, 만약 선형상관이 존재한다면 대부분의 점들이 이 직선에 상당히 가깝도록 만들 수 있습니다. 이러한 직선을 긋고 나면 햇볕이 날 것으로 예상되는 시간을 기초로 해서 콘서트에 참석하는 관객 수를 예상할 수 있습니다.

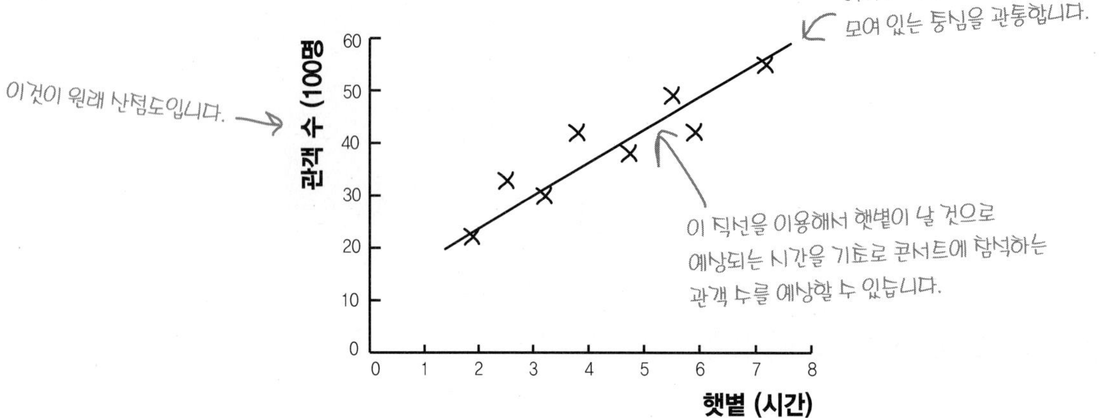

이렇게 데이터 점들에 가장 가깝게 그어진 선을 **최량적합선**(line of best fit)이라고 합니다.

이런 식으로 선을 긋는 것은 최선의 추측일 뿐입니다.

이렇게 선을 긋는 방식이 가진 한계는 그것이 추측에 불과하다는 것입니다. 따라서 이러한 선을 기초로 내리는 예상은 언제나 일정한 의심을 받아야 합니다. 자신이 그은 선이 정말로 최선인가 하는 점을 명확히 확인할 수 있는 방법은 없습니다. 이러한 선은 주관적인 것이며, 당신의 판단에 달려 있는 문제입니다.

최선의 추측도 어디까지나 추측일 뿐입니다

세 명의 사람이 각각 야외콘서트를 위한 최량적합선을 그린다고 생각해 봅시다. 다음 그림에서 보는 바와 같이 이들은 약간씩 다른 직선을 그리게 될 가능성이 높습니다.

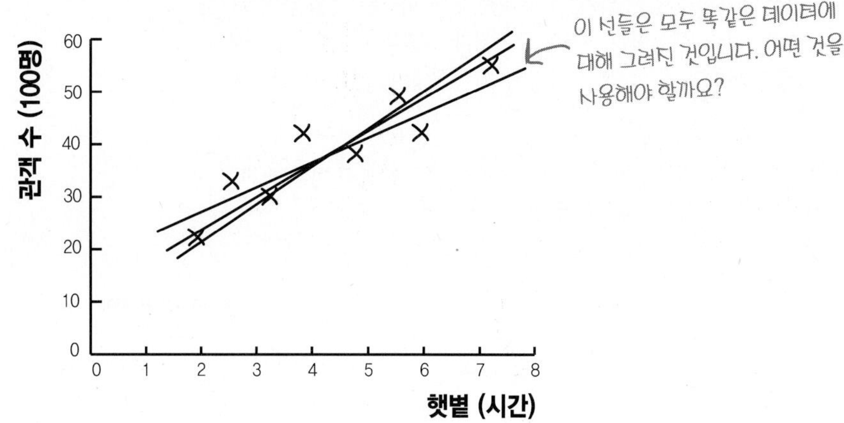

세 개의 직선은 모두 나름대로 최량적합선입니다. 하지만 우리는 어느 것이 정말로 최선인지 알지 못합니다.

우리가 정말 필요로 하는 것은 최량적합선을 이렇게 눈대중으로 그리는 것이 아닌 뭔가 다른 방법입니다. 직선을 어떻게 그어야 하는지 대충 생각하는 것이 아니라 최량적합선을 긋기 위해 활용할 수 있는 데이터를 이용해서 뭔가 수학적이고 통계적인 방법을 쓴다면 훨씬 안정적인 결과를 얻을 수 있을 것입니다.

선을 나타내는 방정식을 찾을 필요가 있습니다

직선을 나타내는 방정식은 $y = a + bx$라는 형태를 갖습니다. 여기서 a는 y축 상의 값이고, b는 기울기입니다. 따라서 우리는 최량적합선을 $y = a + bx$라는 형태로 나타낼 수 있습니다.

우리의 경우에는 x가 햇볕이 날 것으로 예상되는 시간을 나타내고, y는 그에 상응하는 야외공연 관객 수를 나타냅니다. 이러한 데이터를 이용해서 a와 b에 가장 알맞은 값을 찾아낼 수 있다면 직선을 표현하는 방정식을 찾아낼 수 있고, 따라서 햇볕이 나는 시간을 기초로 해서 콘서트에 참석하는 관객 수를 안정적으로 예측할 수 있을 것입니다.

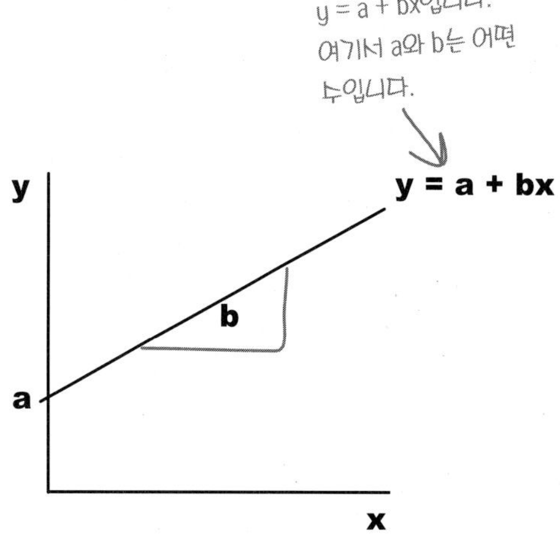

오차를 최소화할 필요가 있습니다

최량적합선 $y = a + bx$로부터 필요한 것이 무엇인지 살펴봅시다.

최량적합선은 모든 데이터 점들의 값을 가장 정확하게 표현하는 선입니다. 이것은 알려져 있는 어떤 값 x에 대해 데이터 집합에 존재하는 y 값들이 우리가 최량적합선을 이용해서 예측하는 값에 최대한 가깝게 위치하도록 만들어야 한다는 것을 의미합니다. 다시 말해, 햇볕이 날 것이라고 예상되는 시간이 주어졌다고 했을 때, 우리가 콘서트에 참석하는 관객 수가 될 것이라고 예측하는 값이 최대한 실제 값에 근접하도록 만들어야 한다는 것입니다.

최량적합선은 실제로 관측된 y 값과 우리가 각각의 상응하는 x 값에 대해 y 값이 될 거라고 예측하는 값 사이에 존재하는 간격을 최소로 만드는 방정식 $y = a + bx$로 표현됩니다.

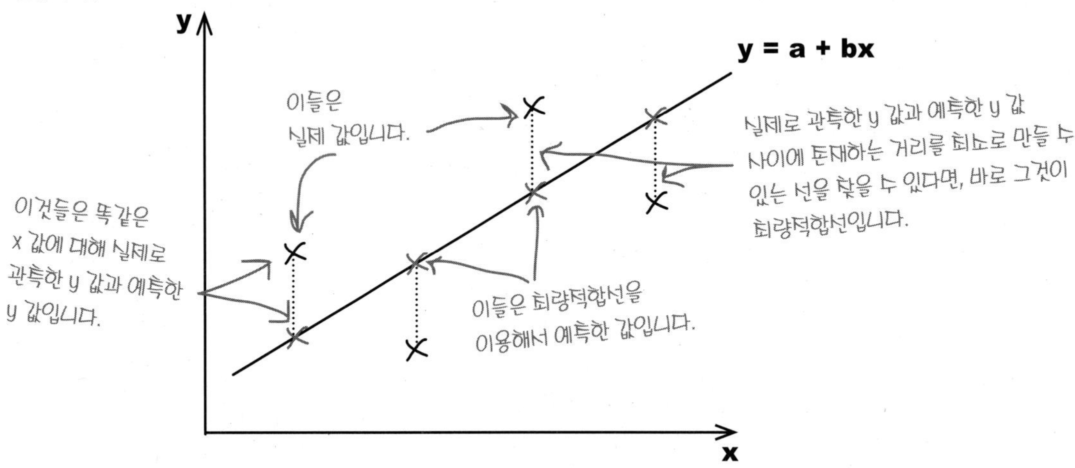

우리의 데이터 집합에 존재하는 y 값을 y_i로 나타내고, 최량적합선을 이용해서 예측한 값을 $\hat{y}_i$로 나타냅시다. ^ 기호는 추정된 값을 의미하므로 이것은 앞 장에서 보았던 점추정의 표기법과 일치합니다.

우리는 최량적합선을 이용해서 실제 값인 y와 추정된 값 사이에 존재하는 거리를 최소한으로 만들고 싶습니다. 다시 말해, 우리는 y_i와 $\hat{y}_i$ 사이에 존재하는 거리의 총량이 최소가 되도록 만들 필요가 있는 것입니다. 결국 우리는 다음 값이 최소가 되도록 만들고자 합니다.

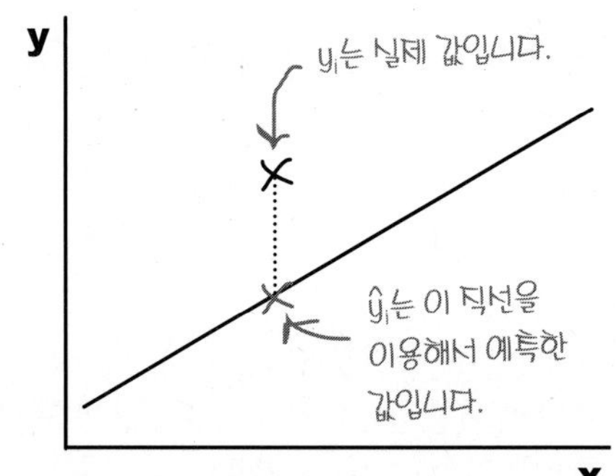

$$\Sigma(y_i - \hat{y}_i)$$

하지만 이러한 공식이 갖는 문제는 모든 거리를 더하면 값들이 서로 상쇄해서 남는 것이 없게 된다는 점입니다. 그래서 우리는 앞에서 했던 것과 비슷하게 약간 다른 방법을 취해야 합니다.

제곱오차의 합에 대한 소개

우리가 처음 분산을 접했을 때를 기억합니까? 모든 값과 평균값 사이에 존재하는 거리의 총합을 구하려고 했는데, 이러한 값들이 서로 상쇄되었습니다. 이런 문제를 피하기 위해 거리를 제곱해서 양수로 만든 값을 더했습니다.

여기에서도 비슷한 문제에 봉착했습니다. 실제 값과 예측 값 사이에 존재하는 거리를 더하는 대신 거리를 제곱한 값을 더해야 합니다. 이렇게 하면 더하는 값들이 모두 양수임을 보장할 수 있기 때문입니다.

이렇게 거리의 제곱을 더한 것을 **제곱오차의 합**(sum of squared errors) 혹은 **SSE**라고 합니다.

y의 실제 값들과 최량적합선을 이용해서 예측한 값의 차입니다.

제곱오차의 합 →

$$SSE = \Sigma(y - \hat{y})^2$$

다시 말해, 각 y 값을 취한 다음에 최량적합선을 통해 예측한 y 값을 빼고, 제곱을 한 값을 더하는 것입니다.

SSE가 분산을 떠올리게 하는군. 분산은 평균값으로부터의 거리를 제곱한 값을 사용하고, SSE는 직선으로부터의 거리를 제곱한 값을 사용하고 있어.

분산과 SSE는 비슷한 방식으로 계산됩니다.

SSE는 분산이 아닙니다. 하지만 이것 역시 특정한 두 점 사이에 존재하는 거리를 제곱한 값을 다루고 있습니다. SSE는 실제 y 값과 최량적합선을 이용해서 예측한 y 값 사이의 거리를 제곱해서 모두 더한 값입니다.

이제 우리가 할 일은 y = a + bx에 기초한 SSE를 최소로 만드는 a와 b의 값을 찾기 위해 데이터를 이용하는 것입니다.

최량적합선을 위한 방정식을 찾으세요

우리는 제곱오차의 합 $\sum(y - \hat{y})^2$의 값을 최소로 만들고자 합니다. 여기서 $y = a + bx$입니다. 그렇게 함으로써 a와 b를 위한 최적의 값을 찾을 수 있고, 따라서 최량적합선을 위한 방정식을 얻을 수 있습니다.

b부터 시작합시다

직선 $y = a + bx$에서 b 값은 **기울기**(slope), 즉 직선의 경사를 나타냅니다. 다시 말해, b는 최량적합선의 기울기입니다.

이것을 증명하는 방법은 설명하지 않겠지만 SSE $\sum(y - \hat{y})^2$을 최소로 만드는 b 값은 다음과 같이 주어집니다.

$$b = \frac{\sum((x - \bar{x})(y - \bar{y}))}{\sum(x - \bar{x})^2}$$

각 x 값에서 x 값들의 평균값을 빼고 대응하는 y 값에서 y 값들의 평균값을 뺀 값을 곱합니다.

이 부분은 x의 분산을 찾을 때와 비슷합니다. 각 x 값에서 x 값들의 평균값을 빼고, 결과를 제곱합니다.

정말이야? 너무 복잡해 보이는데.

계산이 처음에는 복잡해 보이지만, 실제로는 그렇게 복잡하지 않습니다.

우선 데이터 안에 있는 x와 y 값들의 평균값을 의미하는 $\bar{x}$와 $\bar{y}$를 찾습니다. 그 다음에는 각각의 값들에 대해 $(x - \bar{x})$에 $(y - \bar{y})$를 곱해서 결과를 모두 더합니다. 끝으로 전체 값을 $\sum(x - \bar{x})^2$으로 나누면 됩니다. 이 마지막 부분은 표본의 분산을 계산할 때 구했던 값과 매우 비슷합니다. 유일한 차이는 그것을 $(n - 1)$로 나누지 않는다는 것뿐입니다. 이러한 계산을 수행해 주는 소프트웨어를 구할 수도 있습니다.

이러한 공식을 실전에서 어떻게 사용하는지 살펴봅시다.

시험에서 이 공식을 계산해야 한다면 공식 자체는 거의 확실히 주어질 것입니다.

따라서 공식을 외울 필요는 없고, 다만 어떻게 사용하는지만 알면 충분합니다.

최량적합선의 기울기 찾기, 파트 1

다음 데이터를 이용해서 y = a + bx인 직선의 기울기를 찾아봅시다. 우선 데이터의 내용을 다시 확인하도록 합니다.

x (햇볕)	1.9	2.5	3.2	3.8	4.7	5.5	5.9	7.2
y (관객 수)	22	33	30	42	38	49	42	55

x와 y의 표본 평균값인 $\bar{x}$와 $\bar{y}$의 값을 찾는 데에서 시작합시다. 이 값들은 전에 했던 것과 완전히 동일한 방식으로 계산하면 되므로 다음과 같습니다.

$$\bar{x} = (1.9 + 2.5 + 3.2 + 3.8 + 4.7 + 5.5 + 5.9 + 7.2)/8$$
$$= 34.7/8$$
$$= 4.3375$$

$$\bar{y} = (22 + 33 + 30 + 42 + 38 + 49 + 42 + 55)/8$$
$$= 311/8$$
$$= 38.875$$

$\bar{x}$를 찾기 위해 x의 값들을 이용하고, $\bar{y}$를 찾기 위해서 y의 값들을 이용합니다.

$\bar{x}$와 $\bar{y}$의 값을 찾았으면 그 값과 앞에서 보았던 공식을 이용해서 b의 값을 계산할 수 있습니다.

b를 찾기 위해 $\bar{x}$와 $\bar{y}$를 이용합니다

공식의 처음 부분은 $\sum(x - \bar{x})(y - \bar{y})$입니다. 이 값을 찾으려면 각 관측으로부터 x와 y의 값을 대입하고, x에서 $\bar{x}$를 빼고 y에서 $\bar{y}$를 빼서 그 값들을 서로 곱합니다. 모든 관측 값에 대해 이런 계산을 수행했으면 모든 값을 서로 더합니다.

$x - \bar{x}$ $y - \bar{y}$

$$\sum(x - \bar{x})(y - \bar{y}) = (1.9 - 4.3375)(22 - 38.75) + (2.5 - 4.3375)(33 - 38.75) + (3.2 - 4.3375)(30 - 38.75) + (3.8 - 4.3375)(42 - 38.75) + (4.7 - 4.3375)(38 - 38.75) + (5.5 - 4.3375)(49 - 38.75) + (5.9 - 4.3375)(42 - 38.75) + (7.2 - 4.3375)(55 - 38.75)$$

$(x - \bar{x})(y - \bar{y})$

$$= (-2.4375)(-16.75) + (-1.8375)(-5.875) + (-1.1375)(-8.875) + (-0.5375)(3.125) + (0.3625)(-0.875) + (1.1625)(10.125) + (1.5625)(3.125) + (2.8625)(16.125)$$

$$= 40.828125 + 10.7953125 + 10.0953125 - 1.6796875 - 0.3171875 + 11.7703125 + 4.8828125 + 46.1578125$$

$$= 122.53 \text{ (소수점 2자리까지)}$$

모든 값에 대해 이 계산결과를 더합니다.

최량적합선의 기울기 찾기, 파트 2

공식은 다음과 같습니다.

$$b = \frac{\Sigma(x - \bar{x})(y - \bar{y})}{\Sigma(x - \bar{x})^2}$$

콘서트의 관객 수와 예상되는 햇볕시간을 담은 데이터는 다음과 같습니다.

x (햇볕)	1.9	2.5	3.2	3.8	4.7	5.5	5.9	7.2
y (관객 수)	22	33	30	42	38	49	42	55

x 값을 이용해서 $\sum(x - \bar{x})^2$을 계산합니다. 이것은 표본의 분산을 찾는 것과 비슷한데, n-1로 나누는 과정이 없습니다.

$y = a + bx$의 b를 계산하는 과정의 중간쯤까지 왔습니다. 우리는 $\bar{x} = 4.3375$, $\bar{y} = 38.875$, 그리고 $\sum(x - \bar{x})(y - \bar{y}) = 122.53$을 계산했습니다. 이제 마지막으로 남은 것은 $\sum(x - \bar{x})^2$입니다. 계산해 봅시다.

$$\sum(x - \bar{x})^2 = (1.9 - 4.3375)^2 + (2.5 - 4.3375)^2 + (3.2 - 4.3375)^2 + (3.8 - 4.3375)^2 + (4.7 - 4.3375)^2 + (5.5 - 4.3375)^2 + (5.9 - 4.3375)^2 + (7.2 - 4.3375)^2$$

$(x - \bar{x})^2$

$$= (-2.4375)^2 + (-1.8375)^2 + (-1.1375)^2 + (-0.5375)^2 + (0.3625)^2 + (1.1625)^2 + (1.5625)^2 + (2.8625)^2$$

$$= 23.02 \text{ (소수점 2자리까지)}$$

방정식의 이 부분에 대해 y 혹은 $\bar{y}$를 사용하지 않음에 유의하세요.

우리는 $\sum(x - \bar{x})(y - \bar{y})$를 $\sum(x - \bar{x})^2$으로 나눔으로써 b 값을 찾을 수 있습니다. 따라서 다음과 같이 계산합니다.

$$b = 122.53/23.02$$
$$= 5.32$$

b 값을 찾았습니다. 이것은 최량적합선의 기울기입니다.

다시 말해, 주어진 데이터에 대한 최량적합선은 $y = a + 5.32x$입니다. 그럼 a는 얼마일까요?

바보 같은 질문이란 없습니다

Q: 이 공식은 모집단이 아니라 표본에 대한 것처럼 보이는군요. 맞습니까?

A: 맞습니다. 우리에게 주어진 데이터가 표본이기 때문에 모집단이 아니라 표본을 사용했습니다. 하지만 전체 데이터가 있다면 모집단을 사용해도 아무 상관없습니다. $\bar{x}$ 대신 μ를 사용하면 됩니다.

Q: b 값은 항상 양수인가요?

A: 아닙니다. 선형상관에 따라서 b는 양수가 될 수도 있고 음수가 될 수도 있습니다. 양수의 선형상관에 대해 b는 양수이고, 음수의 선형상관에 대해 b는 음수입니다.

Q: 경사(gradient)라는 용어를 들은 적이 있습니다. 그게 뭔가요?

A: 경사는 직선의 기울기 b를 가리키는 또 다른 표현입니다.

Q: 상관이 존재하지 않으면 어떻게 됩니까? 여전히 b를 계산할 수 있나요?

A: 상관이 존재하지 않는 경우에도 이론적으로는 여전히 최량적합선을 찾을 수 있습니다. 하지만 그것은 데이터를 나타내는 효과적인 방법이 아닐 것이기 때문에 그것을 이용해서 정확한 예측을 하기는 어렵습니다.

Q: b를 계산하는 쉬운 방법은 없습니까?

A: 많은 관측을 가지고 있으면 b를 계산하는 것이 까다롭습니다. 하지만 이러한 계산을 대신 수행해 주는 소프트웨어를 이용할 수는 있습니다.

b를 찾았습니다. 하지만 a는 무엇인가요?

지금까지는 최량적합선 y = a + bx를 위해 가장 적합한 b 값을 찾았습니다. 그러나 아직 a 값은 모릅니다.

직선이 통과하는 점을 하나만 알면 확실히 a를 찾을 수 있을 거야.

최량적합선은 x와 y의 평균값을 의미하는 지점인 ($\bar{x}$, $\bar{y}$)를 통과해야 합니다. 우리는 y = a + bx에 $\bar{x}$와 $\bar{y}$를 대입함으로써 그 점이 통과되도록 만들 수 있습니다. 따라서 다음이 성립합니다.

$$\bar{y} = a + b\bar{x}$$

혹은

$$\mathbf{a = \bar{y} - b\bar{x}}$$

우리는 이미 $\bar{x}$와 $\bar{y}$의 값을 계산했으므로 그 값들을 공식에 대입하기만 하면 됩니다. 따라서 다음과 같은 계산을 수행합니다.

$\bar{y}$ → b → ← $\bar{x}$

$$a = 38.875 - 5.32(4.3375)$$
$$= 38.875 - 23.0755$$
$$= 15.80 \text{ (소수점 2자리까지)}$$

이것은 최량적합선이 다음과 같다는 사실을 의미합니다.

$$y = 15.80 + 5.32x$$

통계학 시험을 치르는 경우에는 이 공식이 주어질 가능성이 높습니다.

따라서 이 공식을 외워야 할 필요는 별로 없고, 어떻게 사용하는지만 알면 됩니다.

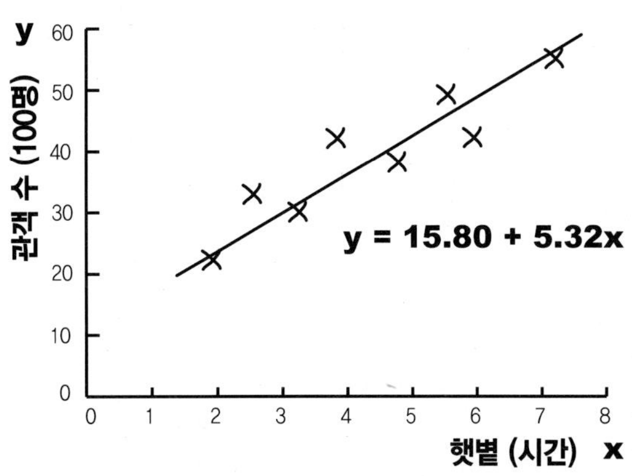

최소제곱회귀 자세히 보기

우리가 최량적합선을 찾기 위해 사용한 수학적 방법은 **최소제곱회귀**(least square regression)입니다.

최소제곱회귀는 최량적합선을 이변량 데이터에 맞도록 찾아내는 수학적 방법입니다. 즉, $y = a + bx$라는 직선을 제곱오차의 합이 최소가 되도록 어떤 값들의 집합에 맞추는 방법인 것입니다. 다시 말해, 실제 값과 예측한 값 사이에 존재하는 거리가 최소가 되도록 만드는 것입니다. 제곱오차의 합을 구하는 공식은 다음과 같습니다.

$$SSE = \Sigma(y - \hat{y})^2$$

어느 데이터의 집합에 대해 최소제곱회귀를 수행하려면 $y = a + bx$가 데이터 점들에 가장 잘 들어맞도록 하고 SSE가 최소가 되도록 만드는 a와 b의 값을 찾아야 합니다. 다음 공식을 이용하면 그렇게 할 수 있습니다.

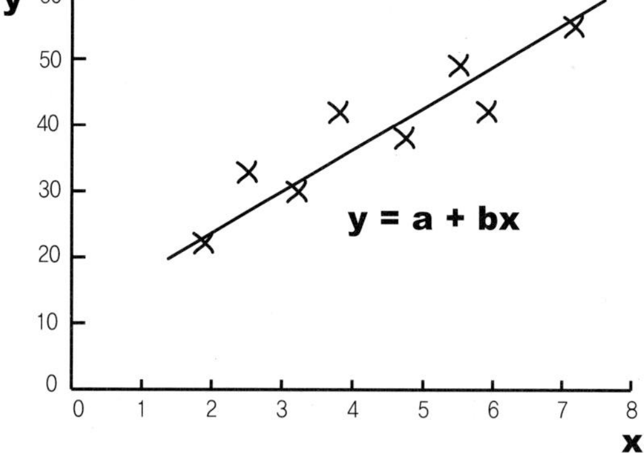

$$b = \frac{\Sigma(x - \bar{x})(y - \bar{y})}{\Sigma(x - \bar{x})^2}$$

그리고

$$a = \bar{y} - b\bar{x}$$

최량적합선 $y = a + bx$를 찾았으면 b 값이 주어졌다고 했을 때 y 값을 예측하기 위해 그것을 이용할 수 있습니다. 그렇게 하려면 $y = a + bx$에 x 값을 대입하기만 하면 됩니다.

직선 $y = a + bx$를 **회귀선**(regression line)이라고 합니다.

특정한 값 x에 대해 y 값을 예측할 때 당신이 가지고 있는 데이터 점들의 범위 바깥에 있는 값들에 대해 주의를 기울어야 합니다.

선형회귀는 이미 가지고 있는 데이터를 기초로 한 예측일 뿐입니다. 즉, 이미 알고 있는 데이터 점들 사이에 존재하는 관련성을 보여 주는 것입니다. 이것은 똑같은 예측이 데이터의 범위 바깥에까지 적용될 수 있음을 의미하지는 않습니다.

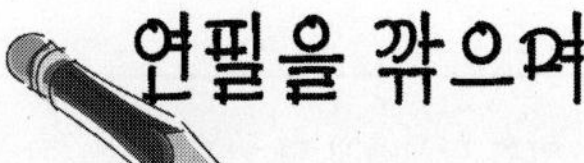

회귀선을 위한 방정식을 찾았으므로, 콘서트 운영자는 이제 당신에게 몇 가지 질문을 하려 합니다. 회귀선은 다음과 같습니다.

$$y = 15.80 + 5.32x$$

여기서 x는 햇볕이 날 것이라고 예상되는 시간이고, y는 콘서트에 참석하는 관객 수를 100명 단위로 나타낸 값입니다.

다음 콘서트가 열리는 날 햇볕이 날 것이라고 예상되는 시간은 6시간입니다. 콘서트에 참석하는 관객 수는 얼마나 될까요?

콘서트에 참석하는 관객 수가 3,500명 아래로 떨어질 것 같으면, 콘서트 운영자는 이익을 남길 수 없으므로 공연을 취소할 것입니다. 여기에 상응하는 햇볕이 나는 시간은 몇 시간인가요?

연필을 깎으며 정답

회귀선을 위한 방정식을 찾았으므로, 콘서트 운영자는 이제 당신에게 몇 가지 질문을 하려 합니다. 회귀선은 다음과 같습니다.

$$y = 15.80 + 5.32x$$

여기서 x는 햇볕이 날 것이라고 예상되는 시간이고, y는 콘서트에 참석하는 관객 수를 100명 단위로 나타낸 값입니다.

다음 콘서트가 열리는 날 햇볕이 날 것이라고 예상되는 시간은 6시간입니다. 콘서트에 참석하는 관객 수는 얼마나 될까요?

x가 햇볕이 날 것으로 예상되는 시간이므로 x = 6입니다. 이에 상응하는 관객 수를 찾아야 하므로 x에 대한 y 값을 찾으면 됩니다.

$$\begin{aligned} y &= 15.80 + 5.32x \\ &= 15.80 + 5.32 \times 6 \\ &= 15.80 + 31.92 \\ &= 47.72 \end{aligned}$$

y가 100명 단위이므로 콘서트에 참석하는 관객 수는 47.72 x 100 = 4772명입니다.

콘서트에 참석하는 관객 수가 3,500명 아래로 떨어질 것 같으면, 콘서트 운영자는 이익을 남길 수 없으므로 공연을 취소할 것입니다. 여기에 상응하는 햇볕이 나는 시간은 몇 시간인가요?

이번에는 특정한 y 값에 상응하는 x 값을 찾아야 합니다.

콘서트에 참석하는 관객 수가 3,500명이므로 y = 35입니다. 따라서 다음과 같이 계산합니다.

$$\begin{aligned} y &= 15.80 + 5.32x \\ 35 &= 15.80 + 5.32x \\ 35 - 15.80 &= 5.32x \\ 19.2 &= 5.32x \\ x &= 19.2/5.32 \\ &= 3.61 \text{ (소수점 2자리까지)} \end{aligned}$$

다시 말해, 햇볕이 날 것으로 예상되는 시간이 3.61시간에 미치지 못하면 콘서트 관객 수가 3,500명 아래로 떨어질 것이라고 예측됩니다.

연결이 이루어졌습니다

지금까지는 선형회귀를 이용해서 햇볕이 날 것으로 예상되는 시간과 콘서트 관객 수 사이에 존재하는 연결을 포착해냈습니다. 햇볕이 날 것으로 예상되는 시간이 얼마인지 알면 y = a + bx를 이용해서 콘서트에 참석하는 관객 수를 예측할 수 있게 된 것입니다.

관객 수를 예측할 수 있게 되었다는 것은 콘서트 운영자로 하여금 티켓판매가 어느 정도 될지, 그리고 각 행사에 대해 어느 정도의 이익을 남길 수 있는지 예측할 수 있도록 도와줄 수 있게 되었음을 의미합니다.

이봐 자네, 멋지군 그래. 하지만 질문이 하나 더 있어. 이런 예측이 얼마나 정확한 거지?

그것이 최량적합선이긴 하지만, 우리는 그것이 얼마나 정확한지 알지 못합니다.

y = a + bx는 우리가 찾아낼 수 있는 최선의 방법이긴 하지만, 도대체 그것은 햇볕이 날 것으로 예상되는 시간과 콘서트 관객 수 사이에 존재하는 연결고리를 얼마나 정확하게 포착하는 것일까요? 그렇습니다. 우리가 해야 할 일이 아직 한 가지 더 남아 있습니다. 회귀선의 상관강도를 찾는 일입니다.

여기에서 정말 유용한 것은 데이터 점들이 직선에서 얼마나 멀리 떨어져 있는지를 나타내는 모종의 방법일 것입니다. 그런 방법은 우리가 이미 알고 있는 것을 기초로 해서 얼마나 정확한 예측을 내릴 수 있는지 알려 줄 것이기 때문입니다.

몇 가지 예를 살펴보도록 합시다.

브레인 파워

상관강도를 아는 것이 왜 중요하다고 생각합니까? 이것이 콘서트 운영자에게 어떤 차이점을 가져다주게 될까요?

약간의 상관을 살펴봅시다

어떤 데이터 집합에 대한 최량적합선은 두 변수 사이에 존재하는 수학적 관련성을 포착하기 위해 우리가 그려낼 수 있는 최선의 직선입니다.

그것이 데이터가 가장 잘 들어맞는 직선이기는 하지만, 모든 점을 지나갈 가능성은 거의 없습니다. 직선이 데이터에 얼마나 잘 들어맞는지 확인하기 위해 몇 개의 서로 다른 데이터 집합을 살펴보도록 합시다.

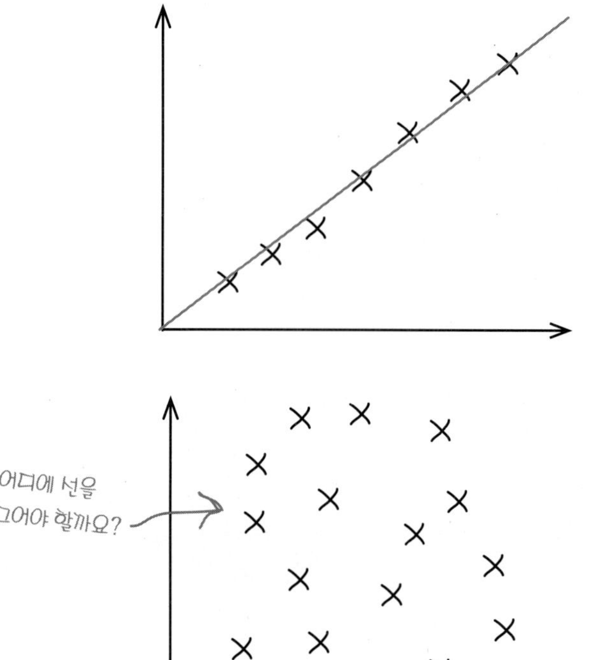

정확한 선형상관

이 데이터 집합의 경우에는 선형상관이 데이터에 정확하게 맞아 떨어집니다. 회귀선이 100% 완벽한 것은 아니지만 완벽에 가깝습니다. 이것에 기초해서 내려지는 예측은 거의 정확할 것으로 보입니다.

비선형상관

이 데이터 집합의 경우에는 선형상관이 성립하지 않습니다. 최소제곱회귀를 이용해서 회귀선을 계산하는 것이 가능하긴 하지만, 그에 기초한 예측은 전혀 정확하지 않을 것입니다.

문제가 무엇인지 알겠습니까?

두 데이터 집합은 모두 회귀선을 가지고 있지만, 얼마나 들어맞는가 하는 것은 매우 다릅니다. 첫 번째 데이터 집합의 경우에는 상관의 밀도가 높습니다. 하지만 두 번째의 경우에는 회귀선이 유용하게 이용되기에는 점들이 너무 넓게 흩어져 있습니다.

값들을 예측하기 위해 최소제곱측정이 사용될 수 있는데, 그렇기 때문에 데이터 점들이 직선에 얼마나 밀도 있게 모여 있는가, 그리고 우리가 내리는 예측이 얼마나 정확할 것인가를 나타내는 방법이 있으면 도움이 될 것입니다.

상관계수(correlation coefficient)는 직선이 얼마나 잘 들어맞는지 계산하는 방법입니다.

상관계수는 직선이 데이터에 얼마나 잘 들어맞는지 측정합니다

상관계수는 데이터 점들이 최량적합선으로부터 얼마나 멀리 흩어져 있는가 하는 것을 −1에서 1 사이에 있는 수로 측정한 값입니다. 회귀선이 데이터에 얼마나 잘 들어맞는지 측정하는 방법인 것입니다. 이것은 보통 문자 r로 표현합니다.

r이 −1이면 데이터는 모든 데이터 점들이 완벽한 직선을 형성하는 **완벽음수선형상관**입니다. r이 1이면 데이터는 **완벽양수선형상관**입니다. r이 0이면 아무 **상관이 없습니다**.

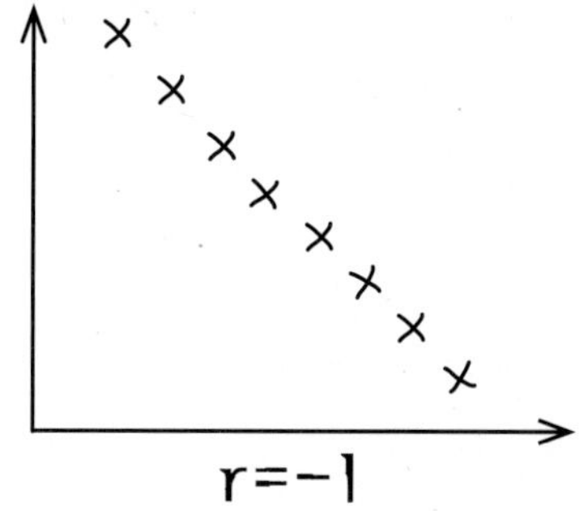

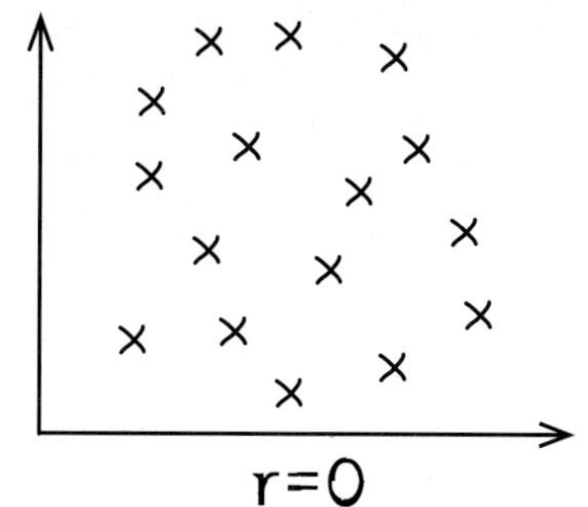

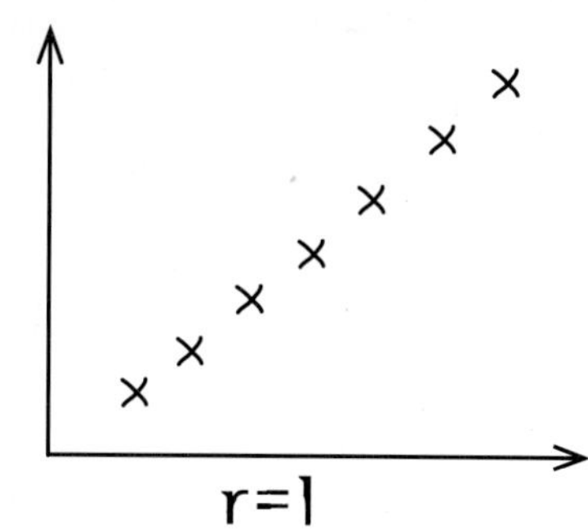

보통 r은 이러한 값들의 어딘가에 존재하며, −1, 0, 1은 모두 극단적인 값입니다.

r이 음수면 두 변수 사이에는 **음수선형상관**이 존재합니다. r이 −1에 가까워질수록 상관은 점점 강해지고, 점들은 직선에 더 가까워집니다.

r이 양수면 두 변수 사이에는 **양수선형상관**이 존재합니다. r이 1에 가까워질수록 상관은 점점 강해집니다.

일반적으로 r이 0에 가까워질수록 **선형상관은 약해집니다**. 이것은 r이 1이나 −1에 가까울 때에 비해 회귀선이 y 값을 정확하게 예측하지 못한다는 사실을 의미합니다. 패턴은 거의 무작위에 가까울 수도 있고, 변수 사이에 존재하는 상관은 선형이 아닐 수도 있습니다.

콘서트 데이터를 위한 r 값을 계산할 수 있으면 우리가 햇볕이 날 것으로 예상되는 시간에 기초해서 얼마나 정확하게 콘서트의 관객 수를 예측할 수 있는지 알 수 있게 될 것입니다. 그럼 r은 어떻게 계산할까요? 다음 페이지에서 그 방법을 보여 줄 것입니다.

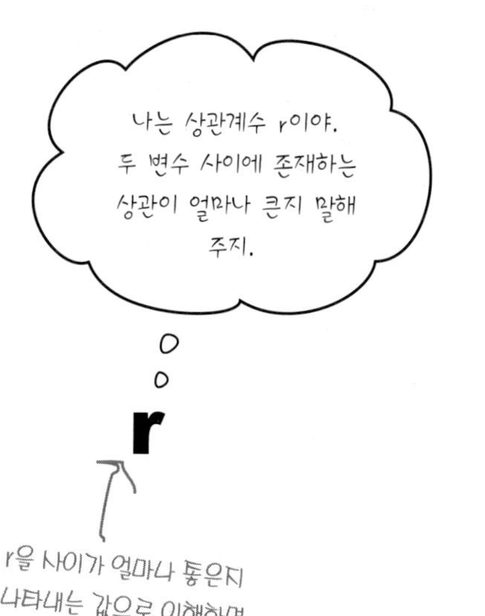

상관계수 r을 계산하기 위한 공식이 존재합니다

그럼 상관계수 r은 어떻게 계산해야 할까요?

이것을 증명하는 과정은 생략하겠지만, 상관계수 r을 구하는 공식은 다음과 같습니다.

$$r = \frac{b\,s_x}{s_y}$$

s_x는 표본에서 x의 표준편차이고, s_y는 y의 표준편차입니다.

b는 우리가 이미 찾은 최량적합선의 기울기 값입니다.

여기서 s_x는 표본에서 x의 표준편차이고, s_y는 y의 표준편차입니다.

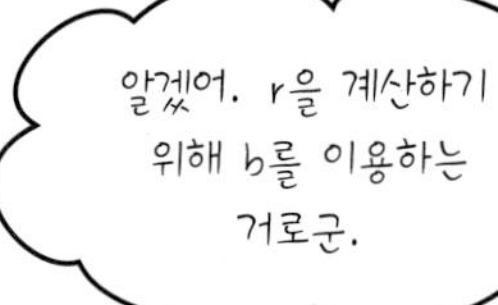

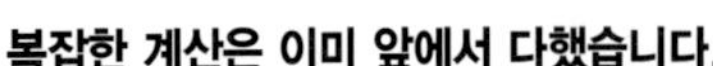

복잡한 계산은 이미 앞에서 다했습니다.

b를 이미 계산했으므로 남은 것은 s_x와 s_y뿐입니다. 또한 s_x를 구하는 것도 거의 다 해놓았습니다.

b를 계산할 때 우리는 $\sum(x-\bar{x})^2$을 계산해야 했습니다. 이것을 n − 1로 나누면 그것이 바로 x 값들의 표본 분산입니다. 그것에 제곱근을 씌우면 s_x 값을 얻을 수 있습니다. 다시 말해, 다음이 성립합니다.

이것은 표본이 갖는 x 값들의 표준편차입니다. 앞에서 본 것과 동일한 공식입니다.

$$s_x = \sqrt{\frac{\Sigma(x-\bar{x})^2}{n-1}}$$

이것은 앞에서 이미 계산했습니다. 따라서 여기에서 다시 계산할 필요는 없습니다.

방정식에서 남아 있는 값은 이제 표본이 가지고 있는 y 값들의 표준편차를 의미하는 s_y뿐입니다. 이것은 s_x를 구하는 것과 거의 같은 방식으로 계산합니다.

$$s_y = \sqrt{\frac{\Sigma(y-\bar{y})^2}{n-1}}$$

표본이 가지고 있는 y 값들의 표준편차로, 앞에서 이미 계산했습니다.

이제 콘서트의 관객 수 데이터를 위한 r 값을 구해 봅시다.

콘서트 데이터를 위한 r 값을 찾으세요

콘서트 데이터를 위한 r 값을 찾기 위해 공식을 이용해 보도록 합시다. 데이터를 다시 보면 다음과 같습니다.

x (햇볕)	1.9	2.5	3.2	3.8	4.7	5.5	5.9	7.2
y (관객 수)	22	33	30	42	38	49	42	55

r을 찾으려면 앞 페이지에서 본 공식에 대입하기 위해 b, s_x, s_y 값을 알아야 합니다. 지금까지 찾은 값은 다음과 같습니다.

$$b = 5.32$$ ← 앞에서 찾은 직선의 기울기입니다.

그렇다면 s_x와 s_y는 어떻게 찾을까요?

s_x부터 시작해 봅시다. 앞에서 우리는 $\sum(x - \bar{x})^2 = 23.02$임을 계산했고, 표본의 크기가 8임을 알고 있습니다. 따라서 23.02를 7로 나누면 x의 표본 분산을 얻을 수 있습니다. s_x는 그 값에 제곱근을 씌우면 찾을 수 있습니다.

$$s_x = \sqrt{(23.02/7)}$$
$$= \sqrt{3.28857}$$
$$= 1.81 \text{ (소수점 2자리까지)}$$

← 이것은 x의 표준편차입니다. 표본을 사용하고 있으므로 n - 1로 나누었습니다.

이제 공식에서 남은 값은 s_y뿐입니다. 우리는 $\bar{y} = 38.875$임을 알고 있습니다. 따라서 다음과 같이 계산을 수행합니다.

$$\sum(y - \bar{y})^2 = (22 - 38.875)^2 + (33 - 38.875)^2 + (30 - 38.875)^2 + (42 - 38.875)^2 + (38 - 38.875)^2 + (49 - 38.875)^2 + (42 - 38.875)^2 + (55 - 38.875)^2$$
$$= (-16.875)^2 + (-5.875)^2 + (-8.875)^2 + (3.125)^2 + (-0.875)^2 + (10.125)^2 + (3.125)^2 + (16.125)^2$$
$$= 780.875 \text{ (소수점 2자리까지)}$$

이제 s_y를 찾기 위해 이 값을 n − 1로 나누고, 제곱근을 씌우면 됩니다.

$$s_y = \sqrt{(780.875/7)}$$
$$= \sqrt{111.55357}$$
$$= 10.56 \text{ (소수점 2자리까지)}$$

← 최종적으로 y의 표준편차를 의미하는 s_y를 찾기 위해 표본에 있는 y 값들을 이용했습니다.

이제 할 일은 상관계수 r의 값을 찾기 위해 b, s_x, s_y를 사용하는 것입니다.

콘서트 데이터를 위한 r 값을 찾으세요, 계속

b = 5.32, s_x = 1.81, s_y = 10.56임을 찾았으므로 그들을 공식에 대입해서 r을 찾을 수 있습니다.

$$r = bs_x/s_y$$
$$= 5.32 \times 1.81 / 10.56$$
$$= 0.91 \text{ (소수점 2자리까지)}$$

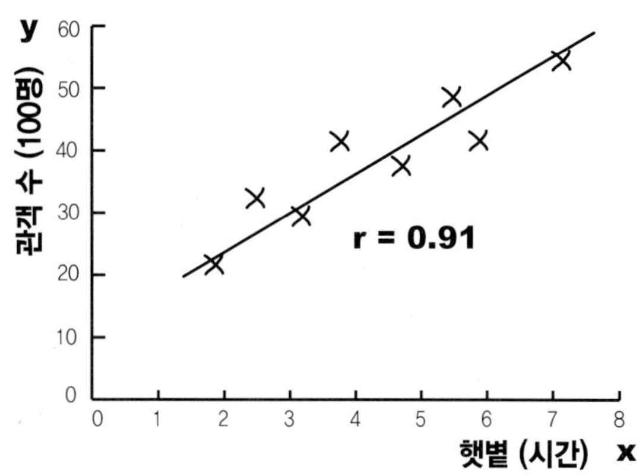

r이 1에 매우 가까우므로, 이것은 야외콘서트 관객 수와 햇볕이 날 것으로 예상되는 시간 사이에 매우 강한 양수상관이 존재한다는 것을 의미합니다. 다시 말해, 우리가 가지고 있는 데이터를 기초로 했을 때 최량적합선 y = 15.80 + 5.32x를 이용해서 햇볕이 날 것으로 예상되는 시간에 대한 콘서트 관객 수에 대해 상당히 믿을 만한 예측을 내릴 수 있습니다.

바보 같은 질문이란 없습니다

Q: r을 다른 방식으로 계산하는 것을 본 적이 있습니다. 그건 틀린 건가요?

A: r을 구하는 방정식은 여러 가지가 있습니다. 하지만 기본적으로 그들은 모두 동일한 것입니다. 우리는 b를 찾는 과정에서 이미 계산해 두었던 값들을 사용할 수 있도록 하기 위해 가장 간단한 형태의 공식을 사용했을 뿐입니다.

Q: 크기가 작은 표본으로 구한 결과가 정확할까요?

A: 표본은 클수록 더 좋습니다. 하지만 우리는 계산과정을 따라하기 쉽게 하려고 크기가 작은 표본을 사용한 것입니다.

Q: b와 r을 이런 방식으로 계산하는 이유를 증명하지는 않았습니다. 이유가 뭐지요?

A: b와 r을 위한 공식을 도출하는 과정은 상당히 복잡하고 어렵습니다. 그래서 이 책에 포함시키지 않기로 한 것입니다. 중요한 것은 그러한 공식을 언제 어떻게 사용하는지 아는 것입니다.

Q: 햇볕이 날 것으로 예상되는 시간이 0일 때 예측할 수 있는 관객 수는 얼마입니까?

A: 이것은 우리가 가지고 있는 데이터의 범위를 완전히 벗어나기 때문에 믿을 수 있는 예측을 내릴 수 없습니다. 최량적합선은 우리가 가지고 있는 데이터 범위 안에서 예측을 내릴 때는 상당히 정확하지만, 이 범위 바깥의 데이터에 대해서는 콘서트에 참석하는 관객 수에 관한 아무런 이야기도 할 수 없습니다. 이 범위 바깥에 있는 데이터는 전혀 다른 패턴을 따를 수 있기 때문에 예측을 내린다고 해도 믿을 수 없습니다.

Q: 평균값들을 살펴보았을 때 일변량 데이터가 상당히 많은 이상치를 가지고 있었습니다. 이변량 데이터의 경우는 어떤가요?

A: 이변량 데이터 역시 이상치를 가질 수 있습니다. 이상치는 회귀선으로부터 멀리 떨어져 있는 값들을 의미합니다. 그들은 단순히 데이터 안에 존재하는 특별한 값일 수도 있고, 어쩌면 회귀선 자체가 데이터에 제대로 들어맞지 않는다는 사실을 의미할 수도 있습니다.

Q: 영향관측(influential observations)이라는 말을 들은 적이 있습니다. 그건 뭐지요?

A: 영향관측은 다른 점들에 비해 수평방향으로 멀리 떨어져 있는 점들을 의미합니다. 그렇기 때문에 그들은 회귀선을 그들 쪽으로 끌어당기는 효과를 갖습니다.

Q: 그럼 영향관측은 이상치하고 같은 건가요?

A: 아닙니다. 이상치는 **직선** 자체로부터 멀리 떨어져 있는 것입니다. 영향관측은 **데이터**로부터 수평방향으로 멀리 떨어져 있는 것입니다.

당신이 구해냈습니다!

콘서트 운영자는 당신이 데이터를 가지고 한 일들을 보고 감탄했습니다. 이제 그들은 일기예보만 보고도 콘서트에 참석하는 관객 수가 어느 정도일지 예상하는 방법을 갖게 되었습니다. 그것은 그들이 자신의 이익을 극대화하는 방법을 갖게 되었음을 의미합니다.

긴 연습문제

못된 사기꾼 스윈들러는 방사능 노출이 캡틴 어메이징의 슈퍼파워에 미치는 영향에 대한 데이터를 수집해 왔습니다. 다음은 방사능에 노출되는 분 단위 시간과, 그에 대해 캡틴 어메이징이 들어 올릴 수 있는 톤 단위의 무게가 어떻게 줄어드는지 보여 주는 데이터입니다.

방사능 노출 (분)	4	4.5	5	5.5	6	6.5	7
무게 (톤	12	10	8	9.5	8	9	6

최소제곱회귀를 이용해서 최량적합선을 찾고, 직선과 데이터 사이에 존재하는 관련성의 강도를 설명하기 위한 상관계수를 찾아보세요. 산점도에 대한 스케치도 그려보세요.

만약 스윈들러가 캡틴 어메이징에게 방사능을 5분 동안 노출시키면, 캡틴 어메이징이 들어 올릴 수 있는 무게는 얼마나 될까요?

계산을 위한 여백으로 남겨 두었습니다.

못된 사기꾼 스윈들러는 방사능 노출이 캡틴 어메이징의 슈퍼파워에 미치는 영향에 대한 데이터를 수집해 왔습니다. 다음은 방사능에 노출되는 분 단위 시간과, 그에 대해 캡틴 어메이징이 들어 올릴 수 있는 톤 단위의 무게가 어떻게 줄어드는지 보여 주는 데이터입니다.

방사능 노출 (분)	4	4.5	5	5.5	6	6.5	7
무게 (톤	12	10	8	9.5	8	9	6

최소제곱회귀를 이용해서 최량적합선을 찾고, 직선과 데이터 사이에 존재하는 관련성의 강도를 설명하기 위한 상관계수를 찾아보세요. 산점도에 대한 스케치도 그려보세요.

만약 스윈들러가 캡틴 어메이징에게 방사능을 5분 동안 노출시키면, 캡틴 어메이징이 들어 올릴 수 있는 무게는 얼마나 될까요?

x가 분 단위로 표시한 방사능 노출 시간을 나타내도록 하고, y가 톤으로 표시한 무게를 나타내도록 합시다. 우리는 회귀선 $y = a + bx$를 찾아야 합니다. 우선 $\bar{x}$와 $\bar{y}$를 계산해 봅시다.

$$\bar{x} = (4 + 4.5 + 5 + 5.5 + 6 + 6.5 + 7)/7$$
$$= 38.5/7$$
$$= 5.5$$

$$\bar{y} = (12 + 10 + 8 + 9.5 + 8 + 9 + 6)/7$$
$$= 62.5/7$$
$$= 8.9 \text{ (소수점 2자리까지)}$$

이제 $\Sigma(x - \bar{x})(y - \bar{y})$와 $\Sigma(x - \bar{x})^2$, 그리고 b를 계산합니다.

$$\Sigma(x - \bar{x})(y - \bar{y}) = (4-5.5)(12-8.9) + (4.5-5.5)(10-8.9) + (5-5.5)(8-8.9) + (5.5-5.5)(9.5-8.9) + (6-5.5)(8-8.9) + (6.5-5.5)(9-8.9) + (7-5.5)(6-8.9)$$
$$= (-1.5)(3.1) + (-1)(1.1) + (-0.5)(-0.9) + (0)(0.6) + (0.5)(-0.9) + (1)(0.1) + (1.5)(-2.9)$$
$$= -4.65 - 1.1 + 0.45 + 0 - 0.45 + 0.1 - 4.35$$
$$= -10$$

$$\Sigma(x - \bar{x})^2 = (4-5.5)^2 + (4.5-5.5)^2 + (5-5.5)^2 + (5.5-5.5)^2 + (6-5.5)^2 + (6.5-5.5)^2 + (7-5.5)^2$$
$$= (-1.5)^2 + (-1)^2 + (-0.5)^2 + 0^2 + 0.5^2 + 1^2 + 1.5^2$$
$$= 2.25 + 1 + 0.25 + 0 + 0.25 + 1 + 2.25$$
$$= 7$$

$$b = \frac{\Sigma(x - \bar{x})(y - \bar{y})}{\Sigma(x - \bar{x})^2}$$
$$= -10/7$$
$$= -1.43 \text{ (소수점 2자리까지)}$$

b를 찾았으므로 그것을 이용해서 a를 계산합니다.

$$a = \bar{y} - b\bar{x}$$
$$= 8.9 + 1.43 \times 5.5$$
$$= 8.9 + 7.86$$
$$= 16.76$$

따라서 최량적합선은 $y = 16.76 - 1.43x$로 주어집니다.

상관계수 r은 s_x와 s_y가 각각 변수 x와 y의 표준편차를 나타낼 때 bs_x/s_y로 계산할 수 있습니다. b는 이미 찾았으므로 s_x와 s_y를 계산해야 합니다.

$$s_x = \sqrt{\frac{\Sigma(x-\bar{x})^2}{n-1}}$$
$$= \sqrt{7/6}$$
$$= 1.08$$

$$\Sigma(y-\bar{y})^2 = (12-8.9)^2 + (10-8.9)^2 + (8-8.9)^2 + (9.5-8.9)^2 + (8-8.9)^2 + (9-8.9)^2 + (6-8.9)^2$$
$$= 3.1^2 + 1.1^2 + (-0.9)^2 + 0.6^2 + (-0.9)^2 + 0.1^2 + (-2.9)^2$$
$$= 9.61 + 1.21 + 0.81 + 0.36 + 0.81 + 0.01 + 8.41$$
$$= 21.22$$

$$s_y = \sqrt{\frac{\Sigma(y-\bar{y})^2}{n-1}}$$
$$= \sqrt{21.77/6}$$
$$= 1.90$$

이것을 공식에 적용하면 다음과 같습니다.

$$r = bs_x/s_y$$
$$= -1.43 \times 1.08/1.9$$
$$= -0.81 \text{ (소수점 2자리까지)}$$

x = 5라면 다음과 같이 y를 계산할 수 있습니다.

$$y = 16.76 - 1.43x$$
$$= 16.76 - 1.43 \times 5$$
$$= 9.61$$

y 20
15
10
5
0
무게 (톤)
y = 16.76 - 1.43x
r = -0.81
2 4 6 8 10
방사능 노출 (분) x

다시 말해, 방사능에 5분 동안 노출된 다음에는 캡틴 어메이징이 9.61톤을 들어 올릴 수 있을 거라고 예상할 수 있습니다.

핵심정리

- 일변량 데이터는 하나의 변수만 다룹니다. 이변량 데이터는 두 개의 변수를 다룹니다.
- 산점도는 이변량 데이터에 담긴 패턴을 보여 줍니다.
- 상관은 변수 사이에 존재하는 수학적 관련성입니다. 그것은 한 변수가 다른 변수의 원인이라는 사실을 의미하지는 않습니다. 선형상관은 직선을 형성합니다.
- 양수선형상관은 낮은 x 값이 낮은 y 값에 상응하고, 높은 x 값이 높은 y 값에 상응할 때를 의미합니다. 음수선형상관은 낮은 x 값이 높은 y 값에 상응하고, 높은 x 값이 낮은 y 값이 상응할 때를 의미합니다. 만약 x와 y가 무작위의 패턴을 형성하면 아무 상관이 존재하지 않는 것입니다.
- 데이터에 가장 잘 들어맞는 직선을 최량적합선이라고 합니다.
- 선형회귀는 최량적합선 $y = a + bx$를 찾는 수학적인 방법입니다.
- 제곱오차의 합 혹은 SSE는 $\Sigma(y - \hat{y})^2$ 입니다.
- 직선 $y = a + bx$의 기울기는 다음과 같습니다.

$$b = \frac{\Sigma(x - \bar{x})(y - \bar{y})}{\Sigma(x - \bar{x})^2}$$

- a의 값은 다음과 같습니다.

$$a = \bar{y} - b\bar{x}$$

- 상관계수 r은 −1과 1 사이에 있는 값이며, 데이터 점들이 최량적합선에서 떨어져 있는 정도를 나타냅니다. $r = -1$이면 완벽음수선형상관이 존재하는 것입니다. $r = 1$이면 완벽양수선형상관이 존재하는 것입니다. $r = 0$이면 상관이 없는 것입니다. r은 다음과 같이 계산합니다.

$$r = \frac{b\, s_x}{s_y}$$

통계마을을 떠나며...

당신을 통계마을에 모실 수 있어서 즐거웠습니다!

헤어져야 한다니 슬픔이 몰려옵니다. 하지만 당신이 지금까지 배운 것을 실전에 사용하는 것보다 중요한 일은 없습니다. 이 책의 뒤에 보석 같은 내용들, 즉 간편한 확률테이블과 색인 등이 더 있긴 하지만, 이제 배웠던 내용을 실전에 활용해야 할 시간을 맞이했습니다. 우리는 당신이 어떻게 지내는지 정말 궁금해 할 것입니다. 헤드 퍼스트 연구소 웹사이트 **www.headfirstlabs.com**에 들러서 **소식을 남겨 주시기** 바랍니다. 통계가 **당신**에게 어떤 도움을 주었는지 알고 싶습니다!

부록i: 못다한 이야기들

10가지 중요한 이야기 (지금까지 설명하지 않은)

이 모든 것에도 불구하고 공부해야 할 것이 아직도 남아 있습니다.

당신이 알아야 하는 내용이 좀 더 있습니다. **간략하게 언급하고 넘어갈 내용**들이긴 하지만 무시하고 넘어갈 수는 없습니다. 이 책을 덮기 전에 다음에 나와 있는 **짧지만 중요한 통계학 토막지식을 살펴보기 바랍니다**.

#1. 데이터를 표현하는 다른 방법들

1장에서는 여러 가지 그래프를 보여 주었습니다. 여기서는 다른 유용한 방법들을 몇 개 더 보여 주고자 합니다.

점도표

점도표는 각각의 값을 하나의 점으로 표현하는 그래프입니다. 상응하는 값을 나타내는 수평축 위로 하나의 직선을 그리도록 점을 쌓아올리는 것입니다.

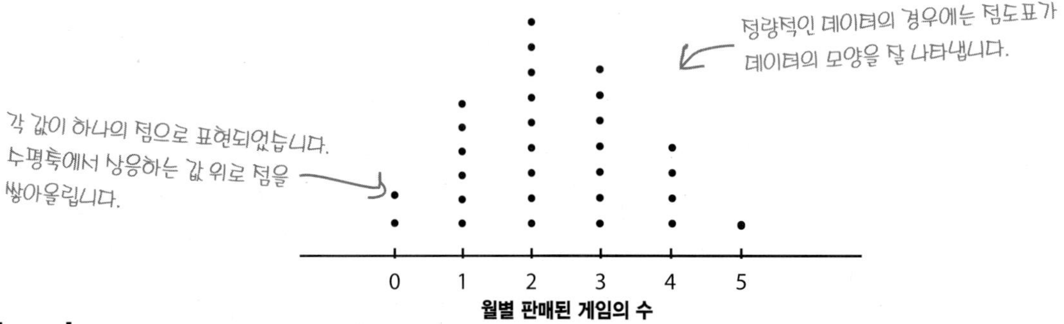

줄기그림

줄기그림은 정량적 데이터에 대해 데이터 집합의 크기가 상당히 작을 때 사용됩니다. 줄기그림은 데이터 집합에 존재하는 값들의 모양을 쉽게 확인할 수 있는 방식으로 늘어놓습니다. 다음은 예입니다.

16 17 22 23 23 24 25 26 26 27 28
29 29 30 31 31 32 32 33 34 34 35
36 37 37 38 39 40 41 42 42 43 43
44 45 45 49 50 50 50 51 55 58 60

여기에 원래 데이터가 있습니다.

주어진 데이터를 표현하는 줄기그림입니다.

60 | 0
50 | 0 0 0 1 5 8
40 | 0 1 2 2 3 3 4 5 5 9
30 | 0 1 1 2 2 3 4 4 5 6 7 7 8 9
20 | 2 3 3 4 5 6 6 7 8 9 9
10 | 6 7

키: 10 | 6 = 16

줄기그림은 히스토그램과 비슷한 모양을 가지고 있지만, 옆으로 뒤집혀 있습니다.

왼쪽에 있는 항목은 **줄기**(stems)라고 하고, 오른쪽에 있는 항목은 **잎**(leaves)이라고 합니다. 이 줄기그림에서 줄기는 10단위를 나타내고 있고, 잎은 1의 자릿수를 나타내고 있습니다. 원래 데이터에 있는 값을 찾으려면 우선 그에 해당하는 줄기를 찾은 다음에 거기에 잎을 더하면 된다. 예를 들어 다음 줄을 생각해 봅시다.

10 | 6 7

이것은 16과 17이라는 두 개의 수를 나타내고 있습니다. 16은 잎의 값 6과 줄기의 값 10을 더하면 얻을 수 있습니다. 마찬가지로 17은 잎의 값 7과 줄기의 값 10을 더하면 됩니다.

줄기그림을 정확하게 해석하도록 하기 위해 보통 키(key)가 주어지기도 합니다. 이 경우 키는 10 | 6 = 16입니다.

#2. 분포 상세분석

확률분포에서 데이터 값들이 대부분 어느 지점에 속해 있는지 말해 주는 두 가지 법칙이 있습니다.

정규분포에 대한 경험적 법칙

경험적 법칙(empirical rule)은 정규분포를 따르는 어떤 데이터 집합에도 적용됩니다. 이 법칙에 따르면 대부분의 값들은 평균값으로부터 3 표준편차 안에 존재합니다. 즉, 다음이 성립합니다.

- 값들의 68%가 평균값으로부터 1 표준편차 안에 존재합니다.
- 값들의 95%가 평균값으로부터 2 표준편차 안에 존재합니다.
- 값들의 99.7%가 평균값으로부터 3 표준편차 안에 존재합니다.

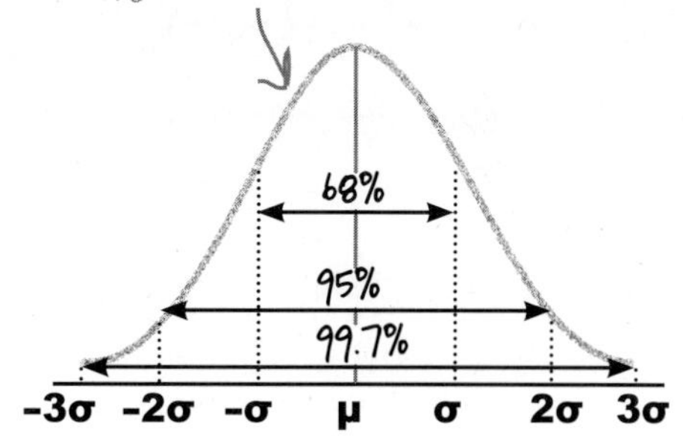

평균값으로부터 몇 표준편차 떨어져 있는지만 알아도 대충 확률을 구할 수 있습니다.

모든 분포에 대한 체비세프의 법칙

어느 분포에 대해서도 적용되는 이와 비슷한 법칙을 **체비세프의 법칙**(Chebyshev's rule) 혹은 **체비세프의 변동**(Chebyshev's inequality)이라고 합니다. 이 법칙은 어떤 분포에 대해서도 다음이 성립합니다.

- 최소한 75%의 값이 평균값으로부터 2 표준편차 이내에 존재합니다.
- 최소한 89%의 값이 평균값으로부터 3 표준편차 이내에 존재합니다.
- 최소한 94%의 값이 평균값으로부터 4 표준편차 이내에 존재합니다.

체비세프의 법칙은 최소한의 퍼센트를 말하고 있으므로 경험적 법칙만큼 명확하지는 않습니다. 하지만 이것 역시 값들이 확률분포에서 어디쯤에 속할지에 대해 어느 정도 예측할 수 있도록 해 줍니다. 체비세프의 법칙이 갖는 장점은 경험적 법칙이 정규분포에 대해서만 적용되는 것에 비해 **어떤 분포에 대해서도 적용**될 수 있다는 것입니다.

#3. 실험

실험은 변수들 사이에 존재하는 원인과 결과의 관련성을 검사하는 데 사용됩니다. 예를 들어 코를 코는 사람들에게 코골이안녕을 서로 다르게 처방한 다음에 결과를 확인하는 실험을 수행할 수도 있습니다.

실험에서 **독립변수** 혹은 요소들은 그들이 **종속변수**에 대해 갖는 효과를 확인할 수 있도록 조작됩니다. 예를 들어 코골이안녕 처방이 밤새 코를 고는 데 소모되는 시간에 대해 갖는 효과를 조사하기 원할 수도 있습니다. 이때 코골이안녕의 처방은 독립변수이고, 코를 고는 데 소모되는 시간은 종속변수입니다.

실험의 대상은 **실험단위**(experimental units)라고 합니다. 여기서는 코를 고는 사람이 실험단위에 해당합니다.

좋은 실험을 가능하게 만드는 것은 무엇일까요?

어떤 실험을 설계할 때 명심해야 하는 세 가지 기본 원리가 있습니다. **대조**(controls), **무작위화**(randomization), **반복**(replication)입니다. 표본의 경우와 마찬가지로 이러한 원리의 목적은 오류를 최소화하는 데 있습니다.

- **외부영향이나 자연적인 변동이 갖는 효과를 조절해야 합니다.**

  실험을 수행할 때 실험의 일부분이 아닌 것들이 갖는 효과를 최소로 만들 필요가 있습니다. 그렇게 하기 위해 첫 번째로 해야 하는 일은 **대조그룹**(control group)을 갖는 것입니다. 이것은 어떠한 처리(treatment)도 필요로 하지 않는, 혹은 중립적인 처리만 필요로 하는 자연스러운 그룹을 의미합니다. 어떤 처리가 갖는 효과는 처리그룹과 대조그룹의 결과를 각각 비교함으로써 알 수 있습니다.

  플라시보(placebo: 위약, 가짜약, 환자를 안심시키기 위해 주는 약)는 종속변수에 아무런 영향도 주지 않는 중립적인 처리를 의미합니다. 실험의 대상은 때로 아무런 처리를 받지 않는 경우와 중립적인 처리를 받는 경우에 서로 다른 결과를 낳기도 합니다. 따라서 플라시보를 적용하는 것은 이와 같은 효과를 통제하기 위해 필요합니다. 만약 플라시보가 적용되는 그룹이 그것이 플라시보라는 사실을 모르고 있다면 **눈가림**(blinding)이라고 하고, 심지어 플라시보를 적용하는 사람들조차 그것이 플라시보라는 사실을 모르고 있다면 **이중눈가림**(double blinding)이라고 합니다.

- **실험대상에게 처리를 무작위로 적용해야 합니다.**

  이에 대해서는 다음 페이지에서 자세히 살펴볼 것입니다.

- **처리를 반복할 필요가 있습니다.**

  각 처리는 여러 실험대상에 주어져야 합니다. 효과를 제대로 측정하려면 어떤 하나의 처방에 대해 한 명이 아니라 여러 명의 실험대상을 이용해야 합니다.

기억해 둘만한 다른 요소로 **중첩**(confounding)이 있습니다. 중첩은 실험에서 사용되는 대조(controls)가 종속변수에 영향을 미치는 다른 요소들을 완전히 제거하지 못하는 경우에 발생합니다. 예를 들어 어떤 남자들에게는 코골이안녕을 처방하고, 어떤 여자들에게는 플라시보를 처방했다고 합시다. 이 두 그룹이 낳은 결과를 비교할 때, 남자들에게 주어진 효과가 약 때문인지 아니면 어떤 성별이 다른 성별보다 코를 더 많이 골기 때문인지 쉽게 알 길이 없습니다.

실험을 설계하기

실험대상을 무작위로 하여 실험해야 한다고 앞에서 말한 바 있습니다. 그렇게 하려면 어떻게 해야 할까요?

완전한 무작위 설계

하나의 방법은 **완전한 무작위 설계**(completely randomized design)를 이용하는 것입니다. 이 방법은 문자 그대로 처리(treatment)를 대상에게 무작위로 할당하는 것입니다. 우리가 코골이안녕의 처방이 코고는 사람에게 미치는 영향을 검사하는 실험을 수행한다고 하면, 코고는 사람들을 무작위로 선택해서 특정한 처방을 받는 그룹에 넣습니다. 예를 들어 코고는 사람의 절반에게는 플라시보를 처방하고, 나머지 사람들에게는 코골이안녕 한 알씩을 처방할 수도 있습니다.

완전한 무작위 설계는 단순무작위추출법과 비슷합니다. 표본을 무작위로 고르는 대신 처리를 무작위로 할당할 뿐입니다.

플라시보	코골이안녕
500	500

1,000명의 대상이 있다면, 절반에게는 플라시보를 처방하고 나머지 절반에게는 코골이안녕을 처방할 수 있습니다.

무작위 블록 설계

다른 방법으로 **무작위 블록 설계**(randomized block design)도 있습니다. 이것은 대상을 여러 개의 작은 그룹이나 블록으로 나누는 방법입니다. 예를 들어 코골이들을 남자와 여자로 분리할 수 있습니다. 각 블록 안에서는 처리를 무작위로 할당합니다. 따라서 각 성별 그룹 안에서 절반의 사람에게는 코골이안녕 할 알씩을 처방하고 나머지 사람들에게는 플라시보를 처방할 수 있습니다. 이렇게 하는 이유는 성별이 결과에 미치는 영향을 제거함으로써 혼란을 최소화하는 것입니다.

무작위 블록 설계는 계층화추출과 비슷합니다. 모집단을 층으로 나누는 대신 실험대상을 블록으로 나눕니다.

	플라시보	코골이안녕
남자	250	250
여자	250	250

500명의 남자와 500명의 여자가 있다고 하면, 각 성별그룹의 절반에게는 플라시보를 주고 나머지 절반에게는 코골이안녕을 줄 수 있습니다.

대응짝 설계

대응짝 설계는 무작위 블록 설계의 특별한 경우에 해당합니다. 이것은 처리조건이 두 개 있고 실험대상이 짝으로 나누어질 수 있는 경우에 사용하는 방법입니다. 예를 들어 코골이안녕 실험은 플라시보를 처방하는 것과 코골이안녕 한 알을 처방하는 두 가지 처리조건을 가질 수 있습니다. 그리고 코를 고는 사람들은 성별이나 나이에 따라서 비슷한 대응짝으로 나누어질 수 있습니다. 그 다음에 짝 중에서 한쪽에는 플라시보를 처방하고 다른 한쪽에는 코골이안녕 한 알을 처방하는 것입니다. 예를 들어 어느 한 짝이 30세 남자 두 명으로 이루어졌다면, 그 중 한 명에게는 플라시보를 주고 다른 한 명에게는 코골이안녕을 주면 됩니다.

	플라시보	코골이안녕
남자 30	1	1
남자 30	1	1
여자 30	1	1
여자 30	1	1
...	...	...

성별이나 나이와 같은 변수로 인해서 초래되는 혼동을 제거하기 위해 이러한 변수를 이용해서 만든 대응짝을 구성할 수도 있습니다.

#4. 최소제곱회귀의 또 다른 표기방법

15장에서는 최소제곱회귀선이 y = a + bx의 형태를 띠는 것을 보았습니다.

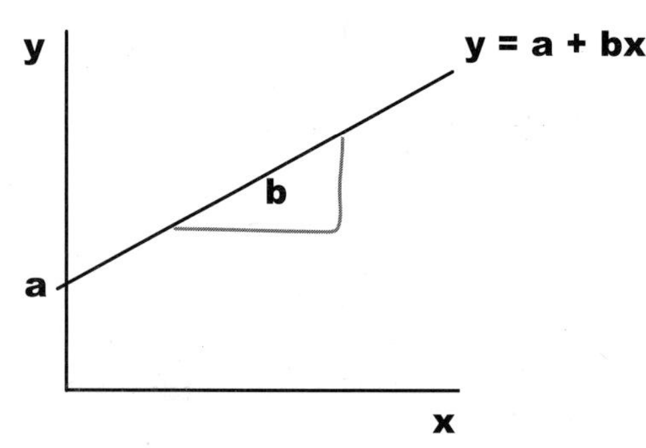

$$b = \frac{\sum(x - \bar{x})(y - \bar{y})}{\sum(x - \bar{x})^2}$$

직선의 기울기를 위한 공식입니다.

많은 사람들이 이것보다 외우기 싶다고 여기는 또 다른 표기 방법이 존재하는데, 그것은 분산을 이용하는 공식입니다.

$$s_x^2 = \frac{\Sigma(x - \bar{x})^2}{n - 1} \qquad s_y^2 = \frac{\Sigma(y - \bar{y})^2}{n - 1} \qquad s_{xy} = \frac{\Sigma(x - \bar{x})(y - \bar{y})}{n - 1}$$

x 값들의 표본 분산

y 값들의 표본 분산

그렇다면 직선의 기울기를 다음과 같은 공식으로 표현할 수 있습니다.

$$b = \frac{s_{xy}}{s_x^2}$$

이것은 표기만 다를 뿐 똑같은 계산을 의미합니다.

상관계수도 비슷하게 만들 수 있습니다. 다음과 같이 적는 대신

$$r = \frac{b\, s_x}{s_y}$$

상관계수의 방정식을 다음과 같이 적을 수도 있습니다.

$$r = \frac{s_{xy}}{s_x s_y}$$

상관계수를 위한 공식입니다.

s_{xy}는 **공분산**(covariance)이라고 합니다. x의 분산이 x가 변화하는 것을 묘사하고 y의 분산이 y가 변하하는 것을 묘사하는 것처럼, x와 y의 공분산은 x와 y가 어떻게 함께 변화하는지를 묘사합니다.

#5. 결정계수

결정계수(coefficient of determination)는 $\mathbf{r^2}$ 혹은 $\mathbf{R^2}$으로 나타냅니다. 그것은 변수 x에 의해 설명되는 변수 y의 변동 퍼센트를 의미합니다. 예를 들어 결정계수를 이용하면 야외공연 콘서트 관객 수 변동의 몇 퍼센트가 햇볕이 날 것으로 예상되는 시간으로 설명이 되는지 말할 수 있습니다.

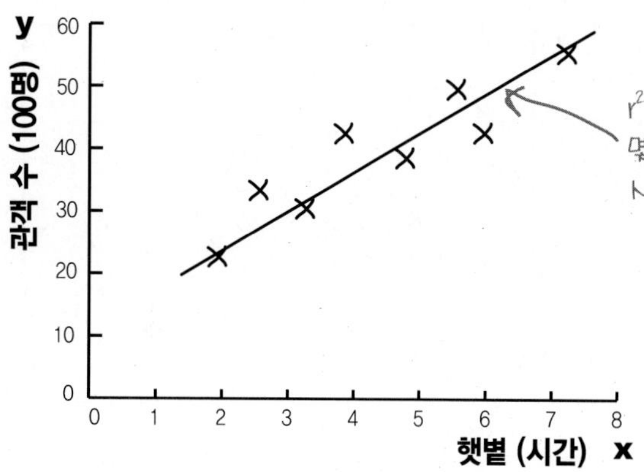

만약 $r^2 = 0$이면, 변수 y를 변수 x로 설명할 수 없다는 사실을 의미합니다.

만약 $r^2 = 1$이면, 변수 y를 변수 x로 어떤 오차도 없이 설명할 수 있다는 사실을 의미합니다.

보통 r^2 값은 0과 1 사이에 존재합니다. r^2이 1에 가까워질수록 y는 x에 의해 더 잘 설명되고, r^2이 0에 가까워질수록 y는 x에 의해 설명되지 않습니다.

r^2 계산하기

r^2을 계산하는 방법은 두 가지입니다. 첫 번째 방법은 상관계수 r을 그냥 제곱하는 것입니다.

이것은 상관계수를 그냥 제곱한 것입니다.

$$r^2 = \left(\frac{s_{xy}}{s_x s_y}\right)^2$$

또 다른 방법은 y 값들이 예측된 값으로부터 떨어져 있는 거리를 제곱한 다음에 모두 합하고, 그것을 y와 $\bar{y}$ 사이의 거리를 제곱해서 더한 값으로 나누는 것입니다.

$$r^2 = \frac{\Sigma(y - \hat{y})^2}{\Sigma(y - \bar{y})^2}$$

이것은 위와 동일한 결과를 낳습니다. 계산하는 방법이 다를 뿐입니다.

#6. 비선형 관계

두 변수가 모종의 관련을 가지고 있다고 했을 때, 그 관계가 반드시 선형이라는 법은 없습니다. 다음은 두 변수 x와 y 사이에 명확한 수학적 관련성은 있지만 그것이 선형이 아닌 경우의 예입니다.

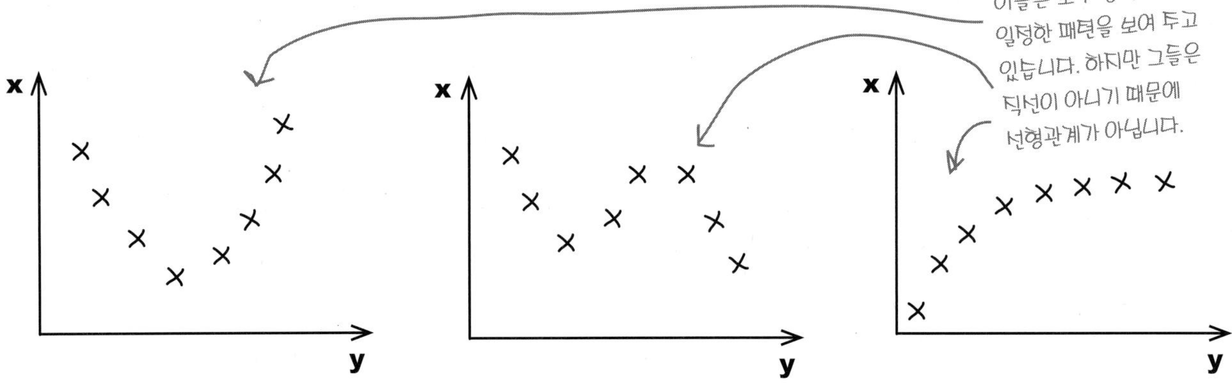

선형회귀는 두 변수 사이에 존재하는 관계가 직선으로 표현된다고 가정합니다. 따라서 위와 같은 데이터에 대해 최소제곱회귀를 수행하는 것은 직선의 방정식에 대한 의미 있는 예측을 할 수 있도록 해 주지 않습니다.

하지만 이러한 문제를 우회할 수 있는 방법이 있습니다. x와 y를 선형에 근접하도록 변환할 수 있습니다. 그 다음에 그렇게 변환된 값들에 대해 선형회귀를 수행해서 a와 b의 값을 찾습니다. 여기서 가장 어려운 부분은 비선형 방정식을 변환해서 다음과 같은 형태로 만드는 것입니다.

최량적합선이 선형이 아니면, 경우에 따라 그것을 선형 형태로 변환시킬 수 있습니다.

$$y' = a + bx'$$

여기서 y'와 x'는 x의 함수입니다.

예를 들어 최량적합선이 다음과 같은 형태를 가질 수도 있습니다.

$$y = 1/(a + bx)$$

이것은 다음과 같이 재작성될 수 있습니다.

$$1/y = a + bx$$

이것은 이제 y' = a + bx의 형태를 갖게 되었습니다. 따라서 선형회귀를 수행할 수 있습니다.

여기서 y' = 1 / y입니다. 다시 말해, y' = 1 / y일 때 y' = a + bx에 대해 최소제곱회귀를 수행할 수 있는 것입니다. y 값을 변환했으면, a와 b를 찾기 위해 최소제곱회귀를 수행하고, 그 다음에 이 값들을 원래 공식에 대입하면 됩니다.

이것은 그저 어떤 계산이 가능한지 설명하기 위한 매우 개략적인 설명입니다.

#7. 회귀선의 기울기를 위한 신뢰구간

앞에서 μ와 σ^2을 위한 신뢰구간을 찾는 방법을 살펴보았습니다. 그런데 회귀선 $y = a + bx$의 기울기에 대한 신뢰구간도 찾을 수 있습니다.

b를 위한 신뢰구간은 다음과 같은 형태를 갖습니다.

$$\hat{b} \pm (\text{오차한계})$$

그럼 오차한계는 무엇인가요?

b를 위한 오차한계

오차한계는 다음과 같습니다.

오차한계 = t(ν) × (b의 표준편차)

여기에서 $\nu = n - 2$이고, n은 표준 내에서 관측의 수를 의미합니다. t(ν)의 값을 찾으려면 t-분포의 확률테이블을 이용해서 ν와 신뢰수준을 찾으면 됩니다.

b의 표본분포가 갖는 표준편차는 다음과 같습니다.

이것은 b의 표본 분산이 갖는 표준편차입니다.

$$s_b = \frac{\sqrt{\dfrac{\Sigma(y - \hat{y})^2}{n - 2}}}{\sqrt{\Sigma(x - \bar{x})^2}}$$

쉬는 시간

통계학 시험을 치르는 데 s_b를 사용해야 한다면 이 공식은 주어질 것입니다.

따라서 이것을 외울 필요는 없고 그것을 어떻게 적용하는지만 알면 됩니다.

이것을 계산하려면 실제 관측된 y 값과 그것에 대한 기댓값을 빼서 제곱한 값을 모두 더합니다. 그 다음에 n − 2로 나누고, 제곱근을 씌웁니다. 여기까지 계산했으면 관측된 x 값에서 $\bar{x}$를 뺀 다음에 제곱해서 모두 더한 값으로 나눕니다.

이렇게 하면 다음과 같은 신뢰구간을 얻을 수 있습니다.

$$(\hat{b} - t(\nu)\, s_b,\ \hat{b} + t(\nu)\, s_b) \qquad \nu = n - 2$$

n − 2의 자유도와 함께 t-분포를 이용합니다.

b의 표준편차를 아는 것은 다른 용도도 갖습니다. 예를 들어 회귀선의 기울기가 어떤 특정한 값을 갖는지 여부를 확인하는 가설검정을 하는 데 사용할 수도 있습니다.

#8. 표본분포 - 두 평균값 사이의 차이

때로는 두 개의 정규분포 모집단이 갖는 평균값 사이에 존재하는 차이에 대한 표본분포가 어떻게 되는지 알 필요가 있습니다. 이 사실을 이용해서 신뢰구간을 구성하거나 가설검정을 수행할 수 있습니다. 예를 들어 두 개의 정규분포 모집단이 갖는 평균값이 같다고 주장하는 가설에 대해 가설검정을 수행할 수도 있는 것입니다.

만약 X와 Y가 서로 독립일 때 $X \sim N(\mu_x, \sigma_x^2)$이고 $Y \sim N(\mu_y, \sigma_y^2)$이라면 $\overline{X} - \overline{Y}$ 분포의 기대치와 분산은 다음과 같이 주어집니다.

$$E(\overline{X} - \overline{Y}) = \mu_x - \mu_y$$

이것은 $E(\overline{X} - \overline{Y}) = E(\overline{X}) - E(\overline{Y})$이기 때문입니다.

$$Var(\overline{X} - \overline{Y}) = \frac{\sigma_x^2}{n_x} + \frac{\sigma_y^2}{n_y}$$

마찬가지로 이것은 $Var(\overline{X} - \overline{Y}) = Var(\overline{X}) + Var(\overline{Y})$이기 때문입니다.

모집단 분산 σ_x^2과 σ_y^2이 알려져 있으면 $\overline{X} - \overline{Y}$는 정규분포를 따릅니다. 다시 말해, 다음이 성립합니다.

$$\overline{X} - \overline{Y} \sim N\left(\mu_x - \mu_y, \frac{\sigma_x^2}{n_x} + \frac{\sigma_y^2}{n_y}\right)$$

이 공식을 이용해서 $\overline{X} - \overline{Y}$의 신뢰구간을 찾을 수 있습니다. 신뢰구간은 (통계) ± (오차한계)의 형태를 갖습니다. 따라서 이 경우에는 신뢰구간이 다음과 같이 주어집니다.

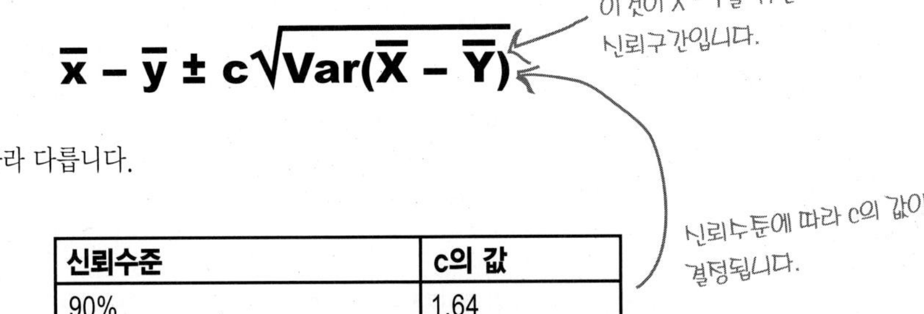

$$\bar{x} - \bar{y} \pm c\sqrt{Var(\overline{X} - \overline{Y})}$$

c의 값은 신뢰구간을 위한 신뢰수준에 따라 다릅니다.

신뢰수준	c의 값
90%	1.64
95%	1.96
99%	2.58

만약 σ_x^2과 σ_y^2의 값이 알려져 있지 않으면 s_x^2과 s_y^2을 이용해서 근사치를 찾아야 합니다. 만약 표본의 크기가 크면 계속해서 정규분포를 이용할 수 있습니다. 만약 표본의 크기가 작으면 대신 t-분포를 이용해야 합니다.

#9. 표본분포 - 두 비율 사이의 차이

두 개의 이항분포 모집단의 비율 사이에 존재하는 차이에 대한 표본분포도 존재합니다. 이것을 이용해서 신뢰구간을 설정하거나 가설검정을 수행할 수 있습니다. 예를 들어 두 모집단의 비율이 같다는 주장에 대한 가설검정을 수행할 수도 있는 것입니다.

만약 X와 Y가 서로 독립일 때 $X \sim B(n_x, p_x)$이고 $Y \sim B(n_y, p_y)$라면 $P_x - P_y$의 기대치와 분산은 다음과 같습니다.

$$E(P_x - P_y) = p_x - p_y$$

앞에서와 마찬가지로 $E(P_x - P_y) = E(P_x) - E(P_y)$

$$Var(P_x - P_y) = \frac{p_x q_x}{n_x} + \frac{p_y q_y}{n_y}$$

$Var(P_x - P_y) = Var(P_x) + Var(P_y)$

만약 각 모집단에 대한 np와 nq가 모두 5보다 크면 정규분포를 이용해서 $P_x - P_y$에 대한 근사치를 구할 수 있습니다. 다시 말해, 다음이 성립하는 것입니다.

$$P_x - P_y \sim N\left(p_x - p_y, \frac{p_x q_x}{n_x} + \frac{p_y q_y}{n_y}\right)$$

이것을 이용해서 $P_x - P_y$의 신뢰구간을 설정할 수 있습니다. 신뢰구간은 (통계) ± (오차한계)의 형태를 가지므로 이 경우 신뢰구간은 다음과 같이 주어집니다.

$$p_x - p_y \pm c\sqrt{Var(P_x - P_y)}$$

이것은 $P_x - P_y$에 대한 신뢰구간입니다.

c의 값은 신뢰구간에 대해 필요한 신뢰수준에 따라 달라집니다. 앞에서 보았던 것과 동일합니다.

쉬는 시간

두 개의 평균값이나 비율 사이에 존재하는 표본분포를 이용하는 통계학 시험을 보는 경우라면 표본분포의 분산공식이 주어질 것입니다.

따라서 이러한 공식을 외울 필요는 없고, 어떻게 적용하는지에 대해서만 알면 됩니다.

#10. 연속확률분포를 위한 E(X)와 Var(X)

이산확률분포를 위한 기대치와 분산을 찾을 때 다음 공식을 이용했습니다.

$$E(X) = \sum xP(X = x)$$

$$Var(X) = \sum x^2P(X = x) - E^2(X)$$

확률분포가 **연속**되어 있는 경우에는 면적을 이용해서 기대치와 분산을 찾습니다.

예를 들어 확률밀도함수가 다음과 같은 연속확률분포가 있다고 해 봅시다.

$$f(x) = 0.05 \qquad 0 \le x \le 20$$

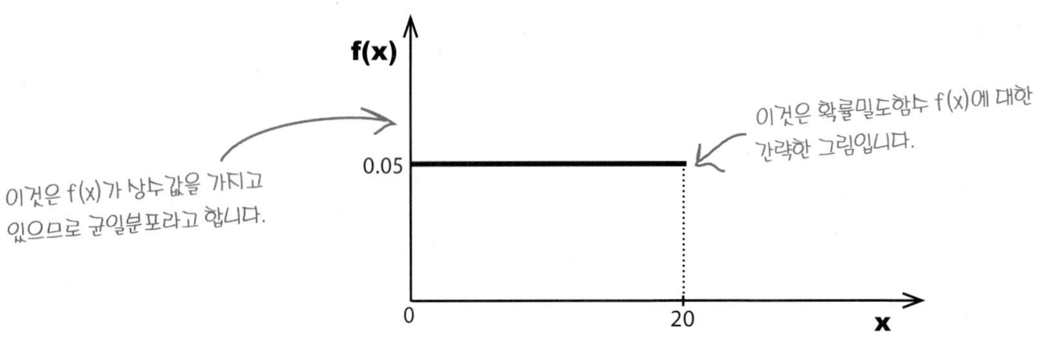

E(X) 찾기

xf(x)를 구하려면 x에
원래 함수 f(x)를 곱합니다.

기대치를 찾으려면 주어진 확률분포의 범위에 대해 xf(x) 곡선 아래의 면적을 계산해야 합니다. 여기서는 x가 0과 20 사이에 있는 값이라고 했을 때 0.05x 직선 아래에 있는 면적을 구해야 합니다.

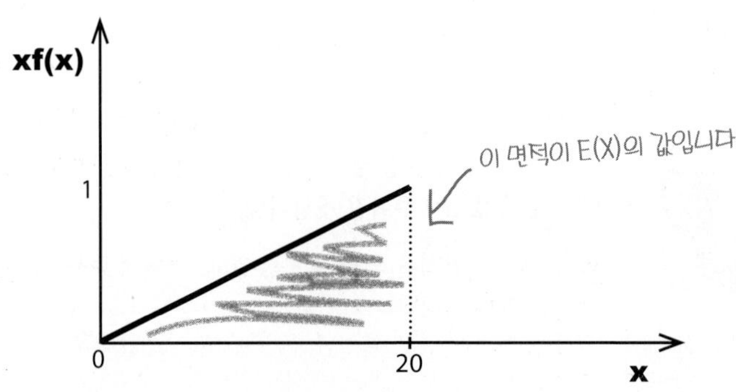

연속확률변수의 기대치와 분산을 계산하는 문제는 흔치 않습니다.

대부분의 경우에는 정규분포와 같은 분포를 다루게 될 것이고, 그 경우 기대치와 분산은 주어질 것입니다.

Var(X) 찾기

분산을 찾으려면 $x^2f(x)$ 곡선 아래에 있는 면적을 찾은 뒤 $E^2(X)$를 빼면 됩니다. 다시 말해, x가 0과 20 사이일 때 $0.05x^2$ 곡선 아래의 면적에서 E(X)의 제곱을 뺍니다.

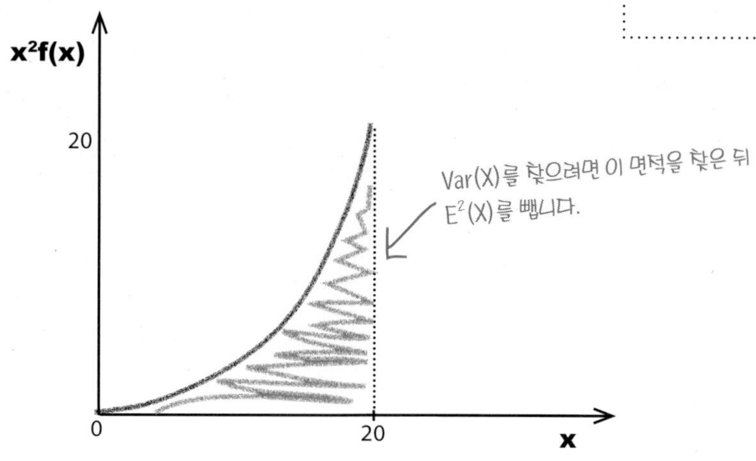

일반적으로 연속확률변수가 갖는 기대치와 분산을 x의 전체 범위에 대해 다음과 같이 찾을 수 있습니다.

$$E(X) = \int xf(x)dx$$

$$Var(X) = \int x^2f(x)dx - E^2(X)$$

연속확률변수에 대해 기대치와 분산을 구하는 것은 종종 미적분 계산을 요구합니다.

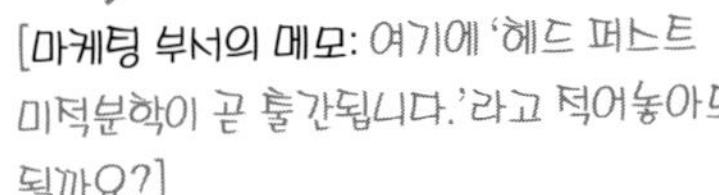

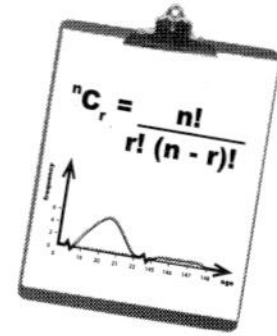

핵심 통계학

균일분포

만약 X가 균일분포를 따르면 다음이 성립합니다.

$f(x) = 1/(b - a)$ 여기서 $a \le x \le b$

$E(X) = (a + b)/2$

$Var(X) = (b - a)^2/12$

부록ii: 통계테이블

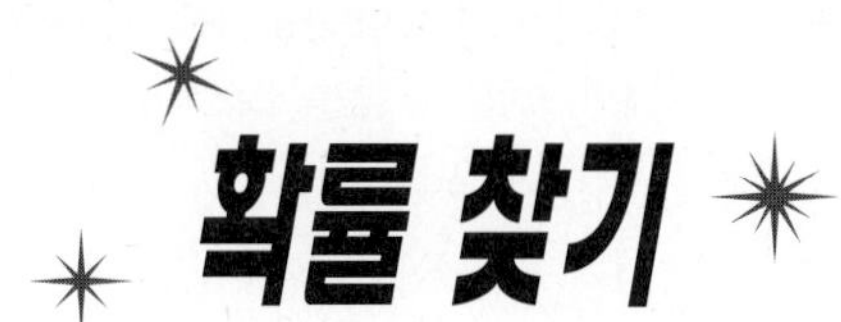

믿을 수 있는 확률테이블이 없다면 어떻게 될까요?

확률분포를 이해하는 것만으로는 아직 부족합니다. 경우에 따라서 표준**확률테이블**에서 원하는 **확률을 찾아봐야 하는** 때가 있기 때문입니다. 부록 ii에서는 **정규분포**, **t-분포**, χ^2 **분포**의 테이블을 설명할 것입니다. 이 테이블들을 이용해서 원하는 확률을 찾아볼 수 있습니다.

#1. 표준정규확률

이 테이블은 $Z \sim N(0, 1)$일 때 $P(Z < z)$를 찾는 확률을 제공합니다. $P(Z < z)$를 찾으려면 원하는 z 값을 소수점 2자리까지 찾고, 그에 대응하는 확률값을 확인하면 됩니다.

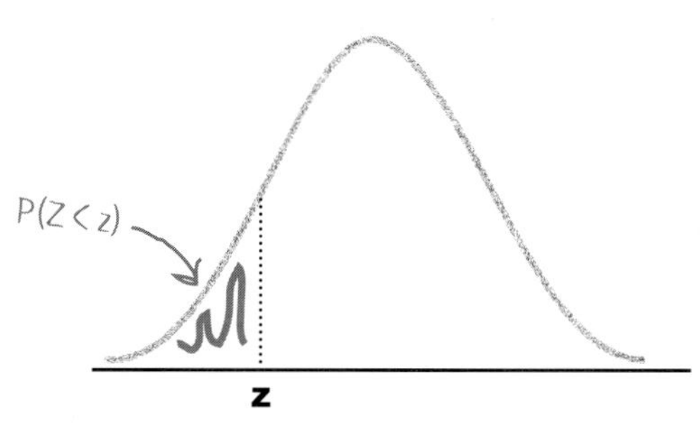

첫 번째 행과 열을 이용해서 z 값을 찾습니다...

...그 다음에 테이블에서 확률을 읽습니다.

이 값들은 z가 음수일 때 P(Z < z)의 확률입니다.

z	.00	.01	.02	.03	.04	.05	.06	.07	.08	.09
−3.4	.0003	.0003	.0003	.0003	.0003	.0003	.0003	.0003	.0003	.0002
−3.3	.0005	.0005	.0005	.0004	.0004	.0004	.0004	.0004	.0004	.0003
−3.2	.0007	.0007	.0006	.0006	.0006	.0006	.0006	.0005	.0005	.0005
−3.1	.0010	.0009	.0009	.0009	.0008	.0008	.0008	.0008	.0007	.0007
−3.0	.0013	.0013	.0013	.0012	.0012	.0011	.0011	.0011	.0010	.0010
−2.9	.0019	.0018	.0018	.0017	.0016	.0016	.0015	.0015	.0014	.0014
−2.8	.0026	.0025	.0024	.0023	.0023	.0022	.0021	.0021	.0020	.0019
−2.7	.0035	.0034	.0033	.0032	.0031	.0030	.0029	.0028	.0027	.0026
−2.6	.0047	.0045	.0044	.0043	.0041	.0040	.0039	.0038	.0037	.0036
−2.5	.0062	.0060	.0059	.0057	.0055	.0054	.0052	.0051	.0049	.0048
−2.4	.0082	.0080	.0078	.0075	.0073	.0071	.0069	.0068	.0066	.0064
−2.3	.0107	.0104	.0102	.0099	.0096	.0094	.0091	.0089	.0087	.0084
−2.2	.0139	.0136	.0132	.0129	.0125	.0122	.0119	.0116	.0113	.0110
−2.1	.0179	.0174	.0170	.0166	.0162	.0158	.0154	.0150	.0146	.0143
−2.0	.0228	.0222	.0217	.0212	.0207	.0202	.0197	.0192	.0188	.0183
−1.9	.0287	.0281	.0274	.0268	.0262	.0256	.0250	.0244	.0239	.0233
−1.8	.0359	.0351	.0344	.0336	.0329	.0322	.0314	.0307	.0301	.0294
−1.7	.0446	.0436	.0427	.0418	.0409	.0401	.0392	.0384	.0375	.0367
−1.6	.0548	.0537	.0526	.0516	.0505	.0495	.0485	.0475	.0465	.0455
−1.5	.0668	.0655	.0643	.0630	.0618	.0606	.0594	.0582	.0571	.0559
−1.4	.0808	.0793	.0778	.0764	.0749	.0735	.0721	.0708	.0694	.0681
−1.3	.0968	.0951	.0934	.0918	.0901	.0885	.0869	.0853	.0838	.0823
−1.2	.1151	.1131	.1112	.1093	.1075	.1056	.1038	.1020	.1003	.0985
−1.1	.1357	.1335	.1314	.1292	.1271	.1251	.1230	.1210	.1190	.1170
−1.0	.1587	.1562	.1539	.1515	.1492	.1469	.1446	.1423	.1401	.1379
−0.9	.1841	.1814	.1788	.1762	.1736	.1711	.1685	.1660	.1635	.1611
−0.8	.2119	.2090	.2061	.2033	.2005	.1977	.1949	.1922	.1894	.1867
−0.7	.2420	.2389	.2358	.2327	.2296	.2266	.2236	.2206	.2177	.2148
−0.6	.2743	.2709	.2676	.2643	.2611	.2578	.2546	.2514	.2483	.2451
−0.5	.3085	.3050	.3015	.2981	.2946	.2912	.2877	.2843	.2810	.2776
−0.4	.3446	.3409	.3372	.3336	.3300	.3264	.3228	.3192	.3156	.3121
−0.3	.3821	.3783	.3745	.3707	.3669	.3632	.3594	.3557	.3520	.3483
−0.2	.4207	.4168	.4129	.4090	.4052	.4013	.3974	.3936	.3897	.3859
−0.1	.4602	.4562	.4522	.4483	.4443	.4404	.4364	.4325	.4286	.4247
−0.0	.5000	.4960	.4920	.4880	.4840	.4801	.4761	.4721	.4681	.4641

#1. 표준정규확률 (계속)

P(Z < z)

z

이 값들은 z가 양수일 때 P(Z < z)의 확률입니다.

z	.00	.01	.02	.03	.04	.05	.06	.07	.08	.09
0.0	.5000	.5040	.5080	.5120	.5160	.5199	.5239	.5279	.5319	.5359
0.1	.5398	.5438	.5478	.5517	.5557	.5596	.5636	.5675	.5714	.5753
0.2	.5793	.5832	.5871	.5910	.5948	.5987	.6026	.6064	.6103	.6141
0.3	.6179	.6217	.6255	.6293	.6331	.6368	.6406	.6443	.6480	.6517
0.4	.6554	.6591	.6628	.6664	.6700	.6736	.6772	.6808	.6844	.6879
0.5	.6915	.6950	.6985	.7019	.7054	.7088	.7123	.7157	.7190	.7224
0.6	.7257	.7291	.7324	.7357	.7389	.7422	.7454	.7486	.7517	.7549
0.7	.7580	.7611	.7642	.7673	.7704	.7734	.7764	.7794	.7823	.7852
0.8	.7881	.7910	.7939	.7967	.7995	.8023	.8051	.8078	.8106	.8133
0.9	.8159	.8186	.8212	.8238	.8264	.8289	.8315	.8340	.8365	.8389
1.0	.8413	.8438	.8461	.8485	.8508	.8531	.8554	.8577	.8599	.8621
1.1	.8643	.8665	.8686	.8708	.8729	.8749	.8770	.8790	.8810	.8830
1.2	.8849	.8869	.8888	.8907	.8925	.8944	.8962	.8980	.8997	.9015
1.3	.9032	.9049	.9066	.9082	.9099	.9115	.9131	.9147	.9162	.9177
1.4	.9192	.9207	.9222	.9236	.9251	.9265	.9279	.9292	.9306	.9319
1.5	.9332	.9345	.9357	.9370	.9382	.9394	.9406	.9418	.9429	.9441
1.6	.9452	.9463	.9474	.9484	.9495	.9505	.9515	.9525	.9535	.9545
1.7	.9554	.9564	.9573	.9582	.9591	.9599	.9608	.9616	.9625	.9633
1.8	.9641	.9649	.9656	.9664	.9671	.9678	.9686	.9693	.9699	.9706
1.9	.9713	.9719	.9726	.9732	.9738	.9744	.9750	.9756	.9761	.9767
2.0	.9772	.9778	.9783	.9788	.9793	.9798	.9803	.9808	.9812	.9817
2.1	.9821	.9826	.9830	.9834	.9838	.9842	.9846	.9850	.9854	.9857
2.2	.9861	.9864	.9868	.9871	.9875	.9878	.9881	.9884	.9887	.9890
2.3	.9893	.9896	.9898	.9901	.9904	.9906	.9909	.9911	.9913	.9916
2.4	.9918	.9920	.9922	.9925	.9927	.9929	.9931	.9932	.9934	.9936
2.5	.9938	.9940	.9941	.9943	.9945	.9946	.9948	.9949	.9951	.9952
2.6	.9953	.9955	.9956	.9957	.9959	.9960	.9961	.9962	.9963	.9964
2.7	.9965	.9966	.9967	.9968	.9969	.9970	.9971	.9972	.9973	.9974
2.8	.9974	.9975	.9976	.9977	.9977	.9978	.9979	.9979	.9980	.9981
2.9	.9981	.9982	.9982	.9983	.9984	.9984	.9985	.9985	.9986	.9986
3.0	.9987	.9987	.9987	.9988	.9988	.9989	.9989	.9989	.9990	.9990
3.1	.9990	.9991	.9991	.9991	.9992	.9992	.9992	.9992	.9993	.9993
3.2	.9993	.9993	.9994	.9994	.9994	.9994	.9994	.9995	.9995	.9995
3.3	.9995	.9995	.9995	.9996	.9996	.9996	.9996	.9996	.9996	.9997
3.4	.9997	.9997	.9997	.9997	.9997	.9997	.9997	.9997	.9997	.9998

#2. t-분포의 중요한 값들

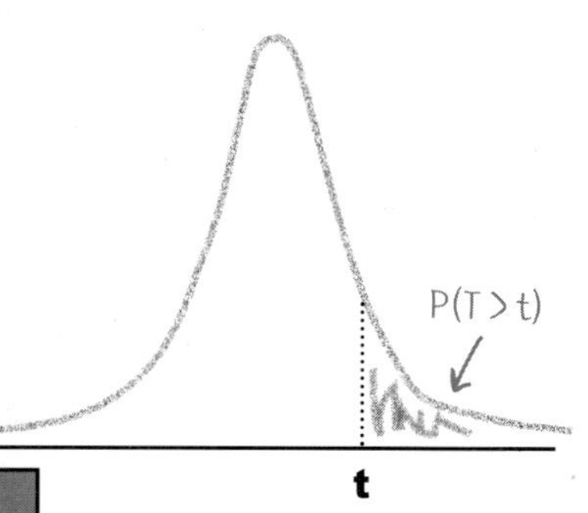

이 테이블은 P(T > t) = p인 t 값을 알려 줍니다. T는 ν의 자유도와 함께 t-분포를 따릅니다. ν와 p 값을 찾아서 t 값을 읽습니다.

첫 번째 열에서 ν 값을 찾습니다...

...첫 번째 행에서 p 값을 찾습니다...

...그 다음에 t 값을 읽습니다.

	꼬리 확률 p											
ν	.25	.20	.15	.10	.05	.025	.02	.01	.005	.0025	.001	.0005
1	1.000	1.376	1.963	3.078	6.314	12.71	15.89	31.82	63.66	127.3	318.3	636.6
2	.816	1.061	1.386	1.886	2.920	4.303	4.849	6.965	9.925	14.09	22.33	31.60
3	.765	.978	1.250	1.638	2.353	3.182	3.482	4.541	5.841	7.453	10.21	12.92
4	.741	.941	1.190	1.533	2.132	2.776	2.999	3.747	4.604	5.598	7.173	8.610
5	.727	.920	1.156	1.476	2.015	2.571	2.757	3.365	4.032	4.773	5.893	6.869
6	.718	.906	1.134	1.440	1.943	2.447	2.612	3.143	3.707	4.317	5.208	5.959
7	.711	.896	1.119	1.415	1.895	2.365	2.517	2.998	3.499	4.029	4.785	5.408
8	.706	.889	1.108	1.397	1.860	2.306	2.449	2.896	3.355	3.833	4.501	5.041
9	.703	.883	1.100	1.383	1.833	2.262	2.398	2.821	3.250	3.690	4.297	4.781
10	.700	.879	1.093	1.372	1.812	2.228	2.359	2.764	3.169	3.581	4.144	4.587
11	.697	.876	1.088	1.363	1.796	2.201	2.328	2.718	3.106	3.497	4.025	4.437
12	.695	.873	1.083	1.356	1.782	2.179	2.303	2.681	3.055	3.428	3.930	4.318
13	.694	.870	1.079	1.350	1.771	2.160	2.282	2.650	3.012	3.372	3.852	4.221
14	.692	.868	1.076	1.345	1.761	2.145	2.264	2.624	2.977	3.326	3.787	4.140
15	.691	.866	1.074	1.341	1.753	2.131	2.249	2.602	2.947	3.286	3.733	4.073
16	.690	.865	1.071	1.337	1.746	2.120	2.235	2.583	2.921	3.252	3.686	4.015
17	.689	.863	1.069	1.333	1.740	2.110	2.224	2.567	2.898	3.222	3.646	3.965
18	.688	.862	1.067	1.330	1.734	2.101	2.214	2.552	2.878	3.197	3.611	3.922
19	.688	.861	1.066	1.328	1.729	2.093	2.205	2.539	2.861	3.174	3.579	3.883
20	.687	.860	1.064	1.325	1.725	2.086	2.197	2.528	2.845	3.153	3.552	3.850
21	.686	.859	1.063	1.323	1.721	2.080	2.189	2.518	2.831	3.135	3.527	3.819
22	.686	.858	1.061	1.321	1.717	2.074	2.183	2.508	2.819	3.119	3.505	3.792
23	.685	.858	1.060	1.319	1.714	2.069	2.177	2.500	2.807	3.104	3.485	3.768
24	.685	.857	1.059	1.318	1.711	2.064	2.172	2.492	2.797	3.091	3.467	3.745
25	.684	.856	1.058	1.316	1.708	2.060	2.167	2.485	2.787	3.078	3.450	3.725
26	.684	.856	1.058	1.315	1.706	2.056	2.162	2.479	2.779	3.067	3.435	3.707
27	.684	.855	1.057	1.314	1.703	2.052	2.158	2.473	2.771	3.057	3.421	3.690
28	.683	.855	1.056	1.313	1.701	2.048	2.154	2.467	2.763	3.047	3.408	3.674
29	.683	.854	1.055	1.311	1.699	2.045	2.150	2.462	2.756	3.038	3.396	3.659
30	.683	.854	1.055	1.310	1.697	2.042	2.147	2.457	2.750	3.030	3.385	3.646
40	.681	.851	1.050	1.303	1.684	2.021	2.123	2.423	2.704	2.971	3.307	3.551
50	.679	.849	1.047	1.299	1.676	2.009	2.109	2.403	2.678	2.937	3.261	3.496
60	.679	.848	1.045	1.296	1.671	2.000	2.099	2.390	2.660	2.915	3.232	3.460
80	.678	.846	1.043	1.292	1.664	1.990	2.088	2.374	2.639	2.887	3.195	3.416
100	.677	.845	1.042	1.290	1.660	1.984	2.081	2.364	2.626	2.871	3.174	3.390
1000	.675	.842	1.037	1.282	1.646	1.962	2.056	2.330	2.581	2.813	3.098	3.300
∞	.674	.841	1.036	1.282	1.645	1.960	2.054	2.326	2.576	2.807	3.091	3.291
	50%	60%	70%	80%	90%	95%	96%	98%	99%	99.5%	99.8%	99.9%
	신뢰수준 C											

#3. χ^2의 중요한 값들

이 테이블은 $P(X \geq x) = \alpha$인 x 값을 알려 줍니다. X는 ν의 자유도와 함께 χ^2 분포를 갖습니다. ν와 α 값을 찾아서 x 값을 읽습니다.

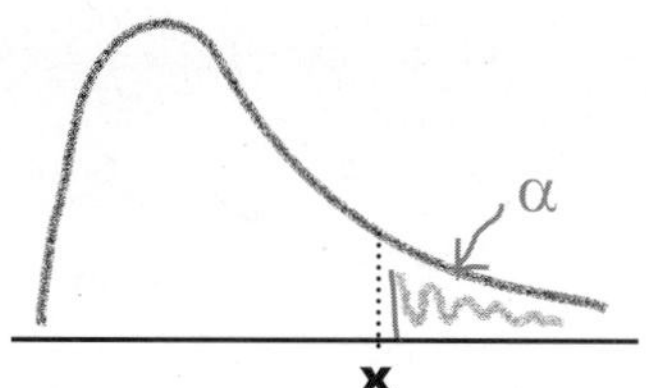

첫 번째 열에서 ν 값을 찾습니다...

...첫 번째 행에서 α 값을 찾습니다...

...그 다음에 x 값을 읽습니다.

	꼬리 확률 α										
ν	.25	.20	.15	.10	.05	.025	.02	.01	.005	.0025	.001
1	1.32	1.64	2.07	2.71	3.84	5.02	5.41	6.63	7.88	9.14	10.83
2	2.77	3.22	3.79	4.61	5.99	7.38	7.82	9.21	10.60	11.98	13.82
3	4.11	4.64	5.32	6.25	7.81	9.35	9.84	11.34	12.84	14.32	16.27
4	5.39	5.99	6.74	7.78	9.49	11.14	11.67	13.28	14.86	16.42	18.47
5	6.63	7.29	8.12	9.24	11.07	12.83	13.39	15.09	16.75	18.39	20.51
6	7.84	8.56	9.45	10.64	12.59	14.45	15.03	16.81	18.55	20.25	22.46
7	9.04	9.80	10.75	12.02	14.07	16.01	16.62	18.48	20.28	22.04	24.32
8	10.22	11.03	12.03	13.36	15.51	17.53	18.17	20.09	21.95	23.77	26.12
9	11.39	12.24	13.29	14.68	16.92	19.02	19.68	21.67	23.59	25.46	27.88
10	12.55	13.44	14.53	15.99	18.31	20.48	21.16	23.21	25.19	27.11	29.59
11	13.70	14.63	15.77	17.28	19.68	21.92	22.62	24.72	26.76	28.73	31.26
12	14.85	15.81	16.99	18.55	21.03	23.34	24.05	26.22	28.30	30.32	32.91
13	15.98	16.98	18.20	19.81	22.36	24.74	25.47	27.69	29.82	31.88	34.53
14	17.12	18.15	19.41	21.06	23.68	26.12	26.87	29.14	31.32	33.43	36.12
15	18.25	19.31	20.60	22.31	25.00	27.49	28.26	30.58	32.80	34.95	37.70
16	19.37	20.47	21.79	23.54	26.30	28.85	29.63	32.00	34.27	36.46	39.25
17	20.49	21.61	22.98	24.77	27.59	30.19	31.00	33.41	35.72	37.95	40.79
18	21.60	22.76	24.16	25.99	28.87	31.53	32.35	34.81	37.16	39.42	42.31
19	22.72	23.90	25.33	27.20	30.14	32.85	33.69	36.19	38.58	40.88	43.82
20	23.83	25.04	26.50	28.41	31.41	34.17	35.02	37.57	40.00	42.34	45.31
21	24.93	26.17	27.66	29.62	32.67	35.48	36.34	38.93	41.40	43.78	46.80
22	26.04	27.30	28.82	30.81	33.92	36.78	37.66	40.29	42.80	45.20	48.27
23	27.14	28.43	29.98	32.01	35.17	38.08	38.97	41.64	44.18	46.62	49.73
24	28.24	29.55	31.13	33.20	36.42	39.36	40.27	42.98	45.56	48.03	51.18
25	29.34	30.68	32.28	34.38	37.65	40.65	41.57	44.31	46.93	49.44	52.62
26	30.43	31.79	33.43	35.56	38.89	41.92	42.86	45.64	48.29	50.83	54.05
27	31.53	32.91	34.57	36.74	40.11	43.19	44.14	46.96	49.64	52.22	55.48
28	32.62	34.03	35.71	37.92	41.34	44.46	45.42	48.28	50.99	53.59	56.89
29	33.71	35.14	36.85	39.09	42.56	45.72	46.69	49.59	52.34	54.97	58.30
30	34.80	36.25	37.99	40.26	43.77	46.98	47.96	50.89	53.67	56.33	59.70
40	45.62	47.27	49.24	51.81	55.76	59.34	60.44	63.69	66.77	69.70	73.40
50	56.33	58.16	60.35	63.17	67.50	71.42	72.61	76.15	79.49	82.66	86.66
60	66.98	68.97	71.34	74.40	79.08	83.30	84.58	88.38	91.95	95.34	99.61
80	88.13	90.41	93.11	96.58	101.9	106.6	108.1	112.3	116.3	120.1	124.8
100	109.1	111.7	114.7	118.5	124.3	129.6	131.1	135.8	140.2	144.3	149.4

찾아보기

기호와 숫자

영문

가

나

다

바

사

아

차

카

타

파

하